KB237134

개화기 국어문법의 연구

저자 소개

최낙복

동아대학교 문리과대학 국어국문학과 졸업
동아대학교 대학원 국어국문학과 수료(문학박사)
미국 UCLA 방문 교수(2006)
현재 동아대학교 인문과학대학 국어국문학과 교수

저서 및 논문
『주시경 문법의 연구 (1)』(1991)
『국어학 사전』(1995, 같이 엮음)
『한국어문학입문』(1998, 같이 엮음)
『주시경 문법의 연구 (2)』(2003)
「주시경 학문 연구의 역사」 외 50편

개화기 국어문법의 연구

초판 인쇄 2009년 11월 20일
초판 발행 2009년 11월 30일

지은이 최낙복
펴낸이 이대현
편 집 이소희
펴낸곳 도서출판 역락
　　　　서울 서초구 반포4동 577-25 문창빌딩 2층
　　　　전화 02-3409-2058(영업부), 2060(편집부)
　　　　팩시밀리 02-3409-2059
　　　　이메일 youkrack@hanmail.net
　　　　등록 1999년 4월 19일 제303-2002-000014호

ISBN 978-89-5556-739-7 93710
정 가 37,000원

개화기 국어문법의 연구

최 낙 복

도서출판 역락

책머리에

    홍수같이 쏟아져 나오는 책들 속에 또 한 권의 책을 발간하게 되었다. 지구환경을 오염시키는데 원인제공을 하지 않을까 하고 걱정도 된다.

    이 책은 개화기(계몽기, 전환기)인 1910년을 전후하여 우리 국어문법을 연구하여 책으로 발간한 다섯 사람(주시경, 유길준, 최광옥, 김규식, 김희상)의 저서를 대상으로 하여 그동안 논문으로 발표하였던 것을 책으로 엮은 것인데, 국어학 연구사적인 관점에서 본 개화기 국어문법에 대한 연구이다.

    제1장에서부터 제5장까지에 실은 10편의 논문은 다섯 사람의 국어문법 저서에서 형태론과 통어론을 대상으로 하여 살핀 것이고, 제6장에 실은 3편의 논문은 문법요소에 대하여 살핀 것이다. 이 가운데 제1장 주시경 문법론에 관한 내용은 이미 『주시경 문법의 연구』(1), (2)를 통하여 소개된 내용이지만 개화기라는 시간적 위치에서 볼 때 따로 뗄 수가 없어서 기술 용어만 바꾸어 다시 넣어서 엮었다.

    그런데 이 책은 처음부터 책으로 펴낼 것을 고려하여 쓴 논문들이 아니기 때문에 각 장의 제1절과 제2절에서 저자를 소개하는 부분과 유길준 문법과 최광옥 문법을 기술하는 과정에서는 자료의 중복으로 인하여 그 내용의 기술에서도 중복은 피할 수가 없었다. 그리고 용어문제에 있어서는 각 저자들이 사용한 고유한 용어는 그대로 사용하였으나, 기술과정에서의 용어는 학교문법 용어를 사용하는 것을 원칙으로 하였다. 그렇지만 용어 통일 과정에서 아직 완전히 고치지 못한 부분이나 기술과정에서의 중복된 설명 등 이 모든 것들은 나의 능력부족에서 비롯된 것이므로 읽는 이의 애정 어린 충고를 바란다.

　이 책이 국어문법사를 연구하는 사람들에게 조금이나마 도움을 줄 수 있었으면 좋겠다는 생각을 하면서 그동안 지켜봐 주신 여러 스승님들께 진심으로 고맙다는 인사를 드린다.

　이 책이 나오기까지 원고의 타자와 교정에 많은 시간을 내어준 임지아 선생에게는 너무 미안하다는 생각이 든다. 또 그동안 곁에 있던 딸 어진이는 작년에 김빈과 결혼을 하여 예쁜 딸 다온이를 낳아서 잘 키우고 있고, 항상 자기 일에 충실한 아들 누림이도 올해는 아람이와 결혼하여 새 가정을 꾸렸고, 오랜 세월동안 묵묵히 뒷바라지 해 온 아내는 요즈음에 더욱 바빠졌다. 이 모든 이에게 이 한 권의 책으로 그 고마움을 대신한다.

　끝으로 회사의 영업에는 별로 도움이 안 되는 책인 줄 알면서도 흔쾌히 출판해 주신 도서출판 역락 이대현 사장님과 까다로운 도표를 깔끔하게 편집하고 정리해 주신 이소희 님을 비롯한 여러 사원님들께도 고맙다는 인사를 드린다.

2009년 11월 10일
승학산 기슭 연구실에서
최 낙 복

차 례

책머리에 ＿＿＿ 4

제1장　　**주시경 문법론**

제1절 **주시경 문법의 형태론** ································· 21

1. 머리말 ＿＿＿ 21

  1.1. 연구목적 ································· 21

  1.2. 연구범위 및 방법 ································· 24

  1.3. 앞선 연구 ································· 26

2. 품사의 설정 ＿＿＿ 30

  2.1. 품사의 설정기반 ································· 30

  2.2. 『국문문법』에서의 '7언분' 설정 ················· 35

  2.3. 『말』에서의 '6체' 설정 ························· 42

  2.4. 『국어문법』에서의 '9기' 설정 ··············· 46

  2.5. 『말의소리』에서의 '6씨' 설정 ··············· 53

3. 각 품사의 연구 내용 ＿＿＿ 59

  3.1. 의미소로 된 것 ································· 59

  3.2. 문법소로 된 것 ································· 100

  3.3. 의미소와 문법소로 된 것 ····················· 136

4. 마무리 ＿＿＿ 159

제 2 절 주시경 문법의 통어론 ·· **169**

1. 머리말 ____169

2. "말"의 분류 ____170

3. 문장성분의 정립 ____173
    3.1. 주성분의 정립 ··· 174
    3.2. 부속성분의 정립 ··· 177
    3.3. 구비성분의 정립 ··· 179

4. 문장의 짜임 ____180
    4.1. 홑문장의 짜임 ··· 181
    4.2. 겹문장의 짜임 ··· 183

5. 마무리 ____198

<table><tr><td>제 2 장</td><td>유길준 문법론</td></tr></table>

제1절 유길준 문법의 형태론 ·· 205

1. 머리말 ____ 205

2. 품사의 설정과 계승 ____ 207
   2.1. 『조선문전』에서 8품사 설정 ······························ 207
   2.2. 『대한문전』에서 8품사 계승 ······························ 209

3. 각 품사의 성립과 분류 ____ 211
   3.1. 명사의 성립과 분류 ·· 211
   3.2. 대명사의 성립과 분류 ······································ 216
   3.3. 동사의 성립과 분류 ·· 222
   3.4. 조동사의 성립과 분류 ······································ 226
   3.5. 형용사의 성립과 분류 ······································ 233
   3.6. 접속사의 성립과 분류 ······································ 237
   3.7. 첨부사의 성립과 분류 ······································ 243
   3.8. 감동사의 성립과 분류 ······································ 247

4. 마무리 ____ 249

제 2 절 **유길준 문법의 통어론** ·········· **257**

1. 머리말 ____ 257

2. 문장성분의 설정 ____ 258
   2.1. 주어(임자말) ·············· 259
   2.2. 서술어(설명어, 풀이말) ·············· 262
   2.3. 목적어(객어, 부림말) ·············· 264
   2.4. 보족어(부사어＋보어) ·············· 266
   2.5. 수식어(꾸밈말) ·············· 267

3. 문장성분의 결합 ____ 270

4. 문장성분의 배열 ____ 272

5. 문장성분의 생략 ____ 274

6. 문장의 부분 ____ 276
   6.1. 구(句, 이은말) ·············· 276
   6.2. 절(節, 마디) ·············· 279

7. 문장의 종류 ____ 281
   7.1. 단문(單文, 홑문장) ·············· 281
   7.2. 복문①(複文, 겹문장) ·············· 283
   7.3. 중문(重文, 복문②, 겹문장) ·············· 284

8. 마무리 ____ 286

제1절 **최광옥 문법의 형태론** ·· 291

　1. 머리말 ＿＿ 291

　2. 품사의 설정 ＿＿ 292

　3. 각 품사의 성립과 분류 ＿＿ 294

　　3.1. 명사의 성립과 분류 ································· 294

　　3.2. 대명사의 성립과 분류 ···························· 296

　　3.3. 동사의 성립과 분류 ································· 299

　　3.4. 형용사의 성립과 분류 ···························· 301

　　3.5. 부사의 성립과 분류 ································· 303

　　3.6. 후사의 성립과 분류 ································· 306

　　3.7. 접속사의 성립과 분류 ···························· 308

　　3.8. 감탄사의 성립과 분류 ···························· 311

　4. 마무리 ＿＿ 311

제 2 절 **최광옥 문법의 통어론** 315

1. 머리말 ___ 315

2. 문장성분의 설정 ___ 316
    2.1. 주어 · 설명어(서술어) ··············· 318
    2.2. 객어 ·············· 319
    2.3. 수식어 ·············· 320

3. 문장의 종류 ___ 323
    3.1. 단문(홑문장) · 복문(겹문장) ··············· 324
    3.2. 연구문(聯搆文) ·············· 326

4. 도치구와 호응 ___ 328
    4.1. 도치구(倒置句) ·············· 328
    4.2. 호응(呼應) ·············· 329

5. 구법(句法) ___ 332
    5.1. 명사구 ·············· 332
    5.2. 형용사구 ·············· 333
    5.3. 부사구 ·············· 335

6. 마무리 ___ 336

제4장　　김규식 문법론

제1절 김규식 문법의 형태론 ·········· 341

1. 머리말 ____ 341

2. 『대한문법』에서 9품사의 설정 ____ 342

3. 각 품사의 성립과 분류 ____ 345

   3.1. 명사의 성립과 분류 ·········· 346

   3.2. 대명사의 성립과 분류 ·········· 349

   3.3. 동사의 성립과 분류 ·········· 353

   3.4. 형동사의 성립과 분류 ·········· 357

   3.5. 형용사의 성립과 분류 ·········· 359

   3.6. 부사의 성립과 분류 ·········· 363

   3.7. 후사의 성립과 분류 ·········· 367

   3.8. 접속사의 성립과 분류 ·········· 372

   3.9. 감탄사의 성립과 분류 ·········· 376

4. 마무리 ____ 377

제 2 절 **김규식 문법의 통어론** ·· 383

1. 머리말 ____383

2. 여러 통어단위의 설정 ____384

3. 문장의 범위[句語의 範圍] ____388
   3.1. 문장의 종류[句語의 種類] ························ 390
   3.2. 문장의 성분[句語의 部分] ························ 391
   3.3. 문장의 꾸밈[句語의 修飾] ························ 392

4. 문장의 분석[句語의 分析] ____398
   4.1. 단순한 문장[單純句語] ·························· 398
   4.2. 복잡한 문장[複雜句語] ·························· 401
   4.3. 이어진 문장[連結句語] ·························· 405

5. 문장 성립의 차례[句語 成立의 次序] ____408

6. 마무리 ____412

제5장 김희상 문법론

제1절 김희상 문법의 형태론 ·········· 417

1. 머리말 ___ 417

2. 품사의 설정 ___ 418

3. 각 품사의 성립과 분류 ___ 422

  3.1. 명사의 성립과 분류 ·········· 423
  3.2. 대명사의 성립과 분류 ·········· 428
  3.3. 동사의 성립과 분류 ·········· 432
  3.4. 형용사의 성립과 분류 ·········· 436
  3.5. 부사의 성립과 분류 ·········· 441
  3.6. 감탄사의 성립과 분류 ·········· 446
  3.7. 토(吐)의 성립과 분류 ·········· 448

4. 마무리 ___ 454

제 2 절 김희상 문법의 통어론 ·········· 461

1. 머리말 ____ 461

2. 문장의 정의 및 문장성분의 설정 ____ 462
   2.1. 주성분 ·········· 464
   2.2. 부속성분(부성분) ·········· 467

3. 문장의 부분[句語의 部分] ____ 470
   3.1. 의미상 분류 ·········· 471
   3.2. 성립상 분류 ·········· 472
   3.3. 수식어(꾸밈말)의 분류 ·········· 473

4. 문장의 종류[句語의 種類] ____ 477
   4.1. 의의상 분류 ·········· 477
   4.2. 성립상 분류 ·········· 479
   4.3. 성질상 분류 ·········· 482

5. 마무리 ____ 485

제6장　개화기 국어문법론

제1절 개화기 국어문법의 높임법 ·········· 491

1. 머리말 ___ 491

2. 개화기 문법의 높임법 개관 ___ 492
2.1. 유길준의 『조선문전』·『대한문전』 ·········· 492
2.2. 최광옥의 『대한문전』(1908) ·········· 497
2.3. 김규식의 『대한문법』(1908?) ·········· 498
2.4. 주시경의 『국어문법』(1910) ·········· 499
2.5. 김희상의 『조선어전』(1911) ·········· 502

3. 개화기 문법의 높임법 체계 ___ 505
3.1. 높임법의 종류 ·········· 505
3.2. 높임법의 계층 ·········· 507

4. 마무리 ___ 510

제 2 절 개화기 국어문법의 시제법 ·········· 513

1. 머리말 ____ 513

2. 개화기 문법의 시제 ____ 514
  2.1. 동사의 시제 ·········· 516
  2.2. 조동사의 시제 ·········· 536
  2.3. 형용사의 시제 ·········· 540
  2.4. 형동사의 시제 ·········· 543
  2.5. 부사의 시제 ·········· 545
  2.6. 조사의 시제 ·········· 547

3. 마무리 ____ 563

제 3 절 개화기 국어문법의 조어법 ·········· 567

1. 머리말 ____ 567

2. 주시경 문법의 조어법 ____ 569
  2.1. 파생법 ·········· 570
  2.2. 합성법 ·········· 598

3. 마무리 ____ 602

찾아보기 __ 608

제1장
주시경 문법론

제1절 주시경 문법의 형태론

제2절 주시경 문법의 통어론

주시경 문법의 형태론

1. 머리말

1.1. 연구목적

겨레란 말을 같이하는 사회단체이다. 그러므로 거기에는 반드시 겨레말이 있고, 이 겨레말이 있는 곳에는 또한 반드시 겨레말의 역사가 있게 되는데, 겨레말의 역사가 있으면 거기에는 크든 작든 그 말에 대한 연구가 있기 마련이다. 우리나라의 경우도 그 예외는 아닌 것 같다.

우리나라에서 가장 오래된 역사책인 『삼국사기』와 『삼국유사』를 살펴보면, 그 당시에 있어서 글자의 표기나 낱말의 뜻풀이와 어원 풀이를 위한 노력이 나타나는데,1) 이러한 기록들은 사실에 대한 단순한 기록이 아

---

1) 이에 대한 원전을 보이면 다음과 같다.
  ① 글자의 표기에 대하여
    說者曰　未與彌聲相近　尸與力形相類　乃託其近似而相謎也(三國遺事　卷第三　塔象　第四　未尸朗)
  ② 낱말의 뜻 풀이에 대하여

니고, 이는 소박하기는 하나 고대 우리말에 대한 연구의 한 자취를 보여
주는 것이 분명하다.

그러나 이와 같은 노력은 국어학에 대한 의식의 발생일 뿐 진정한 국어
학의 연구는 훈민정음의 창제를 계기로 역사에 등장하게 된다.

우리 국어학의 연구를 역사를 통해 그 큰 줄기를 살펴보면, 첫째는 훈
민정음 창제(1443)에서부터 실학시대 이전까지는 주로 중국 음운학에서
원리를 얻어 훈민정음의 소리 및 글자를 연구한 시기였고,[2] 둘째는 실학
시대에서부터 갑오경장(1984)에 이르기까지는 훈민정음의 소리 및 글자에
다 어휘, 어원, 방언학의 연구가 이루어졌으며,[3] 셋째는 갑오경장에서부
터 8·15광복까지는 유럽 언어학의 이론에 따라 주로 우리말의 문법을 연
구한 시기였는데,[4] 광복 후의 국어학은 이들이 크게 지양된다.

흔히 학문은 인간의 마음속에 있던 의식이 겉으로 나타나 그것이 체계
화될 때 비로소 그 출발을 보게 된다고 한다.[5] 그러므로 학문의 출발은
인간의 학(學)에 대한 의식에서 시작된다고 할 수 있다.

우리 조상들이 국어학에 대해 가지고 있던 의식의 세계를 더듬어 보면,

赫居世王－蓋鄕言也 或作弗矩內王 言光明理世也(三國遺事 卷第一 新羅始祖 赫居世王)

③ 어원 풀이에 대하여

金大問則云 尼師今方言也 謂齒理 昔南解將死 謂男儒理㟅說解曰 吾死後 汝朴昔二姓 以年長

而嗣位焉 其後金姓亦興 三姓以齒長相嗣 故稱尼師今(三國史記 卷第一 儒理尼師今)

2) 이 시기의 대표적인 연구서는 집현전 학자들의 『訓民正音解例』(1446) 등을 들 수 있다.

3) 이 시기의 대표적인 연구서는
  ① 최석정의 『經世訓民正音』(1678)　　② 신경준의 『訓民正韻解』(1750)
  ③ 유　희의 『諺文志』(1824)　　④ 이수광의 『芝峯類說』(1614)
  ⑤ 홍양호의 『孔州風土記』(정조)　　⑥ 이덕무의 『寒竹堂涉筆』(1795)
  ⑦ 황윤석의 『華言方言字義解』(정조)　　⑧ 정약용의 『雅言覺非』(1819) 등.

4) 이 시기의 대표적인 연구서는
  ① 주시경의 『국어문법』(1910)　　② 김두봉의 『조선말본』(1916)
  ③ 최현배의 『우리말본』(1937)
  ④ 이 밖에 『한글』지에 연재된 정렬모의 문법 등을 들 수 있다.

5) 박지홍(1983), "주시경의 우리말 씨가름", 『부산한글』 제2집, 한글학회 부산지회, 69
  쪽 참조.

먼저 내리글〔誓記體〕6) 표기는 우리말을 중국의 한자를 빌려서 우리말의 어순에 맞게 적은 것이다. 이로 보아 그때 우리 선인들은 이미 한문을 알고 있었던 것이 분명하며, 그들은 한어를 빌려서 우리말을 적을 수 있었으니, 우리말과 한어의 비교에서 우리말의 어순에 대한 상당히 높은 의식을 가지게 되었을 것은 분명한 일이다.

또 향가7)의 표기에 있어서 의미소는 한자의 뜻을 빌려다 표기하고, 문법소는 한자의 음을 빌려다 표기하고 있다. 여기서도 우리는 신라 사람들의 형태소 의식을 엿볼 수 있다.

그리고 이두문8)의 표기에 있어서 의미소는 한어를 빌려다 그대로 적었고, 문법소는 토박이말을 이두로 옮겨서 썼다. 여기서도 우리는 조선조 초기의 우리 선인들의 형태소 분류 의식을 엿볼 수 있다.

이상은 우리 선인들의 국어학에 대한 구명의 자취들이다. 우리는 여기서 우리 앞 시대의 많은 선인들이 의식에만 그친 국어학의 세계를 지양하여 이를 학문으로서 체계 세우고, 발전시켜 나아가야 할 것이다. 그런데, 이들 작업 중에서도 가장 먼저 서둘러야 할 부분이 문법에서는 주시경의 학문에 대한 연구일 것 같다. 그것은 주시경이 우리 문법 연구사에서 처음으로 우리 문법학의 체계를 세웠다고 할 수 있기 때문이다.

비록 그의 이론적인 출발은 영어와 한문을 통해서 시작되었다고는 하지만,9) 우리말의 특질을 찾아내어 새로운 문법학을 세웠다는 것은 우리 국어학 연구사에서 이미 널리 알려진 사실이다.10) 그런데, 주시경이 자신의 문법체계를 세울 때 어떠한 의식 아래 우리말의 '품사'를 설정하게 되었는

---

6) 이병도(1957), "壬申誓記石에 대하여", 『서울대학교 논문집(인문·사회과학)』 제5집 참조.
7) 양주동(1979), 增訂 古歌研究, 일조각, 432쪽 참조.
8) 김윤경(1954), 한국 문자 급 어학사, 동국문화사, 65쪽 참조.
9) 박지홍(1983), 앞의 논문, 67~79쪽 참조.
10) 허웅(1971), "주시경 선생의 학문", 『동방학지』 제12집, 연세대학교 동방학 연구소.
    외솔회(1971), 『나라사랑』 제14집, 정음사.
    김민수(1977), 주시경 연구, 탑출판사.

가에 대하여 아직까지 체계적으로 밝힌 글은 없는 것 같다. 그러므로 먼저 이 문제부터 해결하지 않고서는 그의 '기난갈'에 대한 연구는 성과를 거둘 수 없다.

이 글은 주시경의 학문세계를 정확히 알아내기 위한 연구과정의 하나로 쓴 것인데, 그의 여러 저서에 나타나는 '기난갈(품사분류)'을 대상으로 하여 주시경 문법 형태론의 내적 발전과정을 밝혀서 체계를 세우고, 그의 학문적인 업적을 밝혀내는 것을 목적으로 한다.

1.2. 연구범위 및 방법

1.2.1. 연구범위

문법은 크게 형태론(morphology)과 통어론(syntax)으로 나뉜다. 그리고 형태론은 다시 굴곡법(inflection)과 조어법(ward-formation)으로 나뉘고, 또 굴곡법은 순수굴곡법(활용)과 준굴곡법으로, 조어법은 파생법과 합성법으로 각각 나뉜다.11)

그런데, 형태론을 연구하려면 먼저 품사분류부터 꾀해야 한다. 그러므로 품사분류는 형태론의 출발점이 된다고 할 수 있다.

이 글의 연구범위는 주시경의 문법 가운데서도 형태론의 출발점이 되는 '기난갈(품사분류)'을 그 대상으로 하여 품사의 설정, 성립, 하위분류를 차례로 살폈다. 그러나 어느 한정된 품사에만 국한되어 나타나는 문법소(성류, 때, 서분)나 변이형태(쓰이는 곳)에 대한 연구는 뒷날로 미루었다.

이 글의 얼개를 보이면 대개 다음과 같다.

제1장은 머리말인데, 여기서는 연구의 목적, 연구의 범위와 그 방법을

---

11) 허웅(1975), 우리 옛말본, 샘문화사, 33쪽 참조. 그러나 허웅(1983), 국어학, 샘문화사, 187쪽에서는 조어법은 형태론에서 제외시키고 있다.

풀이한 후 앞선 연구로서 주시경 문법의 형태론에 대하여 연구된 것을 전체적인 연구와 개별적인 연구로 나누어서 살폈다.

제2장은 품사의 설정과정인데, 여기서는 주시경의 품사의 설정기반을 세우고 그의 저서에 따라 이를 4단계로 나누어서 품사설정 과정을 살피고, 나아가 9기의 상위단위를 설정하여 품사설정 체계를 표면화 시켜 보았다.

제4장은 맺음말로서 지금까지 살핀 내용을 요약하고, 학문적인 업적을 정리하였으며, 또 주시경 문법의 약점을 지적하였다.

그러므로 이 글은 주시경의 품사분류를 그의 저서를 통해서 발전적으로 살펴본 국어학 연구사적인 논문이 될 것이다.

1.2.2. 연구방법

먼저 주시경의 '기난갈'을 정확하게 알아내기 위하여 그의 저서인『국문문법』(1905?),[12] 『말』(1908?),[13] 『국어문법』(1910), 『조선어문법』(1911), 『말의소리』(1914) 부록에 나타나 있는 품사분류 항목을 통해, 품사설정 과정을 구체적으로 밝히고, 나아가 각 품사의 하위분류를 종합적으로 그리고 발전적으로 살폈다.

이 글에 사용된 주된 자료는 아세아 문화사에서 낸 영인본『周時經全集, 下』(1976)와 탑출판사에서 낸 영인본『歷代韓國文法大系』(1977~1986) 중 주시경의 저서인『국어문법』, 『말』인데, 이 밖에도 허웅·박지홍 엮음『주시경 선생의 생애와 학문』(1980)을 참고하였음을 밝혀 둔다. 그리고 이 글에 사용된 문법 용어는 주시경의 용어는 그대로 사용하였다.

또 각 자료에서 살핀 내용이 이 글에 쓰여지는 순서는 각 장마다『국문

---

12) 탑출판사(1986), 『歷代韓國文法大系』 제1부 제39책, 김민수의『국문문법』해설과 김민수(1977), 주시경 연구, 탑출판사, 55쪽 참조.
13) 탑출판사(1985), 『歷代韓國文法大系』, 제1부 제3책, 김민수의『말』해설 참조.

문법』, 『말』, 『국어문법(조선어문법)』, 『말의소리』의 차례로 기술하여 그 발전단계를 쉽게 이해할 수 있도록 체계화하였다.

1.3. 앞선 연구

주시경이 세워 놓은 국어학에 관한 연구는 주시경이 돌아가신 해(1914)부터 많은 후학들에 의하여 계속되어 왔다.

그러나 그의 학문 전반에 대한 풀이는 허웅의 "주시경 선생의 업적"[14]이 처음이며, 그 깊이 있는 연구가 구체적으로 시도되기는 역시 허웅의 "주시경 선생의 학문"의 발표로 그 출발을 보게 되었다. 그 후 『나라사랑』(한힌샘 주시경 선생 특집호)[15]의 출간과 그의 탄생 100주년(1976)을 계기로 주시경의 학문을 밝히려는 데 대한 노력이 크게 일어나서 많은 논문이 발표되기 시작하였다.

이것을 분야별로 간추려 보면, 국어학 전반에 관한 연구, 문법 전반에 관한 연구, 형태론에 관한 연구, 통어론에 관한 연구, 의미론에 관한 연구, 언어관에 관한 연구, 어학사적 위치에 관한 연구들이었다.[16] 또 그 연구결과가 저서나 논문집으로 정리되어 발간되기도 하였다.[17] 그런데 이들 앞선 연구 중에서 이 글과 직접 관련이 있는 형태론에 관한 깊이 있

---

14) 허웅(1959), "주시경 선생의 업적", 『사상계』 통권 66호, 306~314쪽 참조.
15) 외솔회(1971), 『나라사랑』, 제4집 참조.
16) 한글학회(1988), 『한힌샘 연구(Ⅰ)』, 147~155쪽 참조.
17) 그 대표적인 것을 보이면 다음과 같다.
　① 김세한(1974), 주시경전, 정음사.
　② 김민수(1977), 주시경 연구, 탑출판사.
　③ 김석득(1979), 주시경 문법론, 형설출판사.
　④ 허웅·박지홍(1980), 주시경 선생의 생애와 학문, 과학사.
　⑤ 한글학회(1987), 주시경 선생에 대한 연구 논문 모음(1).
　⑥ 한글학회(1988), 한힌샘 연구(1).

는 연구를 전체적인 연구와 개별적인 연구로 나누어서 살펴보면 다음과 같다.

1.3.1. 전체적인 연구

주시경 문법을 전체적으로 깊이 있게 연구한 논문으로 그 대표적인 것은 허웅의 "주시경 선생의 학문(1971)"을 들 수 있다. 그중에서 이 글과 직접 관련되는 형태론에 관한 부분만을 간추려 보이면 다음과 같다(허웅, 1971 : 28~41).

가) 품사의 설정

여기서는 『국어문법』이 나오기 이전까지에 있어서 주시경의 품사설정에 관한 풀이는 없고, 다만 이 책에서 설정한 9기와 그것이 『말의소리』의 '씨난의 틀'에서 어떻게 변화하였나에 대해서 최현배의 『우리말본』 체계에 기대어 풀이하였다. 그러므로 주시경 문법을 품사의 설정 의식에서부터 정립에 이르기까지 발전단계를 종합적으로 살펴 체계를 세우는 데는 부족한 논문이다.

나) 각 품사의 하위분류

여기서도 『국어문법』이 나오기 이전까지의 주시경의 각 품사의 하위분류에 관한 풀이는 없고, 다만 『국어문법』에 나타나는 9기 중에서 '놀'을 제외한 8기의 하위분류를 풀이하였다. 이것도 주시경의 각 품사의 하위분류 과정을 발전적으로 살펴 체계를 세우는 데는 부족한 감이 있다.

어떻든 이 논문은 우리 국어학 연구사에 있어 주시경 연구의 큰 계기를 만들어 준 논문으로, 문법 전반에 대하여는 물론 문법의 하위분류에 대한 풀이와 그 깊이 있는 연구는 여기서 그 출발을 보게 되었지만 의식에서부터 정립에 이르기까지 하위분류의 발전단계를 알아내기에는 미흡하다.

1.3.2. 개별적인 연구

주시경 문법의 하위단위에 대한 개별적인 연구는 많은 연구자들에 의해 여러 방면으로 시도되었는데, 여기서도 이 글과 직접 관련이 있는 부분만 소개하면, 품사의 설정에 대한 연구, 품사의 성립에 대한 연구, 품사의 하위분류에 대한 연구로 국한된다.

가) 품사의 설정에 대한 연구

주시경의 품사설정에 대하여 체계적으로 밝힌 논문으로는 박지홍의 "주시경의 우리말 씨가름"이 있다(1983 : 67~79). 이 글에서 주시경의 품사분류은 영어문법의 적용에서 그 출발을 보게 되어 『국문문법』의 7언분이 『국어문법』의 9기로 다듬어짐을 밝히고, 『말의소리』에 나타나는 6씨를 종합하여 9기를 표로 정리하여 보였다.

이 글은 주시경의 의식의 세계까지 더듬어서, 품사설정을 밝힌 글로서는 이것이 처음이다. 그러나 여기서도 품사설정 과정을 발전적으로 밝혀 내지는 못하였기 때문에 형태론의 내적 발전과정을 밝혀, 체계를 세우는 데는 미흡하다.

나) 각 품사의 성립에 대한 연구

각 품사의 성립과정을 밝힌 글로는 리의도의 "주시경의 토씨 연구에 대한 고찰"이 있다.18) 여기서는 『국문문법』의 '인접', 『말』의 '引接', 『고등국어문전』의 '關聯'을 살펴서 그것이 『국어문법』에서 '겻'으로 다듬어지는 과정을 밝힌 것으로서 이것은 주시경의 의식의 세계와 여러 문헌과의 대조에다가 현대 언어학적 분석까지 도모하여 쓴 깊이 있는 논문이다. 그러나 이것은 주시경 문법의 품사의 성립에 대하여 1기만 밝히고 있어서 각 품

---

18) 리의도(1987), "주시경의 토씨 연구에 대한 고찰", 『주시경 선생에 대한 연구 논문 모음(1)』, 한글학회, 487~504쪽 참조.

사의 성립과정을 모두 밝히는 데는 한 부분에 지나지 않는다.

다) 각 품사의 하위분류에 대한 연구

각 품사의 하위분류에 대한 연구에는 김세한의 『주시경전』 '기 갈래의 난틀'이 있다(1974 : 135~136). 여기서 '놀'을 제외한 8기를 의미론적 입장에서 상세하게 설명하였다고 전제하고, 주시경 문법의 하위분류에 대하여 낱낱이 풀이하고 있다. 특히 주시경이 '기(씨)'를 설정하고, 그것을 하위분류함에 있어서 영어문법의 영향을 입었음을 밝힌 것은 주목할 만하다.

그러나, 이 글도 공시적인 입장에서 쓴 것이므로, 각 품사의 하위분류가 이루어지는 발전 과정을 살펴 체계를 세우는 데는 부족한 글이다.

이와 같이 지금까지 주시경 문법에 대하여 연구한 연구자들은 대개 그것을 공시적인 측면에서 구명해 보았을 뿐, 주시경의 학문세계를 의식에서부터 정립에 이르기까지 발전적으로 밝혀 보려는 노력은 별로 보이지 않았다.

형태론 연구도 역시 주시경의 품사설정 과정을 밝힌 글이나 각 품사의 성립과정, 하위분류의 과정을 발전적으로 밝힌 글은 거의 없는 것 같다. 다만 그 사이 주시경의 우리말 품사분류 등에 의해서 그것이 시도되었을 뿐이다.[19]

그러므로 여기서는 주시경의 저서를 통해 형태론의 내적 발전 과정을 밝혀서, 그 체계를 세우고, 학문적인 업적을 밝히려고 한다.

---

[19] 박지홍(1983), 리의도(1987), 최낙복(1983, 1984, 1985[a,b], 1986[a,b,c], 1987, 1988)의 주시경 문법에 대한 연구 논문 등 참조.

2. 품사의 설정

　주시경이 우리말의 품사를 설정하고 그것을 체계화하는 데는 많은 노력이 있었다고 보아지는데, 우리는 그 흔적을 여러 곳에서 발견할 수 있다.
　주시경이 1893년에 우리말의 문법을 쓰기 시작하여 1898년에는 그 초고가 다 되었다고 한다(김민수, 1977 : 249~250). 그의 품사설정은 그때 이미 이루어진 것으로 추측되지만, 아직 그 초고가 발견되지 않고 있으므로, 그 때의 품사설정에 대한 확실한 윤곽은 알 길이 없다. 그러므로 여기서는 다만 그 후에 나온 그의 여러 저서에 나타나는 품사설정에 대한 그의 의식을 통하여 이를 살피기로 한다.

2.1. 품사의 설정기반

　말이 존재하는 근본 의의는 사람과 사람 사이의 의사를 전달하는 데 있다. 사람의 생각은 다른 사람에게 바로 전달되지 못하고, 언어형식(linguistic form)을 통해서 가능하다. 이 언어형식은 일정한 소리에 일정한 뜻이 맞붙어 있는 말의 덩이를 언어형식이라고 하는데, 이에는 긴 것으로는 문장에서 짧은 것은 형태소(morpheme)에 이르기까지 모두 언어형식이며, 낱말도 물론 언어형식이다. 이러한 언어형식은 모두 뜻을 가지고 있다(허웅, 1983 : 149).
　이러한 뜻을 가진 언어형식 중에서 낱말은 꼴이나 그 **구실** 등이 각각 서로 조금씩 달라서 똑 같은 값어치를 가지지 않는다. 그러나 그중에서도 어떠한 특징(보기를 들면 그 뜻이나 구실 등)으로 보아서 공통점을 찾아내어서 이것을 몇 개의 동아리로 나눌 수 있다.[20]

---

20) 阪倉篤義(1974), 改橋 日本文法の話, 日本 : 敎育出版, 125쪽 참조.

이처럼 복잡한 여러 어휘의 현상을 정리하여 거기로부터 하나의 공통된 규칙을 통해 몇 개의 동아리로 나눈다는 것은 문법연구에 있어 필연적인 과정이다. 왜냐하면 그것은 수많은 낱말을 하나하나 연구한다는 것은 불가능하기 때문이다. 문법에서 낱말을 분류하는 데는 그 낱말이 갖추고 있는 꼴(형태)과 그 낱말이 문장 속에서 하는 구실(기능), 그 자체가 가지고 있는 뜻(의미)에 따라 몇 개의 동아리로 나누는 것이 원칙이다. 그러나 이 세 기반은 한꺼번에 고려되어서는 안 되며, 그 적용에는 차례가 있어야 한다.

먼저 고려되어야 할 것은 꼴이다. 곧 낱말이 굴곡(활용)하느냐, 하지 않느냐가 먼저 고려되고, 다시 굴곡을 한다면 어떤 방식으로 하느냐가 고려되어야 한다.

다음으로 고려되어야 할 것은 **구실**이다. 구실은 문장에 있어서 차지하는 그 낱말(말마디)의 지위다. 굴곡방식의 특색과 구실은 어느 정도 병행하므로 굴곡하는 말에 있어서는 꼴과 구실을 함께 수용하는 수도 있으나, 굴곡없는 말에서는 구실만이 범주를 정하는 기반이 된다.

뜻은 꼴과 구실과 병행하는 일이 많으나, 뜻에 의해 분류를 해나가 보면 도저히 걷잡을 수 없는 문제들이 많이 생겨나게 되어서, 이로써는 몇 가지 국한된 분류의 갈래를 세울 수 없게 된다. 낱말의 뜻은 복잡하고 다양해서 낱말 사이의 뜻의 공통성에 따라 몇 가지 국한된 수의 갈래를 세우기란 무척 힘든 일이므로 뜻은 참고 정도로 하는 것이 좋다[21]고 판단된다.

　(1) 아기가 젖을 먹소. (『국어문법』 41)
　(2) 이 소는 누르고 저 말은 검다. (『국어문법』 43)

(1), (2)는 문장으로 각각 하나의 언어형식이다. 이 문장들은 더 작은 언어형식으로 나눌 수 있다. 이 문장을 적을 때는 일반적으로 (1)은 세 덩

---

21) 허웅(1975), 우리 옛말본, 샘문화사, 46쪽과 허웅(1983), 앞의 책, 189쪽 참조.

이로, (2)는 여섯 덩이로 나누어 띄어 쓰고 있다. 이것은 바로 이들 문장
이 각각 세 덩이와 여섯 덩이의 더 작은 말로 이루어져 있음을 나타내는
것인데, 이러한 말의 단위를 '어절'이라 한다(허웅, 1981 : 38).

그런데 한 어절은 <먹소, 이, 누르고, 저, 검다>와 같이 한 낱말로 이
루어진 것도 있고, <아기-가, 젓-을, 소-는, 말-은>과 같이 둘 이상의 낱
말로 이루어진 것도 있다. 또 {아기, -가, 젓, -을, 이, 소, -는, 저, 말,
-은}과 같이 한 낱말은 더 쪼갤 수 없는 것도 있고, <먹-소, 누르-고, 검-
다>와 같이 다시 더 작은 뜻을 가진 조각(의미소, 문법소)으로 나누어지는
것도 있다. 이렇게 뜻을 가진 가장 작은 말의 단위를 '형태소'라 한다. 형
태소를 더 쪼개면 그 말로써 나타내려는 뜻은 없어지거나 달라지고 만다.
곧 <아기>를 <아>와 <기>로 쪼개면 나타내려는 뜻은 없어진다.

그러면 주시경이 낱말을 어떻게 분류하였는가를 살펴보면, 앞의 (1),
(2)의 문장을 각각 여섯과 열로 나누어 품사분류하였다. 이것을 보이면
다음과 같다.

(1)	아기	가	젓	을	먹	소.				
	①	②	③	④	⑤	⑥				

(2)	이	소	는	누르	고	저	말	은	검	다.
	①	②	③	④	⑤	⑥	⑦	⑧	⑨	⑩

주시경의 이러한 낱말의 분류는 『말의소리』에 등장되는, 오늘날의 형태
소에 접근되는 '늣씨'를 기준하여 품사분류한 것이다.[22]

문장(1), (2)에서 (1)의 ①, ③, ⑤와 (2)의 ①, ②, ④, ⑥, ⑦, ⑨는 어
휘적인 뜻을 나타내는 형태소이고, (1)의 ②, ④, ⑥과 (2)의 ③, ⑤, ⑧,

---

22) 이 '늣씨'는 고름소리 <으>를 '늣씨'로 처리한 것 외는 거의 형태소에 접근되는 말이
   다. 이 '늣씨'에 대한 연구는 김민수(1977), 98~121쪽 참조.

⑩은 문법적인 관계를 나타내는 형태소이다. 주시경은 이러한 형태소를 '늣씨'로 의식하고 이를 각각 독립된 품사로 설정하였다.

(1)과 (2)에서 {아기, 젓, 소, 말}은 사물의 이름을 나타내는 낱말이기 때문에 이들을 '명호>임'으로 설정하였다. 이 '임'은 어근을 포함한 낱말로서 굴곡하지 않고, '겻'이나 '끗'의 도움을 받거나, 단독으로 문장에서 여러 가지 문장성분으로 쓰이는 낱말의 묶음이다. 그러므로 이 '임'은 낱말분류의 기반이 되는 **구실**을 기준으로 하여 설정한 것이다.

(1), (2)에서 <먹소, 누르고, 검다>는 어근을 포함하고, 굴곡하는 낱말로서 문장에서 서술어로 쓰이는 낱말들이다. 그러나 주시경은 이들 낱말의 어근인 {먹, 누르, 검}만으로 문장에서 '남이〔說者〕'가 되고, {먹, 검}은 각각 '끗'인 {소, 다}와 더불어 '남이듬〔說者格〕'이 되는 것으로 의식하였다.

그런데, 이들은 **구실**로는 구별이 잘 되지 않는다. 다만 뜻으로 보아서 {먹}은 움직임을 나타내는 낱말의 어근이고, {누르, 검}은 상태나 모양이 어떠함을 나타내는 낱말의 어근이다. 그래서 주시경은 이들을 각각 다른 기(씨, 품사)로 의식하여 {먹}은 '동작>움'으로, {누르, 검}은 '형용>엇'으로 설정하였다. 이 '엇'과 '움'의 설정은 이들이 문장 속에서 하는 **구실**과 낱말 자체가 안고 있는 **뜻**에 의하여 설정된 것이다. 그런데 용언의 구실만을 의식하여 '엇, 움'을 묶어서 하나의 품사로 처리한 이는 정렬모이다. 그는 "동사와 형용사는 문장을 이룰 경우 문법적 성질이 별로 다름이 없기 때문에 따로 품사를 설정할 가치가 없다."고 하고 동사를 동작을 나타내는 동작동사와 상태를 나타내는 형용동사로 구분하였다(정렬모, 1946 : 52~78). 이것을 표로 나타내어 보이면 다음과 같다.

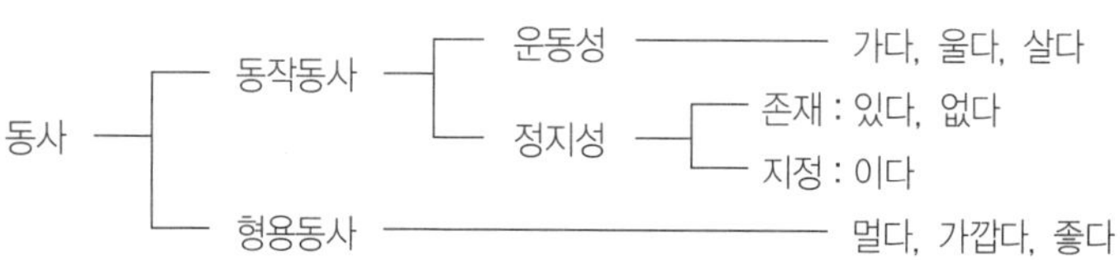

그러므로 주시경이 '엇'과 '움'을 각각 딴 품사로 설정한 것은 1차로 **구실**을 고려하고, 다음은 **뜻**을 고려하여 품사분류한 것이다. 앞의 (1), (2)에서 {가, 을, 는, 은}은 '명호>임'의 직분이나 '동작>움'의 자리를 한정해 주는 **구실**을 하는 토인데 이들은 앞의 '임이〔主者〕'나 '씀이〔物者〕'와 더불어 문장에서 각각 '임이듬〔主者格〕'이나 '씀이듬〔物者格〕'이 되는 '인접>겻'이다.

또 {소, 다}는 한 문장을 마쳐 주는 **구실**을 하는 '죠성>끗'인데, 이들은 앞의 '남이'와 더불어 '남이듬'이 된다. 그리고 {고}는 '기, 모, 드'를 연결하는 **구실**을 하는 '간접>잇'이다(홍양추, 1980 : 173).

이들 '겻, 잇, 끗'은 굴곡하지 않고, 그 자체로서는 어근을 포함하지 않기 때문에 통어론 상의 어떠한 구실을 가지지 못하고 다만 '임, 엇, 움'에 의지해서 그 말의 구실을 표시해 주거나 뜻을 정밀하게 표현해 준다. (2)에서 {이, 저}는 뒤에 오는 '임이'인 <소, 말>을 각각 꾸미는 구실을 하는 '형명>언'으로서 문장에서 '임이금〔主者限定〕'이 된다.

그 외 주시경 문법에 나타나는 <귀한, 무른, 좋은…/가는, 먹는…/돌(집), 나의 (칼)…> 등을 모두 '형명>언'으로 처리한 것은 이들이 문장에서 '명호>임'을 수식하는 구실을 하기 때문이고, <잘, 매우…/좋게, 무르게, 귀하게…/가게, 먹게…/길로, 들에…> 등을 모두 '형동>억'으로 처리한 것은 이들이 문장에서 '엇, 움, 억'을 수식하는 구실을 하기 때문이다. 그러므로 이들도 1차로 **구실**을 기반으로 하여 분류하고, '언, 억'의 구별은 **뜻**을 고려하여 설정한 것이다.

이와 같이 주시경은 품사설정 단위를 '늣씨'로 하여, 움직임이나 상태를 나타내는 낱말의 어근형태소에 붙는 접사도 각각 분리하여 독립된 품사로 설정하였기 때문에 낱말의 내부에서는 어형변화가 일어나지 않는 것으로 다루었다.

그러므로 낱말 분류의 기반이 되는 **꼴, 구실, 뜻** 중에서 꼴은 자연히 고려할 필요가 없게 되고, **구실**과 **뜻**만이 낱말을 분류하는 큰 기준이 되었다. 이러한 면에서 주시경의 품사설정은 9기(『국어문법』(1910))가 되었다.

이의 품사분류 일람표를 만들어 보이면 다음과 같다.

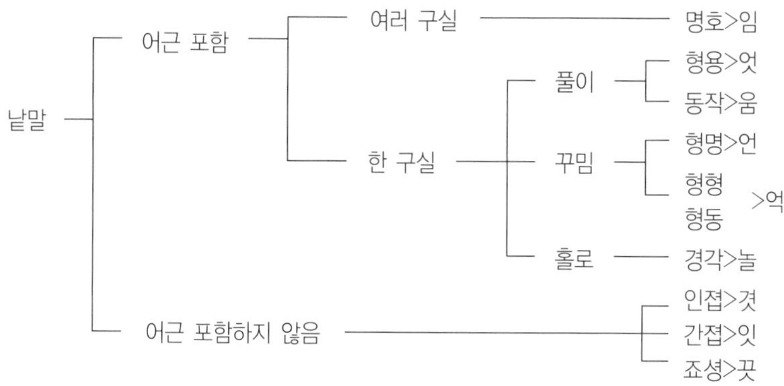

2.2. 『국문문법』에서의 '7언분' 설정

주시경의 저서 『국문문법』[23]의 '말' 단원 설명 첫머리에, 오늘날의 품사 또는 품사분류에 맞서는 용어로 짐작되는 말로서 '언분(言分)'이란 말이 나타난다. 이 '언분'은 한자가 지닌 뜻으로 미루어 보아 영어문법의 'a part of speech'를 우리 문법에 적용한 말이 분명하다. 그런데, 여기서의 '언분'은 '품사' 또는 '낱말 나누기'의 두 뜻으로 해석된다. 그러나 이는 '말' 단원 품사분류의 첫머리에 나타나는 용어이므로, 이는 '품사'의 뜻으로 받아들이는 것이 옳을 것 같다. 이것은 우리 문법 연구사에 있어 '품사'에 맞서는 용어로서는 가장 먼저 등장되는 말로 보아도 무리는 없다. 그러므로 우리 문법 연구사에 있어 큰 의의를 가진다.

이제 『국문문법』에서 낱말을 그 설정에 따라 크게는 7갈래로, 작게는

---

23) 이 책의 내용은, 주시경이 서울 상동 청년학원 강사시절(1905~1907)에 강의한 것을 수강생 유만겸이 기록한 필기장을 통해 전해오는데, 이는 탑출판사(1986)에서 낸 영인본 『歷代韓國文法大系』의 제1부 제39책에 영인되어 실려 있다.

10갈래로 나누어서 이를 '언분'이라 이름하고서, 그 뜻매김을 한 것을 간
추려서 보이면 다음과 같다.24)

    (1) ㄱ. 명호(名號) : 각종 물건들과 여러 가지 볼 수 업는 바를 일흠ㅎ여
                  부르는 것.
      ㄴ. 형용(形容) : 형용ㅎ는 것들.
        (ㄱ) 형명(形名) : 명호를 형용ㅎ는 것들.
        (ㄴ) 형형(形形) : 형용을 형용ㅎ는 것들.
        (ㄷ) 형동(形動) : 동작을 형용ㅎ는 것들.
      ㄷ. 동작(動作)25) : 동작ㅎ는 것들(?)
      ㄹ. 간접(間接) : 혼 말이 달은 말을 이어지게 ㅎ는 것들.
      ㅁ. 인접(引接) : 명호 아리 쓰는 것들인데 동작을 인도ㅎ여26) 되는
                  것을 가르치는 것들.
      ㅂ. 경각(警覺) : 무슨 의외에 감정이 일어나 스스로 놀라는 것.
      ㅅ. 죠성(助成) : 명호나 동작이나 형용을 도아 한 말을 맛치는 것들.

  (1)을 최현배의 『우리말본』과 견주어 보면 대개 다음과 같다.

    (2) ㄱ. 명호(名號) ·········· 임자씨.
      ㄴ. 형용(形容) ·········· 그림씨의 줄기, 잡음씨 「아니다」의 줄기.
        (ㄱ) 형명(形名) ··· 매김씨, 풀이씨의 매김꼴(「이다」는 제외)
        (ㄴ) 형형(形形) ··· 그림씨를 꾸미는 어찌씨.
        (ㄷ) 형동(形動) ··· 움직씨를 꾸미는 어찌씨.
      ㄷ. 동작(動作) ·········· 움직씨의 줄기
      ㄹ. 간접(間接) ·········· 이음씨끝, 「이다」의 이음꼴, 이음씨, 이음토씨.

---

24) 탑출판사(1986), 앞의 책, 제1부 제39책, 『국문문법』 16쪽 참조. 이 『국문문법』 16
    쪽에는 '형용'의 하위단위가 '형명, 형형, 형동'의 순서로 되어있는 것과 '형명, 형동,
    형형'의 순서로 되어 있는 것의 두 가지로 나타나는데, 그의 의식을 참작하여 이 표
    에서는 앞의 것을 택하였다.
25) '동작'에는 뜻매김이 빠져 있는데, 앞의 '형용'의 뜻매김을 보아 '동작ㅎ는 것들'과 같
    은 말로 풀이되어 있을 것으로 짐작된다.
26) <인도하여>는 <인도하게>의 뜻인 것 같다.

    ㅁ. 인졉(引接) ·········· 토씨.
    ㅂ. 경각(警覺) ·········· 느낌씨.
    ㅅ. 죠성(助成) ·········· 마침씨끝, 「이다」의 마침꼴.

주시경의 이와 같은 품사설정은 다른 나라 문법에서 영향을 받은 것 같다.27) 우선 품사의 늘임 차례가 그 때 우리나라에서 출판된 영어문법의 차례에 따르고 있는 점에서 이를 쉽게 알 수 있다. 이 무렵의 우리나라 서울에서 나온 영어문법 책으로는, 1911년에 나온 이기룡의『中等英文典』과 윤치호의『英語文法捷徑』의 두 권이 전해오고 있는데,28) 앞의 것에는 품사의 차례가 Noun, Pronoun, Adjective, Article,29) Verb, Adverb, Preposition, Conjunction, Interjection의 9갈래로 되어 있고, 뒤에 것에는 명사, 대명사, 형용사, 동사, 조사(Adverb), 전치사, 접속사, 감탄사의 8갈래로 되어 있다. 이 두 분류를 간추려서 주시경의 분류와 견주어 보기로 한다(참고로 위의 두 체계에서 주시경의 체계에 가까운 윤치호의 품사 뜻매김을 예시한다).

    (3) ㄱ. 名詞(A Noun)는 인명과 지명과 物名이다.
       ㄴ. 代名詞(A Pro-noun)는 명사를 대표홈.
       ㄷ. 形容詞(An Adjective)는 명사와 의사를 한정하거나 형용홈.
       ㄹ. 動詞(A Verb)는 人이나 物의 동작(action)이나 景況(state)를
          설명홈.
       ㅁ. 助詞(An Adverb)는 동사나 형용사나 조사의 의사를 註明홈.
       ㅂ. 前置詞(A Preposition)는 명사를 대명사 우에 置ㅎ야 그 명사와
          他詞間에 관계를 설명홈(조선어의 "토"와 如홈).
       ㅅ. 接續詞(A Conjunction)는 단어나 句語를 연락홈.
       ㅇ. 感歎詞(A Interjection)는 희로애락의 감정을 설명홈.

---

27) 아세아문화사(1976), 『周時經全集』(下)에 영인되어 있는 주시경(1908), 『국어문전음
    학』, 34쪽 참조.
28) 탑출판사(1986), 『歷代韓國文法大系』, 제2부 제29책 참조.
29) 'Article'은 윤치호의 체계에서는 'Adjective'의 하위단위가 되어 있다.

이번에는 『英語文法捷徑』의 ‘사(詞)’의 차례와 『국문문법』의 ‘언분’의 차
례를 견주어 보면 다음과 같다.

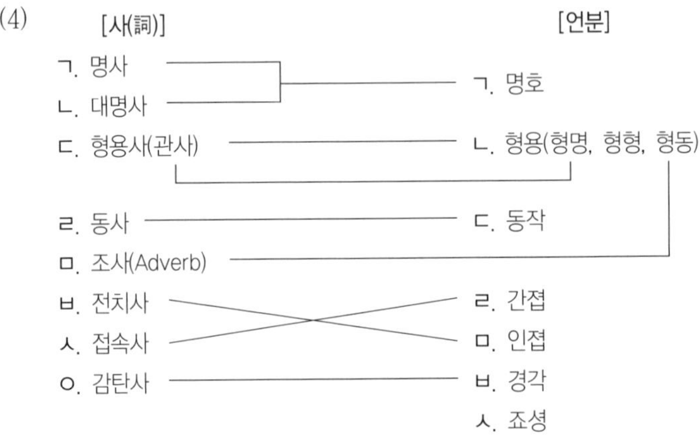

(3), (4)로 미루어서 주시경이 영어문법의 분류를 우리말 문법에 받아
들인 경위를 살펴보면 다음과 같다.

명사는 ‘명호(名號)’로 받아들였는데, 대명사를 명사의 하위단위로 받아
들인 것은 우리말의 문법에 있어서는 명사와 그 성질이 다를 것이 없으므
로 그렇게 처리한 것으로 그의 독창적인 처리 방법이다.

형용사는 ‘형용(形容)’으로 받아들였는데, 『英語文法捷徑』에서 명사를 꾸
미는 관사를 형용사의 하위단위로 처리한 데서 그 이치를 얻어 내어서,
‘명호’를 꾸미는 성분인 ‘형명(形名)’을 ‘형용’에 포함시켰고, 이에 따라 자연
히 형용사와 동사를 꾸미는 ‘언분’으로 보아지는 ‘형형(形形)’과 ‘형동(形動)’
도 ‘형용’ 속에 넣은 것이다. 이와 같은 처리는 ‘형용’의 주된 구실이 다른
‘언분’을 꾸미는 것으로 의식하였기 때문에 모두 ‘형용’의 하위단위로 처리
한 것이다.

전치사는 ‘인졉(引接)’으로 받아들였는데, 이러한 처리는 윤치호의 ‘사
(詞)’의 뜻매김에 따르면, 조금도 무리는 없겠으나, 영어에서는 전치사가

그 차례에 있어 접속사에 앞서 있는데, 그의 차례에 있어서는 그것이 '간접(間接), 인접(引接)'으로 그 차례가 바뀌어 있다. 그러나 '간접'은 서술어의 어미가 되므로 그것이 '인접'보다 '형용, 동작'에 가까움을 느낀 데서 취해진 것으로써 당연한 처리라 할 수 있다.

'죠셩(助成)'은 우리말에만 있는 '언분'이므로 이것을 맨 마지막에 놓은 것은 무리 없는 처리로 해석된다.

이렇게 풀어보면, 『국문문법』의 품사 벌림 차례는 그때의 영어문법, 특히 윤치호의 『英語文法捷徑』에서 영향을 받았음을 알 수 있다.

그리고 또한 품사의 차례를 1905년에서 1909년 사이에 이루어진 우리말 문법으로서, 일본 문법에서 영향을 받아 이루어진 유길준의 『조선문전』과 『대한문전』의 품사 차례와 견주어 보면, 이를 분명히 알 수 있다. 『조선문전』에서는 우리말의 품사가 '명사, 대명사, 동사, 형용사, 부사, 후사, 접속사, 감탄사'의 차례로 전개되어 동사가 형용사보다 먼저 나타나 있다. 또 유길준 문법의 품사 차례와 그 무렵 일본에 널리 퍼져 있던 문법책의 하나인 中根淑의 『日本文典』(1876)의 품사의 차례를 맞세워 보면 다음과 같이 일치한다(강복수, 1975 : 79~80).

	『中根淑의 문법』	『유길준의 문법』
(5)	ㄱ. 名詞 ┈┈┈┈┈┈┈┈┈┈	ㄱ. 名詞
	ㄴ. 代名詞 ┈┈┈┈┈┈┈┈	ㄴ. 代名詞
	ㄷ. 動詞 ┈┈┈┈┈┈┈┈┈┈	ㄷ. 動詞
	ㄹ. 形容詞 ┈┈┈┈┈┈┈┈	ㄹ. 形容詞
	ㅁ. 副詞 ┈┈┈┈┈┈┈┈┈┈	ㅁ. 副詞
	ㅂ. 後詞 ┈┈┈┈┈┈┈┈┈┈	ㅂ. 後詞
	ㅅ. 接續詞 ┈┈┈┈┈┈┈┈	ㅅ. 接續詞
	ㅇ. 感歎詞 ┈┈┈┈┈┈┈┈	ㅇ. 感歎詞

그러나, 주시경의 품사 벌림 차례에서, 우리는 영어문법의 품사분류(씨

가름)를 그대로 모두 우리말에 적용시키지 않고, 주체적인 생각 아래 우리말의 특성을 찾아내어 독창적으로 품사분류하려고 애쓴 흔적을 엿볼 수 있다.

주시경은 '원명(명사)'과 '대명(대명사)'은 문장에서 하는 일이 모두 같다는 것을 의식하여 이를 하나로 묶어 '명호'를 설정하였고, '명호'를 꾸미는 '형명'이 '형용'의 하위단위로 존재한다면 '형용'을 꾸미는 '형형'과 '동작'을 꾸미는 '형동'도 응당 그 하위단위가 되어야 함을 의식하고, '형형, 형동'을 '형용'의 하위단위에 두었는데, 이러한 처리가 다 그것이다. 주시경은 여기서 '형형'과 '형동'은 그 한계선이 불투명하여 매우 고민한 것 같다. 그래서 '형형'은 "곳 형동이로되 쓰임만 갓지 아니홈"(1905 : 16)이라 한 것이 이를 일러주는 것이다. 이는 '형동'과 '형형'은 꼴은 같은데, 꾸미는 대상이 다르다는 뜻으로 해석된다.

또 영어와의 대비에서 우리말의 '언분'의 분류를 끝내었을 때, 영어에는 없고, 우리말에만 있는 <마침(종결)> '언분'의 존재를 알아내어 '죠셩'이라는 한 '언분'을 더 세우게 되는데, 이는 그의 독창적인 설정이다. 곧, '죠셩'은 우리말 용언의 종결어미를 살핀 후 '간접'의 대립으로 세운 것이 분명하다.

그런데 우리말의 종결어미인 {-다, -느냐, -거라} 등과 한문 종결사인 {也, 乎, 矣} 등이 꼭 들어맞는다. 이것을 견주어 보면 다음과 같다.

(6) ㄱ. 하늘이 둥글다. ······························ 天圓**也**(서술)
    ㄴ. 장군은 겁나느냐? ····························· 將軍怯**乎**(의문)
    ㄷ. 가거라 나는 이 나라에 살겠다. ········ 往**矣** 我居於此國(명령)

이것은 우연의 일치라기보다는 주시경이 오랫동안 한문으로 문자생활을 한 데서 비롯된 것이다. 그러나 『국문문법』에서 품사의 설정에 대해서는, 표면상 간단한 뜻매김을 통해 세워진 7언분이 알려져 있을 뿐 확실한 것은 알 길이 없고, 다만 주시경이 설정한 품사의 이름과 뜻매김을 통하여 그저 7품사에 대한 개념이 짐작될 뿐이다. 그러면 '언분'의 나눔을 통해 차례 배열에 대한 주시경의 의식을 더듬어 보면 다음과 같다.

주시경은 '언분'을 '명호, 형용(형명, 형형, 형동), 동작, 간접, 인접, 경각, 죠셩'의 차례로 나누었는데, 이런 처리의 바탕은 다음과 같다.

먼저 '명호, 형용, 동작'을 앞머리에 벌려 놓은 것은 이들 '언분'이 모두 실사, 곧 의미소(sememe)로만 되어 있음[30]을 의식한 데서 이루어진 것이며, 그 다음에 '간접, 인접'을 벌려 놓은 것은 이들 '언분'이 모두 허사, 곧 문법소(tagmeme)로만 되어 있음을 의식한 데서 이루어진 것이라 하겠다. 그리고 '명호, 형용, 동작'과 '간접, 인접' 다음에 '경각'과 '죠셩'을 둔 것은 '명호~인접'은 문장의 몸을 짜는 '언분'이나, '경각'은 문장을 끄집어내는 '언분'으로, '죠셩'은 문장을 끝맺어 주는 '언분'으로 의식한 데서 이루어진 것이다.

이것을 표로 나타내면 다음과 같다(괄호 속은 주시경의 의식으로 생각되는 부분임).

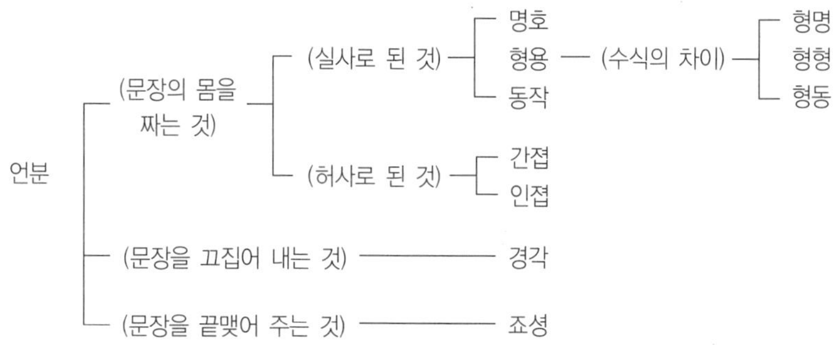

그리고 주시경이 '명호'를 '형용, 동작'보다 앞세운 것은, '명호'는 문장에

---

30) 그때 한문하는 이는 실사와 허사에 대한 구별은 모두 잘 알고 있었다(諸橋轍次 : 大韓和辭典 참조).

서 앞머리에 오는 주성분(으뜸성분)인 주어가 됨이 큰 구실임을 알고 있었기 때문이고, '간접'을 '인접'보다 앞세움은 '간접'은 허사이나 <이다> 등의 낱말이 문장에서 서술어에 접근됨을 알고 있었기 때문이다. 또 '형용'의 하위단위를 나누되 이를 '형명, 형형, 형동'의 차례로 한 것은 전적으로 '명호, 형용, 동작'의 체계에 맞추기 위한 것으로 해석된다. 곧, '형명'은 '명호'를, '형형'은 '형용'을, '형동'은 '동작'을 꾸미는 '언분'이기 때문이다.

어떻든, '언분' 분류에 있어서 우리말의 품사가 크게 의미소와 문법소로 이루어져 있음을 의식하고, 그 의식 아래 품사분류를 꾀한 것만은 분명하다. 그런데 『국문문법』에서 설정한 이 7언분은 '다른 나라 문법의 영향'에서 이루어진 것이라 할 수 있다.

2.3. 『말』에서의 '6체' 설정

주시경이 지은 문법책으로 전해 오는 최초의 것은 필사본 『말』[31]이다. 이 책은 1908년(?)에 나온 것으로 짐작되는데, 이 책의 '언체의 변법(言體의 變法)'이란 말 만들기(조어법)를 풀이한 단원에 우리말의 품사분류가 간단히 언급되어 있다.[32]

이 책에서는 품사에 해당하는 용어로 '체(體)'란 말을 쓰고 있는데, 이에 대한 뜻매김이 없어서 그 뜻을 확실히는 알 수 없으나, 품사에 맞서는 말이 분명하다.[33]

---

31) 탑출판사(1985), 『歷代韓國文法大系』 제1부 제3책 영인되어 있는 주시경(1908), 『말』 참조.

32) 이 단원에 나타나는 풀이를 보면, 말 만들기에 관한 것이 분명하다. 이는 품사분류 으로도 볼 수 있다.

33) ① 위의 책 29쪽에서 "言語字의 種類가 모도 六體에 分亨엇는딕 그 職責의 類屬으로 三種式 部分이 되어 …"란 말이 나타난다(위에서 種類가의 '가'는 '는'의 오자인 것 같다).

② 주시경의 『高等國語文典』(1909)에는 {體}가 <품사>의 뜻으로 쓰이고 있다.

  그리고, 여기서 간단하게나마 품사의 분류를 체계적으로 펴 나가고 있는데, 이는 우리 문법 연구사에서는 처음 있는 일이므로 큰 의의를 가진다. 주시경은 이 책에서『국문문법』에서의 품사분류(씨가름)를 이론적으로 계승·발전시켜 나갔다.

  먼저 '언어자(言語字)'를 설정하고, 나아가 이를 '원체부(原體部)'와 '관계부(關係部)'로 나누고, 이를 다시 '명호, 형용, 동작'과 '인접, 간접, 죠성'의 6체로 나누어 나갔는데, 여기에는『국문문법』에서 설정한 '경각'이 빠지고 없으며, 품사의 벌림 차례에 있어서 '인접'을 '간접'보다 앞세우고 있다. 이것을 표로 나타내면 다음과 같다.

  위에서 '원체부'는 낱말의 몸이 되는 부분으로 의식하여 설정한 것이 분명하므로, 이는 의미소를 나타내는 것이고, '관계부'는 어근과 어근과의 문법적인 관계를 나타낸 것으로 의식하여 설정한 것이 분명하므로 문법소를 나타낸 것이 된다. 그러므로 이 체계는 그때로서는 대견한 것으로 평가해야 한다. 그러나 여기서 문제가 되는 것은 '언어자(言語字)'의 개념과『국문문법』에 설정된 7언분 중에서 '경각'이 빠진 일과 '간접'과 '인접'의 차례가 바뀐 것이다. 이 문제들을 살펴보면, '언어자'에서 '언어(言語)'는 '말'을 이르는 것이나 '자(字)'는 과연 무엇을 이르는 것일까?

  주시경은 이미『국어문전음학』(1908)에서 품사에 해당되는 용어로 보아지는 말로서 '字'란 말을 쓰고 있다. 그런데, 이는 15세기부터 우리 학계에서 낱말의 뜻으로 써 오던 용어34) '字'를 그대로 계승한 것으로 짐작되므로, 여기서의 '字'는 품사란 뜻으로 해석하기 보다는 낱말이란 뜻으로 해석하는 것이 더 타당할 것 같다. 그리고 18세기에 쓰이던 '字'는 낱말의 뜻으로 풀어도 무리가 없기 때문이다.

『국어문전음학』에서 '-字'로 분류한 많은 말이 나타나는데(주시경, 1908 : 55~58), <보기>를 들면 다음과 같다.

    (7) ㄱ. 밟〔蹈〕, 앉〔坐〕 ·················· 〔動字〕
        ㄴ. 넓〔廣〕, 젊〔少〕 ·················· 〔形字〕
        ㄷ. 값〔價〕, 낮〔午〕 ·················· 〔名字〕

(7)ㄱ의 '動字'는 <움직임을 나타내는 낱말>의 뜻으로도 해석할 수 있고, 동사의 뜻으로도 해석할 수 있으며, (7)ㄴ의 '形字'는 <모양이나 상태를 나타내는 낱말>의 뜻으로도 해석할 수 있고, 형용사의 뜻으로도 해석할 수 있다.

또, (7)ㄷ의 '名字'는 <일이나 물건의 이름을 나타내는 낱말>의 뜻으로도 해석할 수 있고, 명사의 뜻으로도 해석할 수 있다.

그러나 여기서의 '字'는 그 앞 시대부터 내려오는 뜻에 따라 낱말로 보는 것이 더 옳겠다. 더구나 『말』에서는 '-字'를 형태소에 접근된 말로 썼으나 품사의 뜻으로는 쓰지 않았다.[35] 그리고 '字'란 한자말인데, 한문에서는 한 글자(字)가 바로 한 낱말이 된다는 것도 또한 방증이 된다. 이렇게 볼 때 '언어자'란 <언어의 낱말>이 된다. 그러므로 '언어자'란 오늘날의 <낱말>에서 맞서는 말로 볼 수 있다.

이제 『국문문법』에서의 의식한 7언분과 『말』에서 체계 세운 6체를 비교하여 보면 다음과 같다.

---

34) 박은용(1968), "同文類解 語錄解 研究(上)", 『효성여자대학 연구 논문집』 4, 10, 14쪽 참조.
35) 주시경(1908), 앞의 책, 80쪽 '字分'의 '單子・合字' 참조.

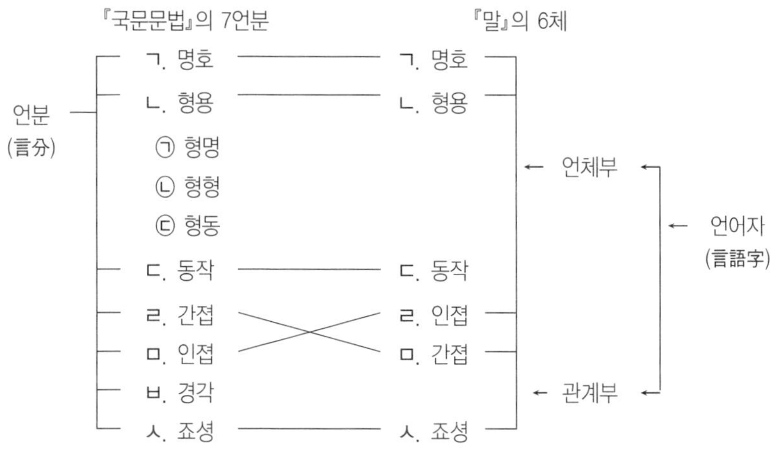

위의 두 분류를 살펴보면, 첫째로『국문문법』에서 설정한 '경각'이『말』
에서는 빠져 있다. 그러나 이 '경각'은 실은 '명호' 속에 포함시켰다.[36) 또
품사의 차례에 있어『국문문법』에서 '토'의 벌림이 '간접, 인접'의 차례에서
'인접, 간접'의 차례로 바뀌어 있다. '간접'은 서술어의 어미가 되므로 '인
접, 간접'의 차례로 바꾼 것은 좋은 처리법으로 볼 수는 없다.[37)

그러나, '인접'은 '명호'에 결합되고, '간접'은 '형용'과 '동작'에 결합되므
로 '인접, 간접'의 차례가 더 옳다. 그리고 '간접'은 '죠성'과 맞서는 꼴이다.
그러므로 이것은 확실히 발전한 체계로 볼 수 있다. 이것을 표로 보이면
다음과 같다(←은 결합을 나타냄).

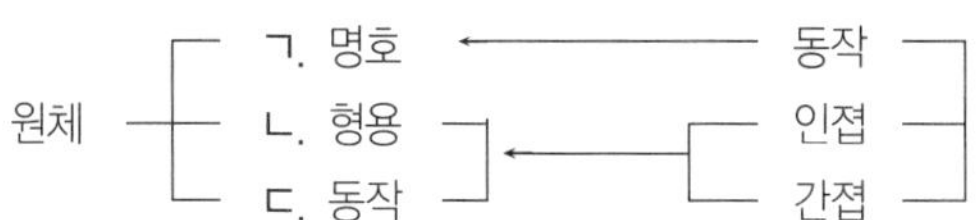

---

36) 주시경(1914),『말의소리』, 부록을 보면, '경각'은 '명호'에 들어 있음을 확실히 알 수
    있다.
37) '잇기'인 {-과, -와}와 같은 예외는 있다.

그리고 '형명, 형형, 형동'은 '형용'의 하위단위로 의식하고 『말』의 체계에서 뺀 것으로 짐작되는데, 이것도 좋은 처리법으로는 볼 수 없다. 이들이 문장 속에서 하는 일이 모두 다른 것을 하나로 묶어서 처리하는 것은 곤란하기 때문이다. 그러나 여기서는 우리말의 특성을 살펴서 우리말의 품사분류를 화하려고 애쓴 것은 우리 문법 연구사에서 높이 평가해야 할 것이다.

『말』에서 먼저 우리말의 낱말을 크게 '원체부'와 '관계부'로 나누었는데, 이는 우리말의 낱말에 의미를 나타내는 조각과 문법을 나타내는 조각의 두 가지가 있음을 뚜렷이 판별한 데서 이루어진 것으로서, 우리말의 품사분류의 이론은 여기서 그 출발을 보게 되었다.

주시경이 여기서 우리말의 품사를 6갈래로 설정했다는 것은 좋은 처리라고는 할 수 없으나, 우리말의 특이성을 찾아내어 구체적으로 체계를 세워 보았다는 점에서 이 체계는 높이 평가되어야 하겠으며, 이는 '주체적인 체계의 모색'이라 할 수 있다.

2.4. 『국어문법』에서의 '9기' 설정

주시경은 처음에는 품사를 7언분으로 설정하였는데, 그 다음 『말』에서는 6체로 바꾸었고, 그 후 『국어문법』의 '기난갈'에서는 다시 품사를 9기로 다듬었다. 여기서 그는 품사에 해당하는 용어를 '체'에서 '기'로 바꾸고는, 비로소 품사에 대한 뜻매김을 하였다. 이것을 보이면 아래와 같다(주시경, 1910 : 27~28).

> "기는 낫말을 이르는 것으로 씀이니,[38] 여러 가지 몬이나 일을 따르어 이르는 말을 각각 부르는 이름으로 씀이라."

---

38) 주시경 선생은 {-이니}를 흔히 {-인데}의 뜻으로 쓰고 있다.

그러면, 『국어문법』에서 사용한 '기'란 용어는 어디에서 온 말일까? 이는 우리 옛말에서 가져온 말이 분명하다.

오늘날도 나이가 많은 노인들은 『千字文』에 나오는 종지사 <焉, 哉, 也>를 <잇기 언, 잇기 재, 잇기 야>로 각각 읽고 있는데,[39] 1575년에 출간된 『石峰千字文』에 따르면, "焉"은 "입겻 언", "哉"는 "입겻 지", "也"는 "입겻 야"로 읽고, 1804년에 출간된 『註解千字文』에 따르면 "也"는 "입긔 야"로 읽고 있다.[40]

이를 간추려 보면, 19세기의 초에 이르러서 이 3자는 (8), (9), (10)ㄷ과 같이 읽혔음을 알 수 있다.

(8) 焉 : ㄱ. 입겻(언)──→ ㄴ. 입긔(언)──→ ㄷ. 잇긔(언)
(9) 哉 : ㄱ. 입겻(재)──→ ㄴ. 입긔(재)──→ ㄷ. 잇긔(재)
(10) 也 : ㄱ. 입겻(야)──→ ㄴ. 입긔(야)──→ ㄷ. 잇긔(야)

그리고 이것이 20세기에 들어서자 "ㅢ(의)"가 안정감을 잃음에 따라(허웅, 1985 : 496) "잇긔"는 "잇기"로 바꾸었을 것으로 짐작된다. 오늘날 노인분들이 <焉, 哉, 也>를 <잇기 언, 잇기 재, 잇기 야>로 읽게 된 까닭도 여기에 있는 것 같다.

그러면 여기에 나오는 "잇기"를 무슨 뜻으로 받아들였을까? 이 말은 {잇＋기}로 분석하고, {잇}은 {在(잇-)}가 이두에서 지정사 {이-}의 뜻으로 쓰이는 일이 있음으로[41] 미루어 보아 <이다>의 어간 {이-}로 풀이하고는[42] {이}는 맺음의 뜻으로, {기}는 낱말의 뜻으로 받아들인 것이다. 이렇게 보면, 주시경이 이 '기'가 토박이말이며, 이미 죽은말이므로 이 말을

---

39) 『주시경 선생의 생애와 학문』(1980)의 저자인 박지홍님의 증언에 따른 것이다.
40) 단국대학교 동양학 연구소(1984), 영인본 『千字文』 49, 184, 276쪽 참조.
41) 양주동(1979), 增訂 古歌硏究, 일조각, 624쪽 "媤者零妙寺言寂法師在旀…"에서.
42) 우리말의 {있다}에 맞서는 말인 영어의 be와 일본말의 aru(有)에는 {있다}, {이다}의 두 뜻이 있다.

살려서 낱말의 뜻으로 썼으리라는 짐작이 간다.

그러면, '기'의 뜻매김을 살펴보면, "기란 낫말을 이르는 말로 썼는데, 이는 여러 가지 사물에 따라 이르는 말을 각각 부르는 이름으로 썼다."고 했다. 그러므로 여기서의 '기'는 오늘날의 '품사'에 대한 새 용어를 설정한 것은 하나의 큰 발전으로 받아들일 수 있다. 그러나 '기(>품사)'는 낱말 (word)과 품사(part of speech)를 구분하지 않고 쓰고 있다.

어떻든, 주시경이 죽은말 '기'를 새 용어를 등장시킨 것은 품사의 개념을 확립하겠다는 생각에서 나온 것이 분명하므로(주시경, 1910 : 116~118) '기'의 등장은 국어학 연구사에 있어 큰 의의를 가진다고 할 수 있다.

『국어문법』에서의 품사체계 설정은, 『말』에서 설정한 '체'의 체계는 참고에 그치고,43) 되돌아가서『국문문법』의 '언분'체계를 계승하게 된다. 그는『국문문법』에서 '언분'을 7갈래로 설정했으나, 실은 10언분을 의식하고 있었으므로, 이를 다듬어서 9기를 설정하였던 것이다.

『국문문법』에 설정한 7언분과『국어문법』에서 설정한 9기와 견주어 보면 다음과 같다.

『국문문법』의 7언분	『국어문법』의 9기
ㄱ. 명호	ㄱ. 임
ㄴ. 형용	ㄴ. 엇
㉠ 형명	ㄷ. 언
㉡ 형형	ㄹ. 억
㉢ 형동	
ㄷ. 동작	ㅁ. 움
ㄹ. 간접	ㅂ. 겻
ㅁ. 인접	ㅅ. 잇
ㅂ. 경각	ㅇ. 놀
ㅅ. 죠성	ㅈ. 끗

---

43) '인접, 간접'의 차례만 계승하고 있다.

곧, 품사를 그 전까지는 '명호, 형용, 동작…' 등과 같이 한자말로 이름하고 있었으나, 『국어문법』에서는 이를 우리 토박이말로 바꾸고, 또한 '임, 엇, 움…' 등과 같이 줄여서 쓰고 있는데, 그 까닭은 대개 다음과 같다(박지홍, 1978 : 87~88).

첫째, 용어를 토박이말로 고친 것은 우리말을 설명하는 데는 우리 토박이말을 쓰는 것이 떳떳하고, 뜻이 분명하기 때문이라 하였고,

둘째, 한자말로 하지 아니한 것은, 한자말로 해 놓으면, 한자의 글자 뜻에 얽매여, 정확한 개념을 파악하기 어려워지기 때문이라 하겠다(주시경, 1910 : 106).

우리는 여기서, 주시경이 단순한 품사분류를 넘어서서 각 품사의 용어를 정확히 설정함으로써, 품사설정을 새로 해 보겠다는 의식을 가지게 되었음을 알 수 있는데, 이는 국어학 연구사에 나타나는 품사설정에 하나의 분수령을 그어 주는 중요한 처리이다.

이제 '기'의 뜻매김과 <보기>를 차례로 보이면 다음과 같다(주시경, 1910 : 28). (〔 〕 속에 적은 것은 줄인 용어에 대한 필자의 풀이임)

> (11) ㄱ. 임 : 여러 가지 몬과 이를 <u>이름</u>하는 기를 다 이름이라. 〔이름→임〕
> (본)44) 사람, 개, 나무, 돌, 흙, 물, 뜻, 잠, 아츰.
> ㄴ. 엇 : 여러 가지 <u>엇더함</u>을 이르는 기를 다 이름이라. 〔엇더함→엇〕
> (본) 히, 크, 단단하, 착하, 이르, 이러하.
> ㄷ. 움 : 여러 가지 <u>움즉임</u>을 이르는 기를 다 이름이라. 〔움즉임→움〕
> (본) 가, 날, 자, 먹, 따리, 잡, 먹이, 잡히.
> ㄹ. 겻 : 임기의 <u>만이</u>나 움기의 <u>자리</u>를 이르는 여러 가지 기를 다 이름이라. 〔만이·자리→겻〕45)
> (본) 가, 이, 를, 을, 도, 는, 에, 에서, 로, 으로
> ㅁ. 잇 : 한 말46)이 한 말에 <u>잇어지게</u> 함을 이르는 여러 가지 기를

---

44) (본)은 <보기>를 이르는 말이다.

45) '겻'은 옛말에서 빌려온 것 같다. 박지홍(1987), 풀이한 훈민정음, 과학사, 189~192쪽 참조.

　　　　　　다 이름이라. 〔잇어 → 잇〕

　　　　　　(본) 와, 가, 고, 면, 으면, 이면, 나, 이나, 다가, 는데, 아, 어.

　　ㅂ. 언 : <u>엇더한</u>(임기)이라 이르는 여러 가지 기를 다 이름이라. 〔엇
　　　　　　더한 → 언〕

　　　　　　(본) 이, 저, 그, 큰, 적은, 엇더한, 무슨, 이른, 착한, 귀한, 한,
　　　　　　두, 세.

　　ㅅ. 억 : <u>엇더하게</u>(움)라 이르는 여러 가지 기를 다 이름이라. 〔엇더
　　　　　　하게 → 억〕

　　　　　　(본) 다, 잘, 이리, 저리, 그리, 천천이, 꼭, 정하게, 매우, 곳, 크
　　　　　　게, 착하게.

　　ㅇ. 놀 : <u>놀라거나</u> 늣기어 나는 소리를 이르는 기를 다 이름이라. 〔놀
　　　　　　라거나 → 놀〕

　　　　　　(본) 아, 하, 참.

　　ㅈ. 끗47) : <u>한 말을 다 맞게</u> 함을 이르는 여러 가지 기를 다 이름이
　　　　　　라. 〔다 맞게 → 끗〕

　　　　　　(본) 다, 이다, 냐, 이냐, 아라, 어라, 도, 오, 소.

　　그러면 (11)에서 보인 『국어문법』의 9기를 『우리말본』과 견주어 보면,
대개 다음과 같다.

『국어문법』		『우리말본』
ㄱ. 임(←名號)	———	ㄱ. 임자씨, 풀이씨의 이름꼴. '줄기+지'.
ㄴ. 엇(←形容本體)	———	ㄴ. 그림씨의 줄기, 잡음씨 「아니다」의 줄기.
ㄷ. 움(←動作)	———	ㄷ. 움직씨의 줄기.
ㄹ. 겻(←引接)	———	ㄹ. 자리토씨, 도움토씨.
ㅁ. 잇(←間接)	———	ㅁ. 이음토씨, 움직씨, 그림씨의 이음씨끝, 「이다」의 이음꼴.
ㅂ. 언(←形名)	———	ㅂ. 매김씨, 풀이씨의 매김꼴, '임자씨+의'.
ㅅ. 억(←形形, 形動)	———	ㅅ. 어찌씨, '줄기+아/어', '줄기+게'.
ㅇ. 놀(←驚覺)	———	ㅇ. 느낌씨.
ㅈ. 끗(←助成)	———	ㅈ. 마침법 씨끝, 「이다」의 마침꼴.

---

46) 여기서 <한 말>은 <하나의 언어형식(linguistic form)>을 뜻하는 것 같다.
47) 한문법에는 '終結詞'란 품사가 있다. 박지홍(1977), 표준 漢文法, 과학사, 76쪽 참조.

주시경은 『국어문법』에서, 우리말의 특이성에 따라 9기를 설정하였는데, 이 9기의 설정 의식은 다음과 같다.

체언은 이를 잘게 나누지 않고, 하나로 묶어서 '임'으로 설정한 것은 이들 말이 모두 같은 '겻' 위에 쓰이고, 문장에서 모두 같은 성분으로 쓰인다는 것을 의식하고 있었기 때문이다. 그리고 <이, 바, 줄/힘, 검음/히기, 검기/히지, 검지…> 등을 '임'으로 처리한 것은 이들도 문장에서 토의 도움을 받아서 여러 가지 문장성분으로 쓰이기 때문이다. 그러므로 이들을 '임'으로 처리한 것은 순전히 문장에서의 **구실**을 기반으로 하여 설정한 것이다.

용언은 체언과 달리 '엇'과 '움'으로 나누어 설정하였는데, 이는 이 두 기에 결합되는 '잇'과 '끗'의 종류가 다름을 의식한 데서 온 것이다. 이 '엇'과 '움'의 설정은 이들이 문장 속에서 하는 **구실**과 낱말 자체가 안고 있는 **뜻**에 의하여 설정된 것이다. 그리고 품사의 벌림 차례에서 '엇'을 '움'의 앞에 둔 것은 영어문법과 일치된다. 또 9기의 설정에서 '임, 엇, 움'을 다른 '기(>씨)'보다 앞세운 것은 이들이 모두 의미소로만 된 말이기 때문이다. 문장에서 '임, 엇, 움'에 결합되어 문장성분을 결정해 주는 토는 '겻, 잇, 끗'으로 나누어 설정했는데, '임, 엇, 움' 다음에 '겻, 잇'을 둔 것은 이들이 문법소로서 '임, 엇, 움'에 결합되는 문법소임을 의식하였기 때문이고, 차례를 '겻, 잇'으로 한 것은 『말』의 체계를 계승한 것이다.

또 '간접'을 계승한 '잇'과 '인접'을 계승한 '겻'은 그 차례를 바꾸어서 '겻, 잇'의 차례로 다듬으면서 '잇'과 맞서는 '끗'은 기 벌림에 있어 맨 마지막에 둔 것은, '끗'은 문장 전체를 마쳐 주는 **구실**을 한다는 것을 의식한 까닭이다. 그러므로 이 세 '기'는 문장에서 문법적인 관계만을 나타내는 구실을 하는 품사이다.

수식어인 '형명, 형형, 형동'은 '형명'은 '언'으로 '형형'과 '형동'은 하나로 묶어서 '억'으로 설정하고 '임'을 꾸미는 말은 '언'이라 하고, '엇·움'을 꾸미는 말은 '억'이라 하였는데, '언'의 설정은 영어 형용사와는 달리 우리말의 특이성을 고려한 처리이고, '억'의 설정은 용언을 꾸미는 수식어를 둘로 나눈다는 것은 불가능함을 의식한 데서 온 것으로, 이는 큰 발전이라 할 수 있다. 그리고 수식어의 차례를 '언, 억'으로 한 것은, '언'은 '임'을 꾸미고, '억'은 '엇·움'을 꾸미기 때문이다.

이 '언'은 문장에서 뒤에 오는 '임이'나 '씀이'를 꾸미는 구실을 하는 말로서 각각 '임이금'과 '씀이금'이 된다. '억'은 '엇·움'을 꾸미는 말로서 문장에서 '남이'를 꾸미는 일을 하기 때문에 '남이금'이 된다. '임이금, 씀이금, 남이금'은 문장에서 모두 '금이걸(가지걸)'이 된다(주시경, 1910 : 39~41).

또 이 수식어를 '언, 억'으로 나누어 설정한 것은 이들이 꾸미는 대상이 다름을 의식한 데서 나온 것으로 **구실**과 **뜻**에 의하여 설정한 것이다. 그런데 '언'과 '억'을 '겻'과 '잇' 다음에 둔 것은 이들이 의미소에 문법소가 결합된 '기'임을 의식하였기 때문이다.

'놀'은 『말』에서 뺀 '경각'을 다시 등장시켜서 다듬은 것이다. 이를 '언, 억'과 '끗'의 사이에 둔 것은 이 '기'가 특히 다른 '기'와는 달리 독립되어 문장 머리에서만 쓰이므로, 실사로서는 가장 부속적인 '기'이며, 문장 통합에서 '끗'과 맞서는 '기'임을 의식한 때문이다.

주시경의 9기 설정과 벌림 차례의 의식을 도표로 나타내면 다음과 같다(박지홍, 1987 : 74).

이제 '기'의 내용을 살펴보면, 이 체계에 있어서는 '잇'을 제외한 나머지 8기는 주시경의 문법체계 안에서 형태적인 처리로는 잘 이루어진 셈이다.

그러나, '임'의 처리에서 '움'이나 '엇'에 결합되는 {-기, -음, -지}와, '언'의 처리에서 '움'이나 '엇'에 결합되는 {-는, -은, -을}들과, '임'에 결합되는 {-의}, 그리고 '억'의 처리에서 '엇'이나 '움'에 결합되는 {-아, -게}는 모든 '임'이나 '엇, 움'과 결합되는 문법소인데, 이를 접미사로 의식하고 처리한 것은 결코 좋은 처리로 보기는 어렵다.

전체적으로 보아 『국어문법』에서 우리 문법학상 처음으로 품사에 대해 뜻매김을 하고, 그 <보기>를 낱낱이 들고 한 것은, 앞의 여러 가지 저서들에 비하여 큰 발전이다.

또 우리 문법학의 초창기에 있어 품사분류은 『국어문법』에서 일단 그 매듭을 보게 되는데 이후의 전통 문법학자들의 품사체계는 대개 여기서 출발된다. 그러므로 『국어문법』에서의 9기 설정은 주시경 문법에 있어서 '품사분류의 정립'이라 할 수 있다. 그리고 9기의 '기'는 다음에 나온 『조선어문법』(1911)에서부터는 모두 '씨'로 바꾸었는데, 오늘날 문법에서 이르는 '씨'(품사)는 여기서 나온 것이다.

2.5. 『말의소리』에서의 '6씨' 설정

주시경의 『국어문법』 9기 체계는 『말의소리』에서는 6씨 체계로 되돌아 가고 있다.

그런데 이 6씨 체계는 『말』에서의 6씨 설정을 그대로 계승한 것 같으나, 여기에는 현저하게 다른 점이 있다.

---

48) '언'과 '억'을 의미소＋문법소로 의식함은 문법소가 안 붙는 말도 이들 뒤에 문법소가 생략되어 있음을 의식한 까닭으로 짐작된다. 이는 강복수(1975), 앞의 책, 168쪽에 김두봉의 '모임씨' 해설 참조.

『말』에서는 {먹→먹-기, 묵→묵-히, 착→착-하, 검→검-붉, 크→크-기는하}와 같이 말 만들기에서 막연히 어떤 의미소에 어떤 언어형식이 붙어서 새로운 말이 생겨나는 데서 착안하여, 품사를 크게 의미소는 '원체부'로 문법소는 '관계부'로 나누었다. 그러나 『말의소리』에 나타나는 '씨난의 틀'에서는 구체적인 <보기말>이 나타나 있다.

주시경은 이 무렵에 형태소(morpheme)에 접근되는 '늣씨'를 설정하였다 (1914 : ㄴ). 이는 아무 뜻이 없는 고룸소리인 {으}를 의미소와 형태소를 잇는 '늣씨'로 보았다는 것 외는 오늘날의 형태소에 일치된다. 이 발견은 매우 중요한 일이다. 그는 이 '늣씨'의 설정에서 완전히 품사를 '몸씨'와 '토씨'로 나누게 된다. 이는 『말』에서 새 말을 만들기에 동원되는 언어형식만을 '관계부'에 소속시켜 체계 세운 것과는 그 뜻이 매우 다르며, 6씨의 체계는 『말의소리』에서 완성을 보게 되었다.

주시경이 9품사 체계를 버리고 6씨로 체계 세우려 한 것은 품사분류의 출발을 '늣씨'에서 찾으려는 생각 아래 이루어진 것이므로 이는 우리 문법 연구사에 있어 큰 의의를 가진다.

주시경은 이 책에서 먼저 『국어문법』에서 접미사로 의식하였던, {-기, -음, -은, -는, -을, -의, -아, -게}와 같은 형태소를 모두 '겻'으로 처리하였다. 그래서 수식어인 '언'과 '억'은 모두 어근형태소로 다듬어져서, 그 체계만은 아주 선명하게 되었다. <보기>를 들면 다음과 같다.

(12) 억(곱게) → 엇과 겻 : 곱(엇)＋게(겻)
(13) ㄱ. 언(좋은) → 엇과 겻 : 좋(엇)＋은(겻)
　　 ㄴ. 언(착한) → 엇과 겻 : 착하(엇)＋ㄴ(겻)
　　 ㄷ. 언(이른) → 엇과 겻 : 이르(엇)＋ㄴ(겻)

이 작업이 끝난 후 "씨는 몬이나 일을 이르는 낫말을 이르는 이름이니라(주시경. 1914 : ㄴ)."고 뜻매김하여, 뜻매김을 『국어문법』에서보다 한층 간결하고 선명하게 하고는 이를 '몸씨'인 '임, 엇, 움'과 '토씨'인 '겻, 잇, 굿'

의 6씨로 나누어서 체계 세웠다. 여기서 몸씨는 문장에서 뜻을 나타내는 것을 말하고, 토씨는 문법적 구실을 나타내는 것으로 보았는데, 이는『말』에서 사용한 '원체부'와 '관계부'가 지양된 용어라 하겠다.

이제『말의소리』'씨난의 틀'에서 의식한 6씨 체계를 표로 다듬어 보면 다음과 같다.

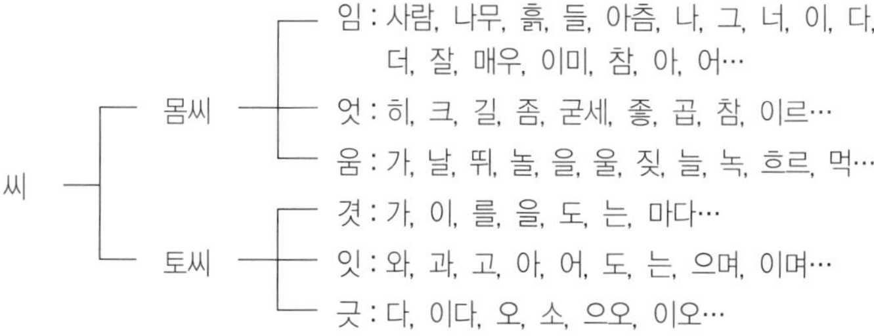

이 체계에 따르면,『국어문법』에서 체계 세운 '언, 억, 놀'을 모두 '임'에 포함시켰다. 이는 아마 '언, 억, 놀'이『말의소리』에서는 의미소로만 다듬어졌기 때문에 이렇게 처리한 것 같은데, 이는 잘된 처리법으로 보기는 어렵다. 그렇지만 우리말의 낱말은 모두 '몸씨'나 '토씨'로 되어 있다고 설명하는 데에는 설득력을 얻게 되었다.

그러나 주시경이 '임'의 하위분류를 생각하지 않았을 리가 없다. 우리는 이를『국문문법』에서 '형용'을 하위분류한 일이 있고, 또『국어문법』에서도 '임'을 하위분류하여 '제임'과 '대임'으로 나눈 일이 있음에서 알아 낼 수 있다. 다만 여기서 하위분류를 제시하지 않은 것은 이는『말의소리』부록이므로 여기서는 다음에 새로 낼 문법49)에서의 품사분류의 새 체계 줄거리만 제시한 데서 그친 것이다. 이는 주시경이 새로운 문법을 만들어내지 못하고 돌아가셨기 때문에 미완성된 것으로 짐작된다. 그러면 새로 낼 문

---

49) 탑출판사(1983),『歷代韓國文法大系』제1부 제8책에 영인되어 있는 김두봉(1916), 조선말본, 신문관, 1쪽 머리말 참조.

법에서 주시경의 머릿속에 의식하고 있었던 품사분류 의식을 더듬어 표로
만들어 보면 다음과 같다.

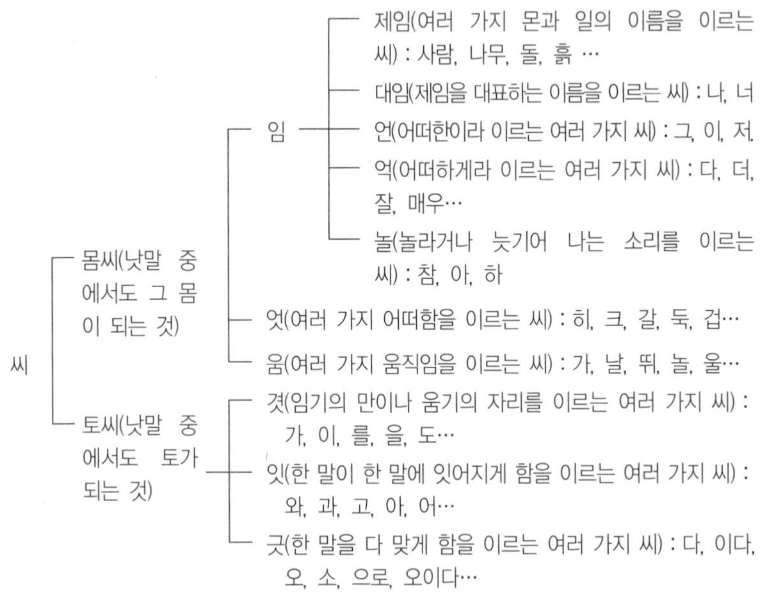

　　주시경의 이 6씨 체계는 그의 품사분류 체계를 뒷걸음질 치게 하였다는
느낌을 준다. 그러나 품사(씨)를 이론에 따라 먼저 2분법으로 나누고, 다
시 3분법으로 나누어 갔으며, 또 품사를 짜임을 기반으로 하여 상위단위
를 설정하였다는 것은 큰 발전이라 하겠다. 다만, 문장에서 하는 구실이
너무나 다른 '언, 억, 놀'을 묶어서 '임'에 포함시킨 것은 석연치 않다.

　　이러한 체계를 세우게 된 것은 『말의소리』에서 품사체계의 출발 의식이
낱말의 단위에서 형태소 단위로 바뀐 데서 온 것이라 할 수 있다. 그러므
로 『말의소리』에서의 6씨 설정은 '새 체계의 시도'라 할 수 있다.

　　이제 『국어문법』의 9기 체계와 『말의소리』의 6씨 체계를 견주어 보면
다음과 같다.

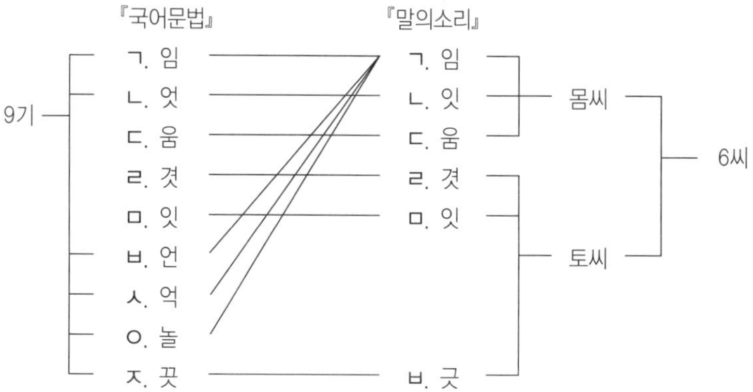

제2장에서 살핀 내용을 간추려서 정리하면 다음과 같다.

1) 주시경은 우리말 문법의 품사설정에서, 품사를 처음에 '언분(言分)'이라 하였고, 그 다음에 '체(體)'라 하였다가 그 후에는 '기'라 하였으며, 마지막에 가서는 '씨'라 하였다. 오늘날의 씨는 여기서 온 것이다.

2) 또 우리말의 품사를 처음에는 7언분으로 나누었다가 뒤에 6체로 고쳤고, 그 후 9기로 다듬었다가 9씨로 고친 후 다시 6씨로 시도하였다. 그런데, 품사에 대한 체계는 『국어문법』의 9기 체계가 후계자에게 이어져 갔다.

3) 주시경은 품사분류의 원칙을 구체적으로 밝히지는 않았지만, 여러 저서에 나타나는 품사설정 의식은 용언의 어근형태소에 붙는 접사도 각각 분리하여 독립된 품사로 설정하였기 때문에 낱말의 내부에서 어형변화가 일어나지 않게 되었으므로, 꼴은 낱말분류의 기반이 되지 못하고, **구실**(기능)을 주로 하고 **뜻**을 참고로 하여 품사분류하였다.

4) 주시경의 품사설정 변천과정을 정리하면 다음과 같다.

가) 『국문문법』에서의 7언분 설정

『국문문법』(1905?)에서의 품사설정은 비록 우리말의 특성도 살펴져 있기는 하나, 영어문법과 한문문법의 영향 아래 출발하였는데, 여기서 품사를 '언분(言分)'이라 하고는, 이를 '명호, 형용, 동작, 간접, 인접, 경각, 죠성'의 7언분으로 나누었다.

그러나 이는 10품사의 설정을 의식하고 있는 것이다. 이 설정은 '다른 나라 문법의 영향'이라 할 수 있다.

나) 『말』에서의 6체 설정

『말』(1908?)에서는 품사를 '체(體)'라 하고 이를 '명호, 형용, 동작, 인접, 간접, 죠성'의 6체로 나누었다. 그는 우리말의 말 만들기 연구에서 우리말의 뜻을 나타내는 조각과 문법적 관계를 나타내는 조각이 있음을 의식하고, 뜻을 나타내는 조각을 '원체부', 뜻을 나타내는 조각에 붙어 문법적 관계를 나타내는 조각을 '관계부'라 하여 품사를 먼저 크게 둘로 나누었다.

그런데 이 체계는 말 만들기에만 한정되는 결함이 있으나,[50] 우리말의 품사분류 이론의 출발을 여기서 보게 되었으므로, 이 『말』에서의 6체 설정은 '주체적인 체계의 모색'이라 할 수 있다.

다) 『국어문법』에서의 9기 설정

『국어문법』(1910)에서는 품사를 '기'라 하고(1911년에 낸 『조선어문법』에서는 "씨"로 고침), 처음으로 품사의 뜻매김을 하고는 이를 '임, 엇, 움, 겻, 잇, 언, 억, 놀, 끗'의 9기로 다듬은 후 많은 <보기말>을 들고, 나아가 품사의 이름을 독창적으로 다듬었다. 이런 면에서 『국어문법』에서의 9기 설정은 '우리말 품사분류의 정립'이라 할 수 있다.

---

50) '언'과 '억'은 그 소속이 없다.

라) 『말의소리』에서의 6씨 설정

『말의소리』(1914)에서는 『국어문법』에서 이르던 '기'를 1911년에 이미 '씨'로 바꾸었고, 우리말의 낱말을 '임, 엇, 움, 겻, 잇, 굿'의 6씨로 나누고는 상위단위로 '몸씨'와 '토씨'를 설정하였다. 이 6씨 체계는 '늣씨'의 발견에서 온 것으로 낱말의 분류를 형태소에서 출발하려는 의식을 보인 것이다. 그리고 문법소의 처리에서 접미사로 의식하였던 {-기, -음, -은, -는, -을, -의, -아, -게}와 같은 형태소를 '겻'으로 다듬은 것은 큰 발전이다.

『말의소리』에서의 6씨 체계는 출발 단위가 낱말에서 형태소로 바뀐 데서 온 것이므로, '새 체계의 시도'라 할 수 있다.

3. 각 품사의 연구 내용

이 장에서는 주시경의 품사분류 의식을 토대로 하여 9기의 성립과정과 그 하위분류의 발전단계를 살피게 되는데, 품사의 짜임으로 보아 의미소로 된 것, 문법소로 된 것, 의미소와 문법소로 된 것으로 나누어서 살핀다.

3.1. 의미소로 된 것

품사의 짜임이 꼴로 보아 의미소로 된 품사에는 '임, 엇, 움, 놀'의 4기가 있는데, 이 4기를 각각 성립과 분류로 나누어서 그 발전단계를 살핀다.

3.1.1. 임기의 성립과 분류

3.1.1.1. 임기의 성립

주시경 문법의 '임기'는 『국문문법』에서 설정되어 『국어문법』에서 일단 그 성립을 보게 되는데, 『국어문법』에서 내세운 '임'의 성립 과정을 살펴보면 다음과 같다.

주시경의 품사설정은 영어문법에서 받아들여 이루어지게 되는데, 먼저 영어문법의 Noun과 Pronoun을 통합하여, 『국문문법』에서 '명호(名號)'를 설정한 것은 실로 독창적이다. 그리고 명호란 한자의 글자 그대로 "이름을 일컫는다."는 뜻이 된다.

대한제국 말기의 한영서원 원장인 윤치호(尹致昊, 1864~1946)[51]의 『英語文法捷徑』(1911)에는 우리말의 체언에 해당하는 용어가 명사(名詞)와 대명사(代名詞)로 나누어 설명되어[52] 있으며, 명사는 다시 이를 특명(特名)과 상명(常名)으로[53] 나눈 후 특명은 또 다시 인명(人名)과 지명(地名)으로, 상명은 합명(合名)과 무형명(無形名), 유수명(有數名), 물질명(物質名)으로 나누고 있다. 이 '명호'의 '명(名)'은 名詞, 代名詞와 特名, 常名의 '名'을 모두 포괄시켜서 설정한 것으로 짐작된다. 이것을 그림표로 보이면 다음과 같다.

---

51) 李弘稙(편), 『國史大事典』(1974)에 따르면 윤치호는 1895년에 미국 유학에서 돌아온다. 그러므로 그의 영어문법 실력은 상당한 것으로 짐작되며, 그가 영어문법 책을 내기는 1911년이었으나 그는 이미 그 전에 韓英書院의 원장으로 있었으므로, 그의 영어문법에 대한 체계는 이미 훨씬 전에 이루어졌고, 그것이 사회에 널리 알려졌으리라는 것은 시인해도 좋을 것 같다.

52) 탑출판사(1983), 『歷代韓國文法大系』 제2부 제29책에 영인된 윤치호(1911), 英語文法捷徑, 1쪽 참조. 이하 『歷代韓國文法大系』는 줄여서 『문법대계』라 이른다.

53) 윤치호(1911), 앞의 책, 37쪽 참조. '特命'은 『우리말본』의 홀로이름씨에, '常名'은 두루이름씨에 해당된다.

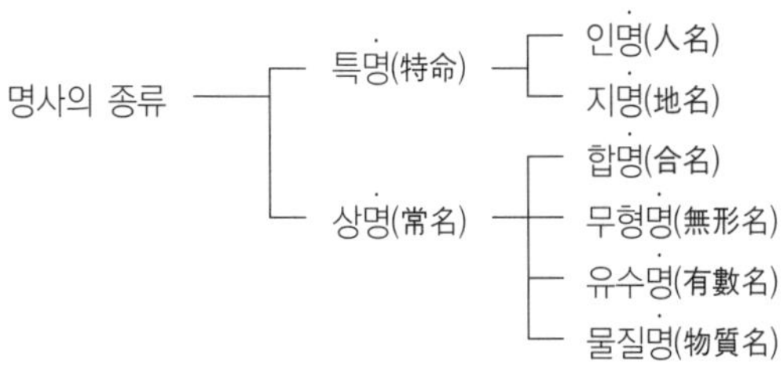

주시경은 이 '명호'를 "각종 물건과 여러 가지 볼 수 업는 바를 일홈ㅎ여 부르는 것"이라고 뜻매김하였는데(1905 : 16), <볼 수 업는 바>란 『英語文法捷徑』에서 말한 무형명(無形名)(윤치호, 1911 : 37)에 맞서는 용어로서 <일>을 뜻하고, <물건>이란 무형명 이외의 명사를 뜻함이 분명하다. 그러므로 '명호'는 결국 <일이나 물건의 이름을 일컫는 것>이란 뜻이 된다. 이『국문문법』에서 보인 '명호'의 <보기>는 다음과 같다(주시경, 1905 : 17~2).

(1) 명호의 <보기>

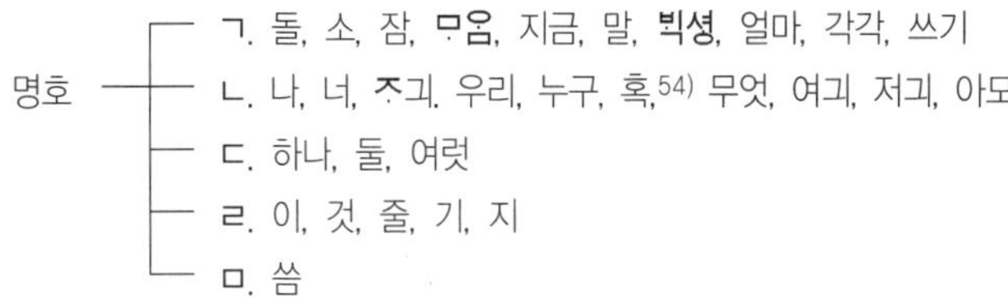

(1)의 <보기>를 살펴보면, '명호'는 문장에서 원칙적으로 주어나 목적어가 될 수 있는 낱말을 하나의 품사로 처리하고 있음을 알 수 있다. 그러므로『국문문법』에서 '명호'의 설정기반은 **구실**을 기반으로 하여 설정된 '언분'이다. 이것을 보이면 다음과 같다.55)

---

54) <혹>은 <어떤이>와 같은 뜻의 말이다.

55) 아세아 문화사(1976)에서 낸『周時經全集』을 읽어 보면, 주시경이 이 책들 속에 적은 말과 오늘날의 서울말과의 사이에는 낱말의 굴곡이나 문장성분의 통합에 있어 어느 하나 다른 점을 발견할 수 없다. 그러므로 다음의 <보기>는 현대문법에서 찾은 것이나, 그때 말로 보아도 아무런 지장이 없다.

> (2) ㄱ. 돌이(주어), 돌을(목적어), 소가, 소를, 잠이, 잠을, 지금이, 지금
>   을, 말이, 말을, **빅셩이**, **빅셩을**, 얼마가, 얼마를, 각각이, 각각을,
>   쓰기가, 쓰기를
> ㄴ. 내가, 나를, 네가, 너를, 즈긔가, 즈긔를, 우리가, 우리를, 누구가,
>   누구를, 혹이, 혹을,56) 무엇이, 무엇을, 여긔가, 여긔를, 져긔가,
>   져긔를, 아모가, 아모를
> ㄷ. 하나가, 하나를, 둘이, 둘을, 여럿이, 여럿을
> ㄹ. 이가, 이를, 것이, 것을, 줄이, 줄을, -기가, -기를, -지가, -지를
> ㅁ. 씀이,57) 씀을

(2)에서 보인 여러 '명호'를 최현배의 『우리말본』 체계58)와 견주어 보
면 다음과 같이 된다.

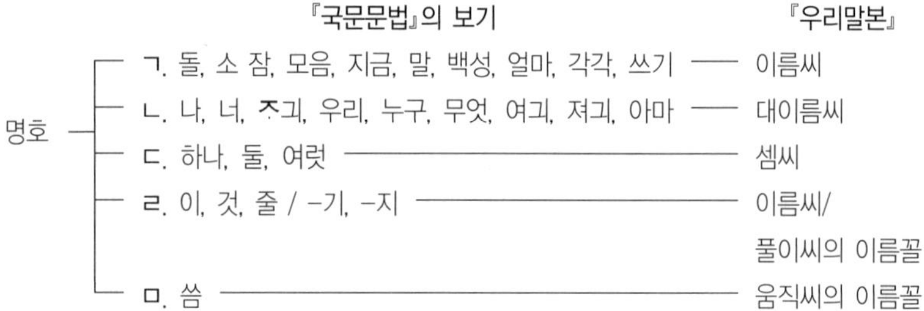

『국어문법』에 이르면, 용어의 확립을 꾀하게 되는데, 이는 뜻매김을 확
립하기 위한 기초 작업으로 해석된다.59) 그리하여 용어 다듬기에 있어 그
때까지 쓰던 '명호'라는 한자말을 버리고, 그 대신에 이를 '임'이라는 토박

---

56) <혹을>이란 말은 실제로 쓰이지 않는다.
57) <씀>은 실은 명사가 아니고 명사형이다.
58) 우리말의 현대문법의 대표적인 저서를 최현배 님의 『우리말본』으로 잡는 것은 이미
   우리 학계의 정설로 되어 있다. 그러므로 이 글에서는 현대문법의 표준을 『우리말
   본』으로 삼았다. 그리고 다음 설명부터는 최현배 님의 『우리말본』의 체계는 단순한
   『우리말본』이라 적는다.
59) 『국어문법』 117쪽에서 주시경님은 '漢字로 짓지 안이함은 그 漢字의 뜻으로만 풀랴
   하고, 그 일의 뜻은 뜻하지 안이함을 덜고자 함이라'고 하였다.

이말로 다듬고, 이를 뜻매김하고는 <보기말>을 보인 다음 '임'은 "이름의 이와 ㅁ만 가리어 씀이라"고 밝혔는데, 이것을 보이면 다음과 같다(주시경, 1910 : 28~29).

(3) 임-여러 가지 몬과 일을 이름하는 기를 다 이름이라.
　　<본>60) 사람, 개, 나무, 돌, 흙, 물, 뜻, 잠, 아츰

(3)의 뜻매김과 <보기말>을 살펴보면, 주시경이 설정한 '임'은 『우리말본』의 체계로는 명사에 맞서는 말임을 알 수 있다. 그러나 『국어문법』의 '기난의 익힘'에서는 다음과 같은 말도 모두 '임'으로 처리하고 있다.

(4) <u>나</u>는 검은고를 타고 <u>너</u>는 노래를 하자.
(5) <u>한아</u>에 <u>둘</u>을 더하면 <u>셋</u>이요.

(4)에서 밑줄 친 <나, 너>는 『우리말본』에서는 대이름씨가 되고, (5)에서 밑줄 친 <한아, 둘, 셋>은 『우리말본』에서는 셈씨가 된다. 그러므로 주시경이 설정한 '임'은 명사만을 가리키는 품사가 아니고, 이는 『우리말본』에서 이르는 임자씨(체언)에 맞서는 품사가 분명하다. 또 '기움박굼'에서는 다음과 같은 말도 '임'으로 처리하고 있다.

(6) 힘,61) 검음, 깁, 감, 먹음, 정함, 일함
(7) 히기, 검기, 가기, 먹기
(8) 히지, 검지, 접사, 먹지

(6)~(8)에서 (6)과 (7)은 그 쓰임에 따라 극히 드물게 파생어로 처리될 경우도 있으나, 이는 일반적으로 {-음, -기}는 문장 속에서는 굴곡접사의 구실밖에 못한다. <보기>를 들면 다음과 같다.

---

60) <본>은 <보기>의 뜻, 이하 <본>은 <보기>로 고쳐서 쓴다.
61) <힘, 히기, 히지>는 지금 맞춤법에 따라 쓰면, <흼, 희기, 희지>가 된다.

   (9) 달빛이 <u>히기</u>가 눈 같으오. (『국어문법』, 60)
        (명사형)
   (10) <u>먹기</u> 시합에서 크게 이겼다.
       (명사)
   (11) 그 때는 네가 <u>잡음</u>이 잘못이었다.
          (명사형)
   (12) <u>죽음</u>은 어느 누구도 비끼지 못한다.
       (명사)

   (9)~(12)에서 보인 바와 같이 (9)의 <히기>는 <달빛>의 서술어인 동시에 <같으오>의 주어가 되어 있고, (11)의 <잡음>은 <네가>의 서술어인 동시에 <잘못이었다>의 주어가 되어 있다.

   그러나 (10)의 <먹기>와 (12)의 <죽음>은 분명한 명사이다. <먹기>는 다만 관형어가 되어 있고, <죽음>은 주어가 되어 있다. 그러나 (10), (12)의 경우는 극히 드물다. 그리고 이때의 {-기, -음}은 접미사로 처리된다. 곧 {-기, -음}은 접미사로 쓰이기도 하고, 어미로 쓰이기도 한다. 그러므로 이는 문맥에 따라 판별해야 할 것이다. 그러나 『국어문법』의 '기몸박굼'에 나타나는 {-음, -기}는 모두 어미가 분명하다. 이 항은 접미사와 어미의 혼동에서 생긴 일이므로 마땅히 바로 잡아야 한다. 그리고 (8)은 어간에 굴곡접사 {-지}가 결합된 말이 분명하다. 『국어문법』의 '기몸박굼'에서 '임'은 어근에 파생의 접사가 결합되어서 된 것은 물론이오, 어근에 굴곡의 접사가 붙어서 된 명사형까지도 '임'으로 처리하고 있고, 부정보조용언에 앞서는 용언 {-지}형까지도 '임'으로 처리하고 있다.

   이와 같이 이들을 모두 같은 '임'으로 처리하게 된 것은 이들이 문장에서 하는 구실이 다른 '임'과 같다고 생각한 나머지 어간 뒤에 붙는 어미도 접미사로 의식하였기 때문이다. 앞의 (6)과 (7)에서 <힘, 감>과 <히기, 가기>는 다 같이 문장에서 주어나 목적어가 되기는 한다. <보기>를 들면 다음과 같다.

(13) ㄱ. 매화꽃은 빛깔이 <u>힘</u>이 특색이다.
    ㄴ. 우리는 빨리 <u>감</u>을 자랑했다.
(14) ㄱ. 박속이 <u>히기</u>가 백옥과 같다.
    ㄴ. 그들은 거기 <u>가기</u>를 싫어했다.

(13), (14)에서 이들을 굴곡으로만 보면, (13)의 <힘>은 주어이고, <감>은 목적어이며, (14)의 <히기>는 <같다>의 주어이고, <가기>는 <싫어했다>의 목적어이다. 그러므로 언뜻 보기에 주어 같기도 했다.

그러나 (13)ㄱ의 주어 <힘>은 <빛깔>의 서술어이고, (13)ㄴ의 목적어 <감>은 <우리>의 서술어이다. 또 (14)ㄱ의 주어 <히기>는 <박속>의 서술어이고, (14)ㄴ의 목적어 <가기>는 <그들>의 서술어이다. 곧 <힘, 감, 히기, 가기>는 두 문장성분으로 쓰인 용언로서 서술어를 겸해 있으므로, 이는 '임'이 될 수 없다. 그러나 주시경은 이들이 문장에서 하는 구실이 '임'의 구실과 같기 때문에 모두 '임'의 범주에 넣어서 처리하였다. 이것은 '임'의 설정에서 **구실**을 기반으로 하여 설정하였다는 또 하나의 증거가 된다. 또 <히지, 검지, 접사, 먹지>의 경우는 더욱 '임'이 될 수 없다. 이들 {-지}는 서술어가 분명하며, 이는 뒤의 용언과 더불어 하나의 문장성분이 되어 있다. 이들을 '임'으로 처리한 것은, 흔히

(15) ㄱ. 백구는 히지<u>가</u> 않다.
    ㄴ. 먹이 검지<u>가</u> 않다.
(16) ㄱ. 손님은 가지<u>를</u> 아니한다.
    ㄴ. 그들은 먹지<u>를</u> 아니한다.

(15), (16)과 같이 {-지}로 끝나는 주용언과 부정을 나타내는 보조용언이 결합될 때 {-지}에 주격조사 {-가}나 목적격조사 {-를}이 붙는 데서 온 잘못으로 생각된다.

주시경은 '겻'의 분류에서 {-가, -이, -를, -을}을 '홋만'이라 하여 {-가, -이}는 오직 주어에, {-를, 을}은 목적어에 결합되는 '겻'으로 풀이하고 있

는데, 이 법칙을 여기에 적용하여 <히지, 검지, 가지, 먹지> 등을 '임기'로 처리한 것이 분명하다. 주시경이 보조용언 위에 놓인 {-지}형까지 '임'으로 처리한 것은 '훗만'에는 문장성분을 결정하는 절대적인 힘이 있다고 생각한 데서 온 것으로 보아지는데 이 경우는 좋은 처리법이 되지 못한다.

주시경도 {-지}형을 '임'으로 설정한 것에 대해서 이는 한정된 자리에 나타나는 현상으로 보고 있다.[62] 그러므로, 이는 (15), (16)과 같은 경우를 이른다고 하겠는데, (15), (16)의 {-가}, {-를}은 '훗만'의 주변적인 쓰임이며, 이는 결코 자리를 나타내는 '훗만'이 아니다. 그러므로, {-지}꼴을 '임'으로 설정한 것은 결코 잘 된 처리법이 되지 못한다. 또 『국어문법』 '임의 갈래'에서 다음과 같은 낱말도 '임'으로 처리하고 있다.

(17) 이, 것, 바, 줄

(17)에서 보인 낱말들은 완전한 독립성을 가지지 못하여 제 홀로는 쓰이지 못하고, 문장에서 언제나 관형어와 더불어 쓰이는 낱말들이다. 곧 <사람>과 같은 명사는 그 자체로써 속성을 나타내게 되는데, 이와 같은 뜻을 가진 (17)의 <이>와 같은 말은 독립되어 쓰이면, 그것이 혼자서 어떤 속성도 나타내지 못하며, 반드시 앞 말과 더불어 어떤 속성을 나타내게 된다. 이러한 낱말을 『우리말본』에서는 안옹근이름씨(불완전명사)로 처리하고 있다(최현배, 1937 : 249). 이 낱말들은 완전명사와 마찬가지로 조사나 지정사 <이다>의 도움을 받아 문장에서 여러 성분으로 쓰이기도 하고 또 조사의 도움을 받지 않고서도 문장에서 여러 문장성분이 될 수 있기 때문에 일반적으로 명사로 처리하고 있다. 그는 이러한 현상을 완전히 의식하고 있었기 때문에 (17)과 같은 낱말을 모두 '임'의 한 갈래로 보았다. 이와 같은 처리 기준은 합리성이 있으며, 현재 품사분류의 기준으로 그대

---

62) 주시경(1910), 앞의 책, 102쪽. (알이) {-지}와 {-기}의 다름을 가르고자 하면, {-기}를 더함은 두루 쓰이는 것이라 할지라.

로 계승되고 있다.

이제『국어문법』에서 설정한 '임'의 영역을『우리말본』과 견주어 그림표
로 보이면 다음과 같다.

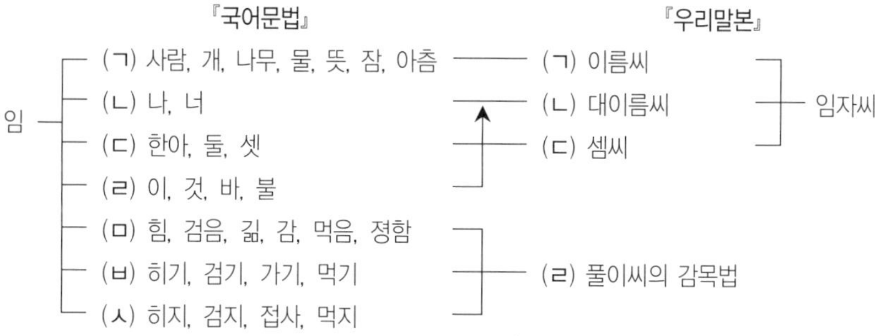

이와 같이 두 기능을 가진 용언들을 '임'으로 처리한 것은 '임'의 설정에
있어서 그 **구실**만을 기반으로 하였기 때문인데, 이는 잘못이다.

3.1.1.2. 임기의 분류

앞 장의 품사의 설정에서도 밝힌 바와 같이 수많은 낱말을 하나하나 연
구한다는 것은 불가능한 일이다. 그러므로 낱말의 복잡한 여러 현상을 정리
하여, 하나의 공통된 규칙을 통해 몇 묶음으로 나눈다는 것은 문법연구에
있어 중요한 과정의 하나이다. 각 품사의 하위분류의 경우도 마찬가지이다.

'임기'에 해당되는 낱말은 대단히 많다. 그러므로 이 역시 몇 동아리로
나누어야 한다. 그런데 '임'은 특별한 예외(-음, -기, -지)를 두고 낱말이 갖
추고 있는 꼴이나 문장 속에서 하는 구실이 같기 때문에 구태어 이를 다
시 나누어서 독립된 품사로 설정할 필요를 느끼지 않는다.

허웅은 "임자씨[63]는 다시 이름씨, 대이름씨, 셈씨로 나누는 일이 있는
데 이 세 가지는 그 구실이나 굴곡의 방식이 같기 때문에 순수 문법적인

---

63) 허웅이 이르는 임자씨는『우리말본』에서 이르는 임자씨와 같다.

입장에서 본다면 이 세 가지 품사를 구별할 필요가 거의 생겨나지 않는다. 다만 그 뜻으로는 그 다름이 두드러지기 때문에 구별하는 일이 편리할 때가 더러 있을 뿐이다.”라고 했고(허웅, 1975 : 49), 이길록도 “흔히 체언을 명사, 대명사, 수사로 하위분류하고 있으나, 이 세 가지의 품사는 형태 배합상으로나 통사 기능상으로나 동일하기 때문에, 명사 하나로 설정해도 가능하다”고 하였다(1982 : 95). 주시경은 이러한 사실을 그때 이미 의식하고 있었기 때문에 ‘임’을 더 잘게 독립된 품사로 설정하지는 아니한 것이다.

박지홍은 주시경이 ‘임’을 더 작은 씨로 나누어 그것을 독립된 씨로 설정하지 않은 까닭에 대하여 다음과 같이 평가하고 있다(1979 : 106).

> “임기를 더 작은 기로 나누지 않고, 이를 뭉뚱거려 하나의 기로 처리했는데, 이는 훌륭한 처리법이다. 이는 임기의 굴곡의 관찰에서 얻어진 것으로 짐작된다. 그것은 모든 임기는 다 똑 같은 겻기 위에 쓰이므로 이들 임기를 같은 성질을 가진 낱말의 한 동아리로 보는 것이 타당하기 때문이다.”

이상을 통해 살펴보면, 주시경이 <사람, 아츰, 개 …> 등의 ‘제임’과 <나, 너, 우리…> 등의 ‘대임’과 <한아, 둘, 셋 …> 등의 ‘헴’을 묶어서 하나의 품사인 ‘임’으로 처리한 것은, 체언의 문법적 **구실**을 충분히 고려하여 분류한 것임을 알 수 있다. 그러므로 ‘임’을 더 작은 품사로 나누지 아니한 것은 국어학 연구사에 대단한 공헌을 했다고 하겠다. 그러나 흔히 체언을 명사와 대명사의 두 품사로 분류하고는 이를 대명사의 독특한 문법적 구실 때문이라고 하기도 한다.

이제 관형사와 체언과의 호응관계를 통해 명사와 대명사의 구실의 다름을 살펴보면, 일반적으로 대명사에는 예사명사와는 달리 관형사의 꾸밈을 받는 속성이 없다고 하여, 이 속성에 따라 체언를 하위분류하려고 한다. 그러나 이 역시 기준이 되지 못한다. 대명사 중에서도 물대명사의 셋째가리킴 중 안잡힘의 경우는 그렇지 않다. 이것들을 풀어보면 다음과 같다 (*표는 성립되지 못함을 나타냄).

(19) ㄱ. <u>새</u> 사람 (학교, 책상)
     ㄴ. <u>헌</u> 책 (옷, 모자, 필통)
(20) ㄱ. *<u>새</u> 나 (너, 우리)
     ㄴ. *<u>헌</u> 나 (당신, 너, 우리)

(19)에서는 관형사가 명사를 꾸미고 있으나, (20)에서는 관형사가 대명사를 꾸미지 못한다. 그러나 다음과 같은 경우에는 그 꾸밈이 가능하다.

(21) ㄱ. 그 무엇 (어느것, 아무것, 어떤것)
     ㄴ. 그 어데 (아무데, 어떤데)
     ㄷ. 그 어느쪽 (아무쪽, 어떤쪽)

(21)에서 관형사 <그>는 그 다음에 오는 물대명사의 셋째가리킴 중 안잡힘과는 호응이 가능하다. 곧 (21)ㄱ에서는 <그>는 일몬을 꾸미고 있고, (21)ㄴ에서는 곳(장소)을 꾸미고 있으며 (21)ㄷ에서는 쪽(방향)을 꾸미고 있다. 그러므로 체언의 하위분류는 뜻을 근거로 하여 분류할 수밖에 없다. 곧 명사는 어떤 사물의 이름을 나타내는 체언이고, 대명사는 어떤 사물의 이름을 대신하여 직접[64] 가리키는 체언이다. 수사의 경우도 마찬가지이다. 이는 어떤 사물의 이름을 셈으로 바꾸어 쓰이는 체언이다.

어떻든, 체언의 하위분류는 문법적인 특성으로는 구별이 되지 않기 때문에 뜻에 의하여 분류되고 있다. 주시경의 문법에서도 한가지이다. '임'을 더 잘게 독립된 품사로 갈라 세우지는 않았지만, 『국문문법』과 『국어문법』에서 이를 뜻에 따라 각각 하위분류하고 있다. 먼저 『국문문법』에서의 '명호'의 하위분류를 간추려서 표로 보이면 다음과 같다(주시경, 1905 : 16~18).

---

64) 어머니가 <순이가 오구나> 하자 노마는 <누나 왔구나>한다. ─이 문장에서 <누나>는 <순이>란 이름 대신에 쓰이고 있다. 그러나 <누나>는 대명사가 되지 못한다. 그것은 <누나>는 직접 가리키고 있지 않기 때문이다.
   <나는 내일 가고, 너는 모레 가고, 저이는 글피에 보내라> 등에서 <나, 너, 저이> 등이 직접 가리킴의 대상이 된다.

(22) 명호의 분별

<pre>
                ┌─ ㄱ. 원명(原名)─각종 물건과 바탕이 업는 것을 불으는 것들.
                │   ┌─ (ㄱ) 보통(普通)─각종 물건과 모든 바탕이 업는 것의 일흠들.
                │   │   ㉠ 유질(有質)─동물과 부동물 등의 일홈. 〈보기〉 돌, 소
                │   │   ㉡ 무질(無質)─각 동작과 각 ᄉ정들의 일홈. 〈보기〉 잠, ᄆ음, 지
                │   │   금, 씀, 쓰기, 말
                │   │   ㉢ 합즁(合衆)─여럿을 합ᄒ여 분별업시 하나로 불으는 것 〈보기〉
  명호 ──┤   │   ᄇᆡ셩
 (名號)   │   └─ (ㄴ) 불변(不變)─인명과 지명 갓흔 것들.
                └─ ㄴ. 되명(代名)─원명을 되신하여 불으는 것들.
                    ┌─ (ㄱ) 인민(人民)─사람을 되신한 일홈들.
                    │   ㉠ 지목(指目)65)─나, 너, ᄌᄀᆡ, 우리
                    │   ㉡ 부지(不知)─누구, 혹, 아모
                    │   ㉢ 분비(分排)─각각, 누구던지,66) 아모나67)
                    │   ㉣ 긔수(基數)─하나, 둘
                    │   ㉤ 무수(無數)─여럿, 얼마
                    │   ㉥ 형접(形接)─형용에 접ᄒ다는 말이니 ᄒᆞᆼ상 형용ᄌ 앞에 쓰이는
                    │   것들. 이
                    ├─ (ㄴ) 물건(物件)─각종 동물과 부동물을 되신ᄒ여 일홈ᄒᆞᆫ 것들
                    │   ㉠ 형접(形接)─것
                    │   ㉡ 부지(不知)─무엇
                    │   ㉢ 쳐소(處所)─여긔, 져긔
                    │   ㉣ 분비(分排)─각각
                    │   ㉤ 긔수(基數)─하나, 둘
                    │   ㉥ 무수(無數)─여럿, 얼마
                    └─ (ㄷ) 무질(無質)─여러 가지 바탕 업는 일홈들
                            ㉠ 형접(形接)─것, 줄, 기, 지
                            ㉡ 간접(間接)─고68) 먹는 것을 음식이라고 칭ᄒᆞᆷ
                            ㉢ 부지(不知)─무엇
</pre>

---

65) '指目'은 글자 그대로 〈눈으로 보고 가리킨다〉는 뜻이 분명하므로, 이는 〈직접 가리킨다〉는 뜻이 되겠다.

66) 〈누구던지〉는 〈누구(던지)〉의 뜻으로 기록한 것이 분명함. 주시경은 이미 그때 '언분'에 '간접'을 설정하고 있다.
   〈누구〉는 대개 어림수이다. "누가 왔더냐?" 하면 '순이가 왔는지? 노마가 왔는지? 돌쇠가 왔는지?' 몰라서 물을 때다. 그러나 〈누구던지〉의 경우는 〈누구〉는 홑수이

주시경은 여기서 '명호'는 뜻에 따라 크게 '원명'과 '뒤명'으로 나누었는데, '원명'은 『우리말본』의 이름씨에 맞서고, '뒤명'은 대이름씨와 셈씨를 어우른 것에 맞선다. 또 '원명'은 다시 '보통'과 '불변'으로 잘게 나누고, '보통'은 또다시 '유질(有質), 무질(無質), 합중(合衆)'으로 나누었다. '보통'은 『우리말본』의 두루이름씨에, '불변'은 홀로이름씨에 맞선다. '원명, 보통, 불변'은 다음날 『국어문법』에서 '제임'에 '두루, 홀로'로 계승되고, '보통'의 하위단위에서 '유질, 무질, 합중'은 『英語文法捷徑』의 유수명(有數名), 무형명-물질면, 합명(合名)을 작용한 것으로 짐작된다. 이는 『국어문법』에서 '몬'(유수명-유수합명), '일'(무형명-무형합명)로 계승된다. 또 '뒤명'은 '인민, 물건, 무질'로 잘게 나누었는데, '뒤명'은 『국어문법』에서 '대임'으로, '인민'은 '사람'으로, '물건'은 '몬'으로, '무질'은 '일'69)로 계승된다.

이것을 간추려서 그림표로 보이면 다음과 같다.

이 그림표에 따르면 『국문문법』에서의 '명호'의 분류는 『국어문법』에서 '임'의 분류와 완전히 일치된다. 이는 '임'의 분류가 '명호'의 분류를 계승한 것이기 때문이다. 그러므로 '명호'의 하위분류는 '임'의 분류에서 밝혀도 무

다. 곧 '不知'가 '分排'로 된 것이다. "순이던지 노마던지, 누구던지 좋다" 할 때의 <누구>는 홑수가 분명하다. 그러므로 특히 <누구(던지)>의 <누구>를 분배라 한 것이다.

67) <아모나>는 <아모(나)>의 뜻으로 기록한 것이 분명함. 풀이는 위의 각주 97)에 준한다.

68) {고}는 <뒤명>의 하위단위가 아니고 독립된 딴 <언분>인 <간접>이 분명하다. <형접>에 이끌려서 베끼는 이가 엉뚱한 것을 베낀 것으로 짐작된다.

69) 사건을 나타내는 '일'은 『국어문법』에서는 물건을 나타내는 '몬'과 같이 '몬'으로 적혀 있으나, 『조선어문법』에서는 '일'로 나타난다. 그러므로 뒤에 '몬'은 '일'을 잘못 베낀 것으로 짐작된다.

방하고, 또한 간편하다.

　그러면 『국어문법』에서 '임'을 어떻게 하위분류하였는가를 살펴보면, 먼저 '임'을 뜻에 따라 크게 '제임'과 '대임'으로 나누고, '제임'은 다시 '두로, 홀로'로, '대임'은 '사람, 몬, 일'의 3으로 분류하였다. 이 '제임'의 분류를 간추려서 표로 보이면 다음과 같다(주시경, 1910 : 67~71).

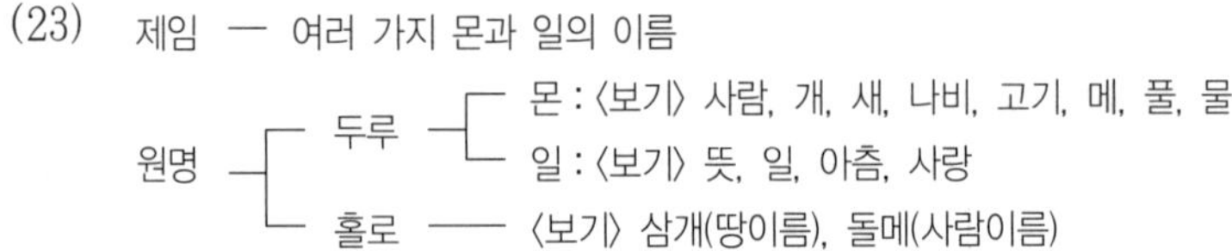

　(23)의 '제임'은 그 쓰이는 사물의 범위의 다름에 따라 '두로'와 '홀로'로 나누었는데, '두로'는 일과 몬의 이름에 두루 쓰이는 것을 말하고, '홀로'는 어떤 특정한 일과 몬의 이름에 쓰이는 것을 말한다. 뒷날 이를 『우리말본』에서 '두로'는 두루이름씨로, '홀로'는 홀로이름씨로 계승하여 다시 다듬게 된다.[70] 『국어문법』에서의 '임'의 하위분류는 이 밖에 '임의 간략한 갈래'라 하여 '제임'의 하위분류를 2계층에서 1계층으로 줄여서 체계를 세웠는데, 여기서는 '몬'과 '일'로만 나누어 처리하였다. 이것을 그림표로 보이면 다음과 같다.

　위의 표에서 그의 '홀로'의 내용을 엿보게 되는데, '홀로'에서 '일'을 뺀

---

70) 김두봉의 『조선말본』에서는 이에 대한 진전은 없다.

것은 좋은 처리법이 되지 못한다. 예를 들면 <인조반정> 등에서 이를 두 낱말로 보고, <인조(홀로) 반정(두로)>로 처리한 것 같다. 이러한 교정은 자연히 다음으로 넘어가게 된다.71)

다음으로 '대임'의 하위분류에 대하여 살펴보면, '대임'도 먼저 뜻에 따라 '사람, 몬, 일'로 하위분류하고, 이어서 '사람'은 다시 '가르침, 언잇, 모름, 헴'의 4갈래로 나누었고, '몬'과 '일'은 각각 '언잇, 모름, 헴, 곳'으로 나누었다. 이것을 표로 보이면 다음과 같다(주시경, 1910 : 69~71).

(24) 대임—제임을 대표(代表)72)하는 이름

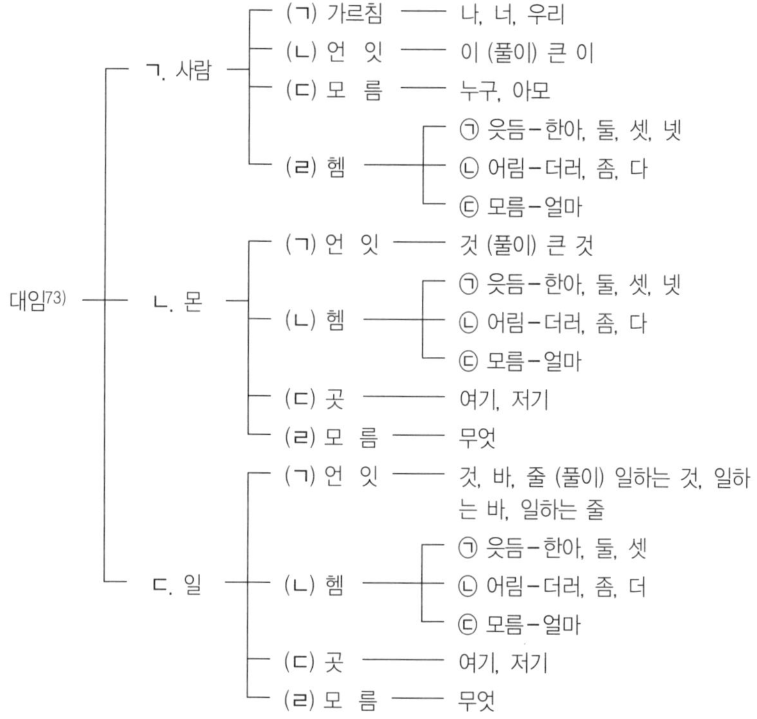

---

71) 최현배(1937), 『우리말본』, 241쪽에 보면 <살수 대첩>과 같은 말이 고유명사로 나타난다.
72) <代表>란 <대신하여 나타낸다>는 뜻으로 해석된다.

　　주시경이 분류한 '대임'의 체계를 살펴보면, '몬'과 '일'의 하위분류가 일치되어 있다. 그리고 <보기말>도 '언잇'의 경우만 다르고 다른 것은 모두 같다. 이는 '언잇'74)은 '모름, 헴, 곳'과는 다른 성질의 체언임을 일러주는 것이다.

　　또 '사람대임'의 '헴'과 '몬, 일'의 '헴' <보기말>이 일치되어 있는데, 이는 '헴'은 '언잇'이나 '가르침, 모름, 곳'과는 성질이 다른 것임을 일러주는 것이다. 주시경은 여기에 착안하지 못했다. '언잇'은 용어가 설명하고 있는 바와 같이 불완전한 '임기'이다. 그러므로 이는 완전한 '임기'와 맞서야 할 것이므로 '제임'의 하위단위로 처리되어야 했을 것이며, '헴'은 '제임'을 직접 가리키는 힘이 없으므로 '대임'과 맞서는 동아리로 처리되어야 했을 것이다.

　　끝으로 '가르침, 곳, 모름'의 경우를 살펴보면, '가르침'에는 셋째가리킴이 빠져 있고, '일·몬'에는 '가르침'이 전혀 나타나 있지 않다. 이는 그의 체계가 너무 분석적인 데서 온 것이다. 이는 <이이, 그이, 저이>와 같은 '사람대임'의 셋째가리킴이나 <이것, 그것, 저것>과 같은 '일몬대임'을 모두 두 낱말로 처리한 데서 생긴 결과로 짐작된다. 그리고 '임의 간략한 갈래'에서는 '대임'을 '몬'과 '일'의 둘로 나누었는데, 사람을 나타내는 '대임'은 모두 '몬'에 포함시키고 있다. 이것을 표로 묶어 보이면 다음과 같다(주시경, 1910 : 72).

```
        ┌ 몬 ─ 나, 너, 우리, 이, 누구, 아모, 한아, 둘, 셋, 더러, 좀, 얼마, 것
 대임 ─┤        무엇, 여기, 저기
        └ 일 ─ 것(이것, 저것, 그것)
```

　　이는 결국 꼴 있는 '대임'은 '몬'으로, 꼴 없는 '대임'은 '일'로 나눈 것이

---

73) 1913년에 낸 재판 『조선어문법』에는 '대임'이 '넛임'으로 되어 있다.
74) '언잇'은 '언기'의 아래에서 '언기'를 잇게 되므로, 여기서 얻어진 이름이다.

다. 품사의 간략한 갈래는 문법에 대한 지식이 모자라는 이를 위해서 나
눈 것이므로, 가능한 한 작게 갈라야 하겠고, '대임'은 '몬'과 '일'로 나눈다
면 이 기준이 가장 알맞겠으나 이는 주시경 문법의 표준이 아니므로 후계
자들은 아무도 잇지 않게 되었다.

참고로 『국어문법』에서 '대임'의 하위분류를 『우리말본』 체계와 견주어
보면 다음과 같다.

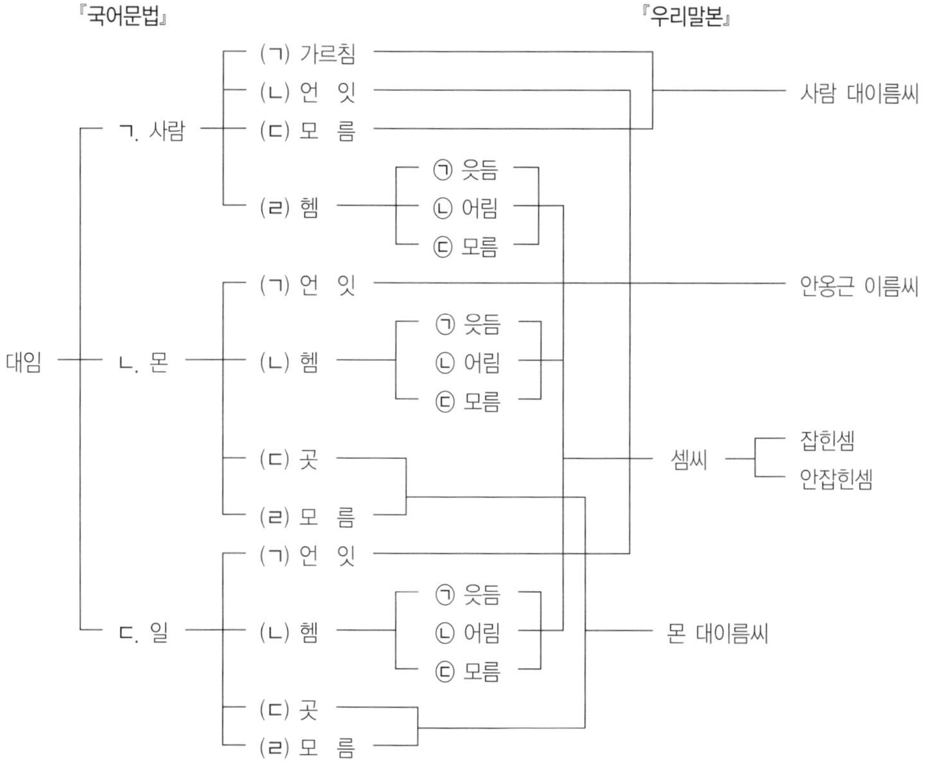

또 주시경이 『국문문법』에서 시도한 '명호'의 하위분류가 『국어문법』에
어떻게 계승되어 갔는가를 그림으로 보이면 다음과 같다.

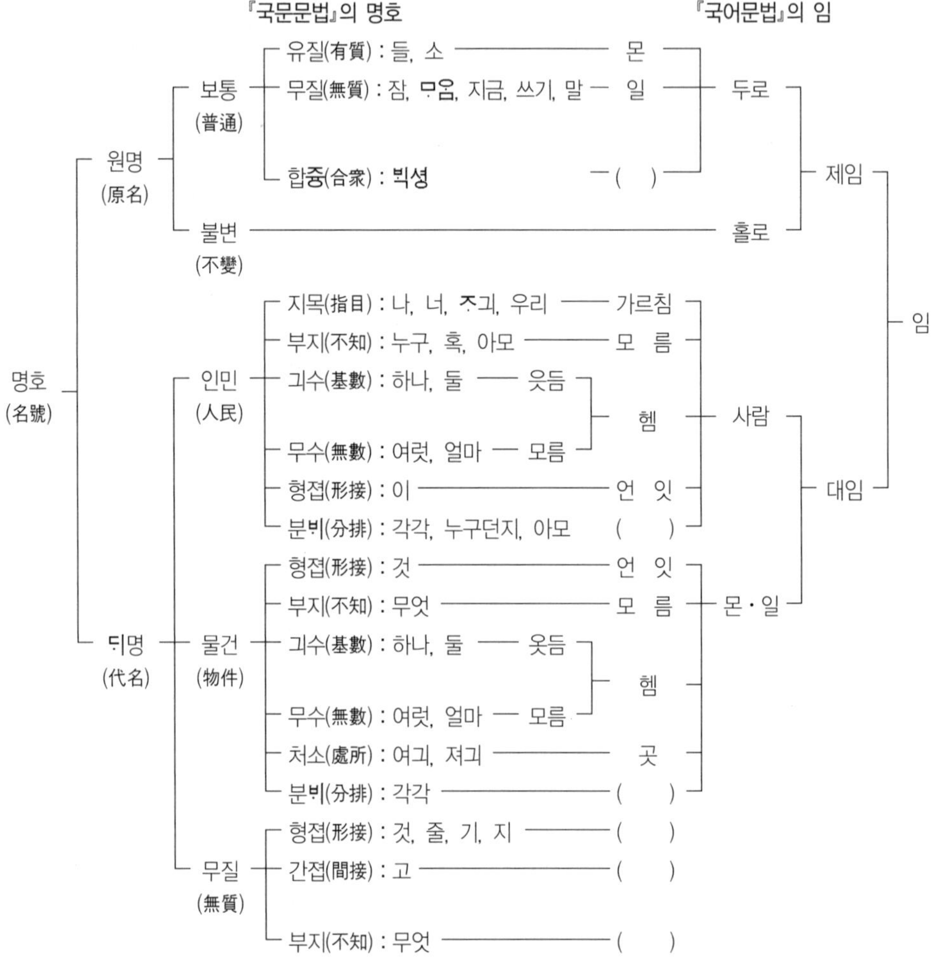

주시경의 '명호>임'의 하위분류는 순수한 문법적으로 보아서는 큰 의의
가 없겠으나, 말의 연구는 말을 작은 동아리로 나누어야 능률적이므로,
그의 분류는 뒷날 후계자들이 '임'을 체언으로 이어받아 체언을 다시 명사,
대명사, 수사로 나누어 내는 데 그 모태가 되었다. 이는 국어학 연구사에
서 큰 의의가 있다.

3.1.2. 엇기의 성립과 분류

3.1.2.1. 엇기의 성립

주시경이 『국어문법』에 설정한 '엇기'는 처음 『국문문법』에서는 '형용(形容)'으로 등장된다. 여기서는 이 '형용'을 "형용ᄒᆞᆫ 것들"이라고 뜻매김을 하였을 뿐 <보기말>은 전하지 않는다.

그런데 이 '형용'에 맞서는 말로서 영어문법에 adjective가 있는데, 이 adjective를 우리말로 옮겨 보면 문제가 간단하게 해결되지는 않다.

윤치호의 『英語文法捷徑』에서 형용사의 정의를 보면 이는 "명사의 의사를 한정하거나 형용홈"으로 되어 있고, <This horse, a large man> 등이 <보기말>로 올라 있다.75) 그러므로 여기서의 '형용'은 현재 우리가 이르는 관형사에 맞선다. 그러나 『英語文法捷徑』의 175쪽에 보면 형용사는 동사 아래에 쓰이면서 명사를 간접으로 형용하는 것이 나타난다.

<Iron is hard.(철은 단단하다.)>

이때 <hard>는 우리말에 적용하면 이는 용언인 <단단하다>에 맞선다. 그러므로 '형용'은 사물을 형용하는 말로서 이는 명사를 한정하는 품사와 명사를 풀이하는 품사로 정리된다. 그러나 우리말에서는 명사를 한정하는 말에는 형용하는 말 이외에 동작하는 말이 있다. 『국문문법』에서 보인 <가는, 먹는> 등이 그 <보기>이다. 그래서 주시경은 이것도 '형용'에 넣고, {는} 등을 접미사로 처리한 것으로 해석된다.

그런데, 명사를 형용하는 말 '형명'을 설정하고 보니, '형용'을 형용하는 말, '동작'을 형용하는 말은 독립된 품사로 처리할 것인가, '형용'의 하위단위로 처리할 것인가 하는 문제가 생겨나는데, 이들을 다 같이 어떤 낱말

---

75) 탑출판사(1983), 『歷代韓國文法大系』 제2부 제29책에 영인되어 있는 윤치호(1911), 英語文法捷徑, 1쪽 참조.

이 어떤 낱말을 형용한다고 보고, 모두 '형용'으로 처리하였던 것이다. 이것을 간추려서 표로 묶어 보이면 다음과 같다.76)

　(25) 형용(形容) ― 형용ᄒᆞᆫ 것들.
　　　ㄱ. 형명(形名) : 명호를 형용ᄒᆞᆫ 것들.
　　　ㄴ. 형형(形形) : 형용을 형용ᄒᆞᆫ 것들.
　　　ㄷ. 형동(形動) : 동작을 형용ᄒᆞᆫ 것들.

　그리고 『국문문법』의 '형명'에 <그, 저, 이>가 나타나는 것으로 보아 '형명'은 영어문법의 article에서도 영향을 받은 것으로 보인다. 그러므로 '형형'과 '형동'은 영어문법의 adverb에서 영향을 입었다고 보아지는데, 『국문문법』에는 그 <보기>가 나타나지 않으므로 더 이상 자세한 것은 알 수 없다.

　이제 『국문문법』에 나타나는 '형용'의 <보기말>을 간추려서 표로 보이면 다음과 같다(주시경, 1905 : 18~19).

　(26) 형용의 <보기>

```
          ┌ ㄱ. 귀한, 무른, 여진, 착ᄒᆞ, 큰, 적은, 엇더ᄒᆞ, 이런, 져런….
          ├ ㄴ. 가논, 먹논
   형용 ──┤
          ├ ㄷ. 한, 둘, 셋
          └ ㄹ. 그, 져, 이
```

　(26)ㄱ은 일과 몯의 모양이나 상태를 나타내는 형태소가 토와 더불어 문장에서 관형어가 되는 말이고, (26)ㄴ은 움직임을 나타내는 형태소가 토와 더불어 문장에서 관형어가 되는 말이고, (26)ㄷ은 셈을 나타내는 형태소로서 문장에서 단독으로 관형어가 될 수 있는 말이고, (26)ㄹ은 가리

---

76) 탑출판사(1986), 『歷代國語文法大系』 제1부 제39책에 영인되어 있는 주시경(1905), 국문문법, 16쪽 참조.

킴을 나타내는 형태소로서 문장에서 단독으로 관형어가 되는 말이다.

　이제『국문문법』의 '형용'의 <보기말>을『우리말본』체계와 견주어 보면 다음과 같다.

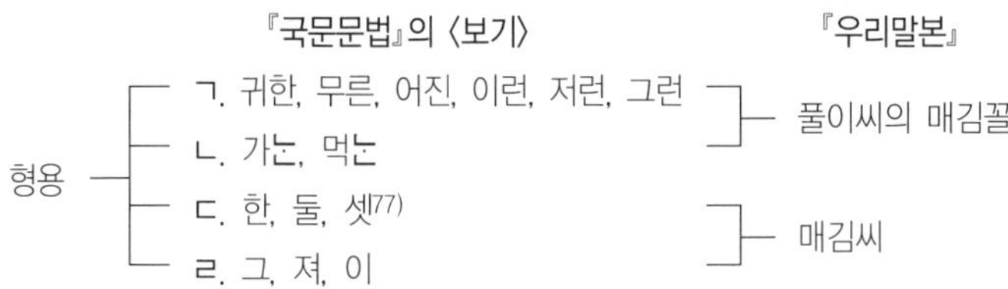

　그러므로,『국문문법』에 있어서의 '형용'은 오늘날의 용언의 관형사형과 관형사로 이루어졌다. 이 '형용'은『말』(1908)에 이르면, '형용본체, 형명, 형동'으로 바뀌게 된다.

　이제『국문문법』에 나타나는 체계와『말』에 나타나는 체계를 견주어 보면 다음과 같은 표가 형성된다.

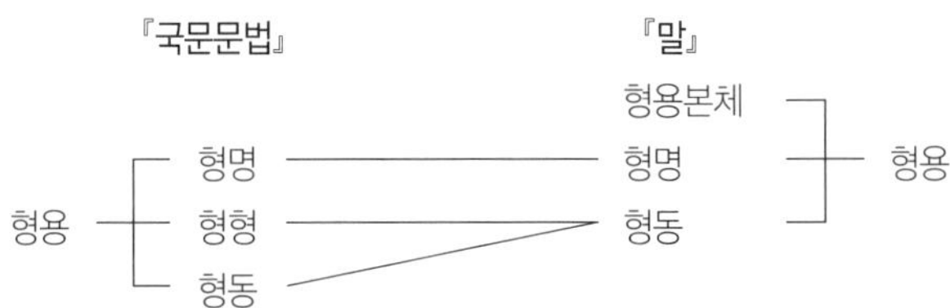

　『말』에서 '형형'과 '형동'을 묶은 것은 '형형'과 '형동'의 영역이 나누어지지 않은 데서 온 것으로 짐작하고, '형용본체'를 설정한 것은 '형용'의 원형이 단독으로 독립되어 쓰이지 못하므로 이를 다시 다듬은 것 같다. 곧 주시경은 {-다}를 접미사로 처리한 것으로 생각된다. 이때 주시경은 이 분류를 다음과 같이 의식한 것이다.

---

77) ㄷ에서 <둘, 셋>은 <두, 세>의 변이형태로 본 것 같다.

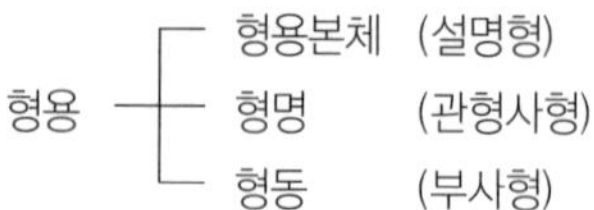

다음은 『말』에 나타나는 '형용'의 분별과 그 <보기말>을 간추려서 보이면 다음과 같다(주시경, 1908 : 7).

　　(27) 형용의 <보기>

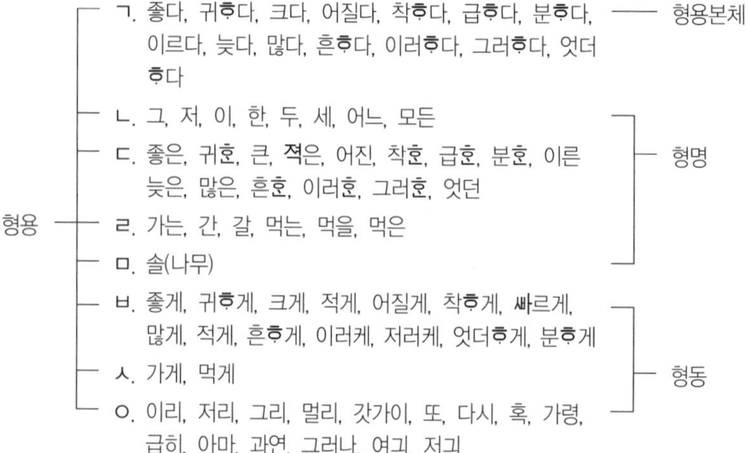

　　(27)ㄱ은 오직 '형용'에 접미사로 의식한 토 {-다}가 첨가되어 이루어진 것이므로, 이는 모두가 하나의 단위가 되겠으나, (27)ㄴ, ㄷ, ㄹ, ㅁ은 이와 다르다. (27)ㄴ은 혼자서 수식어가 되는 말이고, (27)ㅁ은 '임기'가 관형어가 되는 경우이며,78) (27)ㄷ과 (27)ㄹ은 접미사로 의식한 토와 더불어 수식어가 되나, (27)ㄷ은 '형용'을 나타내는 말이고, (27)ㄹ은 '동작'을 나타내는 말이다. 또 (27)ㅂ, ㅅ, ㅇ의 경우도 그렇다. (27)ㅇ은 혼자서

---

78) 이때는 '임기'와 '임기' 사이에 토 {의}가 생략된 것으로 본다. 자세한 것은 박지홍(1986), 우리 현대말본, 과학사, 162~163쪽 참조.

수식어가 되는 말이고, (27)ㅂ과 (27)ㅅ은 접미사로 의식된 토와 더불어 수식어가 되는 말이다.

그 후『국어문법』에 이르러서는『말』의 '형용'을 '엇'으로 이어받아 발전시켜 나가게 되는데, 먼저 '형용'의 하위단위인 '형명'은 '언'이란 단독의 품사로 체계를 세웠다. 이를 표로 보이면 다음과 같다.

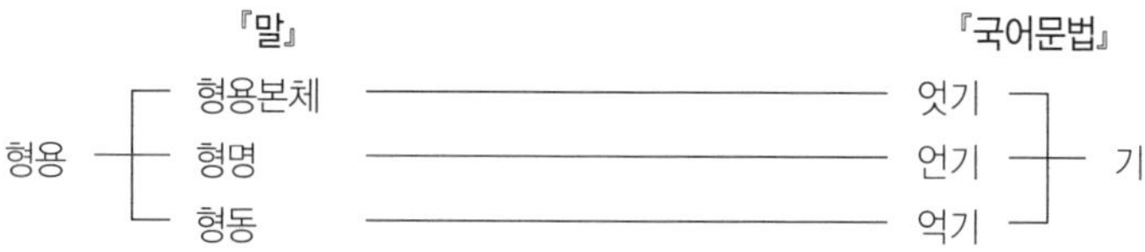

『국어문법』'기난갈의 기난틀'에서 '엇'을 "여러 가지 엇더함을 이르는 기를 다 이름이라"고 뜻매김하였다. 이는『국문문법』뜻매김인 "형용ᄒᆞ는 것들"과 견주어 보면,『국문문법』의 것은 의미적인 뜻매김인데,『국어문법』의 것은 구실적인 뜻매김이다. 그러므로 이는 국어학 연구사에 있어 그 의의가 크다.

또 이에 대한 <보기말>을 보인 다음, (잡이)에서 '엇'은 "엇더하의 엇만 가리어씀이라"고 하여 용어를 뜻매김과 연관시켰는데, 이는 '형용'의 계승에서 얻어진 것이다.

이제『국어문법』에서 밝힌 '엇'의 뜻매김과 <보기말>을 간추려서 보이면 다음과 같다(주시경, 1910 : 28~29).

(28) 엇 ― 여러 가지 엇더함을 이르는 기를 다 이름이라.
　　　<보기> 히, 크, 단단하, 착하, 이르, 이러하

『국어문법』에서 설정한 '엇'의 <보기>에서 보인 낱말을 살펴보면, 이들은 모두 '형용본체'를 다시 다듬은 것임을 쉽게 알 수 있다. 그는 품사의 단위를 형태소에서 찾았으므로, '형용본체'를 '엇'으로 계승하였는데, 이는

일과 몬의 모양이나 상태를 나타내는 굴곡낱말의 어근만으로써 '엇'을 정립하였던 것이다. 그리고 '형명'을 이어받은 '언'과 '형동'을 이어받은 '억'은 딴 '기'로서 새로 마련하였다. 이는 성질이 다른 낱말을 오직 꾸밈의 구실이 같다고 해서 하나로 묶은 것을 셋으로 나눈 것은 발전이라 하겠다. 그러나 이 '엇'은 여러 가지 어떠함을 나타내는 굴곡낱말의 어근형태소로서 이는 단독으로는 문장에서 쓰이지 못하고, '잇기'나 '끗기'의 도움을 받아 서술어의 구실을 한다.

주시경이 구속형태소를 하나의 독립된 낱말로 처리한 것은 좋은 처리법이라 할 수는 없다. 그렇지만 '엇기'가 문장에서 서술어의 구실을 함을 발견한 것은 처음 있는 일이다.

3.1.2.2. 엇기의 분류

주시경은 『국문문법』, 『말』, 『국어문법』 등에서 '엇기(형용)'의 하위분류에 대하여 다음과 같이 언급하고 있다.

먼저 『국문문법』에서는 '말' 단원에서 '형용의 분별'이라 하여 '형용'을 '픔질(品質), 모양(模樣), 수량(數量), 지목(指目)'의 4갈래로 하위분류하고, 이것을 다시 잘게 나누어 뜻매김하고, <보기말>을 들었는데, 이것을 정리하여 보이면 다음과 같다(주시경, 1905 : 18~19).

(29) 형용의 분별(形容의 分別)

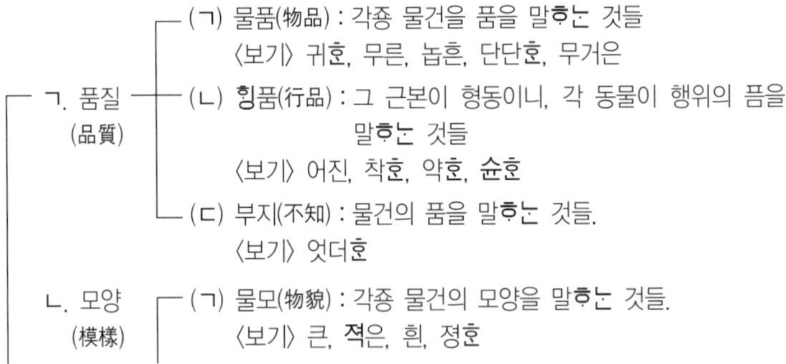

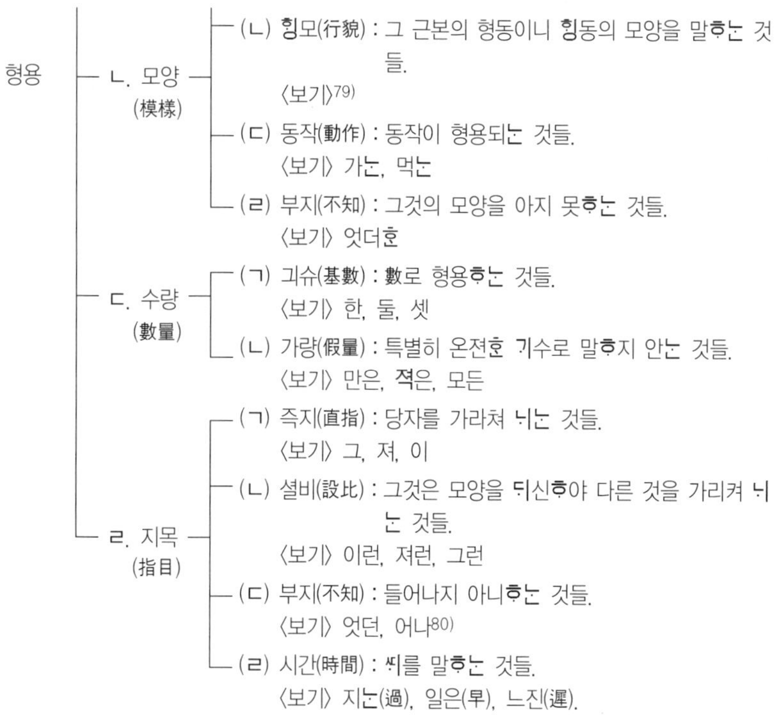

(29)의 표에 따르면 『국문문법』에서 분류한 '형용'의 분류는 '형용'을 분류한 것이 아니고, '형용'의 하위단위의 하나인 '형명'을 뜻에 따라 분류한 것이다. 그러나, '형용'의 분류는 '형명'의 분류만 전해 오는 셈이다. 그러나 『말』에 전해 오는 '형용'의 분류를 통해 우리는 '형명'이나 '형형, 형동'의 하위분류도 대개 짐작할 수 있다. 그것은 『국문문법』의 '형용'의 분류가 『말』의 '형명'의 분류와 일치하기 때문이다.

이 '형명'의 분류에서 '품질'은 물건의 성품과 바탕을 형용하는 말로서 이는 다시 '물품, 힝품, 부지'로 하위분류 되어 있다. 또 '모양'은 물건의 모

---

79) '힝모'의 <보기>에는 <보기말>이 없다. 그러나 『국문문법』의 뒤를 이은 『말』에는
   <보기말>이 3개(급훈, 분훈, 답답훈)가 나타난다.
80) {어나}는 {어늬}를 표현한 것이다.

양을 형용하는 말로서, 이것은 다시 '물모, 힝모, 동작, 부지'로 하위분류하고 있고, '수량'은 수를 가리키는 말로서, 다시 '긔슈, 가량'으로 하위분류하고 있으며, '지목'은 어떤 사물이나 모양을 가리키는 말로서, 다시 '즉지, 셜비, 부지, 시간'으로 하위분류하고 있다. 이들은 모두 문장에서 다른 말을 한정하는 문장성분으로 쓰이는 말이다.

주시경의 '형명'은 문장에서 관형어가 되는 일체의 낱말을 모두 합쳐서 설정한 '형용'의 한 갈래이므로, 이는 여러 가지 뜻을 가진 낱말의 복잡한 어휘 떼이다. 본디 사람의 생각은 대개 비슷비슷한 것이므로, 품사도 그 동아리에 따라 뜻이 어느 정도는 어떤 중심으로 뭉쳐진다. 그런데, '형용'은 형태소로 보아 그것이 자립형태소이든 구속형태소이든, 문장에서 관형어가 되는 것을 모두 '형명'으로 처리했으므로, 『국문문법』에서의 '형명'의 하위분류는 분류를 위한 분류에서 그치고 말았으며, 이는 다음날 다시 다듬지 않을 수 없게 되었던 것이다.

이제『말』에서 분류한 하위분류를 살펴보면, 『말』에서도 '형용의 분별'이라 하여 '형용'을 하위분류하고 있는데, 이는『국문문법』의 계승이 분명하다. 여기서 '형용'을 크게 '형용본체, 형명, 형동'으로 나누고, 이를 다시 잘게 나누어 나갔다. 이것을 표로서 묶어 보이면 다음과 같다(주시경, 1908 : 7).

(30) 형용의 분별(形容의 分別)

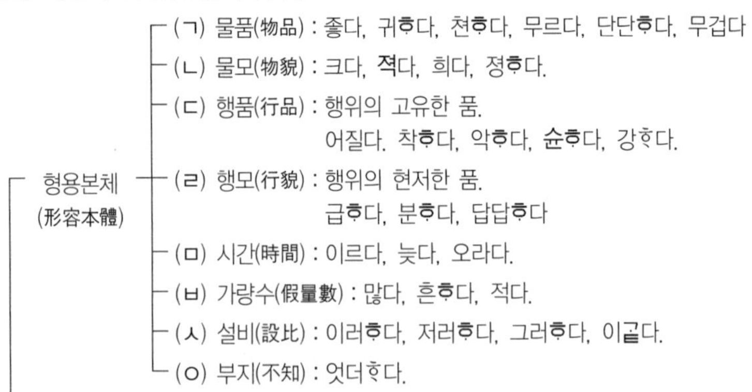

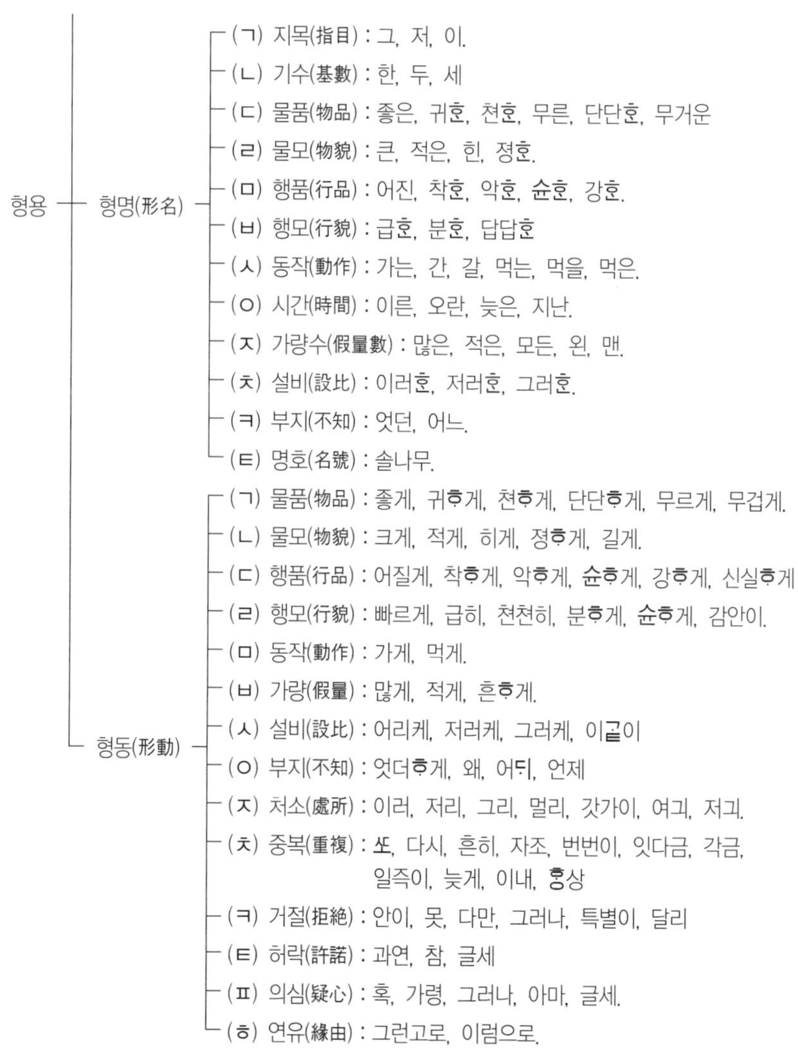

주시경이 『말』에서 첫 단계로 '형용'을 '형용본체, 형명, 형동'으로 나눈 것은 『국문문법』에서 시도한 '형명, 형형, 형동'을 계승·발전시킨 것인데, 2차 단계의 하위분류는 문법적 뜻에 따라 '형용본체'는 8로, '형명'은 12로, '형동'은 14로 나누었다. 이것을 간추려 표로 보이면 다음과 같다.

형용 ─┬─ ㄱ. 형용본체 – 물품, 물모, 행품, 행모, 시간, 가량수, 설비, 부지(8)
      ├─ ㄴ. 형명 – 지목, 기수, 물품, 물모, 행품, 행모, 동작, 시간, 가량수, 설비, 부지, 호(12)
      └─ ㄷ. 형동 – 물품, 물모, 행품, 행모, 동작, 가량, 설비, 부지, 처소, 중복, 거절, 허락, 의심, 연유(14)

이제『국문문법』과『말』의 '형명'을 보기 쉽게 간추려서 견주어 보면 다음과 같다.

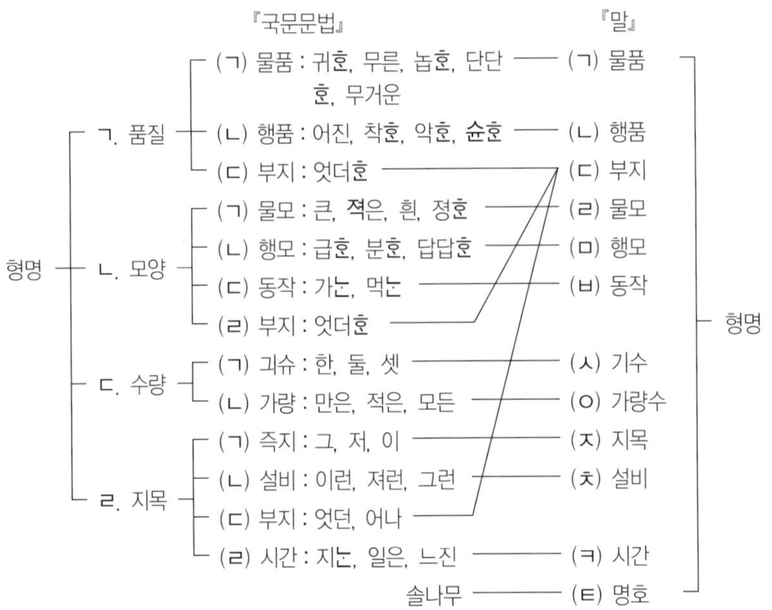

위의 견줌표를 살펴보면, 첫째 단위인 '품질, 모양, 수량, 지목'은 그 내용이 같은 범주에 속하기 어렵다. 이는 서로가 비슷한 유형도, 맞선 유형도, 아무것도 아니다. 여기에 착안하여 1차적 분류를 없앤 것은 발전이다. 그리고『국문문법』에서는 '부지'의 ＜엇더호＞과 같이 뜻이 같고 ＜보기＞가 같은 말을 다른 동아리로 나누었다. 그런데, 여기서는 '품질'의 '부지', '모양'의 '부지', '지목'의 '부지'를 하나로 묶고 있다. 이는 발전이다. 그러나 '명호'는 분명히 '형용'과 맞서는 다른 품사인데, 이것이 관형어가 된다고 하여 이를 '형명'에 넣은 것은 좋은 처리법이라 할 수 없다. 그것은 '명호'를 '형명'에 넣으면, 모든 '명호'가 '형명'이 되어 '명호'의 영역과 '형명'의 영역이 구별이 없어지기 때문이다.

어떻든, '형용본체'나 '형동'도 한 가지지만 앞에서 지적한 바와 같이 꼴은 고려 없이 문장에서 다 같은 문장성분이 된다는 구실 하나로 묶었으므로 이는 결국 다시 다듬어야 되게 되었는데, 이 문제는 다음날로 넘어가게 된다.

다음은 『국어문법』과 『조선어문법』에서 분류한 '엇기'의 하위분류를 살펴보면, 『국어문법』에서는 『말』의 '형명'은 '언기'로 '형동'은 '억기'로 각각 독립된 품사로서 계승하고, '형용본체'만 '엇기'로 계승하여 다시 다듬게 된다. 그 하위단위는 '물품, 물모, 행품, 행모, 때, 헴'의 6으로 나누었고, 『조선어문법』에서는 '견줌'을 하나 더 설정하여 7로 분류하였다. 그러므로, '형명(>언)'과 '형동(>억)'의 분류 문제는 각각 해당 장으로 미루기로 한다. 이것을 정리해서 '엇'의 갈래를 보이면 다음과 같다(주시경, 1910 : 72).

> (31) 엇의 갈래
>> ㄱ. 물품(物品) : 여러 가지 몬의 품(品)이 엇더하다 이르는 것.
>>> <보기> 좋, 무르, 단단하, 무겁, 부드럽, 질기, 서늘하, 덥, 차.
>> ㄴ. 물모(物貌) : 여러 가지 몬의 모양이 엇더하다 이르는 것.
>>> <보기> 크, 적, 히, 좁, 길.
>> ㄷ. 행품(行品) : 여러 가지 행위의 품성이 엇더하다 이르는 것.
>>> <보기> 착하, 어질, 슬기롭, 어리석.
>> ㄹ. 행모(行貌) : 여러 가지 행위의 모양이 엇더하다 이르는 것.
>>> <보기> 잰, 게르, 답답하, 굼굼하.
>> ㅁ. 때 : 때가 엇더하다 이르는 것.
>>> <보기> 이르, 늦, 오라, 길
>> ㅂ. 헴 : 헴이 엇더하다 이르는 것.

　(ㄱ) 어림 <보기> 많, 적, 흔하
　(ㄴ) 모름 <보기> 엇더하.
ㅅ. 견줌 : 이것을 다른 것으로 견주는 것.81)
　<보기> 이러하, 저러하, 그러하.

이제 『말』에서의 '형용본체'의 분류와 『국어문법(조선어문법)』에서 '엇'의 분류를 견주어 보면 다음과 같다.

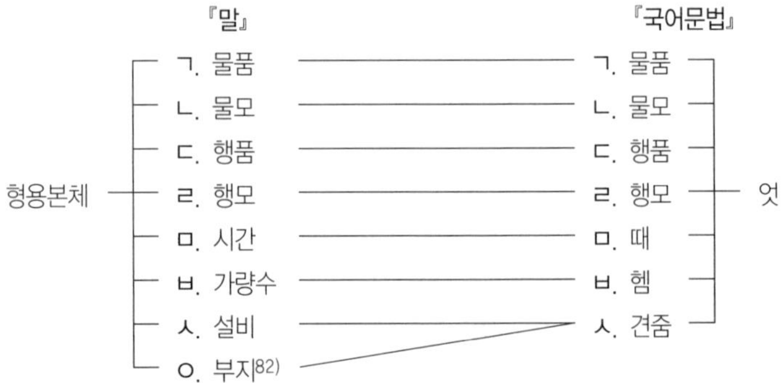

『국어문법(조선어문법)』에서의 '엇'의 분류는 『말』의 분류를 그대로 계승하여 다듬은 것인데, 여기에는 용어를 우리말에 접근시켜 보겠다는 노력과 '부지'를 '견줌'에 통합시킴에 지나지 않은 것 같다. 그러나 이 분류는 그 나름으로 의의가 있다고 할 수 있다.

첫째, '부지(不知)'를 없앤 것이다. 이 '부지'는 다음과 같은 분류가 이루어져야 그 설정이 가능하다. 이것을 표로 나타내면 다음과 같다.

---

81) 주시경(1911), 조선어문법, 80쪽 참조.
　주시경(1910)의 책에는 없고, 주시경(1911)의 책에서 하나 더 첨가한 것이다.
82) <엇더하>는 <이러하, 저러하, 그러하>와 한 동아리이므로 '부지'는 '견줌'에 포함시킨 것 같다.

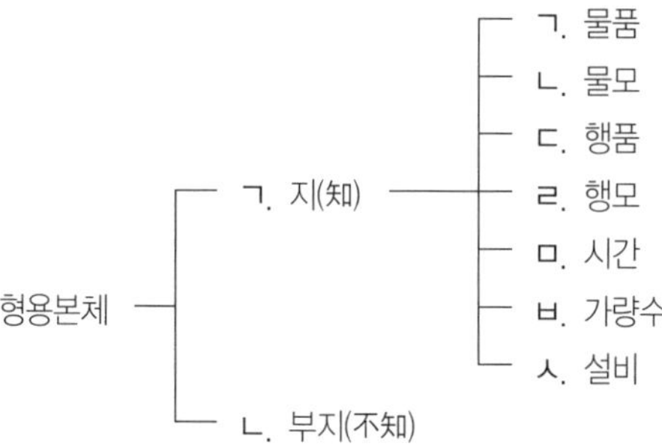

그런데, '형용본체'의 '부지' <엇더ᄒ>는 '지(知)'와 맞설 내용이 아니고, 이는 '설비'의 하나이다. 이런 점에서 '부지'를 덜어 내었다는 것은 발전이 아닐 수 없다. 그러나 '엇'의 갈래는 또 다른 문제가 있다. 우선 이를 살펴보면, '때'란 갈래이다. '때'는 '공간'과 대립 관념 속에서 형성된다. 그러므로 굳이 '때'를 갈라 세우려면 이는 다음과 같은 분류가 이루어져야 한다.

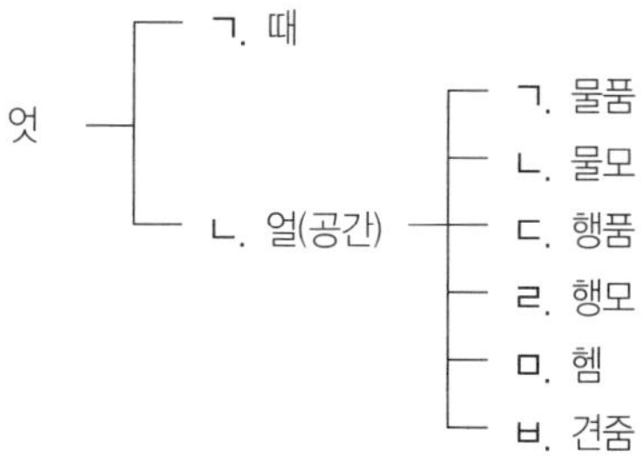

그런데 이 갈래는 불가능하다. 그것은 '헴'의 존재인데, '헴'은 '헤지못함'의 대립개념이 있기 때문이다. 이처럼 '형용'과 '엇'의 하위분류는 어휘적 뜻에 따른 분류이므로 이는 문법적으로는 큰 의의를 갖지 못한다. 그러나 이 품사의 하위분류를 처음으로 꾀했다는 점에서 국어학 연구사에 있어 의의가 있다.

3.1.3. 움기의 성립과 분류

3.1.3.1. 움기의 성립

주시경이 설정한 '움기(<동작>)'는 그의 저서 『국문문법』에서 등장되어 『국어문법』에서 그 성립을 보게 된다.

이 '움기'의 성립 과정을 살펴보면, 그때 우리나라에서 쓰이던 영어문법의 Verb를 우리말의 문법에 적용한 데서 시작한 것으로 짐작되는데, 이는 『국문문법』에서 '동작(動作)'으로 받아들이고 있다.

윤치호의 『英語文法捷徑』(1911)에서 "동사(verb)는 人이나 物의 동작(action)이나 경황(state)을 설명홈"(1911 : 1)이라고 뜻매김하고는, 이 동사의 종류를 동작동사, 경황동사,83) 보조동사의 3으로 나누었다. 그리고 "동작동사는 有形ᄒ나84) 無形한 동작을 설명홈"이라 뜻매김하고, 유형동사의 <보기말>로는 <walk, eat, write, read, sleep, run>을 들었고, 무형동사의 <보기말>로는 <love, think, feel, know, enjoy, hate>를 들었으며, 경황동사의 <보기말>로는 <be, am, is, are, been, was, were>를 들었다(윤치호, 1911 : 96~98).

주시경은 이 동작동사를 받아들여 『국문문법』에서 '동작(動作)'이란 품사를 내세운 것 같은데, '동작'은 움직임을 나타내는 굴곡낱말의 어근형태소를 하나의 품사로 잡은 것이다. 그리고 구속형태소를 하나의 품사로 처리한 까닭은 '엇기'의 경우와 같다.

『국문문법』에 나타나는 '동작'의 풀이와 <보기말>을 간추려서 보이면 다음과 같다.85)

---

83) 경황동사란 흔히 이르는 '불완전 자동사'를 말한다.
84) <有形ᄒ나>는 <꼴이 있거나>의 뜻.
85) 『국문문법』에서는 '동작'의 뜻매김이 빠져 있는데, 앞의 2.2.에서 필자가 보충해 넣은 것을 따온 것이며, <보기말>은 '동작의 분별'에서 가려 넣은 것이다(각주 34)참조).

(32) 동작—동작ᄒᆞᄂᆞᆫ 것들.
　　　<보기> 먹다. 자다.

　(32)의 <보기>를 살펴보면, <먹다, 자다>에는 움직임을 나타내는 굴곡낱말의 어근형태소인 {먹-, 자-}에 접사형태소인 {-다}가 결합되어 있다. 그러므로, 이 <보기>만으로 보면, 그는 '동작'의 기본형을 어근형태소에 {-다}가 결합된 꼴로 본 것으로 짐작된다.

　그러나 '언분(言分)'의 분류에 보면, 거기에는 '죠셩(助成)'이란 '언분'이 나타나고, 뒷날 나온 『말』에는 '원체부'라 하여 어근형태소가 단독의 품사로 풀이되어 있으며, 『국어문법』의 '움'의 <보기>는 <가, 날, 자, 먹, 따리, 잡, 먹이, 잡히>와 같이 모두 어근형태소로만 되어 있다. 그러면 과연 주시경은 {-다}를 기본형으로 보았을 것인가의 의문이 생긴다. 그러나 이는 초기에 있어서 {-다}를 기본형으로 보았다고 볼 수밖에 다른 해명의 방법이 없다.

　어떻든 토인 {-다}를 품사분류에서는 '죠셩'으로 의식하였고, 말 만들기에서는 접미사로 의식하였다고 보는 것이 가장 타당한 설명이 된다. '동작'은 이런 경위를 겪어 이루어진 것이다.

　『국문문법』에 등장시킨 '동작'은 다음날 『말』에 이르러서는 '원체부'[86]의 하위단위로 체계 세워져 있는데 이 밖에는 아무런 설명이 없다. 이것을 보이면 다음과 같다(주시경, 1908 : 29).

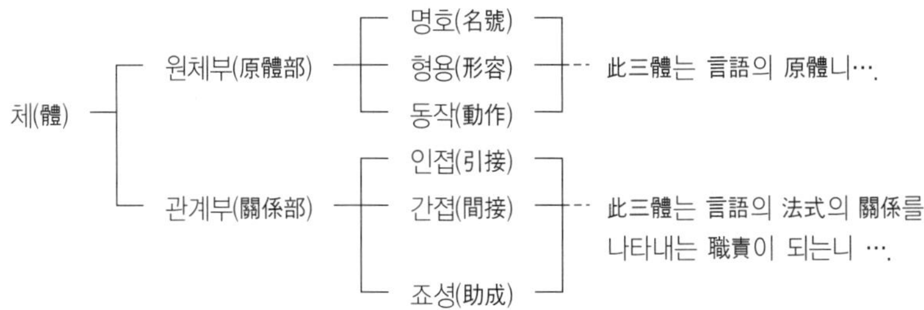

---

86) '원체부'는 오늘날의 의미소에 맞서는 용어이다.

『국문문법』과 『말』의 '동작'은 『국어문법』에 이르러 '움'으로 계승·발전된다.

『국어문법』의 '기난갈'에서 비로소 '움'을 뜻매김하고 <보기>를 들게 되는데, 이것을 보이면 다음과 같다(주시경. 1910 : 28~29).

> (33) 움[87] — 여러 가지 움즉임을 이르는 기를 다 이름이라.
>   <보기> 가, 날, 자, 먹, 따리, 잡, 먹이, 잡히

(33)의 <보기>를 통해 '움'을 형태적으로 살펴보면, 이때에 움직임을 나타내는 굴곡낱말들의 어근을 '움'의 기본형으로 잡고 있음을 알 수 있다. '움기'는 이렇게 하여 그 성립을 보게 되었던 것이다. 여기서 서로 성질이 다른 자립형태소와 구속형태소를 같은 동아리로 처리하여 {가다, 가고, 가며, 가니} 등에서 앞뒤의 두 구속형태소들을 모두 자립형태소로 잡고 있는데, 이는 결코 좋은 처리법이 되지 못한다.

그러나 똑 같은 뜻을 가진 {-다}를 경우에 따라 '끗기'란 하나의 품사로 처리하기도 하고, 접미사로 처리하기도 한 모순을 덜어낸 점에서 이는 하나의 발전이다.

3.1.3.2. 움기의 분류

'움(<동작)'의 하위분류에 대하여는 『국문문법』과 『국어문법』에 기술하고 있다.

먼저 『국문문법』에서 분류한 '동작'의 갈래를 살펴보면, '동작의 분별'에서 '동작'을 '타동'과 '즈동'으로 나누고, 또 행동하는 권한에 따라 '직동'과 '피동'으로 나누었다. 이것을 정리해 보이면 다음과 같다(주시경. 1905 : 16).

---

87) '움'은 움즉임의 '움'을 가리어 썼다고 『국어문법』에 풀이되어 있다.

(34) 동작의 분별
    ㄱ. 타동(他動) : 힝동과 감졍이 달은 것에서 가는 것들.
       <보기> 먹다
    ㄴ. 즈동(自動) : 힝동과 졍형과 감졍이 달은 것에게 접사 아니ᄒᆞᆫ
                    것들.
       <보기> 자다

이에 쏘 권력의 분별이 잇스니 그 힝동ᄒᆞᆫ 권한을 나타내는 것들.

    ㄱ. 직동(直動) : 한 말의 쥬쟝의 힝동과 졍형의 나타나는 것들.
       <보기> (ㄱ) 내가 자오. (ㄴ) 고양이가 쥐를 잡앗다.
    ㄴ. 피동(被動) : 한 말의 쥬쟝의 힝동이 달은 자 힝동ᄒᆞᆫ 권의 결계를
                  밧는 것들.
       <보기> 쥐가 고양이훈테 잡혔다.

이 '동작'의 분별은 움직임의 대상이 있느냐, 없느냐에 따라 '타동'과 '즈동'으로 나눈 것인데, '타동'은 움직임의 대상이 있는 것이고, '즈동'은 움직임의 대상이 없는 것이다.

또 움직임의 주체가 제 스스로 움직이느냐, 남의 움직임을 받느냐에 따라 '직동'과 '피동'으로 나눈 것이다. 이러한 분류는 영어문법의 verb의 분류와 일치한다.

이것을 영어문법과 대조하여 보이면 다음과 같다.

(가) 행동과 동작이 다른 것에 미치고 미치지 않음에 따라

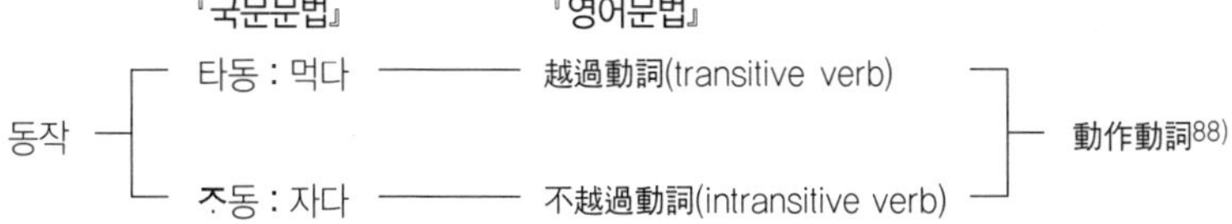

---

88) 윤치호(1911), 앞의 책, 6~7쪽 참조.

(나) 주체의 움직임이 스스로냐 그렇지 않느냐에 따라

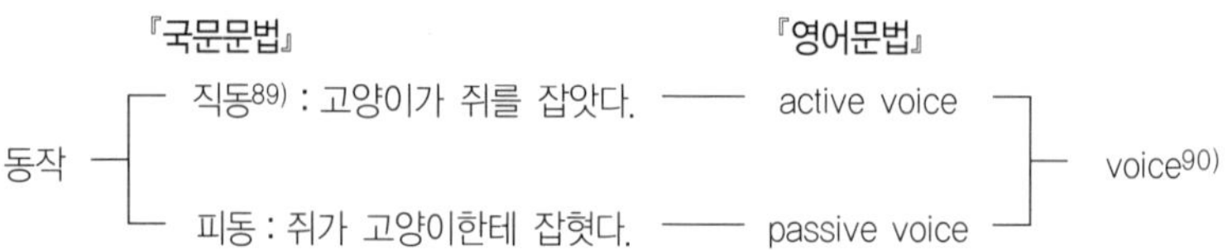

　그런데, 이러한 분류는 단순히 **뜻**에 따라 나눈 것이 아니고, '동작'이 문장 속에서 하는 **구실**에 따라서 나눈 것이므로 문법에 있어 의의를 가진다. 그것은 '동작'이 '타동'이냐 '즈동'이냐, 또 '직동'이냐 '피동'이냐에 따라 문장의 구조가 달라지기 때문이다.

　『국문문법』의 '동작'은 『국어문법』에서 '움'으로 계승하고는 이를 '움뜻'과 '움힘'으로 나누고, '움뜻'은 다시 '제움'과 '남움'으로 나누고, '움힘'은 다시 '바로움'과 '입음움'으로 나누었는데, 이것을 정리하여 보이면 다음과 같다(주시경, 1910 : 73~74).

　　(35) 움의 갈래
　　　　ㄱ. 움뜻 : 움즉이는 성질
　　　　　　(ㄱ) 제움 : 제몸에서 움즉이는 것. <보기> 자, 날, 잡히.
　　　　　　(ㄴ) 남움 : 남의 몸에 움즉이는 것. <보기> 잡, 따리, 먹, 먹이

　　　　ㄴ. 움힘 : 움직이는 힘.91)
　　　　　　(ㄱ) 바로움 : 자유로 움즉이는 것. <보기> 따리, 자, 잡, 날
　　　　　　(ㄴ) 입음움 : 남의 움즉임을 입어 움즉이는 것. <보기> 잡히.

　　(35)의 분류는 원칙적으로 『국문문법』의 '동작'의 분별을 그대로 이은 것이나 용어를 다시 다듬고, 분류를 잘게 한 점에서 이는 '동작'의 분류를

---

89) '직동'은 오늘날 흔히 '능동'이라 한다.
90) 탑출판사(1983), 앞의 책, 제2부 제29책에 영인되어 있는 李起龍(1911), 『中等英文典』, 85쪽 참조.
91) (잡이)에 있는 풀이를 이용하여 필자가 보충해 넣은 것이다.

한 걸음 발전시킨 것이다.

이제 『국문문법』과 『국어문법』을 견주어 보면 다음과 같다.

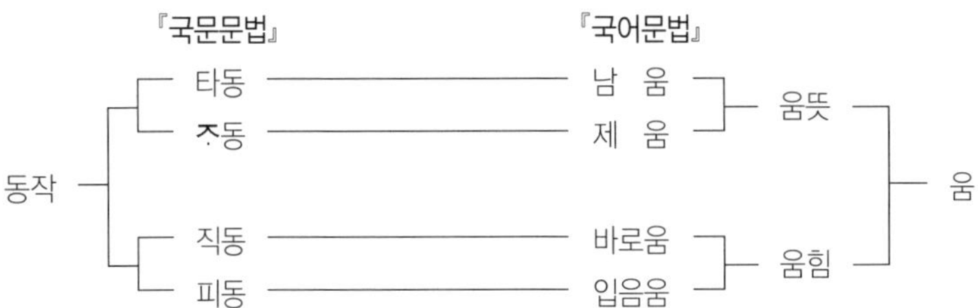

위에서 '움뜻'은 움직임의 대상이 있느냐, 없느냐에 따라 나눈 것으로 추측되는데, 움직임의 대상이 '씀이듬'(object)을 취하는 것은 '남움'으로, '씀이듬'을 취하지 않는 것은 '제움'으로 분류하였고, '움힘'은 움직임의 주체가 제 스스로 움직이느냐, 남의 움직임을 입어서 움직이느냐에 따라 나눈 것으로 추측된다(허웅, 1971 : 32). 주체가 제 스스로 움직이는 것은 '바로움'으로, 남의 움직임을 입어서 움직이는 것은 '입음움'으로 분류하였다.

이상을 정리하여 표로 묶어 보이면 다음과 같다.

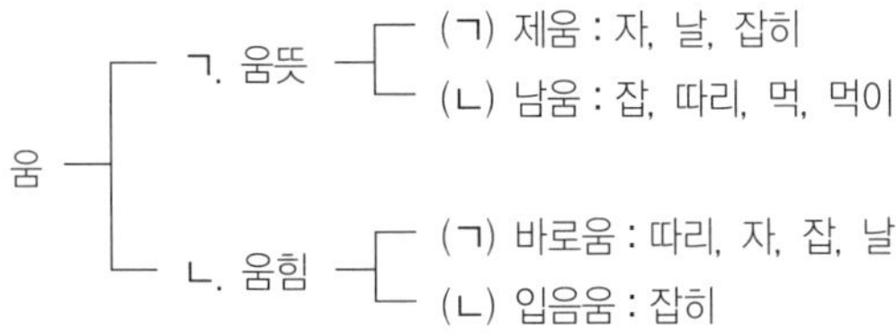

그런데 위의 표를 보면, 여기에서 ㄱ의 {잡히}가 '제움'도 되고, '입음움'도 되고, {따리}가 '남움'도 되고 '바로움'도 되며, ㄴ의 {먹}과 {먹이}가 꼭 같이 '남움'이 되어 있다.

이와 같이 뜻이 같고, 꼴이 같은 하나의 낱말이 두 범주에 속하게 된다든가, 꼴과 뜻이 다른 한 낱말이 같은 범주에 속하게 된다든가 하는 것은

아무래도 바른 처리법으로 보기는 어렵다. 그러면 이것들을 차례로 살펴
보기로 한다.

　(36) 소가 사람에게 <u>잡히</u>다.
　(37) 아이들이 개를 <u>따리</u>다.

　(36)에서 {잡히}의 1차 구실은 '제움'이고, 2차 구실은 '입음움'이며,
(37)에서 {따리}의 1차 구실은 '남움'이고, 2차 구실은 '바로움'이다.
　그리고 {먹}과 {먹이}는 다음과 같은 설명이 가능하다.

　(38) 닭이 모이를 <u>먹</u>다.
　(39) 어머니가 아이에게 젖을 <u>먹이</u>다.

　(38)에서 {먹}의 구실은 바로 '남움'이고. (39)에서 {먹이}는 1차 구실
은 '남움'이고, 2차 구실은 하임(사동)이다. 그러므로 '움'의 분류는 다시 다
듬어지지 않을 수 없게 되는데, 이 일은 다음 시대로 넘어가게 되었다.
　'움기'의 이러한 분류는 일본문법92)의 영향을 받아 쓰여진 유길준의『조
선문전』에서도 찾아 볼 수 있다.
　『조선문전』의 동사의 하위분류를 살펴보면, 움직임에 따른 동사의 분류
는 작용하는 성질에 따라 자동과 타동으로 나누고, 작용하는 관계에 따라
주동과 피동으로 나누고 있다. 이것을 간추려 보이면 다음과 같다(유길준,
1904? : 8~17).

　(40) 동사의 종류
　　ㄱ. 그 작용하는 성질에
　　　(ㄱ) 자동사 : <보기> 꽃이 <u>피엇다</u>. 새가 <u>우는도다</u>.
　　　(ㄴ) 타동사 : <보기> 지위가 집을 <u>짓소</u>. 사공이 비를 <u>졋더라</u>.

---

92) 강복수(1975), 國語文法史硏究, 형설출판사, 78~80쪽 참조.

ㄴ. 그 작용하는 관계에
　(ㄱ) 주동사 : <보기> 져 아희가 개를 <u>짜리오</u>.
　(ㄴ) 피동사 : <보기> 개가 져 아희에게 <u>맛져소</u>.

이것을 주시경의 『국어문법』과 대조하여 보면 다음과 같이 견주어진다.

이상에서 살펴본 바에 따르면, 주시경이 『국어문법』을 쓸 때는 유길준의 문법을 참고했을 가능성도 있다. 그것은 '주동, 타동'이 윤치호의 문법에서는 '越過動詞, 不越過動詞'로, 유길준의 문법에서는 '자동, 타동'으로 나타나기 때문이다. 그러나 이는 더 연구해 볼 문제이다.

이 밖에 유길준이 동사를 그 작용하는 변화에 따라 정격동사와 변격동사로 나누고 있는데, 주시경은 모두 뜻에 따라 나누었을 뿐 벗어난 '움'에 대하여는 의식하지 못한 것처럼 되어 있다. 그러나 『국어문법』의 '국어 습관소리'와 『말의소리』의 '말의 익음소리' 설명 가운데에 용언의 네 가지의 벗어난 꼴이 나타난다. 이것을 간추려 보이면 다음과 같다(주시경, 1910 : 22~24, 주시경, 1914 : ㄱㅁ~ㄱㅅ).

　(41) 말의 익음소리
　　ㄱ. '르' 굿소리를 그 알에 무슨 소리와 잇을 때에는 흔하게 나이지
　　　 아니함이 잇으니,
　　　 <보기> (ㄱ) 울지 말아라 →우지 말아라.

(ㄴ) 울는 아기→우는 아기.
ㄴ. 'ㅂ' 굿소리를 그 알에 무슨 소리와 잇을 때에는 나이지 아니함이
   잇으니,
   <보기> 춥으면→추으면.
   (잡이) '추으면'은 '추면'이라고도 함.
ㄷ. 'ㅅ' 굿소리를 그 알에 무슨 소리와 잇을 때에는 나이지 아니함이
   잇으니,
   <보기> 잇으면→이으면
   (잡이) 잇으면→이면
ㄹ. 'ㅅ'와 'ㄹ'를 굿소리로 두로 씀이 잇으니,
   <보기> (ㄱ) 듯고→듯고 (닷소리 우에)
           (ㄴ) 들으면 (홀소리 우에)

(41)ㄱ은 ㄹ불규칙(벗어난 끝바꿈) '움기'의 변동이고, (41)ㄴ은 ㅂ불규칙(벗어난 끝바꿈) '엇기'의 변동이고, (41)ㄷ은 ㅅ불규칙(벗어난 끝바꿈) '움기'의 변동이고, (41)ㄹ은 ㄷ불규칙(벗어난 끝바꿈) '움기'의 변동이다. 그런데 주시경은 이를 모두 소리의 현상으로 의식하여 '소리갈'에 돌리고 있다. 이와 같이 '엇, 움'의 변동현상을 발견한 것은 탁견으로 높이 평가되어야 한다. 그러나 주시경이 '움'의 분류에 있어서 '도움움기(auxiliary verb)'에 대하여는 살피지 못했고, 다음 시대에서 가서 다시 다듬어진다.

주시경의 '동작>움'의 하위분류는 구실에 따라 분류한 것이므로 문법적으로도 큰 의의가 있으며, 국어학 연구사에서도 높이 평가되어야 하겠다.

3.1.4. 놀기의 성립과 분류

3.1.4.1. 놀기의 성립

주시경이 『국어문법』에 설정한 '놀'은 처음 『국문문법』에서는 '경각(警覺)'으로 등장된다.

『국문문법』의 '언분(言分)'에서는 '경각'을 "무슨 이외에 감정이 일어나 스

스로 놀나는 것."이라고 뜻매김하였는데(주시경, 1905 : 16), 이는 완전한 의미적인 뜻매김이다. 곧 '警'은 <놀란다>는 뜻이고, '覺'은 <자기가 깨치다>는 뜻이므로, <스스로>를 나타낸 것이라 하겠다.

그런데 이 '경각'의 등장과 뜻매김은 영어문법의 Interjection을 우리말 문법에 적용하는 데서 이루어진 것 같다.

윤치호의 『英語文法捷徑』에 "Interjection(感歎詞)은 喜怒哀樂의 感情을 說明홈."[93]이라고 뜻매김하고 있다. 이로 보아 이 『국문문법』의 '경각'은 『英語文法捷徑』의 Interjection의 영향을 받은 것이 분명하다. 바로 이 뜻매김을 좀 더 구체화한 것이라 하겠다.

그러나 『말』에서는 '경각'이 독립된 품사로 설정되지 못했다. 그 후 이 '경각'은 『국어문법』에서는 '놀'로 계승·발전되는데, 그 뜻매김과 <보기말>은 다음과 같다(주시경, 1910 : 28).

(42) 놀―놀나거나 늣기어 나는 소리를 이르는 기를 다 이름이라.
　　　<보기> 아, 하, 참.

(42) 『국어문법』에서의 "놀" 뜻매김은 『국문문법』에서의 뜻매김을 잘 다듬었다는 점에서 그 의의가 있겠으나, 완전히 의미에 따른 뜻매김이란 점에서는 앞 뜻매김과 다를 바 없다. 그리고 『국문문법』에는 <보기말>이 전해오지 않는데, 여기서는 비록 세 낱말이기는 하나 분명이 나타나 있어 '놀'은 뒷날 '늑'으로 계승·발전되어 가 오늘날의 감탄사와 대체로 일치함을 알 수 있다. 그러나 독립어인 <여보> 등의 두루부름말과 <예> 등의 두루 대답말이 과연 '놀'의 영역 안에 들어있는지 그렇지 않는지는 이 <보기>만으로는 알 길이 없다.

그런데 이 '놀'은 『말의소리』 '씨난의 틀'에서는 또다시 독립된 품사로 설정되지 못하고 '임'에 포함시키고 있다. 여기에 대한 자세한 설명이 없

---

93) 윤치호(1911), 앞의 책, 3쪽 참조.

기 때문에 이 이상 더 알 길은 없으나, '놀'을 '임'에 포함시킨 것은 잘된 처리법으로 볼 수는 없다.

3.1.4.2. 놀기의 분류

『국문문법』이나 『국어문법』에서는 '놀기'의 하위분류를 하지 않았다. 이는 주시경이 의미적인 하위분류에 큰 의의를 느끼지 않았는지 모른다.

그러나 '엇'의 분류 등에서 의미적으로 꾀하고 있으므로 보아 오히려 그때 영어문법에서 감탄사가 하위분류 되지 않음에 입은 영향이 아닐까 한다.

그러나 후계자들은 뜻에 의하여 하위분류를 하고 있다(김두봉 : 1916, 최현배 : 1937, 김윤경 : 1948). 이런 하위분류는 문법적으로나 의미적으로 별의의가 없기 때문에 오히려 하위분류를 하지 아니하는 것이 옳을 것 같다.

3.2. 문법소로 된 것

문장의 몸을 짜는 품사로서, 품사의 짜임이 꼴로 보아 문법소로만 된 품사에는 '겻, 잇, 끗'의 3기가 있다. 이 3기에 대하여 각각 성립과 그 분류를 살피기로 한다.

3.2.1. 겻기의 성립과 분류

3.2.1.1. 겻기의 성립

주시경은 '늣씨'를 낱말의 단위로 잡고, 이를 그 성질에 따라 나눈 데서 품사분류가 이루어졌다. 그러므로 그의 문법에서는 구속형태소도 하나의 품사가 된다. '겻기'도 이러한 이론적 배경에서 그 성립을 보게 되는 것이다.

주시경이 설정한 '겻기'는 『국문문법』에서 '인접(引接)'으로 등장 되었다가 『국어문법』에 이르러서 이는 '겻'으로 계승·발전되어 그 성립을 보게 된다. 그러나 이 품사를 하나의 독립된 품사로 볼 수 있느냐의 문제가 있다.

이 '겻기'가 독립된 품사로 될 수 없음을 맨 먼저 주장하고 이 이론을 계속 발전시켜 가면서 끝까지 전개해 간 학자는 정렬모이다. 그는 한글사에서 낸 동인지『한글』의 2권 2호(1928) "朝鮮語文法論"에서 우리말의 낱말을 다음과 같이 분류하였다.

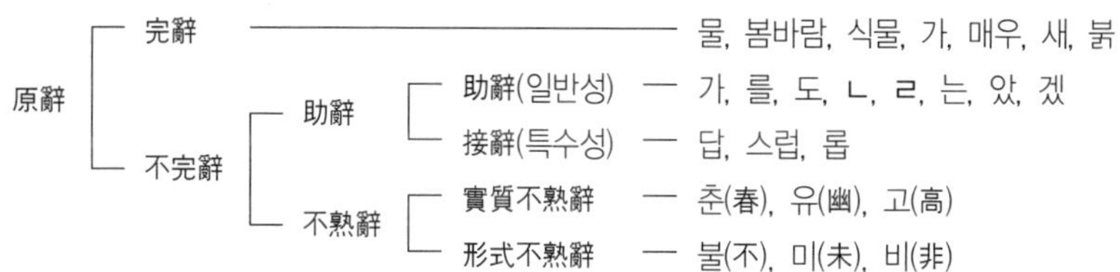

여기서 이르는 완사,[94] 조사, 불숙사는 서구문법에서 이르는 품사와는 다르다고 하였다. 정렬모는 이들을 하나의 형태소로 보고, 조사는 반드시 완사와 더불어서 하나의 낱말이 된다고 주장하였다. 그리고『신편 고등국어문법』에서는 '겻'이나 '맺'[95]은 단독성(독립성)이 없어서 제힘만으로는 한 개념을 나타내지 못하므로 이는 낱뜻이지 감말[96]〔辭〕은 아니라고 주장하고 있다(정렬모, 1946 : 49). 이리하여 우리말의 품사분류를 '명사, 동사,[97] 관형사, 부사, 감동사'의 5갈래로 분류하였다.

그러나 오늘날의 우리말 문법에서는 '겻기'를 하나의 독립된 품사로 설정하는 데에 의견이 거의 일치되어 있다. '겻기'를 독립된 품사로 설정해야 한다는 까닭을 간추려서 보이면 대개 다음과 같다.

정렬모가 '겻기'는 혼자서 독립되어 쓰이지 못하고, 반드시 완사에 결합되어서 하나의 낱말이 된다고 하는 이론은 타당하지 않다.

---

94) 완사는 단독으로 쓰이는 의미소를 이른다.
95) '맺'은 '끗기'를 이른다.
96) '감말'은 '낱말'에 접근되어 용어이다.
97) '동사'는 '용언'과 같은 뜻으로 사용하였다.

첫째, '겻기'는 용언에도 붙는다.

    (1) ㄱ. 나는 그 일에 대하여 알아<u>는</u> 두었지요.
        ㄴ. 그는 그 과일은 보지<u>도</u> 않았다.
        ㄷ. 저 산은 높게<u>만</u> 보인다.
        ㄹ. 그는 울고<u>야</u> 있었지.

(1)의 밑줄 친 '겻기'인 {-는, -도, -만, -야}가 용언의 어미 {-아, -지, -게, -고}에 결합되어 있다. 그러므로 여기서는 '겻기'가 완사에만 결합된다는 설은 성립되지 않는다.

둘째, '겻기'는 구(句)이나 문장에도 붙을 수 있다.

    (2) ㄱ. 그것은 누구가 가느냐<u>가</u> 문제이다.
        ㄴ. 우리는 누구를 보내야 하느냐<u>를</u> 의제로 삼아야 한다.
        ㄷ. 내일부터 우리는 무엇을 해야 할 것인가<u>에</u> 대해서 살펴야 한다.

(2)의 밑줄친 '겻기'인 {-가, -를, -에}는 문장이나 구(句)에 붙어 있는데, 여기서도 '겻기'는 완사에만 결합된다는 설은 이루어지지 않는다.

다음으로 이숭녕은 15세기의 국어의 품사분류를 '名詞, 代名詞, 數詞, 後置詞, 動詞, 形容詞, 副詞, 感歎詞'의 8갈래로 나누고는 격(格)을 설정하여 종래의 학교문법에서 취하던 '조사(助詞)'는 인정하지 않는다고 하였다. 그리고, 이숭녕은 여기서 체언와 '겻기'의 결합에서, '겻기'를 체언에 붙어서 곡용하는 어미로 처리하였다. 이제 이숭녕이 설정한 격의 표를 보이면 다음과 같다(1981 : 149~150).

(3)

一般格	形　　　態	第2次機能	第3次機能	第4次機能
主題格	-논, 는, 온, 은, ㄴ			
對　格	-롤, 를, 올, 을, ㄹ			
主　格	-이, ㅣ, zero	變爲格	比較格	
屬　格	-이, 의	處　格	向　格	
處　格	-애, 에, 예	向　格	比較格	原因格
造　格	-으로, 으로, 로	向　格		
共　格	-과, 와	比較格		
呼　格	-아, 야, 여, 하			

그러나, (3)의 표에는 보조사를 주제격으로 잡는 것은 {-논, -는, -온, -은, -ㄴ}밖에 나타나지 않는다. 그러므로, 이들 보조사는 결국 후치사로 처리해야 되며, 결과적으로 꼴이 같고 뜻이 같은 한 낱말이 두 품사로 처리되게 된다. 이는 결코 좋은 처리법이 아니다.

그리고 주제격 {논} 등에 대하여도 <보기>를 <어디닌 이 兄이오.(賢者是 兄.杜八 27)>와 같은 그것을 격으로 볼 수 있는 것만 보이고 있다. 그러나 {논} 등은 보조사이므로 이는 체언 이외의 품사에도 결합된다. <보기>를 들면 다음과 같다.

(4) ㄱ. 나히 조라매 <u>니르런</u> 血氣 ᄀ득ᄒ더니＝年至長成ᄒ얀 血氣充滿ᄒ더니. 『능엄 2 : 5』

ㄴ. ᄂ출 當ᄒ얀 ᄆᆞᅀᆞ믈 보내요디 ᄂ출 <u>도라논</u> 웃ᄂ다＝當面輸心背面 笑 『두언 25 : 25』

ㄷ. 王이 ᄉᆞ랑ᄒ샤미 <u>ᄃᆞ외야논</u> 도ᄅᆞ혀 나롤 ᄇᆞ리ᄂ다 『석보 11 : 29-30』

(4)에서 {논} 등은 모두 용언에 결합되어 있다. 그러므로 '겻기'를 체언에 붙여서, 곡용을 하는 어미로 처리하는 것은 잘못이다.

'겻기'를 굴곡의 어미로 처리하게 되면, 결국 우리말의 곡용은 체언은 물론이고, 용언도 곡용하게 되고, 부사도 곡용하게 되며, 심지어 문장이나 마디도 곡용을 하게 된다고 설명하지 않으면 안 된다. 이것은 곡용의 원래의 성격에서 벗어난 현상이 아닐 수 없다(허웅, 1983 : 36~38).

또 체언과 '겻기'의 결합은 용언에 있어서의 어간과 어미의 결합과는 크게 다르다. 체언의 경우는 자립형태와 구속형태소의 결합이고, 용언의 경우는 구속형태와 구속형태소의 결합이다. 그러므로, 용언의 경우 어떤 경우라도 어느 한 쪽도 독립될 수 없으나, 체언의 경우는 체언은 독립되며, 체언이 독립되어 나가면 '겻기'는 독립되어 체언 이외의 품사나 낱말 이외의 요소에도 결합된다.

그러므로, 주시경이 '겻기'를 하나의 독립된 품사로 설정한 것은 타당한 처리이다.

이제 『국문문법』에 내세운 '인접(引接)'의 뜻매김을 살펴보면 다음과 같다.98)

> (5) 인접(引接)－명호 아리 쓰는 것들인디 동작을 인도ᄒ여99) 되는 것을
>   가륵치는 것들.

(5)에서 보인 '인접'의 <인(引)>은 <이끌다>는 뜻으로, <접(接)>은 <잇는다>는 뜻으로 곧 <인도>의 뜻으로 쓰인 것이다. 그리고 뜻매김에서 '인접'이 쓰이는 곳은 '명호' 아래이고, 하는 일은 '동작'을 '명호'에게 인도하는 것으로 해석할 수 있다. 곧 '인접'은 '동작'을 이끌어서 '명호'와 통합시키는 문법적인 구실을 하는 품사로 의식하고 있다.

윤치호의 『英語文法捷徑』에는 우리말의 '겻기'에 해당하는 말로 전치사(前置詞, preposition)가 소개되어 있는데, 이 preposition의 뜻매김과 <보기말>을 보이면 다음과 같다(1911 : 2).

> (6) preposition－명사(名詞)나 대명사(代名詞) 우헤 치(置)ᄒ야 그 명사
>   와 타사(他詞) 간(間)에 관계를 설명홈(조선어에 "토"와

---

98) 탑출판사(1986), 『歷代韓國文法大系』 제1부 제39책에 영인되어 있는 주시경(1905),
    국문문법, 16쪽 참조. 이하 歷代韓國文法大系는 『문법대계』라 이른다.
99) <인도하여>의 {-여}는 {-게}의 뜻으로 해석된다.

如홈)

ㄱ. I go to school.

   To 자100)는 전치사니 school 자 우헤 치ᄒ야 go 자와 school 자
   의 관계를 설명홈.

ㄴ. The book came from Seoul.

   From 자는 전치사니 Seoul 자 우헤 치ᄒ야 came 자와 Seoul
   자의 관계를 설명홈.

(6)으로 보아『국문문법』에서의 '인접'은 영어문법의 preposition에 해당하는 품사이다.

『말』에서의 '인접'은『국문문법』의 '인접'을 계승한 것이다. 이는 주격과 목적격, 부사격을 나타내는 토를 하나의 품사로 잡는 데서 이루어 진 것이다.101)『말』의 '언체의 변법'에서 '인접'은 관계부102)로서 "언어의 법식의 관계를 나타내는 직책이 되느니 인접은 주물격(主物格)103) 이 되게 ᄒ는 것이 有ᄒ고…"라고(주시경, 1908 : 29)하여 '인접'의 구실과 내용에 대하여 언급하였다. 그러면『말』의 '인접'에서 보인 <보기>를 간추려서 보이면 다음과 같다(주시경, 1908 : 80).

```
        ┌─ 단자(單子)104) ─┬─ 격표(格表)105)…가, 도, 는, 를, 나, 야, ㄴ들
인접 ─┤                  └─ 형성(形成)…에, 로, 서, 게, 의106)
        └─ 합자(合字) ──── 에도, 에가, 에를, 에나, 엔들, 에야, 에는, 로도
```

---

100) '자(字)'는 '낱말'의 뜻.

101) 탑출판사(1985),『문법대계』제1부 제3책에 영인되어 있는 주시경(1908), 말, 80
     쪽 '單子' 참조.

102) '관계부'는 문법소를 이른다 .

103) '주물격'은 주자격과 물자격이 어울려서 된 말인데, 주자격은『우리말본』의 임자자
     리, 물자격은 부림자리에 맞선다.

104) '단자, 합자'는『우리말본』의 '홑씨, 겹씨'에 해당된다.

105) '격표'는 자리를 나타낸다는 뜻이고, '형성'은 '형동'을 이룬다는 뜻으로 해석되며,『우
     리말본』의 어찌자리에 해당되는 것 같다.

106)『우리말본』의 어찌자리토씨(부사격조사) {-에}는 1910년대에는 {-에, -의}의 둘로

위의 <보기>를 살펴보면, '격표'에는 반드시 올려져야 할 관형격과 독립격이 나타나 있지 않다. 또『말』의 '관계부'에서 "인접……의 직책은 '장어식(長語式)'107)의 관계를 들어내 설명ᄒ는 것이니, 곳 원체부 명호, 형용, 동작 3체가 장어식으로 조직되게 하는 것이라 이처럼으로 차 3체(인접, 간접, 죠성)는 장어식에 관계부니라"(주시경, 1908 : 80)고 하였다. 그러므로 주시경은『말』에서 '인접'은 격(자리)을 나타내는 토로 의식하고 있는 것이 사실이다.

어떻든『말』에 있어서의 '인접'의 풀이는 큰 발전으로 받아들여도 좋을 것 같다.

그 후『국어문법』에서는 '인접'을 '겻'으로 이어받게 되는데, 이는 다른 용어와는 달리『월인석보』권1·2에 실려 있는『언해본 훈민정음』의 각주에 나타나는 '겻, 겾'을 이어받은 것이108) 분명하다. 이는 주체의식에 따라 용어를 다듬어 나가겠다는 노력으로 보아야 한다.

이제『국어문법』'기난갈'을 통해 '겻'에 대한 뜻매김과 <보기>를 보이면 다음과 같다(주시경, 1910 : 28).

> (7) 겻－임기의 만이나 움기의 자리를 이르는 여러 가지 기를 다 이름이라.
> 　　<보기> 가, 이, 를, 을, 도, 는, 에, 에서, 로, 으로
> 　　<잡이> 겻－서로 얽히는 뜻이라.109)

(7)의 뜻매김은『말』에서 '인접'을 풀이한 것으로서, "인접은 주물격 되게 ᄒ는 것과 형성체가 되게 ᄒᄂ 것이 有ᄒ고…"를 그대로 이어받아서 다듬은 것이다.

표기 되었다.
107) '장어식'이란 오늘날의 문장(sentence)에 해당하는 말로 쓴 것 같다.
108) ①『말의소리』의 부록에 보면, 주시경이『月印釋譜』권1, 2를 보았음을 알 수 있다.
　　② 박지홍(1987), 풀이한 훈민정음, 과학사, 123~125쪽 참조.
109) '겻'은 <겻다>의 어간로 보여지는데, '겻'이 <서로 얽히는> 뜻이란 풀이로 보아 '겻'은 {겹}의 그릇된 표기가 분명하다.『조선말본』56쪽 참조.

곧 <주물격이 되게 ᄒᄂᆫ 것>은 <임기의 만이>로, <형성체가 되게 ᄒ
ᄂᆫ 것>은 <움기의 자리>로 다듬어 낸 것이다. 그러므로 이 뜻매김은 '겻'의
뜻매김이 아니고, '겻'의 영역이 되고 말다. 그리고『국어문법』의 '겻의 갈래'
에 나타나는 '겻'의 <보기말>을 보이면 다음과 같다(주시경, 1910 : 74~82).

겻 ⎡ 만이－가, 이, 를, 을, 에서, 도, 는, 은, ㄴ들, 인들, 라도, 이라도, 든지, 이든지,
  ⎢   나, 이나, 만, 아, 야, 여, 이여, 마다.
  ⎣ 자리－에, 로, 으로, 에서, 까지, 쯤, 서, 에게, 게, 에게서, 다려, 와, 과, 엔들.

위의 '겻'의 <보기말>은 우리말에 나타나는 '겻'이 거의 다 나타나는데,
여기에는『말』에서는 나타나 있지 않던 독립격(호격)도 나타나 있다. 그러
나 관형격은 역시 나타나 있지 않다. 그리고 마땅히 두 성분을 잇게 되는
접속격이 나타나야 하겠는데 이 역시 나타나지 않았다.

그러므로,『국어문법』에 있어서의 '겻'에 대한 연구는 양적으로나 질적
으로나『말』에 비해 많은 발전을 본 것이나 '겻'의 영역의 설정은 역시 다
음 시대로 넘어가게 된다. 그러나 '겻기'는 여기서 일단 그 성립을 보게 된
것은 사실이다.

주시경의 마지막 저서인『말의소리』에서 '겻'은 다시 다듬게 된다. 그
<보기말>과 <보기 문장>을 간추려 보이면 다음과 같다(주시경, 1914 : ㄴ).

(8) 겻 : <보기> 가, 이, 를, 을, 는, 마다, 든지, 이든지, 나, 이나, 야, 이
            야, 아, 여, 이여, 의, ㄴ, 은, 게, 에, 에서, 로, 으로, 까
            지, 와, 과, 에는, 에도, 에야, 로도.
(9) <보기 문장>
    ㄱ. 사람의 밥을 먹소.
         겻   겻
    ㄴ. 메는 푸르고 내는 맑다.
         겻   겻
    ㄷ. 기럭이가 봄에는 노 쪽으로 가고
         겻   겻   겻

    ㄹ. 스스<u>의</u> 말을 받아라.
           겻   겻
    ㅁ. 메<u>와</u> 내<u>가</u> 곱다.
           잇   겻

(8), (9)의 <보기>에 따르면, 『국어문법』에서는 접미사로 처리되어 있던 관형격 {-의}가 '겻'으로 나타나 있다. 그러나 똑 같이 어떤 문장성분에 붙어서 뒤 문장성분과 같은 자리를 나타내는 토{-와/-과}는 여기서도 '잇기'로 처리되어 모순을 가져오고 있다. 그러나 『국어문법』 '겻'의 영역은 『말의소리』에 이르러 그 정립을 보게 되었다.

또 <보기말>에서 보인 바와 같이 그 때까지 접미사로 의식하였던 {-은, -는, -을, -아, -게}와 같은 문법소도 '겻'으로 처리하였다. 이는 구속형태소도 하나의 품사로 처리하는 그의 문법체계 안에서는 다 같은 자리를 나타낸다는 뜻110)에서 하나의 큰 발전이다. 그러나 이는 결국 구속형태소에 결합된 구속형태소를 하나의 품사로 처리한 만큼 다음날 다시 다듬어져야 하게 되었다. 그렇지만 『국어문법』에서 접미사로 의식하였던 관형격 조사 {-의}를 '겻씨'로 처리한 것은 큰 발전이다.

3.2.1.2. 겻기의 분류

'겻기'의 하위분류는 『말』과 『국어문법(조선어문법)』에 실리어 전해 온다. 『말』의 '관계부'에서 '인접'을 크게 '격표인접(格表引接)'과 '형성인접(形成引接)'으로 나누고는 이를 다시 그 구실에 따라 '격표인접'은 '전제격(專制格), 전수격(專受格), 반격(反格), 동격(同格), 동차격(同差格), 불관격(不關格)'의 6으로 나누었다. 그러나 '형성인접'의 하위분류는 그때 아직 이루어지지 않았는지 전하지 않는다.

이제 『말』에 나타나는 '인접'의 하위분류를 간추려서 정리해 보이면 다

---

110) {-은, -는, -을}은 관형격을 나타내고, {-아, -게}는 부사격을 나타낸다고 볼 수 있다.

음과 같다(주시경, 1908 : 81~84).

(13) 인접의 분별

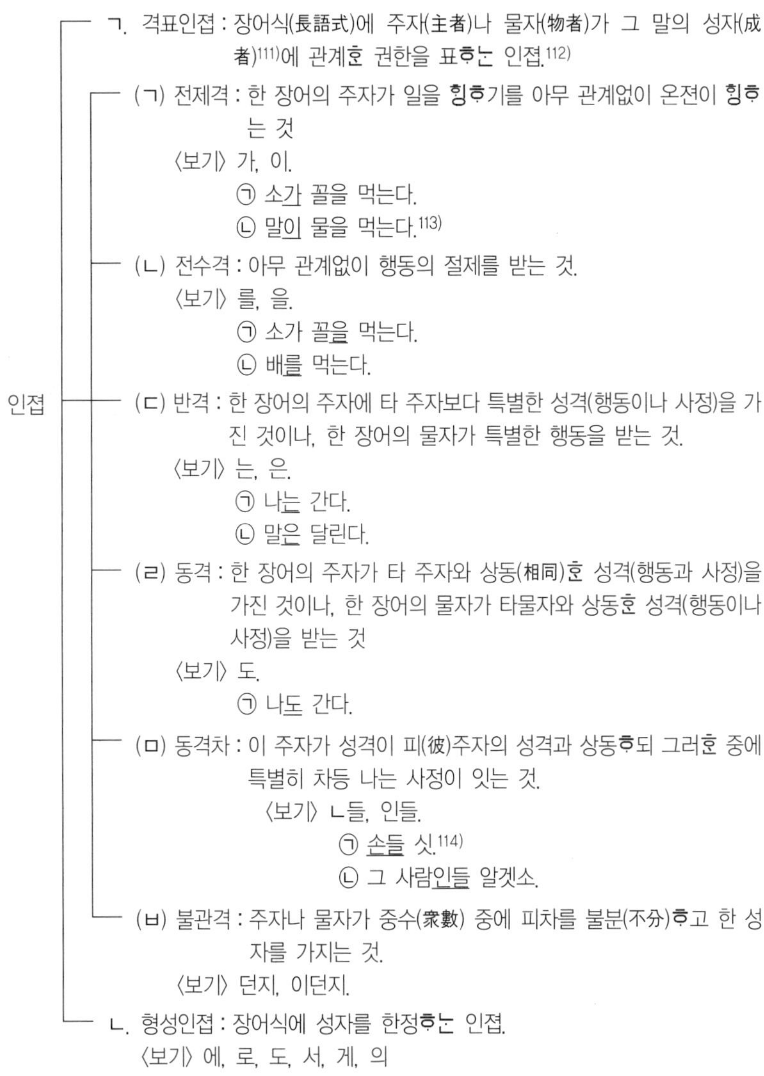

인접

ㄱ. 격표인접 : 장어식(長語式)에 주자(主者)나 물자(物者)가 그 말의 성자(成者)[111]에 관계호 권한을 표후는 인접.[112]

(ㄱ) 전제격 : 한 장어의 주자가 일을 **힘후**기를 아무 관계없이 온전이 **힘후**는 것
〈보기〉 가, 이.
ㄱ 소<u>가</u> 꼴을 먹는다.
ㄴ 말<u>이</u> 물을 먹는다.[113]

(ㄴ) 전수격 : 아무 관계없이 행동의 절제를 받는 것.
〈보기〉 를, 을.
ㄱ 소가 꼴<u>을</u> 먹는다.
ㄴ 배<u>를</u> 먹는다.

(ㄷ) 반격 : 한 장어의 주자에 타 주자보다 특별한 성격(행동이나 사정)을 가진 것이나, 한 장어의 물자가 특별한 행동을 받는 것.
〈보기〉 는, 은.
ㄱ 나<u>는</u> 간다.
ㄴ 말<u>은</u> 달린다.

(ㄹ) 동격 : 한 장어의 주자가 타 주자와 상동(相同)호 성격(행동과 사정)을 가진 것이나, 한 장어의 물자가 타물자와 상동호 성격(행동이나 사정)을 받는 것
〈보기〉 도.
ㄱ 나<u>도</u> 간다.

(ㅁ) 동격차 : 이 주자가 성격이 피(彼)주자의 성격과 상동후되 그러호 중에 특별히 차등 나는 사정이 잇는 것.
〈보기〉 ㄴ들, 인들.
ㄱ 손<u>들</u> 싯.[114]
ㄴ 그 사람<u>인들</u> 알겟소.

(ㅂ) 불관격 : 주자나 물자가 중수(衆數) 중에 피차를 불분(不分)후고 한 성자를 가지는 것.
〈보기〉 던지, 이던지.

ㄴ. 형성인접 : 장어식에 성자를 한정후는 인접.
〈보기〉 에, 로, 도, 서, 게, 의

---

111) 『우리말본』의 서술어에 맞서는 용어이다.

(13)의 표에 의하면 '인접'을 '성자'의 '주자'나 '물자'에 붙는 것과 '성자'를 한정하는 말에 붙는 것의 둘로 나누었다. 이 분류는 영어문법에서 subject, object는 문장의 주성분이 되어 있는데, 전치사와 체언으로 결합된 문장성분은 부사적 수식어〔助詞職分〕(윤치호, 1911 : 78)의 구실을 함을 적용한 데서 이루어진 것이다. 이 분류는 1차적으로 구실에 따라 나누고, 2차적으로 뜻에 따라 나누었다는 것은 잘된 처리법이다.

그리고 우리말 연구사에서 처음으로 격(case)을 세운 후 이를 분류했다는 점과 이 '인접'의 분류가 다음날 『국어문법』의 '겻'의 갈래의 출발이 되었다는 점 등으로 이 '인접' 분류는 국어학 연구사에 있어 큰 의의를 가진다. 다음날 『국어문법』의 '겻'의 갈래는 이 분류를 계승·발전시킨 데서 이루어진 것이 분명하다. 그런데 (13)의 분류표에 의하면 '인접'의 {-도}는 '격표'에도 속해 있고, '형성'에도 속해 있다. ―'형성인접'이란 『우리말본』에서 이르는 어찌자리토씨(부사격조사)이다. ―꼴이 같고 뜻이 같은 한 낱말이 두 갈래에 달리 속하게 되었다는 것은 결코 좋은 처리법이 아니므로 『국어문법』에서 다듬어진다. 주시경이 미처 '인접'에 자리를 나타내는 것과 뜻을 돕는 것이 달리 존재함을 발견하지 못했던 것이다. 그러므로 이는 다음날 다시 다듬어지지 않을 수 없게 되었다.

다음은 『국어문법』에서 시도한 '겻'의 하위분류에 대하여 살펴보면, 이 책에서의 하위분류는 『말』에서의 '인접'의 하위분류를 계승·발전시킨 데서 이루어졌음을 알 수 있다.

주시경은 '겻'을 크게 문장의 중심이 되는 문장성분에 붙는 '만이'와 꾸밈이 되는 문장성분에 붙는 '금이'의 둘로 나누고, 이를 다시 대개 어휘적 뜻에 따라 '만이'는 12로, '금이'는 11로 나누었다. 이것을 간추려서 정리해 보이면 다음과 같다(주시경, 1910 : 74~83).

---

112), 113) 풀이는 필자가 문장에서 간추려서 보충한 것이다.
114) 싯=신.

(14) 겿의 갈래

ㄱ. 만이 : 임이와 씀이115)의 만116)의 다름. 곳 임이와 씀이의 직권
   의 분별. 곳 임이나 씀이가 되는 표. 곳 임기의 직권이 엇
   더함을 보이는 것.

   (ㄱ) 임홋만 : 아모 다른 뜻 없이 단순하게 임이 되는 직권만 보이는
      것. 곳 임기가 아모 관계없이 임이 되는 직권만 잇음
      을 보이는 것.

      <보기> 가, 이.

      (풀이) ㉠ 새<u>가</u> 날더라.

         ㉡ 물<u>이</u> 맑으오.

   (ㄴ) 씀홋만 : 아모 다른 뜻이 없이 단순하게 씀이 되는 직권만
      보이는 것. 곳 임기가 아모 관계없이 씀이 되는
      직권만 잇음을 보이는 것.

      <보기> 를, 을

      (풀이) ㉠ 저 사람이 조히<u>를</u> 접으오.

         ㉡ 사람이 말<u>을</u> 타오.

   (ㄷ) 덩이임만 : 여럿이 겹치어 한덩이 몸으로 임이가 됨을 보이
      는 것.

      <보기> 에서

      (풀이) ㉠ 우리나라<u>에서</u> 이기었다.

   (ㄹ) 한가지만 : 이 임이의 남이가 그 뜻한 어느 임이의 남이와
      서로 같은 것과 이 씀이가 그 임이의 움즉임을
      받음이 그 뜻한 어느 씀이가 그 임이의 움즉임을
      받음과 서로 같음을 보이는 것.

      <보기> 도.

      (풀이) ㉠ 나<u>도</u> 가오.

         ㉡ 아기가 밥<u>도</u> 먹으오.

   (ㅁ) 다름만 : 이 임이의 남이가 그 뜻한 어느 임이의 남이와 다

---

115) 여기서 씀이는 목적어(부림말), 객체말, 독립어(홀로말)을 통틀어 일컫는 것 같다.
   바로 뒤에 나오는 "임기의 직권이 엇더함을 보이는 것"이란 말에서 이를 짐작할 수
   있다.

116) '만'은 '직권'의 뜻.

른 것과 이 씀이가 그 임이의 움즉임을 받음이 그 뜻한 어느 씀이가 그 임이의 움즉임을 받음과 다른 것.

<보기> 는, 은.

(풀이) ㉠ 나<u>는</u> 가오.

㉡ 아기가 젓<u>은</u> 먹으오.

(ㅂ) 다름한만 : 이 임이나 씀이가 한 남이에 힘이 첨에는 그 뜻한 어느 임이나 씀이가 그 남이에 힘보다 더 낫거나 더 못한 분량. 곳 같지 안이한 일이 잇다가 나종에 되는 것은 서로 같음에 돌아가는 것.

<보기> ㄴ들, 인들, 라도, 이라도.

(풀이) ㉠ 장<u>슌들</u> 메야 뽑겟나냐.

㉡ 스승<u>이라도</u> 모르오.

(ㅅ) 안가림만 : 한 남이에 임이나 씀이가 됨이 많음에서 이와 저를 가리지 안이하는 것.

<보기> 든지, 이든지, 나, 이나.

(풀이) ㉠ 소<u>든지</u> 말<u>이든지</u> 다 풀을 먹는다.

㉡ 소<u>나</u> 말<u>이나</u> 다 풀을 먹는다.

(ㅇ) 낫됨만 : 한 남이의 임이나 씀이가 될만한 여럿에서 그 한아만 되는 것.

<보기> 나, 이나.117)

(풀이) ㉠ 내<u>나</u> 가겟다.

㉡ 나는 밤<u>이나</u> 먹겟다.

(ㅈ) 특별함만 : 한 남이에 이와 저는 다 임이나 씀이가 될 수가 없으되 그 한아는 특별이 될 수가 있는 것.

<보기> 야, 이야.

(풀이) ㉠ 아모 칼이라도 조히<u>야</u> 베지.

(ㅊ) 홀로만 : 다른 이는 다 없는 남이를 이 임이나 씀이는 홀로 있는 것.

<보기> 만.

(풀이) ㉠ 나<u>만</u> 자오.

---

117) 원문에는 <보기>가 빠져 있는 것을 필자가 (풀이)를 보고 보충해 넣은 것이다.

(ㅋ) 부름만 : 부름을 입은 임이.

<보기> 아, 야, 여, 이여.

(풀이) ㉠ 돌<u>아</u> 글을 읽어라.

㉡ 쇠내<u>야</u>, 나의 말을 들어라.

㉢ 사랑하시는 어버이<u>여</u> 오래 살으소서.

(ㅌ) 낫한만 : 한 남이에 임이나 씀이가 됨이 낫낫이 같은 것.

<보기> 마다.

(풀이) ㉠ 사람<u>마다</u> 숨을 쉬오.

ㄴ. 금이나 자리 : 남이의 자리를 금하는 것. 곳 움즉임의 자리를 가
르치는 것. 곳 임기의 알에 더하여 억기 몸. 곳 금
이가 되게 하는 것.

(ㄱ) 자리금 : 남이가 곳에서 됨을 가르치는 것.

<보기> 에, 로, 에서, 까지, 쯤.

(풀이) ㉠ 나물이 들<u>에</u> 잇다.

㉡ 내가 들<u>로</u> 가오.

㉢ 샘이 땅<u>에서</u> 나오.

㉣ 내가 서울<u>까지</u> 가겟다.

㉤ 그 사람이 지금 돌다리<u>쯤</u> 가겟다.

(ㄴ) 몬금 : 움즉임이 몬에서 됨을 가르치는 것.

<보기> 에, 에서.

(풀이) ㉠ 먹이 벼루<u>에</u> 잇다.

㉡ 향긔가 꼿<u>에서</u> 나오.

(ㄷ) 때금 : 남이가 때에서 됨을 가르치는 것.

<보기> 에, 로, 으로, 에서, 까지, 쯤.

(풀이) ㉠ 이슬이 아츰<u>에</u> 오오.

㉡ 리치는 예로 지금<u>까지</u> 한가지요.

㉢ 내가 아츰<u>에서</u> 저녁<u>까지</u> 글을 읽으오.

㉣ 그 사람이 저녁때<u>쯤</u> 오겟다.

(ㄹ) 헴금 : 움즉이는 수량에 됨을 가르치는 것.

<보기> 에, 로, 으로, 에서.

(풀이) ㉠ 한아<u>에</u> 둘을 더하오.

㉡ 내가 모시 한 꼿<u>으로</u> 두루마리를 만들엇다.

ⓒ 열에서 셋을 덜어라.

(ㅁ) 부림금 : 움즉임이 어느 몬을 부리어 됨을 가르치어 내는
것. 곳 몬이나 일의 임기가 그 임이의 움즉임에
부리어짐이 됨을 가르치어 내는 것.

<보기> 로, 으로

(풀이) 내가 광이로 밧을 파오.

(ㅂ) 움몬금 : 움즉임이 움즉이는 몬에 됨을 가르치어 내는 것.

<보기> 에서, 서, 에게, 게, 에게서, 다려.

(풀이) ㄱ 우리의 몸이 어버이에게서 나앗다.

ⓛ 네가 소의 젓을 아기에게 주어라.

ⓒ 네가 그 사람다려 오라고 말하여라.

(ㅅ) 일금 : 움즉임이 일 임기에서 됨을 가르치어 내는 것.

<보기> 에, 에서.

(풀이) ㄱ 일의 일움이 뜻에 잇소.

ⓛ 큰 일이 큰 뜻에서 나오.

(ㅇ) 낫한금 : 움즉임의 됨이 일마다나 몬마디에 잇음을 가르치
어 내는 것.

<보기> 마다.

(풀이) ㄱ 봄에는 꼿이 곳마다 피오.

(ㅈ) 까닭금 : 남이의 까닭을 가르치어 내는 것.

<보기> 에, 로, 으로, 고로

(풀이) ㄱ 봄이 된 까닭에 꼿이 피오.

ⓛ 봄된고로 꼿이 피오.

(ㅊ) 함게금 : 이 임이가 어느 임이로 더불어 한가지 움즉임이
잇음을 가르치어 내는 것.

<보기> 와, 과.

(풀이) ㄱ 내가 너와 가겟다.

(ㅋ) 다름한금 : 그 남이에 금이가 될 힘이 첨에는 그 뜻한 어느
것이 금이가 될 만한 일보다 더하다가 나종에
되는 것은 서로 같음에 돌아가는 것.

<보기> 엔들.

(풀이) ㄱ 그러하게 큰 고기야 가람엔들 잇겟나뇨.

(14)에 의하면, '만이'는『말』에서 시도된 '격표인접'을 계승하여 다듬은 것이고, '금이'는 '형성인접'을 계승하여 다듬은 것인데, '만'은 직권을, '금'은 한정을 나타내는 토박이말로 생각된다. 곧 '만이'는 문장에서 주어 또는 독립어나 목적어에 붙는 '겻'을 이르고, '금이'는 서술어를 금하는(한정하는) 문장성분에 붙는 '겻'을 이른다(주시경, 1910 : 37).

(14)의 '겻'의 갈래를 살펴보면,『말』에서는 {-도}가 두 갈래에 속해 있던 것이 여기서는 한 갈래인 '한가지만'으로 다듬어졌다. 곧 '금이'에 속하게 될 {-도}는 빼어 낸 것이다. 이로보아『국어문법』에서의 처리는『말』에서 갖추지 못한 것을 보충한 것이다.

> (15) '한가지만'의 <보기 문장>
> ㄱ. 나도 가오.
> ㄴ. 벌도 날더라.
> ㄷ. 풀도 푸르다.
> ㄹ. 아기가 밥도 먹으오.
> ㅁ. 이것도 나무요.

(15)ㄱ~(15)ㄷ의 <나도, 벌도, 풀도>의 {-도}는 주어에 붙는 <보기>이고, (15)ㄹ~(15)ㅁ의 <밥도, 이것도>의 {-도}는 목적어에 붙는 <보기>이다. 여기에는 <눈도(←눈에) 젖은 날개>와 같은 객체말에 붙는 {-도}는 나타나 있지 않다. 그러므로 이 처리 역시 갖추어지지 못한 부분을 다음날 다시 다듬어야 하게 되었다. 그리고 '다름만' {-는}의 경우도 한가지이다.

이제 '겻'의 갈래를 한눈에 볼 수 있게 간추려서 표로 보이면 다음과 같다.

〈겻의 간추린 갈래〉

다음은 『말』의 '인접'의 갈래가 『국어문법』의 '겻'의 갈래로 계승·발전한 관계를 표로써 견주어 보이면 다음과 같다.

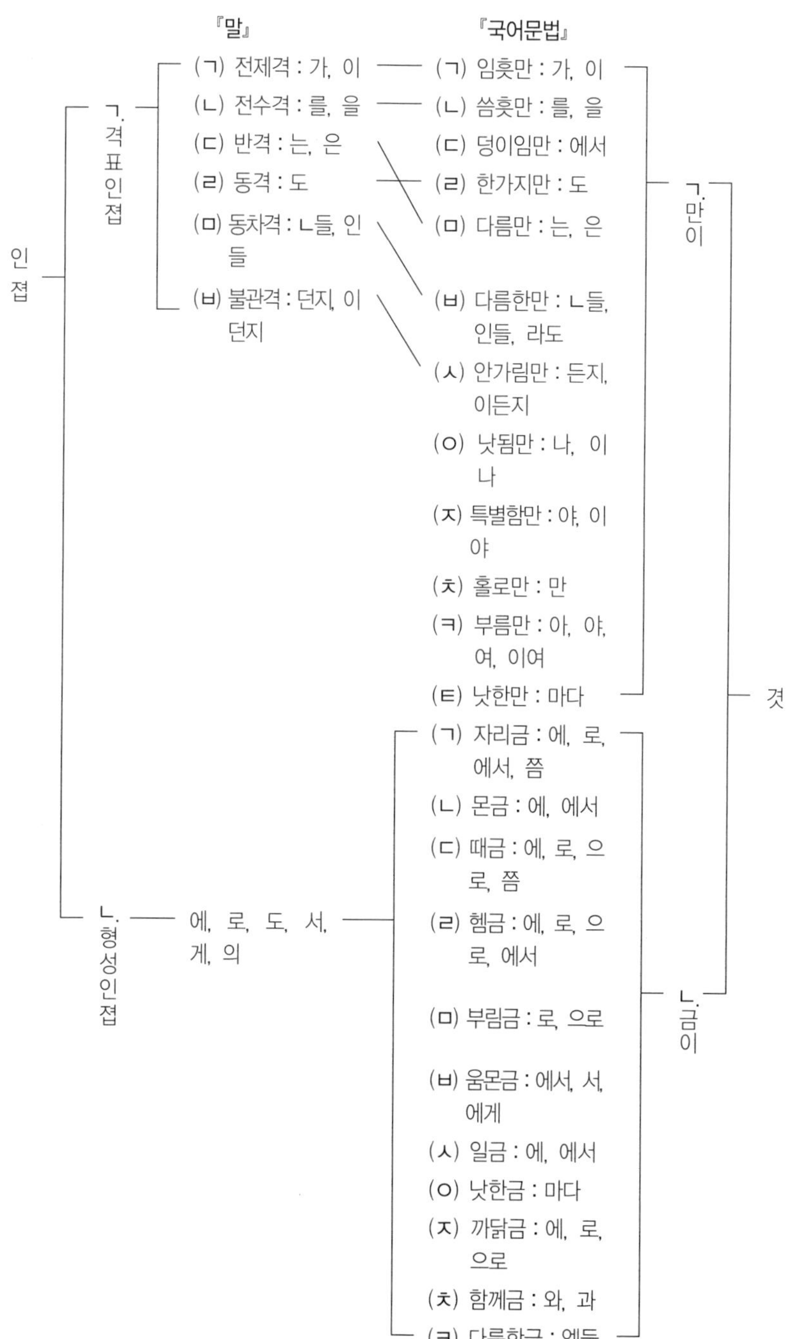

위의 표에 의하면, '만이'는 '격표인접'보다 갑절이나 잘게 나누어져 있고, 더 많은 '겻'이 등장되어 있다. 또 '형성인접'의 경우도 많은 '겻'이 등장하며, 『말』에서는 분류조차 찾을 수 없었던 것이 아주 잘게 나누어져 있다. 그러나 이 중에서 {-에서, -야, -마다, -에}의 4겻은 여러 갈래에 딸려 있다. '만이'의 {-에서}는 '금이'의 {-에서}들과는 뜻이 다르고, '만이'의 '특별함'의 {-야}와 '부름만'의 {-야}는 뜻이 다르다는 것을 이미 의식한 분류이다.

그러나 {-마다}는 꼴이 같고, 뜻이 같으며, {-에}나 {-에서}도 꼴이 같고, 넓은 뜻에서 뜻이 같은데, 이들을 여러 갈래로 갈라 세웠으므로, 이것은 좋은 처리법이 될 수는 없다.

(16) {-마다} : ㄱ. 사람<u>마다</u> 숨을 쉬오. (낫한만)
          ㄴ. 꽃이 봄<u>마다</u> 피오. (낫한금)
(17) {-에}　 : ㄱ. 나물이 들<u>에</u> 잇다. (자리금)
          ㄴ. 먹이 벼루<u>에</u> 잇다. (몬금)
          ㄷ. 일을 이룸이 뜻<u>에</u> 잇다. (일금)
(18) {-에서} : ㄱ. 샘이 땅<u>에서</u> 나오. (자리금)
          ㄴ. 아침<u>에서</u> 저녁까지 한가지오. (때금)
          ㄷ. 큰 일이 큰 뜻<u>에서</u> 나오. (일금)

(16)의 {-마다}를 '만이'와 '금이'에 각각 달리 갈라 세운 것은, '겻'에는 자리(격)를 결정해 주는 것과 뜻을 돕는 것이 있음을 그 때에는 미처 깨닫지 못한 데서 이루어진 처리로 생각된다. 또 (17)의 {-에}와 (18)의 {-에서}를 여러 갈래로 갈라 세운 것은 꼴이 같은 말은, 넓은 의미에서 공동의 뜻을 찾아내어서 갈래를 될 수 있는 한 단일화하는 것이 문법연구에 있어 필요함을 미처 깨닫지 못한 데서 이루어진 것이다. 이 밖에 유의되는 일은 '임홋만'과 '씀홋만'[118)의 명명이다.

---

118) {홋}은 {홀}의 그 때의 표기로 {오직}과 같은 뜻이다.

주시경이 {-이, -가}를 '임홋만'으로, {-을, -를}을 '씀홋만'으로 명명한 것은 {-이}와 {-가}는 '임이'에만, {-을, -를}은 '씀이'에만 결합됨을 알고 있었기 때문이다. 그러나 여기에서 한걸음 더 나아가서 {-이, -가}가 앞 말을 '임이'로 만들어 주고, {-을, -를}이 앞 말을 '씀이'로 만들어 줌을 깨닫지는 못하였다. 대개, 영어나 한문은 격이 없이 자리말(박만수, 1987)이 되므로, 이들 '겻'이 단순히 어떤 자리말에 붙는 것으로 본 것이다.

만약 그 때에 이들 '겻'이 격을 만들어 줌을 의식했더라면, 그 때에는 격을 결정하는 '겻'과 뜻을 도와주는 '겻'이 있음을 알게 되었을 것이고, 그에 따라 '겻'의 하위분류는 객관적 기준을 찾게 되었을 것이다. 그리고 격조사와 보조사가 '만이'와 '금이'를 대신하여 등장하게 되었을 것이다. 이들의 등장이 뒷날로 미루어짐은 순전히 '임기'와 '겻'의 결합관계 해석의 불충분에서 나왔던 것이다. 이런 관계로 '겻'의 하위분류는 '만이'와 '금이'의 분류부터 다시 다듬어져야 하게 되었다.

그러므로 이 『국어문법』에서 '겻'의 하위분류는 『말』의 '인접'의 하위분류를 계승·발전시켜서 '격표인접'은 '만이'로 이어받고, '형성인접'은 '금이'로 이은 후 이를 대개 어휘적 뜻에 따라 나눈 것이 분명하다. 다만 '만이'의 '임홋만'과 '씀홋만'은 구실에 따라 나누었다.

그런데 '만이'의 하위분류는 문장성분을 결정헤 주는 것과 성분의 그것과는 관계없는 것이 같은 '만이' 이에 속하게 되어 '금이'와의 구별이 선명하지 못하게 되고, 또 '금이'의 하위분류는 너무 뜻에 치우쳤기 때문에 꼴이 같은 '금이'가 여러 갈개로 나누어지고 말았다. 그러나 주시경이 '임홋만' {-이/가}는 주어에만, '씀홋만' {-을/를}은 목적어에만 붙는다고 밝힌 것은 국어학 연구사에 있어 격(case)의 성립에 큰 계기가 되었으므로 매우 의의가 크다.

3.2.2. 잇기의 성립과 분류

3.2.2.1. 잇기의 성립

주시경이 설정한 '잇기'는 『국문문법』에 '간접(間接)'으로 등장된다. 이는 "흔 말이 달은 말을 이어지게 ᄒᆞᄂᆞᆫ 것들"이라고(주시경, 1905 : 16) 뜻매김되어 있을 뿐 여기에는 <보기말>은 전해 오지 않는다. 그러므로 '간접'에 대하여 여기서는 이 이상 구체적인 것은 알 길이 없다. 그러나 그 뜻매김으로 보아 영어문법의 conjunction에 해당하는 품사임을 알 수 있다.

이 무렵의 영어문법책으로는 역시 윤치호의 『英語文法捷徑』을 들 수 있다. 윤치호는 이 책의 제1편 1장 文法八詞(1911 : 2)에서 접속사에 대하여 다음과 같이 뜻매김을 하고 그 <보기말>을 들어 풀이하고 있다.

> "接續詞(conjunction)는 단어나 句語119)를 연락홈.
> <보기> The cat and the dog.
>   and는 접속사니 cat 字와 dog 字를 연락홈."

그런데 '간접'의 뜻매김은 위의 영어 접속사의 뜻매김과 일치된다. 곧 <단어나 句語>를 <말>로 바꾸어서 뜻매김을 다시 다듬었던 것이다. 이 '간접'은 다음날 『말』에 계승·발전되어 간다. 『말』의 '言體의 變法'에서 '間接'을 '관계부'의 하위단위의 하나로 보았다. 이는 다만 '형성구절(形成句節)'120)이 되게 하는 것과 '명호구절(名號句節)'121)이 되게 하는 것의 둘로 나누어져 있을 뿐 뜻매김도 <보기말>도 나타나지 않는다(주시경, 1908 : 29).

그러나 이 책의 '言體의 變法'의 '形成되게 ᄒᆞᄂᆞᆫ 것'에 많은 <보기말>이 실리어 전한다(주시경, 1908 : 61~79). 이것을 보이면 다음과 같다.

---

119) '句語'는 'sentence'를 우리말로 옮겨 적은 것이다.
120) '형성구절'은 '풀이구(句)(용언구)'를 이른 것 같다.
121) '명호구절'은 '명사구(句)(체언구)'를 이른 것 같다.

(19) ㄱ. 검<u>어</u> 덜 더럽다.
　　ㄴ. 빠르<u>어</u> 못 따르겟다.
　　ㄷ. 깃부<u>어</u> 춤춘다.
　　ㄹ. 덥<u>어</u> 안 입엇다.
　　ㅁ. 옅<u>어</u> 건느기 쉽다.
　　ㅂ. 곱<u>아</u> 사랑혼다.
　　ㅅ. 좋<u>아</u> 다닌다.
　　ㅇ. 맑<u>아</u> 좋다.
　　ㅈ. 낮<u>아</u> 갑갑하다.
　　ㅊ. 낫<u>아</u> 더 빗사다.

그런데 (19)의 분류와 <보기말>을 통해 '간접'을 살펴보면 이는 영어문법의 접속사에서 따왔음을 뚜렷이 알 수 있다.

윤치호는 『英語文法捷徑』의 제2편 7장 접속사에서 접속사를 '同續詞, 附續詞, 助續詞, 疊續詞, 雙續詞'의 다섯으로 나누고, 그 <보기말>을 들고 있다. 이들 중 동속사와 부속사가 우리말 문법에 적용되어 있다. 이제 이들에 대한 그 풀이와 <보기말>을 보이면 다음과 같다.

(20) 동속사(Co-ordinate Conj) — 동등한 단어나 句語를 연락홈.
　　<보기> You and I, love God.
　　　　　단어 you와 I 자가 독립호야 하나가 업셔도 의사가 완전한
　　　　　고로 and 자를 동등접속사라 칭함. (조선어에 "와", "故로"
　　　　　등 자가 동속사니라.)
　　　　　I am a Korean <u>and</u> you are a Japanese.
　　　　　The weather is good, <u>but</u> it is cold.

(21) 부속사(Sub-ordinate Conj) — 二句語를 연락하되 一句122)는 의사
　　　가 독립호고, 一句는 의사가 他句에 부속홈.
　　　<보기> I will come, if it does not rain.

---

122) 句는 마디〔節〕를 가리킨다.

此 句語에 二句가 잇스니, 一은 I will come이라 의사가
독립ᄒ야 他句가 업서도 말이 되나, if it does not rain은
혼자는 말이 아니되고, I will come에 부속홈.

(20)과 (21)의 뜻매김을 살펴보면, 『말』에 나타나는 <'명호구절'이 되
게 ᄒ는 '간접'>은 동속사를 적용한 것이고, <'형용구절'이 되게 하는 '간
접'>은 부속사를 적용한 것임을 알 수 있다.
이것을 표로 보이면 다음과 같다.

	『영어문법』		『말』
┌	동속사(조선어의 "와", "故로" 등 자가 동속사니라.	——	명호구절이 되게 ᄒ는 간접
└	부속사(二句語를 연락ᄒ되…)	——	형성구절이 되게 ᄒ는 간접

그러므로 『말』에서 보인 <검어 덜 더럽다> 등은 <검어〔그래서(and)〕 덜
더럽다>로 풀어보면, {-어}가 '간접'이 됨을 알 수 있다. 이렇게 해서 '간
접' {-와/과, -아/어 …} 등이 우리말 문법에 등장되었으나 여기에도 문제
는 나타난다. {-와/과}는 자립형태소에 붙는 토이나 {-아/어}는 구속형태
소에 붙는 토란 점이다. 이 토도 과연 같은 독립된 품사로 잡을 수 있느냐
는 밝혀 둘 필요가 있다.
그런데 낱말은 일반적으로 <확고한 말의 단위>로 인정되는 것이지만
모든 언어에 적용될 수 있는 낱말의 정의는 결정되기 어려운 것이므로,
때로는 그 규정이 모호할 때가 많다(허웅, 1975 : 26~27).

(22) 저것은 붉은 집이다.

(22)의 문장은 세 낱말로 보는 일도 있고, 넷으로 보는 일도 있고, 다섯
이나 여섯 또는 일곱, 여덟으로 보는 일도 있다.
(22)의 문장을 품사분류해 보이면 다음과 같다.

(23) ㄱ. <u>저것은</u>　　　<u>붉은</u>　　　<u>집이다</u>.(3)
　　　ㄴ. <u>저것 은</u>　　　<u>붉은</u>　　　<u>집이다</u>.(4)
　　　ㄷ. <u>저것 은</u>　　　<u>붉은</u>　　　<u>집 이다</u>.(5)
　　　ㄹ. <u>저것 은</u>　　　<u>붉 은</u>　　　<u>집 이다</u>.(6)
　　　ㅁ. <u>저 것 은</u>　　　<u>붉 은</u>　　　<u>집 이다</u>.(7)
　　　ㅂ. <u>저 것 은</u>　　　<u>붉 은</u>　　　<u>집 의 다</u>.(8)

(23)ㄱ은 품사의 단위를 가장 크게 어절로 잡은 것이고, (23)ㅂ은 가장 작게 형태소로 잡은 것인데, 품사의 단위를 형태소로 잡았다고 해서, ─ 이는 엄연히 하나의 기준 아래 이루어진 것이므로, ─그 처리는 잘못이 아니다.

그러나 {붉-은}, {이-다}는 구속형태소와 구속형태소의 결합, 곧 매인 형태소와 매인형태소로 이루어졌으므로, 이때 이들을 모두 하나의 독립된 품사로 처리하는 것과 같은 것은 되도록 피하는 것이 좋다. 우선 사전에 {붉}이나 {이}를 한 낱말로 올릴 수 있겠는가부터 문제가 생긴다. 그러므 로 이러한 토를 독립된 품사로 잡는 데 대한 문제는 다음날 논란거리가 되었다.

'간접'은 『국어문법』에서는 '잇'으로 계승되어 뜻매김이 다시 다듬어지는 데, 여기에는 <보기말>이 정연히 나타난다. 이것을 보이면 다음과 같다 (주시경, 1910 : 28).

(24) 잇─한 말이 한 말에 이어지게 함을 이르는 여러 가지 기를 다 이름 이라.
　　　<보기> 와, 과, 고, 면, 으면, 이면, 나, 으나, 이나, 다가, 는데, 아, 어.

그런데 (24)의 (잡이)에서 '잇'은 "한 말의 끗과 한 말의 끗을 서로 매어 따로 나게 하지 안이하고 한 줄이 되게 하는 뜻이라."고 덧붙여 두었다(주 시경, 1910 : 29).

여기에는 생각해 보아야 할 문제가 있는데, 그것은 토가 아닌 것은 '잇'이 될 수 없다는 것이다. 그러므로 앞 영어문법의 동속사에서 but[123] (The weather is good but it is cold)에 맞서는 우리말 <그러나> 등은 '잇기'가 될 수 없다는 것이다. 그러면 이들 <그러나>와 같은 낱말은 『국어문법』에서 이를 '억기'로 처리하고 있다(주시경, 1910 : 90).

이제 (24)의 뜻매김을 '간접'의 뜻매김과 견주어 보면, '잇'의 뜻매김은 훨씬 더 문법에 맞게, 그리고 선명하게 다듬어졌음을 알 수 있다. '잇'과 '간접'의 사이에 나타나는 뜻매김을 살펴보면 다음과 같다.

> "한 말이 다른 말을 이어지게 ᄒᆞ는 것"(간접)
> →"한 말이 한 말에 이어지게 하는 여러 가지 기를 다 이름이라."(잇)

이는 곧, 용어에 있어서는 '간접'을 '잇'으로 고쳐서 문법에 어긋난 부분을 바로 잡았고, <것>의 내용은 밝혀서 <여러 가지 기>로 다듬어 내어서 뜻을 선명하게 하였다.

그리고 (잡이)에 있어서는 『말』에서 쉽게 이해되지 않던, '형성구절'을 풀이해서 읽는이에게 이해를 돕게 하였다.

'잇기'의 뜻매김은 여기서 일단 그 완성을 보게 되었다. 그런데 '잇기'의 {잇}은 <잇다>의 어간 {잇}인데, 이 용어로 말미암아 언뜻 보기에는 오늘날 쓰이는 접속사(이음씨)에 접근되는 품사로 짐작하기 쉽다. 그러나 이는 오늘날의 접속사와는 그 영역이 크게 다르다.

이제 주시경이 설정한 '잇기'의 영역을 알아보기 위해서 『국어문법』에서 보인 '잇'을 모두 보이면 다음과 같다(주시경, 1910 : 83~87).

---

123) 여기서 but가 <그러나>로 옮겨질 경우이다.

(25)

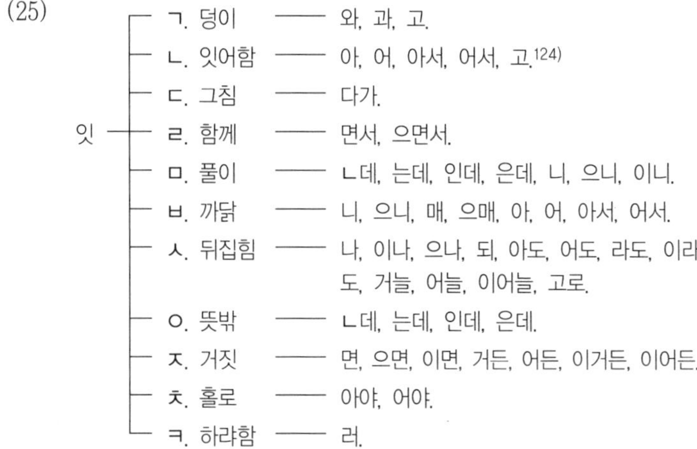

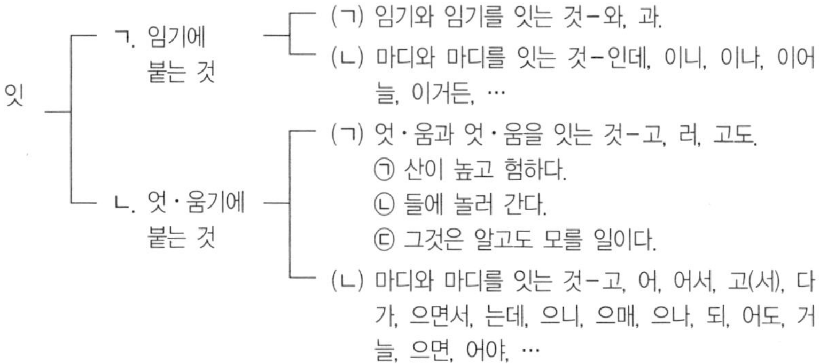

(25)의 표를 살펴보면, '잇기'의 영역은 대개 다음과 같음을 알 수 있다.

위에 설정된 '잇기'를 살펴보면, {-와/과}는 품사분류에 있어 '겻기'와 다
를 바가 없다. 이 밖에 '잇'은 두 언어형식을 잇는 토를 하나의 품사로 처
리한 데서 이루어진 것이므로 다른 품사와 '잇'의 사이에 끼어드는 형태소
의 처리 문제가 생겨난다.

---

124) 여기서도 {고}는 {고서}의 준말이다.

『국어문법』에서 다음의 {앗, 엇, 겟, 더, 시, 오} 등의 형태소는 '잇기'나 '끗기' 앞에서도 한결같이 붙는다.

> (26) ㄱ. <u>앗</u>으니, 엇으니(잇) ↔ <u>앗</u>읍니다. 엇읍니다.(끗)
> ㄴ. <u>겟</u>으니(잇) ↔ <u>겟</u>읍니다.(끗)
> ㄷ. 더니(잇) ↔ 더냐(끗)
> ㄹ. <u>시</u>니, 오니(잇) ↔ <u>시</u>브니다. <u>오</u>브니다.(끗)

또 구속형태소에 이어지는 구속형태소를 하나의 품사로 처리할 것이냐, 굴곡어미로 처리할 것이냐 하는 문제도 생긴다. '잇'은 이러한 어려운 문제를 안고 있다. 그러나 '잇기'의 때매김과 '잇기'의 영역은 『국어문법』에서는 일단 마무리 되었으므로 '잇기'는 여기서 그 성립을 보게 되었다고 하겠다.

3.2.2.2. 잇기의 분류

주시경의 '잇기(<간접)'의 하위분류는 『말』에 처음으로 나타난다. 여기에는 '간접'은 '형성구절(形成句節)'이 되게 하는 것과 '명호구절(名號句節)'이 되게 하는 것이 있다고만 하였을 뿐 설명이나 <보기말>은 없다(주시경, 1908 : 29). 그러므로 여기에서는 이 이상 자세한 것은 알 길이 없다. 그러므로 '간접'의 분류다운 분류는 『국어문법』에 비로소 나타난다.

그 후 『국어문법』에서 '간접'을 '잇기'로 이어가게 되는데, '잇기'를 뜻에 따라 <덩이, 잇어함, 그침, …> 등 11갈래로 나누었다. 그런데, '덩이'에서는 '임기'에 붙는 토를 '잇'으로 잡고 있고, 나머지 10은 '엇기·움기'에 붙은 토를 '잇'으로 잡고서 뜻에 따라 잘게 나누어 체계를 세웠다. 이제 『국어문법』에 나타나는 '잇기'의 하위분류를 보이면 다음과 같다(주시경, 1910 : 83~87).

(27) 잇의 갈래

ㄱ. 덩이 : 한 덩이가 되게만 하랴고 사이에 두는 것.

    <보기> 와, 과, 고[125)]

    (풀이) 벼루와 먹이 잇소.

        그 말은 히고 크오.

ㄴ. 잇어함 : 연하여 행함을 이름이니 둘로 둘 더 되는 움즉임을 차
제(次第)로 하는 것.

  ㉠ 한일 : 몬저 움과 나종 움이 다 한가지 일이 되는 것이라.

    <보기> 아, 어, 아서, 어서.

    (풀이) 고기를 썰어 먹소.

  ㉡ 다른 일 : 몬저 움과 나종 움이 서로 아모 관계없이 다른 가
지의 일로, 그 몬저와 나종의 차석(次席)만 잇는 것.

    <보기> 고.

    (풀이) 글을 읽고 밥을 먹겠다.

ㄷ. 그침 : 한 움을 하다가 다 못하고 다른 움을 하는 것.

    <보기> 다가.

    (풀이) 글을 읽다가 자오.

ㄹ. 함게 : 두 움을 한 때에 하는 것.

    <보기> 면서, 으면서.

    (풀이) 그 사람이 가면서 노래하오.

ㅁ. 풀이 : 이미 말한 것을 다시 풀어 말하는 것.

    <보기> ㄴ데, 는데, 인데, 은데, 으니, 이니.

    (풀이) 한 새가 저 나무에 잇는데 빗은 누르고 노래는 아름답다.

        해가 돋으니 사람이 일어나고 새가 잭잭하오.

ㅂ. 까닭 : 한 말이 한 말에 까닭으로 잇어지는 것.

    <보기> 니, 으니, 매, 으매, 아, 어, 아서, 어서.

    (풀이) 봄이 되니 꽃이 피오.

        바람이 불매 배가 가오.

ㅅ. 뒤집힘 : 한 일이 그와 관계된 일의 뜻에 뒤집히는 것.

    <보기> 나, 이나, 으나, 되, 아도, 어도, 라도, 이라도, 거늘, 어
늘, 이어늘, 고로.

[125)] 여기서도 {고}는 {고서}의 준말이다.

(풀이) 그 글은 배호<u>나</u> 그 뜻은 모르오.

ㅇ. 뜻밖 : 이 일에는 나지 안이할 만한 다른 일이 나는 것.
    <보기> ㄴ데, 는데, 인데, 은데.
    (풀이) 저 사람이 옳<u>은데</u> 웨 나물하오.
       그 사람이 글을 배호<u>는데</u> 웨 부르오.

ㅈ. 거짓 : 저 일이 이러하게 되면, 이 일이 엇더하게 되리라고 맘으
      로 거짓 뜻하는 것.
    <보기> 면, 으면, 이면, 거든, 이거든, 이어든
    (풀이) 비가 오<u>면</u> 풀이 잘 자라오.
       그것이 얼음<u>이면</u> 녹겟다.

ㅊ. 홀로 : 여러 일에서 될 것은 한가지에만 잇는 것.
    <보기> 아야, 어야.
    (풀이) 보<u>아야</u> 알겟다.

ㅋ. 하랴함 : 이 몬저 움을 하는 것은, 저 나중 움을 하랴고 하는 것.
    <보기> 러.
    (풀이) 글을 배호<u>러</u> 가오.

(27)의 분류를 살펴보면, 꼴은 전혀 돌보지 않고, '임기'에 붙는 토(덩이{와/과})와 '엇기'와 '움기'에 붙는 토를 같은 범주 속에 넣었고, 꼴이 같고 뜻이 비슷한 {-아, -어, -아서, -어서}와 {-ㄴ데, -는데, -인데, -은데}가 완전히 다른 두 갈래에 속해 있다. 또 {-으니}의 주된 뜻은 '까닭'이고, '풀이'는 주변적인 뜻에 불과한데 이를 같은 자격으로 두 갈래로 나누었다. 이는 결코 좋은 처리법이 아니다. 그러므로 이 분류는 다음날 다시 다듬어지지 않을 수 없게 되었다.

이들 '잇기'의 하위분류는 주로 뜻에 따라 나누었으므로 잘게 나누어져서 '잇기'의 분류체계를 번거롭게 만들었고, 문법적으로도 별 의의가 없다. 그러나 이 분류는 뜻에 따라 상당히 정밀하게 나누어져 있고, 우리말의 '잇기' 분류를 가장 먼저 다루었으며, 뒷날 『우리말본』에서 용언의 접속법 하위분류의 토대가 되었다는 점에 있어 국어학 연구사에서는 그 의의가 크다고 할 수 있다.

3.2.3. 끗기의 성립과 분류

3.2.3.1. 끗기의 성립

주시경이 설정한 '끗기'는 처음엔 『국문문법』에 '죠셩(助成)'으로 등장된다. 이는 "명호나 동작이나 형용을 도아 한 말을 마치는 것들"이라고(주시경, 1905 : 16) 뜻매김되어 있을 뿐 여기에는 <보기말>은 전해 오지 않는다. 그러므로 '죠셩'에 대하여 여기서는 이 이상 구체적인 것은 알 길이 없다. 그러나 말에는 문장을 끝맺어 주는 품사가 있음을 의식하게 되어 '끗기'를 설정하게 된 것은 실로 독창적이라 할 수 있다.

그런데 주시경의 품사설정의 결과는 대개 영어문법과 일치하는데, 이 '죠셩'은 영어문법에는 이런 유형이 없고, 한문문법의 종결사(終結詞)126)와 일치한다. 한문에서는 특히 문장을 맺어 주는 품사에 종결사란 품사가 있는데, 이는 한문문법에 있어 중요한 자리를 차지하고 있다. 이것을 우리말과 견주어 보면 다음과 같다(이가원, 1960 : 59~61).

> (28) 明日彼必來矣(시간) → 내일 그는 반드시 올 것이다. (오-ㄹ 것이다.)
> (29) 吾未見其人也(지정) → 나는 그 사람을 보지 못하였다.
> (30) 我知者, 其惟哲洙乎(의문) → 나를 아는 이는 그 오직 철수이냐?
> (31) 放其心而不知求, 哀哉(감탄) → 그는 마음을 놓아 버리고 구하지 않
>   다니 슬프구나.

이제 '죠셩(>끗)'에 대한 뜻매김을 살펴보면, 그것은 '명호'나 '동작, 형용'과 같은 앞 품사를 도와서 말, 곧 문장을 이룩한다는 뜻임을 알 수 있다. 이는 앞 한문의 인용과 견주어 보면, '명호'인 <人, 哲洙>나 '동작'인 <來>, '형용'인 <哀> 등에 종결사인 {矣, 也, 乎, 哉} 등이 붙어서 문장을 이룩함과 일치한다.

---

126) 종결사를 일본에서는 흔히 終尾詞라고도 한다. 일본의 한학자인 塚本哲三은 更訂漢文解釋法(1937—초판은 1917)의 文法篇에서 終尾詞는 한문 독자의 품사이며, 그 용법은 데리케이드하다고 말하고 있다.

이 '죠셩'은 다음날 『말』에 계승되어 갔다. 『말』의 '언체의 변법'에서 이를 '관계부'의 하위 단위의 하나로 처리하였을 뿐, 여기서는 '죠셩'의 성립과 관계되는데 대한 풀이는 나타나지 않는다(주시경, 1908 : 29).

'죠셩'은 『국어문법』에서는 '끗'으로 계승되고, 그 뜻매김이 다시 다듬어지는데, 여기에는 <보기말>이 여러 개 나타난다. 이것을 보이면 다음과 같다(주시경, 1910 : 28).

> (32) 끗―한말을 다 맞게 함을 이르는 여러 가지 기를 다 이름이라.
>   <보기> 다, 이다, 냐, 이냐, 아라, 어라, 도다, 오, 소.
>   (잡이) 끗―마지막의 뜻이라.

(32)의 뜻매김에 나타나는 (잡이)로 보아 '끗기'의 '끗'은 <끝>의 그 때 표기가 분명하다. 이는 <끝맺는>의 뜻으로 풀이된다.

그리고 '죠셩'을 '끗'으로 바꾼 것은 그때까지 한문의 구조로 적용하여 이 기가 앞 기를 도와서 문장을 이룬다고 본 것을, 여기서는 이 기가 문장에 붙어서 문장 전체를 마무리 지어 준다고 보려한 것으로 풀이된다. 곧 <꽃이 피>란 말에 {-ㄴ다}가 붙으면 서술문이 되고, {-느냐}가 붙으면, 의문문이 된다고 생각한 데서 이루어진 것이 분명하다. 여기에서 영어의 마침표(·), 물음표(?), 느낌표(!)의 구실에서 상당한 영향을 받은 것 같다. 이는 '끗기' 성립에 대한 큰 노력으로 해석된다. <보기>로 보인 말을 살펴보면, 이는 '잇기'와 맞서는 품사가 분명하다. 그러므로 '끗기'는 곧 문장을 마쳐 주는 토이다. 이 (32)의 뜻매김을 '죠셩'의 뜻매김과 견주어 보면, 매우 잘 다듬어졌음을 알 수 있다.

그러면 '죠셩'의 뜻매김이 '끗'에 어떻게 계승되었는가를 살펴보면 다음과 같다.

> <명호나 동작이나 형용을 도와 한 말을 마치는 것들(죠셩)>
> →<한 말을 맞게 함을 이르는 여러 가지 기를 다 이름이라.(끗)>

곧, 용어에 있어서는 '죠셩'을 '끗'으로 다듬어서 개념 파악을 쉽게 하였고, 뜻매김에 있어서는 '명호, 동작, 형용' 같은 구체적인 말을 덜어 내어서 뜻매김을 추상화한 것이다.

그 후 『국어문법』의 '끗'은 전날의 '죠셩'을 계승·발전시킨 것이 분명하다. 이는 어떤 독립된 품사에 붙어서 문장을 맺어 주는 토를 모두 하나의 독립된 품사로 보고서 '잇'과 맞세운 데서 이루어진 것이다. 이제 『국어문법』에서 보인 '끗'을 모두 보이면 다음과 같다(주시경, 1910 : 92~94).

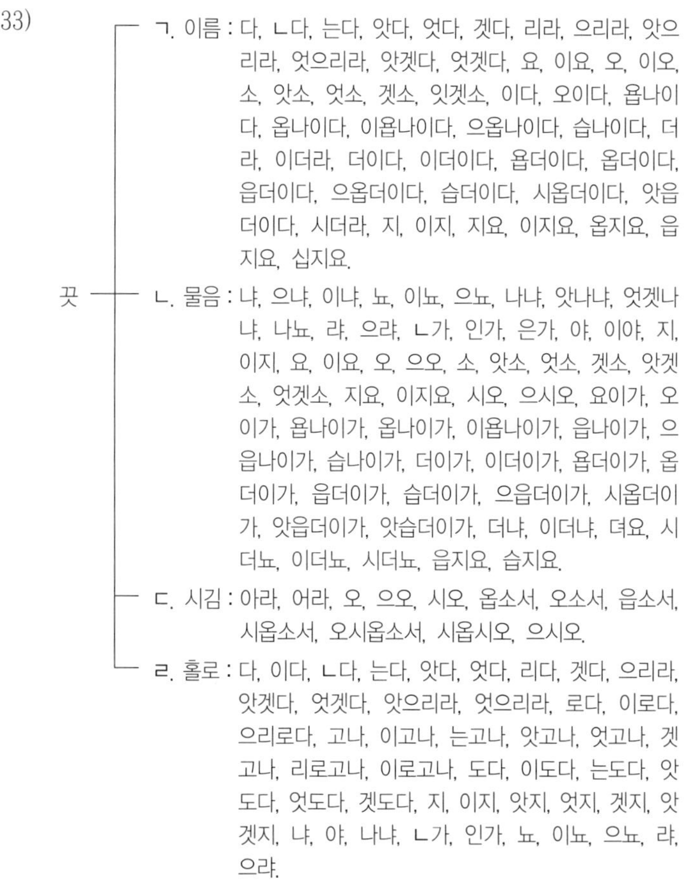

(33) 끗

ㄱ. 이름 : 다, ㄴ다, 는다, 앗다, 엇다, 겟다, 리라, 으리라, 앗으리라, 엇으리라, 앗겟다, 엇겟다, 요, 이요, 오, 이오, 소, 앗소, 엇소, 겟소, 잇겟소, 이다, 오이다, 욥나이다, 옵나이다, 이욥나이다, 으옵나이다, 습나이다, 더라, 이더라, 더이다, 이더이다, 욥더이다, 옵더이다, 읍더이다, 으옵더이다, 습더이다, 시옵더이다, 앗읍더이다, 시더라, 지, 이지, 지요, 이지요, 옵지요, 읍지요, 십지요.

ㄴ. 물음 : 냐, 으냐, 이냐, 뇨, 이뇨, 으뇨, 나냐, 앗나냐, 엇겟나냐, 나뇨, 랴, 으랴, ㄴ가, 인가, 은가, 야, 이야, 지, 이지, 요, 이요, 오, 으오, 소, 앗소, 엇소, 겟소, 앗겟소, 엇겟소, 지요, 이지요, 시오, 으시오, 요이가, 오이가, 욥나이가, 옵나이가, 이욥나이가, 읍나이가, 으읍나이가, 습나이가, 더이가, 이더이가, 욥더이가, 옵더이가, 읍더이가, 습더이가, 으읍더이가, 시옵더이가, 앗읍더이가, 앗습더이가, 더냐, 이더냐, 뎌요, 시더뇨, 이더뇨, 시더뇨, 읍지요, 습지요.

ㄷ. 시김 : 아라, 어라, 오, 으오, 시오, 옵소서, 오소서, 읍소서, 시옵소서, 오시옵소서, 시옵시오, 으시오.

ㄹ. 홀로 : 다, 이다, ㄴ다, 는다, 앗다, 엇다, 리다, 겟다, 으리라, 앗겟다, 엇겟다, 앗으리라, 엇으리라, 로다, 이로다, 으리로다, 고나, 이고나, 는고나, 앗고나, 엇고나, 겟고나, 리로고나, 이로고나, 도다, 이도다, 는도다, 앗도다, 엇도다, 겟도다, 지, 이지, 앗지, 엇지, 겟지, 앗겟지, 냐, 야, 나냐, ㄴ가, 인가, 뇨, 이뇨, 으뇨, 랴, 으랴.

(33)의 표에서 보인 <보기말>을 살펴보면 <이다, 이지, 이냐, 이가> 등 {이-}계는 다른 '끗'과는 달리 '임기'에 붙는 '끗'이다. 이들을 모두 다른 '끗'과 같은 동아리로 처리한 것은 역시 좋은 처리법이 되지 못한다. 그리고 이로 말미암아 '끗'의 영역 설정이 크게 불투명하게 되었다. 또 '끗'은 어떤 언어영역에 붙어서 문장을 끝내어 주는 토를 하나의 품사로 처리한 데서 이루어진 것이므로, 앞 언어형식과 '끗'과의 사이에 끼어드는 형태소 처리 문제가 생겨난다.

주시경이 (34)의 {앗, 엇, 겟, 더, 시, 오 , 시옵, 옵시}들과 같은 형태소들이 파생의 접사냐, 아니냐에 따라 '끗기'의 영역은 크게 달라진다. 그런데 이들 형태소가 한결같이 '끗기'에 붙는다. 이들 또한 '잇기' 영역 설정도 크게 흐리게 하였다.

> (34) ㄱ. <u>앗</u>다, <u>엇</u>다. (끗)↔<u>앗</u>으니, <u>엇</u>으니. (잇)
> ㄴ. <u>겟</u>다, <u>겟</u>나냐. (끗)↔<u>겟</u>으니. (잇)
> ㄷ. <u>더</u>냐. (끗)↔<u>더</u>니. (잇)
> ㄹ. <u>시</u>더라, <u>오</u>ㅂ니다. (끗)↔<u>시</u>니, <u>오</u>니. (잇)

또 (34)에서도 '잇기'에서와 같이 구속형태소에 이어지는 구속형태소를 하나의 품사로 처리할 것이냐, 굴곡어미로 처리할 것이냐 하는 문제가 생긴다. 이는 '끗기'를 과연 설정할 수 있느냐 하는 문제와 직결된다. 이 '끗'도 '잇'과 마찬가지로 이러한 어려운 문제들을 안고 있으므로, 이는 마침내 뒷날 다시 다듬지 않으면 안 되게 되었다.

그러나 '끗기'는『국어문법』에서 뜻매김이 이루어지고 불비하나마 그 뜻매김에 따라 영역이 확정된 것은 사실이므로, '끗기'는 여기서 그 성립을 보게 되었다. 그렇지만『우리말본』에서는 '끗기'를 용언의 굴곡현상으로 이어받고, <이다>계의 {이-}는 어간으로, {-다}는 어미로 처리하고, 그 나머지는 모두 어미로 처리하였는데 이로 말미암아 '끗기'는 독립된 품사로서의 계승은 끊어지고 말았다.

3.2.3.2. 끗기의 분류

주시경의 '끗기(<죠셩)'의 하위분류는 『말』에 처음으로 나타난다. 여기서 "助成은 時間을 兼ᄒ어 陳, 問, 命, 自, 四句의 分別이 有ᄒ니라."(주시경, 1908 : 29)고 하였을 뿐 설명이나 <보기말>은 없다. 그러므로, 더 이상 자세한 것은 알 길이 없다.

그러나 뒷날 『국어문법』에 나타나는 서술로 보아 <시간을 겸한다>는 말은 '죠셩'에는 <시제가 있다>(주시경, 1910 : 99~100)는 뜻이오, <陳, 問, 命, 自>는 그 용어로 보아 이들이 서법(mood)을 일러 주는 것(주시경, 1910 : 93~94)임을 쉽게 알 수 있다. 곧 '陳'은 <베풀다>의 뜻이니, 말할이가 들을이에게 아무 요구 없이 그저 말하는 데서 그치는 것을 이름이고, '問'은 <묻다>의 뜻이니, 들일이에 대해 대답을 요구하는 것을 이름이며, '命'은 <시키다>의 뜻이니, 들을이에 대해 행동을 요구함을 이름이고, '自'는 <홀로>의 뜻이므로, 들을이 없이 혼자서 말함을 이른 것이다. 이를 정리하면 다음과 같다.

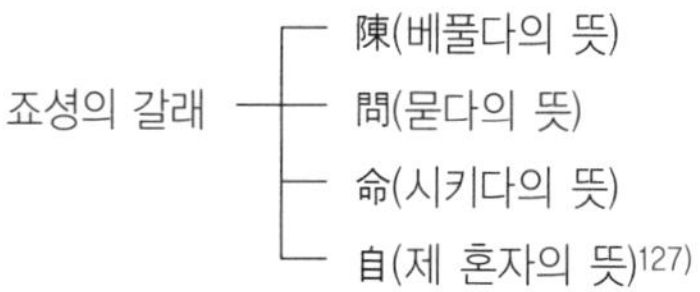

이 분류는 '끗기'에 대한 거의 완전한 분류라 할 수 있으며, 이미 그 때 서법에 따라 '끗기'를 나누어 내었다는 점과 그것이 『국어문법』에 계승되어 뒷날 우리말 문법에 있어 이에 관한 분류의 기본이 되었다는 점에서 이 분류를 독창적인 것으로서, 국어학 연구사에 있어 그 의의가 크다.

그 후 『국어문법』에 있어서의 '끗기'의 분류는 『말』에 나타나는 '죠셩'의 부류를 계승한 것이다. 여기서 용어를 토박이말로 다듬었고, 뜻매김을 붙

---

127) 上田萬年 등(1941), 大字典, 日本 : 啓成社 참조.

이고, <보기말>을 들어서 체계를 한결같이 하였다. 이것을 간추려 보이면
다음과 같다(주시경, 1910 : 92~94).

(35) 끗기의 갈래

ㄱ. 陳－이름 : 이르는 말로 끗맺는 것.
〈보기〉 다, ㄴ다, 앗다, 잇다, 겟다, 리다, 으리라, 앗으리라, 엇으리라, 앗겟다, 잇겟
다, 요, 이요, 오, 으오, 소, 앗소, 엇소, 겟소, 앗겟소, 엇겟소, 이다, 오이다,
욥나이다, 옵나이다, 이욥나이다, 으읍나이다, 습나이다, 더라, 이더라, 더이
다, 이더이다, 욥더이다, 옵더이다, 읍더이다, 으읍더이다, 습더이다, 시욥더
이다, 앗읍더이다, 시더라, 지, 이지, 지요, 이지요, 옵지요, 읍지요, 십지요.
(풀이) 우리나라가 곱다.

ㄴ. 問－물음 : 뭇는 말로 끗맺는 것.
〈보기〉 냐, 으냐, 이냐, 뇨, 이뇨, 으뇨, 나뇨, 나냐, 앗나냐, 엇겟나냐, 나뇨, 랴, 으랴,
ㄴ가, 인가, 은가, 야, 이야, 지, 이지, 요, 이요, 오, 으오, 소, 앗소, 엇소, 겟소,
앗겟소, 엇겟소, 지요, 이지요, 시오, 으시오, 요이가, 오이가, 욥나이가, 옵나
이가, 이욥나이가, 옵나이가, 으옵나이가, 옵나이가, 더이가, 이더이가, 욥더이
가, 옵더이가, 읍더이가, 습더이가, 으읍더이가, 시옵더이가, 앗읍니이가, 앗습
더이가, 더냐, 이더냐, 더뇨, 시더뇨, 이더뇨, 시더냐, 읍지요, 습지요.
(풀이) 네가 무엇을 배호나냐.

ㄷ. 命－시킴 : 시기는 말로 끗맺는 것.
〈보기〉 아라, 어라, 오, 으오, 시오, 옵소서, 오소셔, 읍소서, 시옵소서, 오시옵소서, 시
옵시오, 오시오.
(풀이) 글을 읽어라.

ㄹ. 自－홀로 : 홀로 하는 말로 끗맺는 것.
〈보기〉 다, 이다, ㄴ다, 는다, 앗다, 엇다, 리다, 겟다, 으리라, 앗겟다, 엇겟다, 앗으리
라, 엇으리라, 로다, 이로다, 으리로다, 고나, 이고나, 는고나, 앗고나, 엇고나,
겟고나, 리로고나, 이로고나, 도다, 이도다, 는도다, 앗도다, 엇도다, 겟도다,
지, 이지, 앗지, 엇지, 겟지, 앗겟지, 냐, 야, 나냐, ㄴ가, 인가, 뇨, 이뇨, 으뇨,
랴, 으랴.
(풀이) 우리나라가 곱고나.
(잡이) 홀로 하는 말에는 스스로 이르는 끗과 스스로 뭇는 끗이 잇나니라.

(35)의 표를 보면, 우리는 『국어문법』의 ‘끗기’의 분류가 『말』에서의 ‘죠
성’의 분류를 계승한 것임을 분명히 알 수 있다. 그런데 여기에는 꼴이 같
고, 뜻이 같은 많은 ‘끗기’가 ‘이름’과 ‘홀로’의 두 갈래에 소속되었다. 그리

고 '엇기·움기'와 같은 구속형태소에 붙는 {-다}계와 '임기'와 같은 자립형태소에 붙는 <이다>가 같은 동아리가 되어 있다.

또 뒷날 『우리말본』에 나타나는 {-자, -읍시다}와 같은 꾀임을 나타내는 <끗기>는 어느 곳에도 소속되어 있지 않다. 이는 결코 좋은 처리법이 아니다. 그러므로 이들은 다음날 다시 다듬지 않으면 안 되게 되었다. 그러나 박지홍은 이 하위분류에 대하여 다음과 같이 언급하면서 이를 높이 평가하고 있다(1987 : 120~121).

"'끗'은 말할이의 생각의 태도에 따라 '이름, 물음, 시킴, 홀로'로 나눈 것은 잘 다듬어 낸 체계인데 뒷날의 종지법 어미의 체계는 모두 여기서 비롯된다.
 이 분류를 통해 주시경의 서법 의식을 짐작해 보면 다음과 같은 표가 이루어진다.

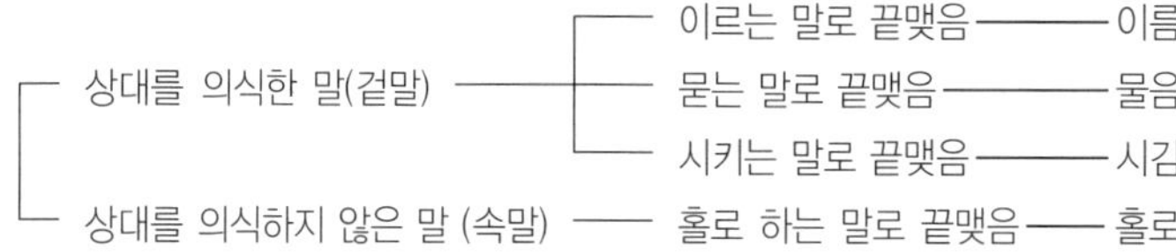

 주시경이 이 체계에서 '시킴'을 다시 '시킴'과 '꾀임'으로 나누는 데까지 이르지 못함은, 영어문법의 적용에서 올 것으로 짐작되나 …"

그러나 '끗기'의 하위분류는 여기서 일단 완성을 보았다고 할 수 있다. 『말』과 『국어문법』에서 분류한 '끗기<(죠셩)'의 하위분류는 구실에 의하여 서법(mood)에 따른 독창적인 분류이므로 문법적으로도 그 의의가 클 뿐만 아니라 국어학 연구사에 있어서도 그 의의가 크다. 그리고 오늘날 『우리말본』에서 분류한 풀이씨의 마침씨끝인 '베풂꼴, 물음꼴, 시킴꼴, 꾀임꼴'은 바로 '끗기'의 하위분류인 '이름〔陳〕, 물음〔問〕, 시킴〔命〕, 홀로〔自〕'를 계승·발전시킨 것이다.

3.3. 의미소와 문법소로 된 것

품사의 짜임을 형태로 보아 의미소와 문법소로 짜인 품사에는 '언, 억'의 2기(씨)가 있다. 이 2기에 대하여 그 성립과 하위분류를 살펴보기로 한다.

3.3.1. 언기의 성립과 분류

3.3.1.1. 언기의 성립

주시경 문법의 '언기'는 처음 『국문문법』에서 '형용(形容)'의 하위단위인 '형명(形名)'으로 등장되는데, '형명'은 『국문문법』에서는 아직 독립된 품사로 설정되지 못하였다. 이것을 표로 보이면 다음과 같다(주시경, 1905 : 16).

(1)
형용(形容) ── 형명(形名) : 명호를 형용ㅎ는 것들
　　　　　 ── 형형(形形) : 형용을 형용ㅎ는 것들
　　　　　 ── 형동(形動) : 동작을 형용ㅎ는 것들

『국문문법』의 '언분(言分)'에서 '형명'은 "명호를 형용ㅎ는 것들"이라고 뜻 매김한 것을 보면, 이 '형명'은 바로 '명호'를 꾸미는 낱말로 의식하였음을 알 수 있다. 이 '형명'의 <보기말>은 『국문문법』의 '형용의 분별'에 나타나는데, 이것을 간추려 보이면 다음과 같다.128)

(2) 형명의 <보기>

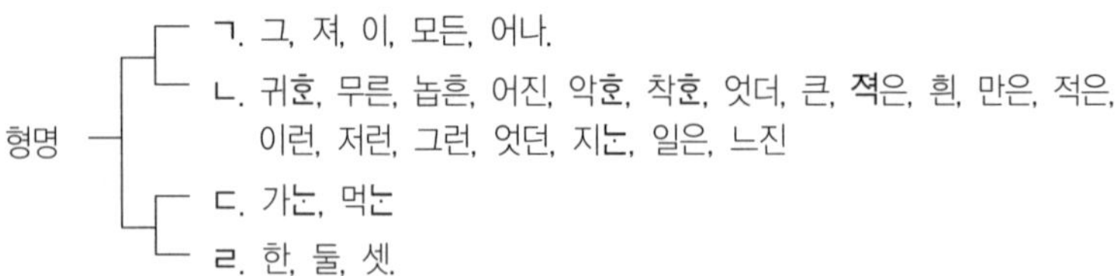

형명 ┬ ㄱ. 그, 져, 이, 모든, 어나.
　　 ├ ㄴ. 귀호, 무른, 놉흔, 어진, 악호, 착호, 엇더, 큰, **젹**은, 흰, 만은, 적은,
　　 │　　이런, 저런, 그런, 엇던, 지**는**, 일은, 느진
　　 ├ ㄷ. 가는, 먹는
　　 └ ㄹ. 한, 둘, 셋.

---

128) 여기서의 '형용'은 <보기말>로 보아 '형용'의 하위단위인 '형명'에 국한되어 있다. 주시경(1905), 앞의 책, 18~19쪽 참조.

(2)의 표를 살펴보면 (2)ㄹ만 제외하고, 모두 '명호'를 꾸미는 낱말이 분명하다. (2)ㄱ은 하나의 자립형태소로 되어 있고, (2)ㄴ은 '엇기'에 토가 붙어 있고, (2)ㄷ은 '움기'에 토가 붙어 있는 것이다. 그리고 주시경은 이들 토를 파생의 접사로 의식하였던 것 같다. 그러므로 이들 낱말은 '형명'으로 볼 수도 있다. 그러나 (2)ㄹ은 이들과 다르다. (2)ㄹ에서 <한>은 '명호'를 꾸미는 '형명'이나, <둘, 셋>은 다르다. 이것은 분명히 '명호'이다. 그러므로 이들은 뒷날 『말』에서는 <두, 세>로 바로 잡아져 있다(주시경, 1908 : 7).

그런데 『국문문법』에서 설정된 '형명'은 (2)ㄴ, ㄷ과 같은 것은 '엇기·움기'에 붙은 토가 한정된 품사에만 붙는 것이 아니고, 모든 품사에 붙을 수 있다.

『말』에 등장되는 '형명'은 『국문문법』의 '형명'을 그대로 계승하여 발전시킨 것인데, 여기서도 독립된 품사로 설정되지 않았다. 이 『말』에 전해오는 '형명'의 뜻매김과 <보기말>을 간추려서 표로 보이면 다음과 같다.129)

(3) 형명 – 명호를 형용한단 말이니 엇더한 명호란 말이오 명호가 엇더하다는 것이 안이다.

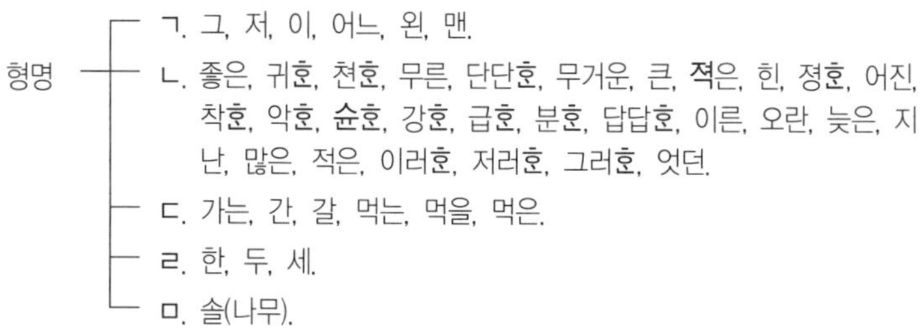

(3)의 표에는 '형명'의 뜻매김이 나타나는데, 이에 따르면 '형명'이 adjective의 한정용법의 적용임을 분명히 알 수 있다. 이 밖에 (3)ㄹ에서처럼 『국문문법』에서 <둘, 셋>으로 되어 있던 것이 <두, 세>로 다듬어져

---

129) 주시경(1908), 앞의 책, 7쪽 참조.

있다. 또 (3)ㅁ에서처럼 '명호'를 꾸미는 '명호'를 '형명'으로 처리한 것이
『국문문법』과 다르다.

　　이제 『말』의 '언체의 변법'130)에서 보인 '형명'의 <보기말>을 간추려 보
면 대개 다음과 같다(주시경, 1908 : 33~58).(*는 『국문문법』에서 이어받은 것임.)

　　(4) 명호를 형용되게 ㅎ는 것.
　　　　ㄱ. 나의(붓), 학싱의(칙).
　　　　ㄴ. 벼룻(집), 고깃(국), 바닷(물), 산ㅅ(골), 산ㅅ(봉우리), 칼ㅅ(자
　　　　　　루), 물ㅅ(독), 이불ㅅ(보), 바람ㅅ(소리), 밥ㅅ(그릇).
　　　　ㄷ. 부억ㄴ(일), 비단ㄴ(이불), 눈ㄴ(약), 밤ㄴ(엿), 산ㄴ(여호), 무명ㄴ
　　　　　　(요).
　　　　ㄹ. 물ㄹ(양푼), 털ㄹ(요), 박달ㄹ(윷), 가을ㄹ(일).
　　　　ㅁ. 광에(쥐), 눈에(약).
　　　　ㅂ. 명쥬(옷), 모시(옷), 오리(알), 강(오리), 배(나무), 봄(보리)
　　　　ㅅ. 암ㅎ(개), 수ㅎ(개)

　　(5) 형용을 형명되게 ㅎ는 것.
　　　　ㄱ. *힌(옷/엿), 검은(옷/엿).
　　　　ㄴ. 찰(째), 길(째), 맑을(째), 검을(현), 춥을(째)
　　　　ㄷ. 깃부던(마음), 어렵던(사람)

　　(6) 동작을 형명되게 ㅎ는 것.
　　　　ㄱ. 간(사람), *가는(사람) 갈(사람), 갈(째), 팔(물건), 먹은(사람),
　　　　　　*먹는(사람), 먹을(째)
　　　　ㄴ. 가던(사람), 먹던(사람)
　　　　ㄷ. 갈앗던(칼)

　　'언체의 변법'이란 품사의 몸바꿈(곧 말 만들기)을 이르는 것이므로, 여기
에는 자연히 말 만들기에 따른 새 말만이 <보기말>로서 등장되기 마련이
다. 그러므로 『말』에 등장된 '형명'은 <보기말>만으로는 『국문문법』의 '형

---

130) '언체의 변법'은 '말 만들기(조어법)'를 이른다. 여기서의 '언체'는 '품사'이다.

명'과 크게 다른 점은 없다. 그러나 단 하나이기는 하나 질적으로 큰 변동이 보이는 것은 <토 {-의}를 파생의 접사로 의식한>(주시경, 1910 : 89) 점이다.

주시경은 (4)의 표에서 (4)ㄱ에서는 토 {-의}를 파생의 접사로 의식하고 있고, (4)ㄴ, ㄷ, ㄹ에서는 {-의}가 줄어서 된 사잇소리를, (4)ㅁ에서는 {-의}가 변한 {-에}를, (4)ㅂ에서는 '임기' 뒤에 숨어 있을 {-의}를, (4)ㅅ에서는 <암ㅎ, 수ㅎ> 뒤에 숨어 있다고 생각되는 {-의}를 모두 파생의 접사로 의식하고 있다. 그러나 이는 잘못 생각한 것이다. {-의}는 결코 한정된 '임기'에 붙지 않고, 모든 '임기'에 붙는다. 그리고 '형용'에 붙는 토나 '동작'에 붙는 토는 그것이 한정된 '형용'이나 '동작'에는 붙지 못하므로 파생의 접사가 되지 못한다.

그 후 『국어문법』에서는 '형명'을 '언'으로 계승하여 그 뜻매김을 하게 되는데, '언'은 여기서 비로소 그 성립을 보게 되었다. 이제 『국어문법』에 나타나는 '언'의 뜻매김(주시경, 1910 : 28~29)과 <보기말>을 간추려서 보이면 다음과 같다.

(7) 언－엇더한 <임기>이라 이르는 여러 가지 기를 다 이름이라.
　　(잡이) '언'은 엇더한의 '어'와 'ㄴ'만 씀이라.

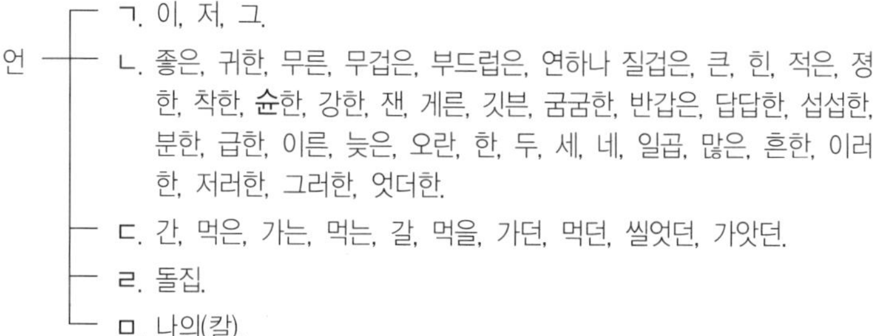

(7)의 뜻매김을 보면, '언기'가 '임기'를 꾸미는 말로만 쓰임을 의식한 것이 분명하다. 이 뜻매김은 '언기'의 성립기반을 마련하게 되었다. 그러나 '언기'의 <보기말>을 보면 여기에는 (7)ㄱ이 '밋언'[131]임을 밝힌 풀이가

실려 있어 '언'의 분류에 약간의 시사가 보일 뿐, 이는 『국문문법』의 '형명'
과 『말』의 '형명'을 어울러서 계승한 것일 뿐이다.

그 후 『국어문법』에서 설정된 '언'은 마지막 저서인 『말의소리』에서는
크게 달리 다듬어졌는데 "씨난의 틀"에서 우리는 그것을 볼 수 있다. 이것
을 간추려 보면 다음과 같다(주시경, 1914 : ㄴ).

> (8) 씨는 몬이나 일을 이르는 낫말을 이르는 이름이니라. 임, 엇, 움은 몸
>   씨오, 겻, 잇, 긋은 토씨라.

이것을 표를 묶어 보이면 다음과 같다.

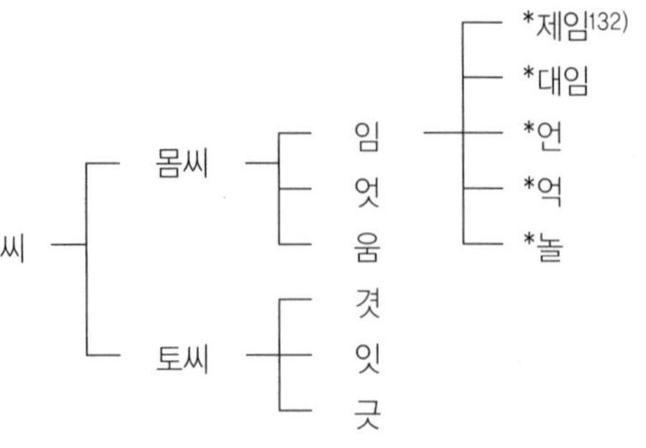

여기서 의미소는 '몸씨', 문법소는 '토씨'로 잡았고, 나아가 자립의미소
로만 된 것은 '임, 엇, 움'으로 나누었으며, '토씨'는 '겻, 잇, 긋'으로 나누
었다.

(8)에서 품사의 뜻매김은 잘 다듬어졌고, 품사의 상위분류도 『말』에서
보다는 선명해졌다. 그러나 이 품사분류에 대한 아무런 설명이 없으므로
여기에 대한 구명은 이 글에서는 다만 참고로 그치기로 한다. 단 『말의소
리』에는 각 품사에 대한 <보기말>이 상당히 자세히 나타나는데, '겻'의

---

131) 주시경(1910), 앞의 책, 87쪽 참조('밋'은 '밑〔原〕'의 뜻).
132) *표는 주시경이 미처 적지 않은 것을 필자가 『국문문법』, 『말』, 『국어문법』, 『말의
     소리』의 씨난 <보기>를 참조하여 간추려 넣은 것이다.

<보기>에 이런 말들이 나타난다. 이것을 차례로 적어서 간추려 보면 다음과 같다(주시경, 1914 : ㄴ). (*표는『말의소리』에서 '겻'으로 다듬어진 것임)

(9) ㄱ. 가, 이, 를, 도, 는, 마다, 든지, 나, 이나, 야, 이야, 아, 이여.
  *ㄴ. 의, ㄴ, 은
  *ㄷ. 게.
  ㄹ. 에, 에서, 로, 으로, 까지, 와, 과, 에는, 에도, 에야, 로도.

(9)에서 (9)ㄱ, (9)ㄹ은『국어문법』의 '겻'을 그대로 계승한 것이고, (9)ㄴ, ㄷ은 새로 기워 넣은 것이다. (9)ㄴ의 {-의, -ㄴ, -은}과 (9)ㄷ의 {-게}는 '씨난의 보기'를 통해 살펴보면, 이는 모두 '엇기, 움기'에 붙는 토인데, 그때까지 파생의 접사로 의식한 토이다. 여기서 이들 토를 '겻'으로 다듬은 것은 큰 발전이며, '언기'는 여기서 그 영역이 완전히 다듬어진다. 이제 이를 통해『국어문법』과『말의소리』에서 '언기'의 계승을 살펴보면 다음과 같다.

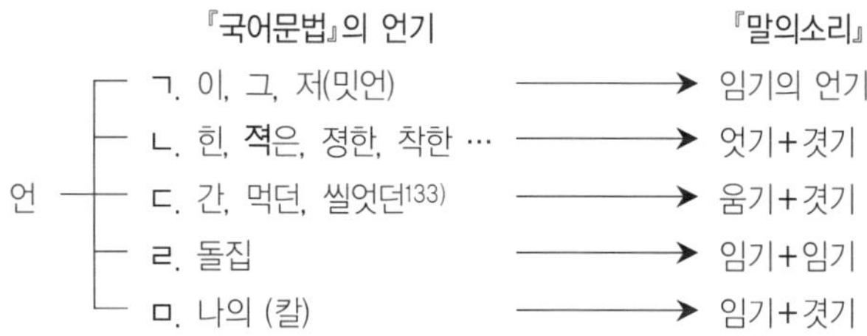

곧 '언'은 '밋언' 하나로 다듬어졌고, '언기'는 비로소 그 성립을 보게 된다.『국문문법』에서 '형용'의 하위단위로 등장된 '형명'은『국어문법』에서 독립된 품사 '언'으로 다듬어졌다. 이 '언'은 실로 그 때 주시경 문법에만 등장하는 독창적인 품사로써 국어학 연구사에 있어 큰 의의를 가지며, 높

---

133) ㄷ의 <먹던{먹-더-ㄴ}, 씰엇던{씰-엇-더-ㄴ}의 토 {더, 엇}은『국어문법』에 따르면 '겻기'의 한 부분이 된다.

이 평가되어야 한다.

그러나 『말의소리』에서는 또다시 독립된 품사로 설정되지 못하고 '임기'의 하위단위로 처리되었는데, 이는 좋은 처리가 되지 못한다. 그렇지만 그 때까지 파생의 접사로 인식하였던 토를 모두 딴 품사로 돌리고, '밋엇'만을 '임의 언기'로 잡은 것은 큰 공적이다.

3.3.1.2. 언기의 분류

주시경의 '언기(<형명)' 분류는 『국문문법』과 『말』, 『국어문법』에 전해 온다.

『국문문법』에서 '형명(>언기)'은 '형용의 분별'이라 하고 이것을 두 계층으로 분류하였는데, 먼저 '형용'을 '픔질, 모양, 수량, 지목'의 4갈래로 나누고 이것을 다시 잘게 나누어 갔다. 그런데 이들은 모두 어휘적 뜻에 따라 이루어졌으므로 문법적으로는 별 의의를 가지지 못하지만 '언'의 최초의 분류란 점에서 국어학 연구사에 있어 의의가 있다. 이것을 표로 묶어 보이면 다음과 같다(주시경, 1905 : 18~19).

위의 표를 살펴보면, 꼴이 같고 뜻이 같은 <엇더혼(엇던)>이 두 갈래에 속해 있다. 그리고 <가는, 먹는>과 같은 말은 분명히 '동작'인데, 이것이 <큰, 젹은, 흰(물모), 급혼, 분혼, 답답혼(행모)>과 같은 '형용'과 한 범주 속에 자리 잡고 있다.

그 후『말』에서는『국문문법』의 '형명'의 분류를 계승하여 이를 발전시켜 갔다. 여기서는 '형명'을 '지목, 기수, 물품, 물모, 행품, 행모, 동작, 시간, 가량수, 설비, 부지, 명호'의 12갈래로 나누었다. 이것도 역시 뜻에 따라 분류한 것이다. 이제『말』에 나타나는 '형명'의 하위분류를 간추려 표로 묶어 보이면 다음과 같다(주시경, 1908 : 7).

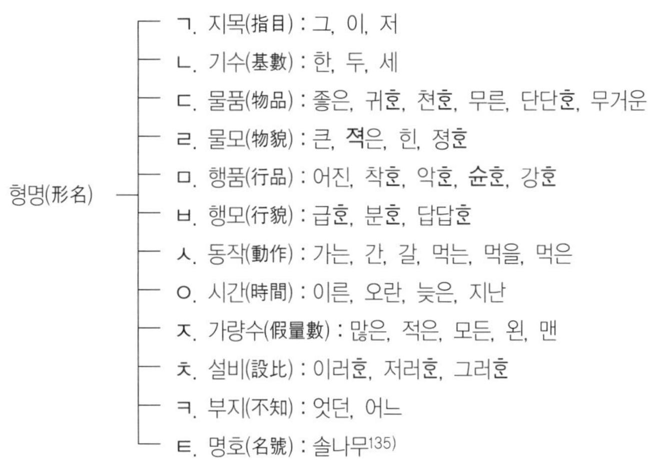

위의 표에 따르면『국문문법』에서 설정한 상위단위는 없애고, 하위단위만으로 다시 다듬은 것임을 알 수 있다. 이제『국문문법』과『말』의 '형명'을 견주어 보면 다음과 같다.

---

134) 원문에서 <보기>가 빠져있는 것을『말』의 7쪽에서 보충하였다.
135) 주시경은 <솔나무>와 같은 것은 <솔>의 뒤에 {-의}가 숨어 있다고 보고 있으며, 이 {-의}를 파생의 접사로 보고 있는 것 같다.

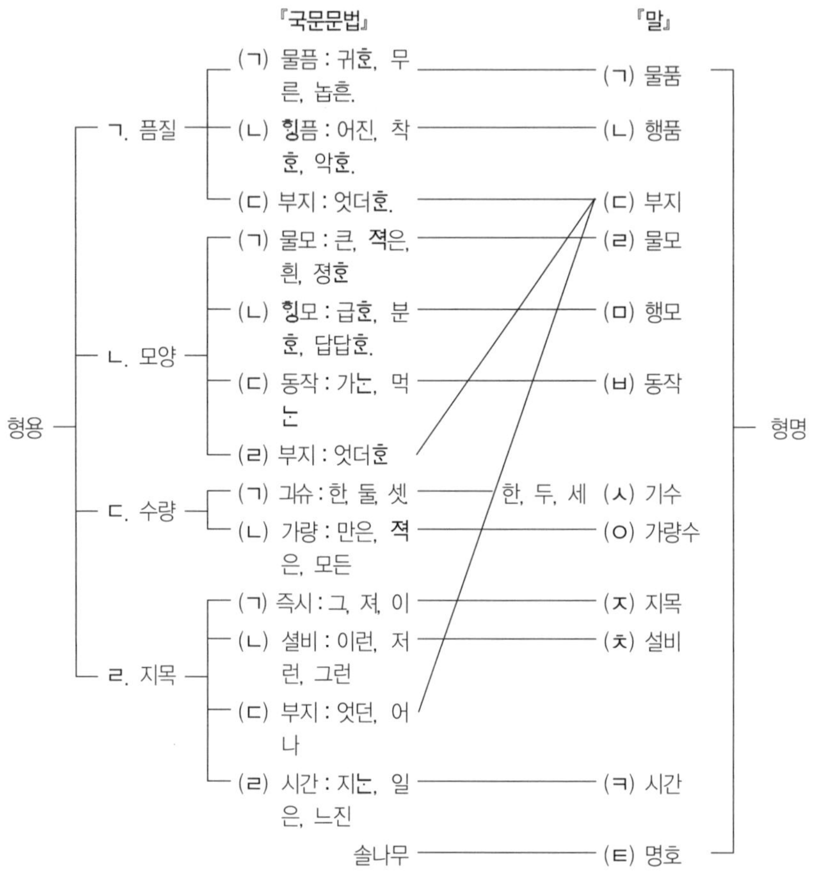

위의 견줌표에 따르면, 『국문문법』에서 '픔질, 모양, 지목'의 셋에 각각 소속되어 있던 '부지'를 『말』에서는 하나로 묶었으며, '과슈'의 <한, 둘, 셋>을 『말』에서는 <한, 두, 세>로 다듬고, '명호'를 하나 더 세운 것이 다를 뿐 그 외의 것은 모두 그대로 계승되었음을 알 수 있다. 여기서 꼴이 같고, 뜻이 같은 '부지'를 하나로 묶은 것과 '명호'로 밖에 볼 수 없는 <둘, 셋>을 '형명'이 분명한 <두, 세>로 다듬은 것은 큰 발전이라 하겠으나, '명호'를 '형명'으로 내세운 것은 좋은 처리라 할 수 없다.

그 후『국어문법』에서는『국문문법』과『말』에 나타나는 '형용' 또는 '형명'의 하위분류를 그대로 계승하여 발전시켜 나갔다. 여기서는 '언'을 '가르침, 물품, 물모, 행품, 행모, 때, 헴, 견줌, 모름, 움, 임'의 11갈래로 다듬었다. 그런데 이 분류도 뜻에 따라 분류한 것이다. 이제『국어문법』에서 시도된 '언'의 하위분류를 간추려 보이면 다음과 같다(주시경, 1910 : 87~89).

(10) 언의 갈래

    ㄱ. 가르침 : 가리어 내는 것.
       〈보기〉 이, 그, 저
       (풀이) <u>저</u> 나무가 푸르오.

    ㄴ. 물품 : 여러 가지 몬의 품이 엇더한.
       〈보기〉 좋은, 귀한, 무른, 무겁은, 부드럽은, 연한, 질겁은
       (풀이) 내가 <u>좋은</u> 붓을 사앗다.

    ㄷ. 물모 : 여러 가지 몬의 모양이 엇더한.
       〈보기〉 큰, 힌, **젹**은, 정호
       (풀이) 나는 <u>큰</u> 말을 타오.

    ㄹ. 행품 : 여러 가지 행위의 품성이 엇더한.
       〈보기〉 착한, **순**한, 강한, 좋은.
       (풀이) <u>착한</u> 사람은 착한 일을 사랑하오.

    ㅁ. 행모 : 여러 가지 행위의 모양이 엇더한.
       〈보기〉 잰, 게른, 깃븐, 굼굼한, 반갑은, 답답한, 섭섭한.
       (풀이) 나는 <u>깃븐</u> 맘이 나오.

    ㅂ. 때 : 때의 엇더한.
       〈보기〉 이른, 늦은, 오란.
       (풀이) 나는 <u>이른</u> 아츰에 일어나오.

    ㅅ. 헴 : 헴의 엇더한.
       〈보기〉 한, 두, 세, 네, 일곱, 많은, **젹**은, 흔한.
       (풀이) <u>두</u> 새가 날아가오.

    ㅇ. 견줌 : 이것을 다른 것으로 견주어 엇더한.
       〈보기〉 이러한, 저러한, 그러한
       (풀이) <u>이러한</u> 붓이 질기오.

    ㅈ. 모름 : 들어나지 안이한.
       〈보기〉 엇더한.
       (풀이) <u>엇더한</u> 붓이 질기오.

┌─ **ㅊ.** 움 : 움기로 언기가 된 것.
│   〈보기〉 간, 먹은, 가는, 먹는, 갈, 먹을, 가던, 먹던, 씰엇던, 가앗던
│   (풀이) 길로 <u>가는</u> 저 사람이 누구요.
└─ **ㅋ.** 임 : 임기가 언기 노릇하는 것.
        〈보기〉 돌집
        (잡이) <u>나의</u> 칼(영속격)

이제 『말』에서의 '형명'의 하위분류와 『국어문법』 '언기'의 하위분류를 견주어 표로 묶어 보이면 다음과 같다.

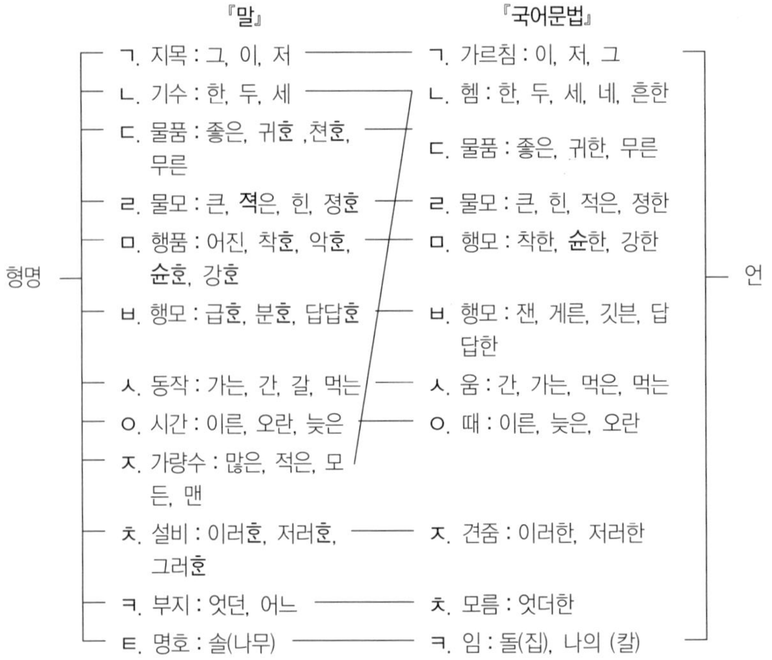

위의 견줌표에 의하면 『국어문법』에서는 하위단위의 용어를 '물품, 물모, 행품, 행모'를 제외하고 토박이말 용어로 바꾸었으며, 뜻이 같은 '기수, 가량수'는 '헴'으로 묶었을 뿐 모든 〈보기말〉까지 그대로 이어받고 있

다. 비록 뜻에 따라 하위분류하였지만, '기수'와 '가량수'를 묶은 것은 큰 발전이다.

그러면『국문문법』에 나타나는 '형명'의 분류와『국어문법』에서의 '언'의 분류를 견주어 보면 이렇다.

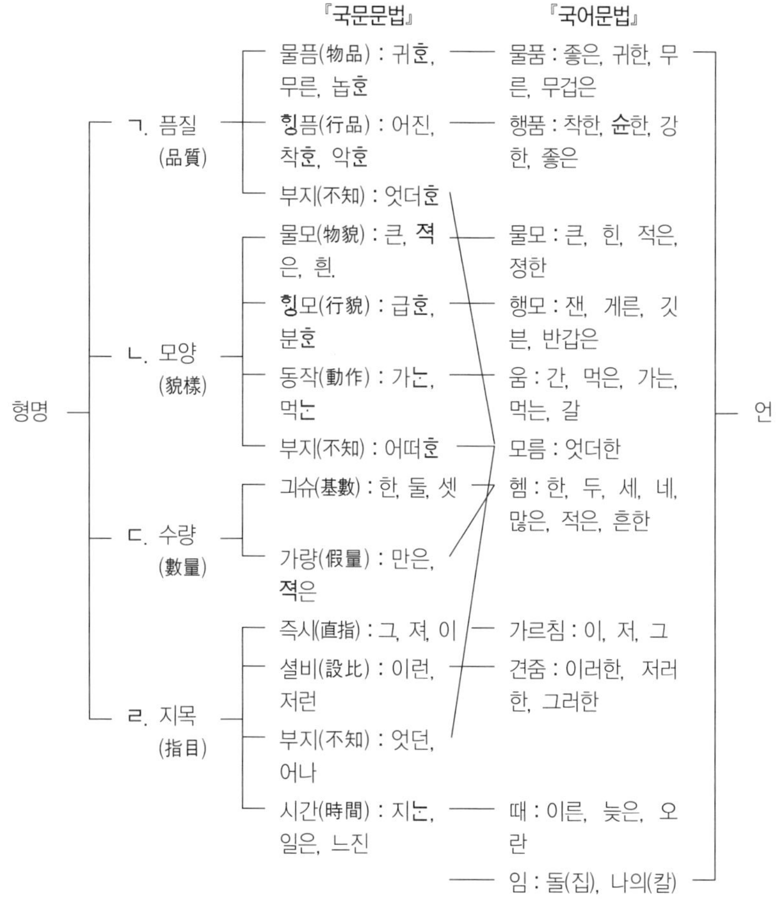

위의 표를 살펴보면,『국어문법』에서는『국문문법』도 계승하여 다시 다듬어 갔음을 쉽게 알 수 있다.

먼저 '동작'과 '물모, 행모'와의 관계의 모순을 덜어내기 위해 상위단위인 '픔질, 모양, 수량, 지목'을 없앴고, 여러 갈래에 속해 있던 <엇더훈>을 한 갈래에 모으고, 용어의 개념을 선명하게 하기 위해 이를 토박이말로 다듬었다. 그러나 본디 문법의 하위분류는 꼴과 구실을 주로 하고, 뜻을 참고로 하는 데서 그쳐야 하는데, 주시경은 뜻을 주로 하여 나누었으므로 여기서도 꼴과 뜻이 같은 말이 두 갈래에 달리 소속되었다. 곧 <좋은>은 '믈품'에도 소속되어 있고, '행품'에도 소속되어 있다.

또『국문문법』에서 빠뜨렸다고 생각된 '언'을 보충하여 '임'의 한 갈래를 더 보충하였는데, 이는 오히려 '언'의 분류를 더 흐트러지게 만들고 말았다. 그것은 만일 '언'의 '임'을 인정한다면 모든 '임'이 경우에 따라서는 '언'이 되기 때문이다. '움'의 경우도 한가지이다. 이 '움'도 그것을 인정한다면 모든 '움'이 경우에 따라 모두 '언'이 된다.

그리고 '가르침'의 <이, 저, 그>와 '혬'의 <한, 두, 세, 네, 일곱>을 두고는 '물품, 물모, 행품, 행모, 견줌, 모름, 때'와 '혬'의 일부인 <많은, 젹은, 흔한, …>도 이를 '언'으로 처리한다면 모든 '엇'은 경우에 따라 모두 '언'이 된다. 여기에 대한 수정은 뒷날『말의소리』에서 이루어진다. 곧『말의소리』에서는 '언기' <좋은, 먹는> 등에서 '엇기·움기'의 뒤에 붙은 토 {-은, -는} 등을 '겻기'로 다듬고 <나의 (칼)> 등에서 '임기'의 뒤에 붙는 토 {-의}를 '겻'으로 다듬어 내었다. 이 '언기'를 다시 다듬은 것은 높이 평가되어야 한다.

3.3.2. 억기의 성립과 분류

3.3.2.1. 억기의 성립

주시경 문법의 '억기'도 처음『국문문법』에서는 '형용(形容)'의 하위단위로 등장된다.

『국문문법』의 '언분(言分)'에서 '형용'을 '형명, 형형, 형동'의 셋으로 나누었는데, 이중 '형형'과 '형동'이 어울려서 한 품사가 되어『국어문법』에서 '억'으로 계승되었다. 이『국문문법』에서 '형형'과 '형동'을 '형용'의 하위단위에 둔 것은 영어문법 adjective의 영향으로 생각된다. 영어의 adjective는 그것이 직접이든 간접이든 문장에서 수식어가 된다. 그 속에서도 특히 noun의 수식어가 되므로 먼저 '형명'을 설정하여 그것을 '형용'의 하위단위에 두고, 이와 나란히 adverb를 적용하여 하나의 단위를 마련하고 다시 이를 '형형, 형동'으로 나누어 갔다. '형용'은 문장에서 수식어의 구실을 하는 '언분'인데, '형형'은 '명호'만 꾸미게 되므로, 마땅히 '형용'의 수식어와 '동작'의 수식어도 같은 자격으로 세워져야 하겠다고 생각한데서 이루어진 것이다.

그러나 adverb를 '형형'과 '형동'으로 나누어 적용하는 데는 상당한 무리가 있다. 주시경도 이 점을 느껴서 '형형'을 풀이하여 "곳 형동이로되 쓰임만 갓지 아니홈"(주시경, 1905 : 16)이라고 하였다. 이것은 '형형'과 '형동'이 꼴은 같은데, 꾸밈을 입은 '언분'이 다르다는 뜻으로 해석되며, 다음날 '형형'과 '형동'이 한 기(씨, 품사)로 어울리게 되어야 함을 일러 주는 것이다.

이제『국문문법』에 나타난 '형형'과 '형동'에 대한 풀이를 살펴보면 다음과 같다(주시경, 1905 : 10).

(11) 형용(形容) – 형용ᄒᄂᆫ 것들.

    ㄱ. 형명(形名) – 명호를 형용ᄒᄂᆫ 것들.
    ㄴ. 형형(形形) – 형용을 형용ᄒᄂᆫ 것들.
       (곳 형동이로되 쓰임만 갓지 아니홈)
    ㄷ. 형동(形動) – 동작을 형용ᄒᄂᆫ 것들.

(11)의 풀이에 따르면 '형형'은 '형용'을 꾸미는 낱말이라 할 수 있고, '형동'은 '동작'을 꾸미는 낱말이라 할 수 있다. 이 '형동'은 다음날『말』에 계승되어 갔다. 이『말』에 전해 오는 '형동'의 뜻매김과 <보기말>을 간추려서 보이면 다음과 같다(주시경, 1908 : 7).

(12) 형동―동작을 형용훈다는 말인터 동작만 형용흐는 것 뿐 안이요, 형
    용이나 형동도 형용하는 것이니라.
    <보기> ㄱ. 왜, 어터, 언제, 이리, 저리, 그리, 여긔, 저긔, 쏘, 다시,
            잇다금, 각금, 이내, 흥상, 안이, 못, 다만, 과연, 참, 글
            세, 혹, 가령, 아마.
        ㄴ. 급히, 쳔쳔이, 감안이, 멀리, 갓가이, 자조, 번번이, 특
            별이, 달리, 일즉이, 흔이
        ㄷ. 좋게, 귀흐게, 쳔흐게, 단단흐게, 무르게, 무겁게, 크게,
            좋게, 히게, 졍흐게, 길게, 어질게, 착흐게, 악흐게, 순
            흐게, 강흐게, 신실흐게, 쌔르게, 분흐게, 많게, 적게,
            흔흐게, 이러케, 그러케, 엇더흐게, 늦게
        ㄹ. 가게, 먹게
        ㅁ. 그러나, 그런고로, 이럼으로(이러-ㅁ-으로)

(12)의 뜻매김을 살펴보면, 여기서는 '형동'은 '동작'과 '형용'과 '형동'을
모두 꾸민다고 되어 있다. 여기서 '형형'과 '형동'을 합하여 '형동'이란 새
기(품사)를 설정한 것이다. 이는 『국문문법』에 있어서 갖추어지지 못한 점
을 다시 다듬은 것이다. 주시경 문법의 품사분류에 있어, '엇기'를 꾸미는
품사와 '움기'를 꾸미는 품사로 확연히 나눌 수 없음을 발견한 것은 큰 성
과이다.

어떻든 주시경 문법의 '억기(<형동)'는 여기서 비로소 그 등장을 보게 된다.

또 『국문문법』에서는 '형동'에 대한 <보기말>이 전혀 전해오지 않는다.
『말』에는 위에 보인 바와 같이 많은 <보기말>이 나타나 있다. 그 유형을
살펴보면, 이는 크게 넷으로 나누어진다.

(12)ㄱ은 자립형식의 어근형태소로 이루어져 있고, (12)ㄴ은 구속형식
의 어근형태소에 파생의 접사로 의식된 토 {-이, -히}가 결합되어 이루어
져 있으며, (12)ㄷ과 (12)ㄹ은 '엇기, 움기'란 구속형식의 어근형태소에
파생의 접사로 의식된 토 {-게}가 붙어서 이루어져 있다. 그런데, 토 {-이,
-히}나 {-나, -ㄴ고로, -ㅁ으로}는 한정된 어근에만 붙어서 새 말을 만들

어 주는 구실을 하지만 토 {-게}는 그 구실이 다르다. 이는 모든 '엇기·
움기'에 붙을 수 있다. 그러나 {-게}는 새 말을 만들어 주는 구실을 하지
못한다.

그러나 '억'은 『말』에서 그 뜻매김이 이루어지고 그 영역이 결정되었으
므로, '억기'는 여기서 그 성립을 보게 되었다. 그러면 『말』에서 보인 '형
동'의 영역을 표로 보이면 다음과 같다.

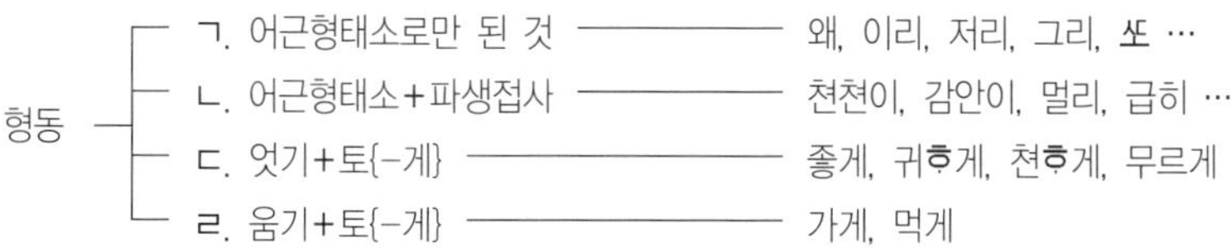

『국어문법』에서는 『말』의 '형동'을 '억'으로 계승하여 발전시켜 나갔다.
『국어문법』에 전해오는 '억'의 뜻매김과 <보기말>을 간추려서 표로 보이
면 다음과 같다(주시경, 1910 : 28).

> (13) 억 – 엇더하게 (움)라 이르는 여러 가지 기를 다 이름이라.
>   <보기> ㄱ. 다, 잘, 매우, 꼭, 이리, 저리, 그리
>   ㄴ. 천천이[136]
>   ㄷ. 정하게, 크게, 착하게
>   (잡이) 억에는 엇더하게 (엇, 억)라 이르는 여러 가지 기를 이르는
>   것도 잇나니라.
>   <보기> 매우

(13)에 나타나는 (잡이)를 참고로 하여 뜻매김을 살펴보면, 이 뜻매김
은 『말』의 뜻매김을 그대로 계승한 것임을 알 수 있다. 그런데 여기서 '억'
을 "엇더하게(움)라 이르는 여러 가지 기"라고 뜻매김하고 있다.

---

136) <천천이>는 『조선어문법』(1911)에는 <천천하게>로 되어 있고, <정하게>는 『조선
어문법』(1913)에는 <곱게>로 되어 있다.

이를 풀이하면 '억'은 <엇더하게>의 뜻으로 꾸미는 품사를 말하는데, 꾸며지는 품사는 '움기'란 뜻이 된다. 그러나 이 '억'은 '움기' 이외의 품사도 꾸미기 때문에 이 뜻매김은 다시 다듬어야 했다. 이 점을 느꼈는지 (잡이)에서 '엇·억'을 꾸미는 것도 있다고 덧붙여 두었는데, 이것은 오히려 『말』의 뜻매김에서 후퇴한 감이 있다.

다음으로 <보기말>의 꼴을 살펴보면, 여기에는 『말』에서 처리한 그대로 계승되어 있을 뿐이다. 이 밖에 『국어문법』의 '억의 갈래'의 <보기>에는 더욱 많은 <보기말>이 실리어 있는데, 이를 꼴에 따라 나누어서 간추려 보이면 다음과 같다(주시경, 1910 : 89~92).

(14)

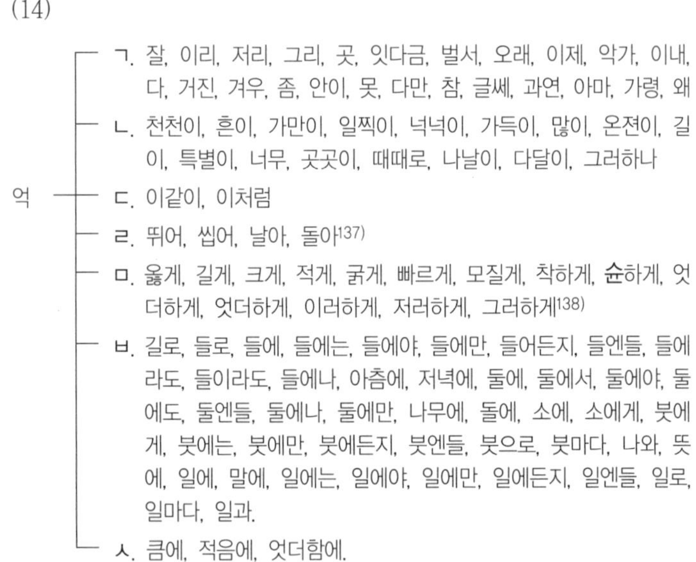

ㄱ. 잘, 이리, 저리, 그리, 곳, 잇다금, 벌서, 오래, 이제, 악가, 이내, 다, 거진, 겨우, 좀, 안이, 못, 다만, 참, 글쎄, 과연, 아마, 가령, 왜

ㄴ. 천천이, 흔이, 가만이, 일찍이, 넉넉이, 가득이, 많이, 온전이, 길이, 특별이, 너무, 곳곳이, 때때로, 나날이, 다달이, 그러하나

억

ㄷ. 이같이, 이처럼

ㄹ. 뛰어, 씹어, 날아, 돌아[137]

ㅁ. 옳게, 길게, 크게, 적게, 굵게, 빠르게, 모질게, 착하게, 슌하게, 엇더하게, 엇더하게, 이러하게, 저러하게, 그러하게[138]

ㅂ. 길로, 들로, 들에, 들에는, 들에야, 들에만, 들어든지, 들엔들, 들에라도, 들이라도, 들에나, 아츰에, 저녁에, 둘에, 둘에서, 둘에야, 둘에도, 둘엔들, 둘에나, 둘에만, 나무에, 돌에, 소에, 소에게, 붓에게, 붓에는, 붓에만, 붓에든지, 붓엔들, 붓으로, 붓마다, 나와, 뜻에, 일에, 말에, 일에는, 일에야, 일에만, 일에든지, 일엔들, 일로, 일마다, 일과.

ㅅ. 큼에, 적음에, 엇더함에.

(14)ㄱ은 어근형태소로만 된 것이고, (14)ㄴ은 어근형태소에 파생의 접사가 붙어서 된 것이며, (14)ㄷ은 두 품사가 어울려서 된 것이다. 그리

---

137) 이들 <보기말>은 『국어문법』의 '기몸박굼'에도 많이 나타난다. 110~112쪽 참조.
138) 이들 <보기말>은 『국어문법』의 '기몸박굼'에도 많이 나타난다. 110~112쪽 참조.

고 (14)ㄹ은 '움기'에 파생의 접사로 의식한 토 {-아/어}가 붙어서 된 것이
고, (14)ㅁ은 '엇기'에 파생의 접사로 의식한 토 {-게}가 붙어서 된 것이
며, (14)ㅂ은 '임기'에 파생의 접사로 의식한 여러 '겻' 이 붙어서 된 것이고,
다시 (14)ㅅ은 '임기'로 의식한 '엇기'에 파생의 접사로 의식한 '겻' {-에}가
붙어서 된 것이다. 그런데 이 경우도 (14)ㄹ, (14)ㅁ, (14)ㅅ을 '억'으로
잡는다면, '엇기·움기'의 영역과 '억기'의 영역이 크게 흐트러진다.

　　그러므로 『국어문법』에 나타나는 '억'의 이러한 처리는 결코 좋은 처리
라 할 수 없다. 이는 오히려 『말』에서의 '형동'의 설정을 도리어 후퇴시킨
감이 있다. 그러면 『국어문법』에서 설정된 '억기'의 영역을 간추려 표로 보
이면 다음과 같다.

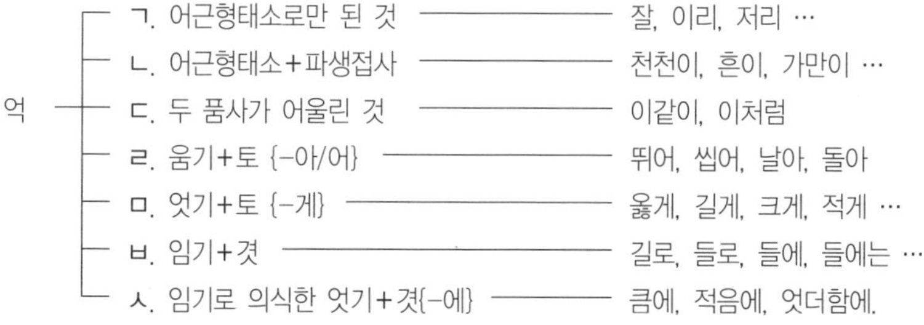

　　그러면 『국어문법』에서 성립된 '억기'는 다음날 『말의소리』에서는 어떻
게 다듬어졌는가를 살펴보면, 여기서는 '억기'도 '언기'와 같이 '임기'의 하
위단위에 둔 것 같다.

　　주시경은 『말의소리』에서 <뛰어, 씹어, 날아, 돌아>들의 {-어}는 '잇기'
로 처리하고(1914 : ㄴ), <옳게, 길게, 크게, 적게>의 {-게}와 <길로, 들에,
들에는, 큼에> 등에서 {-로, -에, -에는} 등은 '겻기'(1914 : ㄴ)로 처리하여
'움기, 엇기, 임기'와 '억기'의 서로의 영역을 분명히 하였다. 그러므로 주
시경 문법의 '억기'의 영역은 마침내 여기서 완전히 결정되었다.

　　그러면 『말의소리』에서 '임기'의 하위단위로 설정된 '억기'의 영역을 간

추려 표로 보이면 다음과 같다.

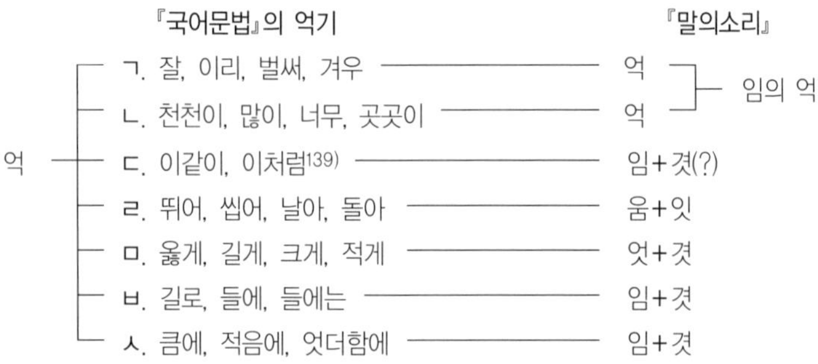

이제 『국어문법』과 『말의소리』와의 계승을 표로 묶어 보이면 이렇다.

이상을 간추려 보면, 주시경 문법의 '억'은 처음 『국문문법』에서는 '형형'과 '형동'으로 나누어 등장하였으나, 『말』에 이르러 이 두 품사를 어울러서 '형동'으로 지양되었다. 『말』에 나타는 뜻매김은 아직 덜 갖추어진 점이 있다고 하더라도 그 객관적인 뜻매김과 영역이 여기서 이루어진 것은 사실이다. 결국 '억기'는 『국어문법』에서 그 성립을 보게 되었다. 그러나 '억기'의 영역은 『말의소리』에서 다시 발전을 보게 된다.

3.3.2.2. 억기의 분류

주시경 문법의 '억기(<형동>)'의 하위분류는 『말』과 『국어문법』에 실리어

---

139) 여기에 대해서 『말의소리』에 <보기말>이 나타나 있지 않아서 확실한 것은 알 수 없다. 그러나 주시경은 여기서 '임기'는 뚜렷이 '임기'로 내세우려 애썼고, <같이, 처럼>은 파생의 접사가 아니므로 <이같이, 이처럼>은 '임+겻'으로 처리되었으리라 짐작된다.

전해 온다.

먼저 『말』에서는 '형동'을 '물품(物品), 물모(物貌), 행품(行品), 행모(行貌), 동작(動作), 가량(假量), 설비(設比), 부지(不知), 처소(處所), 중복(重復), 거절(拒絕), 허락(許諾), 의심(疑心), 연유(緣由)'의 14갈래로 나누었다. 이는 모두 뜻에 따라 나눈 것이므로, 문법적으로는 별 의미가 없다고 하겠으나, 우리말 문법에 있어 최초의 분류란 점에서 국어학 연구사에 있어서는 그 의의가 크다.

이제 『말』에 나타나는 '형동'의 하위분류를 묶어 표로 보이면 다음과 같다(주시경, 1908 : 7).

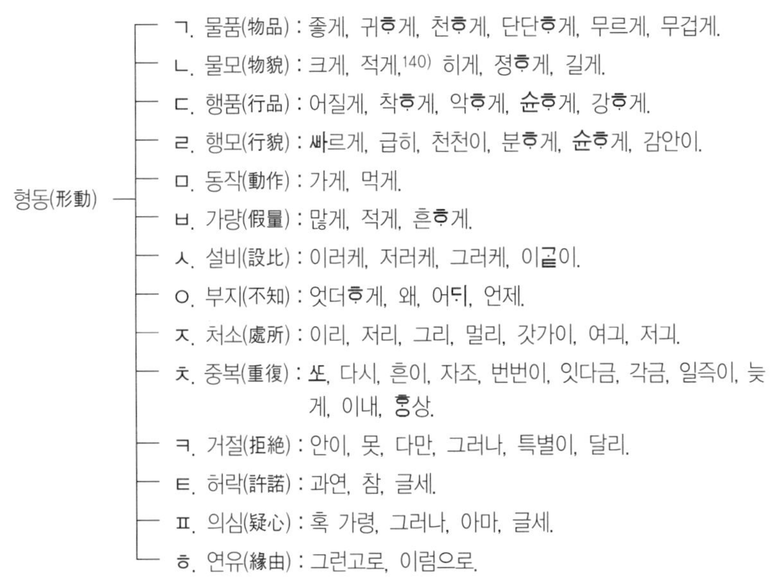

위의 표를 살펴보면 '형동'을 뜻에 따라 분류하였으므로 꼴이 같고, 뜻이 비슷한 '형동' 이 두 갈래에 달리 소속되어 있는 것이 나타난다. <보

---

140) <적게>는 오늘날의 <작게>의 뜻으로 짐작된다.

기>를 들면, <슌흐게>는 '행품'에도 소속되어 있고, '행모'에도 소속되어 있으며, <그러나>는 '거절'에도 소속되어 있고, '의심'에도 소속되어 있다. 또, '엇기·움기'에 붙는 토 {-게}를 파생의 접사로 의식하고 있었던 것으로 짐작된다. 이렇게 되면 '형동'의 수효는 '엇기·움기'의 수효에 다 '밋억'을 더한 숫자만큼 될 것이다. 이는 결코 좋은 처리법이 될 수 없다.

『국어문법』에서는 '형동'을 '억기'로 계승·발전시켜 나갔다. 여기서 '억기'를 '엇덤, 자리, 때, 헴이나 길, 막이, 그럼, 아마, 모름, 견줌, 몬, 일'의 11갈래로 다듬었다. 그러나 이것도 모두 뜻을 중심으로 하여 나눈 것이므로, 문법적으로는 큰 의의가 없다. 이 분류는 어디까지나 다른 품사와의 분류 균형을 맞추기 위하여 시도한 것으로 짐작된다. 게다가 '억기'의 영역 설정이 빗나가서 그 대부분이 뒷날 다른 품사로 다듬어져서 결국 이에 대한 계승도 희미하게 되고 말았다. 이제 『국어문법』에 나타나는 '억기'의 하위분류는 간추려 보이면 다음과 같다(주시경, 1910 : 89~92).

(15) 억의 갈래

ㄱ. 엇덤 : 움과 엇의 모양을 말하는 것. 곧 움과 엇의 엇더함.
  〈보기〉 잘, 천천이, 빠르게, 가만이, 모질게, 착하게, **슌**하게, 옳게, 길게, 크게, 적게, 굵게, 뛰어, 날아, 돌아, 씹어.
  (풀이) 저 말이 <u>빠르게</u> 가오.

ㄴ. 자리 : 움즉이는 거리
  〈보기〉 이리, 저리, 그리, 길로, 들에, 들로, 들에서, 들에는, 들에도, 들에야, 들에만, 들에든지, 들엔들, 들에라도, 들이라도, 들에나, 곳곳이
  (풀이) 그 사람이 <u>저리</u> 가오.
      그 사람이 <u>길로</u> 가오.

ㄷ. 때 : 남이의 때.
  〈보기〉 곳, 늘, 잇다금, 일즉이, 벌서, 빠르게, 오래, 늦게, 길이, 이제, 악가, 아츰에, 밤에, 어적게, 때때로, 날날이, 달달이, 이내.
  (풀이) 그 사람이 <u>늘</u> 글을 읽소.

ㄹ. 헴이나 길 : 남이의 수량이나 도수(**度數**)를 말하는 것.
  〈보기〉 다, 거진, 겨우, 매우, 좀, 흔이, 넉넉이, 가득이, 많이, 크게, 적게, 넘어, 첫재, 온전이, 둘에, 둘에서, 둘에는, 둘에야, 둘에도, 둘엔들, 둘에나, 둘에만
  (풀이) 그 사람이 <u>거진</u> 가앗다.

ㅁ. 막이 : 막은 거절의 뜻이라. 그 남이를 막는 것이니, 곳 그 남이를 허락하지 안이하
는 것이요, 또 남이가 그러하지 안이하다 하는 것이라.
〈보기〉 안이, 못, 다만, 그러하나, 마는, 특별이
(풀이) 내가 밥을 <u>안이</u> 먹겟다.

ㅂ. 그럼 : 그럼은 인정(認定)의 뜻과 같이 씀이니, 그 남이를 허락하는 것.
〈보기〉 참, 글세, 과연.
(풀이) 글을 배호기가 <u>참</u> 어렵소.

ㅅ. 아마 : 아마는 의심의 뜻과 같이 씀이니, 그 남이를 의아하는 것.
〈보기〉 아마, 글세, 혹, 가령.
(풀이) <u>아마</u> 비가 오겟다
(알이) 가상(假想)하는 것.

ㅇ. 모름 : 그 남이의 모르는 바가 있는 것.
〈보기〉 왜, 엇더하게.
(풀이) 네가 글을 <u>엇더하게</u> 배호앗나냐.

ㅈ. 견줌 : 그 남이의 엇더함을 그와 같은 것으로 견주어 말하는 것.
〈보기〉 이러하게, 저러하게, 기러하게, 이같이, 이만하게, 이처럼, 이같이
(풀이) 너는 <u>이러하게</u> 서어라.

ㅊ. 몬 : 임기의 겻기가 더하여 억기로 쓰이는 것.
〈보기〉 나무에, 돌에, 소에, 소에게, 붓에게, 붓에는, 붓에야, 붓에만, 붓에든지, 붓엔
들, 붓으로, 붓마다, 나와.
(풀이) <u>붓에</u> 먹을 찍어라.   <u>붓으로</u> 그림을 그리어라.
<u>붓마다</u> 먹을 찍어라.   내가 <u>너와</u> 가겟다.

ㅋ. 일 : 일 임기에 겻기가 더하여 억기로 쓰이는 것.
〈보기〉 뜻에, 일에, 큼에, 말에, 아츰에, 적음에, 엇더함에, 일에서, 일에는, 일에야,
일에만, 일에든지, 일엔들, 일로, 일마다, 일과.
(풀이) 그 사람의 맘이 늘 <u>일에</u> 잇소.

(15)의 갈래를 보면, 주시경은 여기서도 ‘억기’를 뜻에 따라서 나누었으
므로 꼴이 같고, 뜻이 비슷한 ‘억’이 둘이나, 그 이상으로 서로 다른 갈래
로 분류되어 문법의 체계를 복잡하게 만들어 주고 있다. 곧 〈글세〉는 ‘그
럼억’으로도 쓰이고, ‘아마억’으로도 쓰여 있고, 〈크게, 작게〉는 ‘엇덤억’으
로도 쓰이고, ‘헴이나 길억’으로도 쓰이고 있으며, 〈아츰에〉는 ‘때억’으로
도 쓰이고 ‘일억’으로도 쓰이고 있다. 또 ‘자리억’의 〈길로, 들에는 …〉 등
과 ‘때억’의 〈아츰에, 밤에〉와 ‘헴이나 길억’의 〈둘에, 둘에서, 둘에는〉 등

과 '몬억'의 <나무에, 들에, 소에, 소에게> 등과 '일억'의 <뜻에, 일에, 말에…> 등도 '억'으로 처리하고 있는데 이는 문장에서 부사어 구실을 하는 문장성분을 모두 '억'으로 처리한 것이다.

이처럼 '임기'에 토가 붙어서 된 말을 '억'으로 처리한 것을 보면, 이들 토를 파생의 접사로 의식하고 있는 것 같다. 만일 이들 토를 파생의 가지로 처리하게 되면 '억기'의 수효가 '임기'의 수효만큼 많아진다. 그러므로 이는 모순이다. 이제 『말』에서의 '형동'의 하위분류와 『국어문법』 '억기'의 하위분류를 견주어 표로 보이면 다음과 같다.

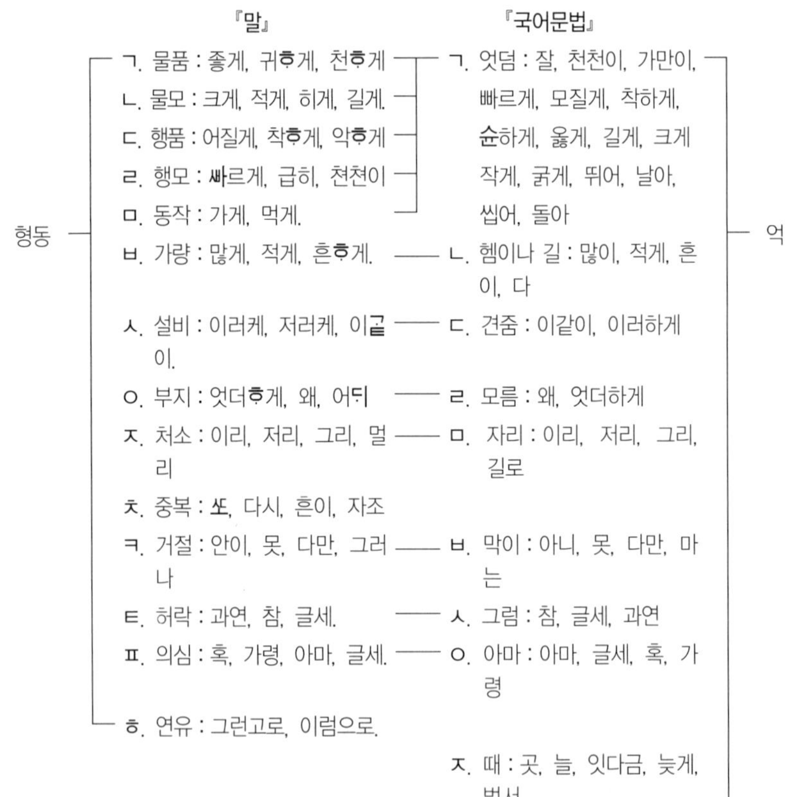

ㅊ. 몬 : 나무에, 들에, 소에,
　　붓에서

ㅋ. 일 : 뜻에, 일에, 아침에,
　　큼에

　위의 표에 의하면 『국어문법』에서는 용어를 쉬운 토박이말로 다듬어서 이해를 돕게 했으며, 성질이 비슷한 '물품, 물모, 행품, 행모, 동작'은 '엇덤'으로 묶어 내었는데, 이는 큰 발전이다. 그러나 '임기'에 '겻기'가 붙은 것까지 '억기'로 잡고서, '몬, 일'을 세웠는데, 이는 결코 좋은 처리가 아니다. 그리고 '중복, 연유'의 계승은 짐작하기 어렵다. 그렇지만 『국어문법』에서 '억기'의 하위분류는 『말』의 '형동'의 하위분류는 계승·발전시킨 것이 분명하다.

4. 마무리

　4.1. 주시경의 우리말 문법의 형태론에 대한 연구는 대체로 『국문문법』(1905?), 『말』(1908?), 『국어문법』(1910)에 나타나는데, 그 연구가 문법의 모든 분야에 이르러 있으므로, 실로 우리말 문법 연구에 있어 전반적인 길을 열어 놓았다. 그 중에서도 『국어문법』은 당시의 시대성에 비추어 볼 때 대단히 뛰어난 업적으로 평가해야 한다.

　4.2. 주시경의 품사분류의 특징은 용언의 어근과 어근에 붙는 접사도 각각 독립된 품사로 설정하였다. 그러므로 낱말 분류의 기반이 되는 꼴, **구실**, **뜻** 가운데서 꼴은 낱말 분류의 기반이 되지 못하고, 주로 **구실**과 **뜻**에 의하여 품사분류하였다.

4.3. 주시경의 우리말 문법 연구에 대한 업적을 간추려 보면 다음과 같다.

1) 『국어문법』에서 용어를 토박이말로 바꾸고, 정확한 용어의 정의와 함께 각 품사를 뜻매김하고 <보기말>을 보인 후 각 품사를 하위분류한 것.

2) 우리말의 품사에는 뜻을 나타내는 '원체부(>몸씨)'와 문법적인 관계를 나타내는 '관계부(>토씨)'가 있음을 발견하고 체계를 세운 것.

3) 『말』에서 '인접(>겻)'에는 '격표인접(>만이)'과 '형성인접(>금이)'이 있다고 하여 우리말 문법에서 처음으로 격(case)을 세운 후 이를 하위분류한 것

4) 체언은 문장에서 하는 구실이 같음을 의식하여 더 작은 품사로 나누지 않고, '임(<명호)'으로 설정한 것.

5) 용언은 '엇(<형용)'과 '움(<동작)'으로 나누어 설정하였는데, 이는 **뜻**과 이 두 품사에 결합되는 '잇'과 '끗'의 종류가 다름을 의식한 데서 온 것이며, 우리말 문법에서 처음으로 '엇'이 문장에서 서술어의 **구실**을 함을 발견한 것.

6) 수식어인 '언(<형명)'은 우리말 문법에서 독창적으로 설정한 품사이며, 이 수식어는 문장에서 꾸미는 대상이 다름을 발견하여 '언'과 '억'으로 나누어 설정한 것.

7) '움(<동작)'의 하위분류는 **구실**에 의하여 '움뜻'과 '움힘'으로 나누었는데, '움뜻'은 움직임의 대상이 있느냐, 없느냐에 따라 '남움(<타동)'과 '제움(<ᄌ동)'으로 나누고, '움힘'은 움직임의 주체가 제 스스로나 남의 움직임을 입느냐에 따라 '바로움(<직동)'과 '입음움(<피동)'으로 나누어 완벽하게 분류해 낸 것.

8) 『국어문법』 '겻'의 하위분류에서 '임홋만'인 {-이/가}는 주어에만 붙고, '씀홋말'인 {-를/을}은 목적어에만 붙는다고 밝힌 것.

9) '끗(<죠셩)'을 설정하고, 그 하위분류에서는 우리말 문법에서 최초로 서법(mood)에 따라 '이름(<陳), 물음(<問), 시김(<命), 홀로(<自)'로 분류해 낸 것.

10)『말의소리』에서 형태소(morpheme)에 접근되는 '늣씨'를 발견하여 낱말의 분류를 '늣씨'(형태소)에서 출발하려는 의식을 보인 것.

등은 주시경이 처음으로 밝혀 낸 것이거나 독창적인 것으로서 국어학 연구사에서 큰 의의를 가지는 것이므로 높이 평가하고 있다.

4.4. 주시경의 품사설정 과정을 간추려 보면 다음과 같다.

1)『국문문법』의 7언분은 '다른 나라 문법의 영향'에서 이루어졌다.
2)『말』의 6체는 '주체적인 체계의 모색'에서 이루어졌다.
3)『국어문법』의 9기는 '우리말 품사분류의 정립'에서 이루어졌다.
4)『말의소리』의 6씨는 '새 체계의 시도'에서 이루어졌다.

4.5.『국어문법』에 나타나는 품사 벌림 차례로 보아 주시경은 품사분류 체계에 대하여 다음과 같이 의식하고 있은 것 같다.

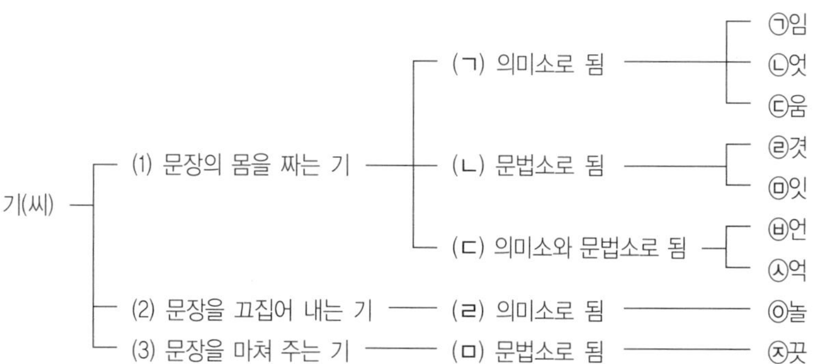

4.6. 각 품사의 성립은 주로 **구실**에 의하여 성립되었는데, 이것을 간추려 보면 다음과 같다.

　1) 임 : '명호>임'은 문장에서 주어가 될 수 있는 낱말을 하나의 품사로 처리하는 데서 이루어졌다.

　2) 엇 : '형용>엇'은 문장에서 수식어가 되는 문장성분을 하나의 품사로 보려는 데서 등장하여 일과 몬의 모양이나 상태를 나타내는 굴곡낱말의 어간을 하나의 품사로 잡는 데서 이루어졌다.

　3) 움 : '동작>움'은 움직임을 나타내는 굴곡낱말의 어근을 하나의 품사로 처리한 데서 이루어졌다.

　4) 겻 : '인접>겻'은 서술어와 직접 관계하는 문장성분에 붙는 토를 하나의 품사로 처리하는데서 이루어졌다.

　5) 잇 : '간접>잇'은 두 언어형식을 잇는 문법소를 하나의 품사를 처리하는 데서 이루어졌다.

　6) 언 : '형명>언'은 '명호>임'을 수식하는 문장성분으로서 '형용'의 하위 단위로 등장되어, 문장에서 관형어가 되는 문장성분을 하나의 품사로 처리하는 데서 이루어졌다.

　7) 억 : '형형·형동>억'은 형용사를 꾸미는 '형형'과 동사를 꾸미는 '형동'을 통합하여 문장에서 부사어가 되는 문장성분을 하나의 품사로 처리하는 데서 이루어졌다.

　8) 놀 : '경각>놀'은 문장에서 독립어로 쓰인 낱말을 하나의 품사로 처리한 데서 이루어졌다.

　9) 끗 : '죠셩>끗'은 어근형태소에 붙어서 문장을 마쳐 주는 문법소를 하나의 품사로 처리한 데서 이루어졌다.

　주시경의 품사분류는 접사의 분류와 그 자질 파악의 잘못으로 구속형태소에 붙는 구속형태소까지 독립된 품사로 처리하는 등 불투명한 점이 생긴 것은 잘된 처리법으로 보기는 어렵다.

　그러나 『국문문법』에서 처음 다른 나라 문법의 영향에서 7언분으로 시작한 품사설정은 『국어문법』에 이르러서는 그 영향에서 벗어나 우리말에 맞는 창조적인 9기로 품사 성립을 보게 되었다. 이 9기는 대체로 **구실**에 의하여 분류되었는데, 다만 '엇·움'과 '언·억'의 설정은 **구실과 뜻**에 의한 것이다. 이는 국어학 연구사에서 높이 평가되어야 하겠다.

4.7. 각 품사의 하위분류는 **뜻과 구실**에 의하여 이루어졌다.

문법의 분류는 주로 꼴과 **구실**에 따라 나누는 것이 원칙인데, 주시경의 8품사에 대한 하위분류는 '움'과 '끗' 그리고 일부 '겻'(임흣만, 씀흣만)을 제외하고는 거의 **뜻**에 따라 나누었기 때문에 품사의 하위분류를 번거롭게 만든 점이 많은 것이 흠이다.

그러나 『국어문법』이 나오기 이전까지의 각 품사에 대한 체계적인 하위분류는 발견되지 않고 있으므로 그 이전은 말할 수 없지만, 『국어문법』에서의 각 품사에 대한 하위분류는 우리말 문법 연구에 있어 처음으로, 전반적으로 그리고 체계적으로 시도되었다는 점에서는 높이 평가되어야 한다.

각 품사의 그 분류 과정을 도표로 나타내면 다음과 같다(빈 칸은 전하지 않는 것임).

언분＞기 ＼ 책	국문문법	말	국어문법
명호＞임	명호 ┬ 원명 ┬ 보통 ─ 유질, 무질, 합증 　　　　　├ 불변 　　　　　└ 인민 ─ 지목, 부지, 긔수, 무수 　　　└ 되명 ┬ 형접 ─ 분비 　　　　　├ 물건 ─ 형접, 긔수, 처소, 분비 　　　　　└ 무질 ─ 형접, 간접, 부지		임 ┬ 제임 ┬ 두루 ─ 몬, 일 　　　　├ 홀로 　　　　└ 사람 ─ 가르침, 언잇, 모름, 헴 　└ 대임 　　(넛임) ┬ 몬 ─ 언잇, 모름, 헴, 곳 　　　　└ 일 ─ 언잇, 헴, 곳, 모름
형용＞엇	형용 ┬ 형용 ─ 물품, 힝픔, 부지 　├ 모양 ─ 물모, 힝픔, 동작, 부지 　├ 수량 ─ 긔슈, 가량 　└ 지목 ─ 즉지, 셜비, 부지, 시간	형용 ┬ 형용본체 ─ 물품, 물모, 행품, 행모, 시간, 가량수, 설비, 부지. 　├ 형명 ─ 지목, 기수, 품물, 물모, 행품, 행모, 동작, 시간, 가량수, 설비, 부지, 명호. 　└ 형동 ─ 품물, 물모, 행품, 행모, 동작, 가량, 설비, 부지, 처소, 중복, 거절, 하락, 의심, 연유.	엇 ─ 물품, 물모, 행품, 행모, 때, 헴, 견줌.
동작＞움	동작 ┬ 타동 　├ ㅈ동 　├ 직동 　└ 피동		움 ┬ 움뜻 ┬ 제움 　　　└ 남움 　└ 움힘 ┬ 바로움 　　　└ 입음움
인접＞겻		인접 ┬ 격표인접 ─ 전제격, 반격, 전수격, 동격, 동차격, 불관격 　└ 형성인접	겻 ┬ 만이 ┬ 임훗만, 씀훗만, 덩이임만, 한가지만, 다름만, 다름한만, 안가림만, 낫됨만, 특별함만, 홀로만, 부름만, 낫한만. 　└ 금이 ┬ 자리금, 몬금, 때금, 헴금, 부림금, 움몬금, 일금, 낫한금, 함게금, 까닭금, 다름한금.
간접＞잇		간접 ┬ 명호구절이 되게 하는 것 　└ 형성구절이 되게 하는 것.	잇 ─ 덩이, 잇어함, 그침, 함께, 풀이, 까닭, 뒤짐힘, 뜻밖, 거짓, 홀로, 하랴함.

책 언분 ＞기	국문문법	말	국어문법
형명＞언	형 품질-물품, 힝픔, 부지. 명 모양-물모, 힝모, 동작. 부지. 수량-긔슈, 가량. 지목-즉지, 셜비, 부지, 시간.		언-가르침, 물품, 행품, 행모, 때, 헴, 견줌, 모름, 움, 임.
형형 형동 ＞억		형동-물품, 물모, 행품, 행모, 동작, 가량, 셜비, 부지, 처소, 중복, 거절, 허락, 의심, 연유.	억-엇덤, 자리, 때, 헴이나 길, 막이, 그럼, 아마, 모름, 견줌, 몬, 일.
경각＞놀			
죠셩＞끗		죠셩-陳, 問, 命, 自.	끗-이름, 물음, 시김, 홀로.

참고문헌

Ⅰ. 자료

주시경(1905?), 『국문문법』, 歷代韓國文法大系 제1부 제39책, 탑출판사(1986).

주시경(1908?), 『말』, 歷代韓國文法大系 제1부 제3책, 탑출판사(1985).

주시경(1908), 『국어문전음학』, 周時經全集, 아세아문화사(1976).

주시경(1910), 『국어문법』, 周時經全集, 아세아문화사(1976).

주시경(1911), 『조선어문법』, 周時經全集, 아세아문화사(1976).

주시경(1914), 『말의소리』, 周時經全集, 아세아문화사(1976).

윤치호(1911), 『영어문법첩경』, 歷代韓國文法大系 제2부 제29책, 탑출판사(1986).

이기룡(1911), 『중등영문전』, 歷代韓國文法大系 제2부 제29책, 탑출판사(1986).

Ⅱ. 저서 및 논문

강기진(1986), 주시경의 품사 이론, 한글 제191호, 한글학회.

강복수(1975), 국어 문법사 연구, 형설출판사.

고영근(1983), 국어 문법의 연구, 탑출판사.

고영근 · 이현희(교주)(1986), 주시경, 국어문법, 탑출판사.

권재선(1987), 국어학 발전사, 한국고시사.

김계곤(1971), "주시경 선생의 후계학자 최현배", 『나라사랑』 4, 외솔회.

김두봉(1916), 『조선말본』, 歷代韓國文法大系 제1부 제8책, 탑출판사(1983).

김두봉(1922), 『깁더 조선말본』, 歷代韓國文法大系 제1부 제8책, 탑출판사(1983).

김민수(1977), 주시경 연구, 탑출판사.

김봉모(1983), 국어 관형어 연구, 부산대학교 대학원 박사학위 논문 .

김석득(1979), 주시경 문법론, 형설출판사.

김석득(1983), 우리말 연구사, 정음문화사.

김세한(1974), 주시경전, 정음사.

김윤경(1954), 한국 문자 급 어학사, 동국문화사.

김형주(1982), 국어학사, 학문사.

리의도(1987), "주시경의 조사 연구에 대한 고찰", 『새 우리말 연구』.

박민수(1987), 우리말의 자리말 연구, 동아대학교 대학원 박사학위 논문.

박선자(1983), 한국어 어찌말 연구, 부산대학교 대학원 박사학위 논문.

박영환(1982), 주시경의 문법론, 청림 25.

박은용(1986), "同文類解語錄解研究(上)", 『효성여자대학 논문집』.

박지홍(1987), "주시경의 국어문법", 『한글』 제161호, 한글학회.

박지홍(1983), "주시경의 우리말 씨가름", 『부산한글』 2, 한글학회 부산지회.

박지홍(1986), 현대 우리말본, 과학사.

박지홍(1987), 국어학사, 동아대학교 대학원.

박태권(1977), "주시경의 학설 연구", 『문리과 대학 논집』 16, 부산대학교.

박태권(1986), "주시경의 학설과 그 어학사적 위치", 『부산한글』 5, 한글학회 부산지회.

양주동(1979), 增訂 古歌研究, 일조각.

양태식(1978), "풀이씨의 굴곡범주", 『논문집』 1, 성지공업전문대학.

양태식(1979), "서법 논의에 대한 몇 가지 문제", 『수련어문론집』 7, 부산여대 국어교육과.

유길준(1904?), 『조선문전』, 歷代韓國文法大系 제1부 제39책, 탑출판사(1986).

유길준(1909), 대한문전, 동문관(1999).

이광정(1987), 국어 품사분류의 역사적 발전에 관한 연구, 한신문화사.

이기문(1981), "한힌샘의 언어 및 문자 이론", 『어학연구』 17-2, 서울대 어학연구소.

이길록 외(1982), 문법 교사용 지도서, 삼화출판사.

이병근 외(1985), 국어 연구의 발자취(Ⅰ), 서울대학교 출판부.

이숭녕(1985), 중세국어문법, 을유문화사.

정렬모(1946), 신편 고등국어문법, 한글문화사.

정인승(1956), 표준 고등문법, 신구문화사.

채연강(1979), "주시경 문법서에 대한 비교연구", 『성대문학』 20, 성균관대학교.

최낙복(1983), "겻씨의 설정과 그 계승", 『진주문화』 4호, 진주문화권 연구소.

최낙복(1985), "주시경 문법의 '임씨' 설정과 그 계승", 『국어국문학 논문집』 6집, 동아대학교 국어국문학과.

최낙복(1988), "주시경 문법의 '씨' 설정 연구", 『한힌샘연구』 1집, 한글학회.

최현배(1934), 중등 조선말본, 동광당서점.

최현배(1937), 우리말본, 연희전문학교출판부.

최현배(1971), 우리말본, 정음사.

하치근(1987), 국어 파생 접미사 연구, 부산대학교 대학원 박사학위 논문.

허 웅(1959), "주시경 선생의 생애와 업적", 『사상계』 66호, 사상계사.

허 웅(1971), "주시경 선생의 학문", 『동방학지』 12집, 연세대학교 동방학연구소.

허 웅(1975), 우리 옛말본, 샘문화사.

허　웅(1981), 언어학, 샘문화사.

허　웅(1983), 국어학, 샘문화사.

허　웅(1985), 국어 음운학, 샘문화사.

허웅·박지홍(1988), 주시경 선생의 생애와 학문, 과학사.

홍양추(1980), "주시경의 국어문법론", 『어문학 교육』 2·3집, 부산국어교육학회.

홍양추(1987), 국어 매인이름씨 연구, 건국대학교 대학원 박사학위 논문.

외솔회(편)(1971), 나라사랑 4집, 외솔회.

한글학회(1988), 한힌샘 연구(Ⅰ), 한글학회.

박지홍(1977), 표준 漢文法, 과학사.

이가원(1960), 漢文新講, 신구문화사.

Jerpersen, Otto, The, Philosophy of Grammar, London : Allen & Unwin(1924)
　　　　　　　(이환묵, 이석무(역), 1978, 예스퍼슨 문법철학, 한신문화사).

德田政信(1983), 近代文法圖說, 日本 : 明治書院.

塚本哲三(1937), 更訂 漢文解釋法, 日本 : 有朋堂.

阪倉篤義(1974), 改橋 日本文法の話, 日本 : 敎育出版.

주시경 문법의 통어론

1. 머리말

주시경(1876~1914)은 전환기 시대에 우리 국어문법을 과학적으로 연구한 국어학자인 동시에 국어교육 및 한글운동에 크게 힘쓴 국어교육자요, 한글운동가이다.

그의 저서인 『국어문법』(1910)과 『조선어문법』(1911, 1913)에는 국어문법에 대한 그의 이론이 모두 나타나 있는데, 이 책들은 그 당시 중등학교 학생들과 조선어 강습원 수강생들에게 널리 보급되었고, 또한 국어문법 형성에도 많은 영향을 미쳤다.

이런 까닭으로 인하여 뒷날 국어문법을 연구하는 사람들은 주시경의 국어문법 이론에 많은 관심을 가지고 연구하게 되었으며, 그 결과 그의 학문을 한층 높은 단계로 끌어올려 놓았다.

주시경의 국어문법에 대한 이론 가운데 통어론에 대한 이론은 『국어문법』의 "짬듬갈" 단원(36~64)에 나타나는데, 여기에는 먼저 여러 가지 언어형식에 해당하는 말의 하위분류와 문장성분에 대하여 설명을 하고, 10개의 (본드)와 11개의 (버금본드)에 대한 <그림>과 그 구체적인 설명이 나타나 있다.

이 글은 『국어문법』의 "짬듬갈" 단원에 나타나는 주시경의 국어 통어이론을 살피고, 나아가 그의 국어 통어이론이 뒷날 국어문법 형성에 어떠한 영향을 미쳤는가를 알아내어 국어문법 연구사의 체계를 세우는 데 도움을 주고자 하는 것이 그 목적이다.

2. "말"의 분류

주시경(1910 : 36)에서는 "말"의 분류에 앞서 먼저 오늘날의 통어론(월갈, 문장론, syntax)에 해당하는 용어인 "짬듬갈"에 대한 뜻매김을 하고 있다.

> (1) 짬듬갈
> 　　ㄱ. 짬―움기 짜에 ㅁ을 더한 임기니 짜는 것이라 함이요, 꿈임과 한 뜻이라.
> 　　ㄴ. 듬―말이 꿈이어지는 여러 가지 法을 이름으로 씀이라.
> 　　ㄷ. 갈―우에 몬저 보인 뜻과 한가지니 여러 듬의 결에를 배홈을 이름 이라.
> 　　그러함으로 짬듬갈을 다 (짠 말을 이름이니, 뜻은 알에 말함)가 꿈이어지는 여러 가지 法을 배호는 것이라 이름이라.
> (『국어문법』 : 36)

(1)ㄱ은 그 뜻매김으로 보아 "짬"은 동사 "짜다"의 명사형으로 구성, 조직의 뜻이요, (1)ㄴ의 "듬"은 체언에 조사가 결합하거나, 용언의 어간에 어미가 결합되어 만들어진 것으로 어절에 접근되는 말이다.1) 또 (1)ㄷ의

---

1) 이 "듬"이라는 말은 어디서 온 말인지 정확하게 밝혀져 있지 않으며, 허웅(1971 : 47)

"갈"은 이미 주시경(1910 : 27)에서 풀이하였기 때문에 여기서는 앞의 뜻매김에 미루었는데, "學" 또는 "論"에 해당하는 말이다.

그러므로 (1)의 "짬듬갈"은 다음에 설명할 "다"를 구성 또는 조직하는 학(學) 또는 논(論)이므로 통어론에 해당하는 용어이다. 이러한 용어에 대한 풀이를 낱낱이 하고 있는 것은 그가 손수 만든 용어이므로 읽는이의 이해를 돕기 위한 것으로 생각된다.

이어서 그는 "말"을 "기"와 "다"로 나누고, "다"는 다시 "모, 드, 미"로 하위분류하고 그 하위단위에 대한 뜻매김을 한 후 그 상하 관계를 쉽게 알 수 있도록 그림으로 그려 보였다.

(2) 말듬을 갈기에 없을 수 없는 이름을 만들고 그 뜻을 알에 말하노라.
    ㄱ. 말 : 뜻을 나타내는 소리니 낫말 곳 기나 짠말 곳 다를 다 이름이라.
    ㄴ. 기 : 낫말을 이름이니, 한낫 몬이나 일을 이름이라.
    ㄷ. 다 : 둘로부터 둘 더 되는 기로 짠 말을 다 이름이라.
    ㄹ. 모 : 한 짠 말에 남이(뜻은 알에 말함)가 없음을 다 이름이라.
    ㅁ. 드 : 한 짠 말에 남이가 잇어 다 맞은 말을 다 이름이라.
    ㅂ. 미 : 한 일을 다 말함을 다 이름이라.[2]

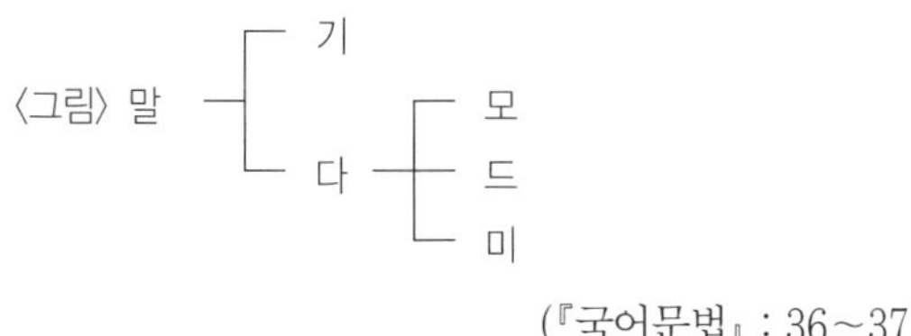

(『국어문법』 : 36~37)

(2)ㄱ~(2)ㅂ은 모두 하나의 언어형식(linguistic form)에 해당하는 것들인데, (2)ㄱ의 "말"은 그 뜻풀이와 〈그림〉으로 미루어 보아 "낱말"과 "다"

에서는 "듬"이 어디서 온 말인지 모르겠다고 하였다.
[2] 조선어문법(1911 : 39)에서는 "한 일을 다 말하여 길게 된 말을 다 이름이라"고 뜻매김하였다.

를 합하여 함께 이르는 것으로, 여러 가지 언어형식 가운데 가장 큰 단위로 의식한 것으로 표현이 이루어지는 단위를 이르는 것이라 할 수 있다. 그리고 이 "말"이 언어형식에 해당한다는 견해는 이미 여러 학자들에 의하여 제기되었다.3) (2)ㄴ의 "기"는 그 뜻풀이로 보아 낱말 또는 품사(씨)에 해당하는 것으로써 문장론의 단위가 아니고 품사론의 단위이므로 여기에서 논의의 대상이 되지 않는 것이다. (2)ㄷ의 "다"는 그 뜻풀이로 보아 둘 이상의 낱말로 짜여진 말을 다 이르는 것이므로 이것은 구(이은말), 절(마디), 문장(월)을 포함하는 용어로 어절보다는 큰 단위에 해당하는 것이다.

그런데 주시경(1910 : 40~41)에서 완전한 문장을 이루고 있는 문장을 "다 된 다"라 하고, 이 "다된 다"는 아무리 작은 "다"라도 두 "듬"이 있고 또 아무리 큰 "다"라도 세 "듬"에 더함이 없다고 하였다. 여기서 "두 듬"은 "임이듬"과 "남이듬"을 가리키는 것이고, "세 듬"은 "임이듬, 쓰이듬, 남이듬"을 가리키는 것이므로 이 "다된 다"는 문장성분들 가운데서 주성분만으로 이루어진 완성된 문장을 이르는 것이다(최낙복, 2000 : 269~270).

(2)ㄹ의 "모"는 그 뜻풀이로 보아 한 언어형식에서 서술어가 없이 이루어진 것이므로 구(이은말)에 해당하는 것이다. 주시경(1910 : 96)에 의하면 이 "모"는 <힌 조히(흰 종이)>와 <검은 먹>을 "모"라 하였으므로 이들의 기저형은 각각 <조히(가) 히(다)>와 <먹(이) 검(다)>이다. 이들은 모두 관형변형에 의하여 서술어가 관형어로 바뀌어 주어의 앞에 놓인 구조로 구에 해당하는 언어형식이다. (2)ㅁ의 "드"는 그 뜻풀이로 보아 언어형식 가운데서 서술어를 가지는 것이므로 문장에 해당하는 것이다.

그런데 이 "드"를 주시경(1910 : 96)에서는 "맞은 드"와 "못 맞은 드 "로 구분하고 있는데, 이것은 이어진 문장에서 앞의 문장을 끝맺는 경우는 "맞은 드"라 하고 끝맺지 못하는 경우에는 "못 맞은 드"라 하였다. 그러므로 "드"란 완성된 문장은 물론이지마는 완성되지 못한 문장일지라도 서술어만 있

---

3) 허웅(1971 : 47)과 김석득(1979 : 122)을 참조.

으면 다 "드"에 포함시키는 것으로 <먹는다>도 상황에 따라 "드"가 되는 것이다(허웅, 1971 : 48). 따라서 "드"는 어떤 상황이 설정되고, 문장의 주성분 가운데 서술어만 있고, 나머지 문장성분들이 생략된 언어형식도 모두 포함하는 용어이다.

끝으로 (2)ㅂ의 "미"도 그 뜻풀이로 보아 어떤 사물을 완전하게 묘사한 것으로 보이는데, 이것은 문장보다는 긴 단위의 언어형식으로 볼 수 있다.4) 이것은 <보기말>이 나타나 있지 않기 때문에 정확하게 단정하기는 어려우나 하나의 뭉뚱그려진 생각을 나타내는 "대목"(단락)에 접근되는 용어로 "다"의 하위단위 가운데 가장 긴 언어형식이므로 오늘날 텍스트 문법에서 "텍스트"의 개념과 거의 일치한다고 할 수 있다.

이러한 언어형식들은 뒷날 국어문법에서 "말의 덩이"를 규정하는 데 큰 영향을 미쳤다.

3. 문장성분의 정립

한 문장을 구성하는 요소들을 문장성분이라 하는데, 문장성분에는 그 쓰임과 중요성의 다름을 따라 주성분(으뜸조각)과 부속성분(붙음조각)과 독립성분(홀로조각)으로 나눈다. 그리고 주성분 앞에 부속성분이 놓여 더 큰 단위의 문장성분으로 구성되어 있는 것을 구비성분(갖은 문장조각)이라 하는 문법 학자도 있다.5) 이러한 문장성분은 주시경(1910)에서도 이미 주성분, 부속성분, 구비성분의 개념이 정립되었다.

---

4) "미"에 대한 해석은 허웅(1971 : 48), 박지홍(1978 : 100), 홍양추(1980 : 175) 등을 참고할 수 있다.
5) 최현배(1937), 우리말본, 연희전문학교 출판부, 1013~1014쪽 참조.

3.1. 주성분의 정립

　주성분은 문장의 성립에 필수적인 문장성분으로 문장의 골격을 이루는데, 그것이 빠지면 불완전한 문장이 된다. 일반적으로 국어문법에서는 문장의 주성분으로 주어(임자말), 목적어(부림말), 서술어(풀이말), 보어(기움말)를 설정하고 있다.

　그런데 주시경(1910 : 37~38)에서 문장의 주성분에는 주어, 목적어, 서술어만이 있음을 의식하고, 이들을 각각 "임이, 씀이, 남이"으로 설정하였고, 이 주성분에 결합되는 토를 각각 "임이빗, 씀이빗, 남이빗"이라 하고, 이 "빗"은 제 홀로는 쓰이지 못하고 반드시 "이"[語]와 결합하여야만 문장성분의 구실을 할 수 있음을 의식하여 "이"에 "빗"이 결합된 것을 각각 "임이듬, 씀이듬, 남이듬"이라 하고 다음과 같이 뜻매김하였다.

(6) ㄱ. 임이 : ① 임 : 主와 한 뜻
　　　　　　　② 이 : 者와 한 뜻
　　ㄴ. 씀이 : ① 씀 : 움기 쓰이의 이를 덜고 ㅁ을 더하여 임기되게 한 것.
　　　　　　　② 이 : 우에 말한 것과 한가지니 알에도 다 이러함
　　ㄷ. 남이 : ① 남 : 움기 나에 ㅁ을 더하여 임기되게 한 것.
(7) ㄱ. 임이빗 : 빗—보람과 한 뜻이니, 임이빗은 곳 임이의 직권표(職權
　　　　　　　表)라 함과 한 뜻이요, 알에도 다 이러함.
　　ㄴ. 씀이빗
　　ㄷ. 남이빗
(8) ㄱ. 임이듬 : 듬—格과 한 뜻이니, 임이듬은 임이되는 格이라 함이요,
　　　　　　　알에도 다 이러함.
　　ㄴ. 씀이듬
　　ㄷ. 남이듬

(『국어문법』 : 37~38)

　(6)ㄱ에서 "임이"는 그 뜻매김으로 보아 "주자(主者)"[6]이므로 이 말은 문

장의 임자가 되는 조각으로 주어에 해당하는 문장론 용어이다. 그런데 주어의 성립은 체언(임자씨)나 체언의 기능을 하는 말에 주격조사(임자자리토씨)가 결합하여 성립되는 것이 일반적인데, 여기서는 주어로 쓰인 체언만을 "임이"이라 하였다. (6)ㄴ에서 "씀이"는 "물자(物者)"인데, 이것은 타동사(남움직씨)가 문장의 서술어가 될 적에 그 움직임이 부리는(사용하는) 또는 지배하는 목적물을 나타내는 말로 쓰인 목적어(부림말)를 이르는 문장론 용어이다. 이 목적어의 성립은 체언나 체언의 구실을 하는 말에 목적격조사(부림자리토씨)가 결합하여 성립되는 것이 일반적인데, 이 "씀이"는 사용되는 사물을 나타내는 체언만을 가리키고 있다. (6)ㄷ의 "남이"는 "설자(說者)"인데, 주어의 행위나 상태, 성질 등을 풀이하는 말(서술어)을 이르는 문장론 용어이다. 그런데 서술어는 동사, 형용사, 또는 체언이나 체언 구실을 하는 말에 {-이다}가 결합되어 성립되지만, 이 "남이"는 용언의 어간만을 가리키고 있다. 이것은 주시경(1910)에서 품사분류할 때 용언의 어간과 어미를 각각 독립된 품사로 설정한 데서 비롯된 것이다.

이와 같이 (6)ㄱ~(6)ㄷ의 "임이, 씀이, 남이"는 문장론의 주성분으로 오늘날의 주어, 목적어, 서술어에 맞서는 용어이지만, "임이"는 문장에서 주어로 쓰인 체언만을 가리키고, "씀이"는 문장에서 목적어로 쓰인 체언만을 가리키고, "남이"는 문장에서 서술어로 쓰인 용언의 어간만을 가리키므로 오늘날의 주어, 목적어, 서술어와 꼭 일치하지는 않는다.

(7)ㄱ의 "임이빗"7)은 "임이의 직권표"라 뜻매김하였으므로, 이것은 문장에서 임자노릇하는 사물을 나타낸 체언을 그 문장의 임자노릇하는 자리(주격)에 서게 하는 표가 되는 토를 이르는 것이므로 주격조사에 해당하는 용어이다. (7)ㄴ의 "씀이빗"은 "씀이의 직권표"인데, 이것은 문장에서 부림

---

6) 주시경(1910 : 39)에서 "임이"는 주자(主者), "씀이"는 물자(物者), "남이"는 설자(說者)라 이르고 있다.
7) "빗"은 "직권표"라 하였으므로 이것은 표 또는 표지(marker)에 접근되는 용어로 여기서는 "조사" 해당하는 것이다.

이 되는 사물을 나타내는 체언이 목적어의 자리(목적격)에 서게 하는 표가
되는 토를 이르는 것이므로 목적격조사에 해당하는 것이다. (7)ㄷ의 "남이
빗"은 "남이의 직권표"이므로 문장에서 용언이 서술어가 되게 하는 토를
이르는 것이므로 용언의 여러 가지 어미에 해당하는 것이다.

그러므로 (7)ㄱ~(7)ㄷ의 "빗"은 주어, 목적어, 서술어가 되게 하는 토
를 이르는 것이므로 문장론의 용어는 아니다.

(8)ㄱ의 "임이듬"8)은 "임이"에 "임이빗"이 결합된 것으로 이것은 "임이"
가 되는 자격을 뜻하므로 주어에 일치하는 문장론 용어이다. (8)ㄴ의 "씀
이듬"은 "씀이"에 "씀이빗"이 결합된 것으로 "씀이"가 되는 자격을 뜻하므로
목적어와 일치하는 문장론 용어이다. (8)ㄷ의 "남이듬"도 "남이"에 "남이빗"
이 결합된 것으로 "남이"가 되는 자격을 뜻하므로 서술어에 일치하는 문장
론 용어이다.

이제 (6), (7), (8)에서 살핀 문장을 구성하는 주성분에 해당하는 것들
을 <보기 문장>으로써 그림으로 나타내 보이면 다음과 같다.

(9)　　소　　가　　　　풀　　을　　　　먹　　소
　　　　(임이) (임이빗)　　(씀이) (씀이빗)　　(남이) (남이빗)
　　　　　(임이듬)　　　　　(씀이듬)　　　　　(남이듬)
　　　　　　‖　　　　　　　　‖　　　　　　　‖
　　　　　주어　　　　　　목적어　　　　　서술어

그러므로 주시경(1910)에서 문장의 주성분은 "임이듬, 씀이듬, 남이듬"
을 설정하였는데, 이것은 오늘날의 주어, 목적어, 서술어에 일치하는 문장
론 용어이다. 그러나 문장의 주성분 가운데 오늘날의 보어(기움말)에 해당
하는 문장성분은 설정하지 않았다.

---

8) "듬"은 "格과 한 뜻"이라 뜻매김하고 있는데 이때 "格"은 "자격"의 뜻으로 쓰인 문장론
　용어이다.

3.2. 부속성분의 정립

　문장성분 가운데서 문장의 골격을 이루는 데는 아무 기여를 하지 못하고, 문장의 내용을 더욱 분명하게 하는 문장성분을 부속성분(종속성분)이라 하는데, 이 부속성분에는 관형어(매김말), 부사어(어찌말)가 있다.

　부속성분의 주된 기능은 다른 문장성분을 꾸며주는 것인데, 주시경(1910 : 38)에서도 다른 문장성분을 꾸며주는 부속성분에 해당하는 문장성분으로 각각 "임이금, 씀이금, 남이금"을 설정하고 다음과 같이 그 뜻매김을 하였다.

> (10) ㄱ. 임이금 : 금―금낸다[9] 하는 금이니, 가르치의 뜻과 한가지로 씀이요, 알에도 다 이러함.
> 　　　　　　엇더한 (임이)이라 이름이라.
> 　　　ㄴ. 씀이금 : 엇더한(씀이)이라 함을 이름이라.
> 　　　ㄷ. 남이금 : 엇더한(남이)이라 함을 이름이라.
> 　　　　　　(엇더한은 엇더하게와 한가지로 씀이라)
>
> 　　　　　　　　　　　　　　　　　　　　　　(『국어문법』 : 38)

　문장성분 가운데 체언으로 된 주어, 목적어, 보어와 같은 문장성분 앞에서 이들을 한정하는 문장성분을 관형어(매김말)라 하는데, 주시경(1910 : 38)에서는 이 관형어가 주어를 한정하는 것과 목적어를 한정하는 것으로 구별하여 각각 "임이금, 씀이금"을 설정하였다. 그러나 주어를 한정하는 관형어와 목적어를 한정하는 관형어가 구별되어 쓰이는 것이 아니고 다만 놓이는 자리에 따라 주어 앞에 놓이느냐, 목적어 앞에 놓이느냐에 따라 그 용어를 달리 설정하였을 뿐이다. 그리고 주시경(1910 : 38)에서 "금이"의 뜻매김을 "여러 금을 각각 이름이라"고 한 것을 보면 여기서 "금이"는 "임이, 씀이, 남이"를 꾸미는 말을 묶어서 사용하고 있는 것으로 보아 이것은

---

9) 주시경(1911, 1913)에는 "금나인다"로 표기되어 있다.

수식어(관형어, 부사어)를 포괄하는 용어임을 알 수 있다.

(10)ㄱ에서 "임이금"은 그 뜻매김으로 보아 "임이"(주어의 체언)를 한정하는 말을 이르는 것으로 보아 오늘날의 관형어에 해당하는 것인데 실제로는 "임이듬"을 한정하는 것이다. 주시경(1910)에서 "임이금"이 "임이"만을 한정하는 것으로 의식한 것은 문장론에서 "임이"와 "임이빗"을 분석하고 또 그 결합을 "임이듬"으로 의식한 데서 비롯된 것이다. 이것은 문장론의 단위와 품사론의 단위를 완전히 분리하지 못한 데서 비롯된 것이다. (10)ㄴ의 "씀이금"은 그 뜻매김으로 보아 "씀이"(목적어의 체언)를 한정하는 말로 의식한 것으로 오늘날의 관형어에 해당하는 용어이다. 여기서도 "씀이금"은 "씀이"만을 한정하는 것이 아니고 "씀이듬"을 한정하는 것이다.

이처럼 주시경(1910)에서는 주어와 목적어를 한정하는 문장성분을 각각 "임이금"과 "씀이금"으로 구분하여 설정하고 있으나 실제로는 둘 다 체언을 한정하는 공통적인 구실을 갖고 있기 때문에 따로 구분할 필요가 없다. 그래서 오늘날은 주어, 목적어, 보어를 한정하는 말을 따로 구분하지 않고 모두 "관형어"라 한다. (10)ㄷ에서 "남이금"은 그 뜻매김으로 보아 "남이"(서술어의 용언 어간)를 꾸며주는 말로 오늘날의 부사어(어찌말)에 해당하는 용어이다. 여기서도 "남이금"은 "남이"만을 꾸며주는 것이 아니고 "남이듬"을 꾸며주는 것이다. 이 "남이금"은 앞의 "임이금"이나 "씀이금"과는 그 꾸미는 대상이 다른 것이다.

그러므로 주시경(1910 : 38)에서 설정한 문장의 부속성분으로는 "임이금, 씀이금, 남이금"이 있는 것으로 의식하였는데, 이들은 모두 주성분의 이름을 따라 구분하여 설정한 것에 불과한 것이다.

이제 지금까지 주시경 문법의 "짬듬갈"에서 주성분과 부속성분으로 의식하여 설정한 문장성분을 <보기 문장>으로써 그림으로 그려 보이면 다음과 같다.

(11) 저　소　가　푸른　풀　을　잘　먹　소
　　(임이금) <u>(임이)</u> <u>(임이빗)</u>　(씀이금)　<u>(씀이)</u> (씀이빗)　(남이금)　<u>(남이)</u> <u>(남이빗)</u>
　　　　(임이듬)　　　　　　　(씀이듬)　　　　　　　(남이듬)

3.3. 구비성분의 정립

　문장성분 가운데 주성분 앞에 부속성분이 놓여 더 큰 단위의 문장성분으로 구성된 것을 주시경(1910 : 39)에서는 "붙이"라는 용어를 사용하고 있다.
　이 "붙이"는 "듬"에 "금이"가 결합되어 형성된 것으로 주성분을 기준하여 각각 "임이붙이(主者部 或 主者屬), 씀이붙이(物者部 或 物者屬), 남이붙이(說者部 或 說者屬)"가 있음을 의식하고 이것을 그림으로 그렸다. 이것을 정리해 보이면 다음과 같다.

(12)

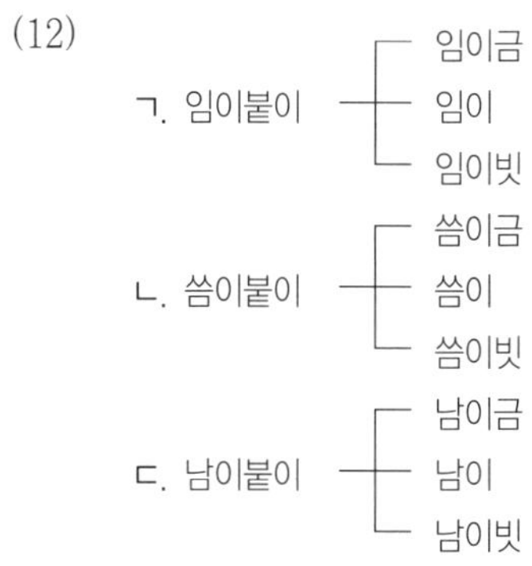

(『국어문법』 : 39)

　(12)ㄱ의 "임이붙이"는 "임이"와 "임이빗"이 결합된 "임이듬" 앞에 "임이금"이 놓여 이루어진 문장조각으로 이것은 주어 앞에 관형어가 놓여 주어부(임자부)를 형성한 것을 이르는 것이고, (14)ㄴ의 "씀이붙이"는 "씀이"와 "씀이빗"이 결합된 "씀이듬" 앞에 "씀이금"이 놓여 이루어진 문장조각으로

이것은 목적어 앞에 관형어가 놓여 목적부(부림부)를 형성한 것을 이르는 것이다. 또 (14)ㄷ의 "남이붙이"는 "남이"와 "남이빗"이 결합된 "남이듬" 앞에 "남이금"이 놓여 이루어진 문장조각으로 이것은 서술어 앞에 어찌말이 놓여 서술부(풀이부)를 형성한 것을 이르는 것이다. 이것을 앞의 문장 (11)에 적용시켜 그림으로 그려 보이면 다음과 같다.

(13)

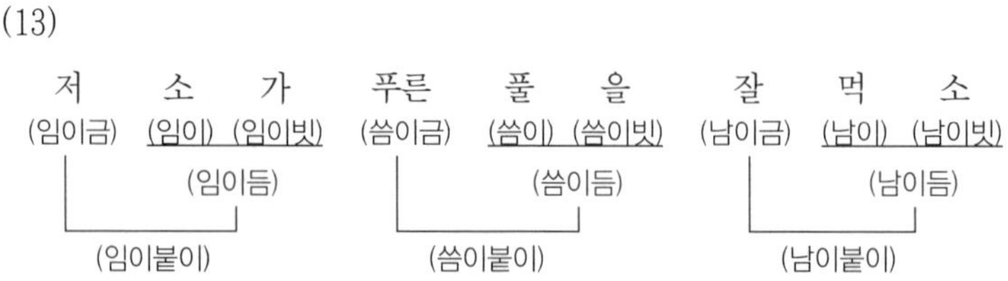

이러한 "붙이"의 의식은 최현배(1937 : 1013)에 이르러 으뜸조각이 각각 그 꾸밈말을 갖추어 있는 것을 갖은 문장조각(구비성분)이라 하고, 그 꾸밈말을 갖춘 주어를 갖은 주어(구비주어), 그 꾸밈말을 갖춘 목적어를 갖은 목적어(구비객어), 그 꾸밈말을 갖춘 보어를 갖은보어(구비보어), 그 꾸밈말을 갖춘 서술어를 갖은 서술어(구비설명어)이라 하여 그대로 계승되어 있다.

그러나 주시경(1910)에서는 "붙이"보다 큰 문장성분 단위로 한 문장을 두 개로 나눌 때 크게 주어부(임자부)와 서술부(풀이부)로 나누는 단위는 의식하지 못한 것 같다.

4. 문장의 짜임

문장의 종류는 그 짜임새에 따라 홑문장(단순한 문장)과 겹문장(복잡한 문장)로 나뉘는데, 겹문장은 다시 안은문장(포유문)과 이은문장(접속문)으로 나뉜다. 또 이은문장은 다시 벌임이은문장(대등접속문)과 종속 이은문장(종속접속문)으로 나뉘는데, 이러한 문장들을 주시경(1910)의 "짬듬갈"(39~64)에서는 모두 21개의 <보기 문장>을 보이고 <그림>으로 그려서 설명하였다.

4.1. 홑문장의 짜임

모든 문장은 반드시 서술어와 주어를 갖추어야 하는데, 주어와 서술어의 관계가 한 번만 나타나고, 서술어가 용언의 마침법으로 된 문장을 '단순한 월'(홑문장)이라 한다(허웅, 1983 : 257). 이러한 홑문장을 주시경(1910)의 "짬듬갈"에 나타나는 <보기 문장>에서 찾아 보이면 다음과 같은 것들이 있다.

> (14) 아기가 자라오 (본드1 : 39)
> (15) 아기가 젓을 먹소 (본드2 : 40)
> (16) 이것이 먹이다 (버금본드1 : 51)
> (17) 먹는다 (버금본드2 : 52)
> (18) 그 말이 들로 뛰어 가더라 (버금본드3 : 53)

(14)~(17)은 주성분만으로 짜여진 홑문장이고, (18)은 부속성분인 수식하는 성분이 들어있는 홑문장이다.

(14)와 (16)은 "임이듬+남이듬"의 구조로 이루어진 가장 기본이 되는 문장의 구조이다. (14)의 (알이)에서 (본드1)은 "임, 남 두 듬으로 '다된 다'라 하고 이 '다된 다'는 아모리 적어도 이 두 듬은 잇나니라" 하였으므로, 이것은 아무리 단순한 문장일지라도 주어와 서술어가 있어야 문장이 성립되는 것으로 의식한 것이다.

(15)는 "임이듬+씀이듬+남이듬"으로 이루어진 홑문장을 보인 것인데, 앞의 (14), (16)과는 달리 타동사(남움직씨)가 서술어가 되었을 때에는 그

움직임의 대상을 나타내는 문장성분인 목적어가 필요로 함을 보인 문장이다. 그리고 (알이)에서 (본드2)는 "임, 씀, 남의 세 듬으로 '다된 다'라 하고, '다된 다'는 아모리 크어도 이 세 듬에 더함이 없나니라(41쪽)" 하였는데, 이것은 서술어가 타동사인 경우에는 목적어를 필요로 하지만 아무리 문장이 확대되더라도 문장의 주성분은 더 이상 필요로 하지 않음을 의식한 설명이다.10)

(17)은 (15)와 같은 구조이지만 "임이듬"과 "씀이듬"이 숨어 있는 홑문장을 보인 것인데, <먹는다>가 타동사이기 때문에 주어와 목적어를 필요로 하는 두 자리 서술어지만 여기서는 둘 다 숨어있다고 보았다. 그것은 주어는 들을이의 이해에 지장이 없을 때에는 밖으로 나타나지 않는 경우가 있으나, 말할이의 마음속에는 항상 숨어있는 것이다(허웅, 1983 : 262). 이 숨어있는 뜻을 표시하는 부호로 주시경(1910)에서는 모두 "ㅅ"을 사용하였다.11) 이처럼 현대 언어학에서 "속뜻" 또는 "숨은 뜻"에 대한 이론은 이미 주시경(1910)에서 의식된 것으로 이것은 서양문법 이론보다는 무려 40~50년 이상 앞선 이론이므로 국어문법 연구사에서 높이 평가되어야 한다.

(18)의 구조는 (14)~(17)의 구조와는 약간 다른 구조로 짜여진 문장인데, (18)은 심층구조에서 다음과 같은 두 개의 문장이던 것이 표층구조에서는 하나의 문장으로 나타난 것이다.

(18)′ ㄱ. 그 말이 들로 가더라
       ㄴ. 그 말이 뛰어 가더라
          ⇒ 그 말이 들로 뛰어가더라. (버금본드 3)

---

10) 문장(14)~(16)의 <그림>은 다음과 같이 그려 설명하였다.

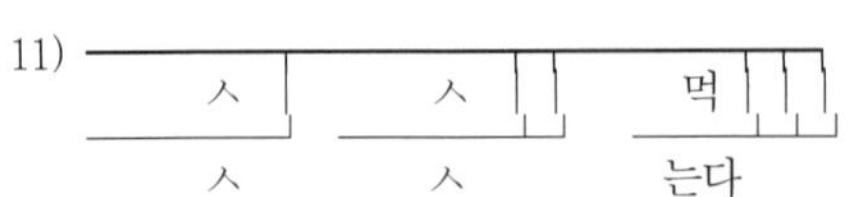

(18)′ㄱ, ㄴ에서 같은 "임이듬" <그 말이>와 같은 "남이듬" <가더라>가 겹쳐져 있으므로 줄어 없애면 <그 말이 들로 뛰어 가더라>가 되는데, 이 것은 <들로>라는 "남이금"과 <뛰어>라는 "남이금"이 <가더라>라는 "남이 듬"을 꾸미는 것으로 의식하였다.

그리고 (알이)에서 "{뛰-}와 {가-}를 한 낱의 일로 보아 알에 처럼 그림 도 좋으니라" 하였는데, 이것은 <뛰어가더라>가 연결어미 {-아/-어}로 이 어진 합성어적인 통어적 짜임새로 그 뜻이 어느 정도 긴밀히 녹아붙은 것 은 하나의 서술어로 볼 수 있다고 의식한 것이다.

이것은 대단히 수준 높은 처리 방법이라 할 수 있는데, (18)에서 <가더 라>라는 "남이듬"을 꾸미는 <들로>와 <뛰어>를 나누어 "뭇남이금"(용언을 꾸미는 부사어의 겹침)으로 처리할 수도 있고, 또 <뛰어가>를 하나의 "남이 듬"으로 처리할 수도 있음을 의식한 것으로 이것도 홑문장이라 할 수 있 다. 이와 같은 생각은 국어문법 연구사에서 대단히 앞선 이론으로 평가되 어야 할 것이다.

4.2. 겹문장의 짜임

4.2.1. 안은겹문장

겹문장은 한 문장 안에서 주어와 서술어의 관계가 두 번 이상 이루어져 있는 문장을 이른다. 그 가운데서 어떤 문장이 다른 문장 속에 하나의 문장 성분 구실을 하며 들어가 안겨 있는 문장을 "안은겹문장"(포유문)이라 한다.

이와 같은 겹문장이 주시경(1910)의 "짬듬갈" 단원에 나타나 있는 <보기 문장>에서 찾아 보이면 다음과 같다.

(19) 저 소가 푸른 풀을 잘 먹소 (본드3 : 41)
(20) 저 붉은 봄꽃이 곱게 되오 (본드8 : 48)

(21) 이마가 붉은 두름이가 소리가 길게 울더라 (본드9 : 49)

(22) 그 사람이 맘이 착하오 (본드10 : 50)

(23) 좋은 사람은 뜻이 없이 잇을 때가 없나니라 (버금본드9 : 59)

(24) 달빗이 히기가 눈 같으오 (붙음본드 : 60)12)

(19)는 "임이붙이＋씀이붙이＋남이붙이"의 구조로 짜여진 문장인데, 각 문장성분의 앞에는 주성분을 한정하거나 꾸미는 부속성분이 놓여 있는 문장을 보인 것이다. 이러한 부속성분을 주시경(1910 : 42)에서는 <그림>으로 풀이할 때에 모두 굵은 선 위에 놓이도록 그렸다.13)

그런데 (19)는 심층구조에서 다음과 같은 두 개의 문장이던 것이 표층구조에서는 하나의 문장으로 나타난 것이다.

(19)′ ㄱ. 저 소가 잘 먹소
     ㄴ. 풀이 푸르다. (→푸른 풀)
       ⇒ 저 소가 푸른 풀을 잘 먹소.(본드3)

(19)의 <푸른 풀>은 (19)′ㄴ의 <풀이 푸르다>에서 "빠져나간 매김마디"인14) <푸른 풀>로 바뀐 것에 목적격조사인 {-을}이 결합되어 "씀이붙이"로 쓰인 것이다. 그러므로 (19)는 <풀이 푸르다>라는 문장을 안고 있으므로 안은겹문장이다.

(20)은 "임이"로 쓰인 <꽃>을 <저>, <붉은>, <봄(의)>15)이 한정하고

---

12) 『국어문법』(1910)에서는 (버금본드10)으로 되어 있으나, 『조선어문법』(1911)에는 (붙음본드)로 되어 있고, 『조선어문법』(1913)에는 (붙음보기드)로 되어 있다. (버금본드10)의 중복을 피하기 위하여 1911년을 따랐다.

13)

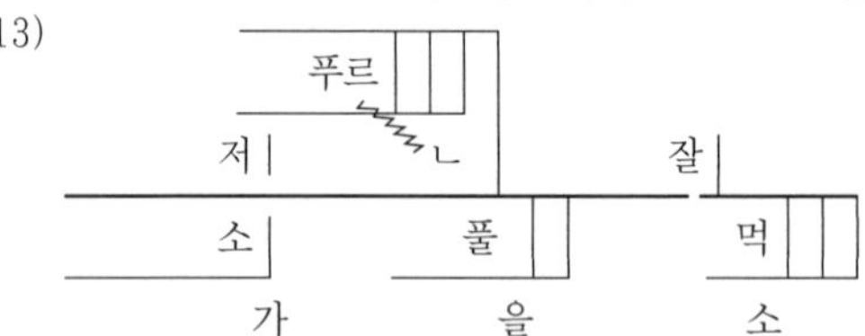

14) 허웅(1983), 국어학, 샘문화사, 273쪽 참조.

있는 것을 보인 문장이다. 이때 <꽃>을 주시경(1910 : 49)에서는 "뭇금이임"16)이라 하고, <저>, <붉은>, <봄>은 "언기"로 금함이 잇음을 이름이라 하였다. 그러므로 (20)은 심층구조에서 다음과 같은 세 개의 문장들이던 것이 표층구조에서는 하나의 문장으로 나타난 안은겹문장이다.

    (20)′ ㄱ. 저 봄꽃이 붉다. (→ 저붉은 봄꽃)
          ㄴ. 저 봄꽃이 곱다.
          ㄷ. 저 봄꽃이 피다.
             ⇒ 저 붉은 봄꽃이 곱게 피오(본드8)

　(20)′ㄱ은 "임이듬"이 뒤로 자리를 옮기면서 <붉다>가 <붉은>으로 꼴이 바뀐 것인데, 이것은 속뜻으로 있는 문장의 한 성분이 뒤로 자리를 옮기면서 "남이듬"이 "임이금"으로 바뀐 "빠져나간 매김마디"가 된 것이다. (20)′ㄴ은 <(저 봄꽃이) 곱게>가 되어 부사절이 된 것이고, (20)′ㄷ은 <저 봄꽃이 피오>로 "임이붙이＋남이듬"의 구조로 짜여진 문장이다.

　그러므로 (20)은 (20)′ㄷ의 "임이붙이＋남이듬"의 구조로 이루어진 문장에 (20)′ㄱ이 "빠져나간 매김마디(관계관형절)"로 안기고, (20)′ㄴ이 부사절로 안겨있는 안은겹문장이다.

　또 (잡이)에서 "<붉은>과 <곱게>는 (본드3)의 <푸른>에 견주어 볼 것이라(49쪽)" 하고, (그림)에서도 가로 세 줄을 그어 "남이"가 될 수 있음을 보였는데, 이것은 {붉-}과 {곱-}이 각각 본래는 "남이"였던 것이, 꼴을 바꾸어 "임이금"으로 쓰였음을 보인 것이다. 이것은 용언이 한편으로 서술어의 기능을 하면서 다른 한편으로는 다른 품사처럼 기능하는 두 기능법(허

---

15) 주시경(1910 : 49)의 (알이)에서 두 임이 우알에로 잇을 때에는 몬저 임기는 나종임기의 언기 노릇을 하나니 이 말에 <봄>은 임기로되 그 <꽃>이 어느 때에 <꽃>이라고 말하는 언기가 되느니라. 이러함으로 {-의}를 속뜻으로 두어 <봄의 꽃>이라고 풀어 그림도 좋으니라 한 것은 체언 홀로 관형어로 쓰일 수 있음을 보인 것이다.
16) 체언을 한정하는 관형어의 겹침을 이르는 말(衆限定者名詞).

웅, 1975 : 627)을 의식한 것으로 이 두 기능법의 기반은 이미 여기서 싹튼 것임을 알 수 있다.

그리고 (알이)에서 "<꽃>을 '뭇금이임'이라 하니, <저>와 <붉은>과 <봄>의 '언기'로 금함이 잇음을 이름이니라(49쪽)" 한 것은 "임이금"으로 쓰인 <저>와 <붉은>과 <봄>이 모두 <꽃>을 한정하고 있음을 뜻하는 것이다. 아울러 이 세 "임이금"은 놓이는 차례가 없으므로 자리를 바꾸어도 뜻에는 변함이 없음을 밝히고 있는 것은 이들이 각각 독립적으로 <꽃>을 꾸미고 있음을 의식한 것으로 대단히 수준 높은 분석이다.

(21)은 심층구조에서 다음과 같은 세 개의 문장이던 것이 표층구조에서는 하나의 문장으로 나타난 것이다.

> (21)′ ㄱ. 이마가 붉은(← 이마가 붉다)
> 　　　ㄴ. 소리가 길게(← 소리가 길다)
> 　　　ㄷ. 두름이가 울더라.
> 　　　⇒ 이마가 붉은 두름이가 소리가 길게 울더라.(본드9)

(21)은 (21)′ㄷ의 <두름이가 울더라>라는 어미문장(matrix sentence)에 (21)′ㄱ의 <이마가 붉다>라는 문장에서 짜임새를 바꾸지 않고 그 의향법의 어미만을 관형법 어미로 만든 "완전한 매김마디"(허웅, 1983 : 273)가 된 <이마가 붉은>과 (21)′ㄴ의 <소리가 길다>라는 문장에서 용언 <길다>의 활용에 의하여 부사절이 된 <소리가 길게>가 안겨있는 안은겹문장이다.

이것을 주시경(1910 : 50)에서는 <이마가 붉은>은 "금이드"(꾸밈문장) 또는 "언드"(관형절)라 하였는데, 이것은 "임이듬"인 <두름이>를 한정하는 것으로 의식한 것이므로 관형절이며, <소리가 길게>는 "금이드" 또는 "억드"(부사절)라 하였는데, 이것은 "남이" {울-}을 꾸미는 것으로 의식한 것이므로 부사절이다. 결국 (21)의 문장은 (21)′ㄷ 속에 (21)′ㄱ과 (21)′ㄴ이 안겨있는 안은겹문장이다.

(22)는 "임이붙이＋임이듬＋남이듬"의 구조로 짜여진 한 문장이 절이 되어 다른 문장의 한 성분으로 쓰인 것을 보인 것이다. 그러나 심층구조에는 다음과 같은 두 개의 문장이던 것이 표층구조에서는 하나의 문장으로 나타난 것이다.

(22)′ ㄱ. 그 사람이 착하오
　　　 ㄴ. 맘이 착하오
　　　　 ⇒그 사람이 맘이 착하오(본드 10)

즉 (22)의 "남이듬"의 자리를 ＜맘이 착하오＞라는 "임이듬＋남이듬"의 구조인 서술절(풀이마디)이 "남이듬"으로 쓰인 것이므로 (22)는 서술절을 안고 있는 안은겹문장이다.

(23)은 심층구조에서는 다음과 같은 네 개의 문장이던 것이 표층구조에서는 하나의 문장으로 나타난 것이다.

(23)′ ㄱ. 사람은 때가 없나니라.
　　　 ㄴ. 사람이 좋다(→좋은 사람)
　　　 ㄷ. 뜻이 없다(→뜻이 없이)
　　　 ㄹ. 그 사람이 잇다(→그 사람이 잇을)
　　　　 ⇒좋은 사람은 뜻이 없이 잇을 때가 없나니라(버금본드9)

(23)′ㄱ의 문장 속에는 ＜때가 없나니라＞라는 서술절이 "남이듬"으로 안겨있는 안은겹문장이고, (23)′ㄴ은 ＜사람이 좋다＞라는 문장이 ＜좋은 사람＞이라는 "빠져나간 매김마디"가 된 것이고, (23)′ㄷ은 ＜뜻이 없다＞라는 문장이 ＜뜻이 없이＞라는 부사절이 되어 줄어진 "임이듬"인 ＜그 사람＞을 꾸미는 구실을 하는 것이고, (23)′ㄹ은 ＜(그 사람이) 잇다＞에서 ＜(그 사람이) 잇을＞이라는 "완전한 매김마디"가 되어 "임이듬"인 ＜때가＞를 한정하는 구실을 한다. 그러므로 (23)은 두 개의 관형절과 두 개의 서술절과

한 개의 부사절을 안고 있는 안은겹문장이다.

(24)는 심층구조에서는 다음과 같은 두 개의 문장이던 것이 표층구조에서는 하나의 문장으로 나타난 것이다.

> (24)′ ㄱ. 달빗이 히다(→달빗이 히기)
> ㄴ. (달빗이) 눈 같으오
> ⇒달빗이 히기가 눈 같으오(붙음본드)

(24)′ㄱ은 "임이듬＋남이듬"의 구조로 짜여진 문장인데, "남이듬"인 <히다>가 <히기>로 바뀌어 <달빗이 히기>라는 명사절로 만들고, 이 명사절은 조사 {-가}가 결합되어 주어 노릇을 하게 하고, (24)′ㄴ은 "임이듬"인 <달빗이>이 줄어지고 <눈 같으오>가 "남이듬"으로 쓰인 것인데, (24)′ㄱ은 (24)′ㄴ에 대한 "임이듬"이 되어 있다. 그러므로 (24)는 명사절을 안은 안은겹문장이다.

주시경(1910 : 61)에서 "<달빗이 히기>를 다 '임이' 자리에 둠은 이 말이 다 한덩이 '임기'로 {같-}의 '임이'로 쓰어짐을 보임이라" 한 것은 바로 <달빗이 히기>가 명사절이 되어 "임이듬"으로 쓰였음을 보이는 것이다. 그리고 (그림)에서 <달ㅅ빗>의 "ㅅ은 속뜻으로 잇는 {-의}를 보임이요(61쪽)"라 한 것은 '명사＋명사→명사'가 된 합성어의 경우에 앞의 명사가 관형어 노릇함을 의식하여 <달빗>을 <달의 빗>으로 의식하고 그린 (그림)이다.

4.2.2. 이은겹문장

이은겹문장은 몇 개의 문장이 다른 문장과 나란히 이어지는 것으로, 앞에 놓이는 문장의 서술어가 연결어미로 어미바꿈을 한 꼴에 다른 문장이 이어진 겹문장을 "이은겹문장"(접속문)이라 한다. 이 이은겹문장은 다시 벌임이은겹문장(대등 접속문)과 종속이은겹문장(종속접속문)으로 나뉜다.

4.2.2.1. 벌임이은겹문장

이은겹문장 가운데 연결어미 {-고, -지만, -으나, -면서} 등에 의하여 이어지고 두 절 사이의 관계가 뜻으로 보아 벌임으로 이어진 문장을 "벌임 이은겹문장"(대등접속문)이라 한다. 이와 같은 문장을 주시경(1910)의 "짬듬 갈" 단원에 나타나 있는 <보기 문장> 가운데서 찾아 보이면 다음과 같은 문장들이 있다.

    (25) 이 소는 누르고 저 말은 검다. (본드4 : 43)
    (26) 저 사람이 노래하면서 가오. (본드5 : 44)
    (27) 소와 말이 풀을 먹소. (본드6 : 46)
    (28) 내가 소와 말과 닭과 오리와 거위를 기르오. (본드7 : 47)
    (29) 한 사람이 낙시를 들고 내에 와서 고기를 잡으오. (버금본드7 : 57)

(25)~(29)는 모두 벌임이은겹문장에 해당하는 문장들인데, (25)는 두 개의 절이 "잇기"(잇이) {-고}로 이어진 문장으로, 심층구조에서는 다음과 같은 두 개의 문장이던 것이 표층구조에서는 대등한 관계로 이어져 하나 의 문장으로 나타난 벌임 이은겹문장이다.

    (25)′ ㄱ. 이 소는 누르다.
          ㄴ. 저 말은 검다.
             ⇒이 소는 누르고 저 말은 검다. (본드4)

(25)′ㄱ, ㄴ을 "임이듬"은 "임이듬"끼리, "남이듬"은 "남이듬"끼리 모아서 이은겹문장으로 만들면 <이 소는 저 말은 누르고 검다>가 된다. 이것을 다시 두 "임이듬"을 접속조사로 이으면 <이 소와 저 말은 누르고 검다>가 된다.

그러나 이 두 문장이 나열법의 대등관계로 이어지면 <이 소는 누르고, 저 말은 검다>가 된다. 그리고 (알이)에서 <이 소가 누르>를 "웃마디",

<저 말은 검다>는 "아래 마디"라 하고, 이 두 마디는 {-고}가 잇고 있는데 웃마디의 "남이"는 "남이빗"이 없고, {-고}가 아울어 가짐으로 "다 못 일운 마듸"라 하고, 아래 마디의 "남이"는 "남이빗"이 있기 때문에 "다된 마듸"라 하였다. 이것은 종결어미가 있느냐 없느냐에 따라 구별한 것으로 보인다.

또 이 마디는 먼저와 나중의 구별이 없다는 것을 의식하여 <저 말은 검고 이 소는 누르다>라 하여도 한가지라 하였으므로, 이 문장은 사건의 차례에 따라 이루어진 문장이 아님을 밝히고 있는데 이 문장은 이은 겹문장 가운데 벌임겹문장에17) 해당하는 것이다.

(26)은 심층구조에서는 두 개의 문장이던 것이 "잇기" {-면서}에 의하여 이어져 표층구조에서는 하나의 문장으로 나타난 이은겹문장이다.

(26)′ ㄱ. 저 사람이 노래하오
   ㄴ. 저 사람이 가오
    ⇒ 저 사람이 노래하면서 가오(본드5)

(26)′ㄱ, ㄴ이 나열법으로 이어져 한 문장이 되면 <저 사람이 노래하면서 저 사람이 가오>가 된다. 이것을 주시경(1910 : 45)의 (잡이)에서 둘째 (그림)은 첫째 (그림)에서 숨어있는 주어를 ( )속에 나타내어 다시 그린 (그림)임을 밝히고 있다.

그런데 두 문장이 이어질 때에 같은 문장성분이 겹쳐지면 그 가운데 하나는 줄어 없어지는 일이 있는데, 이것을 연결과 줄여 없앰이라 한다(허웅. 1983 : 266). 그러므로 이 문장도 "임이붙이"인 <저 사람이>가 겹쳐져 있으므로 둘째 "임이붙이"를 줄여 없애고 표층구조로 나타낸 것이 <저 사람이 노래하면서 가오>이다. 그리고 (그림)에서 <노래하> 곁의 "남이빗" 자리

---

17) 주시경(1910)에서 벌임겹문장의 기본 그림은 다음과 같이 그렸다.

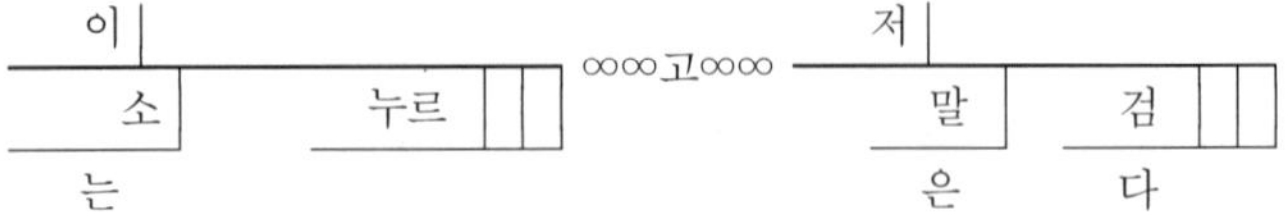

에서 "잇기" {-면서}로 이어진 점줄은 "잇기" {-면서}가 "남이빗"을 아우름을 표시한 것이다(구연미, 1992 : 52)라 하였는데, 이것은 (25)의 {-고}와 같은 구실을 한 것으로 처리한 것이다. 또 주시경(1910 : 45)의 셋째 (그림)은 "잇기" {-면서}에 의하여 두 "남이"가 한덩이의 "남이" 몸을 이루게 함을 보임이라 한 것은 두 개의 서술어가 연결되어 하나의 서술어가 됨을 보인 것이다. 이것을 넷째 (그림)의 (잡이)에서는 "뭇남이드"(서술어의 겹침)라 하고 둘 이상의 "남이"가 한 덩이의 "남이" 노릇함을 이르는 것이라 밝히고 있다. 이것도 앞마디와 뒷마디의 차례가 바뀌어도 한 가지가 되는 것은 <가는 것>과 <노래하는 것>이 한 때에 되는 일인 까닭이라 하였다(주시경, 1910 : 46).

그러므로 이것은 {-면서}에 의하여 동시에 일어나는 일이 연결된 것임을 알 수 있으며, 차례가 바뀌어도 한 가지가 되는 것은 어떤 일이 사건의 차례에 따라 이루어진 문장이 아님을 알 수 있다. 즉 일의 차례와는 관계 없이 동시에 이루어진 일을 나타내는 벌임이은겹문장이다.

(27)도 심층구조에서는 두 개의 문장이던 것이 이어져 표층구조에서는 하나의 문장으로 나타난 이은문장이다.

> (27)′ ㄱ. 소가 풀을 먹소
> ㄴ. 말이 풀을 먹소
> ⇒소와 말이 풀을 먹소 (본드6)

(27)′ㄱ, ㄴ이 대등한 관계로 이어지면 <소가 풀을 먹고 말이 풀을 먹소>가 되는데, 이것은 "남이듬"으로 쓰인 <풀을 먹소>가 겹쳐져 있으므로 하나를 줄이면 <소가, 말이 풀을 먹소>가 된다. 이 경우에 두 "임이듬"을 접속조사 {-와}로 이어서 <소와 말이 풀을 먹소>로 바꾼 것인데, 이것은 연결과 줄여 없앰에 의하여 만들어진 이은겹문장이다.

이와 같이 한 "남이듬"에 대해서 두 "임이듬"이 접속조사 {-와}에 의하여 이어진 것을 주시경(1910 : 46)의 (알이)에서는 "뭇임이드"(주어의 겹침)라 하고, "둘로 둘 더 되는 '임이'가 덩이지어 한몸의 '임이' 노릇함을 이름이라" 뜻매김을 하였다. 이 경우에도 <소>와 <말>이 이 말에 일로는 먼저와 나중이 없다고 하였으므로 이것도 어떤 일이 일어나는 차례에 따라 이루어진 문장이 아니므로 주어의 차례를 바꾸어도 문장의 의미에는 아무런 차이가 없음을 의식한 벌임 이은겹문장이다.

(28)의 문장은 심층구조에서는 (28)′와 같은 다섯 개의 문장이던 것이 이어져 표층구조에서는 하나의 문장으로 나타난 이은 겹문장이다.

(28)′ ㄱ. 내가 소를 기르오.
ㄴ. 내가 말을 기르오.
ㄷ. 내가 닭을 기르오.
ㄹ. 내가 오리를 기르오.
ㅁ. 내가 거위를 기르오.
⇒내가 소와 말과 닭과 오리와 거위를 기르오 (본드7)

(28)′ㄱ~(28)′ㅁ의 문장이 대등한 관계로 이어져 한 문장이 되면 <내가 소를 기르고, 내가 말을 기르고, 내가 닭을 기르고, 내가 오리를 기르고, 내가 거위를 기르오>가 된다. 여기에는 "임이듬"인 <내가>가 겹쳐져 있으므로 (28)′ㄴ~(28)′ㅁ의 <내가>를 줄여 없애면 <내가 소를 기르고, 말을 기르고, 닭을 기르고, 오리를 기르고, 거위를 기르오>가 된다. 또 "남이듬"인 <기르오>도 겹쳐져 있으므로 이것도 줄이고, "쏨이듬"은 접속조사 {-와/-과}로 이으면 <내가 소와 말과 닭과 오리와 거위를 기르오>라는 문장이 만들어진 것인데, 이것도 연결과 줄여 없애기의 과정을 거쳐 만들어진 이은겹문장이다.

이처럼 "쏨이듬"이 겹쳐져 쓰인 문장을 주시경(1910 : 48)에서는 "뭇쏨이드"(목적어의 겹침)라 하였는데, 이것은 둘 이상의 목적어가 접속조사에 의하여 이어진 문장을 이르는 것이다.

그리고 (28)의 문장도 어떤 행위의 대상이 시간적으로 어떤 차례를 가지지 않고 나란히 이어진 것이므로 차례를 바꾸어도 문장의 뜻에는 아무런 변동이 없는 것으로 의식하여 "그 몬저와 나종은 엇더하든지 관계함이 없나니라(48쪽)" 하였다. 그러므로 (28)은 심층구조에 있는 다섯 개의 문장에서 같은 "임이듬"과 같은 "남이듬"은 각각 하나씩만 남기고 모두 줄여 없애고 "씀이듬"만을 접속조사로 이은 벌임이은겹문장이다.

(29)의 문장도 심층구조에는 다음과 같은 세 개의 문장이었는데, 이것이 이어져 표층구조에서 하나의 문장으로 나타난 이은 겹문장이다.

> (29)′ ㄱ. 한 사람이 낙시를 들다
> ㄴ. 한 사람이 내에 오다
> ㄷ. 한 사람이 고기를 잡으오
> ⇒ 한 사람이 낙시를 들고 내에 와서 고기를 잡으오 (버금본드7)

(29)′ㄱ~(29)′ㄷ의 세 문장이 이어질 때 "임이붙이"인 <한 사람이>가 겹쳐져 있으므로 (29)′ㄴ, ㄷ의 "임이붙이"는 줄여 없애고, 나열법에 의하여 이은 것이 (29)의 문장이다. 이것은 대등관계로 이어진 이은문장인데, 이때 줄여 없앤 "임이붙이"는 (그림)에서 ( )속에 넣었다.

그리고 이 문장은 연결어미 {-고}와 {-아서}에 의하여 이어진 문장인데, (잡이)에서 "이 말은 우알에 마듸가 일의 몬저와 나종이 잇으므로 이렇게 우알에로 그림이 옳으니라(58쪽)" 하였으므로, 이 문장은 앞-뒤 마디가 나타내는 일의 차례가 있는 경우를 의식한 것이므로 앞-뒤 마디의 차례를 바꿀 수 없다. 만약 앞-뒤마디의 차례를 바꾸면 그 움직임의 차례가 달라져서 말의 뜻이 달라지게 된다. 그러므로 (29)의 문장은 '차례벌임'에 의한 벌임 이은 겹문장이다.

4.2.2.2. 종속이은겹문장(종속관계)

이은겹문장 가운데 연결어미 {-니, -아서, -매, -면} 등에 의하여 이어지고 두 절 사이의 관계가 뜻으로 보아 앞절이 원인, 이유, 조건 등으로 뒷절에 이어진 문장을 "종속이은겹문장"(종속적접속문)이라 한다.

이러한 이은겹문장을 주시경(1910)의 "짬듬갈" 단원에 나타나는 <보기 문장>에서 찾아 보이면 다음과 같은 문장들이 있다.

    (30) 바람이 불매 배가 가오 (버금본드5 : 55)
    (31) 비가 자조오니 풀이 잘 자라오 (버금본드6 : 56)

(30)은 두 개의 절이 "잇기"(잇이) {-매}에 의하여 이어진 문장인데, 그 심층구조에 있는 다음과 같은 두 개의 문장이 표층구조에서는 하나의 문장으로 나타나면서 종속관계로 이어진 이은겹문장이다.

    (30)′ ㄱ. 바람이 불다
         ㄴ. 배가 가오
           ⇒ 바람이 불매 배가 가오 (버금본드5)

(30)의 (그림 2)[18]는 (30)′ㄱ, ㄴ의 두 문장을 (30)′ㄱ의 원인, 이유, 조건이 사실인 것으로 인정되는 '사실'(참일)로 이은 것이다. 이것을 주시경(1910 : 56)에서는 "우에 마듸는 {-매}로 말미암아 알에 마듸의 까닭을 이르는 것이라 할 수도 있나니라" 하였으므로 이것은 종속적인 연결로 의식한 것이다.

그리고 (알이)에서 "<배가 바람이 불매 가오>라 하여도 한가지의 일이라" 한 것은 (30)′ㄱ, ㄴ을 연결에 의하여 이은 것을 다시 자리옮김에 의하여 앞절(ㄱ)을 뒷절(ㄴ)의 가운데로 옮긴 것이다. 그러므로 이것은 연결

---

18) 주시경(1910 : 55)에 나타난 (그림 2)를 보이면 다음과 같다.

바람	불			∞∞매∞∞	배	가		
이					가	오		

이 일어난 뒤에 자리옮김에 의하여 자리가 바뀌어도 문장이 나타내고자 하는 뜻에는 아무런 차이가 없음을 의식한 것으로 대단히 정확한 문장의 분석과 해석이라 할 수 있다.

(31)의 문장도 두 개의 절이 "잇기"(잇이) {-니}에 의하여 이어진 문장인데, 심층구조에 있는 다음과 같은 두 개의 문장이 표층구조에서는 하나의 문장으로 나타나면서 종속관계로 이어진 종속이은겹문장이다.

> (31)′ ㄱ. 비가 자조 오다
>   ㄴ. 풀이 잘 자라오
>   ⇒비가 자조 오니 풀이 잘 자라오 (버금본드6)

(31)′ㄱ, ㄴ의 두 문장도 (31)′ㄱ의 원인, 이유, 조건이 사실인 것으로 인정하는 마땅함법의 '사실'(참일)로 이은 것이 (31)의 문장이다. 이 (31)을 주시경(1910 : 56)에서는 두 개의 (그림)으로 그려 풀이하고 있는데, (그림1)에서는 "<잘>이 <자라>의 정도를 금하고, <비가 자조 오>는 <자라>의 까닭을 금하는 금이드 곳 억드"라 하였는데, 이것은 <비가 자조 오>를 부사절로 처리한 것이다. (그림2)에서는 <비가 자조 오니>가 <잘>을 금하는 것으로 의식하여 그린 (그림)인데, (잡이)에서 부사는 부사를 꾸밀 수 있기 때문에 (그림2)도 바른 풀이가 됨을 의식한 것이다.

그러므로 앞의 (30)과 같이 (31)도 종속관계로 이어진 종속이은겹문장에 해당하는 문장이다. 그러나 (31)에서는 (30)에서와 같이 <풀이 비가 자조 오니 잘 자라오>도 한가지의 뜻이라는 설명은 찾아볼 수 없다. 아마 (30)에 미루어 짐작할 수 있으리라 믿었기 때문일 것이다.

4.2.3. 안고 이은겹문장

겹문장 가운데서 어떤 문장이 다른 문장 속에 하나의 문장성분 구실을 하며 들어가 안겨있는 문장과 몇 개의 문장이 다른 문장과 나란히 이어진 문장이 섞여서 하나의 겹문장을 이루는 것을 "안고 이은겹문장"이라 한다. 이와 같은 구조로 짜여진 문장을 주시경(1910)의 "짬듬갈" 단원에 나타나는 <보기 문장>에서 찾아 보이면 다음과 같은 문장들이 있다.

(32) 그 소가 푸른 풀을 먹으면서 천천히 가오 (버금본드4 : 54)
(33) 내가 빠르게 가는 말을 타고 큰 재를 넘어 왔소 (버금본드8 : 58)
(34) 공긔가 움즉이면 바람이라고 하나니라 (버금본드19 : 62)

(32)는 심층구조에서는 다음과 같은 두 개의 문장이었는데, 이것이 표층구조에서는 하나의 문장으로 나타난 것이다.

(32)′ ㄱ. 그 소가 푸른 풀을 먹는다.
　　 ㄴ. 그 소가 천천히 가오
　　　⇒그 소가 푸른 풀을 먹으면서 천천히 가오 (버금본드4)

(32)′ㄱ, ㄴ이 "잇기"(잇이)인 {-면서}에 의하여 벌임(대등)관계로 이어져 하나의 문장이 되면, <그 소가 푸른 풀을 먹으면서 (그 소가) 천천히 가오>가 된다. 이때 "임이붙이" <그 소가> 겹쳐져 있으므로 둘째 "임이붙이"는 줄여 없앨 수 있다. 또 <푸른 풀>의 <푸른>은 속으로는 <풀>을 "임이"로 가지고 있다. 곧 이 말은 <풀이 푸르다>에서 "임이듬"이 뒤로 자리를 옮기면서 <푸르다>가 <푸른>으로 꼴이 바뀐 것이다. 그러므로 (32)에서는 관형절에 목적격조사 {-을}이 결합되어 "씀이듬"으로 쓰인 것이다.

그러므로 (32)는 (32)′ㄱ, ㄴ이 연결과 안음으로 짜여진 겹문장임을 알 수 있다. 이러한 짜임을 주시경(1910 : 54)에서는 "뭇남이드"(서술어의 겹침)로 의식하여 두 개의 서술어 <먹다, 가다>에서 <먹다>는 타동사로 "씀이듬"인 <풀을>을 가지고 있으나, <가다>는 자동사로 "씀이듬"을 가지지 않음을 의식하여 풀이한 것이다.

(33)도 심층구조에는 다음과 같은 세 개의 문장이던 것이 안고 연결에

의하여 표층구조에서는 하나의 문장으로 나타난 것이다.

> (33)′ ㄱ. 내가 빠르게 가는 말을 타다
>   ㄴ. 내가 큰 재를 넘다
>   ㄷ. 내가 왔소
>   ⇒내가 빠르게 가는 말을 타고 큰 재를 넘어왔소. (버금본드8)

(33)′ㄱ~(33)′ㄷ의 문장을 이으면 "임이듬"인 <내가>가 겹쳐져 있기 때문에 (33)′ㄴ, ㄷ의 "임이듬"을 줄여 없애고, 연결어미 {-고}와 {-어}에 의하여 이으면 (33)과 같은 문장이 만들어진다.

그러나 (33)′ㄱ, ㄴ의 심층구조에는 다음과 같은 문장이 각각 두 개씩 들어 있는 문장이다.

> (33)′ ㄱ은 ① 내가 말을 타다
>   ② 말이 빠르게 가다
> (33)′ ㄴ은 ① 내가 넘다
>   ② 재가 크다

(33)′ㄱ의 <빠르게 가는 말>은 (33)′ㄱ의 ②와 같이 <말이 빠르게 가다>에서 "빠져나간 매김마디"가 된 <빠르게 가는 말>에 목적격조사 {-을}이 결합되어 "씀이듬"으로 안겨있는 것이고, (33)′ㄴ의 <큰 재>는 (33)′ㄴ의 ②와 같은 문장 <재가 크다>에서 "빠져나간 매김마디"가 된 <큰 재>가 되어 역시 목적격조사 {-를}이 결합되어 "씀이듬"으로 안겨있는 것이다.

그러므로 (33)은 연결과 안음에 의하여 이루어진 안고 이은 겹문장이다.

(34)는 주시경의 (그림풀이)로 보아 심층구조에는 다음과 같은 두 개의 문장이었으나 안고 연결에 의하여 표층구조에서는 하나의 문장으로 나타난 것이다.

(34)′ ㄱ. 공긔가 움즉이다 ┐
                                        │ 고 하나니라.
        ㄴ. (공긔가) 바람이라 ┘
        ⇒공기긔가 움즉이면 바람이라고 하나니라(버금본드10)

(34)′ㄱ, ㄴ의 두 문장을 연결어미 {-이면}에 의하여 '가정'(마땅함법)의 뜻으로 이으면 <공긔가 움즉이면 (공긔가) 바람이라>가 되는데, 여기서 "임이듬"인 <공긔가>는 겹쳐져 있으므로 둘째 "임이듬"은 줄여 없애고, 인용절은 연결에 의하여 두 문장이 이어진 것이다. 그러므로 (34)는 이어진 겹문장이 인용절로 안겨있는 안은겹문장이므로 연결과 안음으로 이루어진 안고 이은겹문장이다.

그런데 주시경(1910 : 62)에서는 "<바람>은 임기요 <이라>는 끗기니 남이듬이라. 그러하나 이 말에는 한 임기처럼 쓰이었으므로 한 임기로 치고 씀으로 그림이라" 하여 <바람이라>가 서술어지만 목적어로 쓰였음을 의식한 것이다. 또 "임이 자리에 <ㅅ>은 속뜻으로 잇는 <사람>을 보임이라" 한 것은 큰 문장 전체의 "임이듬"이 <사람>이라는 뜻으로 보인 것이라 할 수 있다.

그러므로 (34)에서 <(사람이) "공긔가 움즉이면 바람이라"고 하나니라>가 되는 것이다. 이러한 의식은 국어문법의 속뜻 의식을 일찍이 의식한 것으로 국어문법 연구사에서 높이 평가되어야 할 것들이다.

5. 마무리

지금까지 살핀 주시경의 『국어문법』(1910)에 나타나는 통어론에 관한 내용을 간추려 보면 다음과 같다.

1) 통어론에 맞서는 용어로 "짬듬갈"을 설정하고, 그 뜻매김을 한 다음 언어형식에 해당하는 여러 가지 용어들을 만들고 풀이하였다.

사람의 뜻을 통하게 하는 가장 큰 단위의 언어형식을 "말"로 의식하고, "말"을 "기"(>씨)와 "다"로 나누고, "다"는 다시 "모, 드, 미"로 하위분류를 한 다음 이들의 상·하 관계를 분명히 알 수 있도록 (그림)을 그려 보였다. 여기서 "기"는 품사(씨) 또는 낱말에 해당하는 것으로 품사론 단위의 용어이고, "다"는 구, 절, 문장을 모두 포함하는 용어이며, "모"는 구, "드"는 문장, "미"는 대목(단락)에 각각 접근되는 용어이다. 이와 같은 언어형식들은 뒷날 국어문법에서 "말의 덩이"를 규정하는 데 큰 영향을 미쳤다.

2) 문장성분을 "이"〔語〕라 하고 주성분과 부속성분과 구비성분을 의식하였다.

주성분에는 "임이"에 "임이빗"이 결합된 "임이듬"(주어)과 "씀이"에 "씀이빗"이 결합한 "씀이듬"(목적어)과 "남이"에 "남이빗"이 결합한 "남이듬"(서술어)을 설정하고, 아무리 짧은 문장이라도 두 "듬"(임이듬, 남이듬)이 있고, 아무리 큰 문장이라도 세 "듬"(임이듬, 씀이듬, 남이듬)밖에 없다고 하여 이들이 문장의 주요성분임을 분명히 인식하고 있었다.

주성분을 꾸미는 부속성분을 "금이"라 하고 여기에는 "임이듬"을 한정하는 "임이금"(주어관형어)과 "씀이듬"을 한정하는 "씀이금"(목적관형어)과 "남이듬"을 꾸미는 "남이금"(부사어)을 설정하였고, 또 주성분과 부속성분이 결합된 구비성분을 "붙이"라 하고, "임이금"과 "임이듬"이 결합된 것을 "임이붙이"(주어부), "씀이금"과 "씀이듬"이 결합된 것을 "씀이붙이"(목적부), "남이금"과 "남이듬"이 결합된 단위를 "남이붙이"(서술부)라 하였으나 "붙이"보다 더 큰 단위와 오늘날의 보어(기움말)와, 독립어(홀로말)는 문장성분으로 설정하지 않았다.

이와 같이 문장성분의 짜임을 작은 단위에서부터 큰 단위로 의식한 것은 문장의 짜임이 계층적으로 짜여져 있음을 의식한 것으로 이것은 오늘날 나뭇가지그림(수형도)을 그리는 기반이 되었다.

3) "짬듬갈" 단원에서 문장의 짜임을 설명하는 과정에는 모두 21개의 <보기 문장>이 나타나는데, 그 짜임을 따라 분류하면 홑문장이 5개 겹문장이 16개이다.

겹문장은 안은겹문장이 6개, 이은겹문장이 7개, 안고 이은겹문장이 3개인데, 이것은 국어문법에서 생성 가능한 문장의 짜임을 거의 다 보여준 것으로 대단히 높이 평가할 만하다.

4) 문장을 풀이함에 있어 모든 문장을 (그림)으로 그리고 풀이하는 방법을 취한 것은 국어문법의 문장 풀이방법의 기준이 되었으며, 이 문장 풀이과정에서 의식한 "속뜻"(숨은 뜻) 풀이와 "관형변형" 의식은 서양문법의 변형생성이론보다 무려 40~50년 이상 앞선 이론이므로 세계 언어학 연구사에서 반드시 높이 평가되어야 할 것이다.

참고문헌

강기진(1985), "주시경의 통사이론(Ⅰ)", 『국어국문학』 93, 국어국문학회.

강기진(1987), "주시경의 통사이론(Ⅱ)", 『한국어학과 알타이어학』, 효성여대 출판부.

고영근·남기심(1993), 개정판 표준 국어문법론, 탑출판사.

구연미(1992), "주시경 『국어문법』의 짬듬갈 연구", 『부산한글』 11, 한글학회 부산지회.

김민수(1977), 주시경 연구, 탑출판사.

김석득(1979), 주시경 문법론, 형설출판사.

김석득(1988), "한힌샘 주시경에 대한 연구—통어론", 『한힌샘연구』 1, 한글학회.

김형주(1997), 우리말 연구사, 세종출판사.

박영환(1983), "주시경의 구문론", 『한남어문학』 9·10, 한남대학 국어국문학회.

박지홍(1978), "주시경의 국어문법", 『한글』 161, 한글학회.

박태권(1986), "주시경의 『짬듬갈』에 대하여", 『백민 전재호 박사 환갑기념 논문집』, 형설 출판사.

전수태(1989), "『국어문법』 '짬듬갈'의 의미 연구", 『주시경학보』 3, 탑출판사.

주시경(1910), 국어문법, 박문서관.

주시경(1911, 1913), 조선어문법, 신구서림.

진말득(1984), "주시경 선생의 통어론에 관한 연구", 『두메 박지홍 선생 회갑기념 논문집』, 문성출판사.

최규수(1997ㄱ), "주시경 통어론의 계승관계", 『우리말 연구』 7, 우리말 연구회.

최규수(1997ㄴ), "주시경 문법의 통어론적 연구", 『한글』 238, 한글학회.

최낙복(1991), 주시경 문법의 연구, 문성출판사.

최낙복(2000ㄱ), "주시경 문법의 문장성분 연구", 『부산 한글』 19, 한글학회 부산지회.

최낙복(2000ㄴ), "주시경 문법의 문장구조 연구", 『동남어문논집』 11, 동남어문학회.

최낙복(2003), 주시경 문법의 연구(2), 도서출판 역락.

최현배(1937), 우리말본, 연희전문학교 출판부.

하치근(1999), 우리말본의 이해, 한국문화사.

허 웅(1971), "주시경 선생의 학문", 『동방학지』 12, 연세대 동방학 연구소.

허 웅(1975), 우리 옛말본, 샘문화사.

허 웅(1983), 국어학, 샘문화사.
허 웅(1999), 20세기 우리말의 통어론, 샘문화사.
홍양추(1980), "주시경의 「국어문법」론", 『어문학교육』 2·3, 부산 국어교육학회.

(발표 : 한글 254호, 한글학회, 2001)

제 2 장
유길준 문법론

제 1 절 유길준 문법의 형태론

제 2 절 유길준 문법의 통어론

유길준 문법의 형태론

1. 머리말

유길준(1856~1914)은 일본 경응의숙(慶應義塾)과 미국 덤머고등학교에서 수학한 다음 유럽을 시찰하고 돌아와서 개화기에 활동한 개화파의 한 사람이었다. 그리고 우리나라 사람으로서는 최초로 국어문법 저서를 낸 사람으로 알려져 있으며(김민수, 1974 : 97), 아울러 주시경(1876~1914)과 같이 개화기에 이미 우리 문법의 기틀을 마련한 사람이다.

유길준(1909 : 1)에 의하면 국어문법을 활판본 『대한문전』으로 간행하기까지 무려 8번이나 고쳐 썼다고 밝히고 있다.[1]

그러나 그가 학계에서 활동하지 않고 정치에 참여했기 때문에[2] 그의

---

1) ① 김민수 외(1997), 역대 한국 문법 대계, 탑출판사, 제1부 제1책 유인 『대한문전』 해설 참조.
　 ② 이광정(1987), 국어 품사분류의 역사적 발전에 관한 연구, 한신문화사, 52쪽 각주 참조.
2) 1992년 동아일보사에서 펴낸 『근대 인물 한국사』에도 유길준은 <정치> 분야에 분류되어 있다.

학맥은 비록 끊어졌지만 개화기 초에 우리 국어문법에 미친 영향은 매우 크다고 하겠다. 그러므로 국어학 연구사에서 그에 대한 자리매김을 할 필요가 있다고 본다.

그런데 지금까지 유길준 문법에 대한 연구 논문으로는 김민수의 "『대한문전』고(1957)"[3]와 박지홍의 "유길준의 『조선문전』(1977)"이 고작이다. 그러나 이것들도 『대한문전』이나 『조선문전』에 대한 서지학적 논증이나 이본을 교정하여 현대말로 옮긴 것이다. 그러므로 이제까지 그의 문법을 대상으로 하여 학문적인 부분을 구체적으로 살핀 논문은 거의 없었다.

이 글은 그의 학문을 체계화 하는 과정의 하나로 그의 문법 저서에서 형태론에 해당하는 부분을 대상으로 하여 살핀 것이다. 그러나 그의 모든 저서의 형태론 분야를 대상으로 살피는 것이 아니라, 전기[4] 저서에 해당하는 필사 『조선문전』(1904?)과 후기 저서에 해당하는 활판본 『대한문전』(1909)에 나타나는 품사의 설정, 각 품사의 성립과 그 하위분류만을 비교하여 발전적으로 살핀 것이다. 그러나 어느 한정된 품사에만 나타나는 문법현상(시기, 분사 등)에 대한 연구는 뒷날로 미루었다.

---

3) 김민수(1957), 『논문집 인문·사회과학』 5. 서울대학교 김민수(1960), 『국어문법론 연구』에 재록.

4) 이 글에 나오는 전·후기 저서의 구분은 이미 유길준의 저서로 밝혀진 최광옥의 『대한문전』(1908)을 기준으로 하여 그 이전에 나온 필사 또는 유인 『조선문전』이나 『대한문전』을 전기의 저서라 하고, 개고본인 활판본 『대한문전』(1909)을 후기의 저서로 처리하는 입장을 취한다. 그 이유는 전기에 나온 여러 『문전』류는 몇몇 철자법을 제외하고는 모두 같은 필사 또는 유인본인 반면에 후기의 저서라고 하는 『대한문전』은 전기의 개고본이기 때문이다. 이하 『조선문전』은 1904년경에 나온 필사본을 가리키는 것이고, 『대한문전』은 1909년에 간행한 활판본을 가리키는 것이다.

2. 품사의 설정과 계승

유길준은 그의 문법 저서들에서 품사에 해당하는 용어로 '언어, 어종(語種), 사(詞)' 등을 사용하였는데, 그 가운데 대체로 '사(詞)'가 널리 쓰여지고 있다. 그리고 품사의 설정 체계를 보면 전기 저서와 후기 저서의 사이에 내용에는 차이가 있더라도 품사의 수는 8품사 체계를 그대로 유지하고 있다. 이는 영어문법 체계를 받아들인 일본문법의 영향을 받은 것으로 평가받고 있다(이광정, 1987 : 53).

그가 일본문법의 영향을 받은 것은 10년 이상을 일본에서 망명 생활을 하게 된 것이 크게 작용한 것으로 짐작된다.[5]

이제 유길준의 전·후기 저서에 나타난 국어문법의 품사분류 체계를 살펴보기로 한다.

2.1. 『조선문전』에서 8품사 설정

유길준(1904? : 2ㄴ~3ㄱ)에서 언어는 사람의 사상을 소리로 나타내는 것이라 하고, 그 언어를 8종으로 나눈 후, 모든 언어는 8종의 외에는 나타나는 것이 없다고 하였다.

여기서 유길준은 품사에 해당하는 용어로 '언어(言語)'를 사용하고 있는데, 8종의 언어 분류는 서양문법의 영향을 받아 만들어진 일본문법을 그대로 적용시킨 것이 분명하다.

강복수(1975 : 79~80)에서는 유길준이 일본문법을 적용한 증거로 다음과

---

5) 이광린(1992 : 131)에 의하면 1896년 2월 11일 국왕 러시아 공사관으로 퍼신한, 이른바 아관파천으로 내각이 붕괴되어 내부대신이었던 유길준은 일본에 망명한 후 12년이 경과된 1907년 8월에야 귀국하였다.

같은 두 가지를 들었다.

첫째, 책 이름에 '문전'을 사용했다는 것이다. 즉 일본문법책 이름은 모두 '나라이름+문전'의 형식으로 되어있는데, 유길준도 그것을 그대로 적용하여 『조선문전』 또는 『대한문전』이라고 책 이름을 붙였다. 아울러 이 무렵에 우리나라 사람으로 문법 저서를 낸 사람들 가운데서 '문전'이란 용어를 사용한 사람은 오직 유길준뿐이다.6)

둘째, 품사분류에 있어서 품사의 개수와 이름이 일본문전과 완전히 일치한다는 것이다.7)

이제 중근숙(中根淑)의 『일본문전』(1876)과 유길준의 『조선문전』과 언더우드(H. G. Underwood)의 『한영문법』(1890)의 품사분류를 대조시켜 표로 보이면 다음과 같다.

『일본문전』	『조선문전』	『한영문법』
① 명 사	① 명 사	① 명 사
② 대명사	② 대명사	② 대명사
③ 동 사	③ 동 사	③ 수 사
④ 형용사	④ 형용사	④ 후치사
⑤ 부 사	⑤ 부 사	⑤ 동 사
⑥ 후 사	⑥ 후 사	⑥ 형용사
⑦ 접속사	⑦ 접속사	⑦ 부 사
⑧ 감탄사	⑧ 감탄사	⑧ 접속사

이 대조표에서 보인 바와 같이 『일본문전』과 『조선문전』은 품사의 수, 품사의 이름, 벌림 차례 등이 완전히 일치하고 있는 것으로 보아 일본문

6), 7) 이 무렵에 우리나라 사람이 낸 문법책의 이름과 품사의 수를 보면 주시경의 『국문문법』(1905?)에서는 7언분, 『대한국어문법』(1906), 『국어문법』(1909), (1910)에서는 9기, 『조선어문법』(1911)에서는 9씨, 김규식의 『대한문법』(1908?)에서는 9품사, 김희상의 『초등국어어전』(1909), 『조선어전』(1911)에서는 7품사로 분류했는데 유길준만 『조선문전』, 『대한문전』이라 하고 8품사로 분류하였다.

법을 그대로 적용하였음을 알 수 있다. 그러나『조선문전』과『한영문법』을 대조해 보면 이 두 문법에 나타난 품사의 수는 8품사로 같지만, 설정된 품사의 종류와 벌림 차례는 다름을 알 수 있다.

즉『한영문법』에서는 '감탄사'를 설정하지 않는 대신 '수사'를 설정하였고, 품사 벌림의 차례에 있어서 '조사'에 해당하는 '후사'를 '후치사'라 하고 용언의 앞에 두고 있다. 이는 우리말의 조사는 각 품사의 뒤에 놓이지만 영어의 전치사는 앞에 놓이는 원리를 적용한 것이다.

이상에서 살핀 바와 같이 유길준의『조선문전』에서의 8품사(명사, 대명사, 동사, 형용사, 부사, 후사, 접속사, 감탄사) 설정은 다른 나라 문법 특히, 일본문법의 적용에서 이루어진 것이다.

2.2.『대한문전』에서 8품사 계승

유길준의 전기 저서인『조선문전』에서 설정한 8품사는 그의 후기 저서인『대한문전』에 이르면, 품사의 개수는 8품사 그대로 계승하였으나, 품사의 이름과 품사의 벌림 차례, 품사의 범위 등에서 약간의 변화를 가져왔다. 이것을 대조시켜 표로 보이면 다음과 같다.

『조선문전』	『대한문전』
① 명 사	① 명 사
② 대명사	② 대명사
③ 동 사	③ 동 사
④ 형용사	④ 조동사
⑤ 부 사	⑤ 형용사
⑥ 후 사	⑥ 접속사
⑦ 접속사	⑦ 첨부사
⑧ 감탄사	⑧ 감동사

위의 대조표에 의하면 『조선문전』의 '동사'를 『대한문전』에서는 '동사'와 '조동사'로 분리하여 각각 독립된 품사로 설정하였다. 이것은 이 무렵에 조선어 문법책을 낸 국내외 문법학자들이 모두 '조동사'를 독립된 품사로 설정하는 데 영향을 받은 것이다. 즉 주시경은 유길준의 '조동사'에 해당하는 품사를 『국문문법』(1905?)과 『말』(1908?)에서는 '죠성(助成)'이라 하여 독립된 품사로 설정하였고, 다시 원고본 『국어문법』(1909)과 『국어문법』(1910), 『조선어문법』(1911, 1913)에서는 '끗'이라 하여 독립된 품사로 설정하였다. 또 일본학자들도 조선어 문법책을 발간하면서 '조동사'를 독립된 품사로 설정하였다. 즉 전간공작(前間恭作)의 『한어통』(1909)과 고교형(高橋亨)의 『한어문전』(1909)에서는 우리말의 품사분류를 '명사, 대명사, 수사, 동사, 형용사, 부사, 접속사, 감동(탄)사, 조사, 조동사'의 10품사로 설정하였는데, 모두 '조동사'를 독립된 품사로 설정하고 있다. 이리하여 유길준도 국내외 문법학자들의 영향을 받아 '조동사'를 독립된 품사로 설정한 것이 분명하다.

다음은 『조선문전』의 '후사'와 '접속사'를 합하여 『대한문전』에서는 '접속사'라 하였는데, 여기서 보인 <보기말>의 대부분은 '조사'에 해당하는 말이고, 일부의 접속어미와 극소수의 '접속사'가 포함되어 있다. 왜 유길준이 '후사'와 '접속사'를 합쳐서 '접속사'라 했는지 정확한 것은 알 수 없지만 '후사'와 '접속사'가 모두 앞뒤 말의 관계를 나타내거나 이어주는 역할을 하는 것은 의식하고 그 기능이 같다고 보았기 때문이다.

또 『조선문전』의 '부사'는 『대한문전』에서 '첨부사'로 그 이름을 고치고 그 차례를 '접속사'의 다음에 두었으며, '감탄사'는 '감동사'로 바꾸었다.

유길준이 『대한문전』에서 오늘날의 용언의 어미에 해당하는 것을 '조동사'라는 독립된 품사로 설정한 것은 잘된 처리로 보기는 어렵고, 또 '접속사'라는 이름도 '접속사' 본래의 기능을 살리지 못하고 이름을 붙였기 때문에 그 이름과 내용이 일치되지 않으므로 잘된 처리로 보기는 어렵다.

그러나 유길준의 『조선문전』의 품사분류가 비록 일본문법의 적용에서 이루어졌다 하더라도『대한문전』에 이르러서는 다른 나라 문법에서 벗어나 우리말의 특질을 살펴서 새로운 품사분류를 꾀하였다고 볼 수 있다. 그렇지만 우리말 품사 특징의 하나인 '관형사'를 설정하지 않은 것은 아직도 영어문법의 영향을 받은 일본문법의 테두리에서 벗어나지 못하고 있음을 알 수 있다.

어떻든 유길준의 전기 문법책인『조선문전』에서의 품사설정은 일본문법을 그대로 적용하였으나 후기 문법책인『대한문전』에 계승한 8품사(명사, 대명사, 동사, 조동사, 형용사, 접속사, 첨부사, 감동사)는 새로운 품사분류 체계를 수립하려는 흔적이 나타남을 알 수 있다. 이러한 분류는 직접 또는 간접으로 우리말 품사분류에 많은 영향을 미쳤기 때문에 국어학 연구사에서 유길준의 품사분류가 분명히 한 자리를 차지한다고 하겠다.

3. 각 품사의 성립과 분류

이 장에서는 유길준이『대한문전』에 설정한 8품사가 어떠한 과정을 거쳐서 성립되고 분류되었는가를『조선문전』과 비교하여 발전적으로 살피기로 한다.

3.1. 명사의 성립과 분류

3.1.1. 명사의 성립

유길준이『대한문전』에 설정한 '명사'는『조선문전』과『대한문전』의 '언어론'에서 각각 그 뜻매김을 하고 <보기말>을 보이고, 다시 하위분류를 하였다. 여기에 나타나는 뜻매김과 <보기말>을 간추려 정리해 보이면 다음과 같다.

(1) 명사~물명(物名)의 사(詞)를 위(謂)홈.
　　<보기> ㄱ. 사람, 나라, 뫼, 물 / 소리, 츄의, 미움.
　　　　　 ㄴ. 한양성, 리슌신, 금강산.
　　　　　 ㄷ. 깃븜, 셩님, 무너짐 / 깃브기, 셩니기, 무너지기.
　　　　　 ㄹ. 플음, 놉흠, 돗타움 / 풀으기, 놉기, 돗탑기.

(『조선문전』: 3ㄱ~4ㄴ)

(2) 명사~유형무형(有形無形)호 일체사물(一切事物)올 칭ㅎ는 어(語)이라.
　　<보기> ㄱ. 나라, 사람 / 더위, 매움.
　　　　　 ㄴ. 죠선, 을지문덕.
　　　　　 ㄷ. 깃븜, 슬픔 / 깃브기, 슬프기 / -지, -치, -피.
　　　　　 ㄹ. 프름, 놉흠 / 프르기, 놉기 / -지, -치, -피.
　　　　　 ㅁ. 하나, 둘.

(『대한문전』: 15~19)

(1), (2)에 보인 두 명사의 뜻매김을 비교해 보면 (1)에서는 막연하게 물건의 이름을 이르는 것으로 풀이할 수 있으나, (2)에서는 보다 구체적으로 상세하게 뜻매김하고 있음을 알 수 있다.

(1)ㄱ, (2)ㄱ은 보통명사이고, (1)ㄴ, (2)ㄴ은 고유명사인데, 이들은 본디명사이다. 그러나 (1)ㄷ, ㄹ은 용언의 어간에 명사형어미 {-(으)ㅁ, -기}가 결합된 것을 명사로 처리한 것인데, 이것들은 임시적 기능변화인 자격변동법에 의하여 만들어진 용언의 명사형을 명사로 처리한 것이다. 이러한 것들을 명사로 처리한 예는 개화기의 다른 문법책은 물론이고, 외국인이 지은 문법책에서도 흔히 볼 수 있는 일이다.[8]

---

8) 언더우드(1890 : 31~33)에서도 "착홈, 분홈, 스랑홈, 무셔움, 용셔ㅎ기, 스랑ㅎ기" 등을 동명사(verbal nouns)라 하여 모두 명사에 포함시켜 처리하였다.

그러나 (2)ㄷ, ㄹ에서는 용언의 어간에 {-지, -치, -피}가 결합된 꼴도 명사로 처리하였는데, 이러한 처리는 모두 {-기}의 여파라 하였다(유길준, 1909 : 19). 또 (2)ㅁ은 『조선문전』에서는 설명이 없던 것인데, 여기서는 수량을 나타내는 낱말까지 명사 속에 포함시켜 처리하였다. 이는 발전적인 처리라 하겠다.

이와 같이 유길준은 『조선문전』에서 보통명사, 고유명사, 용언의 명사형을 명사로 처리하였으나 『대한문전』에 이르러서는 이외에 용언의 어간에 {-지, -치, -피}가 결합된 꼴과 수량을 나타내는 낱말까지 명사에 포함시켜 처리하였다.

유길준이 이와 같은 것들을 모두 명사로 처리한 것은 이들이 모두 조사의 도움을 받아서 문장에서 여러 가지 문장성분으로 쓰일 수 있다는 공통점을 가지고 있다는 것을 알았기 때문에 명사로 처리한 것이다.

이러한 처리는 품사분류의 기반을 구실에 두고 처리한 것인데, 용언의 어간에 {-(으)ㅁ, -기, -지, -치, -피}가 결합된 꼴을 명사로 처리한 것은 다음에 다른 사람에 의해 수정되었다.

이렇듯 유길준이 설정한 '명사'는 사물의 이름을 나타내는 낱말과 수량을 나타내는 낱말, 용언의 어간에 {-(으)ㅁ, -기, -지, -치, -피}가 결합된 꼴을 모두 한 범주의 품사로 처리한 데서 이루어진 것이라 하겠다.

3.1.2. 명사의 분류

『조선문전』(3ㄱ~4ㄴ)에서 명사는 물건 이름의 사(詞)를 이름이니, 2종으로 나누어 보통명사, 특별명사라 하고, 보통명사는 다시 무형명사와 변체명사로 나누고, 변체명사는 또다시 동사가 변하여 명사로 된 자와 형용사가 변하여 명사로 된 자로 나누어 뜻매김을 하고 그 <보기말>을 들었다. 이것을 간추려 표로 만들어 보이면 다음과 같다.

(3)

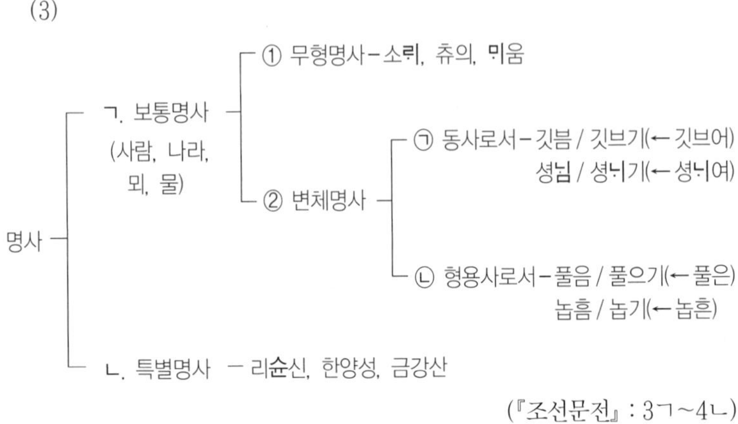

(『조선문전』: 3ㄱ~4ㄴ)

(3)에서 명사를 1차로 보통명사와 특별명사로 분류한 것은 뜻에 의하여 분류한 것이지만, 2차로 무형명사와 변체명사로 나눈 것은 그 분류기준이 분명하지 않다. 즉 (3)ㄱ의 ①은 명사의 형태가 있고 없음에 따른 분류이지만 (3)ㄱ의 ②는 기능에 의한 설명이다. 그러므로 (3)ㄱ에서 무형명사와 맞설 수 있는 것은 유형명사이고, 변체명사와 맞설 수 있는 것은 불변체명사인데, 무형명사와 변체명사를 맞세워 놓은 것은 명확한 분류기준이 없어 막연하게 분류를 위한 분류를 한 것에 지나지 않으므로 잘된 처리라고는 할 수 없을 것 같다.

후기의 저서인 『대한문전』(15~18)에서는 "명사는 그 성질에 의하여 3종으로 분(分)ᄒᆞ니…"라 하고, 1차로 특립명사, 보통명사, 변화명사로 나누고, 변화명사는 다시 동사가 변하여 된 자와 형용사가 된 자로 나누어 그 하위분류 체계에 변화를 가져왔다. 이것을 간추려 표로 만들어 보이면 다음과 같다.

(4)

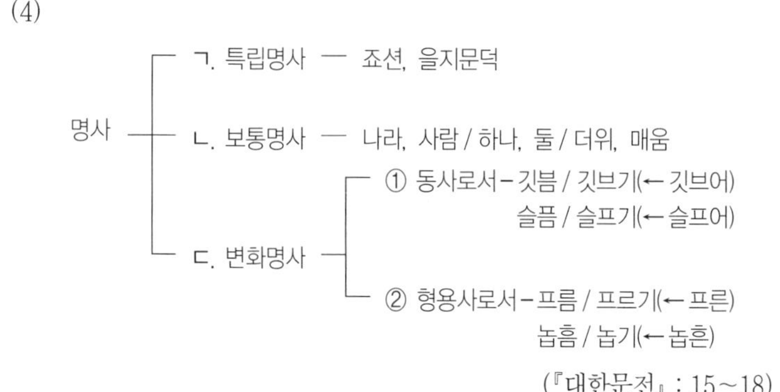

(『대한문전』 : 15∼18)

(4)의 분류는 (3)의 분류를 계승하여 다시 정리한 것이지만 여기서는
명사를 성질에 따라 3종으로 나눈다고 하여 그 분류기준을 먼저 제시하고
3갈래로 나누었다. 여기서도 특립명사와 보통명사의 구분은 뜻에 의한 분
류이지만, 변화명사는 기능에 의한 구분이므로 이것들이 같은 위치에 나
란히 놓일 수 있는 성질은 아니다. 그러므로 (3), (4)를 종합하여 명사의
하위분류 체계를 다시 정리하면 다음과 같은 체계가 세워질 것이다.

(3)′ (4)′

이제 유길준 문법의 품사분류에 영향을 크게 준 『일본문전』의 명사 하
위분류를 보이면 다음과 같다(강복수, 1975 : 81).

(5)

    (5)의 분류에 의하면 유길준이 문법용어나 품사설정에 있어서는 일본문법을 그대로 적용했으나 명사의 하위분류에 있어서는 (3), (4)의 어느 것과도 일치하지 않는 것으로 보아 그 하위분류는 우리말의 특질에 맞게 분류하려고 노력했음을 알 수 있다. 그러나 (4)에서 특립명사, 보통명사, 변화명사를 같은 위치에 나란히 놓은 것은 (5)의 영향을 받은 것이 분명하다.

    어떻든 유길준의 『조선문전』과 『대한문전』에서 분류한 명사의 하위분류는 다른 나라 문법의 영향을 받아 이루어졌지만, 그대로 적용한 것이 아니라 우리말의 특질을 고려하여 뜻과 기능을 기반으로 한 독창적인 면도 엿볼 수 있다.

3.2. 대명사의 성립과 분류

3.2.1. 대명사의 분류

    유길준이 『조선문전』이나 『대한문전』의 '언어론'에 설정한 '대명사'의 뜻매김과 그 하위분류에서 보인 <보기말>을 간추려 보이면 다음과 같다.

    (6) 대명사~명사의 대(代)에 용(用)ᄒᆞᄂᆞᆫ 자를 위(謂)홈.
      <보기> ㄱ. 이거, 그거, 져거 / 여긔, 거긔, 져긔.
          ㄴ. 나(내), 너(네), 이이, 그이, 져이.
          ㄷ. 누구, 므엇, 어디, 언졔.
          ㄹ. 이, 그, 져
          ㅁ. 바, 거.

                              (『조선문전』 : 5ㄱ~7ㄴ)

   (7) 대명사~사물의 명(名명)의 대(代)에 용(用)ᄒ는 어이라
      <보기> ㄱ. 나, 너, 이이, 그이, 뎌이, 누구, 어느.
           ㄴ. 이거, 그거, 져거, 어느거 / 여긔, 거긔, 뎌긔, 어대 / 이
              편, 그편, 뎌편, 어느편.
           ㄷ. 누구, 므엇, 어대, 언제, 어느편.
           ㄹ. 바, 거 / 이거, 그거, 뎌거.

(『대한문전』 : 22~30)

   (6), (7)을 비교해 보면, (6)의 『조선문전』에서는 '대명사'의 뜻매김을 막연하게 "명사의 대에…"라 하던 것을 『대한문전』에서는 보다 구체적으로 "사물의 명의 대에…"라 하여 선명하게 하였고, <보기말>도 다시 정리하고 더 많이 보충하였다.

   유길준(1904 : 5ㄱ~7ㄱ)에서 (6)ㄱ은 보통대명사, (6)ㄴ은 인칭대명사, (6)ㄷ은 문대명사, (6)ㄹ은 지시대명사, (6)ㅁ은 관계대명사라 하고 <보기말>을 보인 것이다.

   (6)ㄱ~(6)ㄹ은 사물의 이름을 바로 나타내지 않고 그 이름을 거리감에 따라 다만 가리키기만 하는 것으로, 일반적으로 대명사에 해당하는 것이다. 다만 (6)ㅁ만은 항상 매김말 아래에 쓰이므로 '의존명사(매인이름씨)'라 이르는데, 이는 명사의 하위분류에 속하는 것이다. 그리고 (6)ㅁ은 서양 문법에서 이르는 관계대명사와는 그 성격이 완전히 다른 것이다. 그러므로 (6)ㅁ은 대명사의 범주에서 덜어 내어야 하였다.

   그 후 『대한문전』(1909 : 22~30)에서는 (7)ㄱ은 인대명사, (7)ㄴ은 지시대명사, (7)ㄷ은 문대명사, (7)ㄹ은 관계대명사라 하고 <보기말>을 보였는데, (7)ㄱ은 (6)ㄴ을 계승하고, 기리킴을 받는 사람의 이름이나 신분을 정확하게 모를 때 사용하는 미지칭(未知稱) "누구, 어느"를 보충해 넣은 것이다. (7)ㄴ은 (6)ㄱ과 (6)ㄹ을 합쳐서 지시대명사로 계승하고, 미지칭 "어느거, 어대, 어느편"을 보충해 넣었고, (7)ㄷ은 (6)ㄷ을 계승하고, 역시 미지칭 "어느편"을 보충해 넣었다.[9] 그리고 (7)ㄹ은 (6)ㅁ을 계승하고,

<보기말>에 "이거, 그거, 뎌거"를 보충하였는데, 이것은 (7)ㄴ의 "이거, 그거, 져거"와 구별되지 않는다. 또 (7)ㄹ의 관계대명사와 같은 처리는 우리말의 특징을 전혀 고려하지 않고, 다른 나라 문법을 그대로 적용시킨 대표적인 본보기라 할 수 있겠다.

만약 유길준이 『대한문전』에서 특정한 사람이나 사물을 가리키지 않을 때 쓰는 "아무"와 재귀대명사라 부르는 "자기" 등을 보충해 넣었더라면 거의 완벽한 대명사의 범주를 확립시킬 수 있었을 것이다.

이렇듯 유길준이 『조선문전』에 설정하여 『대한문전』에 계승시킨 '대명사'는 사람이나 사물의 이름을 대신하는 말과 항상 관형어에 매이어 쓰이는 의존명사 "바, 거"를 묶어서 하나의 품사로 처리하는 데서 이루어진 것이다. 그러나 의존명사에 해당하는 "바, 거"는 다음에 다른 사람에 의하여 명사의 하위분류에 처리하게 된다.

3.2.2. 대명사의 분류

『조선문전』(5ㄱ~7ㄴ)에서 대명사를 하위분류한 것을 살펴보면, 대명사는 명사의 대신에 쓰는 것을 이르는 것으로 사람과 사물과 처소 등에 각각 그 이름을 대신하여 쓰므로 1차로 보통대명사, 인대명사, 문대명사, 지시대명사, 관계대명사의 5갈래로 분류하고, 이들을 다시 하위분류한 후 그 <보기말>을 들었다. 이것을 간추려 표로 만들어 보이면 다음과 같다.

---

9) (7)ㄱ의 "어느, 누구"와 (7)ㄴ의 "어느거, 어대, 어느편"을 유길준은 "부정칭"이라 하였으나 오늘날의 "미지칭"을 나타내는 것이므로 여기서 "미지칭"이라는 용어를 사용하였다.

(8)

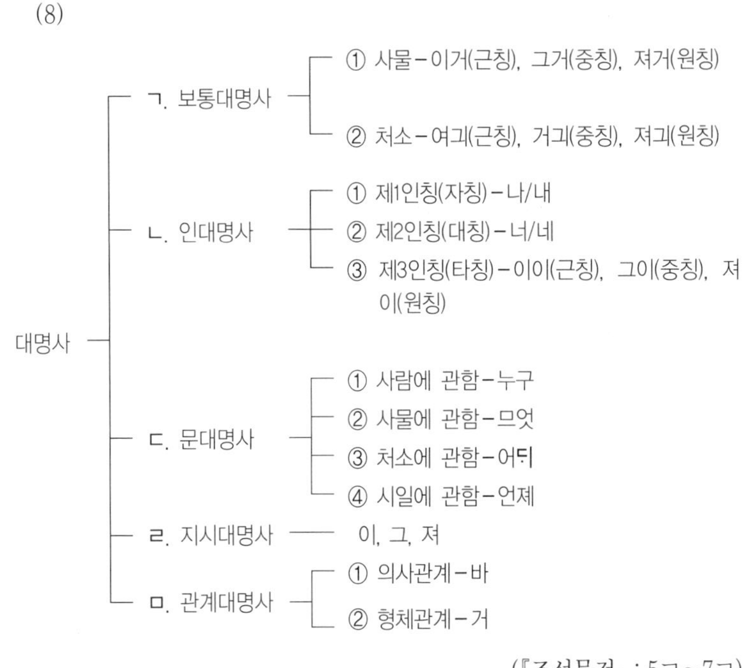

(『조선문전』 : 5ㄱ~7ㄱ)

  (8)의 대명사 하위분류도 명사의 하위분류와 같이 다른 나라 문법의 영향을 받기는 하였으나 그대로 적용한 것은 아니다.

  강복수(1975 : 81)에 의하면, 『일본문전』에서는 대명사를 보통명사, 인대명사, 의문대명사의 3갈래로 분류하였다. 그러므로 (8)ㄱ, ㄴ, ㄷ은 『일본문전』의 대명사 하위분류와 완전히 일치하고 있으나 (8)ㄹ, ㅁ은 영어문법의 영향을 받은 것 같다.

  이 대명사의 분류도 『대한문전』에서는 약간의 변화를 가져온다.

  『대한문전』(22~30)에서는 "대명사는 其用處를 隨ᄒ야 四種으로 구별ᄒ니, 인대명사, 지시대명사, 문대명사, 관계대명사니라" 하였는데, 여기서는 대명사의 하위 분류기준을 설정하고 1차 분류를 하였다. 그리고 2차 분류도 그 기준을 설정하고 분류하였는데, 지시대명사는 '지시 위치의 원근에 의하여 사물, 처소, 방향'으로 나누고, 이들을 각각 근칭, 중칭, 원칭, 부정칭으로 나누었다. 그리고 문대명사는 '의문의 표시에 의하여 사람, 사물, 처소, 방향, 시일에 관홈'으로 나누었고, 관계대명사는 '언어 성립상 순전관계 대명사와 혼성관계 대명사'로 나누어 각각 그 <보기말>을 보였다. 그러나 인대명사는 하위분류의 기준을 제시하지 않고 '자칭, 대칭, 부정칭'으로 나누고 <보기말>을 들었다. 이것을 간추려 표로 만들어 보이면 다음과 같다.

(9)

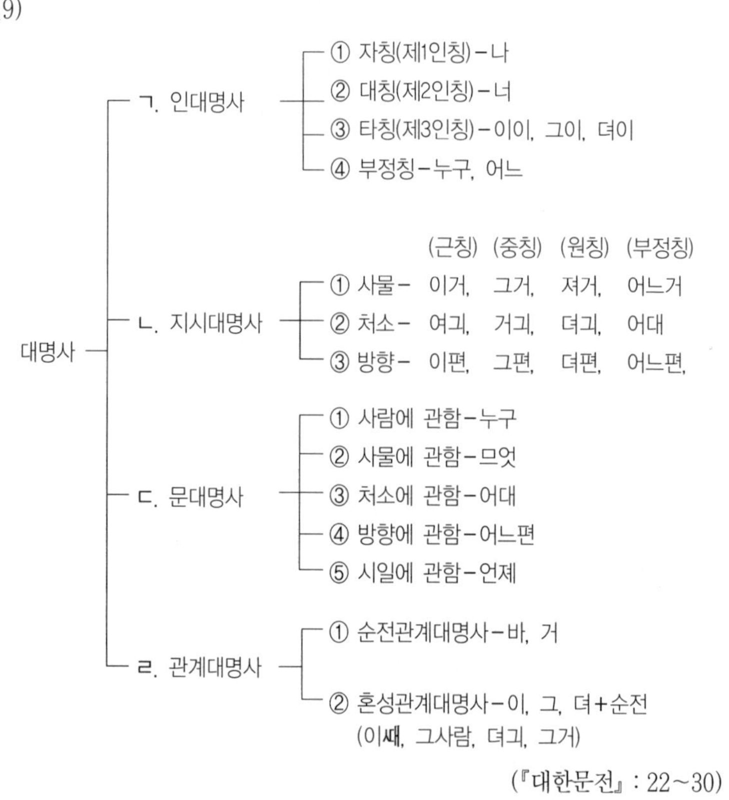

(『대한문전』: 22~30)

(8), (9)를 비교해 보면, (8)에서는 1차 분류를 5갈래로 나누었으나

(9)에서는 4갈래로 나누었다. 이것을 구체적으로 살펴보면 (9)ㄱ은 (8)ㄴ을 계승하고, '부정칭'을 하나 더 보충하였고, (9)ㄴ은 (8)ㄱ, ㄹ을 합쳐서 계승하였는데, (9)ㄴ에서는 (8)ㄱ의 하위분류인 '사물, 처소' 외에 '방향'을 하나 더 설정하고 이편(근칭), 그편(중칭), 더편(원칭), 어느편(부정칭)을 보충하였다. (9)ㄷ은 (8)ㄷ을 계승하고 방향에 관한 <어느편>을 보충하였고, (9)ㄹ은 (8)ㅁ을 계승하여 다시 체계를 세운 것이다. 그리고 (8)ㄱ, ㄴ, ㄷ, ㄹ과 (9)ㄱ, ㄴ, ㄷ의 구별은 의미상의 구별이지만 (8)ㅁ과 (9)ㄹ은 기능에 의한 것으로 보인다. 또 (9)의 대명사 분류에 대하여 유창균(1988 : 347)에서는 대명사의 4분류도 다만 서양문법의 모방에 지나지 않는다고 하면서, 특히 {바, 거}를 '관계대명사'라 하였는데, 이 용어는 서양문법의 그것과 같은 것이 아니니 착각할 우려가 있다고 하고, '혼성관계 대명사'의 <더긔, 그거>는 '지시대명사'에서 한 품사로 처리해 놓고, 여기에서 또 '관계대명사'로 처리한 것은 품사분류에 일정한 기준이 서 있지 않는 것을 의미한다고 하였다.

이러한 것은 뒷날 『우리말본』(1937)에서는 이름씨(안옹근이름씨, 의존명사)로 처리하게 되었다. 여기서 유길준이 (9)ㄹ의 '관계대명사'를 덜어내고 (9)ㄴ의 부정칭을 미지칭으로 고치고 오늘날 부정칭에 해당하는 <아무>와 재귀칭에 해당하는 <자기>를 보충해 넣었더라면 당시의 대명사 분류로서는 거의 완전하게 되었을 것이다.

그러므로 유길준의 대명사 분류는 비록 다른 나라 문법의 영향을 받아 이루어진 것이기는 하나, 오늘날 대명사 분류의 기틀을 거의 완전하게 만들었으므로 이것은 국어학 연구사에서 그 의의가 클 뿐 아니라, 높이 평가되어야 하겠다.

3.3. 동사의 성립과 분류

3.3.1. 동사의 성립

유길준이 『조선문전』의 '언어론'에 설정하여 『대한문전』에 계승하여 확립시킨 '동사'의 뜻매김과 그 하위분류에서 보인 <보기말>을 간추려 정리해 보이면 다음과 같다.

> (10) 동사~명사 혹 대명사에 부종(附從) ㅎ야 그 작용 혹 현상을 발현(發現) ㅎ논 자라.
>   <보기> ㄱ. 달닌다, 잔다, 피엇다, 우논도다, 짓소, 짜리오….
>   ㄴ. 깃브어, 셩니여, 무너져.
>   ㄷ. ① 가오(어, 옵) / 갓소(서, 삽) / 갈야 하오(하어, 하옵)
>   ② 가셔(고, 며, 니, 오, 다) / 가거라(더라)
>   ③ 가야(셔서, 라, 자, 지) / 가고져, 갈 여, 가는가
>   ④ 오시오, 오실, 불으신다, 나리사, 오옵니다, 맛나삽니다, 올이다.

(『조선문전』 : 8ㄱ~17ㄱ)

> (11) 동사~명사 급 대명사의 작용 혹은 형태를 발현하는 어이라.
>   <보기> ㄱ. (물이) 흘느어, (꼿이) 픠어, (수양데롤) 째트리어.
>   ㄴ. (새가) 나르오.
>   ㄷ. (물을) 마신(다).
>   ㄹ. (내가) 굿셰다. (산이) 놉프다.

(『대한문전』 : 32~37)

(10), (11)을 비교해 보면, 두 저서에 나타난 '동사'의 뜻매김은 별 차이가 나지 않는다. 그러나 <보기말>을 비교해 보면, 동사의 범주가 크게 차이남을 쉽게 알 수 있다.

『조선문전』의 (10)ㄱ은 여러 가지 동사를 보인 것인데, 동사의 기본형

을 밝히지 않고, 동사의 어간에 여러 가지 어미(선어말어미, 어말어미)가 결합한 꼴을 보이고 있기 때문에 동사의 정확한 모습을 알 수가 없다. (10)ㄴ은 형용사의 어간에 {-어}가 결합된 꼴, 즉 "깃브+어, 셩닉+어, 무너지+어"의 꼴을 '원동사'라 하였으므로 동사의 원형은 "어간+어"로 구성되어 있음을 알 수 있다. 그러나 "깃브어"를 동사로 처리한 것은 잘된 처리로 보기는 어렵다.

(10)ㄷ은 동사의 여러 가지 어미(어말어미, 선어말어미)를 '조동사'라 하고 <보기말>을 보인 것인데, 유길준은 여기서 '조동사'를 동사의 한 갈래로 처리하였던 것이다.

그러므로 『조선문전』에 설정한 '동사'는 움직임을 나타내는 낱말의 어간에 여러 가지 어미가 결합된 낱말과 또 여러 가지 어미 그 자체도 하나의 동사로 처리하는 데서 이루어진 것이라 하겠다.

그러나 『대한문전』의 (11)ㄱ은 (10)ㄴ을 계승한 것인데, 이는 움직임을 나타내는 낱말의 어간에 {-어}가 결합한 꼴을 '원동사'라 하고 그것을 동사의 기본형으로 의식한 것이다. (1)ㄴ은 움직임을 나타내는 낱말의 어간에 어미 {-오}가 결합된 꼴을 동사로 처리한 것인데, 이는 (10)ㄱ을 계승한 것이다. (11)ㄷ은 움직임을 나타내는 낱말의 어간인 {마시-}에 {-ㄴ}이 결합한 꼴을 동사로 처리한 것으로 역시 (10)ㄱ을 계승한 것이다. (11)ㄹ은 상태를 나타내는 낱말의 어간에 붙은 어미 {-다}를 '조동사'로 의식하여 동사로 처리한 것이다.

그러므로 『대한문전』에서 보인 동사의 <보기말> 가운데서 (11)ㄱ~(11)ㄷ을 동사로 처리한 것은 동사의 형체가 불분명하기는 하나 움직임을 나타내는 낱말이라는 점에서 동사로 처리할 수 있겠으나, (11)ㄹ과 같은 어미 {-다}를 동사의 범주 속에 포함시키고 있는 것은 잘된 처리로 보기는 어렵다.

그러나 『조선문전』에서 동사의 하위분류에 넣었던 '조동사'를 『대한문전』에서는 독립된 품사로 설정하였기 때문에 많은 <보기말>이 빠져나갔다.

이것은 동사의 범주를 설정하는 데는 큰 발전이라 하겠다.

이와 같이 『대한문전』에 성립된 '동사'는 움직임을 나타내는 낱말의 어간과 또 그 어간에 어미가 결합한 꼴 그리고 상태를 나타내는 낱말의 어간에 붙은 {-다}를 묶어서 독립된 품사로 설정하는 데서 이루어진 것이다. 그러므로 '동사'의 완전한 확립은 다음 시대로 넘어가게 되었다.

3.3.2. 동사의 분류

『조선문전』(9ㄱ~11ㄱ)에서 동사는 그 작용하는 성질에 따라 자동 및 타동의 2종이 있고, 그 작용하는 관계에 따라 주동과 피동의 2종이 있고, 그 작용하는 변화에 따라 정격과 변격의 2종이 있다고 하고 <보기말>을 들었다. 이것을 간추려 표로 만들어 보이면 다음과 같다.

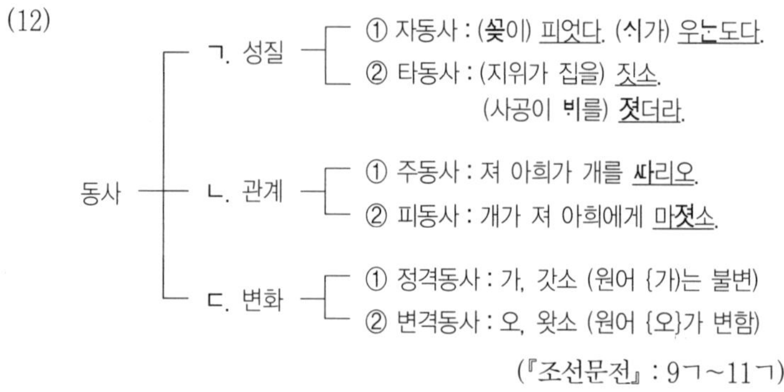

(『조선문전』: 9ㄱ~11ㄱ)

(12) 동사의 분류는 먼저 그 분류기준을 설정하고 하위분류를 한 것은 다른 품사의 하위분류를 한 것과는 다르다. 그리고 이러한 하위분류도 다른 나라 문법의 영향을 받아 이루어진 것이라고 하지만, 품사분류에서 완전히 일치를 보인 『일본문전』과도 완전히 다르다고 할 수 있다(강복수, 1978 : 81).

(12)ㄱ, ㄴ의 분류는 뜻에 의하여 분류한 것이고, (12)ㄷ은 동사 활용

의 기능 관계에 의한 분류라고 할 수 있을 것이다.

특히, (12)ㄱ, ㄴ은 영어문법의 영향을 받아 만들어진 주시경의『국문문법』(1905?)에 나타난 '동작'의 하위분류와 대조해 보면 완전히 일치한다(최낙복, 1991 : 133~134).

(13)

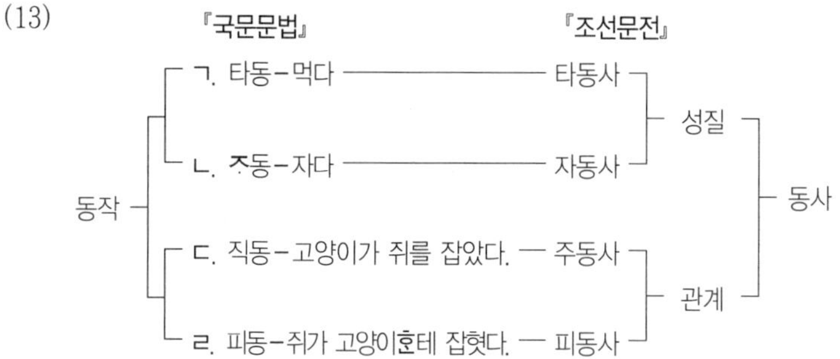

이러한 동사의 하위분류는 우리말의 특질에 맞게 분류하려는 노력이 엿보이기도 하였으며, 분류기준을 설정하고 하위분류한 것은 국어학 연구사에서 높이 평가 받을 만하다.

그의『조선문전』에서 동사에는 조동사의 분사, 동사의 시기가 있다고 하였으나, 분사와 시기는 일부의 품사에만 국한된 것이고, 조동사는『대한문전』에서 독립된 품사로 설정되기 때문에 여기서는 논의하는 것을 생략한다.

그 후『대한문전』(33~37)에서는 그 하위분류 체계를 달리하였다. 여기서는 동사를 발현하는 성질에 따라 자동 및 타동으로 나누고, 타동사는 다시 발현하는 형식에 따라 주동과 피동으로 구분하여 주동사와 피동사를 타동사의 하위범주로 의식하고 분류하였다. 이것을 간추려 표로 만들어 보이면 다음과 같다.

(14)

동사―ㄱ. 성질 ┬ ① 자동사 : 새가 <u>나르오</u>. 산이 <u>놉프다</u>.
　　　　　　└ ② 타동사 : 말이 물을 <u>마신다</u>.
　　　　　└ ㄴ.형식 ┬ ① 주동사[10) : 을지문덕이 수양데를 <u>깨트리어</u>.
　　　　　　　　　　└ ② 피동사 : 수양데를 을지문덕에게 <u>깨트리어</u>.

　　　　　　　　　　　　　　　　　　(『대한문전』 : 33~37)

(14)의 동사 분류는 (12)ㄱ, ㄴ을 계승하여 그 체계를 달리하고, (12)
ㄷ은 (14)에 계승하지 않았다. (12)ㄷ의 정격동사와 변격동사의 구분은
문법소로서 나타내는 것인데, 이 문법소에 해당하는 어말어미 또는 선어
말어미가 조동사라는 독립된 품사로 설정되었기 때문에 동사를 분류하는
데서는 논의할 필요가 없게 되었기 때문이다. 그리고 (14)ㄴ에서 주동사
와 피동사를 타동사의 하위단위로 의식한 것인데 이것도 국어학 연구사에
서 처음 있는 일로 높이 평가되어야 하겠다.

　그 외 여기서도 동사에는 시기(時期)와 분사가 있다고 하였으나 이것은
용언에만 해당하는 것이기 때문에 다음 기회로 미루었다.

3.4. 조동사의 성립과 분류

3.4.1. 조동사의 성립

　유길준의 『대한문전』의 '언어론'에 설정된 '조동사'는 전기의 『조선문전』
에서는 독립된 품사로 설정되지 못하고, 동사의 범주 속에 포함시켜 처리
하던 것을 『대한문전』에 이르러 독립된 품사로 설정한 것이다. 이제 『조
선문전』과 『대한문전』의 '언어론'에 나타나는 '조동사'의 뜻매김과 <보기
말>을 간추려 보이면 다음과 같다.

―――――――――――――――――――

10) (13)ㄷ의 '작동'이나 (14)ㄴ의 '주동사'는 오늘날 흔히 '능동사'라 한다.

(15) 조동사~동사의 일종으로 일체 동사의 의미 부족한 처(處)를 보조ᄒ
  ᄂᆞᆫ 자라.
    <보기> ㄱ. 말이 달리<u>오</u>.
        ㄴ. 바롬이 그치<u>옵니다</u>.
        ㄷ. 비가 기엿<u>다</u>.
        ㄹ. 복ᄉᆞ꽃이 피엿소.
        ㅁ. 마얌이 우<u>눈도다</u>.

(『조선문전』 : 13ㄴ～14ㄱ)

(16) 조동사~동사의 활용을 조(助)ᄒᆞ여 그 의의를 완성ᄒᆞᄂᆞᆫ 어이라.
    <보기> ㄱ. 말이 달니<u>아</u>.
        ㄴ. 말이 달니<u>어</u>.
        ㄷ. 말이 달니<u>오</u>.

(『대한문전』 : 46)

(15), (16)에 나타난 '조동사'의 뜻매김을 대조해 보면, (15)에서는 조동사가 "동사의 일종으로…"하여 동사의 하위범주임을 시사했으나, (16)에서는 "동사의 일종"이라는 말을 덜어냄으로써 '조동사'가 독립된 품사임을 나타내고 있다.

또 (15)에서 보인 <보기말>은 모두 동사 종지법의 서술형을 '조동사'로 처리한 것인데, (15)ㄱ, ㄹ은 예사높임을 나타내고, (15)ㄴ은 아주높임을, (15)ㄷ은 아주낮춤을 나타내고, (15)ㅁ은 느낌을 나타내는 형태소를 '조동사'로 처리한 것이다. 그렇지만 여기서는 독립된 품사로 설정되지는 못했다.

(16)에서 보인 <보기말>도 역시 움직임을 나타내는 낱말의 여러 가지 어미를 '조동사'로 처리하였음을 알 수 있다. 이것을 유길준(1909 : 47)에서 동사 "달니"가 다만 원어는 성립하였으나, 활동함을 얻지 못하고, 조동사 "아, 어, 오"를 얻어서 비로소 그 의의를 완성함이라 하였다. 이와 같은 '조동사'의 처리는 동사의 활용을 의식하지 못했다는 것을 짐작할 수 있게 한다.

그리고 유길준은 『조선문전』과 『대한문전』에서 다 같이 이 '조동사'는 활용하는 변화에 따라 '기절(期節), 계단(階段), 의사(意思), 체재(體裁)'가11) 있음을 설명하고, 많은 <보기말>을 제시하였다. 이것을 간추려 보이면 다음과 같다.

> (17) 조동사는 활용하는 변화를 유(由)하여 기절(期節)을 생(生)하며, 계단(階段)을 성(成)하며, 의사(意思)를 표(表)하며, 체재(體裁)를 정하나니…
> <보기> ㄱ. 가오(어, 옵) / 갓소(서, 삽) / 갈야 하오(하어, 하옵)
> ㄴ. 가거라, 가더라 / 가셔, 가야 / 가고(며, 니) / 가오(다)
> ㄷ. 가져(고져), 갈여, 가야, 가셔(서), 가라(자, 지, 는가)
> ㄹ. 오시오, 오실, 불으신다. 나리 사, 구제하지압소서, 오옵니다, 삽니다, 올이다.
>
> (『조선문전』 : 9ㄴ~17ㄴ)

> (18) 조동사는 용법에 인(因)하여 기절(期節)을 생(生)하며, 계단(階段)을 성(成)하며, 의사(意思)를 표(表)하나니라.
> <보기> ㄱ. 가아, 마시어, 우르오 / 가겟소, 뛰겟도다 / 빠히드라도, 파더라 / 되야, 될야, 되어야 / 가지, 갈지, 갓지.
> ㄴ. 가거라, 가더라 / 가셔, 하야 / 가고, 가니 / 가오, 가다.
> ㄷ. 저, 야, 고져, 십흐어 / 어야, 오, 게, 라 / 지어 / 지, 는지 / 가 / 시, 사, 소서 / 이다, 압니이다, 이올시다.
>
> (『대한문전』 : 47~51)

(17), (18)에서 조동사의 활용 또는 용법에 따라 나누어진 갈래에 변화가 생겼음을 쉽게 알 수 있다. 즉 (17)의 설명에서 보인 '체재'가 (18)에서는 보이지 않는다. 이것은 바로 유길준이 조동사의 범주 설정에 고심했다는 것을 짐작할 수 있게 하는 것이다.

---

11) '기절'은 때매김을 나타내고, '계단'은 활용을, '의사'는 문법적인 뜻을, '체재'는 높임법을 나타내는 것이다(박지홍, 1977 : 20~21).

(17)ㄱ은 '기절'의 <보기말>을 보인 것으로 때매김을 나타내는 형태소인 {-오, -어, -옵/-ㅅ소, -ㅅ서, -ㅅ삽/-ㄹ야하오, -ㄹ야하어, -ㄹ야하옵}를 '조동사'로 처리한 것이고, (17)ㄴ, ㄷ은 '계단'과 '의사'를 보인 것으로, 동사의 여러 가지 활용을 나타낸 것이고, (17)ㄹ은 '체재'를 보인 것으로, 높임을 나타내는 선어말어미와 어말어미를 '조동사'로 처리한 것이다.

(18)ㄱ도 역시 때매김을 나타내는 형태소들을 조동사로 처리한 것이고, (18)ㄴ, ㄷ은 동사의 여러 가지 활용형과 높임을 나타내는 형태소를 모두 '조동사'로 처리하였다. 그러나 유길준이 설정한 조동사는 오늘날의 보조동사 또 영어문법에서 설정한 조동사와도 근본적으로 완전히 다른 것이다.

그런데 이러한 것들을 조동사로 처리하게 된 것은 유길준이 풀이씨의 굴곡현상을 의식하지 못하고, 당시 국내외의 문법학자들의 영향을 받아 독립된 품사로 설정하였다.

어떻든 유길준이 『대한문전』에 설정한 '조동사'는 『조선문전』에서는 동사의 한 부분으로 처리하던 것을 독립된 품사로 설정한 것인데, 이는 모두 오늘날 용언의 여러 가지 선어말어미와 어말어미에 해당하는 것들이다. 그러므로 순수한 보조동사와는 완전히 다른 것이므로 다음 시대에 가서는 독립된 품사로 설정되지 않는다.

3.4.2. 조동사의 분류

『조선문전』(14ㄴ~17ㄱ)에서 조동사는 독립된 품사로 설정하지 않고, 동사의 하위단위로 의식했기 때문에 동사를 설명하는 자리에서 조동사에 관하여 설명하였다. 여기서 조동사는 활용하는 변화로 말미암아 기절(期節)을 낳으며, 계단(階段)을 이루며, 의사(意思)를 나타내며, 체재(體裁)를 정한다고 하여 조동사를 1차로 4갈래로 나누었다. 그리고 2차로 기절은 3기로, 계단은 4단으로, 의사는 8종으로, 체재는 2종으로 다시 하위분류하고 <보기말>을 들었다. 이것을 간추려 표로 만들어 보이면 다음과 같다.

(19)

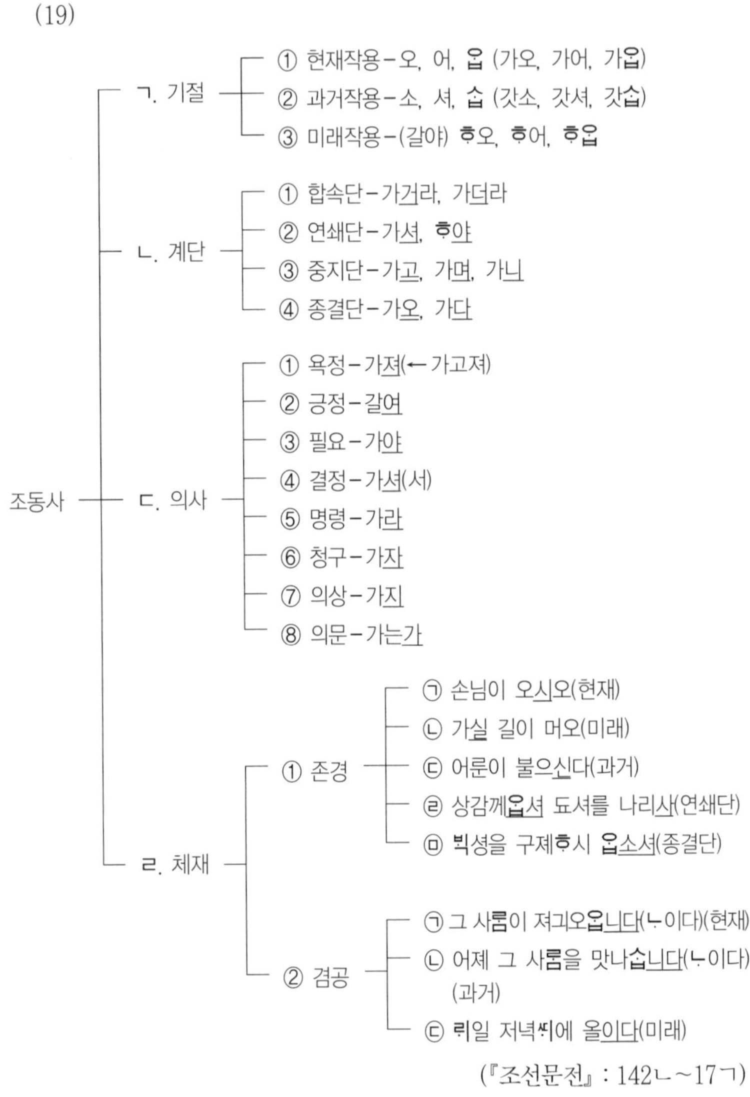

(『조선문전』: 142ㄴ~17ㄱ)

『대한문전』(47~67)에서는 조동사를 독립된 품사로 설정하고, 그 하위분류를 하였다. 여기서는 조동사를 그 용법에 따라 기절을 낳으며, 계단을 이루며, 의사를 나타낸다고 하여 1차로 3갈래로 나누었다. 그리고 2차로 기절은 3기로, 계단은 4단으로, 의사는 9종으로 하위분류하고 <보기말>을 들었다. 이것을 간추려 표로 만들어 보이면 다음과 같다.

(20)

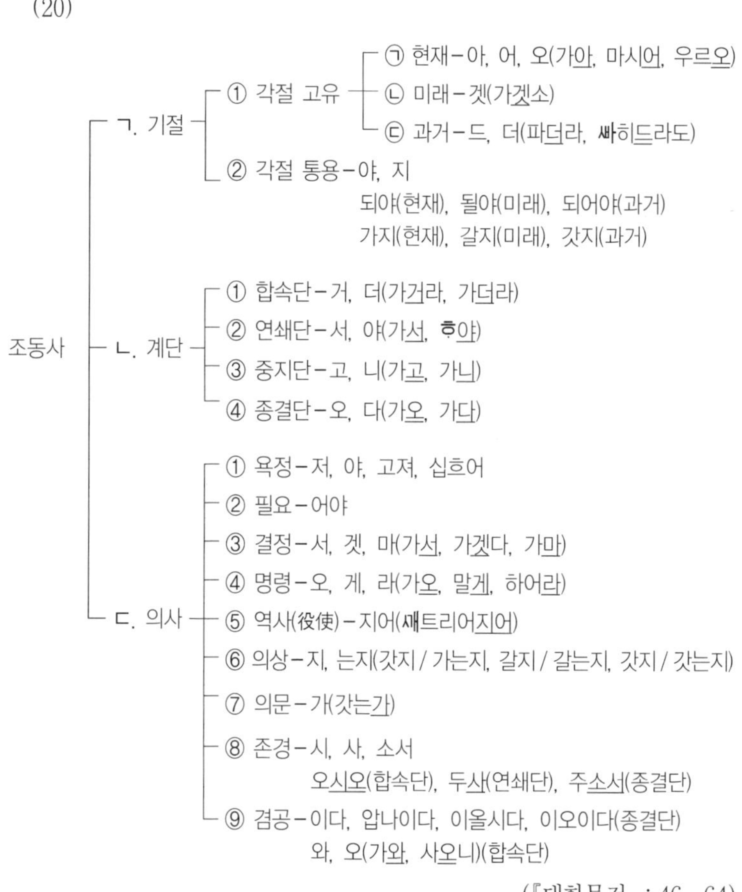

(『대한문전』: 46~64)

이미 앞의 장에서 밝힌 바와 같이 유길준이 설정한 조동사란 오늘날의 각종 어말어미와 선어말어미를 이르는 것으로, 그 하위분류는 주로 뜻에 의하여 분류하였다.

(19), (20)을 대조해 보면, (19)에서는 조동사를 활용하는 변호로 말미

암아 1차로 4갈래로 분류했으나 (20)에서는 조동사를 그 용법에 따라 1차로 3갈래로 분류하여 분류기준과 갈래 수에 변화를 가져왔다. 그 다음에 이들을 2차로, 3차로 분류해 나갔다.

(19)ㄱ에서는 기절을 현재, 미래, 과거에 작용하는 것으로 나누었는데, 이것은 때를 나타내는 선어말어미와 어말어미를 이르는 것이다. 그런데 (20)ㄱ에서는 이것을 다시 2차로 하위분류하여 체계를 달리하였다. 그러나 (20)ㄴ은 (19)ㄴ을 그대로 계승한 것으로 이는 일본문법 동사의 하위분류를 그대로 적용한 것이라 할 수 있다.[12] 그리고 이 '계단'이란 용어는 일본문법의 '활용단'의 개념이며, 그 하위명칭도 '단(段)'으로 되어 일본문법의 '활용단'을 모방했음을 드러낸다고 하였다(권재선, 1987 : 196).

또 (20)ㄷ의 '의사'는 여러 가지 어말어미와 일부의 선어말어미를 뜻에 따라 나눈 것인데, (19)ㄷ, ㄹ을 합쳐서 계승한 것으로 (19)ㄷ②의 '긍정' 과 (19)ㄷ⑥의 '청구'를 없애고 (20)ㄷ⑤의 '역사'를 하나 첨가하였다. 또 (20)에서는 높임을 뜻하는 '체재'를 덜어내고, '의사' 속에 넣어 처리하였다. 그러나 (20)에서 '청구'를 덜어낸 것이나, '체재'를 없앤 것은 잘된 처리로 보기 어려울 것 같다. 오히려 그대로 계승하는 것이 오늘날의 국어문법에 더 접근할 것으로 보인다.

권재선(1987 : 195~196)에서 이 조동사의 분류체계가 『일본문전』의 체계에서 벗어나 독자적인 체계를 갖추었다고 하고, 이것이 유길준 문법의 핵심적이고 확고했던 독자적인 문법체계라 했다.

그러나 조동사의 이러한 하위분류가 문법적으로 큰 의의를 가지는 것이 아니고, 뒷날 동사의 어말어미 분류의 기틀을 마련했다는 데 그 역사적 의의가 있다고 하겠다. 그리고 이 조동사의 하위분류는 뒷날 용언의 굴곡현상을 의식하게 되어 모두 용언의 어미로 처리하게 되었는데, 특히 '의사'의 하위분류가 용언 어미 분류의 기초가 되었던 것이다.

---

12) 강복수(1975), 국어 문법사 연구, 형설출판사, 82쪽 참조.

3.5. 형용사의 성립과 분류

3.5.1. 형용사의 성립

유길준이 『조선문전』과 『대한문전』의 '언어론'에 설정한 '형용사'의 뜻매김과 그 하위분류에서 보인 <보기말>을 간추려 보이면 다음과 같다.

> (21) 형용사~명사의 전·후에 재(在)ᄒ야 그 형상 급 성질을 현(現)ᄒᄂ 위(謂)홈.
>   <보기> ㄱ. ① 놉흔 (뫼), 깁흔 (물)
>   ② (사람이) 어질고, (말이) 굿세다.
>   ㄴ. 풀(靑)은, 풀을, 풀으든.
>   ㄷ. ① 나랏(사람), 횟(빗), 담빗(티)
>   ② 싀(깃), 돌(절구)
>   ㄹ. ① 쇠(굽) : (소의 굽)
>   ② 내(칼) : (나의 칼), 네(칼) : (너의 칼)
>   (『조선문전』: 17ㄱ~19ㄴ)

> (22) 형용사~명사의 형상 및 성질을 발표ᄒᄂ 어이라.
>   <보기> ㄱ. ① 놉흔, 매운
>   ② 놉흐어, 매우어
>   ㄴ. 놉흔 (뫼), 깁흔 (물), 프른 (풀), 너그러운 (사랑)
>   ㄷ. ① 사람의 (머리), 산의 (꽂)
>   ② 학곡긔, 나문닙, 담뱃대, 나랏사람
>   ③ 여름꾸룸, 가을 딸, 봄 빠람, 산 쌔
>   ㄹ. 가는 (사람), 갈 (사람), 갓는 (사람) / 가든 (사람), 갈야든 (사람) / 갓섯든 (사람), 갓든 (사람)
>   ㅁ. 往ᄒᄂ, 來혼, 行홀, 見ᄒ든 / 靑혼, 紅홀, 白ᄒ든
>   (『대한문전』: 65~74)

(21), (22)에 나타난 '형용사'의 뜻매김을 대조해 보면, (21)에서는 문

장에서 형용사가 놓이는 위치를 밝히고, 그 하는 일을 밝혔으나 (22)에서
는 그 하는 일만 밝히고 있다. 그러므로 (22)의 뜻매김이 더 간결하고 발
전적이라고 할 수 있겠다.

그리고 (21), (22)에 나타난 형용사의 뜻매김과 <보기말>은 영어문법
의 영향을 받아 뜻매김하고, 그 <보기말>을 보였음을 알 수 있다.

영어문법에서 형용사의 용법으로는 명사에 대한 형용사의 위치상 한정
용법(attributive use)과 서술용법(predicative use)의 두 종류가 있다. 한정용
법은 형용사가 명사의 바로 앞 또는 뒤에서 그 명사를 수식하는 용법을
말하는 것으로 (21)ㄱ①, (21)ㄴ과 (22)ㄱ①, (22)ㄴ이 여기에 속한다.
서술용법은 형용사가 동사 뒤에 와서 불완전동사의 보어로 쓰이는 용법을
말하는 것으로 우리말에서는 형용사가 문장에서 서술어로 쓰이는 것에 해
당하므로, (21)ㄱ②와 (22)ㄱ②가 여기에 속한다.

그러나 (21)ㄷ, ㄹ과 (22)ㄷ은 모두 체언에 해당하는 말인데, 영어문법
의 형용사 한정용법을 적용하여 앞의 체언을 한정하는 경우에 앞의 체언
을 모두 형용사로 처리한 것이다.

(21)ㄷ은 두 명사 사이에 사이시옷이 있을 경우나 없을 경우나 모두 앞
의 명사를 형용사로 처리한 것이고, (21)ㄹ은 "소+ㅣ 굽 또는 소의 굽,
나의 칼, 너의 칼"이 줄어져 각각 "쇠굽, 내칼, 네칼"이 되었을 때 앞의 체
언인 "쇠, 내, 네"를 모두 형용사로 처리한 것인데, 이는 너무도 무리한 처
리이다. 또 (22)ㄷ도 두 개의 체언이 겹쳐 쓰일 때 앞의 체언을 모두 형용
사로 처리한 것이다.

그러나 (22)ㄹ, ㅁ의 경우는 동사나 형용사의 관형사형을 모두 형용사
로 처리한 것인데, 이것들도 모두 뒤에 오는 체언을 한정하기 때문에 영
어 형용사의 한정용법을 적용하여 형용사로 처리한 것이다. 이러한 경우
주시경은 우리말의 특질을 잘 살펴 체언을 한정하는 관형어는 모두 '언'(관
형사)으로 처리하였으나, 유길준은 '관형사'를 독립된 품사로 설정하지 않
았기 때문에 체언이 관형어 노릇하는 것을 모두 형용사로 처리하였던 것

이다.

이렇게 볼 때 유길준이 『조선문전』에 설정한 ‘형용사’는 ① 사물의 성질이나 상태를 나타내는 낱말의 어근과 그 낱말의 관형사형, ② 체언과 체언이 나란히 겹쳐 쓰이는 경우 앞의 체언을 형용사로 처리하는 데서 설정되었고, 『대한문전』에서 ‘형용사’는 ① 사물의 성질이나 상태를 나타내는 낱말의 원형(원형용사)과 그 낱말의 관형사형, ② 사물의 움직임을 나타내는 낱말의 관형사형, ③ 체언과 체언이 겹쳐 쓰일 경우 앞의 체언을 형용사로 처리한 데서 성립되었다.

그러나 『대한문전』에서 사물의 움직임을 나타내는 낱말의 관형사형을 형용사로 처리한 것은 그의 체계 안에서는 발전적인 것으로 볼 수도 있다. 그렇지만 『조선문전』이나 『대한문전』에 두 체언이 겹쳐 쓰일 경우 앞의 체언을 형용사로 처리한 것은 우리말의 특질과 너무도 동떨어진 처리이다. 이러한 것들은 우리말의 특질을 살피기보다는 다른 나라 문법에 너무나 기댄 결과라 하겠다.

3.5.2. 형용사의 분류

『조선문전』에서는 형용사의 하위분류를 구체적으로 분류하지 않았다. 다만 (17ㄴ～19ㄷ)에서 형용사에는 현연(現然), 장연(將然), 기연(旣然)의 3단(三段)이 있다고 하고 그 <보기말>을 들었다. 그러나 이것은 형용사의 3가지 시상을 나타낸 것이다. 그 외 하위분류에 대해서는 구체적으로 설명하지 않고, 동사와 조동사에 비추어 미루어 알 수 있다고만 하였다.

그 후 『대한문전』(66～74)에서는 형용사의 종류를 명사에 부종(附從)하는 관계에 인하여 전치형용사와 후치형용사로 나누고, 또 언어의 성립하는 관계에 따라 원존형용사와 전성형용사로 나누었다. 그리고 전성형용사는 다시 명사로서 전성하는 형용사, 동사로서 전성하는 형용사, 한자의 아래에 국문자의 첨부로 이루어지는 형용사로 나누어 설명하였다. 이것을 간추려 표로 만들어 보이면 다음과 같다.

(23)

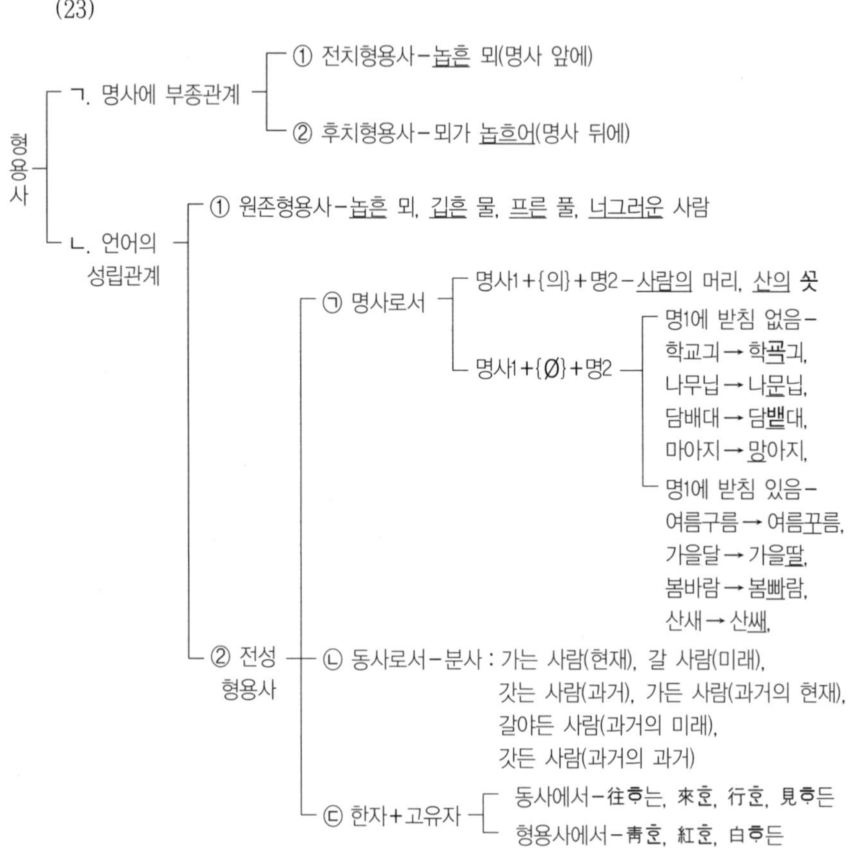

(23)ㄱ은 명사를 중심으로 하여 문장 속에서 형용사가 놓인 위치에 따라 나눈 것이다. 이것은 기능이나 뜻에 의한 분류가 아니고 낱말 배열 순서에 따라 분류한 것으로 ① 전치형용사는 형용사의 관형사형이 체언을 한정하는 경우 체언 앞에 놓이는 것을 보인 것이고, ② 후치형용사는 형용사가 서술어로 쓰인 경우 체언 뒤에 놓인 예를 보인 것이다. (23)ㄴ은

형태구조적인 특징 관계로 보아서 나눈 것으로 문장에서 관형어로 쓰인 문장성분을 모두 형용사로 처리한 것이다. 그리고 ① 원존형용사는 형용사로 처리될 수 있으나 ② 전성형용사는 형용사의 갈래가 아니다. 유길준의 이러한 처리는 품사분류에서 관형사를 독립된 품사로 설정하지 않고, 체언을 한정하는 관형어 역할 하는 말은 모두 형용사로 처리하였기 때문에 <사람의, 산의>를 형용사로 처리하게 되었다. 그러므로 ② 전성형용사는 뒷날 형용사의 종류에서 제외되었다.

그 외『대한문전』(74~78)에서 형용사는 그 활용에 따라 기절을 낳고, 변체를 이룬다고 하였는데, 이것은 형용사의 시제나 어미활용에 해당하는 것이므로 형용사의 하위분류는 아니다.

『대한문전』의 형용사 분류는 문법적으로는 별 의미가 없을 뿐 아니라, 형용사의 범위가 정확하게 이루어지지 않았기 때문에 일정한 기준 아래 분류되지는 못했다.

그러나 초기의 우리 문법에서 형용사의 하위분류를 시도했다는 것은 국어학 연구사적인 면에서는 그 의의가 있다고 하겠다.

3.6. 접속사의 성립과 분류

3.6.1. 접속사의 성립

유길준이『대한문전』에 성립시킨 '접속사'는『조선문전』에서 설정한 '접속사'와 '후사'를 묶어서 독립된 품사 '접속사'로 성립시킨 것이다.

그러면『조선문전』과『대한문전』에 설정한 접속사와 후사의 뜻매김과 그 <보기말>을 간추려 보이면 다음과 같다.

> (24) 접속사~어(語) 혹 구(句)를 접속ᄒᆞᆫ 사(詞)를 위(謂)홈.
>   <보기> ㄱ. 와, 과, 의, 마는

    ㄴ. 니와
    ㄷ. 다못, 및, 그러ᄒ나, 즉, 고로13)

(『조선문전』: 24ㄴ~15ㄱ)

(25) 후사~명사의 후에 부(附)ᄒ야 그 상하 사의 관계를 시(示)ᄒᄂᆫ 자.
    <보기> 이, 가, 은, ᄂᆫ / 을, 를 / 에, 에ᄂᆫ 에다, 에게, 에루 / 으로,
    을ᄂᆫ

(『조선문전』: 22ㄱ~24ㄱ)

(26) 접속사~언어의 중간에 삽입하여 전후 승접하며, 상하 연속하여 그
    뜻을 상통하는 어이라.
    <보기> ㄱ. 가, 이, ᄂᆫ, 온 / 올, 롤 / 에, 에루, 로, 부터, 도 / 의 / 와
        ㄴ. 면, 언정, 나14)
        ㄷ. 고로

(『대한문전』: 78~82)

『조선문전』에 설정한 접속사의 뜻매김을 (24)에서 보면, 어떤 낱말이나 구를 잇는 말로 풀이하여 얼핏보면 '접속사'만을 이르는 것 같으나 <보기말>을 보면 그렇게 간단한 것이 아니다.

(24)ㄱ은 조사이고, (24)ㄴ은 "-거니와"의 뜻을 가진 접속어미이고, (24)ㄷ만이 순수 접속사에 해당하는 말이다. 그러므로 『조선문전』에 설정한 접속사는 앞의 말과 뒤의 말을 이어주는 일을 하는 형태소를 모두 합하여 독립된 품사로 설정한 것임을 알 수 있다.

또 (25)에서 보인 '후사'의 뜻매김을 보면, 명사 뒤에 붙어서 앞뒤 성분의 관계를 나타내는 품사를 이르는 것으로 이는 다른 품사의 뒤에 놓이기 때문에 '후사'라 하였는데, 그 <보기말>을 보면 대부분이 오늘날의 격조사에 해당하는 말임을 알 수 있다.

---

13) "다못"은 "다만"에 해당하는 제주도·전라도 방언의 접속사이고, "고로"는 "그러므로, 그런 까닭"에 해당하는 접속사이다.
14) "나"는 접속조사 또는 접속어미에 두루 쓰이는 형태소이다.

『대한문전』에서는 '접속사'의 뜻매김을 다시 하고 그 <보기말>을 보였다.

(26)에 보인 접속사의 뜻매김과 <보기말>은 『조선문전』에 나타난 (24) 접속사의 뜻매김과 <보기말>, (25) 후사의 뜻매김과 <보기말>을 묶어서 다시 다듬은 것임을 알 수 있다.

(26)ㄱ은 (24)ㄱ과 (25)를 계승한 것으로 여러 가지 조사에 해당하는 것이고, (26)ㄴ은 (24)ㄴ을 계승한 것으로 접속어미에 해당하는 것이고, (26)ㄷ은 (24)ㄷ을 계승한 것으로, 이것만이 접속사에 해당하는 <보기말>이다.

유길준이 『대한문전』에 성립시킨 '접속사'는 전기 『조선문전』에서 설정한 후사와 접속사를 계승하여 독립된 품사로 설정한 데서 이루어진 것이다. 그러나 전기의 '접속사'는 별로 계승하지 않고 주로 '후사'를 계승한 것으로 오늘날의 조사에 해당하는 품사이다.

3.6.2. 접속사의 분류

이미 앞의 장에서 밝힌 바와 같이 유길준이 『대한문전』에 설정한 접속사는 『조선문전』의 후사와 접속사를 합쳐서 하나의 품사로 성립시킨 것이므로, 『조선문전』에서의 접속사 분류는 후사의 분류와 접속사의 분류로 나누어 살피기로 한다.

3.6.2.1. 후사의 분류

『조선문전』(22ㄱ~24ㄱ)에서 후사는 명사의 뒤에 붙어서 그 위 아래의 관계를 보이는 것이라 하고, 이 후사는 명사의 자격을 정하나니, 그 자격은 주격(主格)과 빈격(賓格)이라 하고 <보기말>을 보였다. 또 후사는 명사의 체세(體勢)를 정하여 주니, 그 체세는 지체(止體)와 동체(動體)라 하고 지체는 남의 움직임을 받지 아니하는 것을 이름이요, 동체는 남의 움직임을 받는 것을 이름이라 하고 <보기말>을 들었다. 이것을 간추려 표로 만들어 보이면 다음과 같다.

(27)

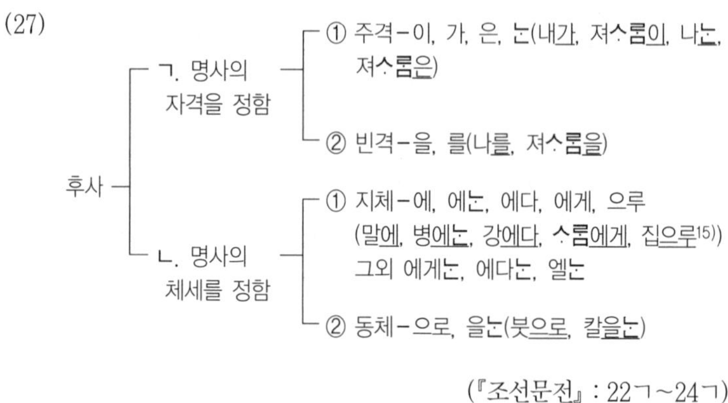

(『조선문전』 : 22ㄱ~24ㄱ)

　(27)에서 보인 후사는 오늘날 일부 격조사에 해당하는 것이므로 후사의 종류는 결국 격조사의 일부를 분류해 놓은 것이라 하겠다.

　(27)ㄱ에서 ① {이, 가, 은, 논}은 앞의 체언을 주어로 만들어 주는 조사이고, ② {을, 를}은 앞의 체언을 목적어로 만들어 주는 조사이다. 이것을 구별하여 분류한 것은 매우 탁견이며, 우리말에 격(case)이 있음을 설명한 최초의 문법이라 할 수 있겠다. 그러나 (27)ㄴ의 ①은 대체로 위치격조사에 해당하는 것이고 ②는 방편격조사에 해당하는 것이다. 비록 ①과 ②를 일정한 기준 아래 명확하게 구분하지는 못했지만 당시에 이러한 분류를 시도했다는 점에서 그 의의를 찾을 수 있겠다.

3.6.2.2. 접속사의 종류

　『조선문전』(24ㄴ~25ㄱ)에서 접속사는 낱말(단어) 또는 구를 접속하는 품사를 이르니, 이를 3종으로 나누어서 순체접속사, 반체접속사, 연체접속사

---

15) 유길준은 "으루"는 처소에 관한 것에 쓰고 "으로"는 사물에 관한 것에 쓰는 것으로 구별하여 사용하였다.

라 하고, 순체접속사는 아래 위의 낱말 또는 구를 접속하기만 하고 그 의미는 접속하지 아니하는 것이고, 반체접속사는 아래 위 낱말 또는 구를 접속하는 가운데 의미를 서로 반대되게 하는 것이고, 연체접속사는 아래 위의 낱말 혹은 구를 접속하여 그 의미를 서로 이어지게 하는 것이라 뜻매김하고 <보기말>을 들었다. 이것을 간추려 표를 만들어 보이면 다음과 같다.

(28)

접속사
- ㄱ. 순체접속사-와, 과, 밋, 다못, 의, 등
- ㄴ. 반체접속사-마는니와, 그러ᄒ나
- ㄷ. 연체접속사-즉, 고로

(『조선문전』: 24ㄴ~25ㄱ)

(28)에서 분류한 접속사의 종류는 그 분류기준이 분명하지 않으나 뜻에 의하여 구분한 것 같다. 이것은 문법적으로 큰 의의는 없지만 글의 내용을 파악하는 데는 도움이 될 것이다. 이러한 분류는 유길준의 독창적인 분류로『일본문전』과도 완전히 다르다.16)

그러나 (28)에서 보인 접속사는 접속조사와 접속어미, 본디접속사 등이 한데 어울려진 것으로 순수접속사를 분류한 것이라고는 할 수 없지만 이들이 모두 아래 위의 낱말을 이어준다는 공통점이 있으므로 이를 접속사라 하고, 분류한 것으로 보인다. 이는 유길준의 접속사 범위의 잘못 설정으로 인한 것이다.

『대한문전』(78~82)에서 분류한 접속사는『조선문전』의 후사 분류와 접속사 분류를 합처서 계승한 것이다. 여기서 접속사는 그 포함하는 의미를 따라 4종으로 나누니, 정체접속사, 연체접속사, 순체접속사, 반체접속사라 하였다.

그리고 정체접속사는 명사의 아래에 붙어서 그 체격을 정하는 낱말이라 하였고, 연체접속사는 언어의 중간에 놓여서 명사 혹은 어구를 연결하고

---

16)『일본문전』과의 대조는 강복수(1975 : 81)의 도표를 참조할 것.

전어(全語)의 의미는 상통치 아니하는 자라 하였고, 순체접속사는 아래 위의 낱말 혹은 구를 순접하여 그 의미를 상통하는 자라 하였고, 반체접속사는 아래 위 낱말 혹은 구를 접속하면서 그 의미를 상반케 하는 자라고 뜻매김하고 <보기말>을 들었다. 이것을 간추려 표로 만들어 보이면 다음과 같다.

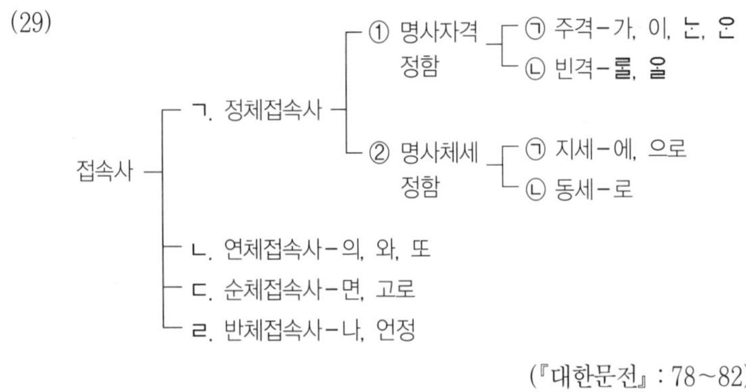

(『대한문전』: 78~82)

(29)ㄱ은 (27)의 후사 분류를 그대로 계승한 것인데, 유창균(1988 : 345)에서 (29)ㄱ의 ①은 바로 위의 격을 의미하는 것인데, 격과 접속사와의 관계가 분명하지 아니하니, 한편에서는 {-가, -을}이 명사의 격으로 처리하면서, 한편에서는 독립된 품사의 자격을 부여받았다고 하였다. 이러한 것은 유길준이 다른 나라 문법을 우리말에 적용하면서 고민한 흔적으로 볼 수 있겠다.

그리고 (29)ㄴ, ㄷ, ㄹ은 (28)의 접속사 분류를 계승한 것이지만 (29)ㄴ은 (28)ㄱ을 그대로 계승한 것이고, (29)ㄷ은 (28)ㄷ을, (29)ㄹ은 (29=8)ㄴ을 그대로 계승한 것이다. 이것은 바로 (28)ㄱ의 순체접속사는 (29)ㄴ의 연체접속사로 계승되었고, (28)ㄷ의 연체접속사는 (29)ㄷ의 순체접속사로 계승되어 (28), (29)의 연체접속사와 순체접속사의 뜻매김과 <보기말>이 바뀐 셈이다. 이렇게 된 정확한 경위는 알 수 없지만 유길준이 접속사의 하위분류에서도 많은 시행착오가 있었음을 보여주는 것이다.

어떻든 (29)의 접속사 하위분류 체계는 뒷날 조사, 어미, 접속부사로 분리되어 다시 체계 세워지게 되었다. 특히 (29)ㄱ을 접속사에 넣어 처리한 것은 오히려 자신의 문법을 퇴보시킨 결과를 가져왔다고 할 수 있겠다. 그리고 이 접속사의 하위분류도 문법적으로는 별 의미를 갖지 못한다고 하겠다.

3.7. 첨부사의 성립과 분류

3.7.1. 첨부사의 성립

유길준이 『대한문전』의 '언어론'에 성립시킨 '첨부사'는 그의 전기 문법 책인 『조선문전』에 '부사'로 설정한 것을 그대로 계승한 것이다.

그러면 『조선문전』에 설정한 부사와 『대한문전』에 성립된 첨부사의 뜻매김과 <보기말>을 간추려 보이면 다음과 같다.

(30) 부사~동사, 형용사 또는 타 부사에 첨부ᄒ야 그 의미를 명상(名狀)ᄒᄂ17) 사(詞)룰 위홈.
    <보기> ㄱ. ᄌ못, 믄득, 시러곰, 모름직, (말)갓치, (나ᄂ)다시, (오ᄂ)득히.
        ㄴ. 쌀니, 甚히.
        ㄷ. 쌀으게, 正直ᄒ게.
        ㄹ. ᄯᅢ로, 집에
        ㅁ. (풀은) 디로
        ㅂ. (개) 쳐름
        ㅅ. (브그) 스름

(『조선문전』: 19ㄴ~20ㄱ)

---

17) '명상(名狀)'은 '물건의 형상을 말하여 나타낸다'는 뜻.

(31) 첨부사~동사, 형용사 또 첨부사에 첨부하여 그 어의를 한정ᄒᆞᄂᆞᆫ 자.
　　　<보기>　ㄱ. 자못, 자조, 매오, 문득, 모롬직히, 시러곰, (소)갓히,
　　　　　　　　　(쒸는)득히, (나는)다시.
　　　　　　　ㄴ. 쌜히, 놉히, 甚히
　　　　　　　ㄷ. 놉게, 甚ᄒᆞ게.
　　　　　　　ㄹ. 째로, 집에
　　　　　　　ㅁ. (프른)대로
　　　　　　　ㅂ. (말)처름
　　　　　　　ㅅ. (붉으)스름

(『대한문전』 : 83~88)

(30)의 '부사'와 (31)의 '첨부사'의 뜻매김과 <보기말>을 비교해 보면, (30)에서 '부사'라 하던 것을 (31)에 와서는 '첨부사'라 하였을 뿐 그 뜻매김과 <보기말>은 큰 차이가 없다. 다만 (30)에서 "의미를 명상ᄒᆞᄂᆞᆫ"을 (31)에서 "어의를 한정ᄒᆞᄂᆞᆫ"으로 고쳤을 뿐이다.

두 문법 저서에 나타난 <보기말>을 살펴보면, (30)ㄱ, (31)ㄱ은 본디 부사이고, (30)ㄴ, (31)ㄴ은 파생부사이고, (30)ㄷ, (31)ㄷ은 임시적 자격변동으로 인하여 문장에서 부사어로 쓰이는 것으로 형용사의 부사형이며, (30)ㄹ, (31)ㄹ은 명사와 조사가 결합한 꼴로 문장에서 부사어로 쓰이는 것이고, (30)ㅁ, (31)ㅁ은 의존명사이고, (30)ㅂ, (31)ㅂ은 조사이고, (30)ㅅ, (31)ㅅ은 어미 "-스름하다"의 "-하다"가 줄어진 꼴을 부사로 처리한 것이다.

그러므로 (30)ㄱ, ㄴ과 (31)ㄱ, ㄴ을 제외하고는 모두 부사가 될 수 없는 것들이다. 이러한 것은 뒷날 다른 사람에 의하여 수정되게 되었다.

유길준이 『대한문전』에서 '첨부사'라 한 것은 『조선문전』의 '부사'를 그대로 계승한 것으로, 문장에서 부사어로 쓰일 수 있는 말을 독립된 품사로 설정한 데서 이루어졌다고 하겠다.

3.7.2. 첨부사의 분류

『조선문전』(20ㄴ~21ㄴ)에서 부사(>첨부사)에는 정격과 변격의 체(형태)가 있다고 하고, 정격부사는 그 원체를 변치 아니하는 자라 뜻매김하였고, 변격부사는 뜻매김은 하지 않고 그 형태가 4갈래가 있다고 하였다. 이것을 간추려 표로 만들어 보이면 다음과 같다.

(32)

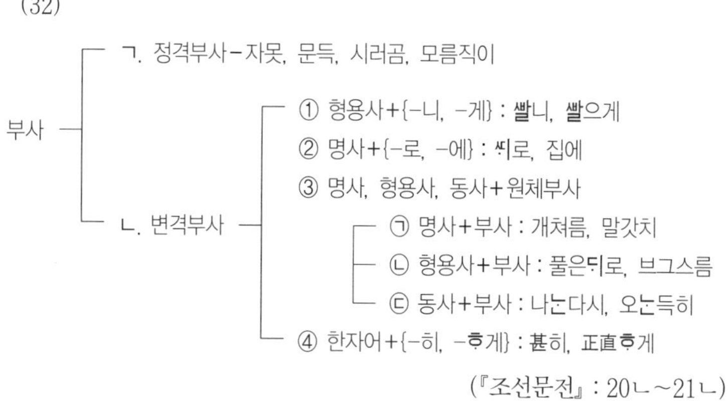

(『조선문전』 : 20ㄴ~21ㄴ)

(32)에서 부사를 하위분류하면서 그 기준을 설정하지도 않고 정격부사와 변격부사로 나눈 것은 『일본문전』에서 부사를 정용부사와 변용부사로 나눈 것을 그대로 적용한 것 같다.[18]

(32)ㄱ은 그 본디 체를 바꾸지 아니하는 것이므로 분디부사이나, (32)ㄴ은 형태구조적인 특징 관계를 보인 것으로, 이것은 부사가 아니고 문장에서 부사어로 쓰일 수 있는 문장성분에 해당하는 말이다. 그러므로 『조선문전』에서 부사의 하위분류는 결국 부사와 부사어를 구별하는 결과를 가져왔다. 그리고 (32)ㄴ의 하위분류는 부사어의 형태적 짜임을 보인 것이므로 문법적인 분류가 아니다. 그러므로 하위분류에서는 별 의미가 없

---

18) 강복수(1975), 앞의 책, 81쪽 도표 참조.

다고 하겠다.

『대한문전』(84~88)에서는 첨부사(<부사)는 그 성립하는 체재에 따라 정격첨부사와 변격첨부사의 2종이 있다고 하고, 정격첨부사는 1개 어를 특자(特自) 성립하는 자라 뜻매김하고 <보기말>을 들었다. 그리고 변격첨부사는 타부문의 어로서 변하여 첨부사를 성하는 자라고 뜻매김하고, 여기에는 4종류가 있음을 밝혔다. 이것을 간추려 표로 만들어 보이면 다음과 같다.

(33)

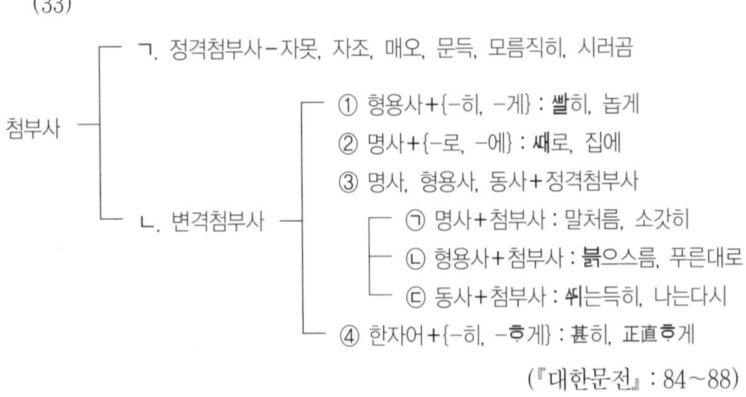

(『대한문전』: 84~88)

(33)의 첨부사 하위분류는 (32)의 부사 하위분류를 그대로 계승하고 있음을 알 수 있다. 다만 (32)에서는 부사의 하위분류 기준을 제시하지 않고 분류했으나, (33)에서는 첨부사의 분류기준을 '성립하는 체재에 따라……'라 하여 그 분류기준을 먼저 설정하고 분류한 것이 다르나 이것은 발전적이라 할 수 이다.

그러나 (32)ㄱ과 (33)ㄱ의 뜻매김을 비교해 보면, (32)ㄱ은 '그 원체를 변치 아니하는 자'라 하고, (33)ㄱ은 '1개 어를 특자 성립하는 자'라 하여 그 뜻매김이 오히려 어렵게 되어 있다. 또 (32)ㄴ은 뜻매김을 하지 않았으나 (33)ㄴ은 뜻매김을 하고 그 체계는 (32)ㄴ을 그대로 계승하였다. 다만 (32)ㄴ의 ①에서는 형용사 뒤에 결합되는 형태소가 {-니, -게}인데,

(33)ㄴ의 ①에서는 그 연결되는 형태소가 {-히, -게}로 바뀌었는데, 이러한 것은 아마 표기법의 변천에 따라 <쌜니>가 <쌜히>로 바뀐 것이 아닌가 한다.

그러나 유창균(1988 : 349)에서 (32)ㄴ과 (33)ㄴ은 품사의 단위와 문장 성분의 단위를 혼동하여 한 품사로 처리한 것은 그 분석 방법이 일정하지 않다는 것을 의미하는 동시에 품사론과 통사론의 관계를 분명히 구별하지 못했다는 것을 의미한다고 하였다.

어떻든 (32), (33)과 같은 하위분류는 단지 부사 또는 첨부사의 형태가 어떻게 이루어졌는가에 따라 분류한 것에 지나지 않으므로 문법적인 하위분류로는 별 의미가 없다고 하겠다. (32)ㄴ과 (33)ㄴ 같은 것은 뒷날 부사에서 덜어내고 정격부사만을 가지고 하위분류하게 되었다.

3.8. 감동사의 성립과 분류

3.8.1. 감동사의 성립

유길준이 『대한문전』에 성립시킨 '감동사'는 처음 『조선문전』에서는 '감탄사'로 설정한 것을 그대로 계승한 것이다.

『조선문전』의 '언어론'에 설정한 '감탄사'와 『대한문전』의 '언어론'에 계승한 '감동사'의 뜻매김과 <보기말>을 간추려 보이면 다음과 같다.

> (34) 감탄사~희로애락(喜怒哀樂) 및 경탄 등의 감정을 나타내는 사(詞)
> 를 위(謂)홈.
> <보기> 어, 아, 음, 허, 하, 앗쳐, 잇기
>
> (『조선문전』 : 25ㄱ)

> (35) 감동사~사람의 촉발하는 감동을 표시하는 어.

<보기> 어, 하, 음, 앗차, 잇기
이들은 희로애경(喜怒哀驚) 등의 감장을 발표ᄒ는 자이라. 고로 왈
감동사라 ᄒ나니라.

(『대한문전』: 88)

(34), (35)를 견주어 보면, (35)의 감동사는 (34)의 감탄사를 바꾼 것이고, (34)의 뜻매김을 (35)에서는 간결하게 한 후 다시 보충하여 설명하는 방법을 취하였을 뿐 큰 차이는 없다. 그리고 (34)의 <보기말>에서 "아/어, 허/하"의 변이형태를 (35)에서는 "어, 하"로 하였을 뿐 달라진 것이 없다.

그러므로 『대한문전』에서 성립시킨 '감동사'는 『조선문전』에서 설정한 '감탄사'를, 용어를 바꾸고 뜻매김과 <보기말>을 간결화한 데서 이루어진 것으로 사람의 여러 가지 감정을 나타내는 말로 문장에서 독립어로 쓰일 수 있는 말을 독립된 품사로 처리한 것이다.

3.8.2. 감동사의 분류

『조선문전』(25ㄱ)에서는 감탄사(>감동사)는 희로애락 및 경탄 등의 감정을 나타내는 품사를 이른다 하고 <보기말>을 보인 후 그 감정에 따른 분별은 읽는이가 스스로 깨칠 것이라 하여, 감탄사의 하위분류는 하지 않았다.

『대한문전』(88~89)에서는 '감동사의 종류'라는 단원을 설정하고 감동사(<감탄사)는 사람의 희로애경 등 모든 감정을 나타내는 낱말이므로 반드시 각 절에 쓰는 특별한 말이 있으니, 동일한 말로써 음조의 저앙억양(低昻抑揚)에 의하여 서로 통용하는 자가 많으니 이것은 남자(覽者)가 참량(參量)하면 가히 알 것이므로 이에 생략한다 하여 구체적으로 분류하지는 않았다.

이것을 보면 그 무렵 주시경의 『국문문법』(1905?)의 '경각'이나 『국어문법』(1909)의 '놀기'의 하위분류도 하지 않았다.[19] 이러한 현상은 아마도 하위분류할 필요성을 느끼지 못했기 때문이라 생각된다.

4. 마무리

지금까지 살핀 내용을 간추려 정리하면 다음과 같다.

4.1. 품사의 설정

유길준이 『조선문전』(1904?)에 설정한 8품사(명사, 대명사, 동사, 형용사, 부사, 후사, 접속사, 감탄사)는 영어문법의 영향을 받은 『일본문전』(1876)을 그대로 우리말에 적용한 것이지만, 우리나라 사람으로서 최초로 국어의 품사분류를 시도했다는 데서 그 의의를 찾을 수 있다.

그러나 『대한문전』(1909)에 성립시킨 8품사(명사, 대명사, 동사, 조동사, 형용사, 접속사, 첨부사, 감동사)는 『조선문전』의 품사분류 체계를 고치고, 국어의 특질을 고려하여 품사분류를 다시 하여 성립시킨 것으로 뒷날 국어 품사분류에 직접 또는 간접적으로 많은 영향을 미쳤으므로 국어학 연구사에서 그 의의가 있다고 하겠다.

4.2. 각 품사의 성립과 분류

4.2.1. 각 품사의 성립

1) 명사 : 명사는 문장에서 여러 가지 문장성분으로 쓰일 수 있는 낱말로 ① 사물의 이름을 나타내는 낱말과 ② 수량을 나타내는 낱말과 ③ <용언의 어간+{-(으)ㅁ, -기, -지, -치, -피}>로 된 꼴을 묶어서 하나의 품

---

19) 최낙복(1991), 주시경 문법의 연구, 문성출판사, 153쪽 참조.

사로 처리한 데서 이루어진 것이다.

2) 대명사 : 대명사는 ① 사람이나 사물의 이름을 대신하는 낱말과 ② 항상 관형어에 매이어 쓰이는 낱말인 "바, 거"를 묶어서 하나의 품사로 처리한 데서 이루어진 것이다.

3) 동사 : 동사는 ① 움직임을 나타내는 낱말의 어간과 ② 그 어간에 여러 가지 어미가 결합한 꼴과 ③ 상태를 나타내는 낱말의 어간에 붙는 여러 가지 어미를 묶어서 하나의 독립된 품사로 처리한 데서 이루어진 것이다.

4) 조동사 : 조동사는 『조선문전』에서는 동사의 한 부분이던 것을 『대한문전』에서는 독립된 품사로 설정하였다. 이것은 움직임이나 상태, 성질을 나타내는 낱말의 어간에 붙어 쓰이는 형태소인 선어말어미와 어말어미들을 묶어서 하나의 품사로 처리한 데서 이루어진 것인데, 뒷날 독립된 품사에서 빠지게 된다.

5) 형용사 : 형용사는 ① 사물의 성질이나 상태를 나타내는 낱말의 원형과 ② 그 낱말의 관형사형 ③ 움직임을 나타내는 낱말의 관형사형, ④ 문장에서 <체언1＋체언2>으로 쓰이는 경우 앞의 체언1 등을 묶어서 하나의 독립된 품사로 처리한 데서 이루어진 것으로, 이는 다른 말을 한정하는 것은 형용사로 처리한 데서 이루어진 것이다.

6) 접속사 : 접속사는 『조선문전』의 '후사, 접속사'를 묶어서 『대한문전』에서는 접속사로 처리한 것으로, ① 자립성이 있는 말에 붙어 그 말과 다른 말과의 관계를 나타내는 낱말과 ② 용언의 뒤에 붙어서 문장을 연결해 주는 접속어미, ③ 앞 문장의 뜻을 뒷 문장에 이어주는 구실을 하는 낱말의 일부 등을 묶어서 하나의 품사로 처리한 데서 이루어진 것으로 주로 ①이 이에 속한다.

7) 첨부사 : 첨부사는 『조선문전』에서 부사라 하던 것을 『대한문전』에서는 첨부사로 고친 것으로 문장에서 용언이나 부사를 수식하는 말로 부사어로 쓰일 수 있는 말을 하나의 품사로 처리한 것이다. 이에는 ① 본디 부사, ② 형용사에서 파생된 부사, ③ 형용사의 부사형, ④ <명사＋부사

격조사>로 된 어절, ⑤ 일부의 조사, 의존명사, 어미 등을 묶어서 하나의 품사로 처리한 데서 이루어진 것이다.

8) 감동사 : 감동사는『조선문전』에서 감탄사라 이르던 것인데, 사람의 여러 가지 감정을 나타내는 말로, 문장에서 독립어로 쓰일 수 있는 낱말을 하나의 품사로 처리한 데서 이루어진 것이다.

4.2.2. 각 품사의 분류

유길준 문법의 8품사 설정은 다른 나라 문법을 적용하여 우리말의 품사 분류를 시도했으나, 그 하위분류는 우리말의 특징을 고려하여 분류하였기 때문에 다른 나라 문법의 품사 하위분류와 완전히 일치하지 않는다. 이는 큰 발전이라 할 수 있다.

그런데 일반적으로 문법의 분류는 주로 꼴(형태)과 구실(기능)에 따라 분류하는 것이 원칙인데, 유길준의 품사 하위분류는 동사의 하위분류와 후사의 하위분류(>정체접속사의 하위분류)를 제외하고는 거의 뜻(의미)에 따라 이루어졌기 때문에 문법적으로는 큰 의의를 갖지 못한다고 하겠다.

그러나 우리 문법의 형성 초기에 품사 하위분류를 체계적으로 시도하여 그 전체적인 완성을 보았다는 데서 그 역사적 의의는 높이 평가되어야 할 것이다.

특히 대명사의 하위분류는 관계대명사만 덜어내면 수준 높은 분류를 하였다고 할 수 있겠다.

이제 두 저서에 나타난 8품사의 하위분류 과정을 도표로 간추려 보이면 다음과 같다(빈 칸은 분류하지 않은 것임).

품사＼책	조선문전	대한문전
명 사	명사–뜻 ┬ 보통명사 ┬ 무형명사 / └ 변체명사 / └ 특별명사	명사–성질 ┬ 특립명사 / ├ 보통명사 / └ 변화명사
대명사	대명사 ┬ 보통대명사 ┬ 사물 / └ 처소 ─ 근칭, 중칭, 원칭 / ├ 인대명사 ┬ 1인칭(자칭) / ├ 2인칭(대칭) / └ 3인칭(타칭) – 근칭, 중칭, 원칭 / ├ 문대명사–사람, 사물, 처소, 시일 / ├ 지시대명사 / └ 관계대명사–의사, 형체	대명사 ┬ 인대명사–자칭(1인칭), 대칭(2인칭), 타칭(3인칭), 부정칭 / ├ 지시대명사 ┬ 사물 / ├ 처소 ┬ 근칭, 중칭 / └ 방향 └ 원칭, 부정칭 / ├ 문대명사–사람, 사물, 처소, 방향, 시일 / └ 관계대명사–순전,혼성
동사	동사 ┬ 성질–자동사, 타동사 / ├ 관계–주동사, 피동사 / └ 변화–정격동사, 변격동사	동사–성질 ┬ 자동사 / └ 타동사–형식 ┬ 주동사 / └ 피동사
조동사	(조동사) ┬ 기절–현재, 과거 ,미래 / ├ 계단–합속단, 연쇄단 중지단, 종결단 / ├ 의사–욕정, 긍정, 필요, 결정 명령, 청구, 의상, 의문 / └ 체재–존경,겸공	조동사 ┬ 기절 ┬ 각절고유–현재, 미래, 과거 / └ 각절통용 / ├ 계단–합속단, 연쇄단 중지단, 종결단 / └ 의사–욕정, 필요, 명령, 역사, 의상, 의문, 존경, 겸공
형용사	형용사–	형용사 ┬ 명사에 부종 ┬ 전치형용사 / └ 후치형용사 / └ 언어 성립 ┬ 원존형용사 / └ 전성형용사

책 품사	조선문전	대한문전

접속사	후사 ┬ 명사자격 – 주격, 빈격
	    └ 명사체세 – 지체, 동체
	
	접속사 ┬ 순체접속사
	    ├ 반체접속사
	    └ 연체접속사
		접속사 ┬ 정체접속사 ┬ 명사자격
		            │ – 주격, 빈격
		            │ └ 명사체세
		            │ – 지세, 동세
		         ├ 연체접속사
		         ├ 순체접속사
		         └ 반체접속사

첨부사	부사 ┬ 정격부사
	    └ 변격부사
		첨부사 ┬ 정격첨부사
		     └ 변격첨부사

감동사	감탄사	감동사

참고문헌

Ⅰ. 자료

김규식(1908?), 대한문법(역대 한국 문법 대계 Ⅰ-5, 탑출판사, 1977).

김희상(1909), 초등 국어어전(역대 Ⅰ-6, 1986).

김희상(1911), 조선어전(역대 Ⅰ-7, 1977).

유길준(1904?), 필사 조선문전(역대 Ⅰ-39, 1986).

유길준(1909), 대한문전(역대 Ⅰ-2, 1979).

주시경(1905?), 국문문법(역대 Ⅰ-39, 1986).

주시경(1906), 대한문법(역대 Ⅰ-3, 1986).

주시경(1909?), 원고본 국어문법(한힌샘 연구, 3, 한글학회, 1990).

주시경(1910), 국어문법, 박문서관.

주시경(1911), 조선어문법, 박문서관.

최광옥(1908), 대한문전(역대 Ⅰ-2, 1979).

高橋亨(1909), 한어문전(역대 Ⅱ-14, 1979).

前間恭作(1909), 한어통(역대 Ⅱ-13, 1977).

H. G. Undefwood(1890), 한영문법(역대 Ⅲ-3, 1977).

Ⅱ. 논문 및 저서.

강복수(1975), 국어문법사 연구, 형설출판사(증보판, 1978).

고영근(1983), 국어문법의 연구, 탑출판사.

권재선(1987), 국어학 발전사(현대 국어학), 한국고시사.

김민수(1960), 국어문법론 연구, 통문관.

김민수(1974), 신 국어학사, 일조각.

김석득(1983), 우리말 연구사, 정음문화사.

김형주(1991), 국어학사, 형설출판사.

박지홍(1977), "유길준의 『조선문전』", 『어문교육논집』 2집, 부산대 국어교육과.

유창균(1988), 국어학사, 형설출판사.

이광린(1992), 유길준(근대 인물 한국사 206), 동아일보사.

이광정(1983), 국어 품사분류의 역사적 발전에 관한 연구, 한신문화사.
최낙복(1989), 주시경 말본의 형태론 연구, 동아대 박사 논문.
최낙복(1991), 주시경 문법의 연구, 문성출판사.
최낙복(1994), "유길준 문법의 품사설정", 『국어국문학』 13집, 동아대 국어국문학과.
최낙복(공편)(1995), 국어학사전, 한글학회.
최낙복(1995), "유길준 문법의 조동사", 『국어국문학』 14집, 동아대 국어국문학과.
최현배(1937), 우리말본, 연희전문학교 출판부.
허 웅(1983), 국어학, 샘문화사.

(발표 : 『언어와 언어교육』 제10집, 동아대학교 어학연구소, 1995)

유길준 문법의 통어론

1. 머리말

유길준(1856~1914)은 일본 경응의숙(慶應義塾)과 미국 덤머고등학교에서 수학한 다음 유럽의 여러 나라를 시찰하고 돌아와서 개화기에 활동한 개화파의 한 사람으로 널리 알려져 있다. 그리고 그는 우리나라 사람으로서는 최초로 국어문법 저서를 낸 사람으로도 국어학계에는 알려져 있다(김민수, 1974 : 97).

그러나 그는 학계에서 활동하지 않고 정치에 깊이 참여하였기 때문에 그의 학맥은 끊어지고 말았지만, 필사본『조선문전』(1984 이전)류에서부터 활판본『대한문전』(1909)을 간행하기까지 무려 8번이나 고쳐 썼다고 밝히고 있으므로(유길준, 1909 : 1) 그의 국어문법에 대한 연구는 꾸준히 계속되고 있었음을 알 수 있다.

그런데 지금까지 유길준의 문법에 대한 연구는 김민수(1957), 박지홍(1977), 최낙복(1994, 1995ㄱ, ㄴ, 1998)이 고작이다. 그것도 김민수(1957)는 서지학적 측면에서 밝힌 논증이고, 박지홍(1977)은 유길준의 필사본『조선문전』(1904 이전)을 교정하고 주석을 붙인 것이며, 최낙복(1994, 1995ㄱ, ㄴ, 1998)은 모두 형태론을 대상으로 한 논문들이다. 그러므로 유길준 문법의 통어론을 대상으로 하여 살핀 논문은 거의 없었다.

이 글은 유길준의 『대한문전』(1909)에 나타나는 "문장론" 단원을 대상으로 하여 문장성분의 설정, 결합, 배열, 생략과 문장의 부분, 종류를 살펴서 유길준 문법의 통어론 형성과정의 연구에 도움을 주고, 나아가 유길준 문법의 체계화와 국어문법 연구사를 정립하는 데 기틀을 마련하고자 하는 것이 그 목적이다.

2. 문장성분의 설정

유길준의 문법에서 설정한 문장성분을 살펴보면, 『조선문전』류에서는 주어, 설명어, 목적어, 수식어의 4종류로 설정하였으나 『대한문전』에서는 문장성분에 해당하는 용어를 "문장의 본원"이라 하고, "문장의 본원은 문장 조직상 필요한 언어의 부분을 이른다(1909 : 91)고 뜻매김한 후 문장성분의 종류에는 문전류에서 설정한 '주어, 설명어, 목적어, 수식어' 외에 "보족어"를 첨가하여 5종류로 설정하였다. 그리고 '주어, 설명어, 목적어'는 그 형식과 성질에 따라 다시 하위분류하였으나 수식어는 오늘날과 같이 관형어와 부사어로 다시 나누지 않았으며, 독립어는 설정하지도 않았다.

그리고 아무리 간단한 문장이라도 주어와 설명어가 없는 것은 성립할 수 없다(1909 : 91)고 하였는데, 이것은 주어와 설명어가 문장을 이루는데 꼭 필요한 주성분임을 의식한 것이다. 그러나 문장성분을 주성분과 부속성분으로 나누지 않고 같은 위치에 놓고 설명하였다. 유길준 문법의 이러한 문장성분 설정과 설명방법은 일본문법의 적용에서 이루어진 것으로 전해지고 있다. 그 증거로 강복수(1975 : 83~84)에 의하면 유길준의 여러 가

지『조선문전』류에 나타나는 문장성분의 종류와 차례는 일본 大槻文彦의
『廣日本文典』(1897)에 설정한 문장성분의 차례와 그 설명 내용이 일치한다
고 하였는데, 그 종류와 차례를 대조시켜 보이면 다음과 같다.

(1)   『조선문전』   『廣日本文典』
　　　ㄱ. 주어, 설명어 ──────────────── ㄱ. 주어, 설명어
　　　ㄴ. 객어　　　 ──────────────── ㄴ. 객어
　　　ㄷ. 수식어　　 ──────────────── ㄷ. 수식어

　(1)에서 설정한 문장성분의 종류와 개수, 및 벌린 차례가 모두 일치하
며, (1)ㄱ에서 주어와 설명어를 묶어서 설명한 것이나, (1)ㄷ에서 수식어
를 다시 둘로 나누지 아니한 것까지 모두 일치하고 있음을 알 수 있다. 그
리고 권재선(1987 : 632)에서도『대한문전』(1909)에서는 종전에 설정한 4종
류의 문장성분에 "보족어"를 추가하여 5종류를 설정하였는데, 이 "보족어"
의 설정은 일본 三土忠造의『中等國文典』(1898)에 설정한 것을 그대로 적용
한 것이다. 또 문장성분을 "本原"이라 한 것은 그 밑〔根本〕이 되는 원소(原
素)라는 뜻으로 보아 국문연구소의 보고문에서 권보상, 주시경 등이 "소리"
의 밑이 되는 요소를 "원소"라고 한 원소론에서 영향을 입은 것으로 보인
다고 하였다.

　이제 유길준의『대한문전』에 설정한 문장성분에 대하여 차례로 살펴보
기로 한다.

2.1. 주어(임자말)

　유길준(1909 : 91~95)에서 주어(임자말)에 대한 뜻매김과 <보기말>을 보
인 후 주어를 형식에 따라 4종류로 하위분류하고, 성질에 따라 2종류로
하위분류한 다음 각각의 뜻매김과 <보기말>을 보였다. 이것을 간추려 보

이면 다음과 같다.

> (2) 주어~사상을 발현케 ᄒᆞ는 주격의 체언이니 一切 명사되는 자는 주어
> 됨을 得ᄒᆞ고 항상 문장 중 初位에 居ᄒᆞ나니,
> ㄱ. <u>개</u>가 간다.
> ㄴ. <u>달</u>이 밝소
> (3) 형식에 因ᄒᆞ는 구별
> ㄱ. 단주어~한 개의 주어로 성립ᄒᆞ는 자.
> ① <u>개</u>가 간다.
> ㄴ. 복주어~두 개 이상의 주어로 성립ᄒᆞ는 자.
> ① <u>개</u>와 <u>말</u>이 간다.
> ㄷ. 총주어~한 주어가 타주어 以上에 在ᄒᆞ야 타주어 及 그 동작 若
> 형식을 統ᄒᆞ는 자.
> ① <u>가을</u>은 달이 밝소.
> ㄹ. 수식 주어~한 주어가 자기의 형태 及 작용을 표현ᄒᆞ는 他語와
> 合ᄒᆞ야 한 개 주어를 성립ᄒᆞ는 자.
> ① <u>높흔 산</u>, <u>가는 개</u>.
> (4) 성질에 因ᄒᆞ는 구별
> ㄱ. 문법상 주어~단순흔 주어를 謂ᄒᆞ미라.
> ① <u>산</u>이 높ᄒᆞ어.
> ㄴ. 논리상 주어~문법상 주어에 수식을 加흔 자를 合稱ᄒᆞ는 자.
> ① <u>높흔 산</u>.

(『대한문전』 : 91~95)

(2)에서는 주어의 뜻과 주어가 될 수 있는 품사는 명사류이며, 주어는 항상 문장의 첫머리에 놓인다는 것을 밝힌 다음 <보기말>을 통하여 주어를 보였다. 원칙적으로 주어는 체언에 주격조사 {-가, -이}가 결합하여 성립하는데, 여기서는 주어 자리에 놓인 명사만을 가리키고 있다. 이와 같은 의식은 개화기 국어문법에서 공통적으로 인식된 것이다.

(3)은 주어를 그 형식에 따라 4종류로 하위분류하고 각각 뜻매김을 한 후 <보기말>을 보인 것이다. (3)의 "형식에 因ᄒᆞ는 구별"은 같은 문장성분

의 겹침과 수식관계의 유무에 따라 나눈 것이다. (3)ㄱ은 한 문장에서 주어가 한 개만 있는 경우를 보인 것이고, (3)ㄴ은 한 문장에서 주어가 두 개 있는 경우인데, 심층구조에서는 <① 개가 간다. ② 말이 간다>와 같은 두 개의 문장이던 것이 표층구조에서는 대등한 관계로 이어지면서 두 개의 주어는 접속조사 {-와}로 잇고, 서술어(풀이말) <간다>가 겹쳐있으므로 하나를 줄인 것이다. 이것은 줄여 없앰에 의하여 만들어진 겹문장인데, 이 때 두 주어의 명사인 <개>와 <말>을 "복주어"라 한 것이다. (3)ㄷ은 한 문장 안에 서술어가 <달이 밝소>라는 서술절(풀이마디)이 되어 큰 문장에 안겨 있을 때 이 서술절로 이루어진 서술어에 대한 큰 주어를 "총주어"라 한 것이다. 이것은 이중주어를 인정한 것으로 이중주어 구성에서 선행하는 주어를 이르는 것이다. 이때는 주격조사로 {-은}이 쓰였다. 그러나 서술절에 안겨 있는 주어 <달>은 무슨 주어인지 전혀 설명이 없다. (3)ㄹ은 주어 앞에 관형어가 놓여 그 주어와 함께 주어부(임자부)를 이룬 것을 이르는 것이다. 여기서 <① 놉흔 산, ② 가는 새>는 각각 <① 산이 놉흐다, ② 개가 가다>의 관형어 변형으로 주어인 <산, 개>가 뒤로 자리를 옮기면서 <놉흐다, 가다>가 <놉흔, 가는>으로 꼴이 바뀐 것이다. 그러므로 (3)ㄹ은 주어 앞에 수식어를 동반하여 주어부가 된 것이므로 (3)ㄱ~(3)ㄷ과는 문장성분의 크기가 달라진 것이다. 그러나 주격조사가 쓰이지 않고 체언 단독으로 문장의 주어가 되는 것 등은 의식하지 못했던 것 같다.

　(4)의 "성질에 因ㅎ는 구별"은 주어 앞에 수식어의 유무에 따라 두 가지로 나누어 풀이한 것이다. (4)ㄱ은 주어가 수식어를 갖지 않는 경우를 보인 것으로 앞의 (3)ㄱ~(3)ㄷ과 일치한다. (4)ㄴ은 주어 앞에 수식어를 갖는 경우로 (3)ㄹ과 일치한다. 즉 <놉흔 산>에서 <산>은 문법상의 주어이고, <놉흔 산>은 논리상 주어란 설명인데, (4)의 분류는 순수한 문법상으로는 별 의미가 없는 것이지만 문법의 복잡한 여러 가지 현상을 정리하여 하나의 공통적인 규칙을 설정하고 그것을 연구한다는 관점에서 볼 때는 그 의의가 있는 것이다.

2.2. 서술어(설명어, 풀이말)

유길준(1909 : 95~98)에서는 서술어에 해당하는 용어로 "설명어"를 사용하고 그 뜻매김과 그 종류에 대하여 풀이하고 있다. 여기서는 앞장에서 설명한 주어와 마찬가지로 설명어를 그 성립의 형식에 따라 "단설명어, 복설명어, 수식 설명어"의 세 갈래로 나누었고, 또 그 성질에 의하여 "문법상 설명어와 논리상 설명어"로 나누어 풀이하였다. 이것을 간추려 정리해 보이면 다음과 같다.

(5) 설명어~주어의 상태 若 작용을 표현ᄒ는 語이라.
　　　　　항상 주어의 下에 位ᄒ나니 동사 或 형용사로 성립ᄒ는 자이라.
　ㄱ. 개가 <u>간다</u>.
　ㄴ. 산이 <u>높ᄒ다</u>.
(6) 형식에 因ᄒ는 구별
　ㄱ. 단설명어~그 주어의 상태 若 작용을 한 개 어(語)로 설명ᄒ는 자.
　　① 쏫이 <u>퓌도다</u>.
　ㄴ. 복설명어~그 주어의 상태 若 작용을 두 개 이상의 어로써 對立
　　　　설명ᄒ는 자.
　　① 물이 <u>맑고</u> <u>깁흐다</u>.
　　② 말이 <u>물고</u> <u>차다</u>.
　ㄷ. 수식 설명어~설명어에 수식을 加ᄒ 자롤 謂ᄒ미라.
　　① 날이 <u>심히 차다</u>.
(7) 성질에 因ᄒ는 구별
　ㄱ. 문법상 설명어~단순ᄒ 설명어롤 謂ᄒ미라.
　　① 새가 <u>나는도다</u>.
　　② 쏫이 <u>곱게 퓌엇고나</u>.
　ㄴ. 논리상 설명어~문법상 설명어에 수식을 加ᄒ 자이니,
　　① 말이 <u>쌜히 가는도다</u>.

(『대한문전』 : 95~98)

(5)에서는 "설명어"의 뜻매김을 한 후 설명어의 구실, 문장에서 설명어가 놓이는 자리, 그리고 설명어가 될 수 있는 품사(씨)는 동사와 형용사가 있음을 밝히고 난 후 설명어의 <보기말>을 보였다. 즉 (5)ㄱ, ㄴ에서 서술어가 주어의 다음에 위치하고 있음을 보인 것인데, (5)ㄱ은 주어인 <개>의 작용을 설명하고, 그 품사는 동사임을 밝힌 것이고, (5)ㄴ은 주어인 <산>의 상태를 설명하고, 그 품사는 형용사임을 밝힌 것이다. 그러나 서술어는 동사나 형용사 외에도 체언에 {-이다}가 결합하여 서술어가 될 수 있는 것은 의식하지 못한 것 같다.

그렇지만 (5)에서 서술어가 놓이는 위치를 밝힌 것과 우리말의 서술어에는 동사 외에 형용사도 될 수 있음을 밝힌 것은 주시경 문법과 더불어 우리 문법 연구사에서 높이 평가되어야 할 일이다.

또 "설명어"의 갈래에서 (6)은 형식에 따른 서술어의 구별인데, (6)ㄱ은 주어의 상태나 작용을 설명하는 서술어가 하나뿐임을 보인 것이고, (6)ㄴ은 주어를 설명하는 서술어가 두 개가 있음을 보인 것이다. 그런데 (6)ㄴ의 ①은 심층구조에서는 <㉠ 물이 맑다, ㉡ 물이 깊흐다>와 같이 두 개의 문장이던 것이 같은 주어인 <물이>가 겹쳐 있으므로 하나를 줄여 없애고, 서술어인 <맑다, 깊흐다>를 접속어미로 이어 표층구조에서는 하나의 문장으 나타낸 것이다. 그러므로 (6)ㄴ에서 ①, ②는 접속어미에 의해 이어진 두 개의 서술어를 "복설명어"라 한 것이다. (6)ㄷ은 서술어 앞에 수식어인 부사어가 놓인 것으로, 서술어가 수식어의 수식을 받을 때 그 부사어와 서술어를 함께 이른 것인데, 이것은 서술부에 해당하는 것을 이른 것이다.

(7)은 성질에 의해 "설명어"를 구별한 것이라 하였는데, (7)ㄱ은 서술어 앞에 수식어를 갖지 않는 경우를 이르는 것으로 앞의 (6)ㄱ, ㄴ의 서술어를 함께 이르는 것이고, (7)ㄴ은 서술어가 앞에 수식어를 갖는 경우를 이르는 것으로 앞의 (6)ㄷ에 해당하는 것이다. 이와 같이 (6), (7)과 같은 서술어의 분류는 문법 연구사상 처음 있는 일로 그 역사적 의의는 있지만

앞에서 분류한 주어의 분류와 같이 순수한 문법적으로는 별 의의가 없는 분류이다.

2.3. 목적어(객어, 부림말)

유길준(1909 : 99~101)에서는 목적어에 해당하는 용어로 "객어"라는 용어를 사용하고 그에 대한 뜻매김과 그 목적어가 문장에서 놓이는 위치 밝히고 <보기말>을 보인 다음, 앞에서 설명한 주어와 서술어와 같이 먼저 그 성립의 형식에 의하여 "단객어, 복객어, 수식 객어"로 나누었고, 또 그 성질에 따라 "문법상의 객어와 논리상의 객어"로 나누어 뜻매김한 후 <보기말>을 보였다. 이것을 간추려 보이면 다음과 같다.

(8) 객어~주어에 대ᄒᆞ는 설명어의 목적명사이라.
　　　항상 주어와 설명어의 間에 位ᄒᆞ나니라.
　ㄱ. 목수가 <u>집</u>올 짓는다.
(9) 형식에 因ᄒᆞ는 구별
　ㄱ. 단객어~한 개의 객어로써 성립ᄒᆞ는 자.
　　① 사람이 <u>말</u>올 탄다.
　ㄴ. 복객어~두 개 이상의 명사가 한 주어에 대ᄒᆞ야 빈격(賓格)되는 자.
　　① 사람이 <u>말</u>과 <u>소</u>롤 몰고 간다.
　ㄷ. 수식 객어~객어에 수식올 加ᄒᆞᆫ 자롤 謂ᄒᆞ미라.
　　① 사람이 <u>흰 말</u>올 탓다.
(10) 성질에 因ᄒᆞ는 구별
　ㄱ. 문법상 객어~단순ᄒᆞᆫ 객어롤 謂ᄒᆞ미라.
　　① 나뷔가 <u>됴흔 꼿</u>올 차저 단인다.
　ㄴ. 논리상 객어~문법상 객어에 수식올 加ᄒᆞᆫ 자.
　　① 나뷔가 <u>됴흔 꼿</u>올 차저 단인다.

(『대한문전』 : 99~101)

(8)의 "객어"란 타동사에 의해 표현되는 행위의 대상을 나타내는 문장 성분인 목적어(부림말)를 이르는 것인데, <보기말>에서 <집>을 "빈격명사"라 하고, {-올}을 "정체접속사"[1]라 하고, 항상 이 "정체접속사"로써 그 체를 정한다고 하였다. 이것은 명사에 목적격조사가 결합하여 목적어가 성립되는 것인데, 여기서는 그 명사만을 목적어로 의식한 것이고, 또 이 목적어는 항상 주어와 서술어 사이에 놓임을 밝혔다.

(9)는 목적어를 그 형식에 따라 분류하고, 그 뜻매김과 <보기말>을 보인 것이다. (9)ㄱ은 문장에서 목적어가 하나뿐인 것을 이르는 것으로, 목적어 앞에 수식어인 관형어가 없는 경우를 보인 것이고, (9)ㄴ은 문장에서 한 주어 아래 목적어가 두 개 있는 경우를 이르는 것인데, 여기서도 (9)ㄱ과 같이 목적어 앞에 관형어를 갖지 않는 경우를 이른다. 그런데 (9)ㄴ은 심층구조에서는 <① 사람이 말올 몰고 간다, ② 사람이 소롤 몰고 간다>와 같은 두 개의 문장이던 것을 하나의 문장으로 이으면, 먼저 같은 주어인 <사람이>와 같은 서술어인 <몰고 간다>가 각각 두 문장에 겹쳐져 있으므로 겹쳐진 주어와 서술어를 각각 하나씩 줄여 없애고, 목적어인 <말, 소>를 접속조사 {-과}로 이어서 표층구조에서 하나의 문장을 나타낸 것이다. 이것도 이음과 줄여 없애기의 과정을 거쳐 만들어진 이은 겹문장인데, 이때 나타난 두 개의 목적어를 "복객어"라 한 것이다. (9)ㄷ은 목적어를 한정하는 관형어인 <흰>이 목적어인 <말> 앞에 놓여 목적부를 이룬 것을 "수식객어"라 한 것이다.

(10)은 목적어를 그 성질에 따라 구분한 것이라 하였는데, 이것은 목적어를 한정하는 관형어가 있고 없음에 따라 나눈 것이다. (10)ㄱ은 목적어 앞에 관형어를 갖지 않는 경우를 이른 것으로 (9)ㄱ, ㄴ과 일치하는 것이고, (10)ㄴ은 목적어 앞에 관형어가 놓여 목적부를 이룬 경우를 이르는 것으로 앞의 (9)ㄷ과 일치한다. 이와 같은 목적어의 분류도 역사적으로는

---

1) 유길준(1909 : 78~80)에서 조사를 "접속사"라 하였다. 여기서 "정체접속사"는 격조사에 해당하는 것이고, "빈격"이란 목적격조사를 이르는 것이다.

그 의의가 있다고 하겠으나, 순수한 문법적으로는 별 의의가 없는 것이다.

2.4. 보족어[2](부사어 + 보어)

유길준(1909 : 101~102)에서는 "보족어(補足語)"에 대한 뜻매김과 <보기말>이 나타나 있는데, 이것은 국어문법에서 처음 사용한 용어이다. 이것을 간추려 보이면 다음과 같다.

> (11) 보족어~한 명사가 주어, 객어의 位에 不在혼 자롤 謂ᄒ미라.
> ㄱ. 구름이 <u>산</u>에 덥히엇다.
> ㄴ. 구름이 <u>연긔</u>와 갓흐다.
> ㄷ. 물은 <u>나진데루</u> 흐른다.
> ㄹ. 아해가 <u>붓</u>으로 글품사롤 쓴다.
> ㅁ. 리 순신은 <u>통졔사</u>가 되얏다.
>
> (『대한문전』 : 102)

(11)의 뜻매김만으로는 "보족어"의 개념을 정확하게 알 수 없으나 <보기말>의 설명에서 "보족어는 한 문장의 성립상에 주어, 객어, 이 외의 명사가 첨입되는 자이라"(102) 하였으므로 이것은 주어나 목적어 외에 명사가 들어있는 문장성분을 이르는 것으로 해석된다. 그리고 이 "보족어"는 명사만이 될 수 있음을 밝히고 있는데, 그 <보기말>을 보면 주로 명사에 부사격조사가 결합되어 부사어가 된 문장성분과 명사에 보격조사(기움자리토씨)가 결합되어 보어(기움말)를 이룬 문장성분을 함께 이르는 것이므로, 오늘날 학교문법에서 이르는 명사구 부사어와 보어를 포괄하는 개념으로 보아진다.

---

2) 우리말에 맞는 적당한 용어를 결정하지 못하여 이 글에서는 "보족어" 그대로 사용하기로 한다.

(11)ㄱ은 명사 <산>에 위치격조사인 {-에}가 결합된 부사어(위치말)이고, (11)ㄴ은 명사 <연긔>에 비교격조사인 {-와}가 결합된 부사어(견줌말)이고, (11)ㄷ은 명사구 <나진데(낮은 데)>에 방편격조사(방향)인 {-루(-로)}가 결합한 부사어(방편말)이다. 그러나 (11)ㅁ은 명사 <통제사>에 보격조사가 결합한 보어이다.

그러므로 (11)ㄱ~(11)ㄹ과 같이 명사에 여러 가지 부사격조사가 결합하여 부사어를 이룬 것과 (11)ㅁ과 같이 명사에 보격조사가 결합하여 보어를 이룬 것을 함께 이르는 문장성분인데, 이것들은 한 범주로 처리될 성질의 문장성분이 아니다.

이처럼 개념과 범위가 불명한 것은 다른 나라의 문법에서 쓰인 용어를 그대로 적용한 데서 비롯된 것이다.

2.5. 수식어(꾸밈말)

유길준(1909 : 103~104)에서는 수식어에 대한 뜻매김과 그 <보기말>을 보였는데, 이것을 간추려 보이면 다음과 같다.

> (12) 수식어~주어, 설명어, 객어, 보족어 及 타수식어 등을 限定ㅎ는 語이라.
>   ㄱ. <u>검은</u> 구름이 <u>머은</u> 하날로서 큰 비룰 <u>매오</u> <u>급히</u> 모러 온다.
>   ① <u>검은</u> 구름   ④ <u>급히</u> 모러 온다.
>   ② <u>머은</u> 하날로서   ⑤ <u>매오</u>(급히)
>   ③ 큰 비룰
>
> (『대한문전』: 103~104)

(12)의 수식어는 그 뜻매김으로 보아 수식어가 꾸밀 수 있는 문장성분을 모두 밝힌 다음 그 <보기말>을 통하여 꾸미는 말과 꾸밈을 받는 말의

관계를 하나하나 밝혔다. 여기서 이르는 수식어(꾸밈말)는 관형어와 부사어를 함께 이르는 용어임을 알 수 있는데, (12)ㄱ의 ①~③은 모두 형용사의 관형사형이 관형어가 되어 뒤에 오는 체언(임자씨)을 한정하는 관형어로 쓰인 것을 보인 것으로 ①은 주어를 한정하고, ②는 "보족어"를, ③은 목적어를 각각 한정하는 것을 보인 것이다.

관형어는 관형사나 체언에 관형격조사 {-의}가 결합된 꼴이나, 용언의 관형사형으로 실현되는데, 여기서는 용언의 관형사형만이 체언을 꾸미는 것으로 의식하고 있다. 그리고 ④는 부사가 부사어로 쓰여 뒤에 오는 서술어인 <모러 온다>를 꾸미는 것을 보인 것이고, ⑤는 부사가 부사어로 쓰여 다음에 오는 다른 수식어가 부사어 <급히>를 꾸미는 것을 보인 것이다. 그러므로 ④, ⑤에서는 부사가 부사어로 쓰인 것만을 보인 것이다.

이어서 유길준(1909 : 104~106)에서는 수식어의 꼴과 수식어가 놓이는 자리에 대하여 설명하고 있는데, 이것을 보이면 다음과 같다.

> (13) 수식어가 주어, 객어, 보족어 등의 명사를 수식ᄒᆞ는 時ᄂᆞᆫ 항상 <u>형용사체</u>로 성립하고, 설명어의 동사, 형용사 及 수식어의 첨부사, 형용사 등을 수식ᄒᆞ는 경우에는 <u>첨부사체</u>로 성립ᄒᆞ나니라.
>
> ㄱ. 큰 바람 　　　　　ㄹ. <u>매오</u> 급히
> ㄴ. <u>급히</u> 분다. 　　　ㅁ. <u>매오</u> 푸른
> ㄷ. <u>매오</u> 푸르다.
>
> (14) 수식어의 위치~항상 수식되는 語의 上에 位ᄒᆞ나니 혹은 직접으로以 ᄒᆞ며 혹은 간접으로以 ᄒᆞ나니라.
>
> ㄱ. 물이 <u>매오</u> 맑다.
> ㄴ. 바람이 <u>서늘ᄒᆞ게</u> 부오.
> ㄷ. 디구는 <u>상해</u> 태양을 돈다.
> ㄹ. 술이 <u>가득히</u> 잔에 담기엇다.
>
> 　　　　　　　　　　　　　　　　　　　　(『대한문전』 : 104~106)

(13)에서는 수식어가 꾸밀 수 있는 범위가 같지 않음을 의식하고 둘로

나누었다. 그 하나는 수식을 받는 품사가 명사인 경우에는 "형용사체"가 되어 한정하는 것으로 의식한 것인데, 이 "형용사체"라는 것은 동사나 형용사의 관형사형으로서 관형어 역할 하는 것을 이르는 것이다. 이처럼 명사를 한정하는 말을 "형용사체"라 한 것은 영어문법의 형용사의 한정적 용법에서 영향을 받은 것으로 관형어에 해당하는 것이다.

또 다른 하나는 수식을 받는 문장성분의 품사가 동사, 형용사, 부사인 경우에는 "첨부사체"가 되어 뒤에 오는 서술어나 수식어를 꾸미는 것으로 의식한 것인데, 이 "첨부사체"는 동사나 형용사의 부사형로 된 부사어와 관형어와 부사어를 꾸미는 부사어로 쓰이는 것을 함께 이르는 용어이다. 그러므로 (13)ㄱ은 명사 <바람>을 한정하는 관형어인 <큰>을 "형용사체"라 한 것인데, 이것은 형용사 <크다>의 관형사형이 관형어가 되어 뒤에 오는 명사를 한정하는 것을 보인 것이다. (13)ㄴ의 <급히>는 서술어인 동사 <분다>를 꾸미는 부사어를 이르는 것이고, (13)ㄷ의 <매오>는 서술어인 형용사 <푸르다>를 꾸미는 부사어를, (13)ㄹ의 <매오>는 부사가 부사어가 되어 뒤에 오는 부사 <급히>를, (13)ㅁ은 부사 <매오>가 부사어가 되어 뒤에 오는 형용사의 관형사형이 되어 관형어로 쓰인 <푸른>을 각각 꾸미는 것을 이르는 것이다.

그러므로 (13)ㄱ은 주어인 명사를 한정하는 관형어를 "형용사체"(관형어)로 의식한 것이고, (13)ㄴ, ㄷ은 서술어로 쓰인 동사, 형용사를 꾸미는 말을 "첨부사체"(부사어)를 이르는 것이고, (13)ㄹ, ㅁ은 수식어가 다른 수식어를 꾸미는 "첨부사체"로 쓰인 것을 보인 것이다. 이와 같은 일은 비록 다른 나라 문법을 우리말 문법에 적용한 것이기는 하나 수식어가 그 꾸미는 품사가 다름을 의식하고 "형용사체"와 "첨부사체"로 의식한 것은 뒷날 관형어와 부사어 설정의 기반이 되었으므로 그 역사적 의의는 큰 것이다. 또 부사어는 부사, 체언에 부사격조사가 결합한 꼴, 용언의 부사형에 의하여 쓰인 것을 함께 이르는 것으로 "첨부사체"를 의식한 것은 우리말의 특질을 고려한 것이다.

(14)는 문장에서 수식어가 놓이는 자리를 밝힌 것으로써 우리말 특질의 하나인 꾸미는 성분이 꾸밈을 받는 성분 앞에 놓이는 것을 설명한 다음 그것이 뒤에 오는 성분을 바로 꾸미느냐 또는 건너 꾸미느냐에 따라 "직접"과 "간접"으로 나누었다.

(14)ㄱ, ㄴ은 부사어로 쓰인 <매오, 서늘ᄒ게>가 서술어 바로 앞에 놓여 서술어를 꾸며주기 때문에 직접으로 꾸미는 것으로 설명한 것이고, (14)ㄷ, ㄹ은 부사어 <상해, 가득히>와 서술어인 <돈다, 담기엇다> 사이에 목적어와 부사어(위치말)인 <태양올, 잔에>가 각각 놓여 설명어에서 떨어져서 꾸미는 것을 간접으로 꾸미는 것으로 의식한 것인데, 이와 같은 설명은 우리 문법 연구사에서 처음 있는 일로 높이 평가할 만하다.

3. 문장성분의 결합

유길준(1909 : 106~108)에서는 문장성분의 결합에 해당하는 것을 "본원의 부분"이라 하였는데, 이것은 주어, 목적어, "보족어", 설명어 앞에 각각 수식어가 놓인 것을 함께 이르는 것으로써 이것을 각각 "주부, 객부, 보족부, 설명부"의 4종류가 있음을 보이고 그 <보기말>을 그림으로 그려 보였다. 이것을 정리해 보이면 다음과 같다.

(15) 본원의 부분~수식어논 주어, 객어, 보족어 及 설명어의 의미를 한
　　　　정ᄒ나니 此等 諸語가 수식어와 결합ᄒ 자룰 본원의
　　　　부분이라 칭ᄒ나니라.
　　ㄱ. 주부~주어가 수식어와 결합한 자.
　　ㄴ. 객부~객어가 수식어와 결합한 자.
　　ㄷ. 보족부~보족어가 수식어와 결합한 자.
　　ㄹ. 설명부~설명어가 수식어와 결합한 자.

(16) 본원의 부분 <보기문장> 그림

　ㄱ. <u>흰</u>　　　<u>말이</u>　　　<u>쌜히</u>　　　<u>닷는다</u>.
　　(수식어)　(주어)　　(수식어)　(설명어)
　　　　(주부)　　　　　　　　(설명부)

　ㄴ. <u>효도로은</u>　<u>아달이</u>　<u>늙은</u>　<u>아비롤</u>　<u>잘</u>　<u>기른다</u>.
　　(수식어)　(주어)　(수식어)　(객어)　(수식어)　(설명어)
　　　　(주부)　　　　　(객부)　　　　　(설명부)

　ㄷ. <u>충성시러운</u>　<u>신하논</u>　<u>뎌의</u>　<u>목심올</u>　<u>뎌의</u>　<u>나라에</u>
　　(수식어)　(주어)　(수식어)　(객어)　(수식어)　(보족어)
　　　　(주부)　　　　　(객부)　　　　　(보족부)

　　<u>깃버히</u>　<u>바치나니라</u>.
　　(수식어)　(설명어)
　　　　(설명부)

　ㄹ. <u>사랑ᄒ는 어룬이</u>　<u>어린 아해에게</u>　<u>됴흔 책올</u>　<u>만히 준다</u>.
　　　(주부)　　　　(보족부)　　　(객부)　　(설명부)
　　　　　　　　　　　(서술부)

(『대한문전』: 106~108)

　(15)는 문장성분의 결합에 해당하는 "본원의 부분"의 뜻매김을 한 다음 수식성분과 다른 문장성분과의 결합한 더 큰 단위의 문장성분을 형성한 것을 각각 "주부, 객부, 보족부, 설명부"라 한 것을 보인 것이고, (16)은 (15)에서 보인 수식 성분을 가진 문장성분을 그림으로 그려 보인 것이다.

　(16)ㄱ은 주부(임자부)와 서술부(설명부)로 짜여진 문장을 보인 것이고, (16)ㄴ은 주부, 목적부(객부), 서술부로 짜여진 문장을 보인 것이고, (16)ㄷ은 주부, 목적부, 보족부, 설명부로 짜여진 문장을 보인 것이다. 그러나 (16)ㄹ은 문장을 먼저 주부와 서술부로 나누고, 서술부는 다시 "보족부", 목적부, 설명부로 나눌 수 있는데, "보족부", 목적부, 설명부를 묶어서 "서술부"라 한 것이다. 이것은 큰 문장을 1차로 분석하여 두 개의 부분으로 나눌 때는 "주부"와 "서술부" 둘로 나눈다는 것을 의식한 것으로 문장 분석

에서 1차 직접 성분 분석의 기초가 된 것이므로 문법 연구사에서 큰 의의
가 있는 것이다.

4. 문장성분의 배열

유길준(1909 : 108~112)에서는 문장의 성립에서 문장성분이 문장 가운데
서 놓이는 자리와 함께 다른 성분들과의 관계를 밝히고 있다. 문장의 성
립에서 그 정칙이 되는 것을 4가지로 나누어 설명하였는데, 이것을 간추
려 보이면 다음과 같다.

(17) 문장성분의 배열
    ㄱ. 주어는 수위에 처ᄒ고 설명어는 말위에 처ᄒ나니라.
      ① 새가　　운다
      　(주어)　(설명어)
    ㄴ. 객어는 주어와 설명어의 間에 처ᄒ고 若 보족어가 有ᄒ 時는 보
    　족어의 上 或 下에 처ᄒ나니라.
      ① 지위가　집올　　짓는다.
      　(주어)　(객어)　(설명어)
      ② 지위가　집올　언덕에　짓는다.
      　(주어)　(객어)　(보족어)　(설명어)
      ③ 지위가　언덕에　집올　짓는다.
      　(주어)　(보족어)　(객어)　(설명어)
    ㄷ. 보족어가 객어 업는 時는 주어와 설명어의 間에 位ᄒ나니라.
      ① 나븨가　꼿에　　안젓다.
      　(주어)　(보족어)　(설명어)
    ㄹ. 수식어는 수식되는 語의 上에 位ᄒ나니라.
      ① 누른　쬐꼬리가　프른　버들에서　봄　바람올
      (수식어)　(주어)　(수식어)　(보족어)　(수식어)　(객어)
      　아릿다히　　희롱ᄒ는도다.
      　(수식어)　　(설명어)

단 보족어 혹 객어가 有흔 文에 설명어의 수식어는 혹 주어의
直下에 位흠이 多흐나니라.

② 누른   쬐꼬리는   아릿다히   봄   바람올   희롱흔다.
(수식어)   (주어)   (수식어)   (수식어)   (객어)   (설명어)

③ 누른   쬐꼬리는   아릿다히   프른   버들에서   운다.
(수식어)   (주어)   (수식어)   (수식어)   (보족어)   (설명어)

(18) 도치문~본원이 일정한 위치가 有흐나 時或 그 위치가 전도되는 경
우가 有흐니 此는 문전상 도치문이라 칭흐는 자이다.

ㄱ. 읽는다.   아해들이   글올
(설명어)   (주어)   (객어)

ㄴ. 아해들이   글올   읽는다.
(주어)   (객어)   (설명어)

ㄷ. 아해들이   읽는다.   글올
(주어)   (설명어)   (객어)

ㄹ. 글올   읽는다.   아해들이
(객어)   (설명어)   (주어)

(『대한문전』 : 108~112)

(17)은 문장에서 문장성분이 놓이는 자리를 밝힌 것으로써 국어문법
연구사에서 처음으로 기술된 것으로 그 역사적 의의는 대단히 큰 것이다.
(17)ㄱ은 주어와 서술어로 이루어진 문장에서는 주어는 앞에 놓이고,
서술어는 뒤에 놓인다는 것을 밝힌 것이고, (17)ㄴ은 목적어나 "보족어"가
있을 때는 이들은 주어와 서술어 사이에 놓이는데, ①은 목적어만 있는
경우이고, ②는 목적어가 "보족어"에 앞서는 경우이고, ③은 "보족어"가 목
적어에 앞서는 경우를 밝힌 것인데, ②와 ③의 차례는 매우 유동적이다.
또 (17)ㄷ은 "보족어"만 있을 경우에 주어와 서술어 사이에 놓이는 것을
밝힌 것이고, (17)ㄹ은 문장에서 수식어가 놓이는 자리를 밝힌 것인데,
①에서 우리말은 꾸미는 말이 꾸밈을 받는 말 앞에 놓인다는 것을 밝힌
것으로 당시로는 우리말의 특질을 아주 잘 살핀 것이다. 그리고 ②와 ③
은 목적어나 "보족어"가 있을 경우에 서술어를 꾸미는 수식어를 주어 바로

다음, 즉 목적어나 "보족어"의 앞에서 서술어를 꾸밀 수 있음을 보인 것이다. 이것은 수식어가 서술어를 꾸밀 경우에 바로 앞에서가 아니고 떨어진 곳에서도 꾸밀 수 있음을 밝힌 것으로 대단히 높이 평가할 만하다.

(18)은 문장에서 문장성분이 일정한 자리와 차례가 확정되어 있으나 때로는 그 자리가 바뀌는 경우가 있음을 보인 것으로 이것을 도치문(倒置文)이라 한 것이다. 이것을 최현배(1937 : 1055)에서는 문장의 조각의 자리 잡기에는 바른 자리(정상위치)와 거꾸른 자리(전도위치)의 두 가지가 있느니라로 계승시켰다. (18)ㄱ은 서술어가 문장의 첫머리에 와서 거꾸른 자리에 놓인 것인데, (18)ㄴ은 (18)ㄱ을 바른 자리 문장으로 고친 것을 보인 것이다. (18)ㄷ은 목적어와 서술어의 자리가 바뀐 것을 보인 것이고, (18)ㄹ은 주어와 목적어의 자리가 바뀐 것이라 하였는데, 이것은 주어와 서술부의 자리가 바뀐 것을 보여준 문장이다. 이처럼 우리말에서는 문장성분이 문장에서 그 자리를 마음대로 옮길 수 있음을 밝힌 것도 국어문법 연구사에서 처음 있는 일이다.

5. 문장성분의 생략

유길준(1909 : 112~113)에는 문장성분의 생략에 관한 내용을 기술하고 있는데, 이것을 간추려 보이면 다음과 같다.

> (19) 본원의 생략~문장의 본원온 전후의 관계가 또 종래의 관례에 인ᄒ
> 야 본원의 일부를 생략ᄒ는 경우가 有ᄒ니라.
> ㄱ. 그 사람올 보앗나냐 (주어 생략)
> ㄱ'. (네가) 그 사람올 보앗나냐 (주어 보충)
> ㄴ. 내가 보앗소 (객어 생략)
> ㄴ'. 내가 (그 사람올) 보앗소 (객어 보충)

　　ㄷ. 학교장이 졸업증서를 준다 (보족어 생략)
　　ㄷ′. 학교장이 졸업증서를 (졸업생에게) 준다 (보족어 보충)
　　본원의 생략은 오직 주어 객어 보족어에 한(限)ᄒᆞ나니라.

(『대한문전』 : 112~113)

　이 문장성분의 생략에 대하여 살핀 것도 국어문법 연구사에서 처음 시도된 것이다. 이규호(1974 : 102)에서는 우리말의 사고 유형의 특징을 보면 인도 유럽말은 주어와 설명어의 이원적인 구조의 언어인데, 주어를 중심으로 해서 서술어가 이를 꾸며주는 형식을 가졌다. 그러나 우리말은 서술어를 중심으로 한 다원적인 구조인데, 주어도 서술어를 꾸며주기 위해서 필요할 때 덧붙여진다. 주어는 너무 많이 생략되기 때문에 결국 서술어 중심의 언어라고 할 수밖에 없는 것이라 하였다. 또 남기심·고영근(1993 : 408~409)에서는 우리말에서 이야기를 주고받을 때 '나, 너'와 같은 사람대명사는 생략되는 일이 많다. 우리말은 한 단위의 이야기에서 되용언 되는 요소가 모습을 감추는 일이 많으며, 그것은 특히 주어에서 두드러지게 나타난다. 주어가 잘 나타나지 않는 일이 우리말 문장구조의 특징이라 한다고 하여 모두 주어의 생략에 대해서만 기술하였으나 유길준(1909 : 112~113)에서는 주어 외에 목적어와 "보족어"가 생략될 수 있음을 밝히고 있다.

　(19)ㄱ은 주어가 생략된 경우인데, (19)ㄱ′에서는 주어를 보충하여 완전한 문장으로 만들어 보인 것이고, (19)ㄴ은 목적어가 생략된 경우를 보인 것인데 (19)ㄴ′에서는 생략된 목적어를 보충하여 보인 것이다. 또 (19)ㄷ은 "보족어"가 생략된 문장을 보인 것인데, (19)ㄷ′에서는 생략된 "보족어"를 보충하여 보인 것이다.

　그런데 (19)ㄱ′의 대답이 (19)ㄴ이라면 이미 물음에서 목적어가 <그 사람을>이 나왔기 때문에 생략되는 것이 오히려 더 자연스럽게 느껴진다. 또 (19)ㄱ, ㄴ의 서술어 <보다>는 두 자리(주어, 목적어)를 필요로 하는 서술어인데, 한 자리씩만(주어 또는 목적어) 나타나 있기 때문에 (19)ㄱ′, ㄴ′

에서는 나머지 한 자리를 각각 보충한 문장이고, (19)ㄷ의 서술어 <주다>는 세 자리를 필요로 하는 서술어인데, 두 자리만 나타나 있기 때문에 (19)ㄷ′에서도 나머지 한 자리를 보충한 것이다. 이와 같은 문장성분의 생략은 주어, 목적어, 보족어에 한한다고 하였으나 이 외에 서술어도 앞의 문장에서 한 번 나온 경우에는 생략되는 일이 있다. 이러한 것들도 비록 일본문법의 영향을 받아 우리 문법에 적용한 차원의 정도이지만 우리 문법 연구사에서는 처음으로 기술된 내용이므로 그 역사적 의의는 크다고 할 수 있다.

6. 문장의 부분

유길준(1909 : 114)에서 "문장의 부분이라 ㅎ는 者는 문장의 성립상 각 본원의 연철훈 단락올 謂ㅎ미라"고 뜻매김하고, 여기에는 구(句)와 절(節)의 두 종류가 있다고 하였다. 이것은 문장성분이 이어진 단락을 이르는 것으로 문장성분이 될 수 있는 말의 단위 중에서 '구'(句, phrase)와 절(節, clause)을 이르는 것이다.

6.1. 구(句, 이은말)

"구"(이은말)는 문장에서 몇 개의 말도막이 모여 "주어-서술어"의 짜임을 가지지 못하는 큰 낱덩이가 되어 마치 한 낱말처럼 쓰이는 언어형식, 곧 둘 이상의 낱말이 한 덩어리가 되어 마치 한 품사의 낱말처럼 쓰이는 것을 이른다.

이것을 유길준(1909 : 114)에서는 구(句)라고 하고, "문장의 句라 ㅎ는 者

는 두 개 이상의 본원이 연철 집합ᄒ야 복잡한 한 개 사상을 표출ᄒ나 완전ᄒ 절을 成치 못ᄒ는 者를 謂ᄒ미니, 즉 주어와 설명어의 一을 缺ᄒ 者이니라"고 뜻매김하고, 여기에는 "명사구, 형용사구, 첨부사구"의 세 가지가 있다고 하였다. 이것을 간추려 보이면 다음과 같다.

(20) 명사구~句가 문장 中에 在ᄒ야 명사의 자격을 有ᄒ 者를 명사구라 云ᄒ나니 種種詞下에 명사를 슘홈으로써 立ᄒ는 者이라.
ㄱ. <u>나라의 근본</u>은 백성이라.
ㄴ. <u>밝은 달밤</u>에 <u>기럭이의 소래</u>.

(21) 형용사구~句가 문장 中에 在ᄒ야 형용사의 자격을 有ᄒ 者를 형용사구라 云ᄒ나니 種種詞下에 원형용사, 동사의 각절 분사 及 접속사의 (의)를 슘홈으로써 立ᄒ는 者이라.
ㄱ. <u>달 밝은</u> 밤 (원형용사로)
ㄴ. <u>멀히 가는</u> 사람 (분사로)
ㄷ. <u>어진 사람의</u> 행실 (접속사 {-의}로)

(22) 첨부사구~句가 문장 중에 在ᄒ야 첨부사의 자격을 有ᄒ 者를 첨부사구라 云ᄒ나니 種種詞下에 원첨부사 及 접속사의 (에), (로) 등 語의 첨부로써 立ᄒ는 者이라.
ㄱ. <u>거울처름</u> 물이 맑다.
ㄴ. <u>달 밝은 밤에</u> 기럭이가 울고 간다.
ㄷ. <u>래일 어느 째로</u> 올잇가.

(『대한문전』 : 115~116)

(20)은 낱말이 둘 이상 모여 문장에서 하나의 명사처럼 쓰인 명사구(임자이은말)를 이르는 것이다. (20)ㄱ은 명사구 <나라의 근본>이 주어로 쓰인 것으로 의식한 것이고, (20)ㄴ은 명사구가 문장에서 부사어와 주어로 각각 쓰이는 것을 보인 것이다.

(21)은 낱말이 둘 이상 모여 문장에서 하나의 관형사처럼 쓰인 관형사구인데, 이것을 "형용사구"로 의식하였다. 이것은 다른 나라 문법의 영향

을 받아 체언을 한정하는 품사를 형용사로 의식한 데서 비롯된 것이다. 그러나 우리말에서는 체언을 한정하는 것은 관형어이다. (21)ㄱ은 형용사의 관형사형인 <밝은>이 체언 <달>과 더불어 관형사구로 쓰인 것이다. 그러나 이것은 <달이 밝다>가 '완전한 관형사절(완전한 매김마디)'[3]이 되어 다음에 놓인 <밤>을 한정하는 관형어 구실을 하는 것이므로 이것은 관형사구(매김이은말)가 아니고 관형사절(매김마디)에 해당하는 것이다. (21)ㄴ은 동사의 관형사형 <가는>이 앞에 놓인 부사어 <멀히>와 더불어 다음에 오는 <사람>을 한정하는 관형어로 쓰인 관형사구이고, (21)ㄷ은 체언 <사람>에 관형격조사 {-의}가 결합된 관형어인 <사람의>를 한정하는 관형어 <어진>과 더불어 다음에 오는 체언 <행실>을 한정하는 관형어로 쓰인 관형사구를 이르는 것이다.

　(22)는 낱말이 둘 이상 모여 문장에서 하나의 부사처럼 쓰인 부사구(어찌이은말)를 이르는 것이다. (22)ㄱ은 체언 <거울>에 비교격조사 {-처럼}이 결합하여 부사어로 쓰인 것인데, 여기서는 {-처럼}을 부사로 의식하여 체언 <거울>과 더불어 부사구가 된 것으로 의식한 것이다. (22)ㄴ은 관형절이 된 <달 밝은>의 한정을 받은 <밤>에 부사격조사 {-에}가 결합되어 부사구(위치이은말)로 쓰인 것을 보인 것이고, (22)ㄷ은 부사격조사 {-로}와 더불어 부사구로 쓰인 것을 보인 것이다.

　이처럼 우리말의 문장성분이 될 수 있는 말의 단위 가운데서 구도 문장성분이 될 수 있다는 것을 의식한 것은 높이 평가할 만한 일이다. 그러나 구는 이 외에 '서술구, 목적구, 방편구(방편이은말), 견줌구(견줌이은말)' 등이 있다는 것은 의식하지 못한 것 같다.

---

3) 허웅(1983), 국어학, 샘문화사, 273쪽 참조.

6.2. 절(節, 마디)

'절(마디)'은 한 문장이 큰 문장 속의 한 성분으로서 안겨 있는 것으로 주어와 서술어를 다 갖춘 온전한 문장이 어떠한 품사의 낱말처럼 쓰이는 것을 일컫는다.

이것을 유길준(1909 : 116~117)에서는 절(節)이라 하고, "節이라 ᄒᆞ는 者 는 문장갓히 其 本原ᄋᆞᆯ 具ᄒᆞ야시나 복잡ᄒᆞᆫ 문장의 부분ᄋᆞᆯ 成ᄒᆞ는 者ᄅᆞᆯ 謂 ᄒᆞ미니라"고 뜻매김하고, 그 자격과 위치에 따라 "명사절, 형용사절, 첨부 사절, 독립절"의 네 종류가 있다고 하였다. 이것을 간추려 보이면 다음과 같다.

> (23) 명사절~문장의 中에 在ᄒᆞ야 그 자격이 명사와 同ᄒᆞᆫ 者ᄅᆞᆯ 謂ᄒᆞ미니,
>   ㄱ. 달의 밝음ᄋᆞᆫ 해의 빗이라.
>   ㄴ. 붓의 발흠ᄋᆞᆫ 마암의 발흠이라.
> (24) 형용사절~문장의 中에 在ᄒᆞ야 그 자격이 형용사와 同ᄒᆞᆫ 者ᄅᆞᆯ 謂ᄒᆞ
>   미라.
>   ㄱ. 어제 밤 바람의 나무닙새ᄅᆞᆯ 불어 쩌러트리는 소래에 꿈이 싸이
>   엇다.
>   ㄴ. 봄빗이 나븨의 춤추는 그림자ᄅᆞᆯ 싹ᄒᆞ야 니르럿다.
> (25) 첨부사절~문장의 中에 在ᄒᆞ야 그 자격이 첨부사와 同ᄒᆞᆫ 者ᄅᆞᆯ 謂ᄒᆞ
>   미라.
>   ㄱ. 겨을 소나무의 프르득히 우리도 절개ᄅᆞᆯ 가다듬자.
>   ㄴ. 프른 하날 한 장 조희에 나의 배속 글ᄋᆞᆯ 쓴다.
> (26) 독립절~문장의 中에 在ᄒᆞ야 타 절과 대등의 자격ᄋᆞᆯ 有ᄒᆞᆫ 者ᄅᆞᆯ 謂ᄒᆞ
>   미라.
>   ㄱ. 산ᄋᆞᆫ 놉고, 물ᄋᆞᆫ 곱다.
>   ㄴ. 힘ᄋᆞᆫ 산ᄋᆞᆯ 싸히고, 긔운ᄋᆞᆫ 세상ᄋᆞᆯ 덥ᄒᆞ도다.

(『대한문전』 : 117~118)

(23)은 한 문장의 서술어가 명사형어미 {-음} 또는 {-기}를 취하여 이

루어진 명사절(임자마디)을 이르는 것이다. (23)ㄱ은 어미 {-음}에 의한 명사절이 주어로 쓰인 것이고, (23)ㄴ은 어미 {-음}에 의한 명사절이 주어로 쓰인 것과 {-이라}와 더불어 서술어로 쓰인 것을 각각 보인 것이다. 그러나 명사절은 이 외도 문장에서 목적어나 부사어(위치말, 방편말, 견줌말), 보어로도 쓰일 수 있다는 것은 발견하지 못한 것 같다.

(24)는 문장 속에서 관형어의 자리에 놓여 체언을 한정하는 구실을 하는 관형사절(매김마디)을 이르는 것으로 관형사절은 그 관형사절의 서술어가 관형사형 어미에 의하여 이루어진다. 여기서는 이것을 "형용사절"이라고 하였는데, 이것도 앞장의 "형용사구"와 마찬가지로 다른 나라의 문법을 잘못 적용한 데서 비롯된 것이다. (24)ㄱ, ㄴ은 어미 {-는}에 의한 관형사절이 되어 뒤에 오는 <소래, 그림자>를 각각 한정하는 관형어로 쓰인 것을 보인 것이다.

(25)는 부사절(어찌마디)을 이르는 것으로 문장에서 부사어의 구실을 하는 절인데, 이것은 파생부사에 의한 것, 용언의 어미바꿈에 의한 것, 의존명사(매인이름씨)에 의한 것으로 나타난다. (25)ㄱ은 용언의 어미바꿈에 의한 어미 {-득히}가 결합하여 부사절처럼 쓰인 것이고, (25)ㄴ은 체언으로 끝난 부사절에 격조사 {-에}가 결합하여 부사처럼 쓰인 부사절이다. 그러나 <그는 <u>아우와는 달리</u> 의젓한 면이 있다>와 같은 파생부사에 의한 것이나 <그녀가 <u>가만히 있는 대로</u> 관찰해 보자>와 같은 의존명사에 의한 것은 의식하지 못한 것 같다.

(26)은 겹문장 가운데서 둘 이상의 문장이 나란히 이어져서 문장을 이루는 것이 있는데, 이때 앞절과 뒤절의 관계가 '벌임(대등)'으로 이어진 '벌임겹문장'의 한 절를 여기서는 "독립절"로 의식한 것이다. (26)ㄱ, ㄴ은 접속어미 {-고}에 의하여 앞절과 뒤절을 벌임으로 이어준 '벌인겹문장'인데, 앞절과 뒤절의 자리를 바꾸어도 전달되는 뜻에는 차이가 없다는 점을 착안하여 독립된 절로 의식한 것으로 보인다. 그러나 절의 종류에서 오늘날 용언절(풀이마디), 인용절(따옴마디)과 같은 것은 의식하지 못하였다.

7. 문장의 종류

유길준(1909 : 19)에서는 문장의 종류를 문장의 성립상 "단문, 복문, 중문"의 세 종류가 있다고 하고 이들을 하나하나 풀이하고 있다. 일반적으로 문장은 그 짜임으로 보아 먼저 단문(홑문장)과 복문(겹문장)으로 나누고, 복문은 다시 '안은겹문장(포유문)'과 '이은겹문장(접속문)'으로 나누는데, 여기서는 세 종류를 모두 같은 위치에 놓고 처리하였다. 이제 이 세 종류의 문장을 차례로 살펴보기로 한다.

7.1. 단문(單文, 홑문장)

'단문(홑문장)'이란 주어와 서술어의 관계(주어-서술어 짜임새)가 한 번만 성립한 문장을 이르는 것이다. 이것을 유길준(1909 : 119~121)에서는 단문이라 하고, "단문이라 흐는 者는 문장의 조직상 절올 숨치 아니흔 문장올 謂흐미니, 한 개 혹은 두 개 이상의 주어, 객어, 보족어, 설명어 及 수식어 등으로 成立흐나니라"고 뜻매김하고, 여러 가지 문장성분으로 홑문장이 성립될 수 있는 경우를 8가지로 나누어 풀이하였다. 이것을 간추려 보이면 다음과 같다.

    (27) 단문

        ㄱ. <u>해가</u> <u>돗엇다</u>. (주어 · 설명어)

        ㄴ. <u>바람이</u> <u>구름올</u> <u>훗는다</u>. (주어 · 객어 · 설명어)

        ㄷ. <u>서리가</u> <u>하날에</u> <u>가득흐다</u>. (주어 · 보족어 · 설명어)

        ㄹ. <u>을지문덕이</u> <u>수양데롤</u> <u>청천강에서</u> <u>째타리엇다</u>.
            (주어)   (객어)   (보족어)   (설명어)

        ㅁ. <u>가을</u>   <u>달이</u>   <u>밝은</u>   <u>빗올</u>   <u>날니는도다</u>.
        <u>(수식어)</u>   <u>(주어)</u>   <u>(수식어)</u>   <u>(객어)</u>   (설명어)
           (주부)   (객부)

ㅂ. <u>겨을</u>　　<u>고개에</u>　　<u>외로은</u>　　<u>솔이</u>　　<u>쌔히어낫도다.</u>
　　(수식어)　　(보족어)　　(수식어)　　(주어)　　　(설명어)
　　　　　(보족부)　　　　　　　(주부)

ㅅ. <u>제비와</u>　<u>참새가</u>　<u>기럭이와 곤이의 뜻올</u>　　<u>엇지</u>　　<u>알리오.</u>
　　(주어)　　(주어)　　(수식어)　　(객어)　　(수식어)　　(설명어)
　　　　　　　　　　(객부)　　　　　　　(설명부)

ㅇ. <u>점은</u>　<u>사람이</u>　<u>흰</u>　<u>말올</u>　<u>큰</u>　<u>길에</u>　<u>급히</u>　<u>달닌다.</u>
　(수식어)　(주어)　(수식어)　(객어)　(수식어)　(보어)　(수식어)　(설명어)
　　　(주부)　　　　　(객부)　　　　　(보족부)　　　　(설명부)

(『대한문전』: 119~121)

(27)은 여러 가지 문장성분들이 배합하여 단문(홑문장)을 이루는 것을 보인 것이다. (27)ㄱ～(27)ㄹ은 '주어, 서술어, 목적어, 보족어' 앞에 수식어가 쓰이지 않고 단문을 이룬 것을 보인 것이고, (27)ㅁ～(27)ㅇ은 이들 문장성분 앞에 수식어가 쓰여 더 큰 문장성분 단위인 '주부, 객부, 서술부, 보족부'를 형성한 것이 홑문장을 이루고 있는 것을 보인 것이다.

그러나 이 가운데 (27)ㅅ은 나머지 문장과는 좀 다른 구조를 이루고 있다. (27)ㅅ은 심층구조에서는 두 개의 문장이던 것이 표층구조에서는 하나의 문장으로 나타난 것인데, 이것은 다음과 같은 과정을 거쳐서 만들어진다.

(27)ㅅ′ ① 제비가 기럭이와 곤이의 뜻올 엇지 알리오.
　　　② 참새가 기럭이와 곤이의 뜻올 엇지 알리오.
　　　⇒ 제비와 참새가 기럭이와 곤이의 뜻올 엇지 알리오.

여기서 <기럭이와 곤이의 뜻올 엇지 알리오>가 겹쳐 있으므로 하나는 줄여 없애고, 두 주어는 접속조사 {-와}로 이은 것이므로 이것은 접속과 줄여 없앰에 의하여 만들어진 '접속문(이은겹문장)'에 해당하는 것이므로 홑문장이 아니다.

7.2. 복문①(複文, 겹문장)

한 문장이 절(마디)이 되어 다른 문장의 한 성분으로 쓰여 한 복문(겹문장)이 되는 현상을 '안음'이라 하는데, 한 문장성분으로 쓰인 절을 '안긴문장'라 하고, 안긴절을 문장성분으로 가진 절을 '안은문장'라 하고, 이러한 겹문장을 '안은 겹문장'이라 한다(허웅. 1983 : 269~270). 유길준(1909 : 121)에서는 이러한 '안은겹문장'을 "복문"이라 하고, "복문이라 ㅎ는 者는 문장의 조직상 부속절을 숨흔 者를 謂ㅎ미라"고 뜻매김을 하고 "명사절, 형용사절, 첨부사절"이 안겨 있는 3개의 <보기말>을 보이고 있다. 이것을 간추려 보이면 다음과 같다.

(28) 복문

　　ㄱ. <u>시간의 감</u>온 <u>물의 흐름</u>과 갓다.
　　　　(명사절)　　　　(명사절)

　　ㄴ. <u>가을 바람의 나무닙새 쩌러트리는</u> 소래는 사람의 회포롤 흔드는도다.
　　　　　　　(형용사절)

　　ㄷ. 마암올 <u>어름의 맑음갓치</u> 조철케 ㅎ어라.
　　　　　　　(첨부사절)

(『대한문전』 : 121~122)

　(28)ㄱ은 명사절(임자마디) 만드는 어미인 {-ㅁ}에 의하여 만들어진 명사절 <시간의 감>에 조사 {-온}이 결합하여 주어로 안겨 있는 것이고, <물의 흐름>은 조사 {-과}와 결합하여 견줌말로 안겨 있는 것이다. 그리고 안긴 절의 주격조사 {-이}는 모두 {-의}로 바뀐 것인데, 이것은 수의적이다. 그러므로 (28)ㄱ은 명사절을 안은 '안은겹문장'이다.

　(28)ㄴ의 밑줄 친 말은 문장 속에서 관형어의 자리에 놓여 체언을 꾸미는 구실을 하는 관형사절(매김마디)을 "형용사절"로 의식한 것이다. 이것을 따로 떼어냈을 때 그 자체로 한 문장의 모든 조각을 완전히 갖추고 있는 '완전한 관형사절'이 되어 있다. 이것은 관형사형 어미 {-는}으로 끝난 문

장이 관형사절이 되어 안겨 있는 것이므로 (28)ㄴ은 관형사절을 안은 '안은겹문장'이다.

(28)ㄷ은 <어름이 맑음과 갓다>라는 문장에 파생가지로 의식한 {-치}가 결합하여 부사절이되어 안겨 있는 것이므로 이것은 부사절를 안은 '안은겹문장(포유문)'이다.

그러므로 유길준(1909)에서 의식한 "복문"은 '명사절, 관형사절, 부사절'을 각각 안은 '안은겹문장'을 이르는 것이다. 그러나 용언절(풀이마디)과 인용절(따옴마디) 안긴문장은 <보기말>에 나타나지 않는 것으로 보아 의식하지 못한 것 같다.

7.3. 중문(重文, 복문②, 겹문장)

겹문장을 만드는 방법은 안음과 접속의 두 가지 방법이 있는데, 둘 이상의 문장이 나란히 이어져서 겹문장을 이룰 때, 앞문장과 뒤문장이 접속사 끝에 의해 이어져 새로운 문장을 만든 것을 '이은겹문장'이라 한다(하치근, 1999 : 266).

유길준(1909 : 122)에서는 이러한 '이은겹문장'에 해당하는 것을 "중문"이라 하고 "重文이라 ᄒ는 者는 문장의 조직상 독립절을 슴흔 者롤 謂ᄒ미니, 설명어의 어미 변화로 조동사 중지단의 {-고, -며} 等 語로써 전절과 후절의 連絡을 成ᄒ는 者이라"고 뜻매김을 하고 5개의 <보기말>을 보였다. 이것을 간추려 보이면 다음과 같다.

    (29) 중문
        ㄱ. <u>새가 울고</u>, 꼿이 퓌다. (독립절)
        ㄴ. <u>구름은 룡을 좃고</u>, 바람은 범을 좃도다. (독립절)

ㄷ. <u>달이 가득훈즉</u> 이즈러지고, <u>해가 가운데 훈즉</u> 기우나니라.
    (첨부사절)   (첨부사절)
        (복문)   (복문)

ㄹ. <u>믈이 깁흔고로</u> 고기가 즐거움을 엇고, <u>숩이 셩훈고로</u> 새가 도라감을 아는도다.
    (첨부사절)   (첨부사절)
        (복문)   (복문)

ㅁ. <u>뎌 아해가</u> <u>글올 읽고, 글품사롤 쓴다.</u>
   (주어)   (독립절)

(『대한문전』: 123~124)

(29)ㄱ, ㄴ은 앞절(앞마디)이 접속어미 {-고}에 의하여 벌임(대등)으로 이어진 '벌임겹문장'이고, (29)ㄷ, ㄹ의 앞절이 부사절로 의식한 <달이 가득훈즉>과 <믈이 깁흔고로>를 각각 안고 있는 안은겹문장이 접속어미 {-고}에 의하여 뒤절(뒷마디)이 부사절로 의식한 <해가 가운데훈즉>과 <숩이 셩훈고로>를 각각 안고 있는 안은겹문장이 벌임으로 이어진 '벌임겹문장'이다. 그러나 (29)ㅁ은 심층구조에서는 다음과 같은 두 개의 문장이던 것이 표층구조에서는 하나의 문장으로 나타난 것이다.

(29)ㅁ′ ① 뎌 아해가 글올 읽는다.
      ② 뎌 아해가 글품사롤 쓴다.
       ⇒ 뎌 아해가 글올 읽고, 글품사롤 쓴다.

이것은 주어 <뎌 아해가>가 두 번 겹쳐 있으므로 하나는 줄이고, 서술어로 쓰인 <글올 읽고>가 접속어미 {-고}에 의하여 이어져 하나의 문장으로 나타난 것이므로 이것은 줄여 없앰과 접속에 의하여 이루어진 '벌임겹문장'이다. 그러므로 (29)는 모두 접속어미에 의하여 이어진 '이은겹문장'을 "중문"이라 한 것이다.

8. 마무리

지금까지 살핀 내용을 간추려 보이면 다음과 같다.

1) 유길준 문법에서 문장성분의 설정은 초기의 여러 가지 『조선문전』류에서는 "주어, 설명어, 목적어, 수식어"의 4성분으로 설정하였으나, 『대한문전』(1909)에서는 "보족어"를 하나 더 설정하여 5성분으로 확립하였다. 그런데 이 "보족어"는 우리말의 문장성분으로는 그 범주가 확실하지 않고, 수식어는 그 수식을 받는 말에 따라 관형어와 부사어로 구분하는 것이 문법 처리에 있어서 편리한 것인데 구분하지 않았으며, 독립어는 설정하지도 않았다. 그리고 주어, 설명어, 목적어의 하위분류는 이 세 문장성분의 종합적인 설명을 시도한 것이지만 "성질에 따른 분류"는 문법상으로는 별 의의가 없는 것이다.

2) 문장성분의 결합은 수식성분과 다른 문장성분이 결합하여 더 큰 단위의 문장성분을 이룬 것으로 "주부, 객부, 보족부, 설명부"가 있음을 밝혔는데, 특히 "보족부, 객부, 설명부"를 묶어서 "서술부"로 설정한 것은 처음 있는 일로 문장성분 분석에서 큰 의의를 가지는 것이다.

3) 우리말의 문장구조는 문장성분이 놓이는 자리가 일정하고 차례가 확정되어 바른 문장을 이루고 있으나 경우에 따라서는 문장성분의 자리가 바뀌어 거꾸른 문장(도치문)을 이루는 경우가 있음을 밝혔다. 이와 같이 문장성분이 놓이는 자리를 낱낱이 밝힌 것도 문법 연구사에서 처음 있는 일이다.

4) 문장을 이루는 문장성분이 생략되는 경우는 오직 "주어, 목적어, 보족어"에 한한다고 하고, 먼저 생략된 문장을 보이고 다시 문장성분을 보충한 문장을 보여 완전한 우리말 문장구조를 보인 것과 "서술어"는 생략될 수 없음을 의식한 것은 우리말이 서술어 중심의 말이라는 것을 의식한 설

명이나, 경우에 따라서는 서술어도 생략될 수 있다는 것은 의식하지 못한 것 같다.

5) 문장의 부분에서 설정한 "구(句)와 절(節)"은 문장성분이 이어진 단락으로 문장성분이 될 수 있는 말의 단위 중에서 이은말(phrase)과 마디(clause)에 해당하는 것이다. 그리고 구는 "명사구, 형용사구, 첨부사구"로 구분하였는데, 이들은 각각 "명사구(임자이은말), 관형사구(매김이은말), 부사구(어찌이은말)"에 해당하는 용어이다. 또 절은 "명사절, 형용사절, 첨부사절, 독립절"로 구분하였는데, 이들은 각각 "명사절(임자마디), 관형사절(매김마디), 부사절(어찌마디)"에 해당하는 것이고, "독립절"은 '벌임(대등)겹문장'을 이루고 있는 한 절에 해당하는 것이다.

6) 문장의 종류는 "단문, 복문, 중문"으로 분류하였는데, 단문(홑문장)은 주어와 서술어의 관계가 한 번만 성립한 문장이다. 복문과 중문은 모두 '복문(겹문장)'에 해당하는 것인데, 복문은 한 문장이 절(마디)이 되어 다른 문장의 한 성분으로 쓰인 절을 안은 '안은겹문장'이고, 중문은 둘 이상의 문장이 나란히 이어져서 복문을 이룰 때, 앞절과 뒤절이 접속어미에 의해 이어진 '이은겹문장'에 해당하는 것이다.

이와 같이 유길준 문법의 문장성분 설정, 결합, 배열, 생략, 문장의 부분과 문장의 종류 설정 등은 뒷날 학교문법의 문장론 설정에 큰 영향을 미쳤으므로 문법 연구사에서 그 역사적 의의는 크다고 할 수 있다.

참고문헌

강복수(1975), 국어 문법사 연구, 형설출판사.
고영근(1983), 국어 문법의 연구, 탑출판사.
권재선(1987), 국어학 발전사, 한국 고시사.
김민수(1960), "「대한문전」고", 『국어문법론 연구』, 통문관.
김민수(1974), 신국어학사, 일조각.
김석득(1983), 우리말 연구사, 정음문화사.
김형주(1997), 우리말 연구사, 세종출판사.
남기심·고영근(1993), 표준 국어 문법론, 탑 출판사.
박지홍(1977), "유길준의 「조선문전」", 『어문교육논집』 2, 부산대 국어교육과.
유길준(1904 이전), 필사 조선문전, (역대 한국문법 대계 Ⅰ-39, 탑출판사, 1986).
유길준(1909), 대한문전, 동문관.
이광린(1992), 유길준(근대 인물 한국사 206), 동아일보사.
이규호(1974), 말의 힘, 제일출판사.
최낙복(1994), "유길준 문법의 품사 설정", 『국어국문학』 13, 동아대 국어국문학과.
최낙복(1995ㄱ), "유길준 문법의 조동사", 『국어국문학』 14, 동아대 국어국문학과.
최낙복(1995ㄴ), "유길준 문법의 형태론 연구", 『언어와 언어교육』 10, 동아대 어학연구소.
최낙복(2000ㄱ), "주시경 문법의 문장성분 연구", 『부산한글』 19, 한글학회 부산지회.
최낙복(2000ㄴ), "주시경 문법의 문장 구조 연구", 『동남어문논집』 11, 동남어문학회.
최현배(1937), 우리말본, 연희전문학교 출판부.
하치근(1999), 우리말본의 이해, 한국문화사.
허 웅(1983), 국어학, 샘문화사.
허 웅(1999), 20세기 우리말의 통어론, 샘문화사.

(발표 : 『한힌샘 주시경 연구』 14·15집, 한글학회, 2002)

제 3 장
최광옥 문법론

제 1 절 최광옥 문법의 형태론

제 2 절 최광옥 문법의 통어론

최광옥 문법의 형태론

1. 머리말

최광옥(1879~1911)은 1904년 평양 숭실학교 중학부를 졸업하고 기독교를 통한 민중 계몽 운동에 힘쓴 계몽 운동가요, 교직자요, 문법학자였다. 그는 1908년 『대한문전』을 간행하였는데, 이 책을 두고 유길준은 그의 저서 『대한문전』(1909)의 머리말에서 자기의 "제4차 고본(稿本)이 세간에 오락ᄒ야 애서가의 인포(印佈)홈이 재판에 至ᄒ나…" 하여 최광옥의 『대한문전』은 유길준 자신의 『조선문전』(1904?)임을 암시하였다. 이 문제에 대하여 김민수(1957)에서는 이 두 책을 비교, 대조한 결과 이것은 유길준이 1904(?)년 이전에 간행한 필사본 『조선문전』과 같다고 하면서 유길준의 『조선문전』을 그대로 인쇄한 것에 불과하다는 결론을 내린 바가 있다.[1]

이 논문에 대하여 최광옥의 딸 최이권(1977)에서는 그렇지 않다는 것을 여러 가지 측면에서 설명하였지만 그 뒤에 크게 바뀐 것은 없었다.[2]

---

[1] 김민수(1957), "대한문전고", 『논문집 인문·사회과학』 5, 서울대학교. 이것은 김민수(1960), 국어 문법론 연구(통문관 간행)에 재록되어 있다.

그리하여 필자도 지금까지 유길준의 여러 문법책에 관한 내용만 살펴서 5편의 논문을 발표한 바 있다. 그러나 유길준의 『조선문전』은 필사본이기 때문에 그렇게 널리 보급되지 않은 것으로 추측되는 반면에 최광옥의 『대한문전』은 우리 문법 연구사에서 볼 때 최초로 인쇄되어 교재로 쓰인 문법책이기 때문에 개화기에 널리 보급되었을 뿐만 아니라 우리 문법의 형성에 많은 영향을 미쳤을 것으로 보인다. 필자는 이 책을 국어문법 연구사적인 입장에서 다시 한 번 살펴 볼 필요가 있다고 생각되었다.

이 글은 최광옥의 학문을 체계화하고 개화기 국어문법 형성과정을 살펴서 초창기 우리 문법 형성을 체계화하는 과정의 하나로 그의 문법 저서에서 형태론에 해당하는 부분을 대상으로 살핀 것이다.

그러므로 이 논문은 이미 발표한 유길준 문법의 품사설정(1994)과 유길준 문법의 형태론 연구(1995)와 설명이 중복될 수도 있음을 밝혀둔다.

2. 품사의 설정

최광옥의 『대한문전』(1908 : 9~10)에서는 영어문법의 'a part of speech'에 해당하는 용어로 '품사(品詞)'를 사용하고, 품사분류의 기준이나 품사설정에 대한 근거나 품사의 뜻매김도 없이 우리말의 품사를 8종류로 나누었는데, 이것을 보이면 다음과 같다.

> (1) 언어는 八種으로 分ㅎ여 曰 명사, 대명사, 동사, 형용사, 부사, 후사
> (토다는 말), 접속사, 감탄사라 稱ㅎㄴ니 此를 八品詞라 云ㅎㄴ더 千
> 言萬語가 以上 八種의 外에 出ㅎㄴ 者 無ㅎ니라.
>
> (『대한문전』 : 9~10)

---

2) 최이권(1977), 최광옥 약전과 유저 문제, 동아출판사.

　(1)에서 설정한 8종류의 품사를 이미 널리 알려진 중근숙(中根淑)의『일본문전』(1876)과 유길준의『조선문전』(1904?)과 대조시켜 보이면 다음과 같다.

　(2)『일본문전』　　　　『조선문전』　　　　『대한문전』
　　① 명사　　—　　① 명사　　—　　① 명사
　　② 대명사　—　　② 대명사　—　　② 대명사
　　③ 동사　　—　　③ 동사　　—　　③ 동사
　　④ 형용사　—　　④ 형용사　—　　④ 형용사
　　⑤ 부사　　—　　⑤ 부사　　—　　⑤ 부사
　　⑥ 후사　　—　　⑥ 후사　　—　　⑥ 후사
　　⑦ 접속사　—　　⑦ 접속사　—　　⑦ 접속사
　　⑧ 감탄사　—　　⑧ 감탄사　—　　⑧ 감탄사

　(2)에서 보인 바와 같이 세 문법책에서 품사의 수와 벌린 차례, 품사 이름이 완전히 일치하고 있음을 알 수 있다. 이것은 유길준의『조선문전』은『일본문전』의 품사분류를 그대로 적용한 증거이며, 또 최광옥의『대한문전』은 이들의 책에서 여과없이 그대로 받아들인 것이 분명하다.

　그러므로 최광옥의『대한문전』에서 설정한 8품사는 우리말의 특질을 고려하여 품사분류를 한 것이 아니고, 다른 나라 문법, 특히 일본문법의 품사분류를 그대로 적용한 유길준 필사본『조선문법』에서 분류한 품사분류를 완전히 그대로 수용한 것이라 할 수 있다. 물론 우리 문법의 형성기인 초창기에는 대부분의 문법책들이 영어문법이나 일본문법을 적용하는 정도의 수준에 지나지 않았다.3)

　어떻든 초창기에 우리말의 품사분류가 다른 나라 문법을 그대로 수용한 수준이었지만 뒷날 우리말 품사분류에 많은 영향을 미쳤기 때문에 국어학 연구사에서 그 의의는 있다고 할 수 있다.

---

3) 품사분류의 수용에 대한 자세한 내용은 최낙복(1994 : 80∼84)을 참조.

3. 각 품사의 성립과 분류

3.1. 명사의 성립과 분류

3.1.1. 명사의 성립

최광옥의 『대한문전』(1908 : 10~14)[4)]에 설정한 명사의 뜻매김과 <보기말>을 간추려 보이면 다음과 같다.

> (3) 명사~물명(物名)의 사(詞)를 위(謂)홈.
> ㄱ. 사롬, 나라, 뫼, 물
> ㄴ. 소릭, 츄의
> ㄷ. 깃븜, 셩냄, 문허짐 / 풀음, 높흠, 돗타움.
> ㄹ. 깃브기, 셩내기, 문허지기 / 풀으기, 높기 돗탑기
> ㅁ. 한양셩, 리슌신, 금강산.
>
> (『대한문전』 : 10~14)

(3)에서 명사의 뜻매김을 보면, 사물의 이름을 이르는 것으로 풀이하였는데, 그 <보기말>을 자세히 보면 그 범위가 대단히 넓은 것임을 알 수있다.

(3)ㄱ과 (3)ㄴ은 한 가지의 일과 물건에 두루 쓰이는 이름인데, (3)ㄱ은 구체적인 사물을 알 수 있지만 (3)ㄴ은 구체적인 사물이 아니므로 영어문법에서는 이것을 추상명사라 이르는 것이다. (3)ㄷ은 용언의 어간에 파생접미사로 의식한 {-(으)ㅁ}이 결합되어 명사로 파생된 것으로 의식한 것이고, (3)ㄹ은 용언의 어간에 역시 파생접미사로 의식한 {-기}가 결합되어 명사로 파생된 것으로 의식한 것이다. (3)ㅁ은 어떤 특정한 일과 사물에만 홀로 쓰이는 이름을 일컫는 것으로 고유명사를 의식한 것이다.

---

4) 이하 최광옥(1908)은 『대한문전』을 이르는 것이다.

그러므로 (3)ㄱ, (3)ㄴ, (3)ㅁ은 본디명사들이고, (3)ㄷ, (3)ㄹ은 임시적 기능변화인 자격변동법에 의하여 만들어진 것으로, 용언의 명사형을 파생명사로 의식한 것이다. 그 외도 동사나 형용사의 어간에 {-지, -치}가 결합된 꼴도 명사로 처리하였다.

이처럼 최광옥의 『대한문전』에 설정한 명사는 사물의 이름을 나타내는 것은 물론이고, 용언의 어간에 {-(으)ㅁ, -기, -지, -치}가 결합한 꼴도 모두 명사로 처리한 데서 성립된 것이다. 이와 같은 명사 처리는 개화기 문법에서 거의 공통된 현상이다.

3.1.2. 명사의 분류

명사의 하위분류에 대하여 『대한문전』(10∼14)에서 기술하고 있는데, 명사는 "物名의 詞를 謂홈이니 二種으로 分ᄒ여 曰 普通名詞 曰 特別名詞라" 하고, 또 보통명사에는 무형명사와 변체명사의 2종이 있다고 하였다. 그리고 변체명사는 동사가 변하여 명사가 된 자와 형용사가 변하여 명사로 된 자로 나누어 설명하였다. 이것을 간추려 표로 정리해 보이면 다음과 같다.

(4) 명사의 분류

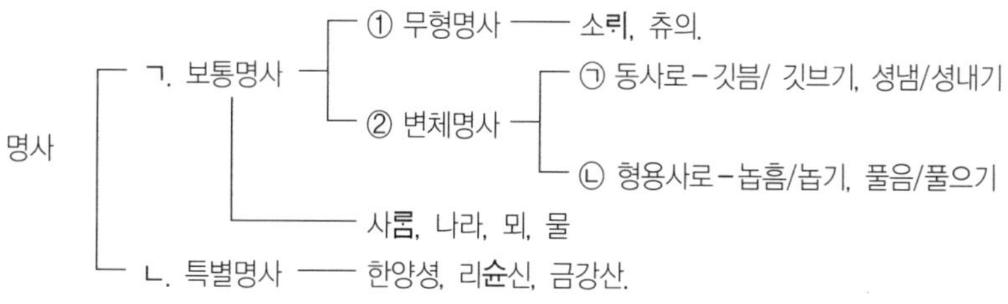

(『대한문전』 : 10∼14)

(4)에서 보통명사와 특별명사로 나누면서 그 분류기준을 설명하지는 않았지만 이것은 명사가 그 쓰이는 사물의 범위의 국한성(局限性)의 다름

을 따라 분류한 것으로 (4)ㄱ은 한 가지의 일과 물건에 두루 쓰이는 명사를 일컫는 것이고, (4)ㄴ은 어떠한 특정한 일과 물건에만 홀로 쓰이는 이름을 일컫는 것이다.

또 (4)ㄱ의 하위분류로 ① 무형명사와 ② 변체명사로 나누었는데, 이것은 ①은 꼴이 없는 명사를 이르는 것이고, ②는 파생명사를 의식한 것이다. 이러한 분류는 그 분류기준을 설정하지 않고 분류했기 때문에 분류상의 명확한 체계를 세우지 못했다. 만약 이 체계에 따라 보통명사를 하위분류 한다면 보통명사는 그 형체의 있고 없음에 따라 먼저 유형명사와 무형명사로 나누고, 또 명사 만들기의 방법에 따라 변체명사와 불변체 명사로 나누어야 그 체계가 논리상 모순이 생기지 않을 것이다.

그러므로 (4)에서 1차 분류로 보통명사와 특별명사로 나눈 것은 아주 잘된 분류였지만 2차 분류에서 보통명사의 하위분류는 올바른 분류로 처리하기는 곤란하다. 그러나 우리 문법 형성기에 이러한 분류를 시도했다는 것은 역사적으로 의의가 있지만, (4)ㄱ의 하위분류는 역사적으로나, 문법적으로나 별 의의가 없는 것이다.

3.2. 대명사의 성립과 분류

3.2.1. 대명사의 성립

최광옥(1908 : 14~19)에서 설명한 대명사의 뜻매김과 <보기말>을 간추려 정리해 보이면 다음과 같다.

(5) 대명사~명사의 대(代)에 용(用)ᄒᆞᄂᆞᆫ 자(者)를 謂홈.
　　ㄱ. 이거, 그거, 뎌거/여게, 거게, 뎌게.
　　ㄴ. 나(내), 너(네), 이이, 그이, 져이.
　　ㄷ. 누구, 무엇, 어뎌, 언졔.

ㄹ. 이, 그, 뎌.
ㅁ. 바, 거.

(『대한문전』: 14~19)

(5)에서 대명사의 뜻매김을 명사를 대신해서 사용하는 것으로 간단하게 풀이하였지만, 이것은 어떠한 일정한 사물을 바로 나타내지 않고, 모든 사물을 형식적으로, 일반적으로 가리키는 품사를 일컫는 것이다. 그 <보기말>을 살펴보면 여러 가지로 나누어 풀이하고 있다.

(5)ㄱ은 사물과 처소 등에 쓰이는 대명사로 거리의 멀고 가까움에 따라 다르게 쓰이는 대명사를 보인 것이고, (5)ㄴ은 사람을 가리킴에만 쓰이는 것으로 그 가리키는 대상에 따라 다르게 쓰이는 대명사를 보인 것이고, (5)ㄷ은 사람과, 사물, 장소, 시일 등이 분명하지 않을 때 쓰는 대명사인데, 이것을 최광옥은 문대명사로 의식하였다. 이것은 사람과 사물의 가리킴의 하위범주에 들어가는 것인데, 따로 분리하여 문대명사로 처리한 것은 일본문법의 적용에서 비롯된 것이다. (5)ㄹ은 사물을 가리킬 때에 쓰이는 대명사로 가리킴의 거리에 따라 쓰임이 다름을 보인 대명사이고, (5)ㅁ은 완전한 독립성을 가지지 못하고 항상 관형어의 아래에 쓰이는 의존명사(매인이름씨)인데, 이것을 대명사의 하위범주로 의식한 것이다. 이것은 영어 문법의 영향을 받아 우리말에는 없는 관계대명사로 의식한 것이다. 그러므로 이것은 명사의 하위범주에 속하는 것이므로 대명사의 범주에서는 덜어 내어야 하는 것이다.

이와 같이 최광옥의 『대한문전』에 설정한 대명사는 사람이나 사물의 이름을 대신하는 말과 항상 관형어 아래에 매이어 쓰이는 의존명사 {바, 거}를 묶어서 하나의 품사로 처리하는 데서 이루어진 것이다.

3.2.2. 대명사의 분류

최광옥(1908 : 14~19)에서 대명사를 하위분류하고, 그 하나하나에 대하

여 설명하고 있다. 대명사는 명사의 대신에 쓰는 것을 이르는 것으로 의
식하고, 사람과 사물과 처소 등에 각각 그 이름을 대신하여 쓰므로 1차로
보통대명사, 인대명사, 문대명사, 지시대명사, 관계대명사의 5갈래로 하
위분류하고 이들을 다시 2차로 각각 하위분류한 다음에 그 <보기말>을
보였는데, 이것을 간추려 정리해 보이면 다음과 같다.

(6) 대명사의 분류

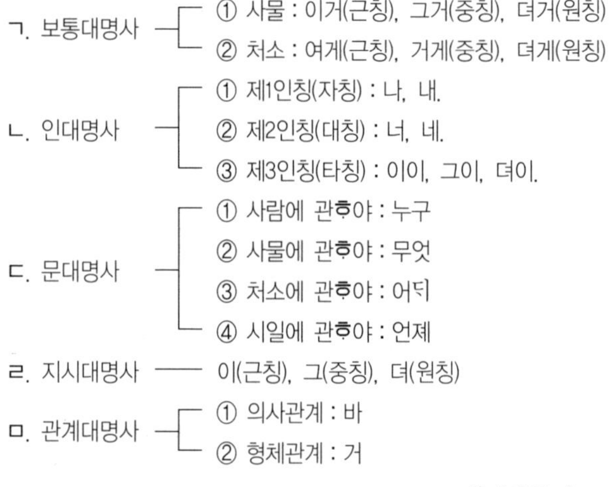

(『대한문전』 : 14~19)

(6)에서 대명사의 하위분류도 명사의 하위분류와 같이 다른 나라 문법
의 영향을 받기는 하였으나, 그대로 적용한 것은 아니다. 그래서 강복수
(1975 : 81)에 의하면 『일본문전』에서는 대명사를 보통대명사, 인대명사,
의문대명사의 3갈래로 분류하고 있다. 그러므로 (6)ㄱ, ㄴ, ㄷ은 『일본문
전』의 대명사 하위분류하고 일치하고 있으나 (6)ㄹ, ㅁ은 영어문법의 영
향을 받은 것 같다.

그런데 (6)에서 분류한 대명사의 5갈래의 하위분류는 일반적으로 국어
문법에서는 사람대명사와 지시대명사로 분류하고 있다. 다만 (6)ㅁ은 명사

의 하위단위인 의존명사로 처리하면 거의 완벽한 하위분류가 될 것이다.

(6)ㄱ은 사물, 처소 등에 쓰이는 대명사로 의식한 것인데, 지시대명사로 처리될 수 있는 것이고, (6)ㄴ은 사람을 대신해서 쓰이는 대명사로 의식한 것인데, 사람대명사이고, (6)ㄷ은 사람, 사물, 처소, 시일 등에 분명하지 아니할 때에 쓰이는 대명사로 의식한 것인데, 이것도 사람대명사로 처리될 수 있는 것이다. (6)ㄹ은 사물을 지시할 때에 쓰이는 대명사로 의식한 것이다. 그러므로 (6)ㄱ, ㄹ은 지시대명사로 처리하고 (6)ㄴ, ㄷ은 사람대명사로 처리될 수 있는 것이다.

이와 같이 최광옥의 대명사 분류는 비록 다른 나라 문법의 영향을 받아 이루어진 것이지만 오늘날 대명사 하위분류의 기틀을 거의 완벽하게 만들었으므로 국어 문법사에서 그 역사적 의의는 크다고 할 수 있다.

3.3. 동사의 성립과 분류

3.3.1. 동사의 성립

최광옥(1908 : 23~29)에서는 동사를 설정하고 뜻매김을 한 후 <보기말>을 보이고 있는데, 이것을 간추려 보이면 다음과 같다.

> (7) 동사~명사 혹 대명사에 부종(附從)ㅎ야 그 작용 혹 형상을 발현(發現)ㅎ는 者라.
> ㄱ. 달닌다, 잔다, 피엿다, 운다.
> ㄴ. (꼿이) 피엇다, (새가)운다.
> ㄷ. 목수가 집을 <u>짓고</u>, 사공이 비를 <u>젓더라</u>.
> ㄹ. 뎌 아희가 개룰 <u>짜리오</u>.
> ㅁ. 개가 뎌 아희의게 <u>마젓소</u>.

(『대한문전』 : 23~26)

동사는 사물의 움직임을 나타내는 낱말인데 (7)에서는 동사의 뜻매김을 길게 하고 있다. 그리고 <보기말>을 보면 여러 가지의 동사를 보이고 있는데, 한결같이 동사의 기본형은 밝히지 않고 그 활용형을 보이고 있다. 즉 동사의 어간에 여러 가지 어미(선어말어미, 어말어미)가 결합한 꼴을 보이고 있다. 여기서 (7)ㄱ, ㄴ은 그 움직임이 주어에만 미치는 자동사에 해당하는 것이고, (7)ㄷ, ㄹ은 그 움직임이 주어와 목적어에 미침을 보이는 타동사를 보인 것이다. 또 (7)ㅁ은 문장의 주어가 제힘으로 움직인 것이 아니라 남의 힘(아희)을 입어서 그 움직임을 한 피동사(입음움직씨)에 해당하는 <보기말>을 보인 것이다. 이러한 동사는 다음 장의 그 하위분류에서 자세히 보이고 있다.

어떻든 『대한문전』에 설정한 동사는 움직임을 나타내는 낱말의 어간에 여러 가지 어미가 결합한 꼴을 하나의 독립된 품사로 설정한 데서 이루어진 것이다.

3.3.2. 동사의 분류

최광옥(1908 : 24~28)에서 동사의 종류는 그 작용하는 성질에 따라 자동사와 타동사로 나누고, 그 작용하는 변화에 따라 주동과 피동으로 나누고, 또 그 작용하는 변화에 따라 정격과 변격이 있다고 하고 각각 그 <보기말>을 보이고 설명하였다. 이것을 간추려 정리해 보이면 다음과 같다.

(8) 동사의 분류

ㄱ. 성질
    ① 자동사 : (꽃이) 피엿다, (새가) 운다.
    ② 타동사 : 목수가 집을 짓고, 사공이 비를 젓더라.

ㄴ. 관계
    ① 주동사 : 뎌 아희가 개룰 싸리오.
    ② 피동사 : 개가 뎌 아희의게 마젓소.

ㄷ. 변화
    ① 정격동사 : 가, 갓소(원어 {가-}는 불변).
    ② 변격동사 : 오, 왓소(원어{오-}가 변함).

(『대한문전』 : 24~28)

(8)에서 동사의 하위분류는 먼저 그 분류기준을 설정하고 하위분류하였는데, 이것은 다른 품사의 하위분류하는 방법보다 한 걸음 나아간 분류방법이다. 이러한 하위분류는 다른 나라 문법의 영향을 받아 이루어진 것이지만, 특히 품사분류에서 완전한 일치를 보이고 있는 『일본문전』과도 그 하위분류는 다르므로 나름대로 우리말의 특질을 고려하여 분류한 것이라 할 수 있다.

(8)ㄱ, ㄴ의 하위분류는 뜻에 의한 분류방법이고, (8)ㄷ은 동사 활용의 기능관계에 의한 분류이다. (8)ㄱ, ㄴ의 분류를 주시경(1905?)에 나타난 동작의 하위분류와 대조시켜 보면 완전한 일치를 보이고 있다.

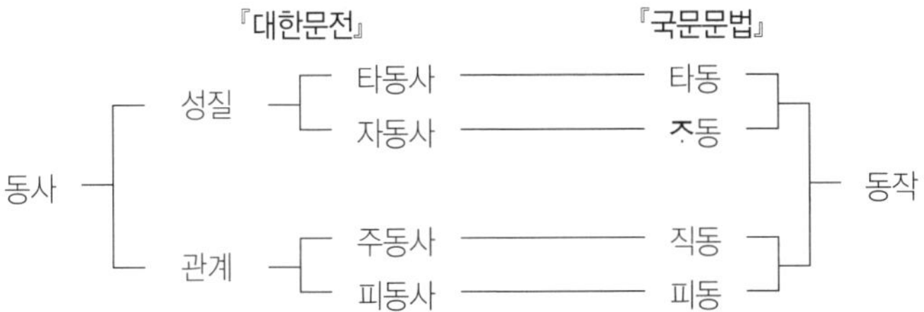

이러한 동사의 하위분류는 위에서 언급한 바와 같이 우리말의 특질을 고려하여 분류하려는 노력이 엿보이기도 하였으며, 특히 먼저 분류기준을 설정해 놓고 동사를 하위분류한 것은 국어문법 연구사에서 높이 평가하여야 할 것이다.

3.4. 형용사의 성립과 분류

3.4.1. 형용사의 성립

최광옥(1908 : 43~46)에서는 형용사를 뜻매김하고 그 <보기말>을 보이고 설명을 하였는데, 이것을 간추려 보이면 다음과 같다.

(9) 형용사~명사의 전 혹 후에 재ᄒᆞ야 그 형상 급 성질을 현(現)ᄒᆞᆫ 詞
　　　룰 謂홈.
　　ㄱ. 놉흔 (뫼), 깁흔 (물).
　　ㄴ. (사룸이) 어질고, (말이) 굿세다.
　　ㄷ. 풀(靑)은, 풀을, 풀으든.
　　ㄹ. 나랏(사룸), 횟(빗), 담빗(디)
　　ㅁ. 쇠굽(소의 굽), 내칼(나의 칼), 네활(너의 활).

(『대한문전』 : 43~46)

(9)에서 형용사의 뜻매김을 보면, 문장에서 형용사가 놓이는 위치와 하는 일을 밝히고 있는데, 이것은 오히려 형용사의 서술어 기능과 관형어 기능을 밝힌 것이다. 이러한 뜻매김의 방법은 영어문법의 영향을 받은 것으로 보인다. 즉 영어문법에서 형용사의 용법으로는 명사에 대한 위치상 한정용법(attributive use)과 서술용법(predicative use)의 두 종류가 있다. 한정용법은 형용사가 명사의 바로 앞 또는 뒤에서 그 명사를 수식하는 용법을 이르는 것으로 (9)ㄱ, ㄷ이 여기에 속하는데, 우리말에서는 관형어 구실하는 것을 이르는 것이다. 서술용법은 형용사가 동사 뒤에 와서 불완전 동사의 보어로 쓰이는 용법을 이르는 것으로 우리말에서는 형용사가 문장에서 서술어로 쓰이는 것에 해당하므로 (9)ㄴ이 여기에 속한다.

그러나 (9)ㄹ, ㅁ은 모두 체언에 해당하는 낱말인데, 영어문법의 형용사 한정용법을 적용하여 앞의 체언이 뒤의 체언을 한정하는 경우에 앞의 체언을 모두 형용사로 처리한 것이다. (9)ㄹ은 두 명사 사이에 사이시옷이 있을 경우 앞의 명사를 형용사로 의식한 것이고, (9)ㅁ은 "소의 굽, 나의 칼, 너의 활"이 줄어져 "쇠굽, 네칼, 네활"이 되었을 때 앞의 체언인 "쇠, 내, 네"를 모두 형용사로 의식한 것이다. 이러한 처리는 모두 품사와 문장성분을 명확하게 구분하지 못한 데서 비롯된 것이다.

그러므로 최광옥(1908)에서 설정한 형용사는 사물의 성질이나 상태를 나타내는 낱말의 어간에 여러 가지 어미가 결합한 꼴과 그 낱말의 관형사형과 체언과 체언이 나란히 겹쳐 쓰이는 경우 앞의 체언을 형용사로 처리하는 데서 성립되었다.

그러나 두 체언이 겹쳐 쓰일 경우 앞의 체언을 형용사로 처리한 것은 우리말의 특질과는 너무나 먼 처리방법이다. 이러한 처리방법은 우리말의 특질을 깊이 있게 살피지 못하고 영어 문법에 기대어 그것을 그대로 적용한 데서 비롯된 결과이다. 이러한 처리방법은 개화기에 주시경 문법을 제외한 여러 문법책에서 공통적으로 기술하고 있는 처리방법이다.

3.4.2. 형용사의 분류

최광옥(1908)에서는 형용사의 하위분류는 하지 않았다. 다만 형용사에는 현연(現然), 장연(將然), 기연(旣然)의 3단(三段)이 있다고 하고 <보기말>을 보이고 있다. 이것은 형용사의 3가지 상(相)을 나타낸 것인데, 그 용어로 보아 일본문법의 영향을 받은 것이다.

그 외 형용사의 하위분류에 대해서는 구체적으로 설명하지 않고 동사와 조동사에 미루어 알 수 있다고만 하였다.5)

그러므로 최광옥의 『대한문전』에서 형용사의 하위분류는 문법적으로 큰 의의를 부여하지 않았기 때문에 그 하위분류를 하지 않았던 것이다.

3.5. 부사의 성립과 분류

3.5.1. 부사의 성립

최광옥(1908 : 46~50)에서는 부사의 뜻매김과 <보기말>을 보이고, 그 쓰

---

5) 『대한문전』에서 설정한 조동사는 모두 오늘날 용언의 여러 가지 선어말어미와 어말어미에 해당하는 것들이다. 조동사에 대한 자세한 것은 최낙복(1995 : 125~131), "유길준 문법의 형태론 연구"를 참조.

임에 대하여 하나하나 설명하였는데, 이것을 간추려 보이면 다음과 같다.

> (10) 부사~동사, 형용사 또 타 부사에 첨부ᄒ야 그 의미를 명상(名狀)ᄒ
> 는 사(詞)를 謂흠.
> ㄱ. 자못, 믄득, 시러곰, 모름직이, 미우, (나는)다시
> ㄴ. 샐니, 甚히, (물) ᄀᆞ치
> ㄷ. 샐으게, 正直ᄒ게
> ㄹ. 쩌로, 집에
> ㅁ. (풀음)다로
> ㅂ. (붉)으스름
> ㅅ. (긔) 쳐름

(『대한문전』:46~50)

우리말에서 부사는 용언이나 그 외의 말 앞에 놓여서 다음에 오는 말의 뜻을 분명하게 꾸며주는 구실을 하는 품사인데, (10)에서 보인 부사의 뜻매김은 부사의 쓰임을 설명한 것이다. 그 <보기말>로 보인 것을 보면 부사의 범주가 분명하지 않음을 알 수 있다.

(10)ㄱ은 본디부사이고, (10)ㄴ은 파생부사이고, (10)ㄷ은 임시적 자격변동으로 인하여 문장에서 부사어로 쓰이는 것으로 형용사의 부사형이며, (10)ㄹ은 명사와 조사가 결합하여 문장에서 부사어로 쓰이는 것이고, (10)ㅁ은 의존명사이고, (10)ㅂ은 어미 {-스름하다}의 {-하다}가 줄어진 꼴을 부사로 의식한 것이고, (10)ㅅ은 조사이다.

그러므로 최광옥(1908)에 설정한 부사는 본디부사, 파생부사, 용언의 부사형을 포함하여 문장에서 부사어로 쓰이는 것을 모두 부사로 처리한 데서 이루어진 것이다. 이러한 처리도 낱말과 문장성분을 정확하게 구별하지 못한 데서 비롯된 것이다. 특히 (10)ㄹ은 한 낱말로 처리될 수 없는 것이고, (10)ㅁ, ㅂ, ㅅ은 도저히 부사의 범주에 넣을 수 없는 것들이다.

3.5.2. 부사의 분류

최광옥(1908 : 46~50)에서 부사는 정격과 변격의 체(형태)가 있다고 하고 정격부사는 그 원체를 변치 아니하는 자라 뜻매김하고 <보기말>을 보였으며, 변격부사는 그 뜻매김을 하지 않고, 그 형태가 4가지가 있다고 하여 <보기말>을 보이고 설명하였다. 이것을 간추려 정리해 보이면 다음과 같다.

> (11) 부사의 분류
> ㄱ. 정격부사 : 자못, 믄득, 시러곰, 모름직이.
> ㄴ. 변격부사
> ① 형용사+{-니, -게} : 샐니, 샐으게
> ② 명사+{-로, -에} : 찐로, 집에.
> ③ 명사, 형용사, 동사+원체부사
> ㉠ 명사+부사 : 긔쳐름, 믈곷치.
> ㉡ 형용사+부사 : 풀은대로, 붉으스름.
> ㉢ 동사+부사 : 나눈다시, 오눈다시.
> ④ 한자어+{-히, -ㅎ게} : 甚히, 正直ㅎ게.

(11)에서도 부사를 하위분류하면서 그 분류기준을 설정하지 않고 단순히 정격부사와 변격부사로 나누었는데, 이것은 『일본문전』에서 부사를 정용부사, 변용부사로 나눈 것을 용어만 바꾸어 우리말에 적용한 것이라 할 수 있다.6)

(11)ㄱ은 그 본디 체를 바꾸지 아니한 부사를 이르는 것이므로 본디부사이다. 그러나 (11)ㄴ의 변격부사는 다시 4종류로 설명하고 있는데, 이것들은 형태구조적인 특징관계를 보인 것으로 임시적 자격변동법에 의하여 문장에서 부사어로 쓰이는 문장성분을 부사로 처리한 것이지만 여기에는 부사도 아니고 부사어도 아닌 것들도 포함되어 있다. 즉 (11)ㄴ에서 부사로 의식한 것들은 형태적 짜임을 보인 것인데 ①은 형용사의 부사형

---

6) 강복수(1975), 국어 문법사 연구, 형설출판사, 81쪽 도표 참조.

을 부사로 의식한 것이고, ②는 명사에 조사가 결합되어 문장에서 부사어로 쓰이는 것이고, ③은 명사, 형용사, 동사 뒤에 각각 부사가 결합된 것으로 의식했지만 이때 부사는 부사가 아닌 것이 대부분이다. ④는 한자에 {-히, -ᄒ게}가 결합되어 문장에서 부사어로 쓰이는 것을 부사로 처리한 것들이다. 그러므로 (11)ㄴ에서 보인 부사들은 품사의 하위분류와는 관계가 없는 것들이다.

어떻든 (11)에서 분류한 부사의 하위분류는 단지 부사의 형태가 어떻게 이루어졌는가에 따른 분류에 지나지 않으므로 문법적으로는 별 의미가 없는 것이다. 뒷날 부사의 하위분류는 (11)ㄱ의 정격부사만을 대상으로하여 분류하게 되었다.

3.6. 후사의 성립과 분류

3.6.1. 후사의 성립

최광옥(1908 : 50~55)에서는 후사의 뜻매김과 <보기말>을 보이고 설명하였다. 이것을 간추려 보이면 다음과 같다.

> (12) 후사~명사의 후에 부(附)ᄒ야 그 상·하 사의 관계를 示ᄒᄂ 者.
> ㄱ. 이, 가, 은, 는.
> ㄴ. 을, 를.
> ㄷ. 에, 에는, 에다, 에게, 으루.
> ㄹ. 으로/으루(로/루), 을는.
>
> (『대한문전』 : 50~55)

(12)에서 보인 뜻매김을 보면, 명사의 뒤에 붙어서 앞뒤 성분의 관계를 나타내는 품사를 이르는 것인데, 이는 명사 뒤에 놓이기 때문에 "후사"라

는 용어를 사용하고 있다. 그런데 그 <보기말>을 살펴보면 대부분이 오늘날의 격조사에 해당하는 것들이다. 그러므로 최광옥의 『대한문전』에 설정한 후사는 국어의 많은 조사들 가운데 일부의 격조사만을 후사로 처리한 것이다. 이것은 우리말의 조사에 대하여 너무나 피상적으로 살핀 것이다.

3.6.2. 후사의 분류

최광옥(1908 : 50~55)에서 후사는 명사의 자격을 정한다고 하고, 그 자격은 주격과 빈격이 있다고 하였다. 또 후사는 명사의 체세를 정한다고 하고 그 체세는 지체와 동체로 나누고 <보기말>을 보이고 설명하였다. 이것을 간추려 보이면 다음과 같다.

> (13) 후사의 분류
>   ㄱ. 명사의 자격을 정함.
>   ① 주격 : 이, 가, 은, 는
>   (내가, 져 사롬이, 나는, 저 사롬은)
>   ② 빈격 : 을, 룰
>   (나룰, 져 사롬을)
>   ㄴ. 명사의 체세를 정함.
>   ① 지체 : 에, 에는, 에다, 에게, 으루, 에게는 에다는
>   (말에, 병에는 강에다, 그 사롬에게, 집으루)
>   ② 동체 : 으로, 을는
>   (붓으로, 칼을는)
>
>   (『대한문전』 : 50~55)

(13)에서 분류한 후사의 하위분류는 오늘날의 일부 격조사를 하위분류한 것이라 할 수 있다.

(13)ㄱ에서 ①은 앞의 체언을 주어로 만들어 주는 조사를 이르는 것이고, ②는 앞의 체언을 목적어로 만들어 주는 조사이다. 여기서 ①과 ②를

구별지어 설명한 것은 대단한 탁견이며, 우리말에 격(case)이 있음을 설명한 최초의 문법 저서라 할 수 있다. 또 (13)ㄴ의 ①은 대체로 공간상의 위치를 나타내는 위치격조사에 해당하는 것들이고, ②는 도구, 원인, 이유 등을 나타내는 방편격조사에 해당하는 것들이다. 그러나 ①과 ②를 일정한 기준을 세워서 명확하게 구분하지는 못했지만 국어문법 형성 초기에 이러한 분류를 시도하여 체계를 세웠다는 것은 국어문법 연구사에서 큰 의의가 있는 것이다.

그렇지만 국어의 많은 조사들 가운데 일부 격조사만을 대상으로 하여 후사를 설정하고 하위분류를 시도한 것은 우리말의 특질을 자세히 살피지 않고 다른 나라 문법을 그대로 적용한 데서 비롯된 것이다.

3.7. 접속사의 성립과 분류

3.7.1. 접속사의 성립

최광옥(1908 : 57~59)에서 국어문법 연구사에서 처음으로 접속사를 독립된 품사로 설정하고, 그 뜻매김과 <보기말>을 보이고 설명하였다. 이것을 간추려 보이면 다음과 같다.

> (14) 접속사~어(語) 혹 구(句)를 접속ᄒᆞᄂᆞᆫ 사(詞)롤 위(謂)흠.
> ㄱ. 와, 과, 밋, 다못.
> ㄴ. 마는, 니와, 그러ᄒᆞ나.
> ㄷ. 즉, 고로.7)

(『대한문전』 : 57~59)

----

7) {다못}은 {다만}에 해당하는 제주도와 전라도 방언이고, {고로}는 {그러므로, 그런 까닭}에 해당하는 접속사이다.

(14)에서 접속사의 뜻매김을 보면 어떤 낱말이나 구를 잇는 말로 풀이하고 있기 때문에 얼핏보면 접속사만을 이르는 것 같으나 그 <보기말>을 살펴보면 그렇게 간단한 것이 아니다.

(14)ㄱ의 {-와, -과}는 접속조사에 해당하는 것이고, {밋, 다못}만 접속사에 해당하는 것이다. (14)ㄴ에서도 {-마는}은 조사이고 {-니와}는 {-거니와}의 뜻을 가진 연결어미이고, {그러흐나}만이 접속사에 해당하는 것이다. 그러나 (14)ㄷ은 모두 본디접속사에 해당하는 것들이다.

그러므로 최광옥의 『대한문전』에 설정한 접속사는 일부 접속조사, 접속어미와 본디접속사를 묶어서 하나의 독립된 품사로 설정한 데서 이루어진 것이다. 이러한 것은 그 기능에 따라 앞뒤의 말을 이어주는 일을 하는 낱말은 모두 접속사로 의식한데서 비롯된 것이다. 이것도 우리말의 특질을 고려하지 않고 다른 나라 문법을 여과없이 그대로 적용한 결과라 할 수 있다.

3.7.2. 접속사의 분류

최광옥(1908 : 57~59)에서 접속사는 순체접속사, 반체접속사, 연체접속사의 세 갈래로 나눈 후 각각의 뜻매김과 <보기말>을 보이고 설명하였다. 이것을 간추려 보이면 다음과 같다.

    (15) 접속사의 분류
        ㄱ. 순체접속사~상하 어(語) 혹 구(句)롤 접속홀 ᄯ름이오 그 의미
                는 접속ᄒ지 아니ᄒ는 자.
          <보기> 와, 과, 밋, 다못.
        ㄴ. 반체접속사~상하 어 혹 구롤 접속ᄒ는 중에 그 의미를 상반케 ᄒ
                는 자.
          <보기> 마는, 니와, 그러흐나.
        ㄷ. 연체접속사~상하 어 혹 구롤 접속ᄒ야 그 의미를 상련(相連)케
                ᄒ는 자.

　　　　<보기> 즉, 고로.

(『대한문전』 : 57~59)

(15)에서 분류한 접속사의 하위분류는 그 분류기준이 분명하지는 않지만 뜻에 의하여 분류한 것이라는 것을 알 수 있다.

(15)ㄱ은 그 뜻매김으로 보아 앞뒤의 문장이 논리적 모순 없이 이유, 원인, 조건 등의 관계로 순조롭게 이어지는 것을 이르는 것인데, 그 의미는 접속하지 아니한다고 하였다. 그러나 그 <보기말>을 보면 문장을 연결해 주는 접속사뿐만 아니라 낱말을 연결하는 접속조사도 포함되어 있는 것으로 보아 기능상 앞뒤의 말을 연결해 주는 것을 순체접속사로 처리한 것이다.

(15)ㄴ은 앞뒤의 두 문장 또는 구의 접속 양식인데, 앞 문장에서 서술된 사실과 상반되는 사태거나 그와 일치하지 않는 사태가 뒤 문장에서 성립함을 나타낸 것으로, 앞 뒤 문장이 의미상으로 서로 반대되는 것을 이어주는 접속사를 이르는 것인데, 여기에는 접속어미도 포함되어 있는 것으로 보아 앞 뒤 문장의 내용을 서로 상반되게 연결해 주기만 하는 낱말을 반체접속사로 의식한 것이다. 또 (15)ㄷ은 그 의미로 보아 앞 뒤 문장의 의미를 서로 잇대는 것으로, 앞 문장의 내용을 뒤 문장에서 다시 부연하여 설명하는 방법으로 잇는 접속사를 이르는 것이다.

이러한 접속사의 하위분류는 비록 문법상으로는 큰 의미는 없지만 긴 글의 내용을 파악하는 데는 많은 도움이 된다. 이러한 분류는 최광옥의 독창적인 분류로『일본문전』과는 완전히 다른 분류 방법이다.[8]

어떻든 (15)에서 분류한 접속사의 하위분류는 일부 접속조사, 접속어미, 본디접속사 등이 한데 어울린 것으로 본디접속사민을 하위분류한 것이라 할 수 없지만 이들은 모두 문장에서 앞뒤의 낱말이나 구를 이어준다는 공통점이 있으므로 접속사로 처리하고 그 하위분류를 한 것으로 보인다.

---

8) 강복수(1975), 앞의 책, 81쪽 참조.

3.8. 감탄사의 성립과 분류

최광옥(1908 : 59~60)에서 감탄사에 대하여는 그 뜻매김과 <보기말>만
보이고, 설명은 하지 않고 독자들이 스스로 이해하도록 하였다. 아울러
그 하위분류도 하지 않았다. 이제 감탄사의 뜻매김과 그 <보기말>을 보
이면 다음과 같다.

> (16) 감탄사~희로애락(喜怒哀樂) 급 경탄 등에 감정을 현(顯)ᄒᄂᆞᆫ 詞룰
> 謂홈.
> <보기> 아, 어, 음, 허, 하, 얏쳐, 잇기.

원래 감탄사는 절(마디)나 문장의 앞에서 그것들을 꾸며주는 품사인데,
(16)의 뜻매김에서는 그 꾸미는 내용(뜻)만을 보이고 있다. 그러므로 많은
감탄사 가운데서 놀람, 기쁨과 같은 순연한 감정을 드러내는 감정감탄사
만을 보인 것이다. 그러나 감탄사는 이외도 꾀임, 부름 등을 나타내는 감
탄사들이 있다.

그러므로 최광옥의 『대한문전』에서 설정한 감탄사는 놀람, 기쁨, 슬픔
등 사람들의 여러 가지 감정만을 나타내는 낱말을 독립된 품사로 설정한
데서 성립된 것이다.

그러나 그 감정에 따른 분별은 읽는이가 스스로 깨칠 것이라고 하면서
그 하위분류는 하지 않았다. 이것은 감탄사의 하위분류는 문법적으로 의
의 없다는 것을 의식한 것이라 할 수 있다.

4. 마무리

지금까지 살핀 내용을 간추려 정리하면 다음과 같다.

4.1. 품사의 설정

최광옥이 『대한문전』(1908)에 설정한 8품사(명사, 대명사, 동사, 형용사, 부사, 후사, 접속사, 감탄사)는 비록 다른 나라 문법의 영향을 받아 이루어진 유길준의 『조선문전』(1904?)의 품사분류를 여과없이 그대로 적용한 것이지만, 우리 국어문법 연구사에서 최초로 인쇄되어 널리 보급된 것이라는 데 그 역사적 의의를 찾을 수 있다.

4.2. 각 품사의 성립과 분류

1) 명사 : 명사는 사물의 이름을 나타내는 낱말과 용언의 어간에 {-(으)ㅁ, -기, -지, -치}가 결합한 꼴을 모두 명사로 처리한 데서 성립된 것이다. 그 하위분류는 1차로 보통명사와 특별명사로 나누고, 2차로 보통명사는 다시 무형명사와 변체명사로 나누어 체계를 세웠는데, 1차 분류는 아주 잘된 분류로 평가받을 만하다.

2) 대명사 : 대명사는 사람이나 사물의 이름을 대신하는 말과 항상 관형어 아래에 매이어 쓰이는 의존명사를 묶어서 하나의 품사로 처리한 데서 성립되었다. 그 하위분류는 ① 보통대명사 ② 인대명사 ③ 문대명사 ④ 지시대명사 ⑤ 관계대명사로 나누었는데, ①, ④는 지시대명사 ②, ③은 사람대명사이며 ⑤는 우리말에서는 명사로 처리하는 것이다.

3) 동사 : 동사는 움직임을 나타내는 낱말의 어간에 여러 가지 어미가 결합한 꼴을 독립된 품사로 처리한 데서 성립된 것이다. 그 하위분류는 ① 성질에 따라 자동사와 타동사로 나누고, ② 관계에 따라 주동사와 피동사로 나누고, ③ 변화에 따라 정격동사와 변격동사로 나누었는데, 이것은 분류기준을 설정하고 하위분류한 것으로, 특히 ①, ②는 거의 완벽한 하위분류라 할 수 있다.

4) 형용사 : 형용사는 사물의 성질이나 상태를 나타내는 낱말의 어간에 여러 가지 어미가 결합한 꼴과 그 낱말의 관형사형, 체언과 체언이 나란히 겹쳐 쓰일 때 앞의 체언을 형용사로 처리한데서 이루어진 것이다. 그 하위분류는 하지 않았다.

5) 부사 : 부사는 본디부사, 파생부사, 용언의 부사형을 포함하여 문장에서 부사어로 쓰이는 것을 모두 부사로 처리한 데서 이루어진 것이다. 그 하위분류는 ① 정격부사와 ② 변격부사로 나누었는데, 이는 부사의 형태가 어떻게 이루어졌는가에 따른 분류이다.

6) 후사 : 후사는 국어의 많은 조사들 가운데서 일부의 격조사만을 독립된 품사로 처리한 데서 이루어진 것이다. 그 하위분류도 일부의 격조사만을 대상으로 한 것인데, 명사의 격을 주격과 빈격(목적격)으로 나눈 것은 대단히 의의 있는 분류이다.

7) 접속사 : 접속사는 본디접속사와 일부 접속조사와 접속어미를 묶어서 하나의 독립된 품사로 설정한 데서 이루어진 것이다. 그 하위분류는 순체접속사, 반체접속사, 연체접속사로 나누었는데, 이것은 앞 뒤 문장의 관계를 기준으로 분류한 것이다.

8) 감탄사 : 감탄사는 놀람, 기쁨, 슬픔 등 사람의 여러 가지 감정만을 나타내는 낱말을 하나의 독립된 품사로 설정한 데서 이루어진 것이다. 그 하위분류는 하지 않았다.

참고문헌

강복수(1975), 국어 문법사 연구, 형설출판사(증보판, 1978).

고영근(1983), 국어 문법의 연구, 탑출판사.

김민수(1960), 국어 문법론 연구, 통문관.

김형주(1997), 우리말 연구사, 세종출판사.

박지홍(1977), "유길준의 『조선문전』", 『어문교육논집』 2집, 부산대 국어교육과.

유길준(1904?), 필사 조선문전(역대 한국문법 대계 I -39, 탑출판사, 1986).

유길준(1909), 대한문전(역대 I -2, 1979).

주시경(1905?), 국문문법(역대 I -39, 1986).

주시경(1910), 국어문법, 박문서관.

최광옥(1908), 대한문전(역대 I -2, 1979).

최낙복(1991), 주시경 문법의 연구(1), 문성출판사.

최낙복(1994), "유길준 문법의 품사 설정", 『국어국문학』 13집, 동아대 국어국문학과.

최낙복(1995), "유길준 문법의 조동사", 『국어국문학』 14집, 동아대 국어국문학과.

최낙복(1995), "유길준 문법의 형태론 연구", 『언어와 언어교육』 10집, 동아대 어학연
　　　　구소.

최이권(1977), 최광옥 약전과 유저 문제, 동아출판사.

최현배(1937), 우리말본, 연희전문학교 출판부.

허　웅(1983), 국어학, 샘문화사.

허　웅(1995), 20세기 우리말의 형태론, 샘문화사.

(발표 : 『국어국문학』, 제22집, 동아대학교 국어국문학과, 2003)

최광옥 문법의 통어론

1. 머리말

최광옥(1879~1911)은 개화기에 기독교를 통하여 민중 계몽운동에 힘쓴 계몽 운동가요, 교육자요, 또한 문법 연구가였다. 그는 1908년에 『대한문전』을 간행하여 널리 보급하였는데, 뒷날 이 책은 김민수(1957)에서 유길준이 1904년 이전에 간행한 필사본 『조선문전』과 같은 책임을 주장하였다.1)

이 논문이 발표된 지 20여 년이 지난 1977년에 최광옥의 딸 최이권은 『최광옥의 약전과 유저 문제』라는 책을 발간하여 여러 측면에서 반론을 제기했으나 국어문법 연구사에서 볼 때 크게 달라진 점은 없었다.

이런 이유에서인지는 모르지만 국어문법 연구사에서 최광옥의 『대한문전』은 크게 주목을 받지 못했고, 각종 『국어학사』 책에서도 그의 이름과

---

1) 김민수(1957), "대한문전 고", 『논문집 인문 · 사회과학』 5집, 서울대. 또는 김민수 (1960), 국어 문법론 연구, 통문관 및 동문서관에서 발행한 유길준(1909), 대한문전, 머리말 참조.

책 이름만 소개되었을 정도에 그치고 말았다.

그러나 유길준(1904?)의 『조선문전』은 필사본이기 때문에 보급에 한계가 있었을 것으로 추측되는 반면에 최광옥(1908)의 『대한문전』은 최초로 인쇄되어 보급되었기 때문에 각계각층에 훨씬 더 널리 보급되었을 것이며, 아울러 초창기 우리 국어문법을 형성하는 데도 많은 영향을 미쳤을 것이므로 국어문법 연구사에서 그 자리매김을 해 둘 필요가 있다고 본다.

그런데 지금까지 최광옥의 『대한문전』을 자료로 하여 쓴 논문은 최낙복(2003)이 고작인데, 이것도 형태론만을 대상으로 한 것이므로 통어론을 대상으로 한 것은 거의 없다.

그러므로 이 글은 국어문법 형성의 역사적인 관점에서 최광옥의 학문을 체계화하고 나아가 국어문법 연구사 기술에 도움을 주기 위한 과정의 하나로 그의 『대한문전』에서 통어론에 해당하는 "문장론" 편을 대상으로 설명한다. 그러나 기술하는 과정에서 자료의 한계상 이미 발표한 "유길준 말본의 통어론 연구(2002)"와 설명이 중복될 수도 있음을 미리 밝혀둔다.

2. 문장성분의 설정

최광옥(1908)[2]의 "문장론" 단원에서 그는 먼저 문장의 뜻매김을 하고 <보기말>을 보이고 있다. 문장은 사람의 사상을 모습으로 나타내는 것인데, 그 모습〔形像〕은 즉 문자이다. 그러므로 문장은 언어가 서로 모여서 한 사상을 완결할 때는 그 길고 짧음을 불구하고 모두 한 편의 문장이라고 하였다(최광옥, 1908 : 60). 그 <보기말>을 보이면 다음과 같다.

---

2) 이하 최광옥(1908)은 『대한문전』을 나타냄.

(1) 문장

　ㄱ. 이순신은 충신이다.

　ㄴ. 이순신은 智勇이 겸비한 해군대장이라,[3] 我朝五百年來에 一等
　　　人이니 其 忠義功烈이 人臣되는 자의 모범이로다.

(『대한문전』 : 60~61)

(1)ㄱ과 같이 짧은 것도 하나의 문장이라는 것을 보인 것이고, 또 (1)ㄴ과 같이 연장하여 길게 하여도 한 개의 문장이 된다는 것을 보이고 있는데, (1)ㄴ을 한 개의 문장으로 처리한 것은 잘된 처리로 보기는 어렵다.

이와 같이 짧은 문장과 긴 문장의 <보기말>만 보이고 문장성분에 대해서는 아무런 설명도 없이 문장성분을 설정하였는데, 1차로 주어, 설명어, 객어, 수식어로 설정한 후 2차로 문장에서 수식어를 제외한 나머지 세 종류의 문장성분 앞에 수식어가 놓여 뒤에 놓인 문장성분을 수식할 때 그 수식어와 그 다음에 놓인 문장성분과 합쳐서 더 큰 단위의 문장성분이 된 것을 각각 주부, 객부, 설명부라 하였다.

이 문장성분의 설정도 품사분류와 마찬가지로 일본문법을 그대로 적용한 유길준의 『조선문전』을 여과없이 받아들인 것이다. 유길준이 일본문법의 영향을 받았다는 증거는 강복수(1975 : 83~84)에 의하면 문장성분의 종류와 차례 및 설명 내용이 일본 大槻文彦의 『廣日本文典』과 완전히 일치한다고 하였다.

이 일본문전과 유길준(1904?)과 최광옥(1908)에 나타나는 문장성분을 대조시켜 보면 다음과 같다.

(2) 『廣日本文典』　　　　　　　『조선문전』　　　　　　　『대한문전』

　ㄱ. 주어, 설명어 —— ㄱ. 주어, 설명어 —— ㄱ. 주어, 설명어

　ㄴ. 객어 ———————— ㄴ. 객어 ———————— ㄴ. 객어

　ㄷ. 수식어 ——————— ㄷ. 수식어 ——————— ㄷ. 수식어

---

3) {-라}은 {-오}의 잘못된 글자로 보임. 이것은 유길준의 뒷날 책들과 대조해 보면 알
　수 있음.

(2)에서 설정한 각 문법책의 문장성분을 보면 문장성분의 이름, 종류, 개수 및 벌린 차례가 모두 일치할 뿐만 아니라 (2)ㄱ에서 주어와 설명어를 함께 묶어서 설명하는 방법이나 또 (2)ㄷ에서 수식어는 다시 관형어와 부사어로 나누지 아니한 것까지도 완전히 일치하고 있음을 알 수 있다.

그리고 각 문장성분에 수식어가 결합된 더 큰 문장성분인 "주부, 객부, 설명부"의 설정도 완전히 일치하고 있으므로 최광옥의 『대한문전』에 설정한 네 종류의 문장 성분은 일본문법을 그대로 적용한 유길준의 『조선문전』에 설정한 문장성분을 여과없이 그대로 수용하면서 이루어진 것이다. 그러므로 국어문법 연구사에서 볼 때 우리말의 특질을 고려하여 독창적으로 문장성분을 설정한 것은 주시경의 『국어문법』(1910)에서부터이다.

이제 최광옥(1908)에 설정한 문장성분을 차례대로 살펴보기로 한다.

2.1. 주어 · 설명어(서술어)

최광옥(1908 : 61~62)에서는 주어와 설명어(서술어)를 사람의 사상에 떠오르는 사물이 있으면, 그 사물의 활동과 작용과 형상과 성질이 따른다고 하고 그 <보기말>을 보인 후 이 두 가지 문장성분에 대하여 설명하였다. 이것을 보이면 다음과 같다.

   (3) 주어 · 설명어(서술어)
      ㄱ. 새가 운다 (주어 · 설명어)
      ㄴ. 힘이 굿세다 (주어 · 설명어)

(『대한문전』 : 61)

최광옥의 설명에 의하면 (3)ㄱ, ㄴ에서 <새, 힘>은 사람의 사상상에 떠오르는 사물이요, 그 다음에 오는 <운다, 굿세다>는 각각 <새>의 작용과 <힘>의 성질을 설명하는 것이다. 그러므로 <새, 힘>은 그 작용을 일으키며, 성질을 나타내기에 주가 되는 말이므로 주어라 하고, <운다, 굿세다>는 그 주어의 작용 및 성질을 설명하는 말이므로 설명어라 하였다. 또 주어는 앞에 놓이고, 설명어는 뒤에 놓이는 것이 바른 규칙이라 하여 우리말의 문장성분이 놓이는 순서는 주어가 앞에 놓이고 설명어가 뒤에 놓인다는 것까지도 설명하였다. 그리고 이와 같이 주어와 설명어가 갖추어질 때는 각각 한 개의 문장이 이루어진다고 하였으므로 하나의 문장을 이루기 위해서는 기본적으로 주어와 설명어가 있어야 한다는 것을 의식한 것이다.

그런데 주어는 일반적으로 체언에 주격조사인 {-가, -이}가 결합하여 성립하는데, 여기서는 주어 자리에 놓인 체언만을 가리키고 있다. 이와 같은 의식은 개화기 국어문법에서 공통적으로 인식된 현상이다. 그리고 (3)ㄱ은 설명어가 동사임을 의식한 것이고 (3)ㄴ은 설명어가 형용사임을 의식한 것이다. 그러나 문장에서 주어가 될 수 있는 것과 설명어가 될 수 있는 것들에 대해서는 아무런 설명이 없다.

2.2. 객어

최광옥(1908 : 62~63)에서는 객어에 대한 뜻매김과 그 객어가 문장에서 놓이는 위치를 밝히고 있다. 즉 객어는 설명어가 타동사가 될 때에는 그 목적 삼는 단어가 필요하며, 또 자동사와 타동사가 모두 그 동작에 걸리는(관계하는) 표준이 필요하니, 그 목적과 표준되는 단어를 객어라 한다. 또 객어는 주어와 설명어의 사이에 놓이는 것이 바른 규칙이라 하였다.

그런데 <보기말>에서 보인 객어는 다시 목적객어와 표준객어로 나누어 보이고 있다. 이것을 보이면 다음과 같다.

(4) 객어

   ㄱ. <u>구름이</u>   <u>산을</u>   <u>덥헛다</u>.
     (주어)   (목적객어)   (설명어)

   ㄴ. <u>물이</u>   <u>나진더로</u>   <u>나려간다</u>.
     (주어)   (표준객어)   (설명어)

   ㄷ. <u>바람이</u>   <u>비를</u>   <u>산으로</u>   <u>모러온다</u>.
     (주어)   (목적객어)   (표준객어)   (설명어)

(『대한문전』: 63)

(4)ㄱ에서 설명어(서술어)로 쓰인 <덥헛다>는 타동사이므로 목적객어 <산을>을 취하며, 이것은 주어와 설명어 사이에 놓인다는 것을 보인 것이고, (4)ㄴ에서는 설명어로 쓰인 <나려간다>가 자동사이므로 표준객어 <나진더로>를 취하며, 이것도 주어와 설명어 사이에 놓인다는 것을 보인 것이다. (4)ㄷ에서는 설명어로 쓰인 <모러온다>가 두 개의 객어를 취하는 것을 보인 것이다. 이때 두 개의 객어는 서로 자리를 바꾸어도 전달하려는 뜻에는 변함이 없다는 것을 의식한 것이다.

그러므로 최광옥(1908)에서 설정한 목적객어는 타동사와만 어울리는 객어이고, 표준객어는 자동사와 타동사에 다 어울리는 객어로 의식한 것인데, 이 표준객어는 문장에서 시간과 공간의 위치를 나타내는 위치말을 이르는 것이다. 이처럼 객어를 문장에서 서술어로 쓰인 동사에 따라 두 가지로 의식한 것은 대단한 탁견이라 할 수 있다.

2.3. 수식어

최광옥(1908 : 62~64)에서는 수식어에 대한 뜻매김을 한 후 그 수식어가 결합된 더 큰 문장 성분인 '주부, 객부, 설명부'를 설정하고 그 <보기말>을 보였다. 즉 주어에 다른 말을 붙여서 그 뜻을 여러 가지로 수식하는 일이 있고, 객어와 설명어(서술어)에도 그러하니 그 붙이는 낱말을 수식어라 한다. 수식어는 그 붙이는 말 위에 놓이는 것이 바른 규칙이니, 주어와 그 수식어를 합한 것을 '주부'라 하고, 객어와 그 수식어를 합하여 '객부'라 하며, 설명어와 그 수식어를 합하여 '설명부'라 이른다고 하였다. 그 <보기말>을 보이면 다음과 같다.

(5) 수식어, 주부, 객부, 설명부.
　ㄱ. 복사　꼿이　일즉　피엿소.
　　　(수)　(주)　(수)　(설)
　　　　주부구　　　　설명부구
　ㄴ. 어진　쟝식은　썩은　나무롤　아니　바리느니라.
　　　(수)　(주)　(수)　(객)　(수)　(설)
　　　　주부구　　　객부구　　　설명부구
　ㄷ. 우리　동산에　오얏　꼿이　비오는　가운데　훨적　피엿소.
　　　(수)　(수)　(수)　(주)　(수)　(수)　(수)　(설)
　　　　주부구　　　　　수식구　　　설명부구

（『대한문전』 : 64）

(5)ㄱ은 수식어가 주어와 설명어(서술어) 앞에 각각 놓여서 그 주어 및 설명어와 더불어 더 큰 문장 성분인 '주부구'와 '설명부구'를 이루는 것을 보인 것이고, (5)ㄴ은 주어, 객어, 설명어 앞에 수식어가 놓여 그 수식어와 더불어 각각 '주부구, 객부구, 설명부구'를 이룬다는 것을 보인 것이고, (5)ㄷ은 수식어가 여러 개 겹쳐서 '주부구'와 '설명부구'를 이루고 있는 것을 보인 것인데, '수식구'는 주부구와 설명부구 사이에 놓인다는 것을 보인 것이다.

그런데 최광옥(1908)에서 수식어를 관형어와 부사어로 하위구분을 하지 않았다. 이것도 유길준 문법을 그대로 수용한 결과인데, 수식의 대상이 다른 수식어를 구분하지 아니한 것은 그 당시의 문법 기술에 있어서 공통된 현상이었다.

그리고 이어서 최광옥(1908 : 65~68)에서는 문장성분의 생략에 대해서도 설명하였다. 즉 주어, 객어 및 설명어는 경우에 따라서 서로 생략하는 일이 있는데, 다음과 같이 괄호 안에 있는 낱말은 말할 때 생략하는 것이라 하였다. 그 <보기말>을 보이면 다음과 같다.

(6) 주어, 객어, 설명어의 생략.
  ㄱ. <u>벌서</u>   <u>(우리가)</u>   <u>한강을</u>   <u>건너왓다.</u>
  (수)   (주)   (객)   (설)
  설명부

  ㄴ. <u>멧ᄒ나</u>   <u>(그 사람을)</u>   <u>(내가)</u>   <u>보지못ᄒ엿소.</u>
  (수)   (객)   (주)   (설)
  설명부

  ㄷ. <u>갑이</u>   <u>얼마</u>   <u>(되는가)</u>
  (주)   (수)   (설)
  설명부

(『대한문전』: 65)

(6)ㄱ은 주어가 생략된 문장으로 설명부만으로 말을 한다는 것을 의식한 것이고, (6)ㄴ은 주어와 객어가 생략된 문장으로 역시 설명부만으로 이루어질 수 있음을 보인 것이고, (6)ㄷ은 설명어가 생략된 문장으로 의식한 것인데, 우리말에서는 특별한 경우를 제외하고는 설명어는 생략되는 일이 없다.

어떻든 (6)에서는 문장에서 각 성분이 생략될 수 있음을 보인 것인데, 우리말에서는 어떤 상황만 결정되면 주어는 생략될 수 있기 때문에 결국 서술어가 중심이 된다는 것을 의식한 것이다.

또 최광옥(1908 : 65~66)에서는 문장에서 접속사와 감탄사가 쓰이는 경우를 설명하였다. 즉 접속사로서 구(句)와 문(文)을 잇는 경우와 감탄사로서 뜻이 구와 문에 관계하는 것은 주부, 객부, 설명부 외에 세운다라고 하고 <보기말>을 보였는데, 이것을 보이면 다음과 같다.

(7) 접속사, 감탄사

   ㄱ. <u>놉흔</u>　<u>산</u>　<u>(과)</u>　<u>깁흔</u>　<u>물</u>
      (수)　(주)　(접)　(수)　(주)

   ㄴ. <u>비가 붓논쳐름 쏘다질</u> <u>(쑨더러)</u> <u>산ㅈ혼 물결이</u>　<u>비롤</u>　<u>덥혼듯시</u>　<u>모러온다</u>.
      (주)　(수)　(설)　　(접)　(수)　(주)　(객)　(수)　(설)
         (설명부)　　　　　　　(주부)

   ㄷ. <u>(음)</u>　<u>이런</u>　<u>일이</u>　<u>어더</u>　<u>잇셔</u>.
      (감)　(수)　(주)　(수)　(설)

(『대한문전』 : 66)

(7)ㄱ은 접속조사 {-과}가 앞뒤의 말을 이어주는 것을 접속사로 의식한 것이고, (7)ㄴ은 {-쑨더러}를 접속사로 의식하고 앞 뒤 문장을 이어주는 것을 의식한 것인데, 이들은 앞 장에서 설정한 네 종류의 문장 성분에는 포함시키지 않고 있다. 또 (7)ㄷ은 감탄사가 문장 첫머리에 쓰인 것을 보인 것인데, 이것도 이미 설정한 네 종류의 문장성분에 포함시키지 않았는데, 이것은 문장에서 독립적으로 쓰이는 문장성분임을 의식하였지만 이들을 문장성분으로 설정하지는 않았다.

그러므로 접속사와 감탄사는 이미 설정한 네 종류의 문장성분에 포함시키지 않고 문장성분을 세운다고만 하였을 뿐 구체적으로 어떤 문장성분이라는 것을 밝히지 않았다는 것은 이것이 문장을 형성하는 데 큰 역할을 하지 못한다는 것을 의식한 것임을 알 수 있다.

3. 문장의 종류

최광옥(1908 : 66~68)에서는 문장의 종류에 대하여 설명하고 있는데, 그는 문장의 종류를 단문, 복문, 연구문(聯搆文)으로 구분하고, 먼저 단문과 복문을 묶어서 설명한 다음 이어서 연구문을 설명하였다.

3.1. 단문(홑문장)·복문(겹문장)

단문(홑문장)은 한 개의 주어와 한 개의 설명어(서술어)를 품은 것이며, 복문(겹문장)은 두 개 이상의 주어와 설명어를 품은 것이라고 뜻매김을 하고 <보기말>을 보였는데, 이것을 보이면 다음과 같다.

(8) 단문, 복문
ㄱ. 말ᄒᆞ기논 쉬우나 ᄒᆡᆼᄒᆞ기는 어려우니라.
　　(주)　　(설)　　(주)　　(설)
ㄴ. ① 孝 悌 忠 信은 身을 立ᄒᆞᄂᆞ 大本이오
　　(주)(주)(주)(주)　　　　(설명어)
　　② 禮 義 廉 恥는 己롤 行ᄒᆞᄂᆞ 先務니라
　　(주)(주)(주)(주)　　　　(설명어)

（『대한문전』: 66~67)

(8)ㄱ은 홑문장의 예를 보인 것인데, 이것은 홑문장이 아니고, 두 개의 홑문장이 이어진 겹문장이다.

즉 (8)ㄱ은 <① 말ᄒᆞ기논 쉽다>와 <② ᄒᆡᆼᄒᆞ기는 어렵다>라는 두 개의 문장이 서로 상반됨을 나타내는 접속어미 {-나}에 의하여 이어진 문장이다. 그런데 유길준이나 최광옥이 어찌하여 이것을 똑 같이 홑문장으로 처리했는지는 알 수 없지만 유길준이 필사하는 과정에서 홑문장의 예는 빠뜨린 것을 최광옥이 그대로 수용한 것으로 추측될 뿐이다.

(8)ㄴ도 ①과 ②가 한 개 이상의 일을 나열하는 접속어미 {-고(-오)}에 의하여 이어진 문장이다. 그러나 (8)ㄴ은 ①, ②가 각각 여러 개의 주어를 가진 문장으로 의식한 것이다. 즉 ①은 다음과 같은 네 개의 문장이 이어져 하나의 문장이 된 것이다.

(8)ㄴ' ① 孝는 身을 立ᄒᆞᄂᆞ 大本이오
　　　　悌는 身을 立ᄒᆞᄂᆞ 大本이오

忠은 身을 立ᄒᄂ 大本이오
信은 身을 立ᄒᄂ 大本이오

(8)ㄴ´ ①에서 서술어로 의식한 <身을 立ᄒ는 大本이오>가 겹쳐있으므로 줄여 없애고, 주어로 의식한 <孝, 悌, 忠, 信>은 원칙적으로 접속조사에 의해서 이어져야 하지만 접속조사 {-와/-과}를 생략한 것이다. 그러므로 이것은 네 개의 문장이 줄여 없앰과 이어짐에 의해 이루어진 겹문장이다.

또 ②도 다음과 같은 네 개의 문장이 이어져 하나의 문장이 된 것이다.

(8)ㄴ´ ② 禮는 己롤 行ᄒ는 先務니라
義는 己롤 行ᄒ는 先務니라
廉은 己롤 行ᄒ는 先務니라
恥는 己롤 行ᄒ는 先務니라

(8)ㄴ´ ②에서 서술어로 의식한 <己롤 行ᄒ는 先務니라>가 겹쳐있으므로 줄여 없애고, 주어로 의식한 <禮, 義, 廉, 恥>는 원칙적으로 접속조사에 의해서 이어져야 하지만 접속조사 {-과/-와}를 생략한 것이다. 그러므로 이것도 네 개의 문장이 줄여 없앰과 이어짐에 의하여 이루어진 겹문장이다.

이처럼 (8)ㄴ은 8개의 짧은 문장이 줄여 없앰과 이어짐에 의하여 연결된 겹문장이다.

어떻든 최광옥(1908)에서 의식한 홑문장의 예는 잘못 보인 것이고, 홑문장과 겹문장으로 제시한 <보기말>은 모두 이음과 줄여 없앰에 의하여 만들어진 겹문장만을 보인 결과가 되었다.

3.2. 연구문(聯搆文)

연구문이란 두 문장을 이어서 한 문장을 구성한 것을 연구문이라 뜻매김을 하고 이것은 서술어의 어미변화로 조동사 중지단의 {-고, -며} 등과 접속사의 연체(連體) <즉, 고로> 등으로 이어지는 문장인데, 앞 문장은 바뀌어져서 구를 이른다고 한 후에 <보기말>을 보였다.4) 이것을 보이면 다음과 같다.

    (9) 연구문

       ㄱ. <u>달</u>   <u>붉고</u>   <u>셔리</u>   <u>차다</u>.
         (주)   (설)   (주)   (설)

       ㄴ. <u>비</u>   <u>오며</u>   <u>바람</u>   <u>분다</u>.
         (주)   (설)   (주)   (설)

       ㄷ. <u>물이</u>   <u>묽은즉</u>   <u>고기가</u>   <u>업느니라</u>.
         (주)   (설)   (주)   (설)

       ㄹ. <u>수풀이</u>   <u>깁은고로</u>   <u>즘싱이</u>   <u>만흐니라</u>.
         (주)   (설)   (주)   (설)

(『대한문전』 : 67~68)

(9)의 문장들은 앞 문장의 서술어가 접속법으로 활용하여 뒤의 문장을 이어가는 문장인데, 이런 것들은 단순한 접속에 의한 접속문(이은겹문장)이다.

(9)ㄱ, ㄴ은 앞뒤 절(마디)의 생각의 벌임을 나타내는 접속어미 {-고, -며}에 의하여 이어진 이은 겹문장(복합문)이고, (9)ㄷ, ㄹ은 앞절(마디)의 내용이 뒷절(마디)의 내용을 제약하는 뜻을 나타내는 접속어미로 이어진 이은 겹문장을 이르는 것이다. (9)ㄷ의 {-은즉}은 <곧 바로>의 뜻을 가진 접속어미에 의하여 이어진 이은 겹문장이고, (9)ㄹ의 {-고로}는 <까닭(이유)>

---

4) 여기서 이르는 '조동사'란 용언의 여러 가지 선어말어미와 어말어미에 해당하는 것들이다. 조동사에 대한 자세한 것은 최낙복(1995), "유길준 문법의 조동사", 『국어국문학』 14집, 동아대 국어국문학과 참조. 그리고 "중지단, 연체" 등의 용어는 일본문법의 용어를 그대로 사용한 것이다.

의 뜻을 나타내는 접속어미에 의하여 이어진 이은 겹문장이다.

그러므로 최광옥(1908)에서 의식한 연구문은 앞문장의 서술어로 쓰인 낱말이 접속법의 활용어미에 의하여 이어진 이은 겹문장을 이르는 것이다.

또 최광옥(1908 : 68)에서는 더욱 복잡한 문장을 설명하고 있다. 즉 한 개의 주어에 여러 개의 객어와 서술어가 있는 것이 있으며, 여러 개의 주어에 한 개의 객어와 서술어가 있는 것도 역시 연구문의 한 체라고 하고 <보기말>을 보였다. 이것을 보이면 다음과 같다.

(10) ㄱ. <u>이순신은</u> <u>나라에</u> <u>충성을</u> <u>다ᄒ고</u> <u>어버이의게</u> <u>효도롤</u> <u>다ᄒ니라.</u>
    (주) (객) (객) (설)   (객)   (객) (설)

  ㄴ. <u>忠</u> <u>孝</u>는 <u>국체의</u> <u>정화라 홀지니라.</u>
    (주) (주) (객)   (설)

(『대한문전』 : 68)

(10)ㄱ은 심층구조에서는 (10)ㄱ′와 같은 두 개의 문장이던 것이 표층구조에서는 하나의 문장으로 나타난 것이다.

(10)ㄱ′ ① 이순신은 나라에 충성을 다ᄒ다
    ② 이순신은 어버이의게 효도롤 다ᄒ니라
    ⇒ 이순신은 나라에 충성을 다하고 어버이의게 효도롤 다ᄒ니라.

이것은 주어인 <이순신은>이 두 번 겹쳐 있으므로 하나는 줄여 없애고 설명어로 쓰인 <다ᄒ다>가 접속어미 {-고}에 의하여 하나의 문장으로 연결되어 나타난 것이므로 이것은 줄여 없앰과 이음에 의하여 이루어진 벌임 겹문장이다.

(10)ㄴ도 심층구조에서는 (10)ㄴ′와 같은 두 개의 문장이던 것이 표층구조에서는 하나의 문장으로 나타난 것이다.

(10)ㄴ' ① 忠은 국체의 정화라 홀지니라.
　　　② 孝는 국체의 정화라 홀지니라.
　　　⇒ 忠孝는 국체의 정화라 홀지니라.

이것은 서술부인 <국체의 정화라 홀지니라>가 두 번 겹쳐있으므로 하나는 줄여 없애고, 두 주어 <忠, 孝>는 접속조사 없이 이어서 하나의 문장으로 나타낸 것이므로 이것도 줄여 없앰과 이음에 의하여 이루어진 벌임겹문장이다.

결국 최광옥이 복잡한 문장이라고 설명하고 있는 (10)ㄱ, ㄴ은 모두 줄여 없앰과 이음에 의하여 이루어진 벌임겹문장에 해당하는 것들이다.

4. 도치구와 호응

최광옥(1908 : 68~72)에서는 도치구와 호응관계에 대하여도 기술하고 있다.

4.1. 도치구(倒置句)

최광옥(1908 : 69)에서 도치구는 주어, 객어, 설명어와 수식어는 정당한 위치를 거꾸로〔顚倒〕하여 쓰는 일이 있으니 이것을 도치구라 한다고 뜻매김을 하고 다음과 같은 <보기말>을 보이고 있다.

(11) 도치구
　　　ㄱ. 엇지 알엇시리오 그 일이 잇슬 줄을
　　　ㄴ. 그윽히 들으니 이웃 나라에는 챡훈 정수가 만타ᄒ여 알 수 잇나
　　　　　그 일이 될지 아니될지.

ㄷ. 들으니 닐으되 신셩은 구치 못흐는 것이라 흐옵되다.

(『대한문전』: 69)

(11)ㄱ은 서술부가 주어부 앞에 놓일 수 있음을 보인 것이고 (11)ㄴ은 서술부구가 수식부구 앞에 놓일 수 있음을 보인 것이고, (11)ㄷ은 감탄구가 서로 자리를 바꾸어서 쓰일 수 있음을 보인 것이다. 이것을 바른 위치로 바꾸어서 다시 나타내 보이면 다음과 같다.

    (11)′ ㄱ. 그 일이 잇슬 줄을 엇지 알엇시리오.
         ㄴ. 그윽히 들으니 이웃 나라에는 챡흔 정수가 만타흐여 그 일이 될
            지 아니될지 알 수 있나.
         ㄷ. 닐으되 들으니 신셩은 구치 못흐는 것이라 흐옵되다.

이처럼 (11)에서는 우리말은 경우에 따라서는 문장성분의 위치를 적당히 바꾸어서 문장을 만들어 사용하여도 그 전하고자 하는 뜻에는 변함이 없음을 의식한 것은 탁견이나, 좀 더 여러 가지 경우를 밝히지 못한 아쉬움이 있다.

4.2. 호응(呼應)

최광옥(1908 : 69~72)에서 호응은 앞뒤의 말뜻을 서로 응하도록 관통하여 쓰는 법을 호응이라고 뜻매김을 하고, 그 호응법을 시기(時期)에 비추어 동체호응(同體呼應), 이체호응(異體呼應), 결미호응(結尾呼應)이 있다고 하고 각각 그 <보기말>을 보이고 있다. 이것은 글이나 말 속에서 어떤 특정한 말 다음에는 반드시 어떤 일정한 말이 따라와야 한다는 호응관계를 설명한 것이다.

그러나 여기에서는 시제의 호응관계에 관한 내용만 기술하고 있다. 이

런 호응관계는 시제 외에도 부정의 호응, 높임의 호응, 가정의 호응, 의문의 호응 등 여러 가지가 있을 수 있지만 그 당시에 이러한 것들은 의식하지 못한 것 같다.

4.2.1. 동체호응

동체호응은 같은 시제의 호응관계를 나타낸 것으로 문장에서 과거, 현재, 미래의 세 시제에 앞 뒤 말이 서로 조화를 이루는 것이라 뜻매김을 하고 다음과 같은 <보기말>을 보였다.

> (12) 동체호응
> ㄱ. 나라에 어진 님군이 잇슴은 빅셩에 큰 복이라(현재)
> ㄴ. 나라에 어진 님군이 잇셧슴은 빅셩에 큰 복이엇더라(과거)
> ㄷ. 나라에 어진 님군이 잇슬쩌는 빅셩의 큰 복이 될지오녀(미래)
>
> (『대한문전』: 70)

(12)는 문장에서 앞의 주부구와 뒤의 서술부구 사이에는 시제가 일치하여야 한다는 것을 보인 것이다.

(12)ㄱ은 앞의 주부구의 서술어인 <잇슴은>이 현재이기 때문에 뒤의 서술부구의 서술어는 <복이라>와 같이 현재시제가 되어야 함을 보인 것이고, (12)ㄴ은 앞의 주부구의 서술어인 <잇셧슴은>이 과거이기 때문에 뒤의 설명부구의 설명어는 <복이엇더라>와 같이 과거 시제가 되어야 하고, (12)ㄷ은 앞의 주부구의 설명어인 <잇슬쩌는>은 미래이기 때문에 뒤의 서술부구의 서술어는 <복이 될지오녀>와 같이 미래시제가 되어야 한다고 의식한 것으로 앞뒤 절(마디)의 시제 관계가 반드시 일치해야 함을 설명한 것으로 아주 정확한 설명이라 평가할 만하다.

4.2.2. 이체호응

이체호응은 다른 시제의 호응을 나타낸 것으로써 문장에서 <나, 즉, 도, 고로> 등의 말로써 미정(未定), 기정(既定)을 불구하고 각 시제에 서로 쓴다고 뜻매김을 한 후 다음과 같은 <보기말>을 보였다.

> (13) 이체호응
> ㄱ. 집은 지엇(과거)시나 수축ᄒ지 아니혼(과거 분사) 즉 오리 견뎌
>   지 못ᄒ지오(현재)
> ㄴ. 수축은 잘 홀(미래 분사)지라도 집을 견고히 짓지 아니ᄒ야는
>   (과거) 고로 오리 견뎌지 못홀 듯 ᄒ오(현재)5)
>
> (『대한문전』: 70~71)

(13)은 같은 문장 속에서 시제가 다른 말이 사용되었음을 보인 것으로써 (31)ㄱ은 접속사로 의식한 {-나, 즉}에 의하여 문장이 연결되어 있을 때 이들 사이에는 시제가 <과거, 과거분사, 현재>와 같이 일치하지 않더라도 서로 어울릴 수 있음을 보인 것이고, (13)ㄴ도 같은 문장 속에서 접속사로 의식한 {-도, 고로} 등에 의하여 연결된 문장 속에서 시제가 <미래분사, 과거, 현재>와 같이 일치하지 않더라도 서로 어울릴 수 있음을 보인 것이다.

그러나 이러한 것을 호응으로 처리하는 것은 무리가 있다. 즉 이것은 문장 속에서 앞 성분에 특별한 말이 오면 뒤 성분에 반드시 일정한 성분이 따라와야 한다는 호응의 개념에 맞지 않는 것이다.

4.2.3. 결미호응

결미호응은 끝말의 시기에 따라 시제가 나누어진다고 뜻매김을 하고 다음과 같은 <보기말>을 보이고 있다.

---

5) (현재)라는 말은 원문에는 없는 것을 필자가 보충해 넣은 것임.

(14) 결미호응

ㄱ. 身을 立ᄒ고 道를 行ᄒ야 名을 後世에 揚홀지로다(미래)
ㄴ. 身을 立ᄒ고 道를 行ᄒ야 名을 後世에 揚ᄒ얏도다(과거)
ㄷ. 身을 立ᄒ고 道를 行ᄒ야 名을 後世에 揚ᄒ오(현재)

(『대한문전』 : 71~72)

(14)는 서술어를 시제에 따라 <미래, 과거, 현재>의 시제로 나눈 것으로써 이것도 호응의 본 뜻에는 어긋나는 것이다. 즉 앞의 문장성분들에서 반드시 다음에 <미래, 과거, 현재>가 올 수밖에 없는 상황이 설정된 것은 아니기 때문이다.

그러므로 최광옥(1908 : 69~72)에 밝힌 호응에 관한 <보기말>인 (12), (13), (14) 가운데 (12)만이 호응의 본 뜻에 맞는 것이다.

5. 구법(句法)

최광옥(1908 : 72~74)에서는 말이 모인 것이라도 문장이 완결되지 못한 것을 구(句)라 하고, 여기에는 명사구, 형용사구, 부사구가 있음을 밝히고 있다.

5.1. 명사구

명사구라 함은 말이 서로 모여서 명사의 구실을 하는 것으로써 여러 가지 품사 아래에 명사를 가짐으로써 세운 것이라고 뜻매김을 하고 다음과 같은 <보기말>을 보이고 있다.

    (15) 명사구
        ㄱ. 울고가는 뎌 기러기 (명사구)
        ㄴ. 집 지은 모양 (명사구)
        ㄷ. 힝ᄒ기 쉬운 일 (명사구)

(『대한문전』 : 72~73)

　(15)에서 명사구로 의식한 <보기> 문장은 속뜻으로는 다음과 같은 것
이다.

    (15)′ㄱ. 뎌 기러기가 울고 가다.
        ㄴ. 집을 지은 모양이다.
        ㄷ. 일이 힝ᄒ기 쉽다.

　(15)ㄱ과 ㄷ은 (15)′ㄱ, ㄷ과 같이 속뜻으로 있는 문장의 한 성분이 뒤
로 자리를 옮기면서 서술어가 관형사형으로 바뀐 것이다. 즉 안긴 마디의
한 성분이 한정받는 자리로 빠져나가 '빠져나간 매김마디'(관계관형절)이 된
것이고, (15)ㄴ은 (15)′ㄴ과 같이 속뜻으로 있는 문장의 한 성분이 한정
(꾸밈)을 받는 자리로 옮겨진 것이 아니고, '완전한 매김마디'(동격관형절)를
이르는 것이다.[6] 이러한 것들은 모두 앞의 관형어가 뒤의 명사를 꾸며주
는 구를 형성하였다. 이것을 명사구로 의식한 것인데, 이것은 구가 아니
고 절에 해당하는 것들이다.

5.2. 형용사구

　형용사구라 함은 말이 서로 모여서 형용사의 구실을 하는 것을 이름이

---

6) "완전한 매김마디"와 "빠져나간 매김마디"에 대해서는 허웅(1983), 국어학, 샘문화사
　273쪽과 하치근(2000), 현대 우리말본, 박이정, 303~304쪽 등을 참조.

니, 여러 가지 품사 아래 동사의 각절 분사 및 접속사 {-의}를 가짐으로써
세운 것이라 뜻매김을 하고 다음과 같은 <보기말>을 보이고 있다.

> (16) 형용사구
> ㄱ. 사룸의 부탁 밧은 (형용사구)
> ㄴ. 지혜 잇는 (형용사구)
> ㄷ. 젊어실 씨의 (형용사구)
>
> (『대한문전』: 73)

(16)에서 보인 형용사구로 의식한 <보기> 문장은 속뜻으로는 다음과
같은 구조로 이루어진 문장들이었던 것이 관형절로 바뀐 것들이다.

> (16)′ ㄱ. 사룸이 부탁을 밧다.
> ㄴ. 지혜가 잇다.
> ㄷ. 씨가 젊어시다.

(16)ㄱ과 ㄴ은 (16)′ㄱ과 ㄴ같이 용언의 어간에 관형사형 어미가 결합
되어 관형절이 되어 문장에서 관형어로 쓰이는 것을 형용사구로 의식한
것이고, (16)ㄷ은 (16)′ㄷ과 같은 속뜻으로 있는 문장의 한 성분이 뒤로
자리를 옮기면서 서술어가 관형사형으로 바뀌어 역시 '빠져나간 매김마
디'(관계관형절)가 된 말에 조사 {-의}가 결합하여 문장에서 관형어로 쓰인
것을 이르는 것이다. 그러므로 형용사구로 의식한 것은 문장에서 관형어
로 쓰인 관형절을 이르는 것이다.

이와 같이 최광옥 문법에서는 영어문법이나 일본문법의 영향을 받아 우
리말에서 관형어로 쓰인 것은 모두 형용사로 처리한 데서 비롯된 것이다.
이것도 우리말의 특질을 살피지 않고 다른 나라의 문법을 그대로 적용한
결과이다.

5.3. 부사구

부사구라 함은 말이 서로 모여서 부사의 구실을 하는 것을 이르는 것이므로 여러 가지의 품사 아래에 원래 부사의 여러 말이나 후사 {-에, -로}를 붙여서 세운 것이라 뜻매김을 하고 다음과 같은 <보기말>을 보이고 있다.

    (17) 부사구
        ㄱ. 못 본 쳐럼 (부사구)
        ㄴ. 가지고 아니 가진듯시 (부사구)
        ㄷ. 오날 아츰에 (부사구)
        ㄹ. 리일 져녁쩌로 (부사구)

(『대한문전』: 74)

(17)ㄱ, ㄴ은 부사로 의식한 말 <쳐럼, 듯시>와 더불어 문장에서 부사어로 쓰이는 것을 앞의 성분과 더불어 부사구로 처리한 것이고, (17)ㄷ, ㄹ은 명사에 후사로 의식한 조사 {-에, -로}가 명사에 결합되어 문장에서 부사어로 쓰이는 것을 역시 앞의 성분과 더불어 부사구로 처리한 것이다. 그러므로 최광옥 문법에서 설정한 부사구는 문장에서 부사어로 쓰이는 말을 앞의 여러 가지 성분과 더불어 부사구로 의식한 것이다.

지금까지 살핀 바와 같이 최광옥 문법의 '구법' 단원에서 명사구, 형용사구, 부사구로 의식하였는데, 명사구와 형용사구는 대체로 문장에서 관형절이 되어 관형어로 쓰이는 것을 이르는 것이고, 부사구는 문장에서 부사어로 쓰인 말과 앞의 성분을 함께 묶어서 부사구로 처리한 것이다. 그러나 우리말에는 이 외에도 서술절, 인용절 같은 것이 있으나 이런 것들은 의식하지 못한 것 같다.

6. 마무리

지금까지 살핀 내용을 간추려 보이면 다음과 같다.

1) 최광옥의 『대한문전』(1908)에는 문장성분을 주어, 설명어, 객어, 수식어의 4성분으로 설정하고, 또 이들 수식어와 더불어 더 큰 문장 성분을 이룬 것을 각각 주부, 객부, 설명부라 하였다. 그리고 객어는 다시 목적객어와 표준객어로 하위구분을 하였는데, 목적객어는 타동사와 어울리고, 표준객어는 자동사와 타동사에 모두 어울리는 객어로 의식한 것이다. 그러나 수식어는 관형어와 부사어로 하위구분을 하지 않았고, 감탄사와 접속사는 이 외의 성분으로만 의식하였다.

2) 문장의 종류는 단문(홑문장), 복문(겹문장), 연구문으로 나누었으나 홑문장의 <보기> 문장으로 보인 것은 홑문장이 아니다. 그리고 겹문장과 연구문으로 보인 문장은 모두 이어진 겹문장을 의식한 것이고, 그 외 복잡한 문장이라고 설명한 것은 벌임 겹문장에 해당하는 것이다.

3) 우리말에서 주어, 객어, 설명어, 수식어의 위치가 거꾸로 되어 쓰이는 문장이 있는데, 이러한 문장을 도치구라 하였다. 또 앞뒤의 말뜻을 서로 응하도록 관통하여 쓰이는 법을 호응이라 하고, 여기에는 동체호응, 이체호응, 결미호응이 있다고 하였는데, 동체호응은 같은 시제의 호응을 이르는 것이고, 이체호응은 다른 시제의 호응을 이르는 것이지만 결미호응은 끝말의 시기에 따라 나눈 것에 불과하므로 동체호응 외는 호응이라 할 수 없는 것이다.

4) 말이 모인 것이라도 문장이 완결되지 못한 것을 구(句)라 하고, 여기에는 명사구, 형용사구, 부사구를 의식하였는데, 명사구와 형용사구는 관형절에 해당하는 것이고, 부사구는 문장에서 부사어 구실을 하는 구와 절을 의식한 것이다.

이와 같은 내용들은 비록 다른 나라의 문법을 적용하여 만든 유길준 (1904 이전)의 『조선문전』의 내용을 여과 없이 그대로 따른 것에 불과하지 만 국어문법 연구사에서 최초로 인쇄되어 널리 보급되었기 때문에 뒷날 국어문법 형성에 많은 영향을 미쳤으므로 그 역사적 의의는 매우 크다고 할 수 있다.

참고문헌

강복수(1975), 국어 문법사 연구, 형설출판사(증보판, 1978).
고영근(1983), 국어 문법의 연구, 탑출판사.
권재선(1987), 국어학 발전사, 한국고시사.
김민수(1960), 「대한문전」고, 국어 문법론 연구, 통문관.
김석득(1983), 우리말 연구사, 정음문화사.
김형주(1997), 우리말 연구사, 세종출판사.
남기심 · 고영근(1993), 표준 국어 문법론, 탑출판사.
박지홍(1977), "유길준의 「조선 문전」"『어문교육 논집』 2, 부산대 국어교육과.
유길준(1904 이전), 필사 조선 문전 (역대 한국 문법 대계 Ⅰ- 39, 탑출판사, 1986)
유길준(1909), 대한 문전, 동문관.
최낙복(1994), "유길준 문법의 품사 설정",『국어국문학』 13, 동아대 국어국문학과.
최낙복(1995ㄱ), "유길준 문법의 조동사",『국어국문학』 14, 동아대 국어국문학과.
최낙복(1995ㄴ), "유길준 문법의 형태론 연구",『언어와 언어 교육』 10, 동아대 어학연
　　　　　구소.
최낙복(2000ㄱ), "주시경 문법의 월성분 연구",『부산 한글』 19, 한글 학회 부산 지회.
최낙복(2000ㄴ), "주시경 문법의 월 구조 연구",『동남어문 논집』 11, 동남 어문 학회.
최낙복(2001), "주시경 문법의 통어론 연구",『한글』 254, 한글 학회.
최낙복(2003ㄱ), 주시경 문법의 연구(2), 도서출판 역락.
최낙복(2003ㄴ), "최광옥 문법의 형태론 연구",『국어국문학』 22, 동아대 국어국문학과.
최이권(1977), 최광옥의 약전과 유저 문제, 동아출판사.
최현배(1937), 우리 말본, 연희 전문학교 출판부.
하치근(2000), 현대 우리 말본, 도서출판 박이정.
허　웅(1983), 국어학, 샘문화사.
허　웅(1999), 20세기 우리말의 통어론, 샘문화사.

(발표 :『부산한글』, 23집, 한글학회 부산지회, 2004)

제 4 장
김규식 문법론

제 1 절 김규식 문법의 형태론

제 2 절 김규식 문법의 통어론

김규식 문법의 형태론

1. 머리말

우사 김규식(1881~1950)은 부산 동래에서 태어나 6살 때 부모를 잃고 고아가 된 후 잠시 서울 숙부댁에 의탁하였다가 7살 때부터는 언더우드 (H. G. Underwood) 집에서 서양식 교육을 받고 기독교 신자가 되었다. 그는 17살 때 미국에 가서 버지니아주의 로녹(Roanake) 대학에서 6년간(1897. 6~1903. 6) 정치, 영문학, 언어학 등을 연구하고 프리스턴대학에서 석사학위를 받고 1905년에 귀국하였다(이현희, 1990 : 498~499).

그는 귀국 후 서울과 중국의 여러 대학에서 20년 이상 교편생활을 하였지만 많은 사람들이 그를 독립 운동가 또는 정치가로만 알고 있다. 특히 그가 개화기에 국어학을 연구하여 1909년경에 유인 『대한문법』(226)을 내고[1] 1912년경에는 이것을 다시 수정하여 유인 『조선문법』(184)을 출간했

---

[1] 그는 로녹대학 잡지(1900년 5월호)에 「한국어」란 장편의 글을 발표한 일이 있는데 1906년 7월호에는 언더우드 목사를 도우면서 무슨 글을 쓰기 시작했다 하고, 1909년 7월호에는 한국어 문법에 관한 책을 출판하였다고 했다(역대 한국 문법 대계 Ⅰ-5 김규식의 유인 『대한문법』 해설 참조).

다는 사실을 아는 사람은 그렇게 많지 않은 것 같다.

그동안 그는 독립 운동가, 정치가로서의 활동이 워낙 두드러졌기 때문에 그의 국어문법 연구에 대한 평가는 별로 없었다. 그렇지만 그의 저서가 개화기 국어문법에 영향을 미쳤기 때문에 국어학 연구사에서 그에 대한 자리매김을 할 필요가 있다고 본다. 그의 국어문법에 대한 이론은 앞의 두 저서에 모두 나타나 있는데, 이글은 초판인 유인『대한문법』에 나타나는 품사 이론을 살펴서 그의 학문을 체계화하는 데 도움을 주고, 나아가 개화기 문법연구에 도움을 주고자하는 데 그 목적이 있다.

2.『대한문법』에서 9품사의 설정

김규식의 유인『대한문법』[2]은 머리말 부분인「국어 역대, 문법 개의」와 제1편 음성론 부분인「자체(字體), 성(聲), 음(音), 운(韻)」과 제2편 형태론 부분인「사자학(詞字學)」, 제3편 통사론 부분인「문장법(文章法)」과 부록편의「국어해부법(國語解剖法)」의 6부분으로 짜여져 있는데, 품사에 관한 이론은 제2편 '사자학(詞字學)'의 제1장 품사학(品詞學)에 나타난다.

먼저 그가 설정한 '사자(詞字)'라는 용어에 대한 설명을 간추려 보이면 다음과 같다.

(1) 詞字라홈은 一個字나 幾個字로 成ᄒ야 一個 心象 發表ᄒ되 意趣만 有ᄒ고, 思想은 完全치 못ᄒᄂ 것은 云홈이니 其例를 示컨더 말, 집, 사람, 소 詞字의 聚合된 것은「詞節」이라「詞句」라,「句語」라 稱ᄒᄂ 니……

(2) 詞字를 等級이나 種類로 區別ᄒ고 各種의 作用됨을 學ᄒᄂ 것이니

---

2) 이하『대한문법』은 김규식이 1909년에 발간한 책을 가리킨다.

此룰 曰「品詞學」이라 或「字彙法」이라 ㅎㄴ니라……
詞字를 硏究홀 時에 九種 品詞로 분류ㅎㄴ니 名詞, 代名詞, 動詞,
形動詞, 形容詞, 副詞, 後詞, 接續詞, 感歎詞

(『대한문법』: 10ㄱ~10ㄴ)

(1)에서 '사자(詞字)'는 한 개의 자(字)나 몇 개의 자로 이루어서 하나의
심상(image)을 나타내되 뜻만 있고, 사상은 완전치 못하는 것을 '사절(詞
節)', '사구(詞句)', '구어(句語)'라3) 이른다 하였으므로 이 '사자'는 낱말(word)
에 해당하는 용어라 하겠다.

(2)에서 '사자'는 등급이나 종류로 구별하고 각종의 작용됨을 배우는 것
을 '품사학'이라 하고, 또 '사자'를 연구할 때에는 9종류의 품사로 분류한다
고 하였으므로 이 '사자'는 품사(a part of speech)와는 구별하여 낱말의 뜻
으로 사용한 것이 분명하다. 그러므로 김규식은 이미 낱말과 품사를 구별
하여 사용했음을 알 수 있다. 이는 국어학 연구사에서 높이 평가되어야
하겠다.

이제 그가 사용한 책이름을 살펴보면, 그는 '대한제국시대'라는 시대적
배경을 고려하여 '대한'이라는 용어와 당시 영어문법의 영향을 받아서 '문
법'이라는 용어를 사용하여 『대한문법』이라 하였고, 조선이 일본에 의하여
강점된 이후에는 '조선'이라는 나라 이름과 '문법'이라는 용어를 사용하여
『조선문법』이라 하였다. 이는 당시에 『일본문전』이나 『대한문전』, 『조선
문전』과 같은 '문전'이란 용어는 사용하지 않는 것을 보면 일본문법의 직
접적인 영향은 크게 받지 않았음을 알 수 있다.

또 그 당시에 영어문법이나 일본문법을 그대로 적용한 문법들은 우리말
을 8품사로 분류했으나 김규식(1909, 1912)에서는 모두 9품사로 분류한 것
을 보면, 품사분류에 있어서도 우리말의 특징을 고려하여 독창적으로 분

---

3) 『대한문법』에 사용한 '자(字)'는 말소리의 단위로서 오늘날의 음성부호에 해당하는 용
  어이고, '사절'은 어절에 맞서는 용어이고, '사구'는 구(phrase)에 맞서는 용어이고,
  '구어'는 절(clouse), 문장(sentence)에 해당하는 뜻으로 쓰인 용어들이다.

류하려고 노력한 흔적을 찾을 수 있다. 그런데『대한문법』에 분류된 9품
사와 유길준의『조선문전』(1904?)과 언더우드의『한영문법』(1898)에 나타
나는 8품사를 대조해 보면 다음과 같다.

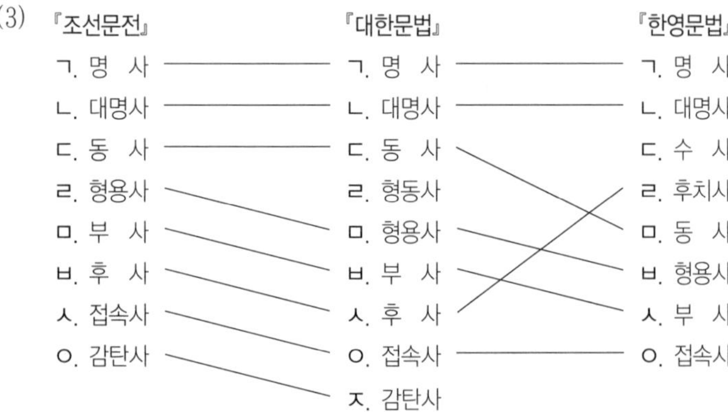

(3)에 의하면 언더우드 밑에서 자랐고, 영문학을 전공했지만 품사의 수
에서 (3)ㄹ의 형동사만 제외하면 품사의 용어나 벌림 차례에 있어서 오히
려 언어우드『한영문법』보다는 일본 문법의 영향을 받아 이루어진 유길준
의『조선문전』에 더 가까움을 알 수 있다. 그것은 일본 문법 자체가 영어
문법을 토대로 하여 이루어진 문법이기 때문이다.
　다음은 김규식의『대한문법』과 가까운 시기에 발간된 주시경의『국어
문법』(1910), 윤치호의『영어문법첩경』(1911)의 품사분류와 대조해 보이면
다음과 같다.

(4) 『조선문전』　　　　　　　『대한문법』　　　　　　　『영어문법첩경』

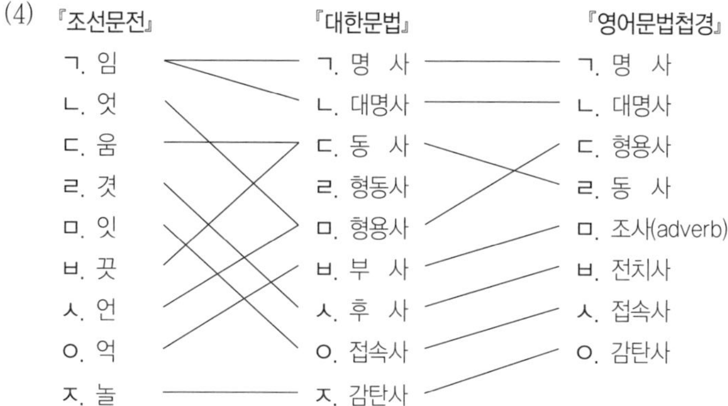

(4)에서도 『대한문법』에서 (4)ㄹ의 형동사만 제외하면 품사의 용어나 벌림의 차례가 『영어문법첩경』과 거의 일치함을 알 수 있다.

　　그러므로 김규식의 『대한문법』이나 『조선문법』에서 분류한 우리말의 9품사는 영어문법이나 영어문법의 영향을 받은 일본문전의 영향을 받아 이루어진 것임을 알 수 있다. 그런데 형동사의 설정은 독창적이기는 하지만 그 개념이나 설명 방법으로 보아 도저히 독립된 품사로 설정하기는 곤란할 것 같다(이에 대한 자세한 설명은 3.7. 형동사를 살피는 장에서 다시 보인다).

3. 각 품사의 성립과 분류

　　이 장에서는 『대한문법』에 설정한 9품사의 성립과 그 하위분류에 대하여 살피기로 한다.

3.1. 명사의 성립과 분류

3.1.1. 명사의 성립

『대한문법』(10ㄴ)에 나타나는 명사의 뜻매김과 <보기말>, 그리고 (11
ㄴ~14ㄱ)의 명사의 종류에 나타나는 <보기말>을 간추려 정리해 보이면
다음과 같다.

> (5) 명사~有無形間 (某)物을 名目ㅎㄴ 詞
>   <보기> ㄱ. 草, 木, 人, 馬, 汽車, 風船, 市, 江, 成 王, 正月, 土,
>   金, 水, 鐵, 米……
>   ㄴ. 金玉均, 乙支文德, 亞細亞, 大韓, 釜山
>   ㄷ. 國民, 一代隊, 內閣, 艦隊……
>   ㄹ. 距亂, 衛生, 智慧, 力, 忠, 心, 夢
>   ㅁ. 넓음/넓기 ; 옴/오기 ; 홈/ㅎ기 ……
>   ㅂ. 來日4), 엇더케
>
>   (『대한문법』: 10ㄴ)

(5)에서 '명사'는 유무형간 어떤 사물을 명목하는 낱말이라 뜻매김하였
는데, 여기서 '유무형간'이란 형태가 있는 것과 없는 것을 모두 의미하고,
'명목'이란 형식상 표면에 내세우는 이름이나 구실, 즉 명호(名號)를 의미하
는 것이다. 그러므로 『대한문법』에서의 명사란 형태가 있는 것이나 없는
것을 모두 포함하여 어떤 물건의 형식상 표면에 내세우는 이름이나 그런
구실을 하는 낱말을 의미하는 것이다. 그러나 <보기말>을 보면 명사의
범위는 그보다 훨씬 넓음을 알 수 있다.

(5)ㄱ은 한 가지의 일과 사물에 두루 쓰이는 보통명사이고, (5)ㄴ은 어
떠한 특정한 일과 사물에만 홀로 쓰이는 고유명사이고, (5)ㄷ은 모임(집
단)의 이름을 나타내는 집합명사이고, (5)ㄹ은 형태가 없는 추상명사이고,

---

4) '來日'을 김규식 문법에서는 시간을 나타내는 부사로 처리하고 있다.

(5)ㅁ은 동사나 형용사의 임시적 기능변화인 자격변동법에 의하여 만들어 진 동사나 형용사의 명사형을 명사로 처리한 것이고, (5)ㅂ은 부사에 조사가 결합될 수 있는 것을 의식하여 명사로 처리한 것이다.

그러므로 『대한문법』에서 명사로 처리한 것은 문장에서 주어, 목적어, 보어 등으로 쓰일 수 있는 낱말과 명사+이다가 서술어로 쓰일 수 있는 낱말을 모두 명사로 처리하는 데서 성립되었다. 그러나 (5)ㅁ은 개화기의 문법학자들은 모두 명사로 처리하였으나, (5)ㅂ의 <엇더케>와 같은 것에 조사가 결합되어 쓰인다고 명사로 처리한 것은 잘된 처리라 할 수는 없다.

3.1.2. 명사의 분류

『대한문법』(11ㄴ~12ㄴ)의 명사의 종류에서는 그 하위분류 기준을 제시하지 않고, 명사는 '보통, 특별, 단취, 물질, 무형'의 5종류가 있다고 하고, 이들을 각각 뜻매김한 후 <보기말>을 보였다. 그리고 특별명사는 다시 6 갈래로 2차 하위분류를 하고 있는데, 이것을 간추려 표로 만들어 보이면 다음과 같다.

(6)

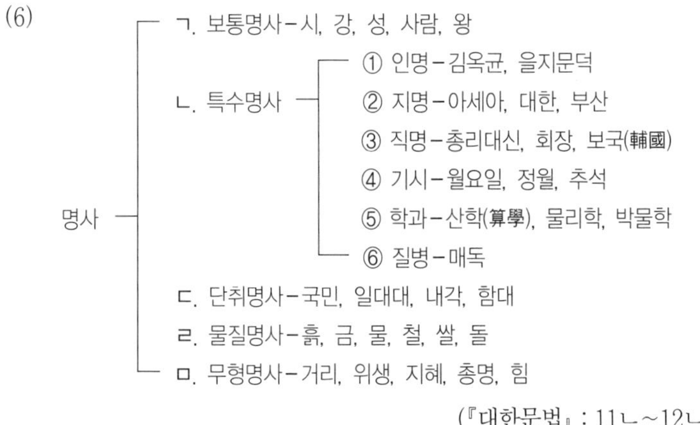

(『대한문법』: 11ㄴ~12ㄴ)

(6)에서 명사의 1차 하위분류를 보면, 분류기준을 구체적으로 밝히지는 않았지만 뜻에 의해서 분류한 것인데, 그 경계는 명확하지 않다.

(6)ㄱ은 같은 종류의 사람, 동물 또는 일정한 형상(形狀)을 가지고 있는 사물에 공통된 명칭을 이르는 것이라 하였으므로 이는 『우리말본』5)의 '두루이름씨'에 맞서는 것이고, (6)ㄴ은 한 사람 한 물체에 고유한 명칭을 붙인 것을 이르는 고유명사로 이는 『우리말본』의 '홀로이름씨'에 맞서는 것으로 어떠한 특징한 일과 물건에만 홀로 쓰이는 이름을 일컫는 것이다. (6)ㄷ은 같은 종류의 여러 개체가 집합을 이루어 나타내는 명사로 흔히 집합명사라 이르는 것이고, (6)ㄹ은 일정한 모양이 없고, 어떤 물건을 만드는데 쓰이는 재료 또는 천연 그대로의 물질을 이르는 이름이고, (6)ㅁ은 성질, 상태, 동작, 또는 일반개념을 나타내는 명사를 이르는 것으로 이를 흔히 추상명사라 이르는 것이다. 여기서 (6)ㄷ, ㄹ, ㅁ은 모두 (6)ㄱ의 보통명사에 속할 수 있는 것들이므로 이들은 나란히 놓일 수 있는 성질의 명사가 아니다.

명사의 하위분류는 1차로 보통명사와 고유명사로 나누고, 2차로 각각 하위분류하는 것이 일반적이다. 그러므로 『대한문법』에 분류한 명사의 하위분류는 잘된 처리로 보기는 어렵다.

그러나 윤치호의 『영어문법첩경』(38~39)에 의하면 명사를 먼저 '특명(特名)'과 '상명(常名)'으로 나누고 상명은 다시 '합명(合名), 무형명(無形名), 유수명(有數名), 물질명(物質名)'으로 나누고 있다. 이를 표로 보이면 다음과 같다.

---

5) 최현배(1937), 『우리말본』, 연희전문학교 출판부에서 발간한 문법책을 이른다.

(7)
```
        ┌─ ㄱ. 특명－Songdo, Korea, America, Kim Pil joong
  명사 ─┤
        └─ ㄴ. 상명－pen, man, cow
           ① 합명－An army, A nation, A folk
           ② 무형명－Beauty, Loves, White-ness
           ③ 유수명－One pen, Two pens, One cow, Two cows
           ④ 물질명－Gold, Water, Silk, Silver
```

(『영어문법첩경 : 38~39)

이와 같은 영어문법의 명사분류를 그대로 적용하지 아니한 것을 보면, 김규식은 우리말 명사의 하위분류를 독창적으로 체계세워 보겠다는 의식을 엿볼 수 있다. 국어 문법의 명사 하위분류는 (6)과 같은 김규식의 명사 하위분류 체계는 계승되지 못하고, 오히려 (7)과 같은 명사 하위분류 체계에 더 가깝게 계승되고 있다.

3.2. 대명사의 성립과 분류

3.2.1. 대명사의 성립

『대한문법』(14ㄴ)에 나타나는 대명사의 뜻매김과 <보기말>, 그리고 『대한문법』(15ㄴ~17ㄱ)의 대명사의 종류에서 보인 <보기말>들을 간추려 정리해 보이면 다음과 같다.

(8) 대명사~名詞의 代에 用홈이니, 人이나 事物이나 處所를 表明홀 時
        에 各其 原名稱을 不用ᄒ고 其 表明ᄒᄂ 바 物에 稽考ᄒ야
        代用ᄒᄂ 詞字룰 云홈이라.
    <보기> ㄱ. ① 나, 내 / 우리, 우리들
           ② 너, 네 / 너희, 너희들

③ 이이, 그이, 뎌이 / 이이들, 그이들, 뎌이들
④ 이거, 그거, 뎌거 / 이것들, 그것들, 뎌것들
ㄴ. ① 이이, 이것 / 이이들, 이것들
② 그이, 뎌이, 그것 뎌것 / 그이들, 뎌이들, 그것들, 뎌것들
③ 그이, 그것 / 그이들, 그것들
ㄷ. 누구(人), 무엇(物), 어듸(處所), 언제(時日)
ㄹ. 바, 것, 쟈6)

(『대한문법』: 14ㄴ~17ㄱ)

(8)에서 '대명사'는 명사의 대신에 사용함이니, 사람이나 사물이나 처소를 나타낼 때에 각기 원 명칭을 사용하지 않고, 그 나타내는 사물에 계고하여 사용하는 낱말을 이름이라 하였으므로 이는 바로 명사를 대신하여 사용하는 낱말을 이르는 품사이다.

(8)ㄱ은 사람을 가리키는 대명사를 보인 것인데, ①은 1인칭, ②는 2인칭, ③은 3인칭, ④는 3인칭의 물건을 가리키는 것이다 그리고 빗금의 앞은 단수를 나타내고, 빗금이 뒤는 복수를 나타낸 것이다. (8)ㄴ은 사람이나 물건을 가리킬 때 그 멀고 가까움을 구별하여 사용하는 지시적 대명사로 ①은 말할이에 가까움을 나타내고, ②는 말할이와 들을이의 중간 위치, ③은 말할이와 들을이에서 모두 멀리 떨어진 것을 가리키는 대명사이다. (8)ㄷ은 사람, 물건, 처소, 시일을 물을 때 쓰는 의문대명사를 보인 것이고, (8)ㄹ은 항상 관형어(매김말) 아래에 쓰이는 것이므로 의존명사(매인이름씨)인데, 이것을 우리말에는 없는 관계대명사라 한 것이다. 여기서 (8)ㄱ~(8)ㄷ은 모두 명사를 대신하는 대명사라 할 수 있겠으나 (8)ㄹ은 대명사가 아니고 명사(의존명사)이다.

그러므로 『대한문법』에 설정한 대명사는 명사를 대신하여 사용하는 낱말로 사람이나 사물의 이름을 대신하는 말과 사물, 처소, 방향을 지시하는 말, 사람, 물건, 장소, 시일을 물을 때 쓰는 말과 항상 관형어 아래 매

---

6) '쟈'는 '자(者)'의 뜻을 나타내는 표기이다.

이어 쓰이는 의존명사 <바, 것, 쟈>를 묶어서 하나의 품사로 처리하는 데서 이루어진 것이다. 그리고 의존명사를 관계대명사로 처리한 것은 영어 문법의 영향을 받은 것으로 개화기 문법의 공통된 현상이라 할 수 있다. 다만 주시경(1905, 1910)에서는 대명사의 하위단위에 넣었지만 관계대명사라는 용어는 사용하지 않았다.

3.2.2. 대명사의 분류

『대한문법』(15ㄴ~17ㄴ)에 나타나는 대명사의 종류를 보면, 1차로 인칭대명사, 지시대명사, 문적대명사, 관계적대명사의 4갈래로 나누고 이것을 다시 각각 2차 분류하고 <보기말>을 보였다. 이것을 간추려 표로 만들어 보이면 다음과 같다.

(9)

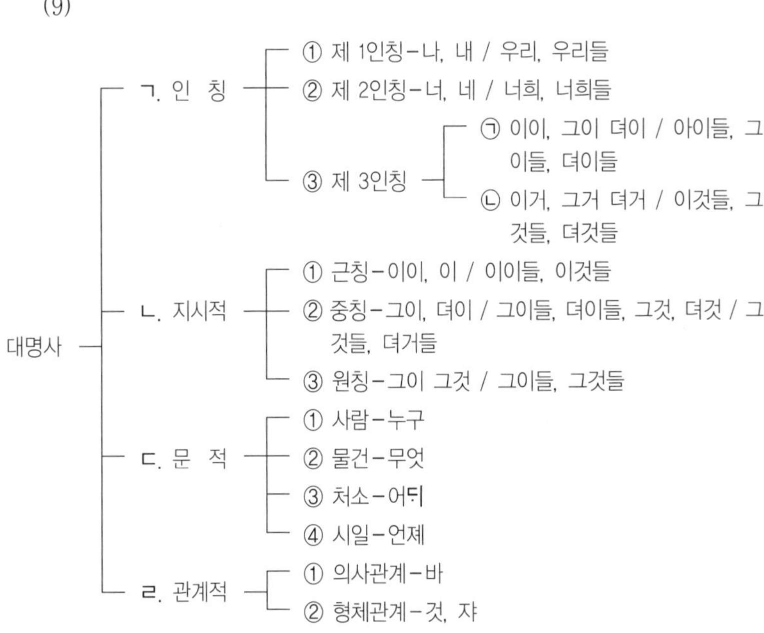

(『대한문법』: 15ㄴ~17ㄴ)

오늘날 영어문법에서 대명사의 하위분류는 대체로 형태, 의미, 용법에 따라 '인칭대명사, 지시대명사, 부정대명사, 의문대명사, 관계대명사'의 5갈래로 나누고 있으나 국어문법에서는 일반적으로 '인칭대명사'와 '지시대명사'(또는 사물대명사)의 둘로 나누고 있다.

그러나 『대한문법』에서의 대명사 분류는 영어문법의 영향을 받았지만 '부정대명사'는 설정하지 않고, 영어문법에만 설정할 수 있는 '관계대명사'를 설정하고 있다.

(9)ㄱ의 '인칭대명사'는 사람을 들어 칭하여 나타낼 때 대응하는 것으로 그 하위분류는 영어문법을 그대로 적용한 것인데, 국어문법에서는 (9)ㄱ의 하위분류 이외에 가리킴을 받는 사람의 신분이나 이름을 정확히 모를 때 사용하는 '미지칭'과 특정한 사람을 가리키지 아니할 때 쓰는 '부정칭'과 또 이미 나온 제3인칭 주어가 되풀이 됨을 피할 때 쓰는 '재귀칭' 등을 더 설정할 수 있다. (9)ㄴ의 '지시적대명사'는 사람이나 사물을 칭할 때에 그 멀고 가까움을 구별하여 지시할 때에 사용하는 것인데, 여기에는 사물을 가리키는 것(이것, 그것, 저것, 무엇…)은 있으나 장소를 가리키는 것(여기, 거기, 저기, 어디…)은 없다. 이러한 것은 영어문법을 적용하여 (9)와 같은 '문적대명사'를 따로 설정했기 때문이다. (9)ㄷ의 '문적대명사'는 사람이나 사물의 처소나 시일을 들어 말할 때에 사용하는 것인데, 이것은 국어문법에서는 (9)ㄴ의 지시적대명사에 처리될 수 있는 것이다. 그리고 (9)ㄹ의 '관계적대명사'는 이미 발표된 바나 장차 발표될 명사나 대명사를 들어 설명어나 앞뒤 구(phrase)에 계고되게 하며 의사를 서로 이어지게 하여 지명하는 것이라 하였는데 이는 국어문법에서는 명사의 하위단위에 포함시키고 있는 것이다.

그러므로 『대한문법』의 대명사 하위분류는 분류기준을 분명하게 설정하지 않고 영어문법의 대명사 하위분류를 적용하여 분류한 것이므로 우리말의 대명사 1차 분류와는 차이를 보이고 있다.

3.3. 동사의 성립과 분류

3.3.1. 동사의 성립

『대한문법』(17ㄴ)에 나타나는 동사의 뜻매김과 <보기말>, 동사의 종류 (18ㄱ~22ㄱ)에 나타나는 동사의 <보기말>을 간추려 정리해 보이면 다음과 같다.

> (10) 동사~某 動作을 說明ᄒᆞ거나 (作動)을7) 發表ᄒᆞᄂᆞᆫ디 用ᄒᆞᄂᆞᆫ 品詞이
> 니, 每樣名詞나 代名詞를 題目語로 삼고, 此題目이 如何타
> 說明ᄒᆞ거나 某 動作의 如何를 發ᄒᆞᄂᆞᆫ 詞이라.
> <보기> ㄱ. ① 난다, 잇다, 운다, 익엇다, 말ᄒᆞ엿다./
> ② 싸린다, 문다, 물인다, 미워ᄒᆞᆫ다./
> ③ 잔다, 것는다, 운다, /④ 비질ᄒᆞᆫ다/ 늙어간다, 늙다
> ㄴ. 이다, 되다.
> ㄷ. 먹고 <u>싶쇼</u>, 알아 <u>보겠쇼</u>, 보아 <u>주시오</u>
> ㄹ. 가려 ᄒᆞ오, 갈 <u>만</u>ᄒᆞ오, 갈 <u>수</u> 잇는, 갈 <u>듯</u>ᄒᆞ오, 보러 가오,
> <u>보게</u>
>
> (『대한문법』 : 17ㄴ~22ㄱ)

(10)에서 '동사'는 어떤 동작을 설명하거나 행동을 나타나는 데 사용하는 품사로 항상 명사나 대명사를 주어로 삼고 그 주어가 어떠하다고 설명하거나 그 동작이 어떠함을 나타내는 낱말이라 하였으므로 이는 구실에 의한 뜻매김이라 할 수 있겠다.

그 <보기말>을 살펴보면, (10)ㄱ의 ①은 움직임이 주어에만 미치는 동사인 자동사를 보인 것이고, ②는 움직임이 주어 이외 목적어에도 미치는 동사인 타동사를 보인 것이고, ③은 자동사가 타동사로 쓰이는 것을 보인 것이고, ④는 명사 <비>가 동사 <비질ᄒᆞᆫ다>로, 형용사 <늙은>이 동사

---

7) '作動을'은 김규식의 『조선문법』에서 보충한 것이다.

<늙어간다, 늙다>로 쓰임을 보인 것인데 이는 일종의 파생동사라 할 수 있겠다. (10)ㄴ은 지정사 <이다>와 동사 <되다>를 '동격동사'라 하여 그 주어를 설명할 때에 그 주어와 동격의 설명명사가 없고는 그 동사의 설명이 완전하지 못함을 이르는 동사라 하고, 그 주어를 설명할 때에는 반드시 그 주어와 동격이 되는 낱말과 <이다> 또는 <되다>와 어울려야 동사가 된다는 뜻이다. (10)ㄷ의 밑줄 그은 말은 조동사라 하여 앞의 본동사를 도와 하나의 뜻을 나타낸다고 하여 조동사 설정의 기초를 이루었으며 (10)ㄹ②는 분의(分意)오 동사라 하여 원동사로 나타내는 의사를 분개(分開)하는 자라 하였는데, 이는 동사의 여러 어미와 일부 의존명사를 함께 이르는 것으로 일본문법의 조동사 영향을 받은 것으로 이는 동사라 할 수 없는 것들이다.

그러므로 김규식이 『대한문법』에 설정한 동사는 주어가 어떠하다고 설명하거나 어떤 동작의 어떠함을 나타내는 낱말을 독립된 품사로 설정하는 데서 이루어졌다. 그러나 <보기말> 중 (10)ㄴ의 <이다>와 (10)ㄹ은 동사의 범위에 속할 수 없는 것들이다. 여기서 특이한 것은 동사의 기본형을 설정하지 않고 문장에서 쓰이는 동사의 현재형 또는 과거형을 그대로 <보기말>로 보이고 있는 것이다.

3.3.2. 동사의 분류

『대한문법』(18ㄱ~22ㄱ)에 나타나는 동사의 하위분류를 살펴보면, 동사는 어미변화 되는 체식에 따라 정규동사(正規動詞)와 무규동사(無規動詞)의 둘로 나누고, 또 동사의 발표적과 설명적의 성질에 따라 타동사, 자동사, 동격동사, 조동사의 4갈래로 나누고, 타동사는 다시 주동과 피동으로, 조동사는 다시 변격조동사와 분의조동사로 하위분류한 후 뜻매김과 <보기말>을 보였다. 이것을 간추려 표로 만들어 보이면 다음과 같다.

(11)

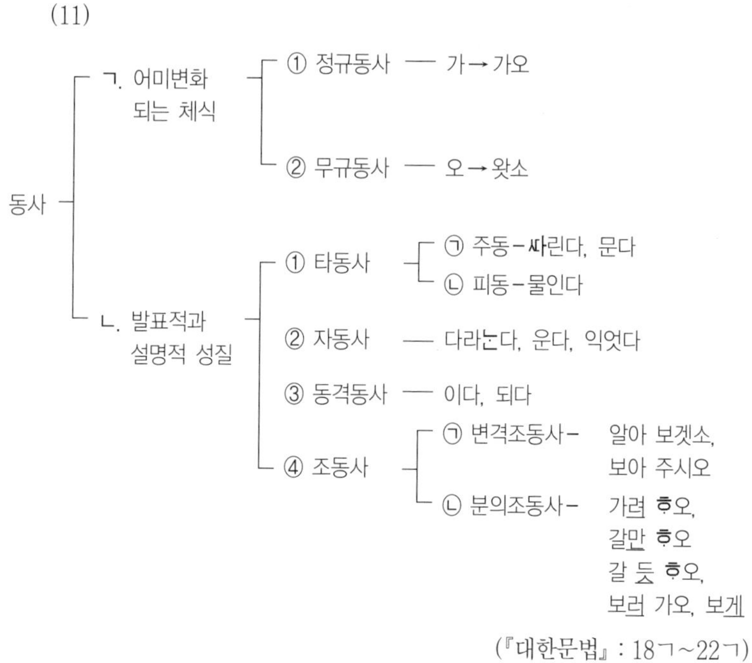

(『대한문법』: 18ㄱ~22ㄱ)

　(11)에서 김규식은 동사의 분류에 앞서 먼저 분류기준을 설정해 놓고 하위분류하게 되는데 이점은 다른 품사의 하위분류와 다르며 매우 발전적이라 할 수 있겠다.

　(11)ㄱ의 어미변화 되는 체식이란 동사의 어간에 어미가 결합되어 쓰일 때 그 동사의 어간의 모양이 바뀌지 않고 그대로 쓰이는 경우(가+오→가오)는 '정규동사'라 하고 그 동사의 어간의 모양이 바뀌었을 경우(오+앗→왓소)는 '무규동사'라 하였다. 이것은 {오}가 {왓}으로 변체되었다고 본 것인데, 이는 적당한 분류기준이 되지 못한다. 즉 정규동사라고 한 {가}도 {가+앗소}는 <갓소>와 같이 되기 때문이다.

　(11)ㄴ에서는 발표적과 설명적 성질에 따라 4갈래로 나누어 동등한 위치에 놓고 있는데, 이들이 동등한 위치에 나란히 놓일 성질이 아니다. 즉 ① 타동사와 ② 자동사의 구별은 주어가 목적어를 가지느냐 가지지 않느

나에 따라 분류되는 것이므로 동격동사나 조동사와는 나란한 위치에 놓일
수 없다. 또 ③ 동격동사는 주어를 설명할 때에 그 주어와 동격인 명사에
<이다> 또는 <되다>가 결합되어 쓰이는 경우 이 <이다>와 <되다>를 동
격동사라 하였다. 즉 지정사 <이다>와 불완전동사 <되다>는 주어를 완전
하게 설명하기 위해서는 다른 명사(또는 체언)를 필요로 하는데, 이때 이
명사는 주어와 같은 동격이 되고, <이다, 되다>는 이 동격의 명사와 어울
려 주어를 완전하게 설명하므로 이를 동격동사라 하였다. 이는 <이다, 되
다>가 완전한 풀이말이 될 수 없기 때문에 다른 명사 즉 보어를 필요로
한 것이며, 특히 <이다>를 동사로 처리한 것은 영어문법의 <be> 동사를
그대로 적용한 것이라 할 수 있겠다. ④ 조동사는 어떤 동작을 나타내는
데 동사 하나만으로는 부족하므로 두 개의 동사를 연접하여 사용할 때 앞
의 동사는 원동작의 뜻을 나타내고, 뒤의 동사는 원동작의 뜻을 도우는
일을 하는 동사를 이른다. 즉, <내가 가 보겟소>라는 문장에서 <가>는
원동작의 뜻을 나타내는 원동사(본동사 : 필자)이고, <보겟소>는 뜻을 도와
주는 조동사이다. 이때 이 두개의 동사가 결합하여 하나의 뜻을 나타낸다
고 설명한 것은 대단한 탁견이다. 그리고 조동사를 다시 변격조동사와 분
의조동사로 나누었는데, 이 분의조동사는 원동사 어미인 {-려, -러, -게}
와 오늘날의 의존명사인 {만, 수, 듯}을 이른다. 이는 일본문법의 영향을
받은 것으로 조동사라 할 수 없는 것이다.

어떻든 김규식의 이 조동사 설정은 비록 영어문법의 조동사 영향을 받
았으나 당시 다른 문법학자들이 설정한 조동사[8]와는 완전히 다른 것으로
이는 국어학 연구사에서 높이 평가되어야 하겠다. 그 외 또 타동사를 주
동과 피동으로 나누어 <犬이 鷄를 문다>가 주동이고, <鷄가 犬의게 물인
다>는 피동으로 설명하였는데, 이는 영어문법의 타동사 태(voice)인 주동
과 수동을 적용한 것이다.

---

8) 최낙복(1995), "유길준 문법의 조동사", 『국어국문학』 14집, 동아대 국어국문학과,
   132~140쪽 참조.

이와 같이 김규식의 동사 하위분류에서 어미변화되는 체식에 따라 정규동사와 무규동사로 나눈 것은 별 의의도 없고, 적당한 분류기준이 되지 못하며, 발표적과 설명적 성질에 따라 4갈래로 나눈 것은 이들이 모두 동등한 자리에 놓일 수 있는 성질의 동사가 아니다. 다만 자동사와 타동사 구분과 변격조동사 설명은 국어학 연구사에 높이 평가할 만한 것이다.

3.4. 형동사의 성립과 분류

3.4.1. 형동사의 성립

우리 문법 연구사에서 우리말의 품사분류에서 '형동사(形動詞)'라는 것을 독립된 품사로 설정한 것은 김규식의 유인『대한문법』과 유인『조선문법』뿐이다. 이『대한문법』(22ㄴ~23ㄱ)에 나타나는 형동사의 뜻매김과 <보기말>을 간추려 보이면 다음과 같다.

> (12) 형동사~某9)題目語를 說明홀 時에 同格動詞「이다」와 형용사를 竝用ㅎ야 描言ㅎㄴ 것을 云함이니.
>   <보기> ㄱ. 이 집이 <u>됴타</u>.
>   ㄴ. 바다가 <u>넓다</u>.

(12)에서 '형동사'란 어떤 주어를 설명할 때에 동격동사라고 설명한 지정사 <이다>와 형용사가 합쳐져서 쓰이는 것을 형동사라 뜻매김하였다.

(12)ㄱ에서 형동사 <됴타>는 형용사 <됴흔>과 동격동사 <이다>를 합쳐져 줄인 것이라 하였다. 그러므로 (12)ㄱ과 (12)ㄴ을 본래 형태대로 고쳐쓰면 형동사는 다음과 같이 된다.

---

9) 원본에는 '其'로 되어 있으나 1912년 본에는 '某'로 되어 있어서 필자가 고쳐 넣었다.

(12)′ ㄱ. 이 집이 됴흔 <u>이다</u> (형용사+동사)

이 집이 됴흔 <u>집이다</u>(명사+동사)

이 집이 됴흔 <u>것이다</u>(대명사+동사)[10]

(12)′ ㄴ. 바다가 넓은 <u>이다</u>(형용사+동사)

바다가 넓은 <u>바다이다</u>(명사+동사)

바다가 넓은 <u>것이다</u>(대명사+동사)

그러므로 (12)ㄱ의 <됴타>라는 형동사는 (12)′ㄱ에서 보는 바와 같이 <도흔 이다, 됴흔 집이다, 됴흔 것이다> 중의 하나가 줄어서 된 것이고, (12)ㄴ의 <넓다>라는 형동사는 (12)′ㄴ에서 보는 바와 같이 <넓은 이다, 넓은 바다이다, 넓은 것이다> 중의 하나가 줄어서 된 것이다.

김규식의 이러한 설명은 우리말에서 형용사가 직접 서술어 기능을 한다는 것을 의식하지 못하고, 영어 형용사의 한정적인 용법으로 형용사가 체언의 앞에서 그 체언을 수식하는 것만 의식한 설명으로 우리 문법과는 맞지 않는 설명이다. 그리하여 이 형동사는 뒷날 계승되지 못했고 김규식은 우리 문법 연구사에서 품사분류에 '형동사'를 설정한 유일한 사람으로 남게 되었다.

3.4.2. 형동사의 분류

김규식은 『대한문법』이나 『조선문법』에서 형동사의 하위분류를 하지 않았다. 이는 형동사를 형용사와 동격동사라 지칭한 <이다>가 결합하여 줄어진 형태로 처리하였기 때문에 그 분류기준을 설정할 수 없고 실제로 형동사라는 것이 그렇게 이루어진 것이 아니기 때문에 하위분류도 할 수 없기 때문이다.

---

10) 의존명사 '것'은 김규식 문법에서는 '대명사'에 넣어 처리하였다.

3.5. 형용사의 성립과 분류

3.5.1. 형용사의 성립

『대한문법』(23ㄱ)에 나타나는 형용사의 뜻매김과 <보기말>, 『대한문법』(23ㄴ~29ㄱ)의 형용사의 분류에 나타나는 형용사의 <보기말>을 간추려 정리해 보이면 다음과 같다.

> (13) 형용사~名詞의 前이나 後에 處在ᄒ야 其 名詞로 發表ᄒ 物의 性質이나 資品이나 形象이나 大小나 容積을 描言ᄒᄂ 詞字를 云홈이니
>
>   <보기> ㄱ. 악한, 됴흔, 둥근, 큰, 만흔, 푸른, 무거운, 어진, 미련한, 둔흔, 넓은, 높흔 / 갈, 가는
>   ㄴ. 새, 여러, 각, 모든, 몃, 매, 어나, 무슴
>   ㄷ. 시롭다, 시집이다, 됴흔 것이다, 무죄ᄒ다, 칩다
>   ㄹ. 금시계, <u>싱션가시</u>, <u>안방</u>, <u>대한</u> 사람, <u>얼마</u> 정도, <u>서울</u> 집, <u>일본</u> 말, <u>평양</u> 신, <u>구라파</u> 인종
>   ㅁ. <u>하나님</u>의 일, <u>나의</u> 집, 나의, 너의, 이이의, 그이의, 뎌이의, 이것의, 그것의, 뎌것의, 우리의, 우리들의, 너희의, 너희들의
>   ㅂ. 一, 二, 三 ···/제 一, 제 二, 제 三···/ 여듧, 두어
>   ㅅ. 내, 네, 이, 그, 뎌
>   ㅇ. 약간, 더러, 거의
>   ㅈ. 바
>
>   (『대한문법』: 23ㄱ~29ㄴ)

(13)에서 '형용사'는 명사의 앞이나 뒤에 놓여 그 명사로 나타내는 물질의 성질, 재료의 품성, 모양이나 크고 작음, 용적 등을 묘언하는 낱말이라 뜻매김하였다. 여기서 형용사가 명사의 앞에 놓여 명사를 수식하는 것은 형용사의 한정용법을 이르는 것이고, 형용사가 명사의 뒤에 놓인다는 것

은 형용사의 서술용법으로 형용사가 주어나 목적어의 보어로 쓰이는 것을 설명한 것인데 이는 영어문법의 형용사 용법을 그대로 적용한 것이다. 그러므로 형용사가 어미변화한 관형사형이 명사 앞에 놓여 명사를 꾸미는 것은 우리말에 해당되지만 형용사가 명사 뒤에 놓여서 명사를 꾸며주는 것은 우리말에는 없는 것이다. (13)ㄱ～(13)ㅇ까지의 <보기말>에서도 (13)ㄷ을 제외하고는 형용사뿐만 아니라 그 외 다른 품사의 낱말이 관형어가 되어 명사 앞에서 명사를 꾸며주는 <보기말>만 보였을 뿐 명사의 뒤에 놓여서 명사를 꾸며주는 <보기말>은 보이지 않았다. 이는 우리말에는 형용사가 바로 서술어가 될 수 있다는 것을 의식하지 못하고 이런 것을 형동사로 처리하였기 때문이다.

이제 형용사의 <보기말>로 보인 것들을 살펴보면, (13)ㄱ은 형용사나 동사의 관형사형이 문장에서 관형어가 되어 명사의 앞에서 뒤의 명사를 꾸며주는 구실을 하는 것을 형용사로 처리한 것이고, (13)ㄴ은 순수관형사가 문장에서 관형어가 되어 명사(또는 체언) 앞에서 명사를 꾸미는 구실을 하는 것을 형용사로 처리한 것이고, (13)ㄷ은 형동사로 처리한 것이 형용사로 쓰인 것이고, (13)ㄹ은 명사와 명사가 결합되어 쓰일 때 앞의 명사가 뒤의 명사를 꾸미는 것을 의식하여 앞의 명사를 형용사로 처리한 것이고, (13)ㅁ은 명사 또는 대명사에 조사 {-의}가 결합되어 관형어로 쓰일 경우 이를 형용사로 처리한 것이고, (13)ㅂ은 수량을 나타내는 수관형사가 관형어로 쓰일 경우 이를 형용사로 처리한 것이고, (13)ㅅ은 대명사가 관형사와 꼴이 같은 것으로 문장에서 관형어로 쓰인 것을 형용사로 처리한 것이고, (13)ㅇ은 부사가 명사(또는 체언)를 꾸밀 경우 이를 형용사로 처리한 것이고 (13)ㅈ은 관계대명사적 형용사로 의식한 의존명사를 형용사로 처리한 것이다.

이와 같이 김규식이 『대한문법』에 설정한 형용사는 영어문법의 형용사의 한정용법을 적용하여 명사(또는 체언)의 앞에서 뒤의 명사를 꾸며주는 낱말 또는 어절을 형용사로 처리한 데서 성립되었는데, 오늘날 품사분류

에서 형용사로 처리될 수 있는 것은 (13)ㄱ의 형용사의 관형사형과 (13)
ㄷ의 <시롭다, 무죄ㅎ다, 칩다>만이 형용사로 처리될 수 있는 것이다. 특
히 (13)ㄹ의 명사와 (13)ㅁ의 체언과 조사가 어울려 관형어로 쓰인 문장
성분을 형용사로 처리한 것은 우리말의 특징을 자세히 파악하지 못하고,
품사분류에서 체언을 수식하는 관형사를 설정하지 아니한 데서 비롯된 것
이다. 그리고 김규식은 형용사의 기본형 설정에 있어서 오늘날 형용사의
관형사형을 기본형태로 잡고 있음을 알 수 있다.

3.5.2. 형용사의 분류

『대한문법』(24ㄱ~26ㄴ)에서 형용사의 종류를 그 묘언(描言)하는 성질을
따라 '대명사적 형용사, 수량적 형용사, 품질적 형용사'의 3갈래로 나누고,
대명사적 형용사는 다시 '지시대명사적 형용사, 문대명사적 형용사, 관계
대명사적 형용사, 소유대명사적 형용사'의 4갈래로 나누고, 수량적 형용사
는 다시 용적을 표시하는 수량적 형용사와 기하(幾何)11)를 표시하는 수량
적 형용사의 2갈래로 나눈 후 그 <보기말>을 보였다. 이것을 간추려 표로
만들어 보이면 다음과 같다.

(14)

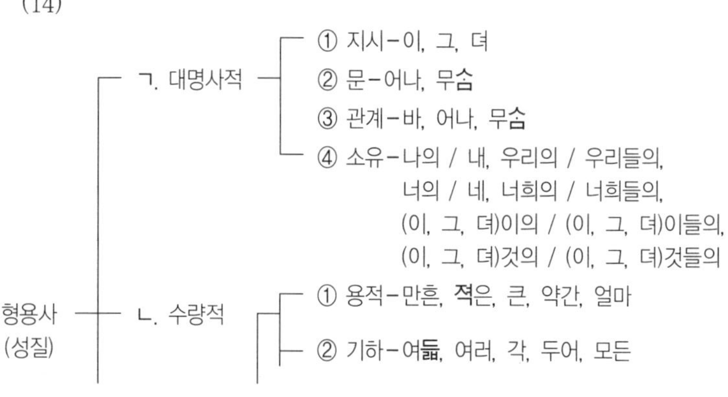

---

11) '기하(幾何)'는 '얼마'의 뜻으로 쓰인 용어이다.

```
                    ┌─ ㉠ 유한-제 一, 제 二, 제 三…
                    │        一, 二, 三…, 단, 쌍, **호**, 무, **쏘호둘**
                ┌───┤  ㉡ 무한-여러, 아모, 모든, 멋, 얼마, 더러
                │   │        두어, 거의, 젼, 다
                │   └─ ㉢ 분배-각, **미**, 타
        └─ ㄷ. 품질적 ──── 무거운, 어진, 미련**호**, 둔**호**, 넓은, 놉흔, 큰
```

(『대한문법』: 24ㄱ~26ㄴ)

(14)에서 <보기말>로 보인 형용사는 대체로 문장에서 관형어로 쓰이는 것들을 형용사로 처리한 것인데, 이것들을 그 성질에 따라 1차 하위분류 하고 다시 뜻에 따라 2차 하위분류한 것이다.

(14)ㄱ은 대명사와 동원(同原)의 낱말로 형용사 자격을 가진다고 하였으 므로 이는 대명사와 꼴이 같은 관형사를 형용사로 처리하였기 때문에 그 하위분류도 대명사의 하위분류와 거의 같이 분류하였다. ①은 지시대명사 와 꼴이 같기 때문에 지시대명사적 형용사라 하였는데, 관형어로 쓰인 것 이고 ②는 명사 위에 쓰여 의문의 뜻을 나타내는 관형사를 이르는 것이고, ③은 일부의 의존명사 (바)와 여럿 가운데 어떤 또는 잘 모르거나 꼭 집 어 말할 수 없는 막연한 대상을 가리키는 말(어나)과 사물의 내용을 잘 모 를 때 쓰는 말(무슴)의 뜻을 가진 관형어이고, ④는 대명사에 조사 {-의}가 결합되어 관형어로 쓰인 것을 소유대명사적 형용사라 한 것인데, 이는 영 어문법에서 인칭대명사의 소유격을 그대로 적용한 것이다. 이와 같은 처 리는 개화기에 다른 사람의 문법에서도 볼 수 있는 처리 방법이다.[12] (14)ㄴ의 수량적 형용사는 명사를 형용할 때에 그 물건의 크고 작음과 용 적을 묘사하는 것을 이르는 것이라 하였으므로 이는 오늘날 수량을 나타 내는 관형사에 해당하는 것이다. ①은 어떤 물건의 많고 적음과 크고 작

---

12) 주시경(1910), 국어문법, 박문서관 89쪽 또는 최낙복(1991), 주시경 문법의 연구, 문성출판사, 254쪽 참조.

음을 나타낼 때 쓰이는 낱말을 형용사로 처리한 것이고, ②는 얼마만큼의 양과 정도를 나타내는 것으로 오늘날의 수관형사에 해당하는 것이다. (14)ㄷ의 품질적 형용사란 어떤 물건의 높고 낮음, 넓고 큼, 착함과 악함, 형상 모든 성질 등을 나타낼 때 쓰이는 것으로 이는 모두 오늘날의 형용사의 관형사형에 해당하는 것들이다.

이와 같이 김규식의 『대한문법』에서 분류한 형용사의 종류는 문장에서 관형어로 쓰이는 관형사와 형용사의 관형사형을 형용사로 처리하고 그것들을 그 성질에 따라 분류한 것이다. 이 형용사의 분류는 분류의 기준을 설정하고 하위분류한 것은 국어학 연구사에서 의의가 있으나 이들이 문법적으로는 별 의의를 갖지 못하다고 하겠다.

3.6. 부사의 성립과 분류

3.6.1. 부사의 성립

『대한문법』(29ㄱ)에 나타나는 부사의 뜻매김과 <보기말>, 부사의 종류 (29ㄴ~33ㄴ)에 나타나는 부사의 <보기말>을 간추려 정리해 보이면 다음과 같다.

> (15) 부사~동사나 형용사나 타부사의 의취(意趣)를 혹 변화 보좌(補佐)
>   ᄒ며 첨부증가(添付增加)ᄒᄂ 것을 云홈이니라.
>   <보기> ㄱ. 잘, 미우, 얼넌, 곳, 비로쇼, 모름직이, 오직, 정녕코, 혹
>   시, 엇지, 엇지셔, 웨, 쩌쩌로, 더러
>   ㄴ. 급히, 심히, 담득히,13) 깁히, 가만히, 만히, 흔히, 영원히,
>   넉넉히, 갓가히 / 급하게, 어렵게, 적게, 이러케, 엇더케
>   ㄷ. 물에, 이곳에, 일본에, 동안에, 사이에, 후에, 전에 / 예

---

13) '담딕히'는 '대담히, 대담하게'와 같은 뜻.

> 셔, 인쳔셔, 뎌셔, 그곳에셔, 어디셔
> ㄹ. 집으로 / 이리로, 뎌긔로, 여곳으로, 어디로, 미국으로
> ㅁ. 소 처럼, 닭 갓치, 보ᄂ 듯, 아는드시, 검으스름, 홀더로
> ㅂ. 지금, 오늘, 곳, 즉시, 이제, 아즉 / 어제, 졉쩌, 작년,
> 리일, 모레, 리년
> ㅅ. 여긔, 뎌긔, 이리, 뎌리, 예서, 졔서
>
> (『대한문법』: 29ㄱ~33ㄴ)

(15)에서 '부사'는 동사나 형용사나, 다른 부사의 뜻을 변화보좌하며 첨부하여 증가시키는 일을 한다고 뜻매김하였다. 이는 부사가 동사, 형용사, 부사를 수식하는 구실을 하는 것을 기준으로 뜻매김한 것이라 할 수 있겠다.

(15)ㄱ은 순수부사이고, (15)ㄴ은 형용사의 어간에 어미 {-히, -게}가 결합되어 부사를 파생시킨 것이므로 파생부사에 해당하는 것이고, (15)ㄷ은 명사 또는 대명사에 조사 {-에, -(에)서}가 결합되어 문장에서 부사어로 쓰이는 것을 부사로 처리한 것이고, (15)ㄹ은 명사 또는 대명사에 조사 {-(으)로}가 결합되어 문장에서 부사어로 쓰이는 것을 부사로 처리한 것이고, (15)ㅁ은 명사나 형용사, 동사에 결합되어 쓰이는 {처럼, 갓치, 으스름, 더로, 듯, 드시} 등의 조사 또는 어미, 의존명사 등을 부사로 처리한 것이고, (15)ㅂ은 시간이나 시간의 길이를 나타내는 명사를 부사로 처리한 것이고, (15)ㅅ은 장소를 가리키는 대명사를 부사로 처리한 것이다.

이와 같이 김규식이 『대한문법』에서 부사로 처리한 <보기말>은 순수부사, 파생부사, 체언에 조사가 결합되어 부사어로 쓰이는 것, 시간 또는 장소를 나타내는 명사 및 대명사 등을 부사로 처리한 것이다. 이것들을 부사로 처리한 것은 이들이 문장에서 부사어로 쓰일 수 있는 낱말이라는 것을 의식했기 때문이다. 그러므로 『대한문법』에서의 부사는 문장에서 부사어로 쓰일 수 있는 낱말 또는 어절을 모두 부사로 처리한 데서 성립되었다고 하겠다. 그러나 (15)ㄱ의 순수부사와 (15)ㄴ의 파생부사를 제외하고는 부사로 처리할 수 없는 것들이다.

3.6.2. 부사의 분류

『대한문법』(29ㄴ~33ㄱ)에서 부사의 종류를 먼저 그 체식(體式)으로 인하여 '단순부사'와 '부체부사(附體副詞)'로 나누고 부체부사는 다시 형용사 어미가 변한 것, 명사에 후사가 연접한 것, 명사, 형용사, 동사에 부사가 첨부된 것으로 나누었다. 또 부사는 보좌하는 실력(實力 : 기능)에 따라 '처소부사, 시간부사, 급량부사, 확실 급 의아부사, 연유부사, 품행부사'의 6갈래로 나누었다. 이것을 도표로 만들어보면 다음과 같다.

(16)

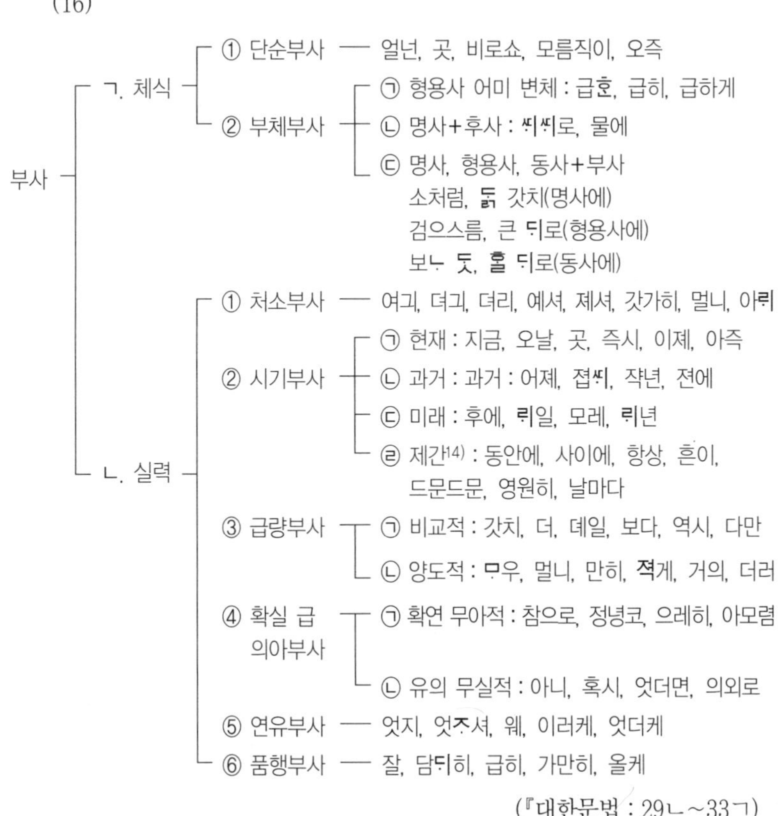

(『대한문법』: 29ㄴ~33ㄱ)

---

14) '제간(際間)'은 시간의 길이를 나타낸다.

(16)ㄱ은 부사를 일정한 모양과 방식에 의하여 구분한 것으로 부사가 어떻게 짜여져 있는가를 기준으로 하여 구분한 것이다. ①의 단순부사는 단순히 다른 말을 수식하는 구실을 하는 부사를 이르는 것으로 순수부사에 해당하는 것이고, ②의 부체부사는 파생부사와 문장에서 부사어로 쓰이는 것들로 원체가 변하지 않는 단순부사와 대립되는 뜻으로 사용한 것이다. 그러므로 ②의 ㉡, ㉢은 부사로 처리하기는 어려운 것들이다. (16)ㄴ은 부사를 문장에서 실제로 하는 구실에 따라 구분하였으나 오히려 뜻에 따라 나눈 것으로 보는 것이 더 타당할 것 같다. ①의 처소부사는 장소를 나타내는 부사이고, ②의 시기부사는 시간을 나타내는 명사와 부사, 부사어를 부사로 처리한 것인데, 오늘날은 ①, ②를 묶어서 대체로 '지시부사'로 처리하고 있다. ③의 급량부사는 비교와 양을 나타내는 부사를 뜻에 따라 구분한 것이고, ④의 확실 급 의아부사는 영어문법의 '의문부사'에 맞서는 것 같으나 여기서는 확실함과 의심함을 나타내는 부사를 뜻하는 것이고, ⑤의 연유부사는 원인, 까닭을 나타낼 때 쓰는 부사이고, ⑥의 품행부사는 어떤 행동을 묘사하여 나타날 때 쓰는 부사인데, 김규식은 부사 중에서 ⑥의 부사가 제일 많다고 하였다.

이와 같이 『대한문법』에서 부사의 하위분류 중 1차로 체식과 실력으로 나눈 것은 바로 부사의 짜임과 구실을 기준으로 하여 분류한 것이고 2차 분류에서 (16)ㄱ은 부사가 어떻게 짜여져 있는가를 기준으로 나눈 것이고, (16)ㄴ은 문장에서 하는 구실을 기준으로 분류한 것이지만 오히려 뜻에 의하여 분류한 것이라는 것이 옳을 것 같다. 이들의 1차, 2차 하위분류는 국어학 연구사에서는 의의가 있다고 하겠으나 문법적으로는 별 의의를 찾을 수 없다. 그리고 부사의 범위를 너무 넓게 의식하고 문장에서 부사어로 쓰일 수 있는 낱말이나 어절을 모두 부사로 처리하였기 때문에 그 하위분류도 복잡하게 되었다.

3.7. 후사의 성립과 분류

3.7.1. 후사의 성립

개화기 국어문법 저서 가운데 품사분류에서 '후사(後詞)'라는 용어를 사용한 것은 유길준의 필사『조선문전』(1904?), 최광옥의『대한문전』(1908), 김규식의『대한문법』(1908)뿐이다. 그러므로 이 '후사'라는 용어는『일본문전』(1836) 등에서 영향을 받은 것으로 보인다.

김규식의『대한문법』(34ㄱ)에 나타나는 후사의 뜻매김과 <보기말>, 후사의 종류(35ㄱ~40ㄴ)에 나타나는 후사의 <보기말>을 간추려 정리해 보이면 다음과 같다.

(17) 후사~명사나 명사의 대우에 附ᄒ야 그 명사로 ᄒ여곰 부사절을 成
　　　ᄒ 것을 云홈이니.
　　　<보기> ㄱ. 로, 으로, 에, 에셔, 부터, 까지, 의, 셔, (의)게, 게셔다
　　　　　　　려(드려), 라도, 만은, 을, 과 / 으로부터, 에까지
　　　　　　ㄴ. 으로ᄒ여금, 와홈씌
　　　　　　ㄷ. 을 인ᄒ야, 을 위ᄒ야, 으로 말미암아
　　　　　　ㄹ. 건너, 너머, 지나셔, 못밋쳐셔 / 인ᄒ야, 달ᄒ야, 말미암아
　　　　　　ㅁ. ᄒ여곰
　　　　　　ㅂ. 까닭에, 안헤, 밧게, 우헤, 밋헤, 아릭에, 이편에 겻혜,
　　　　　　　엽혜, 뒤에, 압헤
　　　　　　ㅅ. 어딕셔, 여긔까지, 오날브터
(『대한문법』: 34ㄱ~40ㄴ)

(17)에서 '후사'는 명사나 명사와 같은 말에 붙어서 그 명사로 하여금 부사절[15]을 이루는 것을 이른다고 하였다. 이 후사는 영어문법의 전치사

---

15) 김규식의 문법에서 '사절(詞節)'은 오늘날의 '어절'에 해당하는 용어이므로 '부사절'은
　부사어에 해당하는 용어라 하겠다.

에 대립되는 용어로 우리말에서는 혼자 독립되어 쓰이지 못하고 주로 체언에 붙어서 그 체언과 더불어 굴곡하면서 앞뒤 말의 걸리는 관계를 보이거나 다른 품사에 붙어서 그 품사와 더불어 굴곡하면서 뜻을 돕는 일을 하는 품사인 조사(토씨)에 해당하는 용어이다. 그러나 『대한문법』에서 후사의 범위는 이 조사보다 그 범위를 더 넓게 처리하고 있다.

(17)ㄱ은 단순후사와 후사와 후사가 결합된 것을 보인 것으로 이들은 모두 조사의 범위에 속하는 것이다. (17)ㄴ은 조사와 부사가 결합되어 쓰인 것을 묶어서 후사로 처리한 것이고, (17)ㄷ은 조사와 동사가 결합되어 쓰이는 것을 후사로 처리한 것이고, (17)ㄹ은 동사의 활용형을 후사로 처리한 것이고, (17)ㅁ은 부사를 후사로, (17)ㅂ은 명사에 조사가 결합되어 문장에서 부사어로 쓰이는 것들을 후사로 처리한 것이고, (17)ㅅ은 부사에 조사가 결합되어 문장에서 부사어로 쓰이는 것을 후사로 처리한 것이다.

그러므로 김규식의 『대한문법』에서의 후사는 순수조사와 다른 품사에 조사가 결합되어 어절을 이룬 것은 물론 일부 동사의 활용형까지 후사로 처리한 데서 성립되었다. 그러므로 (17)ㄱ을 제외하고는 후사가 될 수 없는 것이다. 즉 (17)ㄱ에서는 두 낱말을 연결할 때 쓰이는 조사 {-와/-과}를 제외한 모든 조사가 거의 다 나타나 있다. 여기서 {-와/-과}를 후사에서 제외한 것은 다음 장에서 설명할 '접속사'로 처리하였기 때문이다.

3.7.2. 후사의 분류

이 후사의 분류는 『대한문법』(35ㄱ~40ㄴ)에 나타나는데 그 하위분류를 보면, 먼저 후사에 성체(成體)된 것을 기준으로 하여 단순후사와 복잡후사로 나누고, 복잡후사는 다시 다른 품사와 결합하여 후사자격을 이루는 것이라 하여 4갈래로 나누었다. 다음은 후사의 활용과 후사가 다른 품사에 연접되어 그 표시하는 의사를 기준으로 하여 12갈래로 하위분류하고 뜻매김과 <보기말>을 보였다. 이것을 간추려 정리하여 표로 만들어 보이면 다음과 같다.

(18)

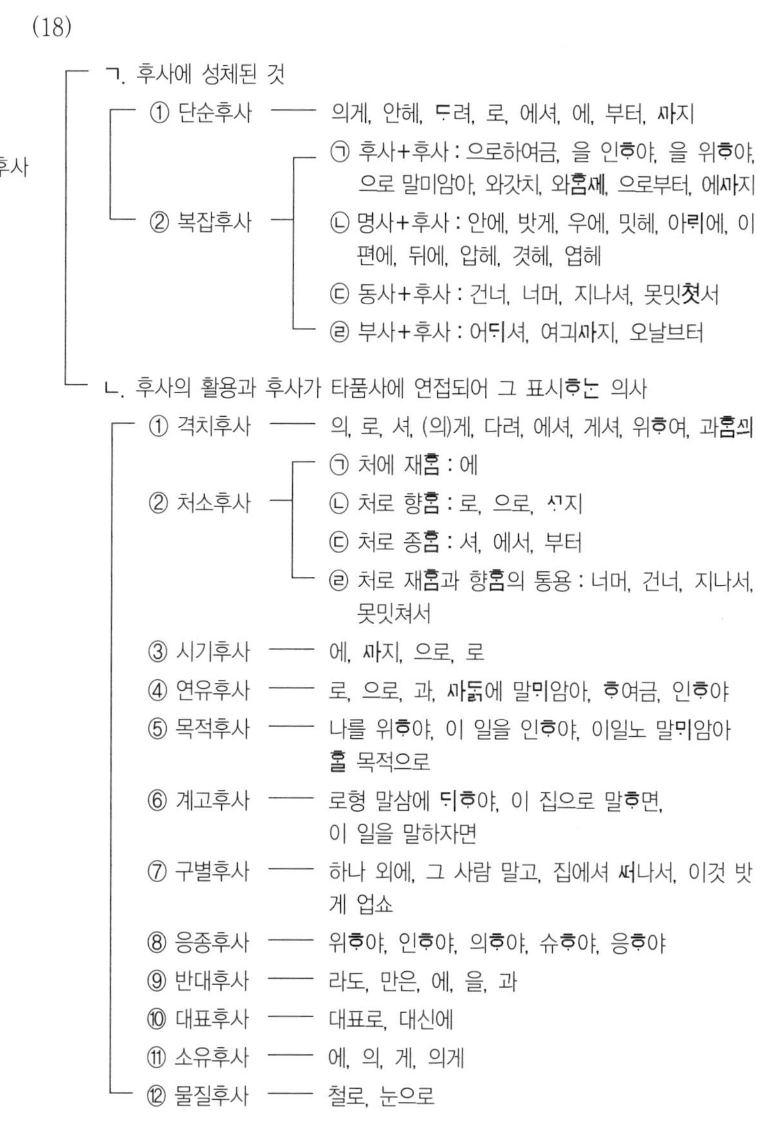

후사
ㄱ. 후사에 성체된 것
  ① 단순후사 —— 의게, 안헤, 드려, 로, 에셔, 에, 부터, 싸지
  ② 복잡후사
    ㉠ 후사+후사 : 으로하여금, 을 인ᄒᆞ야, 을 위ᄒᆞ야, 으로 말미암아, 와갓치, 와홈새, 으로부터, 에싸지
    ㉡ 명사+후사 : 안에, 밧게, 우에, 밋헤, 아뤼에, 이편에, 뒤에, 압헤, 겻헤, 엽헤
    ㉢ 동사+후사 : 건너, 너머, 지나셔, 못밋쳣서
    ㉣ 부사+후사 : 어듸셔, 여긔싸지, 오날브터
ㄴ. 후사의 활용과 후사가 타품사에 연접되어 그 표시ᄒᆞᄂᆞ 의사
  ① 격치후사 —— 의, 로, 셔, (의)게, 다려, 에셔, 게셔, 위ᄒᆞ여, 과홈쐬
  ② 처소후사
    ㉠ 처에 재홈 : 에
    ㉡ 처로 향홈 : 로, 으로, 싸지
    ㉢ 처로 종홈 : 셔, 에서, 부터
    ㉣ 처로 재홈과 향홈의 통용 : 너머, 건너, 지나서, 못밋쳐서
  ③ 시기후사 —— 에, 싸지, 으로, 로
  ④ 연유후사 —— 로, 으로, 과, 싸둙에 말미암아, ᄒᆞ여금, 인ᄒᆞ야
  ⑤ 목적후사 —— 나를 위ᄒᆞ야, 이 일을 인ᄒᆞ야, 이일노 말미암아 ᄒᆞᆯ 목적으로
  ⑥ 계고후사 —— 로형 말삼에 듸ᄒᆞ야, 이 집으로 말ᄒᆞ면, 이 일을 말하자면
  ⑦ 구별후사 —— 하나 외에, 그 사람 말고, 집에셔 쩌나서, 이것 밧게 업쇼
  ⑧ 응종후사 —— 위ᄒᆞ야, 인ᄒᆞ야, 의ᄒᆞ야, 슈ᄒᆞ야, 응ᄒᆞ야
  ⑨ 반대후사 —— 라도, 만은, 에, 을, 과
  ⑩ 대표후사 —— 대표로, 대신에
  ⑪ 소유후사 —— 에, 의, 게, 의게
  ⑫ 물질후사 —— 철로, 눈으로

(『대한문법』 : 35ㄱ～40ㄴ)

(18)ㄱ은 후사가 어떻게 이루어져(짜여져) 있는가를 기준으로 하여 둘로 나누었는데, ① 단순후사는 후사 하나로 이루어진 것으로 순수조사에 해당하는 것이고, ② 복잡후사는 후사와 다른 품사가 결합되어 어절을 이루고 있는 것을 후사로 처리한 것이다. ㉠은 후사와 후사가 결합되어 후사가 된 것이라고 하였지만, 진정 후사로 처리될 수 있는 것은 {-으로부터, -에 까지} 둘 뿐이다. ㉡은 명사에 후사가 결합된 것을 후사로 처리한 것인데, 이는 한 어절로서 문장에서 부사어로 쓰이는 것이므로 하나의 품사로 처리될 수 없는 것이다. ㉢은 동사의 활용형을 후사로 처리한 것이고, ㉣은 부사에 후사가 결합되어 한 어절을 이룬 것을 후사로 처리한 것이다.

그러므로 김규식이 '복잡후사'로 처리한 것들 중에서 ㉠의 {-으로부터, -에까지}를 제외하고 ㉠㉡㉢㉣의 모든 <보기말>은 후사로 처리될 수 없는 것들이다. 이러한 것들을 복잡후사라 하여 후사의 범주로 처리한 것은 품사분류의 잘못에서 비롯된 것이다.

(18)ㄴ은 후사의 활용과 후사가 다른 품사에 이어져 표시하는 의사에 따라 분류한 것이다. ① 격치후사는 명사에 연접되어 그 명사의 어미와 같이 활용되어 명사의 자격을 변성하는 것이라 하였으므로 그 <보기말>의 대부분은 격조사에 해당하는 것들이다. ② 처소후사는 처소를 지정하는 것이라 하였으므로, 장소나 방향을 나타내는 조사를 이르는 것인데, ㉠은 장소를, ㉡은 방향을 ㉢은 출발을 나타내는 조사이고, ㉣은 후사가 아니고, 동사의 활용형에 속하는 것들이다. ③ 시기후사는 어떠한 기한을 나타내는 후사라 하였으므로 이는 어떤 한계와 동안을 나타내는 조사이고, ④ 연유후사는 연유나 원인을 나타내는 후사라 하였으므로 이는 조사, 명사 어절 동사의 활용형, 부사 등이 원인, 까닭을 나타내는 것들을 모두 후사로 처리한 것이며, ⑤ 목적후사는 어떤 행동의 주지(主旨)나 목적을 나타내는 것이라 하였는데, 이는 목적어 뒤에 나타나는 동사의 활용형을 후사로 처리한 것이다. ⑥ 계고후사는 아무 적을 계고차로 들어 말할 때에 쓰이는 후사라는 하였는데, 이는 어떤 일을 설명하는 관용구에 쓰이는

후사로 아울러 후사로 처리한 것이고, ⑦ 구별후사는 어떤 것을 다른 것과 구별할 때 쓰이는 후사라 하였는데, 여기에는 명사에 후사가 결합되거나 동사의 활용형을 뜻에 의하여 구별할 때 쓰이는 것들을 모두 후사로 처리한 것이다. ⑧ 응종후사는 어떤 결과가 어떤 연유에 따라 꼭 그렇게 됨을 표시할 때에 쓰는 후사라 하였는데, 이는 여러 동사의 활용형을 후사로 처리한 것인데 이는 후사가 아니고 동사이다. ⑨ 반대후사는 반대되는 의사를 나타내는 후사라 하였는데, 이는 후사 뒤에 반대되는 내용이 이어질 때 그 앞의 후사를 이르는 것으로, 이렇게 되면 뒤따르는 낱말의 종류에 따라 앞의 조사의 여러 가지 뜻으로 바뀌게 된다. ⑩ 대표후사는 아무 것을 다른 것의 대신에 표시할 때에 쓰는 후사라 하였는데, 이는 자격을 나타내는 후사를 이르는 것이고, ⑪ 소유후사는 어떤 것의 소유와 소속됨을 나타낼 때 쓰이는 후사라 하였는데 이는 넓은 뜻으로 ①의 격치후사에 속할만한 후사이다. ⑫ 물질후사는 어떤 물질을 지명할 때에 쓰는 후사라 하였는데, 이는 도구(기구)를 나타내는 조사로 허웅 문법의 '방편격조사'에 해당하는 것이다.

　그러므로 (18)ㄴ에서 ②의 ㄹ, ④의 일부, ⑤⑥⑦⑧은 후사로 처리될 수 없는 것들로 이들은 모두 품사분류의 잘못에서 비롯된 것들이다.

　어떻든 『대한문법』에서 분류한 후사의 하위분류는 기준을 세워 분류한 것은 국어학 연구사에서 의의가 있다고 하겠다. 그러나 (18)ㄱ의 후사의 짜임에 의한 분류는 별 의의가 없으며, (18)ㄴ의 후사의 활용과 후사가 타 품사에 연접되어 그 표시하는 의사를 따라 나눈 것도 뜻에 의하여 나눈 것이기 때문에 문법적으로 의의가 없지만 그 당시에 그렇게 분류할 수 있었다는 것은 국어학 연구사에서 그 의의를 찾을 수 있겠다.

3.8. 접속사의 성립과 분류

3.8.1. 접속사의 성립

개화기 국어문법 저서에서 '접속사'를 독립된 품사로 설정한 것은 유길준(1904~1909), 최광옥(1908), 김규식(1909, 1912), 주시경(1909~1913) 등이다. 현대 국어문법에서도 아직까지 독립된 품사로 설정하지 않고 있는 접속사를 이미 개화기 문법에서는 거의 모든 저서에서 독립된 품사로 설정하고 있다. 이는 영어문법의 영향을 받아서 적용한 데서 이루어졌기 때문일 것이다.

김규식의 『대한문법』(41ㄱ)에 나타나는 접속사이 뜻매김과 <보기말>, 접속사의 종류(41ㄴ~43ㄱ)에 나타나는 <보기말>을 간추려 정리해 보이면 다음과 같다.

(19) 접속사~사자(詞子)나 사구(詞句)를 연접ᄒᆞ거나 상속(相屬)ᄒᆞᄂᆞᆫ 사자를 云홈이니
<보기> ㄱ. 와, 과 / 도, 가, ᄭᅡ지ᄂᆞᆫ
ㄴ. 밋, ᄯᅩ, 다뭇, 그러나, 비록, 만일, 고로 16)
ㄷ. 고(ᄒᆞ고), 며, 나(이나), 지(든지), 마는 지라도, (홈)으로, (ᄒᆞ)믜, (ᄒᆞ)면
ㄹ. 동안은, 젼에ᄂᆞᆫ, 후에ᄂᆞᆫ(이후ᄂᆞᆫ), ᄡᅵᄂᆞᆫ
ㅁ. 위ᄒᆞ여셔
(『대한문법』: 41ㄱ~43ㄱ)

(19)에서 '접속사'는 낱말이나 구를 서로 맞닿게 하거나 서로 이어지게 하는 낱말을 이름이라 뜻매김하였으므로 여기에는 접속조사, 접속어미, 접속사 등이 포함될 수 있다고 하겠다.

16) '다뭇'은 '다만'에 해당하는 제주도・전라도 방언의 접속사이고, '고로'는 '그러므로, 그런 까닭'에 해당하는 접속사이다.

(19)ㄱ은 접속조사 {-와, -과}와 그 외 일부 다른 조사를 접속사 처리한 것이고, (19)ㄴ은 순수 접속사로 처리될 수 있는 것이고, (19)ㄷ은 동사나 형용사의 접속어미를 접속사로 처리한 것인데, 이들은 항상 동사나 형용사의 어간에 결합되어 쓰이므로 독립된 품사로 처리될 수 없는 것이다. (19)ㄹ은 명사에 일부 조사가 결합되어 한 어절을 이루어 문장에서 부사어로 쓰일 수 있는 것들을 접속사로 처리한 것이고, (19)ㅁ가 동사의 활용어미를 어간과 아울러 접속사로 처리한 것이므로 이것도 접속사의 범주에 넣을 수 없는 것이다.

그러므로 김규식의 『대한문법』에 설정한 접속사의 범주는 낱말이나 구를 연결하는 낱말은 모두 접속사로 처리하였으므로, 여기에는 접속사, 접속조사, 용언의 접속어미, 명사에 일부 조사가 결합된 어절, 일부 동사의 활용형 등을 접속사로 처리한 데서 이루어진 것이다. 이러한 것들을 모두 접속사로 처리한 것은 품사분류의 잘못에서 비롯된 것이지만 영어문법의 영향도 받은 것으로 보인다. 즉 영어문법에서 접속사는 어(語, 낱말), 구(句), 절(節), 또는 문장(文)을 연결하는 말을 접속사라 하였다. 그러나 우리말의 접속사는 앞 문장의 뜻을 뒤 문장에 이어주면서 그것을 꾸미는 부사 역할을 하는 것으로 여기에는 일부 낱말을 이어주는 말(및, 또는 혹은 등)과 같은 말도 포함되기 때문에 (19)ㄴ만이 접속사로 처리할 수 있는 것이다.

3.8.2. 접속사의 분류

『대한문법』의 접속사의 종류(41ㄱ~43ㄱ)에서 접속사를 먼저 '동등접속사'와 '상속접속사'로 나누고, '동등접속사'는 다시 증가적 접속사와 반대적 접속사로, '상속접속사'는 다시 연유적 접속사, 가정적 접속사, 시기적 접속사로 나누었다.

이것을 표로 만들어 정리해 보이면 다음과 같다.

(20)

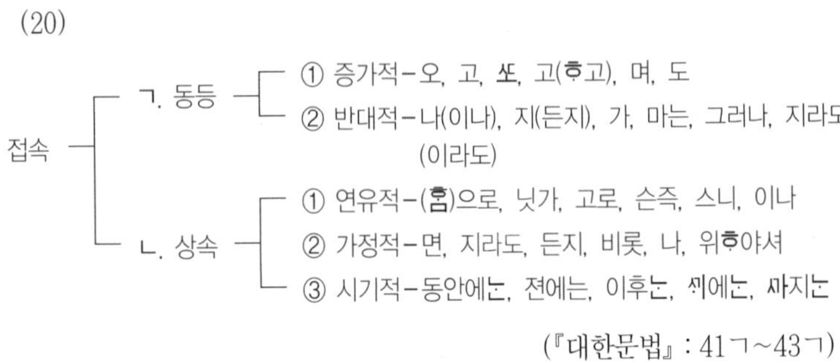

(『대한문법』: 41ㄱ~43ㄱ)

　(20)ㄱ의 '동등접속사'는 문법에 동위(同位)이나 동등(同等)의 낱말이나 어절을 서로 이어주는 것이라 하였으므로 이는 영어문법에서 낱말 구, 절 또는 문장을 대등한 관계로 연결하는 등위접속사 또는 윤치호(1911) 문법의 동속사[17)]에 맞서는 용어이다. ①의 '증가적 접속사'는 어떤 낱말이나 어절로 나타낸 것에 다른 낱말이나 다른 어절을 서로 맞닿게 함으로써 이미 먼저 나타낸 뜻을 증가시키는 접속사라 하였으므로 여기에는 낱말이나 구를 이어주는 접속조사로 {-와, -과}와 일부 접속어미가 여기에 해당하고, ②의 '반대적 접속사'는 어떤 낱말이나 어떤 어절을 나타낸 것에 다른 낱말이나 다른 어절을 서로 맞닿게 함으로 이미 먼저 나타낸 것에 반대의 뜻을 가지게 하는 접속사라고 하였으므로 앞의 내용과 뒤의 내용이 역접

---

17) 윤치호(1911 : 82)의 『영어문법첩경』에서는 영어 접속사를 다음과 같이 5갈래로 하위분류하고 있다.

　　접속사
　　ㄱ. 동속사(同續詞, Co-ordinate conj-)～동등 단어나 句語룰 連絡홈
　　　　〈보기〉 And, but, Therefore…
　　ㄴ. 부속사(附續詞, Subordinate Conj-)～主句에 附句를 連絡홈
　　　　〈보기〉 Though, If, For, That…
　　ㄷ. 조속사(助續詞, Adverbial Conj-)～句語나 단어를 連絡ᄒ고 겸ᄒ야 他詞룰 註明 홈
　　　　〈보기〉 When, Where, While
　　ㄹ. 첩속사(疊續詞, Compound Conj-)～ 數個 접속사룰 合ᄒ야- 一個로 用홈
　　　　〈보기〉 As if, Except That, So that
　　ㅁ. 쌍속사(雙續詞, Co-relative Conj-)～ 두 개 접속사를 雙으로 用홈
　　　　〈보기〉 Both-and, Either-or, Neither-nor…

관계가 됨을 보이는 용언의 접속어미와 접속사가 여기에 해당된다.

　(20)ㄴ의 '상속접속사'는 한 구가 다른 구에 종속되어 따르거나 의뢰되어 서로 이어지게 하는 접속사라 하였으므로 이는 종속절을 주절에 연결하는 '종속접속사' 또는 윤치호(1911) 문법의 '부속사'에 맞서는 용어이다. ①의 '연유적 접속사'는 한 어절이 다른 어절에 의뢰되어 연유나 결과를 나타낼 때에 쓰이는 접속사라 하였으므로 이는 까닭을 나타내는 용언의 접속어미나 접속사가 여기에 해당하고, ②의 '가정적 접속사'는 한 어절이나 다른 어절에 서로 이어질 때 가정의 정형(情形)으로 의뢰되는 것을 나타내는 접속사라 하였으므로, 여기에는 미래의 일을 양보적으로 가정하는 연결어미 {-ㄹ지라도}와 가정적 조건을 나타내는 종속적 연결어미 {-면}과 무엇을 가리지 않음을 나타내는 연결어미 {-든지}와 어떤 동작이나 상태를 가려 말할 때 쓰는 연결어미 {-나} 등을 묶어 가정적 접속사로 처리한 것인데, (20)ㄱ의 ① 반대적 접속사와 <보기말>이 중복되어 쓰이고 있으므로 그 경계는 분명하지 않다고 하겠다. ③의 '시기적 접속사'는 한 어절에 다른 어절이 서로 이어질 때에 그 시기의 관계로 의뢰되는 것을 나타내는 접속사라 하였으므로 여기에는 시간과 관계되는 명사에 조사가 결합되어 한 어절로써 부사어로 쓰인 것을 시기적 접속사로 처리하였는데 이것은 근본적으로 연결을 나타내는 것과는 관계가 없으므로 접속사라 할 수 없는 것이다.

　이와 같이 김규식의 『대한문법』에서 접속사를 (20)에서와 같이 1차로 동등접속사와 상속접속사로 나눈 것은 어떤 분류기준은 설정하지 않고 나누었으나 성질이 다른 접속사를 둘로 분류하였기 때문에 문법적으로 의의가 있다고 할 수 있지만, 2차 하위분류는 뜻에 따라 나누었기 때문에 문법적으로 별 의의가 없을 뿐더러 같은 접속사 {나, 이라, 든지, 지라도}가 반대적 접속사에도 소속되고, 연유적 접속사 또는 가정적 접속사에도 소속되게 되어 그 경계가 분명하지 않게 되었다. 그리고 접속사의 이러한 분류는 영어문법의 영향을 받아 이루어졌지만 영어문법의 접속사보다는 그 범위가 넓고 자세하게 분류하였으므로 우리말의 특징을 고려하여 분류한 것이라 할 수 있겠다.

3.9. 감탄사의 성립과 분류

3.9.1. 감탄사의 성립

개화기 국어문법 저서들 가운데서 언더우드의 『한영문법』을 제외하고는 모든 국어문법 저서의 품사분류에서 '감탄사'를 독립된 품사로 설정하고 있는데 그 내용은 거의 비슷하다.

『대한문법』(43ㄴ)에 나타나는 감탄사의 뜻매김과 <보기말>을 간추려 보이면 다음과 같다.

> (21) 감탄사~희노애락 급 경악(喜怒哀樂及驚愕) 등의 감각을 표호는 詞
> 룰 云홈인디 其 句語內에 他詞字와는 關係가 無호니라.
> <보기> 아, 오, 어, 음, 웅, 하하, 허허, 앗차, 앗코, 아이고
>
> (『대한문법』: 43ㄴ)

(21)의 '감탄사'는 문장의 앞에서 뒤 문장과 어느 정도 떨어져서 독립어가 되는 낱말을 이르는 것인데, 여기에는 느낌(놀람, 감동, 탄식 등), 부름(여부), 대답(예), 말 버릇(뭐), 말 찾아내기(거시기), 짐승 부르기(구구) 등이 있을 수 있으나(박지홍, 1986 : 177), (21)에서는 느낌에 관계되는 낱말만을 <보기말>로 보였다. 또 이 감탄사는 그 어절 안에서 다른 낱말과는 관계가 없다고 한 것은 감탄사가 문장에서 독립어로 쓰임을 의식한 것으로 대단한 탁견이라 할 수 있겠다. 이와 같이 김규식의 『대한문법』에 나타나는 감탄사는 느낌을 나타내는 낱말만을 독립된 품사로 설정한 데서 이루어졌다고 하겠다.

3.9.2. 감탄사의 분류

김규식의 『대한문법』은 물론이고, 개화기에 국어문법 저서를 낸 유길준, 최광옥, 주시경 등에서도 감탄사의 하위분류는 하지 않았다. 이와 같은 경향은 감탄사의 하위분류는 문법적으로 별 의의가 없다는 것을 의식하고, 하위분류의 필요성을 느끼지 않았기 때문으로 생각된다.

4. 마무리

지금까지 살핀 내용을 간추려 정리하면 다음과 같다.

4.1. 『대한문법』에서의 9품사 설정

개화기의 국어문법 연구가들은 낱말(word)과 품사(a part of speech)를 구분하지 않았으나 『대한문법』에서는 낱말에 해당하는 용어를 '사자(詞子)'라 하여 품사와 구분하였는데 이는 국어학 연구사에서 처음 있는 일로 높이 평가되어야 하겠다.

품사 설정은 당시에 영어 또는 일본문법의 영향을 받아 8품사로 설정하는 문법 연구가들이 많았으나 『대한문법』에서는 <명사, 대명사, 동사, 형동사, 형용사, 부사, 후사, 접속사, 감탄사>의 9품사로 설정하였다. 그러나 <형동사>의 설정은 지나친 영어문법에 의존한 것으로 우리 문법의 설명으로는 맞지 않는 내용이며, <관형사>를 설정하지 않고 모두 <형용사>에 포함시킨 것은 우리말의 특질을 자세히 살피지 못한 데서 비롯된 것이다.

4.2. 각 품사의 성립과 분류

1) 명사 : 명사는 형체가 있는 것이나 없는 것을 모두 포함하여 어떤 물건의 형식상 표면에 내세우는 이름이나 그런 구실을 하는 낱말을 독립된 품사로 처리하는 데서 이루어진 것이다. 여기에는 ① 사물의 이름을 나타내는 낱말, ② <용언의 줄기＋{-(으)ㅁ, 기}>로 된 꼴, ③ 일부의 부사가 포함되어 있다. 그러므로 명사로 처리될 수 있는 것은 ①뿐이다.

그 하위분류는 1차로 <보통명사, 특수명사, 단취명사, 물질명사, 무형명사>의 5갈래로 나누었는데, <단취, 물질, 무형명사>는 모두 보통명사에 속하는 것이다. 또 특수명사는 다시 <인명, 지명, 직명, 기시, 학과, 질병>의 6갈래로 나누었는데, <인명, 지명>을 제외한 나머지는 모두 보통명사의 범주에 속하는 것들이다. 그런데 명사의 하위분류는 1차로 <보통명사, 고유명사>로 나누고 보통명사를 다시 하위분류 하는 것이 일반적이다.

2) 대명사 : 대명사는 명사를 대신하여 사용하는 것으로 ① 사람이나 사물의 이름을 대신하는 말, ② 사물, 처소, 방향을 지시하는 말, ③ 사람, 물건, 장소, 시일을 물을 때 쓰는 말, ④ 항상 관형어 아래 쓰이는 의존명사 <바, 것, 쟈>를 모두 묶어서 하나의 품사로 처리하는 데서 이루어진 것인데 ④는 명사의 범주에 속하므로 대명사의 범주에서 덜어내야 한다.

그 하위분류는 1차로 <인칭대명사, 지시적 대명사, 문적 대명사, 관계적 대명사>의 4갈래로 하위분류하고 다시 이들을 2차로 하위분류하였는데, 이는 영어문법의 대명사 하위분류를 적용한 것이다. 그런데 우리말 대명사의 1차분류는 <인칭대명사, 지시대명사>로 하위분류하는 것이 일반적이다.

3) 동사 : 동사는 주어가 어떠하다고 설명하거나 어떤 동작의 어떠함을 나타내는 낱말을 독립된 품사로 설정하는 데서 이루어졌는데, 여기에는 <이다>와 동사의 일부 어미와 몇 개의 의존명사가 포함되어 있다.

그 하위분류는 ① 어미 변화되는 체식에 따라 <정규동사, 무규동사>로 나누고, ② 동사의 발표적과 설명적의 성질에 따라 <타동사, 자동사, 동격동사, 조동사>의 4갈래로 나누었다. ①은 적당한 분류기준이 되지 못하고 문법적으로도 별 의의가 없다. ②에서 나눈 4갈래가 모두 동등한 자리에 놓일 수 있는 성질의 동사가 아니다. 다만 <자동사, 타동사>의 분류는 문법적으로 의의가 있는 것이며, 분류기준을 제시하고 하위분류한 것은 국어학 연구사에서 그 역사적 의의가 있다고 하겠다.

4) 형동사 : 형동사는 주어를 설명할 때 동격동사로 설정한 <이다>와 형용사가 합쳐 쓰이는 것이라 하여 독립된 품사로 설정한 데서 이루어진 것인데, 이는 김규식 문법에서만 독립된 품사로 설정한 것이다. 그러나 그 하위분류는 하지 않았다.

5) 형용사 : 형용사는 명사(또는 체언) 앞에서 명사를 꾸며주는 낱말이나 어절을 독립된 품사로 설정한 것이다. 이는 문장에서 관형어로 쓰인 모든 말을 형용사로 처리한 데서 이루어진 것인데, 이것은 다른 말을 한정하는 말은 모두 형용사로 처리한 것이다.

그 하위분류는 묘언하는 성질을 따라 1차로 <대명사적 형용사, 수량적 형용사, 품질적 형용사>로 나누고, 대명사적 형용사를 다시 <지시대명사적, 문대명사적, 관계대명사적, 소유대명사적 형용사>로 나누었는데, 이는 대명사의 하위분류와 거의 일치한다. 수량적 형용사는 <용적을 표시하는 형용사, 기하를 표시하는 형용사>로 나누었는데, 이들은 문장에서 관형사로 쓰이는 관형사와 형용사의 관형사형을 그 성질에 따라 분류한 것으로 문법적 의의는 갖지 못한다.

6) 부사 : 부사는 문장에서 부사어로 쓰일 수 있는 낱말과 어절, 일부 조사, 일부 용언의 어미, 몇몇 의존명사 등을 묶어서 독립된 품사로 처리한 데서 이루어진 것이다.

그 하위분류는 ① 그 체식으로 인하여 <단순부사, 복잡부사>로 나누고, ② 보좌하는 실력(기능)에 따라 <처소부사, 시간부사, 급량부사, 확실급 의아부사, 연유부사, 품행부사>의 6갈래로 나누었다. 1차로 ①, ②로 나눈 것은 부사의 짜임과 구실을 기준으로 설정하고 나눈 것인데, ①은 부사의 낱말 짜임을 보인 것으로 별 의의가 없으며, ②는 구실에 따라 나누었다고 하지만 사실은 뜻에 따라 분류한 것이므로 이것도 문법적인 큰 의의는 찾을 수 없다.

7) 후사 : 후사는 ① 두 낱말을 연결할 때 쓰이는 조사 {-와/-과}를 제외한 모든 조사와 ② 다른 품사에 조사가 결합되어 어절을 이룬 것과, ③ 일부 동사의 활용형을 독립된 품사로 설정하는 데서 이루어진 것이다. 이들 중 ①만이 후사로 설정될 수 있는 것이다.

그 하위분류는 ① 후사에 성체된 것을 기준으로 하여 <단순후사, 복잡후사>로 나누고, ② 후사의 활용과 후사가 타품사에 연접되어 그 표시하는 의사를 따라 12갈래로 하위분류하였다. ①은 후사의 짜임을 기준으로 하여 분류한 것으로 문법적으로 별 의의가 없으며, ②는 뜻에 따른 분류이지만 그 당시에 자세하게 분류했다는 것과 후사의 분류 기준을 제시하고 분류했다는데 그 역사적 의의를 찾을 수 있다.

8) 접속사 : 접속사는 낱말이나 구를 연결하는 낱말을 독립된 품사로 처리한 것인데, 여기에는 접속사는 물론 접속조사, 용언의 접속어미, 명사에 일부 조사가 결합된 어절, 일부 동사의 활용형 등이 포함되어 있어서 그 범주는 명확하지 않다.

그 하위분류는 1차로 <동등접속사, 상속접속사>로 나누고 동등접속사는 다시 <증가적 접속사, 반대적 접속사>로 나누고, 상속접사는 다시 <연유적, 가정적, 시기적 접속사>로 나누었다. 1차 분류에서 분류 기준을 제시하지 않았지만 성질이 다른 접속사를 둘로 분류하였다는 것은 문법적으로 의의가 있다. 그러나 2차 하위분류는 뜻에 따라 나누었기 때문에 큰 의의는 찾을 수 없다.

9) 감탄사 : 감탄사는 느낌을 나타내는 낱말만을 독립된 품사로 설정한 데서 이루어진 것이다. 그 하위분류는 문법적으로 별 의의가 없다는 것을 의식하고 하위분류를 하지 않았다.

참고문헌

Ⅰ. 자료

김규식(1909), 유인 대한문법(역대 한국문법대계 Ⅰ-5, 탑출판사, 1997).

김규식(1912), 유인 조선문법(역대 Ⅰ-5, 1977).

유길준(1904?), 필사 조선문전(역대 Ⅰ-39, 1986).

유길준(1909), 대한문전, 동문관.

주시경(1909), 검열본 필사 국어문법(한힌샘 연구 3. 1990).

주시경(1910), 국어문법, 박문서관.

주시경(1911, 1913), 조선어문법, 박문서관.

최현배(1937), 우리말본, 연희전문학교 출판부.

윤치호(1911), 영어문법첩경(역대 Ⅱ-3, 1977).

H. G. Underwood(1890), 한영문법(역대 Ⅱ-3, 1977).

Ⅱ. 논문 및 저서

강복수(1975), 국어 문법사 연구, 형설출판사(증보판, 1978).

고영근(1983), 국어 문법의 연구, 탑출판사.

권재선(1987), 국어학 발전사(현대 국어학), 한국고시사.

김민수(1960), 국어 문법론 연구, 통문관.

김석득(1983), 우리말 연구사, 정음문화사.

김영문(1995), "김규식의 우리말 소리", 『국어학사 연구』 제1집, 부산 국어학사 연구회.

김형주(1991), 국어학사, 형설출판사.

박지홍(1977), "유길준의 『조선문전』", 『어문교육논집』 2집, 부산대 국어교육과.

박지홍(1986), 우리 현대말본, 과학사.

유창균(1988), 국어학사, 형설출판사.

이광정(1983), 국어 품사분류의 역사적 발전에 관한 연구, 한신문화사.

이정식(1974), 김규식의 생애, 신구문화사.

이현희(1990), 인물 한국사, 청아출판사.

최낙복(1989), 주시경 말본의 형태론 연구, 동아대 박사학위 논문.

최낙복(1991), 주시경 문법의 연구, 문성출판사.
최낙복(1994), "유길준 문법의 품사 설정", 『국어국문학』 13집, 동아대 국어국문학과.
최낙복(공편)(1995), 국어학 사전, 한글학회.
최낙복(1995), "유길준 문법의 조동사", 『국어국문학』 14집, 동아대 국어국문학과.
최낙복(1995), "유길준 문법의 형태론 연구", 『언어와 언어교육』 제10집, 동아대 어학
　　　　　　연구소.
최낙복(1996), "김규식 문법의 품사 설정", 『동남어문논집』 6집, 동남어문학회.
최현배(1971), 우리말본, 정음사.

(발표 : 『부산한글』 15집, 한글학회 부산지회, 1996)

김규식 문법의 통어론

1. 머리말

우사 김규식(1881~1950)은 부산(동래)에서 태어나 6살 때 부모를 잃고 고아가 된 후 7살 때부터는 언더우드(H. G. Underwood) 집에서 서양식 교육을 받고 기독교 신자가 되었다. 17살 때 미국에 가서 버지니아주의 로녹(Roanak)대학에서 6년간(1897. 6~1903. 6) 정치, 철학, 영문학, 언어학 등을 연구하고 프리스턴대학에서 석사 학위를 받고 1905년에 귀국하였다(이현희, 1990 : 489~499).

귀국 후 그는 서울과 중국의 여러 대학에서 20년 이상 교편생활을 하였지만 대부분의 사람들은 그를 독립 운동가 또는 정치가로만 알고 있다. 특히 1908년경에 유인 『대한문법』(226)을 펴내고, 1912년경에는 이것을 다시 고쳐서 유인 『조선문법』(184)을 펴냈다는 사실을 아는 사람은 그렇게 많지 않은 것 같다.

거기다가 그는 독립 운동가, 정치가로서의 활동이 워낙 두드러졌기 때문에 그의 국어문법 연구에 대한 평가는 ① 김영문(1995), ② 최낙복(1996

ㄱ, ㄴ), ③ 최낙복(1999)이 고작이다. 그것도 ①은 '우리말 소리'에 관한 연구이고, ②는 '품사가름'에 관한 연구이고, ③은 '때매김'에 관한 연구이므로 그의 '통어론'에 대한 연구는 거의 이루어지지 않았다. 그렇지만 그의 문법 저서는 개화기 국어문법 형성에 영향을 미쳤기 때문에 국어문법 연구사에서 그에 대한 자리매김을 할 필요가 있다고 본다. 그의 국어문법에 대한 이론은 앞의 두 저서에 모두 나타나 있는데, 이 글은 두 저서의 "문장법" 단원을 대상으로 하여 통어단위의 설정, 문장의 범위, 문장의 분석, 문장성립의 차례 등을 살펴서 김규식 문법의 통어론 형성 과정과 체계화 연구에 도움을 주고 나아가 국어문법 연구사를 정립하는 데 도움을 주고자 하는 것이 그 목적이다.

2. 여러 통어단위의 설정

김규식 지은 『대한문법』1)의 짜임을 보면, 머리말에 해당하는 "국어 역대, 문법 개의"와 제1편 음성론에 해당하는 "字體, 聲, 音, 韻"과 제2편 형태론 부분에 해당하는 "詞字學"과 제3편 통어론에 해당하는 "文章法"과 부록에 해당하는 "附論篇"의 "句語解剖法" 등 6편으로 짜여져 있다.

그런데 제2편 "사자학" 단원(1908 : 9)에서는 통어론에서 다루어지는 말의 단위인 "詞字, 詞節, 詞句, 句語"와 같은 여러 가지 통어단위를 설정하고 이들에 대한 풀이를 하고 있다. 이것들을 차례대로 살펴보기로 한다.

첫째, 『대한문법』(9쪽)에 나타나는 "사자(詞字)"의 뜻매김을 간추려 보이면 다음과 같다.

---

1) 이하 『대한문법』은 1908년경에 김규식 지은 문법책을 이른다.

(1) ㄱ. 詞字라홈은 一個字나 幾個字로 成ᄒ야 一個 心象을 發表ᄒ되 意
趣만 有ᄒ고 思想은 完全치 못ᄒᄂᆫ 것을 云홈이니 其例롤 示컨
디 말, 집, 사람, 소.
　ㄴ. 詞字를 等級이나 種類로 區別ᄒ고 各種의 作用됨을 學ᄒᄂᆫ 것이
니 此롤 曰「品詞學」이 라 或「字彙法」이 라 ᄒᄂᆫ니라……詞字를
研究ᄒ 時에 九種品詞로 분류ᄒᄂᆫ니 名詞, 代名詞, 動詞, 形動
詞, 形容詞, 副詞, 後詞, 接續詞, 感歎詞 등이니라.

(『대한문법』 : 9~10)

(1)ㄱ에서 '사자(詞字)'는 한 개의 '자(字)'나 몇 개의 '자'로 이루어져서 하나의 심상(image)을 나타내되 뜻만 있고 사상은 완전하지 못하는 것이라 뜻매김하였고, 또 그 <보기말>을 보면, 이 '사자'는 낱말(word)에 해당하는 용어임을 알 수 있다. 그리고 (1)ㄴ에서 '사자'의 등급이나 종류로 구별하고, 각종의 작용됨을 배우는 것을 "품사학" 또는 "자휘법"이라 뜻매김하고, 이 '사자'를 연구할 때는 9종류의 품사로 분류한다고 하였으므로, 이 '사자'는 분명히 품사(apart of speech)와는 구별하여 낱말의 뜻으로 사용하고 있음을 알 수 있다. 그러므로 "사자(詞字)"는 오늘날의 '낱말'에 해당하는 용어임이 분명하다.

둘째, "사절(詞節)"에 대한 뜻매김과 <보기말>을 간추려 보이면 다음과 같다.

(2) 詞節이라 홈은 一個 以上 詞字롤 連接ᄒ야 一個 品詞 資格으로 作
用ᄒ며 題目語나 說明語가 無ᄒ 者를 云홈.
　ㄱ. 가셔 보겟소(동사절)
　ㄴ. 사람의(형용사절)
　ㄷ. 오날밤에(부사절)

(『대한문법』 : 9)

(2)에서 "사절"은 한 개 이상의 낱말을 연결하여 한 개의 품사(씨) 자격

으로 쓰이고 주어(제목어)나 서술어(설명어)가 없는 것이라 뜻매김하고 여기에는 "동사절, 형용사절, 부사절"이 있다고 하고 그 <보기말>을 보였다.

일반적으로 절(節)이란 주어와 서술어를 갖추었으나 독립하여 쓰이지 못하고 다른 문장의 한 성분으로 쓰이는 단위를 이루는 것을 이른다. (2)에서의 뜻매김이나 <보기말>에서는 주어나 서술어를 갖추어 있지 않는 것을 '절'이라 하였으므로 오늘날 절[마디, clause]이라 이르는 것과는 다름을 짐작할 수 있다. 그러므로 (2)에서 이르는 '절'은 오늘날의 이은말[구, phrase]에 접근되는 용어임을 알 수 있다.

(2)ㄱ은 두 어절이 이어져 문장에서 서술어 구실을 하는 것을 이르는 것이고, (2)ㄴ은 체언과 관형격조사 {-의}가 결합되어 문장에서 관형어 구실을 하는 것을 이르는 것으로 이것은 한 어절에 불과한 것이다.

(2)ㄷ도 체언에 때를 나타내는 부사격조사 {-에}가 결합하여 문장에서 부사어 구실을 하는 것을 이르는 것으로 이것도 한 어절에 불과하다.

그러므로 (2)에서 이르는 "사절"은 둘 이상의 낱말이 한 덩어리가 되어 마치 한 품사의 낱말처럼 쓰이는 이은말[句]과 어절을 함께 이르는 용어로 쓰였음을 알 수 있다.

셋째는 "사구(詞句)"에 대한 뜻매김과 <보기말>을 간추려 보이면 다음과 같다.

> (3) 詞句라 홈은 幾個 詞字로 成立되야 題目語와 說明語가 有훈 者가
>   一句語의 部分되는 것을 云홈.
>   ㄱ. 사람이 죽고 사는 것이(명사구)
>   ㄴ. 눈이 만이 오난(형용사구)
>   ㄷ. 그 사람이 올쩌낀지(부사구)
>
> (『대한문법』: 9)

(3)에서 "사구"는 몇 개의 낱말로 이루어져 주어(제목어)와 서술어(설명어)가 있는 것으로 이것이 한 문장의 성분이 되는 것이라 뜻매김을 한 후, 여

기에는 "명사구, 형용사구, 부사구"가 있다고 하고 그 <보기말>을 보였다.

일반적으로 구(句)란 둘 이상의 낱말이 모여서 절(마디, clause)이나 문장 (월, sentence)의 일부분이 되는 토막을 이르는 것으로 이은말(連語, phrase)을 이르는 것이다. 그러므로 (3)의 뜻매김과 <보기말>을 보면 오늘날의 절에 해당하는 용어임을 짐작할 수 있다.

(3)ㄱ은 한 문장의 서술어가 의존명사 {것}을 취하여 이루어진 명사절 (체언절)로 문장에서 주어로 쓰이는 것을 이르는 것이고, (3)ㄴ은 문장 속에서 관형어의 자리에 놓여 체언을 꾸미는 구실을 하는 관형절(매김마디)을 이르는 것이고, (3)ㄷ은 문장에서 부사어의 구실을 하는 부사절(어찌마디)을 이르는 것이다.

그러므로 (3)의 "사구"는 주어와 서술어를 다 갖춘 온전한 문장이 어떤 큰 문장에서 어느 한 품사의 낱말처럼 쓰이는 절(節, 마디)을 이르는 것이다. 이것은 오늘날의 문법 용어와 견주어 보면, (2)의 "사절"과 (3)의 "사구"가 서로 바뀐 설명이다. 또 (3)의 <보기말>은 '안긴절'에 해당하는 것이므로 국어문법 연구사에서 '안긴절' 설정의 기반이 된 것이다.

넷째, "구어(句語)"에 대한 뜻매김과 <보기말>을 간추려 보이면 다음과 같다.

(4) 句語라 홈은 詞字를 聚合ㅎ야 一完全흔 思想을 發表ㅎ는 것을 云홈.
　ㄱ. 사람이 온다.
　ㄴ. 바람이 불고 비가 온다.

(『대한문법』 : 9)

(4)에서 "구어"는 낱말을 모아 하나로 합쳐서 완전한 사상을 나타내는 것이라 뜻매김을 하고 <보기말>을 보였다. 이것은 여러 가지 품사를 모아서 한 생각을 나타낸 것으로 다른 더 큰 언어형식의 구성성분이 되지 않고, 그 자체로서 자립하여 쓰이는 것을 이르는 것인데, 영어의 'sentence'에 해당하는 용어이다. 이와 같이 "구어"라는 용어는 윤치호(1911 : 207)에서도

'sentence'를 "구어(句語)"로 번역하여 사용하고 있으므로 당시에 일반화된 문법 용어인 듯하다.

(4)ㄱ은 주어와 서술어의 짜임이 단 한 번만 이루어진 홑문장이고, (4)ㄴ은 주어와 서술어의 관계가 두 번 나타나는 겹문장에 해당하는 것이다. 그러므로 (4)의 "구어"는 홑문장과 겹문장을 함께 이르는 문장에 해당하는 언어형식을 의식한 용어이다.

지금까지 살핀 바와 같이 김규식(1908 : 9)에 나타나는 문장을 이루는 통어단위로 가장 작은 단위는 "사자(詞字)"를 설정하였다. 이것은 낱말(word)에 해당하는 것이고, 이보다 큰 단위인 "사절(詞節)"은 이은말(phrase)에 해당하는 용어이다. 또 "사절"보다 더 큰 단위인 "사구(詞句)"는 절(clause)에 해당하는 것이다. 이것을 표로 만들어 보이면 다음과 같다.

(5) 詞字 — 詞節2) — 詞句 — 句語
　　낱말　　　이은말·구　　절·마디　　문장·월
　　word　　　phrase　　　clause　　sentence

이와 같이 문법 기술에 앞서 여러 가지 통어단위를 먼저 설정하고, 그 뜻매김을 한 것은 국어문법 연구사에 처음 있는 일로 그 의의는 매우 큰 것이다.

3. 문장의 범위〔句語의 範圍〕

김규식의 『대한문법』(1908) "문장법" 단원에서 문장에 해당하는 용어로 "句語"를 사용하고 "句語의 범위, 句語의 분석, 句語 成立의 次序"로 구성하

―――――――――――

2) 여기서 "사절"은 말도막(어절)을 포함하는 것이다.

였다. 또 "句語의 범위"는 다시 "句語의 종류, 句語部分, 句語의 수식"으로 나누어 설명하였다. 먼저 "句語의 범위"에 나타나 있는 句語의 뜻매김과 <보기말>을 간추려 보이면 다음과 같다.

> (6) 句語라 홈은 詞字를 聚ᄒ야 一完全혼 思想을 發表ᄒᄂᆫ 거슬 云홈이니, 其長短을 不句ᄒ고 단 二個의 詞字라도 一完全혼 思想을 發表ᄒ면 句語요, 幾拾個 詞字를 合ᄒ여셔도 其 言者의 如何 思想을 完全히 발표치 못ᄒᄂᆫ 時ᄂᆫ 一句語라 稱홀 수 업ᄂ니라.
> ㄱ. 내가 가오.
> ㄴ. 그 사롬이 집에 잇엇더면 우리가 맛나 보앗슬 터인디 그 쩌에 맛춤 어디 가고 업더라.
> ㄷ. ① 오나라, ② 가리다
>
> (『대한문법』: 88~89)

(6)에서 "구어"란 품사〔詞字〕를 모아서 하나의 완전한 생각을 나타내는 것이라 뜻매김하고, 이것을 더욱 구체적으로 설명한 후 <보기말>을 보인 것으로 '문장'을 이르는 것이다.

(6)은 단 두 개의 문장성분만으로 이루어진 문장〔句語〕으로 완전하게 그 뜻을 전달하는 문장임을 보인 것이고, (6)ㄴ은 길고 복잡한 문장이지만 끝에 있는 <어디 가고 업더라>가 없다면 몇 개의 절〔詞句〕로 이루어져 있더라도 완전한 생각을 전달하지 못하므로 한 문장이라 할 수 없음을 보인 것이고, (6)ㄷ은 단 한 개의 문장성분으로만 이루어져 있지만 주어가 생략되어 있기 때문에 한 문장을 이룰 수 있다고 의식한 것이다.

그러므로 문장〔句語〕은 문장성분의 수와 관계없이 완전한 사상을 나타낼 수 있느냐 없느냐에 초점을 두고 뜻매김을 한 것임을 알 수 있다. 이것은 그의 문법체계에서는 우리말의 구조를 대단히 깊이 있게 분석한 것으로 평가할 만하다.

3.1. 문장의 종류[句語의 種類]

김규식(1908 : 89~91)에서는 문장의 종류는 "思想을 發表ᄒᄂᆫ 성질을 隨ᄒ야 四種의 句語로 구별ᄒᄂᄂ니…"라 하였는데, 이것을 간추려 보이면 다음과 같다.

(7) 句語의 種類

ㄱ. 布告句語~某 事實을 但說明的이나 宣言的이나 云謂的으로 發表ᄒᄂᆫ 거슬 云흠.

(보기) 火輪船은 風帆船보다 샐니간다.

ㄴ. 問句語~某 疑訝的을 解得ᄒ기 爲ᄒ야 如何 事實을 問흠으로 發表ᄒᄂᆫ 거슬 云흠

(보기) 지금 평양 관찰사가 누구냐?

ㄷ. 命令句語~他의 行動을 命ᄒ거나 要ᄒ거나 請ᄒᄂᆫ 思想을 發表ᄒᄂᆫ 거슬 云흠.

(보기) 江의 那邊岸으로 船을 디여라.

ㄹ. 提意句語~他의 行홀 바나 他가 自己와 共히 動作홀 바에 對ᄒ야 意見을 堤出ᄒᄂᆫ 모양으로 思想을 發表흠을 云흠.

(보기) ① 예 좀 안즈시오(他의 행동을 제의함).

② 가십시다(我와 共行ᄒ쟈 제의함).

(잡이) 感嘆句語

① 아이고 죽겟다 (포고구어)

② 하져 웬일이오 (문구어)

③ 아 얼넌 좀 와 (명령구어)

④ 아이 제발 좀 갑시다 (제의구어)

(『대한문법』: 89~91)

일반적으로 문장은 그 짜임새로 보아 '홑문장'(단순한 문장)과 '겹문장'(복잡한 문장)로 나누고, 말할이의 들을이에 대한 의향(태도)에 따라 '서술문(서술월), 의문문(물음월), 명령문(시킴월), 청유문(꾀임월)'의 네 가지로 분류되

는데, 이것은 서술어가 되어 있는 용언의 네 가지 끝바꿈법으로 결정된다. 그러므로 (7)에서 분류한 네 가지의 문장은 말할이의 들을이에 대한 의향에 따라 분류한 것으로 초기의 문법으로는 대단히 정확하게 분류하였음을 알 수 있다.

(7)ㄱ은 그 뜻으로 보면 어떤 사실을 설명한 것인데, <보기말>이 서술법으로 끝맺는 것으로 보아 이것은 말할이가 들을이에게 자기의 뜻을 베푸는데 그치는 '서술문'에 해당하는 것임을 알 수 있다. (7)ㄴ의 뜻매김을 보면 어떤 사실을 묻는 것인되, <보기말>이 의문법으로 끝맺는 것으로 보아 이것은 말할이가 들을이에게 대답을 요구하는 '의문문'이고, (7)ㄷ은 그 뜻매김을 보면, 다른 사람에게 행동을 요구하는 것인되, <보기말>이 명령법으로 끝맺는 것으로 보아 이것은 말할이가 들을이에게 어떠한 행동을 요구하는 '명령문'이다. 또 (7)ㄹ은 그 뜻매김을 보면 남과 자기가 같이 동작할 것에 의견을 제출하는 모양을 나타내는 것인되, <보기말>을 보면 청유법으로 끝맺고 있으므로 이것은 말할이가 들을이에게 어떠한 행동을 함께 하기를 요구하는 '청유문'에 해당하는 것이다. 이러한 설명은 거의 완벽한 설명으로 오늘날까지도 거의 그대로 계승되고 있다.

그리고 (잡이)에서 보인 바와 같이 감탄문(느낌월)은 따로 설정하지 않고 앞의 네 가지 문장 속에 포함시키고 있다. 그 이유는 <보기말>의 ①~④에서 느낌말 <아이고, 하, 아, 아이>만 없애 버리면 각각 서술문, 의문문, 명령문, 청유문이 되기 때문이라고 하였다. 이것은 우리말의 문장구조를 깊이 살핀 것으로 국어문법 연구사에서 처음 나오는 설명으로 높이 평가 받을 만하다.

3.2. 문장의 성분[句語의 部分]

"句語의 部分"이란 문장성분을 이르는 것인데, 김규식(1908 : 91)에서는 문장의 종류에 이어 문장의 성분에 대하여 설명하고 있다. 그는 모든 문장에는 주성분(으뜸성분, 元部分)이 두 개가 있음을 의식하고, 그것은 "題目語"와 "說明語"라 하였다. 이것을 간추려 보이면 다음과 같다.

> (8) 주성분(으뜸성분, 元部分)
>> ㄱ. 題目語~言論되는 人이나 物을 顯ㅎ는 바를 云흠.
>> (보기) <u>호랑이가</u> 운다.
>> ㄴ. 說明語~言論되는 人이나 物에 對ㅎ야 如何事情을 發表ㅎ는 바를 云흠.
>> (보기) 호랑이가 <u>운다</u>.

(『대한문법』 : 91)

(8)ㄱ은 그 뜻매김과 <보기말>을 보면, 문장에서 서술어에 대한 풀이의 말거리(주제)를 나타내는 말로 주어를 이르는 것이고, (8)ㄴ은 그 뜻매김과 <보기말>을 보면, 문장에서 주어의 행위나 상태, 성질 등을 풀이하는 서술어로서 한 문장을 이루기 위해 가장 중심이 되는 서술어를 이르는 것이다.

그러므로 김규식(1908 : 91)에서는 문장을 이루는데 꼭 필요한 문장성분은 주어(제목어)와 서술어(설명어)가 있음을 의식한 것이다. 그리고 그는 "구어의 부분" 단원에서는 이 두 가지 문장성분밖에 설정하지 않았지만 다음에 이어지는 "句語의 修飾" 단원에서는 또 다른 문장성분과 이들 문장성분보다 더 큰 단위의 언어형식을 설정하고 있다.

3.3. 문장의 꾸밈[句語의 修飾]

김규식(1908 : 91)에서는 수식어(꾸밈말)를 설명하기 전에 먼저 문장이나 문장성분을 꾸미는 수식어가 없는 문장과 문장성분에 대하여 풀이하였다.

이것을 간추려 보이면 다음과 같다.

(9) ㄱ. 赤身句語~但 二個의 詞字로 成立된 句語.
　　 ㄴ. 單純題目語~一個의 詞字로 發表되는 題目語.
　　 ㄷ. 單純說明語~一個의 詞字로 發表되는 說明語
　　 (보기) ① 새가 난다. (적신구어)
　　　　　 ② 새　　　　 (단순제목어)
　　　　　 ③ 난다　　　 (단순설명어)

(『대한문법』:91)

(9)ㄱ의 뜻매김을 보면 오로지 두 개의 낱말[詞字]로 구성된 문장을 이른다고 하였는데, 실제로는 두 개의 문장성분으로 이루어진 문장을 이른다. 즉 <보기말>을 보면 주어와 서술어만으로 이루어진 문장을 이른 것이다. 이와 같은 문장은 본래 꼭 필요한 낱말만을 가지고 있기 때문에 "적신구어"라 하여 꾸밈을 받지 않는 주어와 서술어만으로 이루어진 문장을 이르는 것으로 '발가벗은 문장'이라는 뜻이다.

(9)ㄴ은 한 개의 낱말로 이루어진 주어를 이루는 체언만을 가리키는 것이다. 이와 같이 으뜸되는 뜻을 나타내는 체언을 "원단순제목어(元單純題目語)"라 하여 꾸밈을 받지 않는 주어의 체언만을 이르는 것이다.

(9)ㄷ은 한 개의 낱말로 이루어진 서술어를 가리키는 것으로 꾸밈을 받지 않는 서술어를 이른다. 이와 같이 서술어는 그 으뜸되는 뜻을 나타내는 용언(동사)이므로 이것을 "원단순설명어(元單純說明語)"가 된다고 하였다.

그러나 김규식(1908 : 92~95)에서는 이와 같은 주어와 서술어는 다른 말이 덧붙어서 "확장"되거나 "수식을 득한" 주어와 서술어가 있을 수 있다고 하였다. 그리고 이러한 문장 속에서 꾸밈을 받는 방법에는 일곱 가지가 있음을 의식하고 그 하나하나의 문장에 대하여 설명하고 <보기말>을 보였다. 이것을 간추려 보이면 다음과 같다.

(10) 句語가 修飾을 得ᄒᆞᄂᆞᆫ 方法

　　ㄱ. 目的語를 得ᄒᆞᆷ.

　　　　① 野蠻은 鬼神을 爲ᄒᆞᄂᆞ니라
　　　　　제목어　목적어　　설명어
　　　　　　　　　　설명부

　　　　② 愚者ᄂᆞᆫ 時期를 失ᄒᆞᄂᆞ니라
　　　　　제목어　목적어　　설명어
　　　　　　　　　　설명부

　　ㄴ. 제목어와 목적어를 형용사로 수식ᄒᆞᆷ.

　　　　① 善ᄒᆞᆫ 사ᄅᆞᆷ은 듬을다.
　　　　　수식어　제목어　　설명어
　　　　　　（형)제목부

　　　　② 其人이 여러 軍士를 率ᄒᆞ엿다.
　　　　　제목어　수식어　목적어　설명어
　　　　　　　　　（형) 설명부

　　　　③ 그 늙은 大將이 여러 군사를 거나리오.
　　　　　수식어　제목어　수식어　목적어　설명어
　　　　　　（형) 제목부　　　　　（형)설명부

　　ㄷ. 부사로 설명어를 수식ᄒᆞᆷ.

　　　　馬가　速히　走ᄒᆞᆫ다.
　　　제목어　수식어　설명어
　　　　　　（부) 설명부

　　ㄹ. 형용사나 부사가 첨부ᄒᆞᆷ을 得ᄒᆞᆷ.

　　　　① 뎌 큰 개가 이 적은 고양이를 물엇다.
　　　　　양개형　　　　　양개형
　　　　　수식 제목　수식　　목적　　설명
　　　　　　제목부　　　　　설명부

　　　　② 過히 늙은 사ᄅᆞᆷ은 願치 아니ᄒᆞ오.
　　　　　(부) (형)
　　　　　　수식　　목적　　설명
　　　　　　　　　설명부

　　　　③ 此 馬가 미우 잘 가오.
　　　　　(형) 제목 (부) (부) 설명
　　　　　　제목부　　　설명부

ㅁ. 후사를 활용홈

① 내가　집으로　가오.
제목　　(명)(후사)　설명

부사절

설명부

② 뎌 사롬이　평양셔　왓소.
제목　　(명)(후)　설명

부사절

설명부

ㅂ. 접속사를 間用홈.

개와　　고양이가　　싸호면
제목(접)　　제목　　설명(접)

제목부　　　　　설명부

가정적 응종구 즉 원설명부 수식

고양이는 비록 적고　힘이 업논 즘싱이라도 개의게 지지안느니라.
원제목　　(접) 형(접)　　(형사절) (동격명)(접)　　(지명적)　　설명

원제목 수식부　　　　　　　　　　　원설명부

元句

ㅅ. 대명사롤 拿用홈.

비를 삿더니　　그거시　　찌진 거시더라.
목적 설명(접)　　(대)　　(형) (대) (설명)

시기적 응종구　　원제목　　원설명부

즉 원설명부 수식

(『대한문법』 : 92~95)

　(10)ㄱ은 서술어가 타동사일 때는 그 움직임의 대상을 나타내는 목적
어를 필수적으로 요구하게 되는데, 이 목적어가 서술어와 더불어 더 큰
문장성분 단위인 서술부(설명부)를 이룬 것을 보인 것이다. 이때 목적어를
꾸밈성분으로 의식한 것은 목적어가 불완전한 서술어를 도와 완전한 서술
어가 되게 하는 것으로 의식한 것이다. 또 이것을 『조선문법』(1912)에서는
"목적어" 대신 "보결사"라는 용어를 사용하고 있는데, 이와 같은 처리는 불
완전 용언이 서술어로 쓰였을 때 보어를 요구하는 것과 같이 의식한 것으

로 보인다.

(10)ㄴ은 수식어가 주어와 목적어를 꾸미고, 그 주어와 목적어는 수식어와 더불어 각각 주어부와 서술부를 이룬 것을 보인 것이다. 이때 수식어는 관형사나 용언의 관형사형이 관형어로 쓰인 것을 형용사가 수식어로 쓰인 것으로 의식하였다. 이것은 영어문법의 형용사 한정적 용법의 영향을 받은 것이다.

이러한 처리는 우리말의 품사와 문장성분을 정확하게 살피지 못한 데서 비롯된 것으로 보인다. 또 체언에 관형격조사 {-의}가 결합되어 관형어로 쓰이는 것과 체언 홀로 관형어로 쓰이는 것 등은 의식하지 못한 것 같다.

(10)ㄷ은 부사가 수식어가 되어 서술어를 꾸미고, 그 수식어는 서술어와 더불어 더 큰 문장성분 단위인 서술부(설명부)를 이루고 있음을 보인 것이다. 그러므로 (10)ㄴ, ㄷ에서 수식어는 다시 관형어와 부사어로 하위구분하지 않고 모두 수식어로 처리했지만 그 꾸미는 대상에 따라 수식어의 품사는 형용사(>관형사)와 부사가 있다는 것을 이미 의식하고 있었다.

(10)ㄹ은 문장에서 수식어가 겹쳐져 쓰일 수 있음을 의식한 것이다. ①은 두 개의 수식어(관형어)가 주어와 목적어를 각각 꾸미는 것으로 의식한 것인데, 그 수식어는 모두 형용사로 이루어져 있음을 의식한 것이고, ②는 두 개의 수식어가 목적어를 꾸미는 것을 보인 것인데, 그 수식어는 부사와 형용사로 이루어져 있음을 보인 것이다. ③은 두 개의 수식어가 서술어를 꾸미는 것을 보인 것인데, 그 수식어는 모두 부사로 이루어져 있음을 보인 것이다. 그러므로 (10)ㄹ에서도 수식어는 꾸밈을 받는 말과 더불어 더 큰 문장성분 단위인 주어부와 서술부를 이룬다는 것과 수식어의 품사는 꾸밈을 받는 말에 따라 각각 다르다는 것을 의식한 것이다. 이러한 것들은 뒷날 수식어를 관형어와 부사어로 구분하는 기반이 된 것으로 국어문법 연구사에서 높이 평가받을 만한 것이다.

(10)ㅁ은 체언에 격조사가 결합되어 문장성분을 이룬 것으로 ①은 방향을, ②는 위치를 나타내는 말로 쓰인 것을 "부사절"로 의식한 것이다. 이

들은 각각 방편말과 위치말로 처리되는 것인데, 규범문법에서는 이것을 부사어로 처리하고 있는 것들이므로 오늘날의 부사절과는 다른 개념으로 쓰인 것이다.

(10)ㅂ은 접속사(이음씨)3)에 의하여 이어진 여러 개의 문장성분으로 이루어진 문장을 보인 것으로 크게 앞뒤의 절로 나눌 수 있다. 앞 절은 주어부가 접속조사 {-와}에 의하여 두 개의 주어가 이어져 주어부를 이루었고, 서술부로 의식한 서술어는 동사 어근에 접속어미 {-면}이 결합되어 종속절을 이루고 있는 것을 보인 것이다. 뒤 절은 여러 개의 문장성분이 이어져 주절〔元句〕을 이루고 있음을 보인 것이다.

(10)ㅅ은 주어와 목적어를 이루고 있는 것이 번거로울 때는 대명사를 이용하여 번거롭지 않게 사용할 수 있음을 보인 것인데, 이것은 문장성분 설명과는 관계가 없는 것이다.

그러므로 (10)에서 보인 문장성분은 수식성분으로 '목적어, 수식어'가 있고 그 외 접속어가 있음을 의식하였는데, 수식어는 관형어와 부사어로 나누지는 않았지만, 그 꾸미는 대상에 따라 형용사(>관형어)와 부사로 이루어져 있음을 의식하였다. 또 목적어를 주성분에 포함시키지 않은 것은 목적어가 서술어의 부족한 부분을 보충해 주는 구실을 하는 것으로 의식했기 때문이다. 그리고 수식성분과 주성분이 어울려 더 큰 문장성분 단위를 이루고 있음을 의식하여 주어부와 서술부를 설정한 것은 문장을 직접성분으로 분석할 때 1차로 주어부와 서술부로 나누어진다는 것을 의식한 것으로, 이러한 것들은 국어문법 연구사에서 큰 의의가 있는 처리 방법이라 할 수 있는 것이다.

---

3) 김규식 문법에서 접속사(이음씨)는 '접속조사, 용언의 접속어미, 접속부사' 등을 모두 포함한 것이다.

4. 문장의 분석〔句語의 分析〕

문장의 분석을 김규식(1908 : 96)에서는 "句語의 分析"이라 하고, "句語의 分析이 라 홈은 句語가 成立된 체재를 分等ᄒ야 해석홈이라"고 뜻매김한 후 이 句語를 "單純, 複雜, 連結"의 세 종류로 나누어 설명하였다. 이것은 문장을 그 짜임새로 보아 단순한 문장(홑문장)과 복잡한 문장(겹문장)로 의식한 것인데, "단순"은 홑문장이고 "복잡과 연결"은 겹문장에 해당하는 것이다.

4.1. 단순한 문장[單純句語]

"單純句語라 홈은 但一個의 題目語와 一個의 說明語로 단순한 사상을 발표ᄒ고 그 설명어 내에ᄂ 확실ᄒ 동사가 但 一個 쑨이오 句語의 전체가 他 詞句에 연결되거나 복잡되어 중복의 사상을 발표치 아니ᄒᄂ 거슬 云홈이라"고 뜻매김하고 <보기말>을 보이고 있다.

(11) 單純句語
    ㄱ. ① <u>힁가 빗최오</u>. ② <u>물이 흐르오</u>.
        제목 설명   제목 설명
    ㄴ. <u>(熱帶의) 太陽氣가</u> <u>(싸홀 온전히) 熱케ᄒᆫ다</u>.
        속부   원부   속부   원부

(『대한문법』 : 97)

(11)에서 "단순구어"의 뜻매김으로 보아 단 한 개의 주어와 단 한 개의 서술어로 단순한 사상을 발표하는 것이라 하였으므로, 이것은 주어와 서술어와의 짜임이 단 한 번만으로 이루어진 홑문장에 해당하는 것임을 알 수 있다.

(11)ㄱ은 주어와 서술어가 각각 한 개만으로 이루어진 홑문장을 이르는 것이고, (11)ㄴ은 주어와 서술어는 각 한 개이지만 이들 앞에 수식어가 놓여 있음을 보인 것이다. 여기서 주어와 서술어는 "원부(元部)"라 하고, 이들은 꾸미는 말은 각각 "속부(屬部)"라 한 것은 주성분과 부속성분을 의식한 것이다.

그런데 이 "원부"와 "속부"가 모두 확장되고 변화되는 경우가 있는데, 그 '확장의 방법'을 크게 네 가지로 나누어 설명하였다. 이것을 간추려 보이면 다음과 같다.

(12) 대명사나 동사적 명사가 제목어로 작용함.
　　ㄱ. <u>그가</u> 산(居)다.
　　ㄴ. <u>죽음이</u> 어렵다.
　　ㄷ. <u>자기가</u> 平安ᄒ다.
　　ㄹ. 악흔 놈의 손에 <u>죽음이</u> 원통ᄒ도다.
　　ㅁ. 비오는 날 <u>잠자기가</u> 됴타.

(13) 대명사나 동사적 명사가 목적어로 작용홈.
　　ㄱ. 귀남이가 <u>그것을</u> 됴화혼다.
　　ㄴ. 귀남이가 <u>잠을</u> 질긴다.
　　ㄷ. 귀남이가 <u>자기를</u> 됴화혼다.

(14) 원제목어와 목적어가 각종으로 변화와 첨부와 제한과 증감의 확장이 有홈.
　　ㄱ. 형용사로 확장홈.
　　　<u>우리</u> 부친이 <u>모든</u> 사ᄅᆷ들을 쳥ᄒᆞ엿소.
　　ㄴ. 소유격 명사로 확장홈.
　　　① <u>대황제의</u> 죠칙. ② <u>그 사람의</u> 죽음.
　　ㄷ. 동격명사로 수식을 득홈(확장홈).
　　　<u>法皇 拿坡崙이</u> <u>英國大將</u> 문장링톤과 싸왓다.
　　ㄹ. 명사가 후사를 연접혼 詞節로 확장홈.
　　　① <u>우물 엽혜</u> 집. ② <u>언덕 아러</u> 섬

ㅁ. 분사절로 확장홈.
　① 짐지고 가는 사룸. ② 물 먹는 소를 쩌렷다.

(15) 설명어가 그 체세를 隨ㅎ야 幾種으로 확장홈.
　ㄱ. 불완전흔 설명어가 그 설명을 완전케 ㅎ는 동격 명사나 描言 형
　　용사를 활용흔 時는 복잡설명어라 칭홈.
　　① 이 冊이 흔 寶貝요. ② 개가 사납소(형용사).
　ㄴ. 설명어가 타동사 되는 時는 목적어로 확장홈.
　　羅馬王 가이사가 갈니고롤 정벌ㅎ엿다.
　ㄷ. 설명어가 부사나 부사절로 확장홈.
　　① 내가 일즉 니러 낫쇼.
　　② 내가 내집으로 간다.

(『대한문법』: 97~99)

(12)는 대명사와 동사의 명사형이 주어로 쓰임을 보인 것인데, (12)ㄱ은 주어가 대명사인 경우이고, (12)ㄴ, ㄷ은 주어가 동사의 명사형인 경우이고, (12)ㄹ, ㅁ도 주어가 동사의 명사형인 경우지만, 주어 앞에 수식어(관형어)가 놓여 주어가 확장된 경우를 보인 것이다.

(13)은 목적어가 대명사와 동사의 명사형으로 이루어진 경우를 보인 것인데, (13)ㄱ은 목적어가 대명사로 된 것이고, (13)ㄴ, ㄷ은 목적어가 동사의 명사형으로 이루어진 것을 보인 것이다.

(14)는 주어와 목적어 앞에 각각 수식어가 놓여 그 주어와 목적어를 꾸미는 동시에 확장된 것으로 처리한 것이다. (14)ㄱ은 형용사로 의식한 관형사가 수식어가 되어 주어와 목적어를 꾸미고, 확장된 것으로 의식한 것이고, (14)ㄴ은 명사에 관형격조사 {-의}가 결합되어 관형어로 쓰여 명사를 확장시킨 것이고, (14)ㄷ은 같은자리 체언이 앞에 놓여 수식어 구실을 함으로써 뒤에 오는 명사를 확장시킨 것으로 보인 것이다. 또 (14)ㄹ은 명사가 조사와 결합하여 이은말(어절)로 확장된 것을 보인 것이고, (14)ㅁ은 빠져나간 매김마디(관계관형사절)가 뒤에 오는 명사를 꾸미는 수식어로

쓰여 확장된 것인데, 이때 빠져나간 매김마디를 '분사절'로 의식한 것으로, 이것은 영어문법의 영향을 받은 것이다.

(15)는 서술어를 이루는 품사와 그 서술어의 확장됨을 보인 것이다. (15)ㄱ의 ①은 명사가 {-이다}와 더불어 완전한 서술어가 됨을 보인 것이고, ②는 "형동사"로 의식한 형용사가 서술어가 됨을 보인 것이다. (15)ㄴ은 서술어가 타동사일 때 목적어를 요구하여 완전한 서술어로 확장됨을 보인 것이고, (15)ㄷ은 서술어 앞에 수식어가 와서 확장되면서 완전한 서술어를 이룬 것을 보인 것이다.

이러한 설명들은 비록 단순한 문장이라도 그 문장성분은 여러 가지로 확장되어 쓰일 수 있음을 의식한 것으로 문법적으로도 그 의의가 있는 설명이다.

4.2. 복잡한 문장[複雜句語]

둘 이상의 홑문장이 모여서 하나의 겹문장을 만드는 일이 있는데, 이것을 김규식(1908 : 99)에서는 "복잡구어(複雜句語)"라 하였다. "복잡구어라 흠은 一個 元題目部와 一個 元說明部로 성립되되 그 설명부에 두 개 이상의 확실흔 동사가 有흔 거슬 云흠"이라 뜻매김을 하고 <보기말>을 보였다.

(16) 이 일이 엇더케 <u>되엿눈지</u> 내가 <u>말홀</u> 수 업다.

(『대한문법』 : 99)

이 "복잡구어"의 뜻매김으로 보아서는 어떤 겹문장에 해당하는 것인지 알 수 없다. 다만 (16)을 보면 한 문장의 서술부에 서술어가 두 개 있다고 의식하여 "복잡구어"라 한 것이다.

그러나 (16)은 (16)′와 같은 두 개의 문장이 동사의 어근 또는 {-았-,

-었-, -겠-}의 아래 붙어서 막연한 의문이나 느낌을 나타내는 접속어미 {-는지}에 의하여 이어진 '이은겹문장'에 해당하는 것이다.

(16)′ ㄱ. 이일이 엇더케 되엿다.
　　　 ㄴ. 내가 말홀 수 업다.
　　　 ⇒ 이 일이 엇더케 되엿는지 내가 말홀 수 업다.

그런데 이 "복잡구어는 체제의 각 구절을 분석컨디 원제목어와 원설명어를 包有혼 구절을 元句라 ᄒ고, 기타를 屬句라" 하고 <보기말>을 보였다.

(17) ㄱ. 이 일이 엇더케 되엿는지 내가 알 수 업다.
　　　　　　　 속구　　　　　　　 원구
　　　 ㄴ. 其 兵丁이 只수 왓다ᄒ며 쏘 제 大將을 보앗다 홈을 우리가 드럿다.
　　　　　　 ② 속구　　　　　　　 ① 속구　　　　 원구
　　　 ㄷ. 我의 只수 得혼 바 地位에셔 오르랴홀 時에 그거시 나를 반대ᄒ
　　　　　 ④ 속구　　　　　 ③ 속구　　　　 ② 속구
　　　 는 거시 무삼 ᄭᆞ닭으로 되는 일인지 내가 不知ᄒ노라.
　　　　　 ① 속구　　　　　　　 원구
　　　　　　　　　　　　　　　　　　　 (『대한문법』: 99~100)

(17)에서 "元句"는 으뜸되는 주어와 서술어가 들어 있는 주절을 이르는 것이고 "屬句"는 종속절를 의식한 것이다. (17)ㄱ은 주절 하나에 종속절 한 개가 이어진 복잡한 문장으로 의식한 것이고, (17)ㄴ은 하나의 주절에 두 개의 종속절이 이어진 것으로 의식한 것인데, 이것은 '속구' ①, ②가 접속어미 {-며}에 의하여 이어지고, 이 이어진 절은 명사절이 되어 목적어로 안겨 있으므로 결국 (17)ㄴ은 이어지고, 안겨 있는 겹문장이므로 안은겹문장의 범위에 포함시킬 수 있는 것이다. 또 (17)ㄷ은 하나의 주절에 네 개의 종속절이 이어지고 안겨서 복잡한 문장이 된 것으로 의식한 것이다.

이와 같이 (16), (17)의 문장들만 보면 "복잡구어"는 '이은겹문장'을 이르는 것처럼 보인다. 그러나 김규식(1908 : 100~102)에서 이러한 "속구"에는

"명사구, 형용사구, 부사구"의 세 가지 종류가 있다고 하고, <보기말>을
보였다. 이것을 간추려 보이면 다음과 같다.

> (18) 명사구~명사의 체격에 代立ᄒᄂ니 元句에 제목이나 목적어의 작용
>   이 有흠.
>   ㄱ. <u>(그) 사름이 셩닌 거시</u> 나타낫더라.
>   제목 명사구
>   ㄴ. <u>모든 사름이 깃거워ᄒ기를</u> 내가 원ᄒ오.
>   목적 명사구
>   ㄷ. 罪ᄂ <u>天理를 어긔ᄂ 거시라</u>.
>   동격 명사구
> (19) 형용사구~一詞句가 형용사 자격으로 명사나 대명사를 描言ᄒᄂ 작
>   용이 有ᄒ 거슬 云흠.
>   ㄱ. <u>自己만 싱각ᄒᄂ</u> 사름은 <u>남이 뎌를 싱각흠을</u> 엇지 못ᄒᄂ니라.
>   형용사구   명사   목적명사구
>   ㄴ. <u>우리의 직분을 行ᄒᄂ</u> 거시 成功ᄒᄂ 基源이라.
>   형용사구   대명사
> (20) 부사구~一詞句 부사 자격을 동사나 형용사나 타부사의 思意를 변
>   화ᄒᄂ 거슬 云흠.
>   (보기) 그 사름이 <u>희가 놉히 쓴 후에</u> <u>쩌낫다</u>.
>   부사구   동사
> 또 부사구ᄂ 부사와 갓치 보조ᄒᄂ 실력을 따라 여섯 종류로 나누되
> 그 명칭은 부사의 명칭과 같다고 하고 <보기말>을 보였다.
>   ㄱ. <u>老兄이 가ᄂ 디로</u> 우리도 가오(처소부사구).
>   ㄴ. <u>老兄 갈 적에</u> 나도 가겟소(시기부사구).
>   ㄷ. <u>山이 놉흔 것과 갓치</u> 바다가 깁소(급량부사구).
>   ㄹ. ① <u>정녕 나 말흔 것과 갓치</u> 네가 후회ᄒ리라(확실부사구).
>   ② <u>내가 죽더리도</u> 히 보겟소(의아부사구).
>   ㅁ. <u>먹을 거시 업슴으로</u> 여순 구포디가 함락되엿소(연유부사구).
>   ㅂ. <u>나 ᄒ라ᄒᄂ 디로</u> 잘 네가 아니ᄒ엿다(품행부사구).
>
> （『대한문법』: 100~102）

(18)에서 "명사구"라 이른 것은 한 문장의 서술어가 명사형어미 {-음}이

나 {-기} 또는 의존명사 {것}을 취하여 명사절로 안겨 문장에서 주어, 목적어, 부사어(위치말, 견줌말) 등으로 쓰이는 것을 이르는 것이므로 (18)의 "명사구"는 명사절을 안은 '안은겹문장'에 해당하는 것이다.

(18)ㄱ은 명사절이 문장 속에서 주어로 안겨있는 것을 보인 것이고, (18)ㄴ은 명사절이 문장 속에서 목적어로 안겨있는 것을 보인 것이고, (18)ㄷ은 같은자리 명사절이 {-이다}와 더불어 서술어로 안겨있는 것을 보인 것이므로 (18)은 모두 명사절를 안은 '안은겹문장'이다.

(19)에서 "형용사구"라 이른 것은 관형절이 문장 속에서 관형어의 자리에 놓여 체언을 꾸미는 관형어 구실을 하는 것을 이르는 것이므로 (19)는 관형절을 안은 '안은겹문장'에 해당하는 것이다.

(19)ㄱ은 <사룸은 自己만을 싱각ᄒ다>라는 문장이 '빠져나간 메김마디'[4] <自己만 싱각ᄒ는>이 되어 뒤에 오는 명사 <사룸>을 꾸미는 구실을 하므로 관형절을 안은 안은 겹문장이고, (19)ㄴ은 <(우리가) 우리의 직분을 行ᄒ다>라는 문장에서 <(우리가) 우리의 직분을 行ᄒ는>이라는 '완전한 매김마디'가 되어 뒤에 오는 대명사로 의식한 의존명사 <것>을 꾸미는 구실을 하므로 관형절을 안은 '안은겹문장'이다.

(20)에서 "부사구"라 이른 것은 부사절이 문장 속에서 부사어의 자리에 놓여 주로 용언을 꾸미는 부사어 구실을 하는 것을 이르는 것이다. (20) <보기말>의 밑줄 친 것은 <힉가 놉히 쓴>이 되어 뒤에 오는 명사 <후>를 꾸미고, 여기에 조사 {-에}가 결합되어 부사어의 구실을 하는 것을 "부사구"라 하였다. 또 이러한 것을 부사의 종류에 따라 그 이름을 붙여 여섯 가지로 나누어 풀이하였다.

(20)ㄱ, ㄴ, ㅂ은 의존명사에 의하여 만들어진 부사절이고, (20)ㄷ, ㄹ①은 파생부사에 의하여 만들어진 부사절이고, (20)ㄹ②, ㅁ은 용언의 어미바꿈에 의하여 만들어진 부사절이 각각 문장에서 부사어로 쓰인 것이다.

---

4) '빠져나간 관형절'과 '완전한 관형절'에 대해서는 허웅(1983), 국어학, 샘문화사, 273쪽 참조.

그러므로 (20)ㄱ~ㅂ은 대체로 부사절의 범주에 넣을 수 있는 것들이 문장에서 부사어로 쓰인 것들을 모두 "부사구"로 처리한 것을 보인 것이다.

이와 같이 (18)~(20)는 절(마디, clause)이 큰 문장에서 하나의 문장성분 구실을 하며 안겨있는 것인데, 이러한 겹문장은 '안은겹문장'(내포문)에 해당하는 것이다. 당시에 이러한 것을 의식하여 우리말의 문장구조를 파악했다는 것은 대단히 깊이 있는 연구로 역사적으로도 큰 의의가 있는 것으로 높이 평가받을 만하다.

4.3. 이어진 문장[連結句語]

겹문장 가운데는 둘 이상의 문장이 이어져서 겹문장을 이루는 것이 있다. 이러한 겹문장은 앞 문장과 뒤 문장이 접속어미에 의하여 이어져 새로운 문장이 만들어지는데, 이러한 문장을 '이은겹문장'이라 한다.

이때 서로 이어진 두 문장은 각각 절이 되는데, 앞 절과 뒤 절의 관계가 벌임으로 이어진 겹문장은 '대등하게 이어진 문장'이고, 종속적으로 이어진 겹문장은 '종속적으로 이어진 문장'이 된다.

이러한 것을 김규식(1908 : 102)에서는 "연결구어(連結句語)"라 하고, 그 뜻매김과 <보기말>을 보이고 있는데, 이것을 간추려 보이면 다음과 같다.

> (21) 연결구어~一個 이상의 단순구어나 복잡구어를 同体로 연접훈 거슬
>   云홈.
> ㄱ. 회가 돗고 이슬이 졋더라.
> ㄴ. 그 사룸이 왓는디 나는 져를 보지 못ᄒ엿다.
> ㄷ. <u>겨울이 되면 夜가 長ᄒ고 晝가 短ᄒ며</u>
>   <u>夏가 되면 晝가 長ᄒ고 夜가 短ᄒ다.</u>
> ㄹ. 내 몸이 곤ᄒ고 압ᄒ다.
> ㅁ. 金主事와 韓參書와 李參判이 온다.

(『대한문법』 : 102)

(21)은 그 뜻매김으로 보아 '이은겹문장'을 이르는 것인데, (21)ㄱ은 앞 절과 뒤 절의 관계가 자연현상으로 미루어 볼 때 벌임으로 이어진 '대등하게 이어진 문장'이고, (21)ㄴ은 앞 절이 원인, 이유, 조건 등으로 뒤 절에 이어진 '종속적으로 이어진 문장'이다. 그러므로 (21)ㄱ, ㄴ은 각각 단순한 두 문장이 용언의 접속어미에 의하여 이어진 '이은겹문장'(벌임이음)이다.

(21)ㄷ은 (21)′ㄷ과 같은 네 개의 종속적으로 이어진 문장이 줄임과 이음에 의하여 하나의 문장으로 이어진 '이은겹문장'이다.

> (21)′ㄷ ① 겨울이 되면 夜가 長ᄒ다.
> ② 겨울이 되면 晝가 短ᄒ다.
> ③ 夏가 되면 晝가 長ᄒ다.
> ④ 夏가 되면 夜가 短ᄒ다.
> ⇒ 겨울이 되면 夜가 長ᄒ고 晝가 短ᄒ며 夏가 되면 晝가 長ᄒ고 夜가 短ᄒ다.

(21)′ㄷ에서 ①, ②의 두 문장이 대등관계로 이어져 하나의 문장이 되면 <겨울이 되면 夜가 長ᄒ고 겨울이 되면 晝가 短ᄒ다>가 되는데, 이때 <겨울이 되면>이 각 절에 겹쳐져 있으므로 둘째 절의 것을 줄여 없애면 <겨울이 되면 夜가 長ᄒ고 晝가 短ᄒ다>가 된다. 또 ③, ④의 두 문장이 대등관계로 이어져 하나의 문장이 되면 <夏가 되면 晝가 長ᄒ고 夏가 되면 夜가 短ᄒ다>가 되는데, 이때도 각 절에 <夏가 되면>이 겹쳐져 있으므로 둘째 절의 것을 줄여 없애면 <夏가 되면 晝가 長ᄒ고 夜가 短ᄒ다>가 된다.

다음으로 ①, ②가 이어진 문장과 ③, ④가 이어진 문장을 다시 용언의 접속어미로 이으면 (21)ㄷ과 같은 문장이 된다. 이것은 벌임으로 이어진 '대등하게 이어진 문장' 과 '종속적으로 이어진 문장'이 다시 이어진 겹문장이므로 이것은 '대등하게 이어진 문장'과 '종속적으로 이어진 문장'의 겹침이라 할 수 있다.

(21)ㄹ은 심층구조에서는 (21)′ㄹ과 같은 두 개의 문장이던 것이 표층구조에서는 줄임과 이음에 의하여 하나의 문장으로 나타난 '이은겹문장'이다.

> (21)′ㄹ ① 내 몸이 곤ᄒ다.
> ② 내 몸이 압ᄒ다.
> ⇒ 내 몸이 곤하고 압ᄒ다.

(21)′ㄹ 의 ①, ②가 대등한 관계로 이어지면 <내 몸이 곤ᄒ고 내 몸이 압ᄒ다>가 된다. 여기서 주어로 쓰여진 <내 몸이>가 겹쳐져 있으므로 뒷절의 주어를 줄여 없애면 (21)ㄹ과 같은 '이은겹문장'으로 만들어진 것이다.

또 (21)ㅁ도 심층구조에서는 (21)′ㅁ과 같은 세 개의 문장이던 것이 표층구조에서는 줄여없앰과 이음에 의하여 하나의 문장으로 나타난 '이은겹문장'이다.

> (21)′ㅁ ① 金主事가 온다.
> ② 韓參書가 온다.
> ③ 李參判이 온다.
> ⇒ 金主事와 韓參書와 李參判이 온다.

(21)′ㅁ의 ①, ②, ③이 대등한 관계로 이어져 하나의 문장이 되면, <김주사가 오고, 한참서가 오고, 이참판이 돈다>가 된다. 여기에는 서술어 <온다>가 겹쳐있으므로 ①, ②의 <온다>를 줄여 없애고, 주어는 접속조사 {-와}로 이으면 (16)ㅁ과 같은 '이은 겹문장'(대등하게 이어진 문장)로 만들어진다.

그러므로 김규식(1908 : 102)에서 "연결구어"라 한 것은 '이은겹문장'을 이르는 것이다. 이들은 모두 이음과 줄여없앰에 의하여 벌임으로 이어진 대등하게 이어진 문장과 종속적으로 이어진 문장임을 알 수 있다. 이러한 이은 겹문장의 의식도 국어문법 연구사에서 큰 의의가 있는 것으로 높이 평가받을 만한 것이다.

5. 문장 성립의 차례〔句語 成立의 次序〕

김규식(1908 : 108~111)에서는 우리말 문장의 성립 차례를 설명하면서 제일 주의할 것은 수식어가 항상 꾸밈을 받는 말〔元語〕 앞에 놓인다고 하고 그 <보기말>을 보였다.

(22) 더   사롬이   자기   집을   오날부터   修理혼다.
     修(形) 元語(題) 修(形) 元語(目)   修(副)   元語(動)

(22)에서 보인 바와 같이 우리말의 수식어는 영어문법과는 달리 항상 꾸밈을 받는 말 앞에서만 꾸민다는 것을 의식한 것으로 이것은 우리말의 특질을 잘 살핀 것이다.

그리고 (22)에서 주어(사롬이)는 문장의 앞에 놓이고, 서술어(수리혼다) 는 문장의 끝에 놓이며, 목적어(집을)는 주어와 서술어의 사이에 놓인다는 것을 밝히고 있다. 또 주어를 꾸미는 수식어(더)는 주어 앞에 놓이고, 목적어를 꾸미는 수식어(자기)는 목적어 앞에 놓이는데, 그 품사는 모두 형용사로 의식하였다. 이것은 우리말에서 체언을 꾸미는 것은 관형어이고, 그 품사는 관형사, 체언 또는 용언의 관형사형이라는 것을 의식하지 못하였다. 여기서 체언을 꾸미는 말을 형용사로 의식한 것은 영어문법에서 형용사의 한정적 용법을 그대로 적용한 것이다. 또 서술어를 꾸미는 수식어(오날부터)는 서술어 앞에 놓이고 그 품사는 부사임을 밝히고 있다.

이와 같이 김규식 문법에서도 유길준 문법에서와 마찬가지로 체언을 꾸미는 말과 용언을 꾸미는 말을 구분하지 않고 모두 수식어로 처리하면서

그 품사만 구별하여 체언을 꾸미는 말은 형용사로 의식하고, 용언을 꾸미
는 말은 부사로 의식하였다.

이 외도 주의해야 할 것을 9가지로 나누어 그 <보기말>을 보이고 설명
하였다. 이 <보기말>을 모두 보이면 다음과 같다.

(23) ㄱ. <u>그</u>　<u>사롬</u>과 <u>밥먹는</u> <u>사롬들</u>과 <u>더</u>　<u>곳</u>에
修(形)　名　接　修(分)　　名　接　修(形)　名　後

ㄴ. <u>내가</u> <u>밥을</u> <u>지금</u> <u>먹</u>고
題　目　修(副)　動 接

ㄷ. ① <u>됴흔 사롬</u>　　　② <u>집이</u> <u>크다</u>.
純形　名　　　　　　　名　描說形動

③ <u>크</u>　고　<u>긴</u>　　　④ <u>집이</u> <u>크다</u> 마는
單形　接 單形　　　　名　形動　接

ㄹ. ① <u>급히</u> <u>간다</u>.　　　② <u>미우</u> <u>됴흔</u>
副　動　　　　　　副　形

③ <u>더단히</u> <u>급히</u>
修 副　元副

ㅁ. ① <u>내</u> <u>게</u>도　　　② <u>집</u> <u>에셔</u>
代　後　　　　　　名　後

ㅂ. ① <u>비록</u>　힘은 업스나 내가 가 보겟쇼
純接　　　　語尾接

② <u>썩과</u> 술 먹는 <u>것도</u>
接　　　　　　接

ㅅ. ① <u>내가</u> <u>썩을</u> <u>쥰다</u>.
題目　目的　動

② 내가 <u>그 사롬의게</u>　<u>썩을</u> <u>쥰다</u>.
指名　　　目的

③ <u>썩을</u> <u>그 사롬의게</u> 쥰다.
目的　　指名

ㅇ. ① 내가 <u>어적게</u>　<u>거긔갓다</u>
時期副詞　處所副詞

② 내가 <u>거긔</u> <u>어적게</u> 갓다
處副　時副

ㅈ. ① <u>엇지흐잔</u> 말이오 이러케 흐면
② <u>웨우나냐</u> 밤낫

③ 집에 갓셔요 그 사롬은 어적게

(『대한문법』 : 108~111)

(23)ㄱ은 수식어(그, 밥먹는)는 항상 명사 앞에서 꾸미고, 조사(후사 : -에)나 접속조사(접속사 : -과)는 항상 체언 뒤에 붙어 쓰임을 보인 것이다.

(23)ㄴ은 주어, 목적어, 서술어를 꾸미는 수식어, 서술어, 차례로 놓이고, 접속어미(접속사 : -고)는 용언 다음에 붙어 쓰임을 보인 것이다.

(23)ㄷ①은 형용사로 의식한 형용사의 관형사형이 수식어(관형어)가 되어 명사 앞에서 명사를 꾸미는 것을 보인 것이고, ②는 형용사가 서술어 기능을 할 때는 주어 다음에 놓임을 보인 것이고, ③은 형용사 두 개가 이어져 수식어로 쓰일 때 그 사이에 접속어미(접속사 : -고)가 놓임을 보인 것이고, ④는 서술어(크다)의 종결어미에 붙어 그 내용을 일단 인정은 하나 그에 대한 의문, 불가능, 불만 따위로 그에 구애받지 않는 다른 내용의 절을 다음에 잇는 조사(접속사 : -마는)가 이어짐을 보인 것이다.

(23)ㄹ은 부사가 수식어(부사어)로 된 것을 보인 것인데, ①은 동사를 꾸미고, ②는 형용사를, ③은 부사를 꾸민다는 것을 보인 것이다.

(23)ㅁ은 조사가 대명사나 명사 다음에 놓인다는 것을 보인 것이다.

(23)ㅂ은 두 문장이 접속사나 접속어미에 의하여 이어짐을 보인 것인데, ①은 접속부사(이음어찌씨, 순수접속사)는 문장의 맨 앞이나 두 문장의 사이에 놓이며, 또 접속어미(이음씨끝)에 의한 두 문장의 이음은 이어지는 낱말이나 절의 다음에 놓이는 것을 보인 것이며, ②는 접속조사(접속사 : -과)는 두 낱말 사이에 놓이며 접속어미(이음씨끝, 접속사 : -도)는 절의 뒤에 놓임을 보인 것이다.

(23)ㅅ은 지금까지 설명한 우리말의 문장구성에서 문장성분이 놓이는 자리를 다시 한 번 부연하여 설명하고 <보기말>을 보인 것이다. ①은 우리말의 문장구성은 주어, 목적어, 서술어의 차례로 놓이는 것을 보인 것이고, ②, ③은 서술어가 세 자리를 필요로 하는 경우인데, 이때는 목적어

가 겹쳐지는 경우이다. 이때는 겹침을 피하기 위하여 유정명사는 부사어(위치말)로 바꾼 것을 보인 것이다. 또 ②는 <내가 그 사람을 쩍을 준다>를 <내가 그 사람의게 쩍을 준다>로 나타낸 것인데, 이것은 우리말의 구조를 대단히 깊이 연구한 것으로 평가되어야 할 것이다. ③은 목적어와 부사어(위치말)의 자리를 바꾸어도 그 뜻에는 변함이 없음을 보인 것이다.

(23)ㅇ은 수식어(부사어)가 놓이는 차례를 보인 것이다. ①은 서술어를 꾸미는 수식어가 두 개가 있을 경우 시간을 나타내는 말이 곳(장소)을 나타내는 수식어 앞에 놓이는 경우이고, ②는 곳을 나타내는 말이 시간을 나타내는 수식어 앞에 놓이는 경우를 보인 것이다. 그러므로 ①, ②에서는 수식어의 차례를 바꾸어도 나타내는 뜻에는 큰 변동이 없음을 보인 것이다.

(23)ㅈ은 문장에서 그 뜻을 강조하기 위하여 문장성분의 위치를 바꾸는 경우를 보인 것인데, 이것을 거꾸른 자리(顚倒位置, 倒置次序)라 하였다. 이들을 모두 바른자리(正常位置)로 고치면

> (23)ㅈ′ ① 이러케 ᄒ면 엇지 ᄒ잔 말이오
> ② 밤낮 웨우나냐
> ③ 그 사름은 어적게 집에 갓서요

가 된다.

이와 같이 김규식(1908 : 108~111)에서는 우리말에서 문장이 성립되는 경우 그 문장성분이 놓이는 자리를 자세하게 밝히고 있다. 이런 것들은 뒷날 많은 문법 저서들에 영향을 미치고, 우리 문법 형성사에도 영향을 미쳤기 때문에 우리 문법 연구사에서 꼭 자리매김을 해야 할 것이다.

6. 마무리

김규식의 유인 『대한문법』(1908?) "문장법" 단원에 나타나는 여러 가지 통어단위의 설정, 문장성분(구어의 부분), 문장의 종류(구어의 종류), 문장의 꾸밈(구어의 수식), 문장의 분석(구어의 분석), 문장 성립의 차례에 대하여 살핀 내용을 간추려 보이면 다음과 같다.

1) 문장을 이루는 통어단위로 "사자(詞字), 사절(詞節), 사구(詞句), 구어(句語)"를 설정했는데, 이들을 각각 낱말(word), 이은말(phrase), 절(clause), 문장(sentence)에 해당하는 용어이다.

2) 문장성분은 크게 주성분(원부분)과 부속성분(수식부분)으로 의식하였는데, 주성분으로는 주어(제목어), 서술어(설명어)를 설정한 것은 이 두 성분이 문장에서 중심이 된다는 것을 의식한 것이고, 부속성분으로는 목적어(부림말), 수식어(꾸밈말)를 설정하였다. 그러나 보어(기움말), 독립어(홀로말) 등은 설정하지도 않았다. 또 오늘날은 주성분에 속하는 목적어를 수식어에 넣은 것은 서술어를 돕는다고 의식했기 때문이다.

3) 문장의 수식에서 설정한 수식어는 하위분류를 하지 않았지만 관형어로 쓰인 수식어는 형용사로 의식한 관형사와 용언의 관형사형으로 되어있고, 부사어로 쓰인 수식어는 부사로 되었음을 의식한 것은 그 꾸밈의 대상이 다름을 의식한 구분이었다. 이것은 뒷날 수식어를 관형어와 부사어로 분리하는 기반이 되었다.

4) 주어, 서술어, 목적어에 수식어가 붙어 더 큰 문장성분을 이룬 것을 주어부(제목부), 서술부(설명부)로 설정한 것은 문장을 직접성분 분석할 때 1차로 주어부와 서술부로 나누어짐을 의식한 것이다.

5) 문장의 종류는 사상을 나타내는 성질에 따라 "서술문(포고구어), 의문문(문구어), 명령문(명령구어), 청유문(제의구어)"로 나누었는데, 감탄문(감탄

구어)은 따로 설정하지도 않았다. 이것은 말할이의 들을이에 대한 의향에 따라 나눈 것으로 오늘날 그대로 계승되고 있다.

6) 문장의 분석은 구어가 성립된 체재에 따라 "단순구어, 복잡구어, 연결구어"로 나누었는데, 단순구어는 '홑문장', 복잡구어는 '안은겹문장', 연결구어는 '이은겹문장'에 해당하는 것으로 오늘날 거의 그대로 계승되었다. 다만 문장의 종류와 분석은 같은 단원에서 다루어야 할 내용을 따로 떼어서 다루었을 뿐이다.

7) 문장 성립의 차례에서는 우리말에서 문장이 성립될 때 문장성분이 놓이는 차례를 낱낱이 밝히고, 꾸미는 말은 꾸밈을 받는 말 앞에 놓인다는 것을 밝혔다.

이러한 내용들은 개화기 국어문법 형성에 직접·간접으로 영향을 미쳤으므로 국어문법 연구사에서 높이 평가되어야 하고, 『대한문법』은 그 한 자리를 차지해야 할 것이다.

참고문헌

고영근·남기심(1993), 표준 국어문법론, 탑출판사.

김규식(1908), 대한문법(역대 한국문법대계 Ⅰ-5, 탑출판사, 1977).

김규식(1912), 조선문법(역대 Ⅰ-5, 1977).

김민수(1960), 국어문법론 연구, 통문관.

김석득(1983), 우리말 연구사, 정음문화사.

김영문(1995), "김규식의 우리말 소리", 『국어학사 연구』 1, 부산 국어학사 연구회.

우형식(2002), 국어 문장성분 분류의 역사적 연구, 세종출판사.

유길준(1909), 대한문전, 동문관.

이정식(1974), 김규식의 생애, 신구문화사.

이현희(1990), 인물 한국사, 청아출판사.

주시경(1910), 국어문법, 박문관.

최낙복(1996ㄱ), "김규식 문법의 품사 설정", 『동남어문논집』 6, 동남어문학회.

최낙복(1996ㄴ), "김규식 문법의 품사론 연구", 『부산한글』 15, 한글학회 부산지회.

최낙복(1999), "김규식 문법의 시제연구", 『국어학의 본질』 1, 국어학 연구학회.

최낙복(2000ㄱ), "주시경 문법의 문장성분 연구", 『부산한글』 19, 한글학회 부산지회.

최낙복(2000ㄴ), "주시경 문법의 문장 구조 연구", 『동남어문논집』 11, 동남어문학회.

최낙복(2001ㄱ), "유길준 말본의 문장성분 연구", 『국어학의 본질』 2, 3, 국어학 연구학회.

최낙복(2001ㄴ), "주시경 문법의 통어론 연구", 『한글』 254, 한글학회.

최낙복(2002), "유길준 말본의 통어론 연구", 『한힌샘 주시경 연구』 14, 15, 한글학회.

최현배(1937), 우리말본, 연희전문학교 출판부.

하치근(2002), 현대 우리말본, 박이정.

허 웅(1983), 국어학, 샘문화사.

허 웅(1999), 20세기 우리말의 통어론, 샘문화사.

(발표 : 『국어국문학』 21집, 동아대학교 국어국문학과, 2002)

제 5 장
김희상 문법론

제 1 절 김희상 문법의 형태론

제 2 절 김희상 문법의 통어론

김희상 문법의 형태론

1. 머리말

　우리 국어학 연구사에서 개화기에 국어문법 연구와 문법교육에 힘쓴 사람들을 살펴보면, 주시경을 비롯하여 유길준, 최광옥, 김희상, 김규식 등을 꼽을 수 있을 것이다. 이들 가운데 한빛 김희상의 생애에 대해서는 별로 알려진 것이 없다. 다만 그는 배재학당을 마치고 개성 호수돈 여학교에서 조선어 교원을 지낸 사람으로 알려져 있을 뿐 그의 정확한 생존 연대는 알 수 없고, 대체로 조선 말기부터 일제 강점기 사람으로 추정할 뿐이다.

　그러나 그는 이미 1909년에 초등학도용 교과서인 『초등국어어전』(권1, 2, 3)을 발간하였으며, 1911년에는 이것을 고쳐 중등 정도의 수준으로 높여서 참고서 겸 교과서인 『조선어전』을 발간하였고, 또 1927년에는 호수돈 여학교에서 3년간 재직하면서 교수한 결과에 따라 수정한 『울이글틀』을 간행하였다. 이 외에도 1915년에 일본 사람 竹內錄之助에 의해 간행된 『최신실용조선백과대전』 속에 『조선어전』을 간추린 『조선어』가 실려 있다.

이처럼 김희상은 국어문법 연구와 문법교육에 힘썼으나 오늘날 국어문법을 연구하는 사람들은 각자 자기의 연구 논문이나 저서에 그의 문법을 약간 인용하는 정도에 그칠 뿐 그의 학문에 대하여 구체적으로 연구한 논문은 거의 없었다. 그렇지만 김희상의 여러 문법 저서는 어떤 형식으로든 개화기의 국어문법 형성에 영향을 미쳤으리라 생각되므로 그의 국어문법 연구 결과는 국어학 연구사에 자리매김을 해둘 필요가 있다고 하겠다.

이 글은 국어학 연구사적인 내용이 될 것이며, 개화기 국어문법 연구에 도움을 주고자 하는 데 그 목적이 있다.

2. 품사의 설정

개화기에 국어문법을 연구한 사람들이 사용한 '품사'에 해당하는 용어를 살펴보면, 유길준(1904?, 1909)에서는 "언어, 품사, 어종(語種)" 등의 용어를 사용하였으나 그 가운데서 주로 '품사'를 사용하였고, 주시경(1905?, 1908?, 1910, 1911)에서는 "언분, 언어자, 체, 기, 씨"를 사용하였으나 『조선어문법』(1911)에서부터는 '씨'로 고정하였다. 그리고 김희상은 『초등국어어전』(1909)에서는 "언어부분"이라 하였다가 『조선어전』(1911)에서부터는 "사(詞)"를 사용하였다. 그런데 이들이 사용한 품사에 대한 용어는 모두 낱말(word)과 품사(a part of speech)를 구분하지 않고 사용한 용어들이다. 그러나 김규식의 『대한문법』(1908?)에서는 낱말에 해당하는 용어는 "사자(詞字)"라 하고, '사자'를 연구할 때에는 9종의 "품사"를 분류한다고 하여 처음으로 우리 문법 연구사에서 낱말과 품사를 구분하여 사용한 사람으로 기록되게 되었다.

이제 김희상의 여러 문법 저서에 나타나는 품사분류에 대하여 살펴보면, 『초등국어어전』[1] (권2)(1~72)에서 국어의 품사를 "명사, 대명사, 동사,

형용사, 부사, 감탄사, 토"의 7품사로 분류하고, 각 품사의 뜻매김과 <보기말>을 보인 후 각 품사의 연습, 적기, 채오기, 말 만들기 순서로 설명하였고, 『조선어전』[2](17~20)에서는 사(詞)를 역시 "명사, 대명사, 동사, 형용사, 부사, 감탄사, 토"의 7품사로 나누고 각 품사의 뜻매김과 <보기말>을 보였는데 이는 앞의 『초등국어어전』을 계승·발전시킨 것이다. 또 『최신실용조선백과대전』(1915) 속의 『조선어』[3](538~541)에 나타나는 '사(詞)의 종류'에서도 사에는 "명사, 대명사, 동사, 형용사, 부사, 감탄사, 토"의 七大種別이 있다고 하고 그 뜻매김과 <보기말>을 보였는데, 이 설명을 하는 자리에서는 "토"를 "조사(助詞)"라 하였을 뿐 내용은 앞의 책들과 큰 차이는 없다. 권재선(1987 : 669)에서는 이 '토'와 '조사'의 관계에 대하여 애초에 '토'를 '조사'라 명칭하다가 뒤에 '토'로 바꾼 것이라 볼 수 있다고 하였으나 이는 좀 더 연구해 보아야 할 과제이다. 끝으로 『울이글틀』[4](30~34) "사(詞)의 구별" 단원에서는 처음으로 "詞이라 하는 것은 솔애(소리 : 필자 주)에 대하야 한낫 사물의 뜻을 붙친 것"이라 뜻매김부터 하고 사(詞)는 "명사, 대명사, 동사, 형용사, 부사, 감탄사, 토"의 일곱 가지로 구별이 된다고 한 후 각 품사의 뜻매김과 <보기말>을 보였다.

이처럼 김희상의 여러 문법 저서에 의하면 그는 품사에 해당하는 용어로 '사(詞)'를 사용하고 우리말의 품사분류는 모두 7품사로 분류하였는데, 그의 『초등국어어전』에서 이미 품사분류는 완전히 이루어졌고, 다만 『조선어전』에서 조금 구체화되었으며 『울이글틀』에서는 '사'의 뜻매김을 하였을 뿐 내용상 큰 변동없이 7품사를 그대로 유지하고 있다. 그러나 『조선어』에서는 '토'와 '조사'란 용어를 동시에 사용하고 있다.

이제 『조선어전』에 나타나는 7품사의 차례와 뜻매김을 간추려 보이면

---

1) 김민수 외(1986), 역대 한국문법대계 제1부 제6책, 탑출판사, 『초등국어어전』 해설 참조.
2) 김민수 외(1977), 역대 한국문법대계 제1부 제7책, 탑출판사, 『조선어전』 해설 참조.
3) 김민수 외(1977), 앞의 책, 『조선어』에 대한 해설 참조.
4) 김민수 외(1977), 앞의 책, 『울이글틀』 해설 참조.

다음과 같다.

> (1) 사(詞)~솔애에 대하야 한낫 사물의 뜻을 붙친 것.[5]
>> ㄱ. 명사~인류나 사물이나 금수(禽獸) 급 처소의 명칭인 어(語)
>> ㄴ. 대명사~명사를 대(代)ᄒᆞᄂᆞᆫ 어
>> ㄷ. 동사~일체행동올 시(示)ᄒᆞᄂᆞᆫ 어
>> ㄹ. 형용사~명사나 대명사의 형용올 시ᄒᆞᄂᆞᆫ 어
>> ㅁ. 부사~동사, 형용사 급 타 부사의 의(義)롤 조(助)ᄒᆞᄂᆞᆫ 어
>> ㅂ. 감탄사~희로애구애오욕(喜怒哀懼愛惡慾)의 칠정(七情)올 발표
>>> ᄒᆞᄂᆞᆫ 어
>> ㅅ. 토(吐)~타 사 하(他詞下)에 재ᄒᆞ야 언루(言縷)롤 완전케 ᄒᆞᄂᆞᆫ 어
>>> (『조선어전』: 17~20)

(1)의 품사분류와 같이 국어문법 연구사에서 우리말의 품사를 7품사로 분류한 문법 저서는 주시경의 『국문문법』(1905?), 김희상의 『초등국어어전』(1909), 『조선어전』(1911), 『조선어』(1915), 『울이글틀』(1927)과 강매·김진호의 『잘 뽑은 조선말과 글의 본』(1925), 이병기의 『조선문법강화』(1930)뿐인데, 이 가운데서 개화기 문법이라 할 수 있는 것은 주시경(1905)과 김희상(1909, 1911)뿐이다. 이들 문법 저서에 나타나는 품사분류를 대조해 보이면 다음과 같다.

> (2)　　ㄱ. 『국문문법』(1905?)　　ㄴ. 『초등국어어전』(1909)　　ㄷ. 『조선어전』(1911)
>
> | ㄱ. 『국문문법』(1905?) | ㄴ. 『초등국어어전』(1909) | ㄷ. 『조선어전』(1911) |
> |---|---|---|
> | ① 명호 | ① 명사 | ① 명사 |
> | ② 형용 | ② 대명사 | ② 대명사 |
> | ③ 동작 | ③ 동사 | ③ 동사 |
> | ④ 간접 | ④ 형용사 | ④ 형용사 |
> | ⑤ 인접 | ⑤ 부사 | ⑤ 부사 |
> | ⑥ 경각 | ⑥ 감탄사 | ⑥ 감탄사 |
> | ⑦ 죠성 | ⑦ 토 | ⑦ 토 |

---

5) "사(詞)"의 뜻매김은 『울이글틀』에서 가지고 온 것이다.

(2)ㄱ과 (2)ㄴ, ㄷ에 의하면 주시경의 『국문문법』과 김희상 문법의 품사분류는 7품사로 분류했다는 것 외는 용어, 품사의 벌림차례 등에서는 별로 일치하는 것이 없으므로 주시경 문법이 김희상 문법의 품사분류에는 크게 영향을 미치지 못한 것 같다.

이제 개화기의 또 다른 문법 저서인 유길준의 『조선문전』(1904?)과 최광옥의 『대한문전』(1908)과 김희상의 『조선어전』에 나타나는 품사분류를 대조해 보이면 다음과 같다.

(3)

ㄱ.『조선문전』(1904?)	ㄴ.『대한문전』(1908)	ㄷ.『조선어전』(1911)
① 명 사	① 명 사	① 명 사
② 대명사	② 대명사	② 대명사
③ 동 사	③ 동 사	③ 동 사
④ 형용사	④ 형용사	④ 형용사
⑤ 부 사	⑤ 부 사	⑤ 부 사
⑥ 후 사	⑥ 후 사	⑥ 감탄사
⑦ 접속사	⑦ 접속사	⑦ 토
⑧ 감탄사	⑧ 감탄사	

(3)ㄱ에서 설정한 8품사는 영어문법을 적용한 『일본문전』(1876)을 그대로 적용하여 품사분류한 것이고(최낙복, 1994 : 83), (3)ㄴ은 (3)ㄱ을 대본으로 하여 출판한 것에 불과하므로 (3)ㄱ과 (3)ㄴ은 같은 것이라 하겠다.6) 그러면 (3)ㄱ, ㄴ과 (3)ㄷ의 품사분류를 대조해 보면, (3)ㄷ의 토는 (3)ㄱ, ㄴ의 후사와 접속사를 묶어서 하나의 품사로 설정한 것이고, 또 감탄사의 차례가 바뀌었을 뿐 품사의 용어나 벌림의 차례가 모두 일치하는 것으로 보아 김희상 문법의 품사분류는 유길준(1904?)의 영향을 받아 이루어진 것으로 볼 수도 있을 것이다.

---

6) 유길준 문법과 최광옥의 『대한문전』(1908)과의 관계는 김민수(1960), "대한문전고", 『국어 문법론 연구』, 통문관, 269~333쪽 참조.

유길준(1904?)에서 분류한 8품사는 앞에서 언급한 바와 같이 영어문법의 영향을 받아 이루어진 일본문법을 적용한 것이지만, 김희상은 『울이글틀』(1927)의 머리말에서 밝힌 바에 의하면 국어문법 연구를 시작한 동기가 영어문법을 번역하고 그 변역한 것을 여러 번 읽는 과정에서 우리말에도 이러한 것이 있었으면 하는 느낌이 일어나 이 느낌이 동기가 되었다고 하였으므로(김희상, 울이글틀, 자서)[7] 이는 영어문법의 영향을 직접 받아 이루어진 것으로 보아 유길준(1904)이나 김희상(1909) 둘 다 영어문법의 영향을 받은 것이므로 거의 일치하게 된 것이라 하겠다.

우리 문법 연구사에서 처음으로 7품사 체계를 시도한 주시경은 7언분, 6체, 9기 등으로 수정해 가다가 9씨로 확립시켰으나, 김희상은 처음부터 나름대로 7품사 체계를 시도하여 겉으로는 큰 변동없이 7품사 체계를 확립했다고 하겠으며 영어문법의 영향을 받았음에도 불구하고 영어문법의 8품사 체계를 적용하지 않고 7품사 체계를 확립했다는 것은 그 나름대로 우리말의 특질을 고려하여 분류한 것이라 하겠다.

3. 각 품사의 성립과 분류

이 장에서는 『조선어전』에 설정된 7품사가 각각 『초등국어어전』에서 어떻게 의식되어 발전·계승되었으며 각 품사가 나타내는 범위를 <보기말>을 통하여 살핀 다음, 품사 하위분류를 살피게 되는데, 김희상 문법에서 국어의 품사분류가 나타나는 저서는 『초등국어어전』(1909), 『조선어전』(1911), 『조선어』(1915), 『울이글틀』(1927)이지만 품사 하위분류가 나타나 있는 저서는 『조선어전』과 『울이글틀』뿐이다. 그러므로 품사 하위분류에

---

7) 김민수 외(1977), 앞의 책(역대 I-7) 참조.

대해서는 개화기 문법에 해당하는 『조선어전』의 "각 사(詞)의 종류" 단원에
나타나는 각 품사의 하위분류를 살피기로 한다.

3.1. 명사의 성립과 분류

3.1.1. 명사의 성립

먼저 명사의 성립 과정과 그 범주를 알아내기 위하여 『초등국어어전』의
"명사, 명사의 연습, 명사 적기, 명사 채오기, 말 만들기, 명사 복습" 단원
에 나타나는 명사의 뜻매김과 <보기말>로 보인 것과 『조선어전』의 "사(詞)
의 총론, 각 사의 종류" 단원에 나타나는 명사의 뜻매김과 <보기말>을 간
추려 정리해 보이면 다음과 같다.

(4) 명사~사롭이나 物件이나 禽獸나 勿論 무엇이든지 일홈 잇는 것.
     <보기> ㄱ. 사람(아버지, 형님, 누의, 兒孩)
          ㄴ. 물건(조희, 붓, 묵, 벼루, 나무, 돌, 칠판, 책, 학교, 과
             실, 책상, 시계, 석필, 국기, 쏠, 보리, 팟, 조, 소곰, 물,
             불……)
          ㄷ. 금수(호랑이, 산시, 말, 기, 닭, 토기, 여호, 참시, 졔비,
             쇠고리, 사슴, 황시, 기러기……
          ㄹ. 달 바람, 학문, 효도, 근원, 여름, 일기, 농사……
                    (『초등국어어전』: 1~7, 24~25)

(5) 명사~人類나 事物이나 禽獸 及 處所의 名稱인 語.
     <보기> ㄱ. 단군, 기자, 평양, 개성, 아세아, 구라파
          ㄴ. ① 조희, 붓, 먹, 벼루, 칙, 칼, 집, 학교, 나무, 돌, 쇠,
             산, 새, 말, 수레
            ② 바람, 공긔, 정, 흉, 생각, 지혜, 걱정, 근심
          ㄷ. ① 가기, 오기, 쓰기, 보기, 캐기, 주기, 먹기 / 쌈, 씸,

　　　　　먹음, 읽음, 받음, 살음
　　　　② 높기, 크기, 좋기(조키), 넓기, 적기 / 푸름, 큼, 힘,
　　　　　쏨, 붉음, 깊음, 검음
　　ㄹ. ① 덮개, 집개, 싸개, 쓰개 / 꿈, 춤, 그림
　　　　② 길이, 높이, 넓이, 깊이
　　　　③ 무게, 치위, 더위

(『조선어전』 : 17, 21~26)

　　(4), (5)에 보인 명사의 뜻매김을 보면 (4)에서는 '사람이나 물건이나 새, 짐승은 물론 무엇이든지 이름 있는 것'이라 하였다. 이는 이름이 있는 것은 모두 명사가 되므로 그 범위가 대단히 넓음을 알 수 있다. (5)에서는 '인류나 사물이나 새, 짐승, 및 처소의 명칭을 나타내는 말'을 이르는 것이라 하였으므로 (4)보다 더 구체화되어 그 의미가 축소되었다고 하겠다. 그러나 그 <보기말>을 보면 오히려 (4)보다 (5)의 범위가 훨씬 넓음을 알 수 있다. 즉 (4)에서는 오늘날 보통명사에 해당하는 것만을 명사로 처리하였으나 (5)에서는 (5)ㄱ은 고유명사, (5)ㄴ은 보통명사, (5)ㄷ은 용언의 어간에 명사형 어미 {-(으)ㅁ, -기}가 결합된 것을 명사로 처리한 것인데, 이것들은 임시적 기능변화인 자격변동법에 의하여 만들어진 명사형을 명사로 처리한 것이다. 또 (5)ㄹ은 용언의 어간에 명사를 만들어 주는 접미사 {-개, -이, -(으)ㅁ}이 결합하여 파생된 파생명사를 이르는 것으로 개화기 국어문법 저서에서 (5)ㄱ~ㄷ은 모두 명사로 처리해 왔으나 (5)ㄹ을 명사로 처리한 것은 처음 있는 일로 이것은 국어학 연구사에서 높이 평가되어야 할 부분이다. 그리고 (4)의 <보기말>보다 (5)의 <보기말>이 더 자세하고, 내용이 복잡한 이유는 (4)는 초등학도용 교과서 내용이지만 (5)는 한 단계 높인 중등 정도의 참고서 겸 교과서로 간행한 때문으로 생각된다.

　　그러므로 김희상의 『조선어전』에 설정한 명사는 사람이나 사물, 새, 짐승, 처소의 이름을 나타내는 낱말은 물론 용언의 어간에 {-(으)ㅁ, -기}가

결합된 꼴과 용언의 어간에 명사를 만들어 주는 접미사 {-개, -이, -(으)ㅁ}이 결합하여 명사로 파생된 것까지 모두 한 범주의 품사로 처리한 데서 이루어진 것이다.

이 가운데서 특히 용언의 어간에 명사를 만들어 주는 접미사 {-개}가 결합되어 파생한 낱말을 명사로 처리한 것은 국어학 연구사에서 처음 있는 일로 높이 평가되어야 하겠다.

3.1.2. 명사의 분류

『조선어전』(21~27)의 "명사의 종류" 단원에 나타나는 명사의 하위분류를 보면, 여기서는 명사 하위분류의 기준은 제시하지 않고, 먼저 명사를 <보통명사, 고유명사>의 두 종류가 있다고 하고, 보통명사는 <같은 종류의 사물에 보통으로 사용되는 명사>라 뜻매김을 한 후 이것을 다시 <유형명사, 무형명사, 행동명사, 형용명사>의 4종류가 있다고 하고 <보기말>을 보인 후 또 각 하위단위의 뜻매김을 하였다. 그리고 그 명사 항목의 끝에 가서는 이들을 간추려 표를 만들어 보이고 있다. 이 표에 <보기말>을 보태어 다시 표를 만들어 보이면 다음과 같다.

   (6) 명사의 종류
      ㄱ. 보통명사 : 조희, 붓, 먹, 벼루, 칙, 칼, 집, 학교
        ① 유형명사 : 나무, 돌, 쇠, 산, 새, 말, 수레, 총, 칼
        ② 무형명사 : 바람, 공긔, 정, 흥, 생각, 지혜, 걱정, 근심
        ③ 행동명사 : 가기 오기 뜀, 그림, 집개, 덮개
          ㉠ 기 : 쓰기, 보기, 캐기, 주기, 먹기
          ㉡ 개 : 덮개, 집개, 싸개, 쓰개
          ㉢ ㅁ : 꿈, 쌈, 뜀, 춤 / 먹음, 읽음, 받음, 살음
        ④ 형용명사 : 무게, 넓이, 큼, 높이, 적기
          ㉠ 기 : 높기, 크기, 좋기(조키), 넓기
          ㉡ 이 : 길이 높이, 넓이, 깊이

    ⓒ ㅁ : 푸름, 큼, 힘, 씀 / 붉음, 깊음, 검음
    ⓔ 무규 : 무게, 치위, 운두, 더위
  ㄴ. 고유명사 : 단군, 기자, 평양, 개성, 아세아, 구라파

(『조선어전』 : 21~27)

   (6)ㄱ의 보통명사는 <同種類의 사물에 보통으로 用홈되는 명사>라 하였는데, 이는 보통 사물의 이름을 나타내는 명사를 이르는 것이다. 그 하위분류한 명사들을 보면, (6)ㄱ①의 유형명사는 <有形인 명사>라 하였는데, 이는 영어문법의 '보통명사+물질명사'에 접근되는 명사라 할 수 있다. (6)ㄱ②의 무형명사는 <無形인 명사>라 하였으므로 앞의 유형명사에 대립되는 명사로 어떤 사물의 실체가 아니라 그 사물이 가지고 있는 <성질이나 상태>를 나타내는 명사를 이르는 것이므로 영어문법의 추상명사(abstract noun)에 해당하는 것이다. (6)ㄱ③의 행동명사는 <행동의 義롤 함유흔 명사>라 하고, 이 행동명사는 <동사의 명사로 전성ᄒᆞ는 것>이라 하였으므로 동사의 어간에 파생접미사로 의식한 {-기, -개, -ㅁ}가 결합되어 만들어진 파생명사와 임시적 기능변화인 자격변동법에 의하여 만들어진 동사의 명사형도 포함하고 있다. (6)ㄱ④의 형용명사는 <一切 形容의 義롤 함유흔 명사>라 하였는데, 이것은 <형용사의 명사로 전성ᄒᆞ는 것>이라 하였으므로 이것도 형용사의 어간에 명사 파생접미사로 의식한 {-기, -이, -ㅁ}이 결합되어 만들어진 파생명사와 역시 자격변동법에 의하여 만들어진 형용사의 명사형도 포함하고 있다. 또 여기에는 <一定흔 規式의 無ᄒᆞ게 成흔 것올 무규형용명사>라 하고, <보기말>로 "무거우→무게, 치우→치위, 높→운두, 더우→더위"를 보였는데, 이것은 아무 규칙도 없이 형용사가 명사로 파생된 것으로 의식하였다. 그러나 이들은 '무겁+이→무게, 칩+이→치위, 덥+이→더위'로 각각 파생된 것이다. 그러므로 "무게, 치위, 더위"는 각각 {무겁-, 칩-, 덥-}에 명사화 접미사 {-이}가 결합되어 만들어진 명사이므로 규칙이 없는 것이 아닌데, 김희상(1911)에서

규칙이 없는 것으로 의식한 것은 형용사의 기본형을 각각 <무거우, 치우, 더우>로 설정한 데서 비롯된 것이다. 다만 "운두"라는 말은 <그릇, 신 같은 물건의 둘레의 높이를 이르는 말>인데, 이것은 원래 "높다"라는 형용사에서 파생된 말로 의식한 것이다. 그러므로 (6)ㄱ의 보통명사 하위분류에서 ①, ②는 본디명사이고 ③, ④는 용언에서 파생된 파생명사로 의식한 것이다.

(6)ㄴの 고유명사는 <특수호 명사에 限ᄒᆞ야 其一을 指定ᄒᆞᄂᆞᆫ 명사>라 하였는데, 이는 하나밖에 없는 사람이나 사물의 이름을 가리키는 명사다.

이와 같은 명사의 하위분류 체계는 개화기 문법 가운데 유길준의 『대한문전』의 명사 하위분류의 영향을 받아 이루어진 것으로 보인다. 이것을 대조시켜 보면 다음과 같다.

(7)

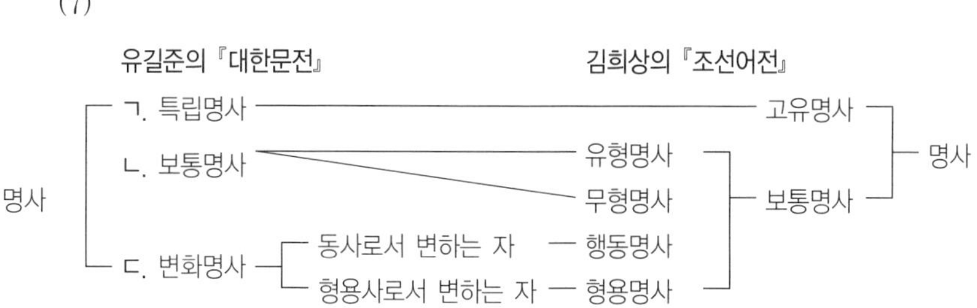

여기서 보통명사를 <유형명사, 무형명사>로 분류한 것은 한 걸음 나아간 것이라 하겠으나 <행동명사, 형용명사>로 의식한 것을 보통명사에 넣은 것은 잘된 처리로 보기는 어렵다고 하겠다. 그러나 명사파생 접미사 {-개}의 의식과 무규형용명사의 의식은 높이 평가되어야 할 부분이라 하겠다.

3.2. 대명사의 성립과 분류

3.2.1. 대명사의 성립

대명사의 성립과정과 그 범주를 알아내기 위하여 『초등국어어전』의 "대명사, 대명사의 연습, 대명사 적기, 대명사 채오기, 대명사 박구기, 말 만들기, 대명사 복습" 단원에 나타나는 대명사의 뜻매김과 <보기말>로 보인 것과 『조선어전』의 "사의 총론, 각 사의 종류" 단원에 나타나는 대명사의 뜻매김과 <보기말>을 간추려 정리해 보이면 다음과 같다.

(8) 대명사~무엇이든지 일홈잇는 名詞를 代호는 것.
　　<보기> ㄱ. 나, 니, 너, 우리, 그이, 져이
　　　　　 ㄴ. 이것, 그것, 져것
　　　　　 ㄷ. 여긔, 져긔, 거긔
　　　　　 ㄹ. 누구, 무엇, 어딕
　　　　　　　　　　　　　　　　　　(『초등국어어전』 : 7~15, 25~27)

(9) 대명사~명사를 代호는 語
　　<보기> ㄱ. 나, 너, 그이, 저이, 이이, 우리, 너이
　　　　　 ㄴ. 이것, 그것, 져것
　　　　　 ㄷ. 여긔, 거긔, 져긔
　　　　　 ㄹ. 누구, 어대, 무엇, 언제, 얼마
　　　　　 ㅁ. 여러, 멷(몇), 하나, 둘, 셋
　　　　　 ㅂ. (하는) 바, (배오는) 바, (본) 바, (주는) 바
　　　　　　　　　　　　　　　　　　(『조선어전』 : 18, 28~30)

(8), (9)에서 보인 대명사의 뜻매김을 보면 (8)보다 (9)에서 더 간결하게 표현되었다는 것 외에는 아무런 차이가 없음을 알 수 있다. 그러나 <보기말>은 명사와 같이 (9)에서 더 많이 보이고 있다. (8)ㄱ, (9)ㄱ은 사람을 가리키는 대명사를 보인 것이고, (8)ㄴ, (9)ㄴ은 사물을 가리키는

대명사, (8)ㄷ, (9)ㄷ은 장소를 가리키는 대명사, (8)ㄹ, (9)ㄹ은 가리킴을 받는 사람의 이름이나 신분 또는 사물, 장소를 정확하게 모를 때 사용하는 대명사를 각각 보인 것으로 (9)ㄱ~ㄹ은 (8)ㄱ~ㄹ을 그대로 계승한 것이다. 그러나 (9)ㅁ은 수량을 나타내는 낱말을 대명사로 처리한 것이고, (9)ㅂ은 항상 관형어 아래 매이어 쓰이는 '의존명사'를 '관계대명사'라 하여 대명사의 하위갈래로 처리한 것인데 (9)ㅁ, ㅂ은 (8)에서는 의식하지 못한 것을 (9)에서 대명사의 범주에 넣어 처리하였다.

이 (9)ㅁ, ㅂ과 같은 것을 개화기 문법 저서에서 어떻게 처리하였는가를 보면, 먼저 (9)ㅁ과 같은 수량을 나타내는 낱말을 주시경(1905, 1910)에서는 '명호(>임)'의 하위단위인 '딕명(>대임)'으로 처리하였고, 유길준(1909)에서는 명사의 범주에 넣어 처리하였으며, 김규식(1909)에서는 '형용사'의 범주에 넣었다. 그러나 (9)ㅁ과 같은 낱말은 명사를 직접 가리키는 힘이 없으므로 대명사와는 성질이 다르기 때문에 대명사와 맞서는 동아리로 처리하여야 하겠다. 또 (9)ㅂ과 같이 항상 관형어 아래에 매이어 쓰이는 의존명사인 "바"는 개화기 문법 저서에서는 모두 대명사의 범주에 넣어 처리하고 있는데, 우리말에는 '관계대명사'라는 것이 없으므로 이는 우리말의 특질을 고려하지 않고 다른 나라 문법을 그대로 적용시킨 것이라 하겠다. 그리고 이것은 독립성이 없어서 불완전하기는 하지만 그 쓰임이 대체로 보통명사와 비슷하기 때문에 오늘날은 대명사의 범주에서 덜어내어 명사의 범주에 넣어 처리하고 있다.

그러므로 김희상의 『조선어전』에 설정한 대명사는 처음 『초등국어어전』에서는 사람이나 사물의 이름이나 장소를 대신하는 낱말과 이들의 이름이나 신분, 장소를 정확하게 모를 때 사용하는 낱말을 묶어서 대명사로 처리하였으나 『조선어전』에서는 이들 외에 수량을 나타내는 낱말과 항상 관형어 아래에 매이어 쓰이는 의존명사 "바"를 더 보태어 하나의 품사로 처리한 데서 이루어진 것이다. 그러나 이들은 뒷날 문법 연구가들에 의하여 수량을 나타내는 낱말과 항상 관형어 아래 매이어 쓰이는 의존명사는 대명사의 범주에서 덜어내고 다시 다듬어지게 되었다.

3.2.2. 대명사의 분류

『조선어전』(28~31)의 "대명사의 종류" 단원에 나타나는 대명사의 하위 분류를 보면, 대명사도 하위분류 기준은 설정하지 않고 대명사에는 <인류대명사, 사물대명사, 처소대명사, 미정대명사, 형용대명사, 관계대명사>의 6종이 있다고 하고, 인류대명사는 다시 <제1인, 제2인, 제3인>의 3종칭의 인류가 있다고 하였으며, 미정대명사도 다시 <인류, 처소, 사물, 시기, 수량>으로 분류하고, 뜻매김과 <보기말>을 보인 후 이것을 간추려 표로 만들어 보였다. 이 표에 <보기말>을 보태어 다시 표로 만들어 보이면 다음과 같다.

(10) 대명사의 종류
    ㄱ. 인류대명사 : 나, 너, 그이, 저이, 이이
       ① 제1인 : 나 / ② 제2인 : 너 / ③ 제3인 : 이이, 그이, 저이
    ㄴ. 사물대명사 : 이것, 그것, 저것
    ㄷ. 처소대명사 : 여긔, 거긔, 저긔
    ㄹ. 미정대명사 : ① 인류 : 누구 / ② 처소 : 어대 / ③ 사물 : 무엇 /
       ④ 시기 : 언제 / ⑤ 수량 : 얼마
    ㅁ. 형용대명사 : 여럿, 멸, 하나, 둘, 셋
    ㅂ. 관계대명사 : (흐는) 바, (배오는) 바, (본) 바, (주는) 바
(『조선어전』 : 28~31)

(10)ㄱ의 인류대명사는 <人類롤 代흐는 대명사>라 하고 여기에는 제1인, 제2인, 제3인이 있다고 하였는데, 이는 사람을 가리키는 인칭대명사를 이르는 것이다. 여기서 ① 제1인칭은 말할이에 대용되는 인칭대명사이고, ② 제2인은 들을이에 대용될 수 있는 인칭대명사이고, ③ 제3인은 말할이와 들을이 이외에 이야기를 듣는 제3자에 대용되는 3인칭 대명사이

다. 또 (10)ㄴ의 사물대명사는 <事物을 代ᄒᆞᄂᆞᆫ 대명사>라 하였는데, 이것은 사물을 가리키는 대명사 중에서 사물표시 지시대명사를 이르는 것으로, 관형사 "이, 그, 저"와 명사 "것"의 합성으로 이루어진 것이다. (10)ㄷ의 처소대명사는 <處所를 代ᄒᆞᄂᆞᆫ 대명사>라 하였는데, 이것도 사물을 가리키는 대명사 가운데 장소를 표시하는 지시대명사를 이르는 것이다. (10)ㄹ의 미정대명사는 <인류, 처소, 사물, 시기 및 수량의 未定代稱인 대명사>를 이르는 것이라 하였는데, 이는 가리킴을 받는 사람의 이름이나 신분을 정확하게 모를 때 사용하는 인칭대명사의 미지칭 "누구"와 특정한 사람을 가리키지 않을 때 쓰는 인칭대명사의 부정칭 "아무"와 물건에 대한 정보가 없을 때 쓰는 사물표시 지시대명사 "무엇"과 어느 때를 가리키는 지시대명사인 "언제", 잘 모르는 수효나 분량이나 정도를 나타내는 명사인 "얼마"를 묶어서 미정대명사로 처리한 것이다. 또 (10)ㅁ의 형용대명사는 <형용사의 명사로 전성ᄒᆞ야 명사를 代ᄒᆞᄂᆞᆫ 것>이라 하였는데, 이는 사물의 수량을 지시하는 양수사를 형용대명사로 처리한 것인데, 정확한 수량을 나타내는 정수인 "하나, 둘, 셋"과 개략적인 수량을 나타내는 부정수(不定數)인 "여럿, 몇" 등을 묶어서 형용대명사로 처리한 것이며, (10)ㅂ의 관계대명사는 <事爲의 관계를 代述홈되는 대명사>라 하였는데 이는 항상 관형어 아래 매이어 쓰이는 의존명사인 "바"를 관계대명사라 한 것이다.

이 대명사의 하위분류는 어떤 뚜렷한 기준이 설정되지 않은 상태에서 하위분류를 하였기 때문에 이들이 나란히 놓일 수 없는 것들이 같은 위치에 놓여 있다. 그러므로 (10)ㄱ과 (10)ㄹ의 일부는 인칭대명사에 속하는 것이고, (10)ㄴ, (10)ㄷ과 (10)ㄹ의 일부는 지시대명사에 속하는 것이며, (10)ㅁ과 (10)ㅂ은 대명사가 될 수 없으므로 대명사의 범주에서 덜어내어야 하는 것들이다.

김희상의 이러한 대명사의 하위분류는 개화기 문법 가운데서 유길준의 『조선문전』의 대명사 하위분류와 거의 일치하고 있다.

이제 유길준의 『조선문전』에 나타나는 대명사의 하위분류와 김희상의

『조선어전』에 나타나는 대명사의 하위분류를 대조시켜 보이면 다음과 같다.

(11)

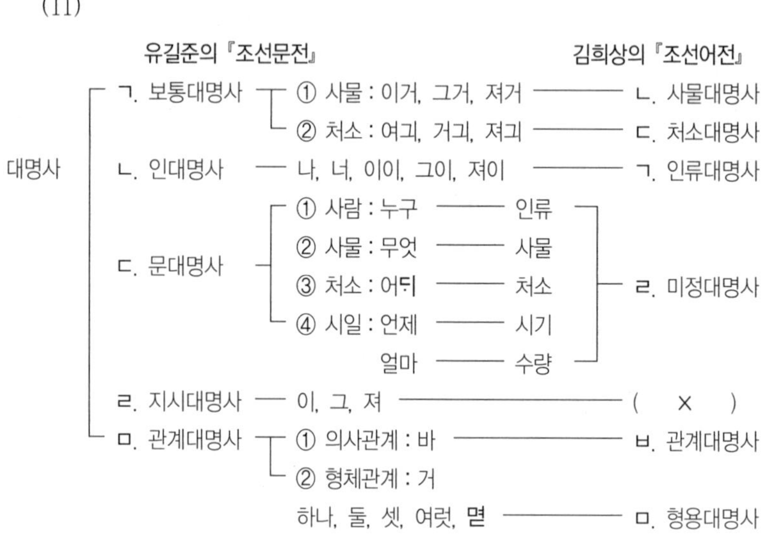

(11)에 의하면 『조선문전』의 (11)ㄹ 지시대명사를 『조선어전』에서는 설정하지 않은 대신 『조선어전』에서는 "형용대명사"를 설정하였을 뿐 거의 그대로 계승하고 있다고 볼 수도 있다. 그러나 이와 같은 대명사의 하위 분류는 둘 다 영어문법의 영향을 받아 이루어졌기 때문에 거의 일치하는 것이라 하겠다.

3.3. 동사의 성립과 분류

3.3.1. 동사의 성립

동사의 성립과정과 그 범주를 알아내기 위하여 『초등국어어전』의 "동사, 동사의 연습, 동사 적기, 동사 채오기, 말 만들기, 동사 복습" 단원에 나타나는 동사의 뜻매김과 <보기말>로 보인 것과 『조선어전』의 "사의 총론, 각 사의 종류" 단원에 나타나는 동사의 뜻매김과 <보기말>로 보인 것을 간추려 정리해 보이면 다음과 같다.

> (12) 동사～무엇이든지 움자기는 뜻이 잇는 말.
>   <보기> ㄱ. 간다, 온다, 잔다, 먹는다, 다닌다, 부른다, 쓴다
>   웃는다, 짜린다, 한다, 마신다, 만진다……
>   ㄴ. 갓다, 왓습니다. 알앗습니다, 가깃소
>   ㄷ. 드시오, 흐시오, 닥그오, 부르오/오나라, 쳐라, 무더라
>   ㄹ. 빈온다, 온다, 간다, 몰느니, 타고, 치거든, 사다가, 쩌러
>   진다
> (『초등국어어전』 : 16~23, 27~28)

> (13) 동사～一切行動을 示ᄒᆞᆫ 語
>   <보기> ㄱ. 가오, 날느오, 흘느오, 피오
>   ㄴ. 사오, 그리오, 쪼오, 치네, 쓰오
>   ㄷ. 가(往), 오(來), 찔느(刺), 기우리(傾)……
> (『조선어전』 : 18, 32~36)

(12), (13)에서 보인 동사의 뜻매김은 아주 간결하고 정확하게 표현했다고 하겠는데 (13)에서는 (12)의 뜻매김을 한자로 나타내었을 뿐 별 차이는 없지만 그 <보기말>은 약간의 차이를 보인다.

(12)ㄱ～ㄷ은 여러 가지 동사를 보인 것인데, 동사의 정확한 기본형은 밝히지 않고, 동사의 어간에 여러 가지 어미(선어말어미, 어말어미)가 결합한 꼴을 동사로 처리한 것이다. 그러나 (12)ㄹ과 (13)ㄱ～ㄷ은 모두 움직임을 나타내는 구속의미소인 뿌리형태소만을 동사로 처리한 것이다. 개화기 문법 저서들에서 동사의 기본형을 처리한 태도를 보면, (12)ㄱ～ㄷ과 같이 움직임을 나타내는 뿌리형태소에 여러 가지 어미가 결합한 꼴을 동사로 처리한 이는 유길준(1904?), 김규식(1909), 김희상(1909)이고, (12)ㄹ과

(13)ㄱ~ㄷ과 같이 움직임을 나타내는 뿌리형태소만을 동사로 처리한 이
는 주시경(1905, 1910)과 김희상(1911)이다. 그러나 움직임을 나타내는 뿌
리형태소만을 동사의 기본형으로 처리한 것은 잘된 처리로 보기는 어렵다
고 하겠다.

이와 같이 김희상의 『조선어전』에 설정한 동사는 처음 『초등국어어전』
에서는 움직임을 나타내는 낱말의 구속형태소인 뿌리형태소에 여러 가지
어미가 결합한 꼴과, 또 그 뿌리형태소만을 동사로 설정했다가 『조선어전』
에서는 뿌리형태소에 여러 가지 어미가 결합한 꼴은 동사의 범주에서 덜
어내고, 움직임을 나타내는 낱말의 뿌리인 구속형태소만을 동사로 처리한
데서 이루어진 것으로 이는 주시경(1905, 1910)에서 영향을 받은 것으로 보
인다. 그러나 이러한 처리는 동사의 정확한 기본형을 알 수 없고, 그 범주
도 불분명하므로 뒷날 다시 다듬어지게 되었다.

3.3.2. 동사의 분류

동사의 하위분류는 『조선어전』(32~36)의 "동사의 종류" 단원에 나타나
는데 여기서 동사를 크게 동사의 종류(1)과 동사의 종류(2)로 나누고, 동
사의 종류(1)은 그 의의에 따라 <자동사, 타동사>로 나누고, 동사의 종류
(2)에서는 동사 성립의 성분되는 자모 중 제일 마지막 모음의 음을 따라
<ㅏ음동사, ㅓ음동사, ㅕ음동사, ㅗ음동사, ㅜ음동사, ㅡ음동사, ㅣ음동
사, ·음동사, ㅣ중모음동사>의 9종류로 나누고 <보기말>과 뜻매김을 보
인 후 끝에 가서 동사 종류의 표를 만들어 보였다. 이 표에다가 <보기말>
을 보충하여 다시 표로 만들어 보이면 다음과 같다.

    (14) 동사의 종류
        ㄱ. 동사의 종류(1)-의의상 분류
           ① 자동사 : 사람이 <u>가</u>오, 새가 <u>날느</u>오, 물이 <u>흘느</u>오
           ② 타동사 : 내가 붓을 <u>사</u>오, 학도가 그림을 <u>그리</u>오

새가 쌀을 <u>쪼오</u>, 벌이 꿀을 <u>치</u>네

　ㄴ. 동사의 종류(2)-음별상 분류

　　① ㅏ음동사 : 가(往), 사(買), 닦(修), 받(受), 타(乘)

　　② ㅓ음동사 : 거(劃), 벗(脫), 덮(覆), 떨(慄)

　　③ ㅕ음동사 : 펴(敷), 혀(點), 켜(鉅)

　　④ ㅗ음동사 : 보(見), 오(來), 쏘(射), 뽑(選)

　　⑤ ㅜ음동사 : 두(寘), 주(給), 구(煮), 부(注)

　　⑥ ㅡ음동사 : 쓰(書), 끓(沸), 찔느(刺), 길느(養)

　　⑦ ㅣ음동사 : 피(發), 기(匍), 치(除), 끼(挾)

　　⑧ ·음동사 : ㅎ(爲)

　　⑨ ㅣ중모음동사 : 쉬(息), 되(成), 캐(採), 빼(抽)

(14)ㄱ의 동사의 종류(1)의 분류를 김희상은 의의상 분류라고 했는데, 이는 동사의 그 움직임이 미치는 범위에 따라 구분한 것이다.

(14)ㄱ①의 자동사는 <행동이 動者에게 止ㅎ고 他에게 其關係의 及홈되지 안이 ㅎ는 동사>라 했는데, <보기말>에서 <가오, 날느오, 흘느오>의 움직임이 주어인 <사람이, 새가, 물이>에만 미치는 동사를 이르는 것이고, (14)ㄱ②의 타동사는 <행동이 動者에게서 발ㅎ야 他에 及홈되는 동사>라 하였으므로 이는 동사 <사오, 그리오, 쪼오, 치네>의 그 움직임이 주어 이외에 목적어인 <붓을, 그림을, 쌀을, 꿀을>에도 미치는 동사를 이르는 것이다.

(14)ㄱ과 같은 동사의 분류는 영어문법의 영향을 받아 만들어진 주시경의 『국문문법』(1905?)의 동작의 분류와 일본문법의 영향을 받아 만들어진 유길준의 『조선문전』(1904?)의 동사의 분류와 일치하고 있다. 이것을 대조시켜 보이면 다음과 같다.

(15)

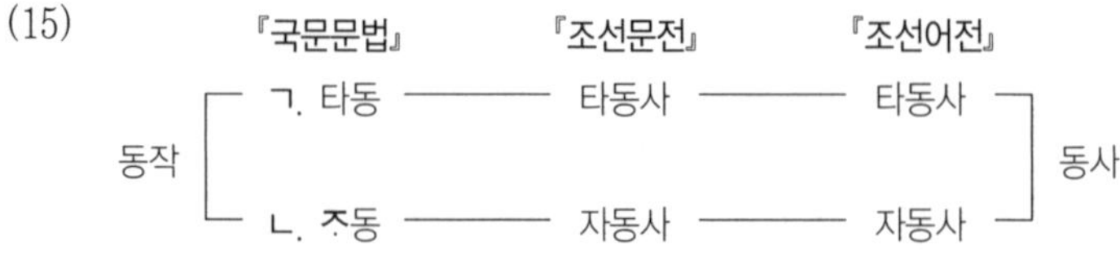

(15)와 같이 동사의 분류가 쉽게 일치하는 것은 이들 모두 다른 나라 문법의 영향을 받은 것으로 보이며, 문법적으로 의의가 있는 분류이다.

그러나 (14)ㄴ의 동사의 종류(2)는 각 동사의 어간 음절의 모음이 어떤 종류로 끝나느냐에 따라 분류한 것인데, 이러한 분류는 비록 김희상(1911)에서 처음 시도된 것이기는 하지만 문법적으로 아무런 의의가 없는 것이다. 이러한 분류가 필요하다면 동사, 형용사 외에 명사, 부사, 토 등에서도 이와 같은 분류를 했어야 옳았을 것이다. 단지 동사와 형용사에만 이러한 분류를 한 것은 그 의도를 알 수가 없다. 그 외 동사는 움직임의 주체가 스스로 움직이느냐 남의 움직임을 받느냐에 따라 <직동(주동사), 피동(피동사)>로 나눌 수 있고, 또 동사 활용의 기능관계에 따라 <규칙동사(정격동사), 불규칙동사(변격동사)>로 나눌 수도 있다. 이러한 분류를 김희상(1911)에서는 의식하지 못하고 있다.

3.4. 형용사의 성립과 분류

3.4.1. 형용사의 성립

형용사의 성립과정과 그 범주를 알아내기 위하여 『초등국어어전』의 "형용사, 형용사 연습, 형용사 적기, 형용사 채오기, 말 만들기, 형용사 복습" 단원에 나타나는 형용사의 뜻매김, <보기말>과 『조선어전』의 "사의 총론, 각 사의 종류" 단원에 나타나는 형용사의 뜻매김과 <보기말>로 보인 것을 간추려 보이면 다음과 같다.

(16) 형용사~무엇이든지 形容ᄒᄂᆫ 뜻이 잇ᄂᆫ 것.
　　　　〈보기〉 ㄱ. 조타, 흉ᄒ다, 어엿부다, 미웁다, 길다, 짧다, 기르오,
　　　　　　　　　　둥그르오, 아프오, 매우오, 붉으오
　　　　　　　　ㄴ. 붉은 눌은, 히인, 좁은, 넓은, 놉흔, 나즌, 깁흔, 얏흔,
　　　　　　　　　　긴, 죡흔, 푸른, 더운, 치운, 셔늘흔, 쌋뜻흔, 잇ᄂᆫ, 검
　　　　　　　　　　은, 짠, 먼, 쏴죡흔
　　　　　　　　ㄷ. <u>어렵소</u>, <u>더럽기</u>, <u>쉽소</u>, <u>깁허셔</u>, <u>달으오</u>
　　　　　　　　ㄹ. 져(나무, 아해)
　　　　　　　　ㅁ. 흔, 둘, 다섯, 여듊, 두, 셰, 네, 여섯, 일곱(장)(방울),
　　　　　　　　　　아홉, 여러 만(방울이)
　　　　　　　　　　　　　　　　　（『초등국어어전』: 30~38, 62~63)

(17) 형용사~名詞나 代名詞의 形容을 示ᄒᄂᆫ 語.
　　　　〈보기〉 ㄱ. 붉은, 높은, 좋은, 낮은, 얇은, 어엿분, 찬, 밝은, 푸른,
　　　　　　　　　　맑은, 흰, 검은, 짧온, 얕온, 높온, 치우는
　　　　　　　　ㄴ. 적은, 많은, 여럿, 천, 만, 백, 한, 두
　　　　　　　　　　① 한, 두, 세, 네, 다섯
　　　　　　　　　　② 몇, 여러, 많은, 적은
　　　　　　　　ㄷ. 오는, 가는, 본, 홀, 입은, 먹은
　　　　　　　　ㄹ. <u>의것</u>, <u>그것</u>, <u>저것</u>
　　　　　　　　ㅁ. 무슨, 어늬
　　　　　　　　　　　　　　　　　（『조선어전』: 18, 37~43)

　　(16), (17)에서 보인 형용사의 뜻매김을 보면, (16)에서는 무엇이든지
형용하는 뜻이 있는 것이라 하였고, (17)에서는 (16)의 '무엇이든지'라는
말 대신에 '명사나 대명사'를 구체적으로 들어 형용하는 어라 하였을 뿐
근본적인 뜻에 있어서는 큰 차이는 없다, 그런데 (16), (17)에서 밝힌 형
용사의 뜻매김은 영어문법에서 형용사의 한정용법을 이르는 것으로, 우리
말에서는 문장에서 관형어로 쓰이는 관형사와 임시적 기능변화인 자격변
동법에 의하여 만들어진 동사나 형용사의 관형사형에 해당하는 말이다.
구체적으로 그 〈보기말〉을 살펴보면, (16)ㄱ~ㄷ은 사물의 성질이나 상

태를 나타내는 낱말인데, (16)ㄱ은 그런 낱말의 어간에 어미인 {-다, -오}가 결합된 꼴을 형용사로 처리한 것이고, (16)ㄴ은 그런 낱말의 어간에 {-은/-는}이 결합된 꼴을, (16)ㄷ은 그런 낱말의 어간만을 각각 형용사로 처리한 것이다.

그러나 (16)ㄹ은 대명사와 꼴이 같은 관형사가 문장에서 뒤에 오는 명사를 한정하는 일을 하는 관형어로 쓰인 말을 형용사로 처리한 것이고, (16)ㅁ은 수량을 나타내는 낱말이 문장에서 관형어로 쓰인 것(수사의 변이형태)을 형용사로 처리한 것이다.

그러므로 (16)ㄹ, ㅁ은 관형사 또는 수사(또는 수관형사)에 해당하는 말인데, 이러한 것들을 형용사로 처리한 것은 이들이 문장에서 뒤에 오는 명사(또는 체언)를 한정하는 구실을 하기 때문인데 이는 영어문법에서 형용사가 명사의 바로 앞 또는 뒤에서 그 명사를 수식하는 한정용법을 적용한 것이라 하겠다. 그러나 이러한 구실을 하는 것은 우리말에서는 관형사(또는 용언의 관형사형)가 맡고 있는데, 김희상은 국어문법에서 관형사를 독립된 품사로 설정하지 않았기 때문에 그 구실을 고려하여 형용사로 처리한 것이다.

(17)에서는 (16)ㄱ, ㄷ을 형용사의 범주에서 덜어내고, (17)ㄷ과 같은 움직임을 나타내는 낱말의 어간에 {-는/-은, -ㄹ}이 결합되어 월에서 관형어로 쓰이는 낱말과 (17)ㄹ, ㅁ과 같은 대명사와 꼴이 같은 관형사를 형용사로 처리하였을 뿐 그 외는 (16)의 형용사 범주를 그대로 계승하고 있다.

그러나 (17)에서 (16)ㄱ과 같이 사물의 성질이나 상태를 나타내는 낱말의 어간에 {-다, -오}가 결합된 꼴을 형용사의 범주에서 덜어낸 것은 형용사의 범주를 오히려 퇴보시킨 결과가 되었다. 그리고 (16)ㄷ과 같이 사물의 성질이나 상태를 나타내는 낱말의 어간만을 형용사로 처리한 태도는 이미 주시경(1905, 1908, 1910)에서 모두 형용사로 처리하고 있으므로 이러한 것은 주시경 문법의 영향을 받은 것으로 보인다.

그러므로 김희상의 『조선어전』에 설정한 형용사는 명사나 대명사를 꾸며주는 말로 뜻매김되며, 그 범주는 사물의 성질이나 상태를 나타내는 낱말의 어간이나 움직임을 나타내는 낱말의 어간에 각각 {-는/-은, -ㄹ}이 결합된 꼴과 일부 수량을 나타내는 낱말과 대명사와 꼴이 같은 관형사 {이, 그, 저, 무슨, 어늬}들이 문장에서 관형어로 쓰이는 것을 모두 묶어서 하나의 품사로 처리한 데서 이루어진 것이다. 그러나 『초등국어어전』에서 의식한 형용사의 서술기능을 『조선어전』에서는 계승하지 않은 것은 큰 잘못이라 하겠다. 김희상 문법의 이러한 형용사 처리는 개화기 문법의 공통된 현상으로 이는 모두 영어문법의 영향이므로 국어문법과는 상당한 차이가 있는 것들이다.

3.4.2. 형용사의 분류

형용사의 하위분류는 『조선어전』(37~43)의 "형용사의 종류" 단원에 나타나는데, 형용사 분류도 동사 분류와 같이 먼저 크게 형용사의 종류(1) 과 형용사의 종류(2)로 나누고, 형용사의 종류(1)은 다시 그 의의에 따라 1차로 <보통형용사, 수량형용사, 행동형용사, 대명형용사, 미정형용사>의 5종류로 나누고, 2차로 수량형용사는 <정수, 미정수>로, 대명형용사는 <근칭, 중칭, 원칭>으로 각각 하위분류하였다. 또 형용사의 종류(2)에서는 동사의 종류(2)에서와 마찬가지로 음별상 분류라 하여 형용사의 성립의 성분이 되는 자모의 제일 마지막 위치의 모음의 음을 따라 다시 9종류로 나누고 <보기말>을 보이고 뜻매김을 한 후 끝에 가서 표로 나타내 보였다. 이 표에 <보기말>을 보충하여 다시 표로 만들어 보이면 다음과 같다.

    (18) 형용사의 종류
       ㄱ. 형용사의 종류(1)―의의상 분류
         ① 보통형용사 : 붉은, 높은, 좋은, 낮은, 얇은, 넓은, 어엿분,

          찬, 밝은 / 새, 훗, 겹

    ② 수량형용사 : 적은 많은 / 여럿, 천, 만, 백, 한, 두

        ㉠ 정수 : 한, 두, 세, 네, 다섯

        ㉡ 미정수 : 몃, 여러, 많은, 적은

    ③ 행동형용사 : 오는, 가는, 본, 홀, 입은, 먹은

    ④ 대명형용사 : 이것, 그것, 저것

        ㉠ 근칭 : 이 / ㉡ 중칭 : 그 / ㉢ 원칭 : 저

    ⑤ 미정형용사 : 무슨, 어늬

  ㄴ. 형용사의 종류(2)—음별상 분류

    ① ㅏ음 형용사 : 짧(短), 밝(明), 같(同), 낮(低)

    ② ㅑ음 형용사 : 얕(淺), 얇(薄)

    ③ ㅓ음 형용사 : 검(黑), 넓(廣), 젊(少)

    ④ ㅕ음 형용사 : 엷(淺, 淡), 겹(甲)

    ⑤ ㅗ음 형용사 : 높(高), 곯(飢), 골(腐)

    ⑥ ㅜ음 형용사 : 붉(紅), 더우(熱)

    ⑦ ㅡ음 형용사 : 빨느(疾), 겔느(懶), 늙(老), 붙(着)

    ⑧ ㅣ음 형용사 : 길(長), 깊(深), 시(酸)

    ⑨ ㅣ중모음형용사 : 재(速), 째(稀貴)

(『조선어전』 : 37~43)

(18)ㄱ①의 보통형용사는 <형용 各種에 應ᄒ야 보통으로 형용올 示ᄒ는 형용사>라 하였는데, 그 <보기말>을 보면, 문장 속에서 관형어로 쓰이는 말로 대상의 속성이나 상태를 표시하는 형용사의 관형사형과 꾸밈을 받는 명사의 성질이나 상태를 실질적으로 제한하는 성상관형사(性狀冠形詞)를 이르는 것이고, (18)ㄱ②의 수량형용사는 <수량인 형용올 示ᄒ는 형용사>라 하였으므로 이는 수량이나 정도가 일정한 기준이하이거나 기준을 넘음을 나타내는 형용사의 관형사형과 단위성 의존명사와 결합하여 사물의 수량을 표시하는 수량관형사를 묶어서 수량형용사로 처리한 것인데, 여기에는 확정된 수를 나타내는 정수와 아직 미정된 수를 나타내는 미정수(부정수)가 있다. (18)ㄱ③의 행동형용사는 <행동의 義롤 함유흔 형용

사>라 하였는데, 이는 문장 속에서 관형어로 쓰이는 동사의 관형사형을 이르는 것이고, (18)ㄱ④의 대명형용사는 <代名 지칭인 형용사>라 하였는데, 이는 발화 현장이나 문장 밖에 존재하는 대상을 가리키는 지시관형사를 이르는 것으로 인칭대명사의 제3인칭과 대응관계를 이루고 있어 대명사와 같이 근칭(이), 중칭(그), 원칭(저)의 3인칭으로 나누고 있다. (18)ㄱ⑤의 미정형용사는 <未定 또는 未詳호 형용올 示호는 형용사>라 하였으므로 이는 여럿 가운데서 어떤 잘 모르거나 꼭 집어 말할 수 없는 막연한 대상을 가리키는 말로 의문이나 부정을 나타내는 지시관형사를 미정형용사로 처리한 것이다.

이와 같이 김희상(1911)에서 형용사는 문장에서 관형어로 쓰일 수 있는 말은 모두 형용사로 처리하였는데, 이는 영어문법의 영향이라 하겠다. 그리고 형태상으로 변화어(동사, 형용사)와 형태상으로 불변화어이고, 기능상으로는 수식어(관형사)를 같은 범주에 넣어 처리한 것은 잘된 처리로 보기는 어렵다. 그러나 개화기 문법 저서에서 이와 같은 분류를 한 문법 저서는 없으므로 독특한 분류이기는 하지만 분류의 기준도 뚜렷이 없이 낱말이 가지고 있는 뜻을 기준으로 분류한 것이기 때문에 문법적으로는 별로 의의가 없다고 하겠다.

또 (18)ㄴ의 형용사의 종류(2)는 음별상 분류라 하였는데, 이것은 앞의 동사와 같이 어간 끝음절의 모음이 어떤 종류의 모음을 가지고 있느냐에 따라 분류한 것이므로 이것도 문법적으로 아무런 의의가 없는 것이다.

3.5. 부사의 성립과 분류

3.5.1. 부사의 성립

다음은 부사의 성립과정과 그 범주를 알아내기 위하여 『초등국어어전』

의 "부사, 부사 연습, 부사 적기, 부사 채오기, 말 만들기, 부사 복습" 단원에 나타나는 부사의 뜻매김, <보기말>과 『조선어전』의 "사의 총론, 각 사의 종류" 단원에서 보인 부사를 간추려 정리해 보이면 다음과 같다.

> (19) 부사~動詞와 形容詞와 밋 다른 副詞의 쯧을 돕는 것.
>   <보기> ㄱ. <u>쌜니</u> 가시오, <u>급히</u> 오나라, <u>붉게</u> 칠ᄒ시오, <u>깁게</u> 파라,
>   <u>몹시</u> 싸리지마라, <u>일즉</u> 오나라, <u>얼는</u> 가거라
>   ㄴ. <u>퍽</u> 붉은 것이오, <u>딘단히</u> 급ᄒ오, <u>미오</u> 큰 것이오, <u>썩</u> 조
>   소, 시검엇소, 꼭 ᄒ사롬이 <u>아즉</u> 머럿소, <u>심히</u> 조흔 일
>   이다
>   ㄷ. <u>퍽</u> <u>싸르게</u> 간다, <u>미오</u> <u>조케</u> 된다, <u>딘단히</u> <u>어렵게</u> 말ᄒ
>   다, <u>썩</u> <u>겯느게</u> ᄒ다, <u>어셔</u> <u>밧비</u> 가자, (너논) <u>날마다</u> 매
>   <u>오</u> <u>늣게</u> 오논구나, <u>몹시</u> <u>미옵게</u> 먹는다
>   (『초등국어어전』 : 39~49, 64~65)

> (20) 부사~動詞, 形容詞 及 他 副詞의 義롤 助ᄒ논 語.
>   <보기> ㄱ. 매오, 퍽, 아주, 가장, 겨우, 발서, 이제, 너무, 뭃이, 가
>   히, 응당, 불가불, 반닷이, 잇다가, 즉금, 장차, 이리, 저
>   리, 그리, 안이, 못, 예, 네, 응, 오냐
>   ㄴ. ① 동에서, 북으로, 사람에게
>   ② 이것에서, 이것으로, 저이에게
>   ③ 가게, 오게, 되도록, 가고져, 먹게, 읽게, 쓰게, ᄒ도록
>   ④ 붉게, 희게, 길도록, 넓도록, 크게
>   (『조선어전』 : 18~19, 44~47)

(19), (20)에서 보인 부사의 뜻매김은 '동사, 형용사 및 다른 부사를 도우는 말'이라 하였는데 이는 부사의 구실을 기반으로 뜻매김한 것이라 하겠다. 그 <보기말>을 보면, (19)ㄱ은 부사가 동사를, (19)ㄴ은 부사가 형용사를, (19)ㄷ은 부사가 다른 부사를 꾸미는 것을 각각 보인 것인데, 그 가운데는 부사로 처리하기 곤란한 것들도 섞여 있음을 알 수 있다. 즉 "깁

게, 빠르게, 조케, 어렵게, 걸느게, 늦게, 미웁게" 등은 사물의 성질이나
상태를 나타내는 낱말의 어간에 어미 {-게}가 결합되어 문장에서 부사어
로 쓰이는 것을 부사로 처리한 것인데, 이것도 임시적 기능변화인 자격변
동법에 의하여 만들어진 형용사의 부사형을 부사로 처리한 것이다. 또 "시
검엇소"의 {시-}는 "검엇소"의 앞에 놓여 새로운 낱말을 파생하는 접두사
이다. 그리고 (20)ㄱ은 '원성부사'라 하였는데, 이것들은 부사의 범주에
넣어 처리될 수 있는 낱말들이지만 (20)ㄴ에서 '첨부사'라 한 것들을 보면,
(20)ㄴ의 ①은 명사+조사, ②는 대명사+조사, ③은 동사의 어간+어미,
④는 형용사의 어간+어미의 구조로 된 것인데, 모두 문장에서 부사어로
쓰이는 것들을 부사로 처리한 것이다. 그러므로 (20)ㄴ의 <보기말>들은
부사의 범주에 넣어서 처리하기는 곤란한 것들이다. 그러나 개화기에 국
어문법을 연구한 이들은 이것들도 모두 부사의 범주에 넣어서 품사분류를
했기 때문에 이들의 영향을 받은 것으로 보아진다.

그러므로 김희상의 『조선어전』에 설정한 부사는 '동사와 형용사 및 다
른 부사를 꾸며주는 낱말'로 뜻매김되며 그 범주는 본디부사와 체언에 조
사가 결합된 말, 용언의 어간에 어미 {-게, -도록}이 결합되어 문장에서
부사어로 쓰인 말을 모두 묶어서 하나의 품사로 처리한 데서 이루어진 것
인데, (20)ㄴ과 같은 것을 부사의 범주에 넣어 처리한 것은 개화기 국어문
법들의 보편적인 현상이기는 하지만 부사로 처리하기는 곤란한 것들이다.

3.5.2. 부사의 분류

부사의 하위분류는 『조선어전』(44~48)의 "부사의 종류" 단원에 나타나
는데, 김희상은 여기서도 부사를 먼저 크게 부사의 종류(1)과 부사의 종
류(2)로 나누었다. 다시 부사의 종류(1)은 그 의의에 따라 <형용부사, 행
동부사, 사실부사, 시간부사, 방향부사, 타소부사, 응대부사>의 7종류로
나누고, 부사의 종류(2)는 그 성립의 체재에 따라 <원성부사, 첨성부사>

의 2종류로 나누고 각각 <보기말>을 보인 후 뜻매김을 하고, 단원의 마지막에는 부사의 종류를 간추려 표로 나타내 보였다. 이 표에 <보기말>을 첨가하여 다시 표로 만들어 보이면 다음과 같다.

> (21) 부사의 종류
>   ㄱ. 부사의 종류(1)-의의상 분류
>   ① 형용부사 : 매오, 잘, 퍽, 너무, 몹시, 가장 / 붉게, 크게
>   ② 행동부사 : 가게, 오게, 먹게, 읽게, 쓰게, ㅎ도록
>   ③ 사실부사 : 불가불, 응당, 가히, 반닷이
>   ④ 시간부사 : 잇다가, 즉금, 발서, 장차, 임에, 이제
>   ⑤ 방향부사 : 저리, 이리, 그리
>   ⑥ 타소부사 : 안이, 못
>   ⑦ 응대부사 : 예, 네, 응, 오냐
>   ㄴ. 부사의 종류(2)-음별상 분류
>   ① 원성부사 : 매오, 퍽, 아주, 가장, 겨우, 발서, 이제
>   ② 첨성부사 :
>   ㉠ 명　사 : 동에서, 북으로, 사람에게
>   ㉡ 대명사 : 이것에서, 이것으로, 저이에게
>   ㉢ 동　사 : 가게, 오게, 되도록, 가고저
>   ㉣ 형용사 : 붉게, 희게, 길도록, 넓도록
>   (『조선어전』 : 44~48)

(21)ㄱ①의 형용부사는 <형용의 義롤 함유혼 부사>라 하였는데, 이는 주로 용언의 내용을 실질적으로 꾸미는 성상부사와 형용사의 부사형을 묶어 형용부사로 처리한 것이고, (21)ㄱ②의 행동부사는 <행동의 義롤 함유혼 부사>라 하였으므로 이는 동사의 부사형을 행동부사로 처리한 것이며, (21)ㄱ③의 사실부사는 <사실올 示ᄒ는 부사>라 하였으므로 이것도 앞의 ①과 같이 주로 용언의 내용을 실질적으로 꾸미는 성상부사에 해당하는 것이다. 또 (21)ㄱ④의 시간부사는 <시간올 示ᄒ는 부사>라 하였으므로 이는 시간지시부사라 할 만 하지만 <보기말>을 보면, 오히려 ①과 같은

성상부사에 더 가깝다고 하겠다. 그러나 (21)ㄱ⑤의 방향부사는 <방향을 指ᄒᆞ는 부사>라 하였으므로, 이는 발화현장을 중심으로 처소나 시간을 가리키거나 앞에 나온 이야기의 내용을 지시하는 지시부사이며, (21)ㄱ⑥의 타소부사는 <打消의 義를 함유흔 부사>라 하였으니, 이는 용언의 의미를 부정하는 방식으로 꾸며주는 부정부사이며, (21)ㄱ⑦의 응대부사는 <人의 所要를 응대ᄒᆞ는 부사>라 하였으므로 이는 부사가 아니고 화자가 발화 현장에서 상대방의 부름에 대해 자기의 의지를 표출하는 감탄사의 일부이다.

이처럼 김희상(1911)에서 분류한 부사의 종류(1)에서 ①, ③은 성상부사에 해당하는 것이고 ④, ⑤는 지시부사, ⑥은 부정부사이고, ②는 문장에서 부사어로 쓰일 수 있는 동사의 부사형이고, ⑦은 감탄사에 속하는 것을 모두 부사로 처리한 후 그 낱말의 뜻에 따라 분류한 것이다. 이와 같은 분류는 개화기에 어느 누구의 문법 저서와도 일치하는 것은 없다. 그러므로 김희상의 독특한 분류이기는 하지만 문법적으로 별 의의를 갖지 못한다고 하겠다.

(21)ㄴ의 부사의 종류(2)는 그 부사가 만들어진 모양을 따라 분류한 것으로 (21)ㄴ①의 원성부사는 <原成 自立흔 부사>라 하였으므로 이는 본디부사에 해당하는 것이고, (21)ㄴ②의 첨성부사는 <명사, 대명사, 동사, 급 형용사 末에 吐를 添ᄒᆞ야 成흔 부사>라 하였으므로 이는 김희상 문법 체계 안에서는 파생부사라 할 수 있겠으나 이들은 '체언＋토(조사)' 또는 '용언＋토(어미)'로 이루어져 문장에서 부사어로 쓰일 수 있는 것들을 의미하는 것이다. 그러므로 (21)ㄴ①은 부사이지만 ②는 부사로 처리될 수 없는 것들이다. 개화기 문법 저서에서 (21)ㄴ과 같은 부사의 분류는 유길준의 『조선문전』 또는 『대한문전』에 나타나 있다. 이것을 대조해 보이면 다음과 같다.

(22)

```
                유길준의 『조선문전』              김희상의 『조선어전』

부사 ┌ ㄱ. 정격부사 : 자못, 문득    ── 매오, 퍽, 아주 :    ㄱ. 원성부사 ┐ 부사
     └ ㄴ. 변격부사 ─────────────────────── ㄴ. 첨성부사 ┘
       ① 형용사 : 쌀리, 쌀으게      ── 붉게, 희게 :      ① 형용사
       ② 명  사 : 씌로, 집에        ── 동으로, 북으로 :  ② 명사
             (        )           ── 가게, 오게 :      ③ 동사
       ③ 한자어 : 甚히, 正直ᄒ게  ─────── (        )
                                 이것에서, 이것으로 :  ④ 대명사
```

(22)ㄱ의 정격부사 또는 원성부사는 그 본디 체를 바꾸지 아니하는 부사이므로 본디부사이고 (22)ㄴ의 변격부사 또는 첨성부사는 형태구조적인 특징관계를 보인 것으로 문장에서 부사어로 쓰일 수 있는 문장성분에 해당하는 것으로 그 하위분류도 서로 일치하는 면이 있으므로 앞에서 보인 (21)ㄴ의 부사의 종류(2)의 분류는 유길준 문법과 서로 영향관계가 있는 것으로 보아진다. 그러나 이와 같은 부사의 분류도 문법적으로는 별 의의가 없다고 하겠다.

3.6. 감탄사의 성립과 분류

3.6.1. 감탄사의 성립

감탄사의 성립과정과 그 범주를 알아내기 위하여 먼저 『초등국어어전』의 "감탄사, 감탄사 연습, 감탄사 적기, 감탄사 채오기, 말 만들기, 감탄사 복습" 단원과 『조선어전』의 "사의 총론, 각 사의 종류" 단원에 나타나는데 그 뜻매김과 <보기말>을 간추려 정리해 보이면 다음과 같다.

> (23) 감탄사~우리가 깃부고, 셩닉고, 무셥고, 사랑ᄒ고, 미웁고, 慾心이
>   잇슬적에 ᄒᄂ 말
>   <보기> 아, 허, 이, 흥, 에구, 응, 음, 흥흥, 자, 어이, 참, 야, 후,
>   에, 이런, 져런, 그런
>
> (『초등국어어젼』: 50~55, 66~67)

> (24) 감탄사~喜怒哀懼愛惡慾의 七情을 發表ᄒᄂ 語.
>   <보기> 아, 응, 암, 에구
>
> (『조선어젼』: 19~20)

(23), (24)에서 보인 감탄사의 뜻매김을 보면 둘 다 인간의 7가지 감정을 나타내는 낱말을 감탄사로 처리하고 있는데, (24)는 (23)의 뜻매김을 한자로 바꾸었을 뿐 차이는 없고, <보기말>은 오히려 (24)보다 (23)에서 더 많이 보이고 있다. 그리고 (23)에서 뜻매김을 한글로 표기하고 <보기말>을 (24)보다 더 많이 보인 것은 (23)는 초등학도용 교재이기 때문에 그 이해를 돕기 위하여 한글로 표기하고, <보기말>도 더 많이 보인 것으로 보아진다. 그러나 <보기말>에서 부르는 말은 빠져있다.

그러므로 화자의 느낌이나 부르는 말과 응답을 나타내는 감탄사를 『조선어젼』에서는 인간의 7가지 감정을 나타내는 낱말로 뜻매김하였으며, 그 범주는 대답하는 말과 느낌을 나타내는 낱말을 묶어서 독립된 품사로 처리하는 데서 이루어진 것이다.

3.6.2. 감탄사의 분류

김희상(1911)에서는 물론이고, 개화기의 국어문법 저서에서 감탄사를 하위분류한 저서는 하나도 없다. 이것은 문법 저자들이 감탄사의 하위분류는 문법적으로 아무런 의의가 없음을 모두 의식하고 있었다고 보아야 할 것이다.

3.7. 토(吐)의 성립과 분류

3.7.1. 토의 성립

김희상 문법에 설정한 '토(吐)'의 성립과정과 그 범주를 알아내기 위하여 먼저『초등국어어전』의 "토, 토의 연습, 토 적기, 토 채오기, 말 만들기, 토 복습" 단원과『조선어전』의 "사의 총론, 각 사의 종류" 단원에 나타나는 토의 뜻매김과 <보기말>로 보인 것들을 간추려 정리해 보이면 다음과 같다.

> (25) 토(吐)~말의 뜻이 되도록 ᄒᆞᄂᆞᆫ 것.
>   <보기> ㄱ. (내)가, (너)를, (학교)에, (冊)도, (붓)은, (사람)에게,
>   (나)는, (부모)의, (밥)이, (것)은, (水中)으로, (泰山)
>   보다, (누구)요.
>   ㄴ. (가)셔, (가)고, (읽으)면, (보)자, (집어)셔, (가)도,
>   (가)깃다. (놉)다. (앗갑)고, (모인)다, (드러)간, (육
>   지)이외다, (오스츄리아)이올시다
>   (『초등국어어전』: 55~62, 67~69)

> (26) 토(吐)~他詞下에 在ᄒᆞ야 言縷[8]롤 완전케 ᄒᆞᄂᆞᆫ 語.
>   <보기> ㄱ. 이/가, 을/를, 과/와, 그려, 랑, 이아말노, 는/은, 만, 나,
>   라도, 인들, 까지……
>   ㄴ. -고, -니, -면, -지만, -ㄹ지언정, -네, -오, -압니다, -느
>   냐, -압니가, -나, -압시다, -세, -자, -나라, -게, -압시
>   오, -서, -거니와, -구나, -지
>   ㄷ. 갯, 시, 엇, 드
>   (『조선어전』: 20, 48~55)

(25), (26)에서 보인 '토(吐)'의 뜻매김을 보면 (25)에서는 '말의 뜻이 되도록 하는 것'이라 하여 그 뜻과 범위가 분명히 드러나지 않았지만 (26)

---

8) '언루'는 '말을 꿴다'는 뜻이므로 곧 '말의 이어짐'의 뜻이라 하겠다(필자 주).

에서는 '다른 품사의 아래에 있어 말의 이어짐을 완전하게 하는 말'이라 하여 그 뜻은 (25)에서 보다 자세하게 되었다. 그 <보기말>을 보면, (25) ㄱ은 체언이나 부사 등의 뒤에 붙어서 다른 말과의 관계를 나타내거나 뜻을 돕거나 하는 말인 조사에 해당하는 말을 이르는 것이고, (25)ㄴ은 용언이 문법적 기능을 여러 가지로 표시하기 위하여 끝이 바뀐 여러 어미를 이르는 것이므로 (25)에서 보인 토란 조사와 용언의 여러 어미를 합친 것을 이르는 것이다. (26)에서 보인 토의 <보기말>을 보면, (26)ㄱ, ㄴ은 (25)ㄱ, ㄴ을 그대로 계승한 것이고, (26)ㄷ만이 다시 추가된 것인데 이들은 용언의 어간과 어미 사이에 끼어들어가서 높임, 때, 따위를 나타내는 형태소인 선어말어미(보조어간)를 토로 처리한 것인데, 주시경(1910)에서는 이것을 '잇기와 끗기'에 넣어서 처리하였다.

그러므로 김희상의 『조선어전』에 설정한 토는 다른 품사의 아래에서 말의 이어짐을 완전하게 하는 말로 뜻매김한 후, 자립성이 있는 말에 붙어 그 말과 다른 말과의 문법적인 관계를 표시하는 낱말인 조사와 용언이 문법적 기능을 표시하기 위하여 끝이 바뀐 여러 어미와 또 어간과 어미 사이에 끼어 들어가는 형태소인 선어말어미를 모두 합쳐서 독립된 품사로 처리한 데서 성립된 것이다. 그러나 자립성이 있는 낱말에 붙는 조사와 자립성이 없는 구속형태소인 용언의 어간에 결합되는 어미를 같은 범주로 처리한 것과 또 (26)ㄷ과 같은 선어말어미를 토의 범주에 넣어 처리한 것은 잘된 처리로 보기는 어렵다.

3.7.2. 토(吐)의 분류

토의 분류는 『조선어전』(48~56)의 "토의 종류" 단원에 나타난다. 여기서 토는 먼저 그 용도에 따라 <조토, 접속토, 종지토, 감탄토, 변동토>의 5종류로 나누고, 조토(助吐)는 다시 사(詞) 및 다른 토(他吐) 아래에 있어 격위와 전성 및 의사를 표시함에 따라 <격위토, 전성토, 의사토>의 3종류로 나누고, 격위토는 또다시 <주위토, 객위토>로 분류하였다. 그리고 종지토는 그 의의에 따라 <평술토, 의문토, 공동토, 명령토>의 4종류로 하위분류한 후 <보기말>을 보이고 각각 뜻매김을 한 다음 단원의 끝에 가서 토의 종류를 간추려 표로 나타내었다. 이 표에 <보기말>을 보충하여 다시 나타내 보이면 다음과 같다.

(27) 토의 종류

    ㄱ. 조토(助吐)

        ① 격위토-㉠ 주위토 : 이, 가

                ㉡ 객위토 : 을, 를

        ② 전성토-㉠ 명사, 대명사, 동사, 형용사롤 전치형용사로 전성ᄒ는 자 : 의, 는, ㄴ, ㄹ

                ㉡ 명사, 대명사롤 첨성부사로 전성ᄒ는 자 : 에, 에서, 에게, 으로, 로

                ㉢ 동사, 형용사롤 첨성부사로 전성ᄒ는 자 : 게, 도록, 고저, 랴고, 야, 듯

        ③ 의사토-갯, 지, 고십흐, 시, 엇, 드, ㅅ

    ㄴ. 접속토-① 字와 字 접속 : 과, 와

             ② 句와 句 접속 : 고, 니, 면, 서, 거니와, 나, ㄹ지언정, 지만, 즉

    ㄷ. 종지토-① 평술토 : 네, 오, 압니다

            ② 의문토 : 냐, 나, 압니가

            ③ 공동토 : 자, 세, 압사이다

            ④ 명령토 : 나라, 게, 압시오

    ㄹ. 감탄토 : 아, 그려, 랑, 구나, 아말노

    ㅁ. 변동토-① 격위토를 代 : 는, 도, 만, 까지

            ② 전성토 및 접속토 아래 : 에는, 에도, 에만, 에까지

            ③ 첩용하여 쓰임 : 까지도, 까지만, 까지는

(『조선어전』 : 48~56)

김희상(1911)에서 설정한 토(吐)의 범위는 오늘날의 조사, 용언의 여러

어말어미와 선어말어미를 모두 포함하는 품사인데, 이것을 하위분류 한다
는 것은 그렇게 간단한 일은 아니었을 것이다. 그러나 그는 먼저 토의 하
위분류 기준을 제시한 다음에 3단계까지 하위분류해 나갔는데 이것을 차
례대로 살펴보기로 한다.

토의 1차 분류는 앞에서 이미 열거한 바와 같이 그 용도에 따라 <ㄱ.
조토, ㄴ. 전성토, ㄷ. 접속토, ㄹ. 종지토, ㅁ. 감탄토 ㅂ. 변동토>의 5종
류로 나누었다.

(27)ㄱ의 조토(助吐)는 다시 사(詞)와 다른 토 아래에 있어서 격위와 전
성 및 의사를 표시함에 따라 <① 격위토, ② 전성토, ③ 의사토>라 2차
하위분류하였는데, (27)ㄱ①의 격위토는 <명사나 대명사 下에 在ㅎ야 該
各詞의 格位룰 示ㅎ는 것>이라 하고, 또다시 <㉠ 주위토, ㉡ 객위토>로
하위분류하였다.

여기서 ㉠ 주위토는 오늘날의 주격조사, ㉡ 객위토는 목적격조사로 각
각 의식한 것이며, (27)ㄱ②의 전성토는 <명사나 대명사 下에 在ㅎ야 該
各詞룰 前實형용사나 添成부사로 전성ㅎ는 토>라 하였는데, 여기에는 명
사나 대명사와 더불어 문장 속에서 관형어나 부사어로 쓰이는 조사와 또
동사나 형용사가 어형변화에 의하여 역시 문장 속에서 관형어나 부사어로
쓰이는 용언의 관형사형어미 및 부사형어미를 이르는 것이고, (27)ㄱ③의
의사토는 <명사, 대명사, 동사 급 형용사 下에 在ㅎ야 該各詞의 의사의 如
何룰 示ㅎ는 토>라 하고 <보기말>로 {갯, 지, 고십흐, 시, 엇, 드, ㅅ}를
보였는데, 이것은 어간과 어말어미의 사이에 끼어드는 형태소인 시제나
높임 등을 나타내는 선어말어미를 이르는 것이다. 그러므로 조토(助吐)는
오늘날의 주격조사, 목적격조사, 관형격조사, 일부의 부사격조사 및 용언
의 관형사형어미 및 부사형어미, 시제나 높임 등을 나타내는 선어말어미
들을 모두 합하여 하나의 토로 처리한 것이라 하겠다.

(27)ㄴ의 접속토는 <① 字와 字의 間이나 ② 句와 句의 間에 在ㅎ야 上
下의 字 또는 句룰 접속ㅎ는 토>라 하였으므로 ①은 접속조사를 이르는

것이고, ②는 용언의 접속어미를 이르는 것이다. 그러므로 이 접속토는 낱말이나 구를 이어주는 토는 모두 접속토로 처리한 것이라 하겠다.

(27)ㄷ의 종지토는 <一句語의 末端에 在ᄒ야 其 句語의 意義를 終止ᄒ는 토>라 하고 이것을 다시 <① 평술토, ② 의문토, ③ 공동토, ④ 명령토>로 하위분류하였는데, 이는 용언의 어간에 붙어서 그 용언을 서술어로 만들어 주며, 문장을 끝맺게 하는 기능을 가진 형태소를 이르는 것으로 말할이와 들을이와의 사이의 주고받는 관계로 보아 4가지로 나눈 것이다.

(27)ㄷ①의 평술토는 <평술의 義를 有ᄒ는 것>이라 하였으므로 이는 말할이가 들을이에게 아무 요구없이 그저 말하는 데서 그치는 말로 문장을 끝맺는 서술형어미를 이르는 것이고, ②의 의문토는 <의문의 義를 有ᄒ는 것>이라 하였으므로 이는 들을이에게 대답을 요구하는 말로 문장을 끝맺는 의문형어미를 이르는 것이고, ③의 공동토는 <共動의 義를 有ᄒ는 것>이라 하였으므로 이는 무슨 행동을 함께 하기를 요구하는 뜻으로 문장을 끝맺는 청유형어미를 이르는 것이며, ④의 명령토는 <명령 및 요구의 義를 有ᄒ는 것>이라 하였으므로 이는 들을이에게 행동을 요구하는 말로 문장을 끝맺는 명령형어미를 이르는 것이라 하겠다.

이와 같은 종지토의 하위분류를 개화기 문법 저서에서 살펴보면, 형태론 분야에서 다룬 주시경(1905, 1910), 김희상(1911)과, 통사론 분야에서 다룬 김규식(1909)으로 나눌 수 있다.

먼저 주시경(1905>1910)에서는 끗기(<죠성)을 <이름(<陳), 물음(<問), 시김(<命), 홀로(<自)>로 하위분류하였고 또 통사론 분야에서 처리한 김규식(1909)에서는 "문장법" 단원에서 "句語9)의 종류"를 <布告句語, 問句語, 命令句語, 提意句語>로 나누었는데, 이것들을 김희상(1911)의 종지토와 대조시켜 보면, 다음과 같다.

---

9) 김규식(1909 : 88)에서 句語라 함은 詞字를 聚合하여 一完全한 思想을 發表하는 것이라고 설명하였다.

(28)

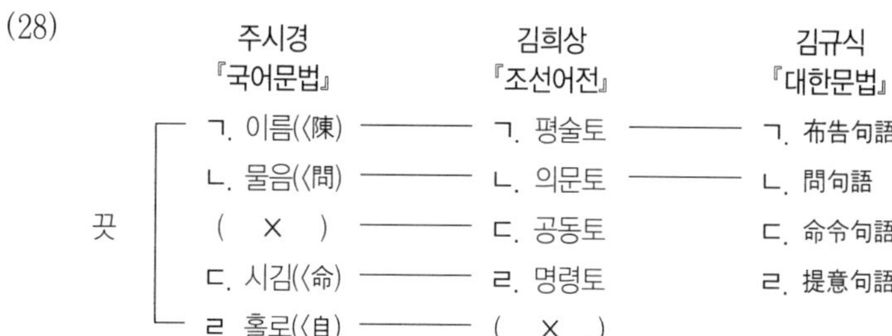

(28)에 의하면 주시경의 "홀로"를 이어받지 않는 대신 "공동토"를 설정하였는데 이것이 오늘날 문법에까지 계승되고 있다. 그리고 김규식의 문법과 비교하면 종지토가 다루어진 분야가 서로 다르고, 순서가 다를 뿐 내용은 꼭 일치하므로 종지토의 하위분류는 김규식(1909)의 영향을 받았을 가능성이 대단히 높다고 할 수 있겠다.

(27)ㄹ의 감탄토는 <감탄의 義롤 有ᄒᄂ는 것>이라 하고 <보기말>로 {그려, 랑, 구나, 아말노}를 보였는데, 여기에는 뜻을 더하는 조사로 문장의 가락에 감탄을 더하는 조사와 문장을 감탄형식으로 끝맺는 말로 용언의 감탄형어미를 함께 이르는 것이라 하겠다.

끝으로 (27)ㅁ의 변동토는 격위토가 아닌 것이 격위토를 대신하여 쓰는 토 즉 보조사가 격조사로 쓰이는 경우와 토가 겹쳐서 쓰이는 것을 모두 합하여 변동토라 하였는데, 이는 토의 쓰임에 해당하는 것이지 토의 종류에 해당하는 것이 아니므로 토의 종류에서는 덜어내어야 하는 것이다.

이와 같이 김희상(1911)에서 설정한 토의 하위분류 가운데 조토의 의사토는 토로 설정하기 곤란한 것이며, 변동토 설정은 토의 종류가 아님을 알 수 있다. 그러나 비록 토의 분류가 조사와 어미가 섞여서 분류되기는 했지만, 분류하기에 앞서 분류기준을 설정한 것과 주위토(이/가)와 객위토(을/를)의 설정과 종지토를 뜻에 따라 하위분류한 것은 문법적으로 의의가 있는 것들이라 하겠다.

4. 마무리

지금까지 살핀 내용을 간추려 정리하면 다음과 같다.

4.1. 품사 설정

김희상의 『조선어전』(1911)에서 품사에 해당하는 용어로 '사(詞)'를 사용하고, 우리말을 7품사(명사, 대명사, 동사, 형용사, 부사, 감탄사, 토)로 분류했는데, 이는 『초등국어어전』(1909)에서 시도한 7언어부분을 큰 변동없이 그대로 계승하여 확립시킨 것이다.

그가 영어문법을 공부하는 과정에서 국어문법 연구를 시작했음에도 불구하고 영어문법의 8품사 체계를 그대로 적용하지 않고 7품사 체계를 확립했다는 것은 나름대로 우리말의 특질을 고려하여 품사분류를 했다고 하겠다.

이는 우리 문법 연구사에서 볼 때 개화기에 7품사 체계를 확립시킨 저서로 국어문법 형성에 영향을 미친 문법이라 하겠다.

4.2. 각 품사의 성립과 분류

1) 명사 : 명사는 ① 사람이나 사물, 새, 짐승, 곳의 이름을 나타내는 낱말과 ② 용언의 어간에 {-(으)ㅁ, -기}가 결합된 꼴, ③ 용언의 어간에 명사를 만들어주는 접미사 {-개, -이, -(으)ㅁ}이 결합하여 파생된 명사 등을 모두 묶어 하나의 품사로 처리하는 데서 이루어진 것이다. 특히 용언의 어간에 {-개}가 결합된 것을 명사로 처리한 것은 개화기 문법 저서들

가운데 처음 있는 일로 문법 연구사에서 높이 평가되어야 하겠다.

그 하위분류는 분류기준은 설정하지 않고 1차로 <① 보통명사, ② 고유명사>로 나누고, 2차로 ① 보통명사는 다시 <㉠ 유형명사, ㉡ 무형명사, ㉢ 행동명사, ㉣ 형용명사>로 나누었는데, 이 보통명사 안에 <유형명사, 무형명사>로 분류한 것은 의의가 있으나 임시적 기능변화인 자격변동법에 의하여 만들어진 <행동명사, 형용명사>를 포함시켜 분류한 것은 잘된 처리로 보기는 어렵다.

2) 대명사 : 대명사는 ① 사람이나 사물의 이름이나 곳을 대신하는 낱말과 ② 이들의 이름이나 신분, 곳을 정확하게 모를 때 사용하는 낱말과 ③ 수량을 나타내는 낱말과 ④ 항상 관형어 아래 매이어 쓰이는 의존명사인 "바"를 모두 묶어서 하나의 품사로 처리한 데서 이루어진 것인데, 이 가운데서 ③, ④는 대명사의 범주에서 덜어내어야 하는 것들이다.

그 하위분류는 역시 분류기준을 설정하지 않고 1차로 <① 인류대명사, ② 사물대명사, ③ 처소대명사, ④ 미정대명사, ⑤ 형용대명사, ⑥ 관계대명사>의 6종류로 나누고 2차로 ① 인류대명사는 다시 <㉠ 제1인, ㉡ 제2인, ㉢ 제3인>으로 나누고, ④ 미정대명사는 다시 <㉠ 인류, ㉡ 처소, ㉢ 사물, ㉣ 시기, ㉤ 수량>으로 나누어 체계를 세웠는데, 1차 하위분류는 이들이 모두 같은 위치에 나란히 놓일 수 있는 성질이 아니다. 즉 ①과 ④의 일부는 인칭대명사이고 ②, ③과 ④의 일부는 지시대명사이며, ⑤와 ⑥은 대명사가 될 수 없는 것들이다. 그러나 ① 인류대명사와 ④ 미정대명사의 2차 하위분류는 그 의의가 있다고 하겠다.

3) 동사 : 동사는 『초등국어어전』에서는 ① 움직임을 나타내는 낱말의 뿌리형태소에 여러 가지 어미가 결합한 꼴과 ② 또 그 뿌리형태소만을 동사로 설정했다가 『조선어전』에서는 움직임을 나타내는 낱말의 뿌리인 구속형태소만을 동사로 처리하는 데서 이루어진 것으로 이는 지나치게 낱말을 분석하는 태도에서 비롯된 것으로 뒷날 다시 다듬어지게 되었다.

그 하위분류는 1차로 <동사의 종류(1), 동사의 종류(2)>로 나누고, 2

차로 (1)은 그 의의에 따라 <① 자동사, ② 타동사>로 나누었고, (2)는 음별상 분류라 하여 <① ㅏ음동사, ② ㅓ음, ③ ㅕ음, ④ ㅗ음, ⑤ ㅜ음, ⑥ ㅡ음, ⑦ ㅣ음, ⑧ ·음, ⑨ ㅣ중모음동사>의 9종류로 나누어 체계를 세웠다. (1)은 동사의 움직임이 미치는 범위에 따라 분류한 것으로 문법적으로 큰 의의가 있는 것이지만, (2)는 동사 성립의 성분되는 자모 중 제일 마지막 모음의 음을 따라 분류한 것으로 김희상(1911)에서 처음 분류한 것이지만 문법적으로 아무런 의의가 없는 것이다.

4) 형용사 : 형용사는 명사나 대명사를 꾸며주는 낱말로 뜻매김되며, 그 범주는 ① 사물의 성질이나 상태를 나타내는 낱말의 어간에 각각 {-는/-은, -ㄹ}이 결합된 꼴과 ② 일부 수량을 나타내는 낱말과 ③ 대명사와 꼴이 같은 {이, 그, 저, 무슨, 어느}들이 문장에서 관형어로 쓰이는 것을 모두 묶어서 하나의 품사로 처리하는 데서 이루어진 것이다. 그러나 『초등국어어전』에서 의식한 형용사의 서술적 기능을 계승하지 않은 것은 큰 잘못이라 하겠다.

그 하위분류는 동사와 같이 1차로 <형용사의 종류(1), 형용사의 종류(2)>로 나누고, 2차로 (1)은 그 의의에 따라 <① 보통형용사, ② 수량형용사, ③ 행동형용사, ④ 대명형용사, ⑤ 미정형용사>의 5종류로 나누고, 3차로 ② 수량형용사는 <㉠ 정수, ㉡ 미정수>, ④ 대명형용사는 <㉠ 근칭, ㉡ 중칭, ㉢ 원칭>으로 나누었으며, (2)는 동사에서와 마찬가지로 음별상 분류라 하여 <① ㅏ음형용사, ② ㅑ음, ③ ㅓ음, ④ ㅕ음, ⑤ ㅗ음, ⑥ ㅜ음, ⑦ ㅡ음, ⑧ ㅣ음, ⑨ ㅣ중모음형용사>의 9종류로 나누어 체계를 세웠다. 그러나 (1)은 문장에서 관형어로 쓰이는 것을 모두 형용사로 처리하여 낱말의 뜻에 따라 분류한 것으로 <보통형용사>의 일부를 제외하고는 형용사가 아니므로 하위분류의 의의가 없으며, (2)도 문법적으로 아무런 의의가 없는 것이다.

5) 부사 : 부사는 동사, 형용사, 다른 부사를 꾸며주는 낱말로 뜻매김되며, 그 범주는 ① 본디부사와 ② 체언에 조사가 결합된 말, ③ 용언의 어

간에 어미 {-게, -도록)이 결합되어 문장에서 부사어로 쓰이는 말을 모두 묶어서 하나의 품사로 처리하는 데서 이루어진 것인데 ②, ③을 부사로 처리한 것은 순전히 구실에 의한 처리이다.

그 하위분류는 부사도 1차로 <부사의 종류(1), 부사의 종류(2)>로 나누고, 2차로 (1)은 뜻에 따라 <① 형용부사, ② 행동부사, ③ 사실부사, ④ 시간부사, ⑤ 방향부사, ⑥ 타소부사, ⑦ 응대부사>의 7종류로 나누었는데 ①, ③은 주로 용언의 내용을 실질적으로 꾸미는 성상부사이고 ④, ⑤는 발화 현장을 중심으로 장소, 시간, 이미 나온 이야기를 가리키는 지시부사이며, ⑥은 용언의 의미를 부정하는 방식으로 꾸며주는 부정부사이며, ⑦은 감탄사이고, ②는 문장에서 부사어로 쓰이는 동사의 부사형이다. (2)는 음별상 분류라 하여 <① 원성부사, ② 첨성부사>로 나누었는데 이는 부사의 구성을 분류한 것으로 ①은 본디부사이고 ②는 여러 가지 품사에 토가 결합되어 문장에서 부사어로 쓰이는 것을 부사로 처리하여 분류한 것이므로 문법상 의의가 없는 분류이다.

6) 감탄사 : 감탄사는 인간의 7가지 감정을 나타내는 낱말로 그 범주는 ① 대답하는 말과 ② 느낌을 나타내는 낱말을 독립된 품사로 처리하는 데서 이루어진 것인데, 부르는 낱말이 <보기말>에 빠진 것은 아쉬운 일이다. 그리고 감탄사의 하위분류는 문법상 아무런 의의가 없음을 의식하여 하위분류를 하지 않았다.

7) 토(吐) : 토는 다른 품사의 아래에서 말의 이어짐을 완전하게 하는 말로 뜻매김되며, 그 범주는 ① 자립성이 있는 말에 붙어 그 말과 다른 말과의 문법적인 관계를 표시하는 조사와 ② 자립성이 없는 구속형태소인 용언의 어간에 결합되어 문법적 기능을 나타내는 어미와 ③ 어간과 어미 사이에 끼어드는 형태소인 선어말어미를 모두 묶어서 하나의 품사로 처리하는 데서 이루어진 것인데, ①과 ②를 같은 범주로 처리한 것과 ③을 토의 범주에 넣은 것은 잘된 처리로 보기는 어렵다고 하겠다.

그 하위분류는 토는 1차로 용도에 따라 <① 조토, ② 접속토, ③ 종지

토, ④ 감탄토, ⑤ 변동토>의 5종류로 나누고, 2차로 ① 조토는 <㉠ 격위토, ㉡ 전성토, ㉢ 의사토>로 나누고, ② 접속토는 <㉠ 자와 자의 접속, ㉡ 구와 구의 접속>으로 나누었으며, ③ 종지토는 <㉠ 평술토, ㉡ 의문토, ㉢ 공동토, ㉣ 명령토>로 나누었다. 3차로 격위토는 <주위토, 객위토>로 나누어 체계를 세웠는데, ① 조토의 ㉢ 의사토는 토가 아니며, ⑤ 변동토는 토의 종류가 아니고 겹쳐 쓰임을 보인 것이다. 그러나 ① 조토의 격위토인 주위토(이/가)와 객위토(을/를)의 분류와 ③ 종지토를 뜻에 따라 4로 분류한 것은 문법적으로 큰 의의가 있는 분류라 하겠다.

참고문헌

Ⅰ. 자료

강매·김진호(1925), 잘 뽑은 조선말과 글의 본(역대 한국문법대계 Ⅰ-11, 탑출판사,
          1977).

김규식(1908?), 대한문법(역대 Ⅰ-5, 1977).

김희상(1909), 초등국어어전(역대 Ⅰ-6, 1986).

김희상(1911), 조선어전(역대 Ⅰ-7, 1977).

김희상(1915), 조선어(역대 Ⅰ-7, 1977).

김희상(1925), 울이글틀(역대 Ⅰ-7, 1977).

유길준(1904?), 필사 조선문전(역대 Ⅰ-39, 1986).

유길준(1909), 대한문전(역대 Ⅰ-2, 1979).

이병기(1930), 조선문법강화(역대 Ⅰ-16, 1986).

주시경(1905?), 국문문법(역대 Ⅰ-39, 1986).

주시경(1908?), 말(역대 Ⅰ-3, 1985).

주시경(1910), 국어문법, 박문서관.

주시경(1911), 조선어문법, 박문서관.

최광옥(1908), 대한문전(역대 Ⅰ-2, 1979).

Ⅱ. 논문 및 저서

강복수(1975), 국어 문법사 연구, 형설출판사(증보판, 1978).

고영근(1983), 국어 문법의 연구, 탑출판사.

권재선(1987), 국어학 발전사(현대 국어학), 한국고시사.

김민수(1960), 국어 문법론 연구, 통문관.

김석득(1983), 우리말 연구사, 정음문화사.

김형주(1997), 우리말 연구사, 세종출판사.

이광정(1983), 국어 품사분류의 역사적 발전에 관한 연구, 한신문화사.

최낙복(1989), 주시경 말본의 형태론 연구, 동아대 박사학위논문.

최낙복(1991), 주시경 문법의 연구, 문성출판사.

최낙복(1994), “유길준 문법의 품사설정”,『국어국문학』13집, 동아대 국어국문학과.

최낙복(공편)(1995), 국어학 사전, 한글학회.

최낙복(1995), “유길준 문법의 형태론 연구”,『언어와 언어교육』10집, 동아대 어학연
　　　　구소.

최낙복(1996), “김규식 문법의 품사론 연구”,『부산한글』15집, 한글학회 부산지회.

최낙복(1996), “김규식 문법의 품사설정”,『동남어문논집』6집, 동남어문학회.

최낙복(1997ㄱ), “김희상 문법의 품사설정”,『동남어문논집』7집, 동남어문학회.

최낙복(1997ㄴ), “김희상 문법의 품사 하위분류”,『부산한글』16집, 한글학회 부산지회.

최현배(1937), 우리말본, 연희전문학교 출판부.

허　웅(1983), 국어학, 샘문화사.

(발표 :『언어와 언어교육』, 12집, 동아대학교 어학연구소, 1997)

김희상 문법의 통어론

1. 머리말

우리 국어학 연구사에서 개화기에 국어문법 연구와 문법교육에 힘쓴 사람들 가운데 한 사람인 한빗 김희상의 생애에 대해서는 별로 알려진 것이 없다. 다만 그는 배재학당을 수학고 개성 호수돈 여학교에서 조선어 교사를 지낸 사람으로 알려져 있을 뿐, 그의 정확한 생존 연대와 활동에 대한 자세한 내용은 알 수 없지만, 대체로 조선조 말기부터 일제 강점기 사이에 생존한 사람으로만 추정하고 있다.

그러나 그는 이미 1909년에 초등학교용 교과서인 『초등국어어전』(권1, 2, 3)을 발간하였고, 1911년에는 이것을 다시 고쳐 중등학교 정도의 수준으로 높여서 참고서 겸 교과서인 『조선어전』을 발간하였으며, 1927년에는 호수돈 여학교에서 3년간 재직하면서 문법을 가르친 결과에 따라 다시 수정한 『울이글틀』을 간행하였다. 또 1915년에는 일본 사람 竹內錄之助가 간행한 『최신 실용 조선 백과사전』 속에 『조선어전』을 간추려 『조선어』로 고쳐서 실었다.

이처럼 김희상은 국어문법 연구와 문법교육에 힘썼으나 그의 학문에 대한 평가는 거의 이루어지지 않았다. 그러나 그의 국어문법 연구와 문법교육은 개화기 국어문법 형성에 영향을 미쳤을 것으로 생각되므로 국어학 연구사에서 자리매김을 해둘 필요가 있다고 할 수 있다.

그런데 지금까지 김희상 문법에 대한 연구는 최낙복(1997ㄱ, ㄴ)이 고작인데, 이것도 모두 형태론을 대상으로 한 것이므로 그의 통어론을 대상으로 하여 살핀 논문은 거의 없었다.

이 글은 개화기에 국어문법 연구와 문법교육에 힘쓴 김희상의 학문을 체계화하는 과정의 하나로 쓰여진 것인데, 그의 국어문법 저서인『조선어전』(1911)과『울이글들』(1927)에 나타나는 통어 이론을 바탕으로 문장의 정의 및 문장성분의 설정, 문장의 부분, 문장의 종류에 대하여 살핀 것으로 국어문법의 통어론 형성과정 연구와 개화기 국어문법 연구에 도움을 주고자 하는데 그 목적이 있다.

2. 문장의 정의 및 문장성분의 설정

김희상의『조선어전』(1911) 짜임을 보면, 제1편 성(聲), 제2편 사(詞), 제3편 구어(句語)의 세 편으로 짜여져 있다.1) 이 가운데 제3편이 통어론에 해당하는 단원인데, 그가 사용한 "구어"는 문장에 해당하는 용어로 사용한 것이다.2) 그는 문장성분의 설정에 앞서서 "구어"의 뜻매김을 먼저 하였는데, 이것을 보이면 다음과 같다.

---

1)『울이글틀』(1927)에서는 제1편 솔애, 제2편 사(詞), 제3편 말이라는 용어로 바꾸었다.
2) 이 무렵에 월에 해당하는 용어로 "句語"를 사용한 문법책은 김규식의『대한문법』(1908), 윤치호의『영어문법첩경』(1911) 등이 있다.

(1) 句語ᄂ 詞와 吐의 集ᄒᆞ、야 完全ᄒᆞ 思想을 發表ᄒᆞᄂ 것이라.

(『조선어전』: 104)

(2) 句語이라 하는 것은 詞와 吐들이 모이어 한 낫 完全한 意思를 벼푸는
것인이……

(『울이글틀』: 178)

(1), (2)에서 "구어"란 품사(씨)와 토를 모아서 완전한 생각을 나타내는 것이라고 뜻매김을 하였다. 그러나 그 <보기말>은 보이지 않고 바로 이어서 문장성분에 대한 설명을 하고 있으므로 더 자세한 내용은 알 수 없지만, 오늘날 국어사전에서 문장을 "한 가지의 짜인 생각을 나타내는 말"이라고 뜻매김하고 있는 것을 보면 아직 국어문법이 제대로 형성되지 않았을 무렵에 월에 대한 아주 정확한 뜻매김을 하였다고 평가할 수 있다.

이제 문장성분에 대하여 설명한 것을 살펴보면, 김희상(1911 : 104~109, 1927 : 187~181)에서는 문장성분에 해당하는 용어로 "句語의 成分"이란 용어를 사용하고, 여기에는 "주어, 설명어(술어), 객어, 수식어"의 네 성분이 있다고 하고, 이것을 하나하나 설명하였다. 그리고 그 단원의 끝부분에 가서는 이 네 가지 성분 가운데 "주어"와 "설명어"는 문장에서 없어서는 안 될 것이고, "객어"는 설명어가 타동사인 경우에는 없어서는 안 될 중요한 성분이므로 이들 세 성분을 "주성분(主成分)"이라 하고, "수식어"는 주성분을 수식하는 성분이므로 "부성분(副成分)"이라 하였다. 그러나 이 무렵 국어문법 연구자들의 문장성분 설정을 보면 유길준(1907 : 91)에서는 문장의 성분을 "주어, 설명어, 객어, 수식어, 보족어"로 설정하고 있으나 주성분과 부속성분으로 나누지는 않았고, 김규식(1908 : 89~91)에서는 문장성분을 "제목어, 설명어, 수식어, 목적어"로만 나누었으며, 주시경(1910 : 37~38)에서는 문장성분을 "임이, 씀이, 남이, 임이금, 씀이금, 남이금"으로 나누어 똑같은 위치에 놓고 설명하였다. 이처럼 문장성분을 크게 주성분과 부속성분으로 분명하게 분류한 것은 국어학 연구사에서 처음 있는 일이므로

이러한 것은 높이 평가되어야 할 부분이다.

2.1. 주성분

   문장성분 가운데 주성분은 문장의 성립에 필수적인 성분으로 문장의 골격을 이루는데, 그것이 빠지면 불완전한 문장이 된다. 김희상(1911 : 104~107, 1927 : 178~179)에서 문장의 주성분에는 주어(주어), 서술어(설명어), 목적어(객어)가 있음을 의식하고 이들에 대한 뜻매김과 <보기말>을 보이고 설명하였다.

2.1.1. 주어(임자말)

   김희상(1911 : 105, 1927 : 178)에서 주어의 뜻매김과 성립 및 <보기말>로 보인 것을 간추려 보이면 다음과 같다.

> (3) 一句語의 主位되는 語를 主語라 稱ᄒ나니 此는 명사나 대명사에 主位吐를 下接ᄒ야 成ᄒ나니라.
>   ㄱ. ① 꽃이 핀다. ② 물이 맑다. ③ 산이 높다.
>   ㄴ. (명) ① 사람이 잇오. ② 새가 온다. ③ 개가 짖는다.
>   ㄷ. (대) ① 내가 가겠오. ② 네가 ᄒ얏다. ③ 누구가 오느냐.
>   (『조선어전』 : 105, 『울이글틀』 : 178)

   (3)에서 주어(임자말)는 한 문장의 중요한 자리가 되는 말을 이른다고 하고, 이 주어는 명사 또는 대명사에 주격을 나타내는 토가 결합되어 성립한다고 하였다.

   (3)ㄱ은 무정명사 "꽃, 물, 산"이 주격조사 {-이}와 더불어 주어로 쓰이는 것을 보인 것이고, (3)ㄴ은 유정명사 "사람, 새, 개"가 주격조사 {-이/

가}와 더불어 주어로 쓰인 것을 보인 것이고, (3)ㄷ은 대명사 "내, 네, 누구"에 주격조사 {-가}와 더불어 주어로 쓰인 것을 보인 것이다. 그러나 유길준(1907 : 91~95)과 주시경(1910 : 37~38)에서는 주어로 쓰이는 체언만을 주어로 의식하였고, 김규식(1908 : 91)에서는 체언과 주격 조사가 결합되어 성립하는 것으로 의식하였으나 그 성립을 분명하게 밝히지는 못하였다.

이와 같이 이 무렵에 주어는 체언에 주격조사가 결합되어 성립한다고 분명하게 설명한 것도 국어문법 연구사에서 처음 있는 일로 높이 평가받아야 할 부분이다.

2.1.2. 서술어(풀이말, 설명어, 술어)

김희상(1911 : 105~106, 1927 : 179)에서 서술어의 뜻매김과 성립 및 <보기말>을 보이고 설명한 것을 간추려 정리해 보이면 다음과 같다.

> (4) 一句語의 주어의 동작 형용 등을 설명ᄒᆞᄂᆞ 語를 설명어라 칭ᄒᆞ나니
> 　　此는 명사 대명사 동사 및 형용사에 종지토를 下接ᄒᆞ야 成ᄒᆞ나니라.
> 　　ㄱ. 　　① 손이 <u>오오</u>.　② 꼿이 <u>붉다</u>.　③ 이것이 <u>붓이오</u>.
> 　　ㄴ(명). ① 저 아해는 <u>학도이오</u>.　② 이것은 <u>꼿이다</u>.
> 　　　　　 ③ 저것은 <u>책이다</u>.
> 　　ㄷ(대). ① 네가 <u>누구이냐</u>.　② 학교가 <u>여긔이오</u>.
> 　　　　　 ③ 이것이 <u>무엇이냐</u>
> 　　ㄹ(동). ① 닭이 <u>울으오</u>.　② 소가 <u>잔다</u>.　③ 물이 <u>흐느오</u>.
> 　　ㅁ(형). ① 나무가 <u>길다</u>.　② 눈이 <u>희다</u>.　③ 불이 <u>밝다</u>.
> 　　　　　　　　　(『조선어전』 : 105~106, 『울이글틀』 : 179)

(4)에서 서술어(풀이말, 설명어)는 주어의 움직임이나 어떠함을 나타내는 말을 이른다고 뜻매김하고, 이 서술어는 체언(임자씨)나 용언(풀이씨)에 마침토를 붙여서 성립한다고 설명하였다.

(4)ㄱ의 ①은 서술어가 동사임을 보인 것이고, ②는 형용사, ③은 체언

에 {-이다}가 결합되어 각각 서술어로 쓰인 것을 보인 것이다.

(4)ㄴ은 체언에 {-이다}의 여러 가지 꼴이 결합되어 서술어로 쓰인 것을 보인 것이고, (4)ㄷ은 대명사에 {-이다}의 여러 가지 꼴이 결합되어 서술어로 쓰인 것을 보인 것이고, (4)ㄹ은 동사가 서술어로 쓰인 것을 보인 것이고, (4)ㅁ은 형용사가 서술어로 쓰인 것을 보인 것이다. 유길준(1909 : 95~98)에서는 동사, 형용사가 서술어로 쓰임을 의식하였고, 주시경(1910 : 37~38)은 용언의 줄기만 서술어로 의식하였고, 김규식(1909 : 91)에서는 동사만이 서술어가 되는 것으로 의식하였다.

이와 같이 서술어는 체언에 {-이다}의 종결어미가 결합하여 성립되거나 동사 및 형용사에 종결어미가 결합되어 서술어가 성립된다는 것을 분명하게 밝힌 것도 국어문법 연구사에서 처음 있는 일이다.

2.1.3. 목적어(부림말, 객어)

타동사(남움직씨)가 문장의 서술어가 될 적에 그 움직임이 사용하는 또는 지배하는 목적물을 나타내는 말로 쓰인 목적어(부림말)를 김희상(1911 : 106~107, 1927 : 179~180)에서 그 성립과 <보기말>로 보인 것을 간추려 정리해 보이면 다음과 같다.

> (5) 一句語의 客語는 그 구어의 설명어가 타동사 되는 경우에 要흠되나니 此는 명사나 대명사에 客位吐롤 下接ᄒ야 或ᄒ나니라.
> ㄱ.　① 학도가 <u>책</u>을 본다.　② 저이가 <u>그림</u>을 그린다.
> ㄴ(명). ① 아해가 <u>꽃</u>을 짠다.　② 저학도가 <u>글</u>을 배온다.
> ㄷ(대). ① 벌이 <u>나</u>를 쏘았다.　② 네가 <u>어대</u>를 보느냐.
> 　　　　　　(『조선어전』 : 106~107, 『울이글틀』 : 179~180)

(5)에서 목적어의 뜻매김은 하지 않고 단지 목적어는 서술어가 타동사일 경우에 필요하며, 그 목적어의 성립은 체언에 목적격을 나타내는 토를

결합시켜 이룬다고 하였다.

(5)ㄱ, ㄴ은 명사 "책, 그림, 옷, 글"에 목적격 조사 {-을}이 결합되어 목적어로 쓰인 것을 보인 것인데, 이때 서술어로 쓰인 "본다, 그린다, 짠다, 배온다"는 모두 타동사임을 나타낸 것이다. 또 (5)ㄷ은 대명사 "나, 어대"에 목적격 조사 {-를}이 결합되어 목적어로 쓰인 것을 보인 것인데, 이때 서술어로 쓰인 "쏘앗다, 보느냐"가 모두 타동사임을 보인 것이다. 그리고 (5)에서 목적격 조사로는 {-을, -를}이 있음을 의식하고 <보기말>을 보였는데, 줄어진 꼴 {-ㄹ}의 <보기말>은 보이지 않았다.

그러나 유길준(1909 : 99~101)과 주시경(1910 : 37~38)에서 목적어는 목적어로 쓰인 체언만을 가리키고 있으며, 김규식(1909 : 92~95)에서는 체언과 목적격 조사가 결합한 것으로 의식하였다.

2.2. 부속성분(부성분)

문장성분 가운데서 문장의 골격을 이루는 데는 아무 기여를 하지 못하고, 문장의 내용을 더욱 분명하게 하는 문장성분을 "부속성분" 또는 "종속성분"이라 하는데, 김희상(1911, 1927)에서는 이것을 "부성분(副成分)"이라는 용어를 사용하였다.

일반적으로 국어문법에서 부속성분에 해당하는 문장성분으로는 관형어(매김말)와 부사어(어찌말)를 설정하고 있는데, 이 부속성분의 주된 기능은 다른 문장성분을 꾸며주는 구실을 하는 것이다.

2.2.1. 수식어(꾸밈말)

김희상(1911 : 107~108, 1927 : 180~181)에서는 이 "부성분"에는 "수식어"(꾸밈말)를 설정하고 그 뜻매김과 <보기말>을 보이고 설명하였는데, 이것을 간추려 정리해 보이면 다음과 같다.

> (6) 수식어논 一句語의 주어, 설명어, 객어, 及, 其他 수식어를 수식ᄒᆞᆫ
>   어이라.
>   ㄱ. 주어의 수식
>   ① <u>붉은</u> <u>꼿이</u> 피엇다.
>   ② <u>맑은</u> <u>물이</u> 흘는다.
>   ㄴ. 설명어의 수식
>   ① 백두산은 <u>높은</u> <u>산이오</u>.
>   ② 저 사람이 <u>쌜니</u> 온다.
>   ㄷ. 객어의 수식
>   ① 저 아해가 <u>큰</u> <u>책을</u> 가지엇다.
>   ② 내가 <u>붉은</u> <u>붓을</u> 삿다.
>   ㄹ. 타수식어의 수식
>   ① <u>썩</u> <u>큰</u> 범이 개를 무르엇다.
>   ② 이것은 <u>대단히</u> <u>좋은</u> 책이다.
>   (『조선어전』: 107~108, 『울이글틀』: 180)

(6)에서 수식어는 한 문장의 주어, 서술어, 목적어 및 다른 수식어를 꾸미는 말이라 뜻매김하였는데, 이 수식어를 다시 관형어와 부사어로 하위분류는 하지 않았다.

(6)ㄱ은 관형어가 주어를 꾸미는 것을 보인 것이고, (6)ㄴ의 ①은 관형어가 서술어의 체언을 꾸미는 것을 보인 것이고, ②는 부사어가 서술어를 꾸미는 것을 보인 것이다. 또 (6)ㄷ은 관형어가 목적어를 꾸미는 것을 보인 것이고, (6)ㄹ은 부사어가 관형어를 꾸미는 것을 보인 것이다.

이처럼 관형어와 부사어는 그 꾸미는 대상이 다른 데도 하위구분을 하지 않았다. 이러한 경향은 당시에 국어문법을 연구한 사람들 가운데 주시경을 제외한 유길준, 최광옥, 김규식도 하위구분하지 않고 묶어서 수식어 (꾸밈말) 하나만을 설정하였다. 이것은 우리말의 특질을 잘 살피지 않고 다른 나라 문법에서 영향을 받아 그대로 적용한 결과이다.

2.2.2. 수식어의 성립

김희상(1911 : 108)에서 한 문장의 수식어는 명사, 전치형용사(형용사의 관형사형 : 필자 주), 부사(어찌씨)로 성립한다고 뜻매김하였다가(1927 : 180~181)에서는 수식어는 명사나, 대명사나, 형용사나, 부사로 된다고 하고 <보기말>을 보이고 설명한 것을 간추려 보이면 다음과 같다.

> (7) 一句語의 수식어는 명사, 전치형용사 及 부사로 成ㅎ나니라.
> ㄱ. 명사로 되는 예.
> ① 유리 창 ② 나무 못 ③ 래일 ㅎ자 ④ 오날 간다 ⑤ 이제 한다.
> ㄴ. 대명사로 되는 예.
> ① 누구 것 ② 여긔 있다 ③ 이리 오나라 ④ 어대 가는야
> ㄷ. 형용사로 되는 예.
> ① 높은 산(뫼) ② 낮은 뫼(곳) ③ 먹는 물 ④ 입는 옷 ⑤ 보는 책
> ㄹ. 부사로 되는 예.
> ① 어서 가자. ② 얼는 가자 ③ 집으로 가자 ④ 되도록 ㅎ야라.
> (『조선어전』: 108, 『울이글틀』: 181)

(7)ㄱ은 명사가 수식어가 되는 것으로 의식한 것인데, ①, ②는 합성명사에서 앞의 명사가 관형어가 되어 뒤의 명사를 꾸미는 것으로 의식한 것이지만, ③, ④, ⑤는 수식어로 처리하는 데는 무리가 있을 것 같다. (7)ㄴ은 대명사가 수식어로 쓰이는 것을 의식한 것인데, ①은 앞의 대명사가 관형어가 되어 뒤의 명사를 꾸미는 것으로 의식한 것이지만, 역시 ②, ③, ④를 수식어로 처리하기는 어려울 것이다.

(7)ㄷ은 용언(풀이씨)의 관형사형이 관형어로 쓰인 것을 보인 것인데, ①, ②는 형용사의 관형사형이 관형어로 쓰인 것을 보인 것이고, ③, ④, ⑤는 동사의 관형사형이 관형어로 쓰인 것을 보인 것이다. 이처럼 용언의 관형사형으로 된 관형어를 모두 형용사로 처리한 것은 우리말의 관형사를 의식하지 못하고 다른 나라 문법을 그대로 적용하여 형용사로 처리한 데

서 비롯된 것이다.

(7)ㄹ은 부사어가 수식어로 쓰인 것으로 의식한 것인데, ①, ②, ④는 부사가 부사어로 쓰인 것을 보인 것이고, ③은 명사와 조사가 결합하여 문장에서 부사어로 쓰인 것을 보인 것이다.

그러므로 김희상(1911, 1927)에서 의식한 수식어 가운데 (7)ㄱ, ㄴ, ㄷ은 관형어로 쓰인 것들이고, (7)ㄹ은 부사어로 쓰인 것을 의식한 것이다.

이와 같이 김희상(1911, 1927)에서 문장성분을 주어, 서술어, 목적어, 수식어의 네 성분을 설정하고 풀이를 끝낸 다음 이것을 간단한 그림으로 나타내었는데, 아주 완벽에 가까운 그림으로 문법 연구사에서 높이 평가받을 만하다. 이것을 보이면 다음과 같다.

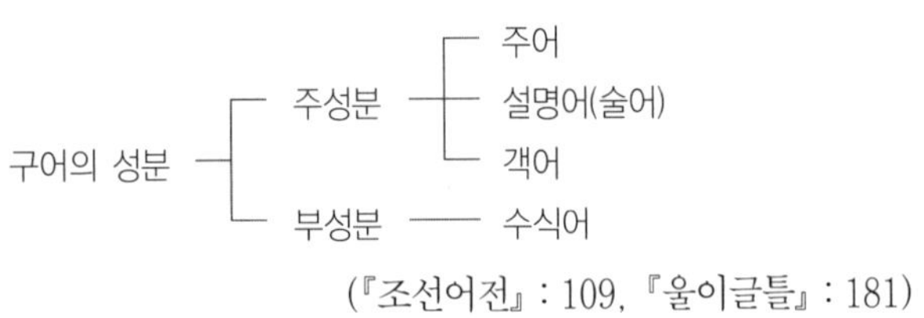

(『조선어전』 : 109, 『울이글틀』 : 181)

3. 문장의 부분〔句語의 部分〕

김희상(1911 : 108~113, 1927 : 181~183)에서 문장성분보다 더 큰 단위에 해당하는 성분단위를 "구어의 부분"이라 하고 "句語의 部分이라는 것은 一 句語 內의 語義의 定限이라" 뜻매김을 하고, 뜻에 따라 세 부로 나고, 또 그 성립에 따라 두 부분으로 나누어 설명하였다.

3.1. 의미상 분류

김희상(1911 : 109~111, 1927 : 182)에서 "구어의 부분"을 뜻에 따라서 "주부, 설명부, 객부"로 나누어서 그 뜻매김과 <보기말>을 보이고 설명하였는데, 이것을 간추려 보이면 다음과 같다.

> (8) 주부~一句語 內에 主되는 部分이니 주어로나 또는 그 주어에 속혼 수식어를 幷ᄒ야 成ᄒ나니라.
>
> ㄱ. 물이   흘는다.
>   주(주부)   설
>
> ㄴ. 맑은 물이 흘는다.
>   수   주   설
>   주부

> (9) 설명부~주부의 설명ᄒᄂ 부분이니 설명어로나 또는 그 설명어에 속혼 수식어롤 幷ᄒ야 成ᄒ나니라.
>
> ㄱ. 물이   흘는다.
>   주(주부)   설(설명부)
>
> ㄴ. 물이 쏼쏼 · 흘는다.
>   조   수   설
>   주부   설명부

> (10) 객부~주부의 동작올 受ᄒᄂ 부분이니 객어로나 또는 그 객어에 속한 수식어롤 幷ᄒ야 成ᄒ나니라.
>
> ㄱ. 내가   말을   탄다.
>   주(주부) 객(객부) 설(설명부)
>
> ㄴ. 내가 썩 큰 말을 탄다.
>   조   수 수 객   설
>   주부   객부   설명부

(『조선어전』 : 109, 『울이글틀』 : 181)

(8)의 "주부"(임자부)는 문장에서 임자가 되는 부분으로 이것은 주어나

그 주어 앞에 놓인 관형어와 주어가 함께 어울려 이루어진다고 하였다. (8)ㄱ은 주어 자체가 주부가 되었음을 보인 것이고, (8)ㄴ은 주어를 꾸미는 관형어와 더불어 주부가 되었음을 보인 것이다.

(9)의 "설명부"(풀이부)는 주부를 풀이하는 부분으로 서술어이나, 그 서술어 앞에 놓인 부사어와 서술어가 함께 어울려 이루어진다고 하였다. (9)ㄱ은 서술어 자체가 서술부가 된 것을 보인 것이고, (9)ㄴ은 서술어를 꾸미는 부사어와 더불어 서술부가 되었음을 보인 것이다.

(10)의 "객부"(부림, 목적부)는 주부의 움직임을 받는 부분으로 목적어이나, 그 목적어 앞에 놓인 관형어와 목적어가 함께 어울려 이루어진다고 하였다. (10)ㄱ은 목적어 자체가 목적부로 쓰인 것을 보인 것이고, (10)ㄴ은 목적어를 꾸미는 관형어와 더불어 목적부가 되었음을 보인 것이다.

이러한 의식은 유길준(1909)과 주시경(1910)에도 이미 의식된 것인데, 이러한 것들은 그대로 오늘날 국어문법에 계승되고 있으므로 국어학 연구사에서 의의가 큰 것이다.

3.2. 성립상 분류

김희상(1911 : 111~112, 1927 : 182~183)에서 "구어의 부분"을 그 성립에 따라 "단부분"과 "복부분"으로 나누어서 그 뜻매김과 <보기말>을 보이고 설명하였는데, 이것을 간추려 보이면 다음과 같다.

    (11) 단부분~단 한 개의 주성분으로 成ᄒᄂᆞᆫ 者.

<table>
<tr><td>ㄱ. <u>학도가</u></td><td><u>글을</u></td><td><u>읽는다</u>.</td></tr>
<tr><td>주어</td><td>객어</td><td>설명어</td></tr>
<tr><td>(주부)</td><td>(객부)</td><td>(설명부)</td></tr>
</table>

(12) 복부분~두 개 이상의 주성분으로 成ㅎᄂᆞᆫ 者.

ㄱ. <u>선생과 학도가 글과 글시를 읽고 쓴다</u>.
　　주어　　주어　　객어　　객어　　설명어 설명어
　　　주부　　　　　객부　　　　　설명부

（『조선어전』 : 109, 『울이글틀』 : 181）

(11)의 "단부분"은 문장에서 주성분인 주어, 목적어, 서술어가 각각 주부, 목적부, 서술부로 이루어진 것을 의식한 것이고, (12)의 "복부분"은 문장의 주성분이 각각 두 개 이상으로 이루어진 것을 이르는 것인데, (12) ㄱ은 두 개의 주어와 두 개의 목적어와 두 개의 서술어가 각각 주부, 목적부, 서술부를 이루어 하나의 문장을 이룬다고 하였는데, 이것은 문장성분의 겹침을 의식한 것은 당시의 문법책에서는 거의 볼 수 없는 것들이다.

3.3. 수식어(꾸밈말)의 분류

김희상(1911 : 112)에서 수식어는 그 성립상 "단수식"과 "복수식"으로 나누었으나 김희상(1927 : 183~185)에서는 "단수식"과 "복수식" 외에 그 쓰임상 "형용절"과 "부사절"로 나누어 풀이하였다.

3.3.1. 성립상 분류

김희상(1911 : 112, 1927 : 183~184)에서 "수식어의 종류"에는 주성분을 돕는 부속성분인 수식어에도 그 성립에 따라 "단수식"과 "복수식"으로 나눈다고 하였는데, 이것을 간추려 보이면 다음과 같다.

(13) ㄱ. 단수식~다만 한낫의 수식어로 되는 것.
　　① <u>흰</u> 눈 ② <u>찬</u> 서리 ③ <u>누른</u> 빗 ④ <u>검은</u> 모자

> ㄴ. 복수식~두 개 이상의 수식어로 거듭되는 것.
>   ① 희고 찬 눈   ② 길고 넓고 두터웁게 버히어라
>   ③ 달고 쓰고 시고 떫은 감
>
> (『조선어전』: 112, 『울이글틀』: 183~184)

(13)ㄱ의 "단수식"은 부속성분인 수식어가 단 하나로 이루어진 것이고, (13)ㄴ의 "복수식"은 부속성분인 수식어가 두 개 이상으로 이루어진 것을 이르는 것인데, 이것은 수식어의 겹침을 의식한 것으로 이것도 대단한 탁견이다.

3.3.2. 쓰임상 분류

김희상(1927 : 184~185)에서는 수식어는 그 쓰임에 말미암아 "형용절"과 "부사절"의 두 가지로 나눈다고 하고 그 뜻매김과 <보기말>을 보이고 있는데, 이것을 간추려 보이면 다음과 같다.

> (14) 형용절~명사이나 대명사를 형용하야 수식하는 말의 마디이다.
>   ㄱ. 명사를 수식하는 형용절.
>   ① 둥글은 달.   ② 맑고 찬 물
>   ③ 집에서 온 아해   ④ 나무에 많이 핀 꽃
>   ⑤ 그 전부터 저곳에 있는 물건
>   ㄴ. 대명사를 수식하는 형용절.
>   ① 검고 풀은 것   ② 높이 보이는 저 곳
>   ③ 10년만에 미국서 돌아온 그 이
>   ④ 방에서 글씨를 쓰고 있는 이
>
> (15) 부사절~동사이나 형용사이나 부사를 도우어 수식하는 말의 마디.
>   ㄱ. 동사를 수식하는 부사절.
>   ① 이제 간다.   ② 매오 일즉 온다.
>   ③ 높은 곳에 누었다.   ④ 오날도 어제처럼 저대로 간다.

　　　　⑤ <u>저 산 우에 보이는 집</u>에 살암이 있다.
　　ㄴ. 형용사를 수식하는 부사절.
　　　　① <u>매우</u> 밝은　　　　　② <u>아주 훨신</u> 맑은
　　　　③ <u>저 곳에 우두커니</u> 보는　④ <u>한 없이 진하게</u> 풀은
　　ㄷ. 부사를 수식하는 부사절.
　　　　① <u>아주</u> 좋게　　　　　② <u>동에서 서으로</u> 길게
　　　　③ <u>그 전보다 퍽</u> 빨르게　④ <u>될듯 말듯</u> 하게
　　　　⑤ <u>수정빗같이 썩</u> 맑게

(『울이글틀』: 184~185)

　(14)의 "형용절"은 명사나 대명사의 모양이나 상태가 어떠함을 나타내어 꾸미는 말의 마디라고 뜻매김하였으므로 이것은 용언이 문장에서 관형어가 되어 뒤에 오는 체언을 꾸미는 것을 의식한 것이다.

　(14)ㄱ은 용언(풀이씨) <둥글다, 맑다, 차다, 오다, 피다>의 관형사형이 관형어가 되어 뒤에 오는 명사 <달, 물, 아해, 꼿>을 꾸미는 것을 보인 것이다. 그러나 (14)ㄱ은 본래 (14)ㄱ′와 같은 문장이 '빠져나간 매김마디'[3] (관계 관형절)로 바뀐 것이다.

　　(14)ㄱ′ ① 달이 둥글다. (→ 둥글은 달)
　　　　　② 물이 맑고 차다. (→ 맑고 찬 물)
　　　　　③ 아해가 집에서 오다. (→ 집에서 온 아해)
　　　　　④ 꼿이 나무에 많이 피다. (→ 나무에 많이 핀 꼿)
　　　　　⑤ 물건이 그 전부터 저 곳에 있다. (→ 그 전부터 저 곳에 있는
　　　　　　물건)

　(14)ㄴ은 관형어가 뒤에 오는 대명사를 꾸미는 것을 보인 것인데, 이것도 본래 (14)ㄴ′와 같은 문장이 '빠져나간 매김마디'가 된 것이다.

---

3) 허웅(1983), 『국어학』, 샘문화사, 273쪽 참조.

(14)ㄴ′ ① 것이 검고 푸르다. (→ 검고 풀은 것)

② 저 곳이 높이 보이다. (→ 높이 보이는 저 곳)

③ 그이가 10년 만에 미국에서 돌아오다. (→ 10년 만에 미국에
서 돌아온 그이)

④ 이가 방에서 글씨를 쓰고 있다. (→ 방에서 글씨를 쓰고 있는
이)

(14)ㄱ, ㄴ은 뒷날 관형어 설정의 기반이 되었을 뿐만 아니라, 관형어 변형의 기틀을 마련했으므로 국어문법 연구사에서 높이 평가되어야 할 것이다.

(15)의 "부사절"은 동사나 형용사가 부사를 도와서 꾸미는 말의 마디라고 하였으므로, 이것은 동사, 형용사, 부사가 문장에서 부사어(어찌말)가 되어 뒤에 오는 서술어와 다른 부사어를 꾸미는 것을 보인 것이다.

(15)ㄱ은 밑줄 그은 말이 문장에서 부사어가 되어 뒤에 오는 동사로 된 서술어를 꾸미는 것을 보인 것이고, (15)ㄴ은 밑줄 그은 말이 문장에서 부사어가 되어 뒤에 오는 형용사로 된 서술어를 꾸미는 것이고, (15)ㄷ은 밑줄 그은 말이 문장에서 부사어가 되어 뒤에 오는 부사어를 꾸미는 것을 보인 것인데, 이들은 모두 문장에서 부사절(어찌마디)로 쓰인 것으로 의식한 것으로 뒷날 부사절 설정의 기반이 되었다.

그러므로 김희상(1927)에서 설정한 수식어의 쓰임상 분류는 비록 관형어와 부사어로 구분하지는 않았지만 그 꾸밈의 대상이 다름을 이미 의식하고 분류한 것이다. 이것은 뒷날 관형어와 부사어 설정의 기반이 되었음은 물론이고, 관형절(매김마디) 설정과 부사절(어찌마디) 설정의 기반이 되었으므로 국어문법 연구사에서 큰 의의가 있다고 하겠다.

끝으로 김희상(1927 : 186)에서는 이 수식어의 종류를 먼저 성립과 쓰임으로 나누고 이것을 각각 단수식과 복수식, 형용절과 부사절로 나누어 그림으로 보였는데, 이러한 그림으로 요약하는 방법도 대단히 명쾌하게 마무리한 것이다. 이것을 보이면 다음과 같다.

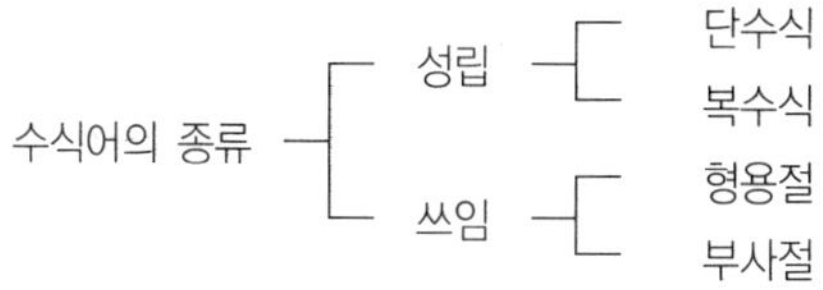
수식어의 종류
성립
단수식
복수식
쓰임
형용절
부사절

(『울이글틀』: 186)

4. 문장의 종류〔句語의 種類〕

김희상(1911 : 119~126, 1927 : 189~195)에서 문장을 "구어(구어)"라는 용어를 사용하고, 문장의 종류를 크게 의의, 성립, 성질에 따라 분류하고, 그 뜻매김과 <보기말>을 보이고 이것을 하나하나 설명하고 있다.

4.1. 의의상 분류

문장(구어)의 의의상 분류는 동사가 문장의 서술어가 되어서 그 문장을 끝맺는 마침법의 여러 가지 어미(씨끝)에 의하여 "평술구어, 의문구어, 공동구어, 명령구어, 감탄구어"의 5가지로 나누고 그 뜻매김과 <보기말>을 보이고 있는데, 이것을 간추려 보이면 다음과 같다.

(16) 평술구어(平述句語)~평술토로 종지ᄒᆞᆫ 구어ᄅᆞᆯ 평술구어라 칭ᄒᆞ나니라.
ㄱ. 사람이 오오. ㄴ. 물이 흘는다.
ㄷ. 날이 치우압니다. ㄹ. 저것은 ᄭᅩᆺ이오.

(17) 의문구어(疑問句語)~의문토로 종지ᄒᆞᆫ 구어ᄅᆞᆯ 의문구어라 칭ᄒᆞ나니라.
ㄱ. 사람이 오압니가. ㄴ. 물이 흘느느냐.
ㄷ. 날이 치운가. ㄹ. 저것은 무엇이냐.

(18) 공동구어(共動句語)~공동토로 종지훈 구어룰 공동구어라 칭흐나니라.
　　　ㄱ. 어서 가압시다.　　　　　ㄴ. 래일 흐세.
　　　ㄷ. 글시를 쓰자.　　　　　　ㄹ. 저것을 보시지오.

(19) 명령구어(命令句語)~명령토로 종지훈 구어룰 명령구어라 칭흐나니라.
　　　ㄱ. 저리 가압시오.　　　　　ㄴ. 이리 오시오.
　　　ㄷ. 얼는 오나라.　　　　　　ㄹ. 이것을 보게.

(20) 감탄구어(感嘆句語)~감탄토로 종지훈 구어룰 감탄구어라 칭흐나니라.
　　　ㄱ. 그 꼿이 붉으압니다그려.
　　　ㄴ. 저 사람이 오는구나.
　　　ㄷ. 아 그것이아 말노 참 좋다그려.
　　　ㄹ. 오날은 대단히 치웁구나.
　　　　　　　　　(『조선어전』 : 119~121, 『울이글틀』 : 189~190)

(16)의 "평술구어"는 말할이가 들을이에게 자기의 생각을 베풀어 말하는 서술법으로 끝맺는 서술문(베풂월)을 이르는 것이다. (16)ㄱ, ㄹ은 어미 {-오}에 의하여 예사높임을, (16)ㄴ은 어미 {-ㄴ다}에 의하여 아주낮춤을, (16)ㄷ은 어미 {-ㅂ니다}에 의하여 아주높임을 각각 이르는 것을 보인 것이다.

(17)의 "의문구어"는 상대방에게 대답을 요구하면서 의문법(물음법)으로 끝맺는 의문문(물음월)을 이르는 것을 보인 것이다. (17)ㄱ은 어미 {-ㅂ니가}에 의하여 아주높임, (17)ㄴ, ㄹ은 어미 {-느냐, -냐}에 의하여 아주낮춤을, (17)ㄷ은 어미 {-ㄴ가}에 의하여 예사낮춤을 각각 이르는 것을 보인 것이다.

(18)의 "공동구어"는 말할이가 들을이에게 어떠한 행동을 함께하기를 요구하면서 청유법(꾀임법)으로 끝맺는 청유문(꾀임월)을 이르는 것이다. (18)ㄱ은 어미 {-ㅂ시다}에 의하여 아주높임을, (18)ㄴ은 어미 {-세}에 의하여 예사낮춤을, (18)ㄷ은 어미 {-자}에 의하여 아주낮춤을 각각 나타

내지만, (18)ㄹ은 어미 {-오}에 의하여 예사높임을 나타낸 것으로 의식하였으나 오히려 명령문(시킴월)에 가깝다고 할 수 있다.

(19)의 "명령구어"는 말할이가 들을이에게 어떤 행동을 요구하면서 명령법(시킴법)으로 끝맺는 명령문을 이르는 것이다. (19)ㄱ, ㄴ은 어미 {-오}에 의하여 아주높임을, (19)ㄷ은 어미 {-라}에 의하여 아주낮춤을, (19)ㄹ은 어미 {-게}에 의하여 예사 낮춤을 나타내는 것을 보인 것이다.

(20)의 "감탄구어"는 말할이가 들을이에게 자기의 느낌을 나타내면서 끝맺는 문장으로, 들을이에게 요구하는 것이 없으므로 오늘날은 서술문(베풂월) 속에 포함시키고 있으나 주시경(1910)을 비롯한 개화기 문법 연구가들은 따로 설정하였다. (20)ㄱ, ㄷ은 조사 {-구려}를 '하게, 하오'할 자리의 종결어미(마침씨끝)에 붙여 감탄의 느낌을 나타내는 것을 보인 것이고, (20)ㄴ, ㄹ은 어미 {-구나}가 선어말어미 {-는}에 붙어서 감탄의 뜻을 나타내는 것을 보인 것이다.

이와 같이 김희상(1911, 1927)의 문장의 의의상 분류는 말할이의 들을이에 대한 의향(태도)에 따른 문장을 분류한 것으로 거의 완벽에 가까운 분류로 오늘날 국어문법에 그대로 계승되어 있으므로 국어문법 연구사에서 높이 평가되어야 할 것이다.

4.2. 성립상 분류

문장은 그 성립의 체재에 따라 "단구어와 복구어"로 나눈다고 하였는데, 이것은 문장을 그 짜임새 따라 나눈 것이다. 일반적으로 문장은 그 짜임새에 따라서는 단문(홑문장)과 복문(겹문장)로 나눈다. 단문은 주어와 서술어의 관계가 단 한 번만으로 이루어진 문장이고, 복문은 주어와 서술어의 관계가 두 번 이상 나타나는 문장이다. 이것을 김희상(1911, 1927)에서는 각각 "단구어(單句語)"와 "복구어(複句語)"라 하고, <보기말>로 보인 것을 간추려 보이면 다음과 같다.

> (21) 단구어(單句語)~단 한 개의 주부와 설명부로 成호 구어룰 단구어라
>   칭호나니라.
>   ㄱ. <u>해가 비췬다</u>. (주부, 설명부)
>   ㄴ. <u>꼿이 피었다</u>. (주부, 설명부)
>   ㄷ. <u>아해가 글을 읽는다</u>. (주부, 객부, 설명부)
>   ㄹ. <u>고기가 물을 먹는다</u>. (주부, 객부, 설명부)
>
> (22) 복구어(複句語)~두 개 이상의 단구어로 成호 구어룰 복구어라 칭호
>   나니라.
>   ㄱ. <u>나는 글을 읽고 너는 글시를 쓰자</u>. (단구어, 단구어)
>   ㄴ. 저 <u>사람이 오거든 나는 저리 가고 너는 이리 가거라</u>.
>   ㄷ. <u>우리가 가면 그 사람이 오겠지</u>. (단구어, 단구어)
>   ㄹ. <u>해가 쩌러지자 달이 돋는다</u>. (단구어, 단구어)
>   ㅁ. <u>날이 개고 구름이 거친다</u>. (단구어, 단구어)
>   (『조선어전』: 125, 『울이글틀』: 119)

(21)의 "단구어"는 주어와 서술어의 관계가 한 번만으로 이루어진 단문을 이르는 것이다. (21)ㄱ, ㄴ은 「주어-서술어」의 구조로 이루어진 단문을 보인 것이고, (21)ㄷ, ㄹ은 「주어-목적어-서술어」의 구조로 이루어진 단문을 보인 것이다.

(22)의 "복구어"는 주어와 서술어의 관계가 두 번 이상 나타나는 복문을 보인 것인데, 이들은 앞 문장과 뒤 문장이 연결어미(이음씨끝)에 의해 이어져 새로운 문장이 만들어진 "이은겹문장(접속문)"에 해당하는 것이다.

(22)ㄱ, ㅁ은 두 개의 마디가 접속어미 {-고}로 이어진 이은겹문장인데, 이들은 이어진 두 마디 사이의 관계가 뜻으로 보아 벌임으로 이어진 겹문장이다.

(22)ㄴ은 세 개의 마디가 접속어미 {-거든, -고}에 의하여 이어진 이은겹문장이고, (22)ㄷ은 두 개의 마디가 접속어미 {-면}에 의하여 이어진

이은겹문장이고, (22)ㄹ은 두 개의 마디가 한 움직임이 일어나자마자 다른 움직임이 일어남을 보이는 접속어미 {-자}에 의하여 이어진 이은겹문장이다.

그러므로 (22)의 "복구어" 심층구조에서는 두 개 또는 세 개의 문장이던 것이 표층구조에서 접속어미에 의하여 이어져 하나의 문장으로 나타난 벌임 이은겹문장이다.

이와 같이 김희상(1911, 1927)에서 설정한 "단구어"와 "복구어"의 설정은 이미 유길준(1909), 김규식(1909), 주시경(1910)에서도 의식하였지만, 문장의 그 짜임새에 따라 나눈 것으로 우리말의 문장구조를 대단히 깊이 있게 연구한 것으로 평가되어야 할 것이다.

또 김희상(1911 : 122~124, 1927 : 191~192)에서는 복문을 이루는 단문을 "복구어의 구"라 하고, 여기에는 "독립구"와 "부속구"의 두 종류가 있다고 하였는데, 이것을 간추려 보이면 다음과 같다.

(23) 독립구~상호간 주와 속의 관계가 無ᄒ고 각자 동등의 가치롤 保ᄒ는 구롤 독립구라 칭ᄒ나니라.
　　ㄱ. <u>개논 짓고 닭은 울으오</u>. (독립구, 독립구)
　　ㄴ. <u>달은 밝고 바람은 맑으오</u>. (독립구, 독립구)
　　ㄷ. <u>선생은 가라치고 학도는 배운다</u>. (독립구, 독립구)

(24) 부속구~독립구에 부속ᄒ야 그 句의 설명부롤 수식ᄒᄂ 구롤 부속구라 칭ᄒ나니라.
　　ㄱ. <u>물이 맑으면 고기가 있다</u>. (부속구, 독립구)
　　ㄴ. <u>그 사람이 오거든 너논 가거라</u>. (부속구, 독립구)
　　ㄷ. <u>산이 크어야 골이 깊다</u>. (부속구, 독립구)
　　　　　　　　(『조선어전』 : 122~124, 『울이글틀』 : 191~192)

(23)의 "독립구"는 이은겹문장에서 앞 절(마디)과 뒤 절에 해당하는 것이다. (23)의 문장은 앞 절과 뒤 절이 접속어미 {-고}에 의하여 이어지고,

두 절 사이의 관계가 뜻으로 보아 벌임으로 이어진 벌임 이은겹문장(대등접속문)인데, 이들은 앞 절과 뒤 절이 서로 의존하지 않고 아무런 영향을 주지 않으므로 이 이어진 문장은 서로 그 위치를 바꾸어도 전달되는 뜻에는 차이가 없으므로 독립구라 하였다.

(23)ㄱ~ㄷ의 문장들은 모두 심층구조에서는 두 개의 문장이던 것이 접속어미 {-고}에 의하여 표층구조에서는 대등한 관계로 이어져 하나의 문장으로 나타나 벌임 이은겹문장이다.

(24)의 "부속구"는 딸림겹문장(종속문)에서 딸림마디(종속절)에 해당하는 것이다. 복문 가운데 앞 절이 원인, 이유, 조건 등으로 뒤 절에 이어진 문장을 "딸림겹문장(종속문)"이라 하는데, 이 딸림겹문장에서 중심되는 절을 '으뜸마디(주절)'라 하고, 으뜸마디에 딸려있는 마디를 "딸림마디(종속절)"라 한다.

(24)ㄱ~ㄷ의 문장들은 모두 "부속구"와 "독립구"로 구성되어 있는데, 앞 절인 부속구로 의식한 것은 종속절이고, 뒤 절인 독립구로 의식한 것은 주절에 해당하는 것이다. 그러므로 (24)의 문장들은 심층구조에서는 두 개의 문장이던 것이 접속어미 {-으면, -거든, -어야}에 의하여 이어져 표층구조에서는 하나의 딸림겹문장(종속절)으로 나타난 것이다.

그러므로 김희상(1911, 1927)에 설정한 "독립구"와 "부속구"의 설정은 각각 이은겹문장 가운데 벌임겹문장(대등문)과 딸림겹문장(종속문)을 의식한 것으로써 우리말의 복문을 대단히 깊이 있게 연구한 것으로 오늘날의 우리말 문법의 문장구성에 그대로 계승되고 있으므로 높이 평가되어야 할 것이다.

4.3. 성질상 분류

문장은 또 그 성질에 따라 "자술어"와 "인증어"의 두 종류로 나눈다고 하였는데, "자술어"는 말하는 이의 생각을 그 관계와 태도의 다름을 따라 나타낸 문장을 의식한 것이고, "인증어"는 남의 말이나 또는 남의 생각을 직접 또는 간접으로 전달하는 말을 의식한 것이다.

이것을 김희상(1911, 1927)에서는 각각 "자술어"와 "인증어"라 하고 <보기말>로 보인 것을 간추려 보이면 다음과 같다.

(25) 자술어(自述語)~자의롤 발표ᄒᆞᄂ 語롤 자술어라 칭ᄒᆞ나니라.
　　ㄱ. 나는 시골로 가갯다.
　　ㄴ. 너는 학교로 가거라.
　　ㄷ. 오날은 놀나 가압시다.
　　　(오날 놀다 오시오)

(26) 인증어(引證語)~타인의 所言올 인증ᄒᆞᄂ 語롤 이증어라 칭ᄒᆞ나니
　　　　　　　　此ᄂ 항상 복구어의 부속구로 用홈되나니라.
　　ㄱ. <u>나는 시골로 가갯다고</u> 그 사람이 말을 ᄒᆞ얏오.
　　　　인증어(부속구)　　　자술구(독립구)
　　ㄴ. <u>오날은 놀나가자고</u> 그이가 편지를 ᄒᆞ얏다.
　　　　인증어(부속구)　　자술구(독립구)
　　　　　(『조선어전』: 124~125, 『울이글틀』: 192~193)

(25)의 "자술어"는 자기의 생각이나 뜻을 드러내어 알리는 말이라고 하였는데, 이것은 말할이의 태도에 따라서 들을이에게 자기의 생각을 여러 가지 방식으로 나타낸 것을 이른 것이다.

(25)ㄱ은 들을이에게 아무런 요구없이 자기의 할 말을 해 버리는 문장이고, (25)ㄴ은 들을이에게 행동을 요구하는 문장이고, (25)ㄷ은 말할이와 들을이의 행동을 함께 요구하는 문장을 이르는 것이다.

(26)의 "인증어"는 다른 사람의 말을 인용하여 증거를 삼는 말이라고 하였는데, 이것은 남의 말이나 생각을 따오는(인용하는) 말을 이르는 것이다.

(26)ㄱ, ㄴ은 모두 인용어가 한 문장 안에 안기어 인용절(따옴마디)이 된

것인데, 이들은 누군가가 한 말이나 가진 생각을 그대로 따온 것이므로
직접 인용절에 해당하는 것이다.

이어서 김희상(1911 : 125~126, 1927 : 193~194)에서 "인증어"는 "단인증어"
와 "복인증어"의 두 종류가 있다고 하고, 그 <보기말>을 보이고 있는데,
이것을 간추려 보이면 다음과 같다.

(27) 단인증어
     ㄱ. <u>그것은 안이 되갯다고</u> 그 사람이 말을 ᄒᆞ얏네.
     ㄴ. <u>자긔는 법률을 배온다고</u> 그 사람이 말을 ᄒᆞ얏다.
          인증어   자술어

(28) 복인증어
     ㄱ. <u>그것은 안이 되갯다고 그 사람이 말을 ᄒᆞ얏다고</u>
          인증어   인증어
         <u>저 아해가 말을 ᄒᆞ얏다.</u>
              자술어
     ㄴ. <u>자긔는 법률을 배온다고 그 친구가 말을 ᄒᆞ얏다고</u>
          인증어   인증어
         <u>아모가 편지를 ᄒᆞ얏압니다.</u>
              자술어
     ㄷ. <u>래일은 돈이 된다고 그 사람이 분명히 말을 ᄒᆞ얏다고</u>
          인증어   인증어
         <u>아모가 오아서 말을 ᄒᆞ얏압니다.</u>
              자술어
          (『조선어전』: 122~124, 『울이글틀』: 191~192)

(27)의 "단인증어"는 한 개인의 말을 따온 말이 인용절로 안겨있는 것인
데, 이것은 직접 인용절에 해당하는 것들이다.

(28)의 "복인증어"는 두 사람 이상의 말을 따온 말이 인용절로 안겨있는
것을 이르는 것인데, 이것은 모두 간접 인용절에 해당하는 것들이다.

이와 같이 김희상(1911, 1927)에서 "인증어"로 의식한 것은 당시 문법연구자들은 거의 다루지 아니한 것이지만 오늘날 국어문법에 인용어(따옴말)로 그대로 계승되고 있으므로 국어문법 연구사에서 높이 평가 받아야 할 것들이다.

5. 마무리

지금까지 살핀 김희상의 『조선어전』(1911)과 『울이글틀』(1927)에 나타난 통어론에 관한 내용을 간추려 보면 다음과 같다.

1) 김희상 문법에서 문장성분은 '주어, 서술어, 목적어, 수식어'을 설정하였는데, 이것은 개화기의 문법 연구가들의 공통적인 의식이었지만, 이것을 '주성분과 부성분'으로 나눈 것과, 문장성분이 체언과 조사, 또는 어간과 어미의 결합으로 이루어진다고 설명한 것은 처음이다.

2) 기본적인 문장성분보다 큰 단위를 '문장의 부분'이라 하고 이것을 의미상 '주부, 목적부, 서술부'의 세 부로 나누었는데, 이들은 주어, 목적어, 서술어 앞에 수식어가 놓인 것을 함께 이른 문장성분이다. 또 성립상 '단부분과 복부분'으로 나눈 것은 주성분이 하나의 문장성분으로 이루어진 것을 이르는 것이고, 복부분은 주성분이 두 개 이상의 성분으로 이루어진 것을 보인 것인데, 이것은 문장성분의 겹침을 의식한 것이다. 그리고 수식어는 그 성립상 '단수식과 복수식'으로 나누었는데, 단수식은 수식어가 하나로 이루어진 것이고, 복수식은 수식어가 두 개 이상으로 이루어진 것을 보인 것인데, 이것은 수식어의 겹침을 의식한 것이다. 또 쓰임상 '형용절과 부사절'로 나누었는데, 형용절은 용언이 문장에서 관형어가 되어 뒤에 오는 체언을 꾸미는 것을 의식한 것이고, 부사절은 용언과 부사가 문

장에서 부사어가 되어 뒤에 오는 서술어와 다른 부사어를 꾸미는 것을 의식한 것이다.

3) 문장의 종류는 의미상 '평술구어, 의문구어, 공동구어, 명령구어, 감탄구어'의 5갈래로 나누었는데, 이것은 말할이의 들을이에 대한 의향(태도)에 따라 분류한 것이다. 또 성립상 '단구어와 복구어'로 나눈 것은 문장을 그 짜임새에 따라 나눈 것으로 각각 단문(홑문장)과 복문(겹문장)에 해당하는 것이다. 이 복문을 이루는 단문은 '부속구와 독립구'로 나누었는데, 독립구는 이은겹문장의 앞 절(마디)과 뒤 절(마디)에 해당하는 것이고, 부속구는 딸림겹문장(종속문)의 딸림마디(종속절)에 해당하는 것이다.

그리고 문장은 성질상 '자술어와 인증어'로 나누었는데, 자술어는 말할이의 생각을 그 관계와 태도의 다름을 따라 나타낸 문장이고, 인증어는 남의 말이나 생각을 직접·간접으로 전달하는 말을 의식한 것이다. 이 인증어는 다시 '단인증어와 복인증어'로 나누었는데, 단인증어는 한 개인의 말을 따온 것이고, 복인증어는 두 사람 이상의 말을 따온 말을 따온마디(인용절)로 안겨있는 것을 보인 것이다.

이와 같이 국어문법의 통어론에 해당하는 문장성분의 설정과 분류, 문장종류의 분류는 우리말을 깊이 있게 관찰하고 분류한 것으로 오늘날 학교문법에까지 거의 그대로 적용되어 있으므로 국어문법 연구사적인 입장에서는 높이 평가하고 자리매김을 해야 할 것이다.

참고문헌

구연미(1992), 「주시경 국어문법의 짬듬갈 연구」, 부산한글 11집, 한글학회 부산지회, 39~58.

김석득(1988), 「한힌샘 주시경에 대한 연구-통어론」, 한힌샘연구 1집 한글학회, 99~124.

김형주(1997), 『우리말 연구사』, 세종출판사, 253~268.

김희상(1911), 『조선어전』, (역대 한국문법 대계 I-7, 탑출판사) 104~145.

김희상(1927), 『울이글틀』, (역대 I-7) 178~215.

남기심·고영근(1993), 『개정판 표준국어문법론』, 탑출판사, 234~421.

박지홍·허웅(1982), 『주시경 선생의 생애와 학문』, 과학사, 286~300.

주시경(1910), 『국어문법』, 박문서관, 36~62.

최규수(1997), 「주시경 문법의 통어론적 연구」, 한글 238, 한글학회, 145~179.

최낙복(1991), 『주시경 문법의 연구(1)』, 문성출판사, 17~65.

최낙복(1997ㄱ), 「김희상 문법의 품사 설정」, 동남어문논집 7집, 동남어문학회, 203~222.

최낙복(1997ㄴ), 「김희상 문법의 품사 하위 분류」, 부산한글 16집, 한글학회 부산지회, 149~168.

최낙복(2001), 「주시경 문법의 통어론 연구」, 한글 254, 한글학회, 199~235.

최낙복(2002), 「유길준 말본의 통어론 연구」, 한힌샘 주시경 연구 14·15, 한글학회, 151~185.

최낙복(2003), 「김규식 문법의 통어론 연구」, 한글 260, 한글학회, 199~225.

최낙복(2003), 『주시경 문법의 연구(2)』, 도서출판 역락, 13~59.

최낙복(2004), 「최광옥 문법의 통어론 연구」, 부산한글 23집, 한글학회 부산지회, 27~50.

최현배(1937), 『우리말본』, 연희 전문학교 출판부, 974~1178.

최현배(1971), 『우리말본』, 정음사, 733~853.

하치근(2002), 『현대 우리말본』, 도서출판 박이정, 274~333.

허 웅(1983), 『국어학』, 샘문화사, 247~281.

허 웅(1999), 『20세기 우리말의 통어론』, 샘문화사, 243~832.

(발표 : 『이중언어학』 제28호, 이중언어학회, 2005)

제 6 장
개화기 국어문법론

제 1 절 개화기 국어문법의 높임법

제 2 절 개화기 국어문법의 시제법

제 3 절 개화기 국어문법의 조어법

개화기 국어문법의 높임법

1. 머리말

일반적으로 우리 현대사에서 개화기(계몽기, 전환기)란 갑오경장(1894)에서부터 일본에 의하여 강제 점령된 1910년에 이르기까지 약 20여 년 동안을 이르는데, 이 시기를 우리 국어사나 국어학사에서는 근대국어에서 현대국어의 단계로 넘어가는 과도기적인 성격을 띤 시기라 한다.

이 무렵 우리 국어문법 연구의 출발은 주로 외국인 선교사들의 실용적인 필요성에 의하여 이루어지기 시작하였지만, 우리나라 사람들에 의해서도 국어문법에 관한 연구가 활발하게 이루어지기 시작한다. 그 무렵 우리나라 사람에 의하여 이루어진 국어문법 저서로는 이봉운의 『국문정리』(1897)가 그 출발이 되어 유길준의 필사 『조선문전』(1897?, 1904?, 1905?), 유인 『조선문전』(1906?), 유인 『대한문전』(1907?), 활판 『대한문전』(1909), 최광옥의 『대한문전』(1908), 김규식의 유인 『대한문법』(1908?), 주시경의 『국문문법』(1905?), 『말』(1908?), 필사 『국어문법』(1909?), 『국어문법』(1910), 『조선어문법』(1911, 1913), 김희상의 『조선어전』(1911) 등을 들 수 있다. 이들 국어문법들 가운데서 우리말 높임법에 대하여 기술된 것은 유길준의 문법 저서에서부터라 할 수 있다.

그런데 언어체계는 시대와 사회의 변화에 따라 변화하기 마련이다. 이 높임법의 문제도 과거 봉건사회 제도에서 엄격히 지켜지던 것이 현대사회에서도 꼭 그대로 지켜져야 한다면 이것이야말로 언어사회를 더욱 복잡하게 하고, 비현실적인 상황으로 인식될 수도 있을 것이다.

이 글은 개화기 국어문법 저서에 나타나는 높임법의 체계를 살펴서 그 통시적 연구에 도움을 주고, 나아가 개화기 국어문법을 체계화하는 데 이바지하고자 하는 것이 그 목적이다.

2. 개화기 문법의 높임법 개관

이 장에서는 개화기에 우리나라 사람이 지은 국어문법 저서 가운데서 높임법에 대하여 기술한 유길준(1904?, 1909),[1] 최광옥(1908), 김규식 (1909), 주시경(1910), 김희상(1911)을 차례로 살피기로 한다.

2.1. 유길준의 『조선문전』·『대한문전』

2.1.1. 유길준의 『조선문전』(1904?)

유길준(1904 : 14ㄴ)에서 조동사는 활용하는 변화로 말미암아 기절(期節)을 낳으며, 계단(階段)을 이루며, 의사(意思)를 나타내며, 체재(體裁)를 정한

---

1) 유길준의 저서 가운데서 『대한문전』(1909)을 제외한 나머지 『조선문전』(1897, 1904, 1905, 1906)과 『대한문전』(1907?)은 그 내용이 모두 같기 때문에 그 중에서 가장 정선된 필사 『조선문전』(1904?)과 활판 『대한문전』(1909)만을 살핀다.

다고 하였는데, 여기서 말하는 '체재'가 바로 높임법을 의미하는 것이다. 그러면 유길준(1904 : 16ㄴ~17ㄱ)에 나타나는 '체재'를 간추려 정리해 보이면 다음과 같다.

체재는

(1) 尊敬ᄒᄂᆫ 意를 表ᄒᄂᆫ 者~他의 動作을 尊敬흠이라. 現在「시」, 未來「실」, 過去「신」 及 連鎖段「사」 終結段 「소셔」 等語로 成ᄒᄂ니…
　　ㄱ. 손님이 오시오.
　　ㄴ. 가실 길이 머오.
　　ㄷ. 어룬이 불으신다.
　　ㄹ. 상감게읍셔 됴셔를 나리사.
　　ㅁ. 뎡사를 명백히 ᄒ시와 빅셩을 구제ᄒ시읍소셔.

(2) 謙恭ᄒᄂᆫ 意를 表ᄒᄂᆫ 者~他에 對ᄒ야 自己의 動作을 謙恭흠이라. 現在及過去「니다」, 未來「이다」等語로 成ᄒᄂ니…
　　ㄱ 그 사롬이 져긔 오읍니다/오읍ᄂ이다 (현재)
　　ㄴ. 어제 그 사롬을 맛나읍니다/맛나읍ᄂ이다 (과거)
　　ㄷ. 릭일 저녁씌에 올이다 (미래)

(『조선문전』 : 16ㄴ~17ㄴ)

　　(1)에서 남의 동작을 존경한다는 것은 말할이가 그 말 안의 주체(주어로 지시되는 사람이나 물건)를 높이는 주체높임을 의식한 것으로, 그 주체높임을 나타내는 형태소에는 {-시-, -실, -신-, -사, -소셔}가 있음을 의식하였고, (2)에서는 다른 사람에 대하여 자기의 동작을 겸공한다는 것은 여기서 <겸공>은 <겸손>의 뜻으로 쓰인 것이므로 이는 자기를 낮추는 것이기 때문에 이는 말할이가 그 말의 상대인 들을이를 높여 대하는 들을이높임법(상대높임법)을 의식한 것으로, 그 들을이 높임을 나타내는 형태소에는 {-이다, -니다}가 있음을 의식한 것이다.

　　이제 <보기 문장>을 중심으로 살펴보면, (1)ㄱ은 주체인 <손님>을 높이기 위하여 주체높임을 나타내는 형태소 {-시-}가 서술어에 들어간 것이고, (1)ㄴ의 {-실}은 다시 {-시+ㄹ}로 분석되어 주체높임을 나타내는 형태소 {-시-}가 앞으로 있을 일, 추측적인 사실을 나타내는 형태소 {-ㄹ}과 결합하여 가는 주체를 높이기 위함인데, 그 주체는 생략되었다. (1)ㄷ의 {-신}은 주체인 <어룬>을 높이기 위함인데, 이것은 다시 {불+으시+ㄴ 다}로 분석되는 것이므로 {-신}이 과거를 나타내는 주체높임의 형태소는 아니다. (1)ㄹ은 주체인 <상감>을 높이기 위하여 서술어에 {-사}가 들어간 것인데, 이 <나리사>는 <나리시어>가 바뀌어 된 꼴이고, (1)ㅁ의 {-소서}는 기원을 나타내는 것으로 일종의 들을이 높임이므로, 실제로 주체높임을 나타내는 것은 <하시와>의 {-시-}와 <구제ᄒᆞ시옵소서>의 {-시-}가 주체높임을 나타내는 것이다. 그러므로 (1)에서는 주체높임을 나타내는 형태소에는 {-시-}만 있을 뿐이다.

(2)ㄱ, (2)ㄴ에서는 {-니다/-ᄂᆞ이다}를 현재 및 과거의 겸공함을 나타내는 형태소로 처리한 것인데, 이는 형태소 분석의 잘못에서 비롯된 것이다. 즉 (2)ㄱ은 {-옵니다/-옵ᄂᆞ이다}가, (2)ㄴ은 {습니다/-습ᄂᆞ이다}가 각각 겸공함을 나타내는 것으로 이는 누구인지는 모르지만 들을이를 높이는 것이다. 그런데 지은이가 (2)ㄱ과 (2)ㄴ의 같은 형태소가 시제를 달리하는 것으로 의식하게 된 것은 (2)ㄴ은 앞에 과거의 시제를 나타내는 말 <어제>가 왔기 때문이다. 만약 (2)ㄱ과 (2)ㄴ이 시제를 달리하려면 (2)ㄱ과 (2)ㄴ에 각각 시제를 나타내는 형태소가 서술어에 들어가야 한다. 이것을 보이면 다음과 같다.

> (2)′ ㄱ. 그 사름이 져긔 오ø옵니다 / 오ø옵ᄂᆞ이다.(현재)
>   ㄴ. 그 사름을 맛(>만)났습니다 / 만났습ᄂᆞ이다.(과거)

(2)′ㄱ은 현재시제를 나타내는 형태소로 무형의 형태소 {-ø-}가 들어갔고, (2)′ㄴ에서는 과거 시제를 나타내는 형태소로 {-ㅆ(았/었)-}이 들어갔다. 이러한 것을 유길준(1904)에서는 의식하지 못하였기 때문에 (2)ㄱ과

(2)ㄴ에서 {읍니다/-읍ᄂ이다}와 {-습니다/-습ᄂ이다}가 다 같이 현재의 들을이 높임을 나타내는 형태소인데, {-(읍)니다/-(읍)ᄂ이다}는 현재의 시제를, {-(습)니다/-(습)ᄂ이다}는 과거의 시제를 나타내는 것으로 의식하였다. 이것은 똑 같은 구실을 하는 변이형태에 지나지 않는 것이다.

또 (2)ㄷ의 <올이다>에서 {-이다}를 미래시제를 나타내는 겸공으로 의식하였는데, 이것도 형태소 분석의 잘못에서 비롯된 것이다. 즉 (2)ㄷ의 <올이다>를 형태소 분석하면 {올+이다}가 아니고, {오+리다}이다. 그러므로 겸공을 나타내는 형태소는 {-이다}가 아니고 {-리다}[2]이다. 그리고 여기서도 {-이다}가 미래시제를 나타낸다고 의식한 것은 앞에 미래를 나타내는 말 <릭일>이 왔기 때문이다.

2.1.2. 유길준의 『대한문전』(1909)

유길준(1909 : 62~65)에서는 조동사의 하위분류 체계를 다시 세우면서 유길준(1904)에서 높임법을 뜻하는 상위단위였던 '체재'는 덜어내고, 체재의 하위단위였던 '존경'과 '겸공'을 나타내는 것을 '의사'의 하위단위에 포함시켰다. 이제 '의사'의 하위단위로 분류된 '존경'과 '겸공'을 나타내는 것을 간추려 정리해 보이면 다음과 같다.

> (3) 尊敬을 表ᄒ는 者~他人에 對ᄒ야 尊敬ᄒ는 意롤 表示ᄒ는 者이
> 라 : 시, 사, 소서.
> ㄱ. 손님이 오시오.
> ㄴ. 님금이 신하롤 두사.

---

2) 『그랜드 국어사전』(1992, 금성출판사)에 의하면,

　-리다 : ① 모음으로 끝나는 동사 어간에 붙어 '하오' 할 상대에게 '그리하겠소'의 뜻을 나타내는 종결어미. <보기> ㄱ. 내일 들르리다. ㄴ. 내 약속하리다.
　　② 모음으로 끝나는 어간에 붙어 '하오' 할 상대에게 추측이나 경고의 뜻을 나타내는 종결어미. <보기> ㄱ. 저 분이 아마 그 형이리다. ㄴ. 내일이면 꽃리피리다. ㄷ. 잘못하면 떨어지리다.
　의 뜻이 있는데, 여기서는 ①에 해당하는 것이다.

      ㄷ. 글올 가라처 주<u>소서</u>.

(4) 謙恭올 表ᄒᆞ는 者~他人에 對ᄒᆞ야 謙恭ᄒᆞ는 意를 表示ᄒᆞ는 者이
　　라 : 이다, 압나이다, 이올시다, 이오이다/ 와, 오.
　　ㄱ. 내일 올<u>이다</u>.
　　ㄴ. 지금 가<u>압나이다</u>.
　　ㄷ. 이것이 문법책<u>이올시다</u>.
　　ㄹ. 뎌 화상이 리순신<u>이오이다</u>.
　　ㅁ. 거번에 거긔에 가<u>와</u>.
　　ㅂ. 그 사람온 만나지 못ᄒᆞ<u>왓사오니</u>.

(『대한문전』 : 62~65)

　　(3), (4)에 의하면, 유길준(1909)에서는 주체높임을 나타내는 형태소에
{-시-, -사, -소서}가 있고, 들을이 높임을 나타내는 형태소에는 {-이다,
-압나이다, -이올시다, -이오이다/-와, -오}가 있음을 의식하였다.

　　(3)은 앞의 (1)에서 {-실, -신}을 덜어내고 계승한 것으로 이는 큰 발전
이며, (4)는 앞의 (2)에서 {-이다, -니다}를 {-이다}로 묶은 것인데, 그의
문법체계 안에서는 발전적이지만 이들의 형태소 의식에는 여전히 문제점
이 있다. 이것을 <보기말>을 중심으로 살펴보면, (3)ㄱ은 주체인 <손님>
을 높이기 위하여 서술어에 주체높임을 나타내는 형태소 {-시-}가 들어간
것으로 이는 (1)ㄱ을 그대로 계승한 것이고, (3)ㄴ의 <두사>는 <두시어>
를 줄인말로 주체인 <님금>을 높이기 위한 것으로 (1)ㄹ을 계승한 것이
다. 그리고 (3)ㄷ은 나타나지 않는 주체를 높이는 것으로 이때는 주체와
들을이가 같은 인물이고 기원을 나타낸 것으로 (1)ㅁ을 계승한 것이다.

　　그런데 유길준(1909 : 62)에서는 유길준(1904 : 16ㄴ)에 나타나는 (1)ㄴ과
(1)ㄷ을 덜어내고, 이어서 설명하기를 {-시-}는 합속단에 속하니, 미래에
{-ㄹ}과 과거에 {-ㄴ}을 받침으로 형용사체의 동사를 이룬다고 하였는데,
이것은 (1)ㄴ과 (1)ㄷ에서 형태소 의식을 잘못한 것을 바로 잡은 것인데,
이는 주체높임을 나타내는 형태소 {-시-}에 {-ㄹ, -ㄴ}을 받치어 관형어

(매김말)로 쓰인 것을 보인 것으로 이는 큰 발전이라 하겠다. 또 {-사}는 연쇄단이오, {-소서}는 종결단이 된다고 하였는데, {-사} 뒤에는 다른 말이 이어지고, {-소서}는 문장의 끝남을 의식한 것으로 짐작된다.

그리고 (4)는 (2)에서 <보기말>을 더 보태어 계승·발전시킨 것인데, (4)ㄱ의 <올이다>를 {오+르+이다}로 의식하고, {-르}은 미래시제를 나타내는 선어말어미로 의식하고, {-이다}는 겸손을 나타내는 어말어미로 의식한 것인데, 이는 앞에서도 설명한 바와같이 추측이나 약속을 나타내는 어말어미인 {-리다}를 잘못 의식한 것이다. 또 (4)ㄴ의 <가압나이다>에서 겸공을 나타내는 형태소는 {-압나이다}이지만, (4)ㄷ의 <문법책이올시다>에서 {-이올시다}는 {-이다}의 어간 {-이}와 어미 {-올시다}로 분석되어 이 {-올시다}가 {-이다, -아니다}의 어간에 붙어 <합쇼>할 자리에 {-ㅂ니다} 뜻으로 쓰이는 어미로 들을이 높임을 나타내는 것이다. (4)ㄹ의 {-이오이다}도 {-이다}의 어간 {-이}와 어미 {-오이다}로 구분되어 이 {-오이다}가 모음으로 끝나는 어간에 붙어 <합쇼>할 자리에 현재의 사실을 설명하는 종결어미로 쓰인 것으로 이것도 형태소 경계를 잘못 의식한 것이다. (4)ㅁ의 {와}는 선어말어미 {-오}와 어말어미 {-아}가 합하여 줄어진 꼴이고, (4)ㅂ의 <못ᄒ왓사오니>에서 {-와, -오}는 겸손을 나타내는 형태소이고, {-ㅅ(ㅆ)}은 과거 시제를 나타내는 형태소로 의식한 것인데, 이것을 다시 분석하면, {못ᄒ+오+아+ㅅ(ㅆ)+사오+니}와 같이 되어 겸손을 나타내는 형태소는 {-오(와)-}와 {-사오-}가 들어있다. 그러므로 (4)는 (2)를 더욱 발전시킨 것이다.

2.2. 최광옥의 『대한문전』(1908)

최광옥(1908 : 36~42)에 나타난 조동사의 하위단위인 "체재"가 높임을 나타내는 것인데, 그 내용이 유길준(1904 : 14ㄴ~17ㄱ)의 내용과 일치하기 때

문에 생략한다.3)

2.3. 김규식의 『대한문법』(1908?)

김규식(1909 : 80ㄱ~81ㄴ)에서 어토활용(語吐活用)에는 언단원토(言端元吐)
와 층사토(層詞吐)의 두 종류가 있다고 하였는데, 여기서 '층사토'가 높임법
에 관한 것을 설명한 것인데, 이것을 간추려 정리해 보이면 다음과 같다.

> (5) 層詞吐~言語時에 聽者의 地位를 隨ᄒᆞ야 相當혼 層節에 語吐를 言
>   端에 活用ᄒᆞᄂᆞᆫ 거슬 云홈인디 下待, 差待, 平待, 尊待, 四
>   待의 層詞가 有ᄒᆞ니라.
> ㄱ. 下待~下人이나 兒童이나 家族中 在下者의게 對ᄒᆞ야 用ᄒᆞᄂᆞᆫ 語
>   吐를 云홈이니, 「다, 타, 라, 니, 냐, 쟈」等類니라.
> ㄴ. 差待~年紀나 地位로 手下나 之次되ᄂᆞᆫ 者의게 對ᄒᆞ야 用ᄒᆞᄂᆞᆫ 語
>   吐를 云홈이니, 「ᄒᆞ게데/ ᄒᆞ게톄 네, 세, 게, 가」類等니라.
> ㄷ. 平待~彼此平等에 交際로 互相敬待에 用ᄒᆞᄂᆞᆫ 語吐를 云홈이니,
>   「습ᄂᆞ이다/옵ᄂᆞ이다, ᄂᆞ이다, 이다/니다, 외다, 옵ᄂᆞ잇가/
>   습ᄂᆞ잇가, 잇가/닛가, 옵시오/습시오/십시오, 시지오/니지
>   오」等類니라.
> ㄹ. 尊待~年紀나 地位가 自己보다 高혼 者의게 用ᄒᆞᄂᆞᆫ 語吐를 云홈
>   이니,「오/요, 소, 세다」等類니라.
>
> (『대한문법』 : 80ㄱ~81ㄴ)

(5)의 층사토는 말할이가 말을 할 때에 들을이의 지위에 따라 그 말의
끝에 높임을 나타내는 토를 구분하여 '하대, 차대, 평대, 존대'로 4등분하
고 있는데, 이는 들을이 높임의 계층을 나타낸 것이다.

---

3) 최광옥의 『대한문전』(1908)과 유길준 문법과의 관계는 김민수(1960) "대한문전고", 『국
   어문법론연구』, 통문관, 269~333쪽 참조.

(5)ㄱ은 들을이가 하인이나, 아동, 가족 중 손아래 사람에게 쓰는 말로 아주낮춤에 해당하는 것으로 이것은 형태소 {-다, -타, -라, -니, -냐, -쟈}에 의하여 나타내고, (5)ㄴ은 들을이의 나이나 지위가 말할이보다 낮으나 (5)ㄱ보다는 높게 대우해야 할 자리에 쓰는 말로 예사낮춤에 해당하는 것인데, 형태소 {-하게, -네, -세, -게, -가}에 의하여 나타내고, (5)ㄷ은 말할이와 들을이가 서로 높여야 할 자리에 쓰는 말로 예사높임에 해당하는 것인데, 형태소 {-오, -요, -소, -세다}에 의하여 나타내고, (5)ㄹ은 들을이의 나이나 지위가 말할이보다 높은 사람에게 쓰는 말로 아주높임에 해당하는 것인데, 이는 선어말어미와 어말어미가 합쳐진 {-습ㄴ이다/-옵ㄴ이다, -옵ㄴ잇가/-습ㄴ잇가, -옵시오/-습시오/-십시오, -시지오/-니지요} 등과 어말어미 {-ㄴ이다, -이다/ -니다, -외다} 등에 의하여 나타낸다.

　이러한 설명은 국어문법 연구사에서 들을이 높임의 계층을 구분한 최초의 문법 저서로 남게 되었다. 그러나 주체높임에 대한 설명은 없다.

2.4. 주시경의 『국어문법』(1910)

　주시경(1910 : 98~99)에서는 우리말의 높임법에 관한 내용이 '잇기'와 '끗기'에 나타나는데, 이것을 간추려 정리해 보이면 다음과 같다.4)

　(6) 잇기의 序分
　　ㄱ. 높음~尊稱하는 것
　　　(본)5) 가시니('시니'가 높이는 잇기니 '시'는 높임이라)
　　ㄴ. 같음~平稱하는 것이니, 序分을 이름이 없는 것.
　　　(본) 가니.

---

4) 주시경 문법의 높임법에 관한 자세한 연구는 최낙복(1993), 『국어국문학』 12집, 동아대 국어국문학과, 5~37쪽 참조.
5) '본'은 '보기, 본보기, 예(例)'의 뜻.

(잡이)6) 높이어 말함으로 '가옵시니' 할 때도 잇으니 '옵시'가 높
임이요, '가시오니' 할 때도 잇으니 '오'가 높임이라.
그러하나 '시'만 두어 높임을 삼음이 떳떳함이라.
(7) 끗기의 序分~장유존비(長幼尊卑)의 다름을 가르는 것.
ㄱ. 높음~존칭(尊稱)하는 것7)
(본) 저 대가 푸릅니다.
'-ㅂ니다'가 끗기니 이말을 듯는이를 높이어 말하는 것.
그 어른이 오십데다.
'-십데다'가 끗기니 오는이와 듯는이를 높이어 말하는 것.
(잡이) 이는 다 줄인 말이라.
(알이) 老年에 쓰는 것.
ㄴ. 같음~평칭(平稱)하는 것이니 서분을 이름이 없는 것.8)
(본) 저 대가 푸르오.
'-오'가 끗이니 이말을 듯는이를 같게 말하는 것.
(잡이) 가시오
'-시오'가 끗기니 '-오'만 쓰이는 것보다 높으니라.
(알이) 中年에 쓰는 것.
ㄷ. 낮음~하칭(下稱)하는 것.
(본) 저 대가 푸르다.
'-다'가 ·끗기니 이말을 듯는이를 낮히어9) 말하는 것.
(알이) 幼年에 쓰는 것.
(잡이) 서로 한 가지의 序分을 쓸 때에는 다 같음이라 할 만하다.
(『국어문법』: 98~99)

(6), (7)에서는 우리말의 '높임' 또는 '높임의 계층'에 해당하는 용어로
'서분(序分)'을 사용하고 있음이 주목된다. 그리고 (6)에서 설명한 '잇기의

---

6) '잡이'는 주의(注意)와 같은 뜻이다.
7), 8)의 뜻매김은 원문에는 없는 것을 필자가 '잇기의 서분' 뜻매김을 그대로 옮겨서 보
충한 것이다.
9) 원문에는 '높이어'로 표기되어 있으나 원고본 『국어문법』(1909) 60쪽에 의하면 '낮히
어'로 표기되어 있기 때문에 필자가 교정한 것이다. 그러나 '낮추어'(김석득, 1992 :
118) 또는 '낮호아'(고영근, 이현희, 1986 : 150)로 교정한 곳도 있으나 이들은 모두
원고본 『국어문법』을 보지 못하고 추측하여 고친 것이다.

서분'은 오늘날의 주체높임에 해당하는 것으로 특히 주체높임의 계층을 설명한 것이다.

(6)ㄱ에서 '높임'이란 용어를 사용하고, <가시니>라고 한 것은 가는 주체가 나타나 있지는 않지만 그 주체는 사람 또는 신(God)이고, 말할이보다 사회적인 지위가 높거나 나이가 많은 사람을 높이기 위하여 주체높임을 나타내는 형태소 {-시-}가 서술어에 들어간 것이다. 그러나 (6)ㄴ에서는 '같음'이란 용어를 쓰고 <가니>라 한 것은 그 주체가 말할이보다 사회적인 지위가 낮거나 나이가 적기 때문에 {-시-}가 들어가지 않았다. 이는 우리말의 주체높임에서 높임은 {-시-}로 안높임('같음' 포함)은 {-ø-}로 나타낸다는 것을 의식한 것으로 국어학 연구사에서 큰 공적이라 할 수 있다.

또 (6)의 (잡이)에서 상대방을 높이고 자기를 낮추는 이른바 겸양법(겸손법)을 의식하였으나 구체적으로 밝히지는 못했다. 다만 <가오니, 가시오니, 가옵시니>의 3으로 나누고는 우리말에 자기자신을 낮추는 형태소에 {-오-, -옵-}이 있음을 의식한 것도 대단한 공적이라 할 수 있겠다.

(7)에서 설명한 '끗기의 서분'은 들을이 높임을 나타낸 것으로, 여기서는 '끗기의 서분'에 대한 뜻매김을 분명히 하고 있다. 즉 '끗기의 서분'은 <장유존비의 다름을 가르는 것>이라 하였는데, 여기서 <장유>란 사회계층의 종적관계인 나이의 많고 적음을 의미하는 것이고, <존비>란 사회계층의 횡적관계인 신분상의 관계를 의미하는 것이라 하겠다. 그리고 이 서분을 '높음, 같음, 낮음'의 3계층으로 나누고는 (알이)에서 '높음'은 <노년에 쓰는 것>, '같음'은 <중년에 쓰는 것>, '낮음'은 <유년에 쓰는 것>이라고 풀이한 것으로 보아 '끗기의 서분' 기준을 나이에 두고 있음을 알 수 있다.

(7)ㄱ에서는 {-ㅂ니다}가 끗기로 듣는이를 높이어 말하는 것이라 하였는데, 이는 정확한 설명으로 그 계층으로는 아주높임에 해당하는 것이다. 역시 (7)ㄱ에서 <오십데다>의 {-십데다}가 끗기로 오는이와 듣는이를 다 높이어 말하는 것이라 하였는데, 여기서 {-시-}는 오는 주체인 <그 어른>을 높이는 형태소이고, {-ㅂ데다}는 들을이를 높이는 형태소이므로 이는

주체와 들을이를 동시에 높이는 것으로 주체높임과 들을이 높임의 겹침이라 할 수 있다. 또 (7)ㄴ에서는 <푸르오>의 {-오-}가 끗기로 듣는이를 같게 말하는 것이라 하였는데, 이는 말할이와 들을이가 나이나 사회적인 지위가 같다고 본 것이다. 그리고 (7)ㄴ의 (잡이)에서 <가시오>의 {-시오}가 끗기로 {-오}만 쓰는 것보다 높이는 것이라 하였는데, 이는 주체와 들을이를 동시에 높이는 것이다. 그러므로 주시경은 {-오}보다 {-시오}가 더 높이는 것으로 보았다. (7)ㄷ에서는 <푸르다>의 {-다}가 끗기로 들을이를 낮추어 말하는 것이라 하였는데, 이는 들을이를 높이는 형태소가 들어가지 않고 무형의 형태소 {-ø-}에 어절을 끝맺어 주는 형태소 {-다}가 결합되어 들을이를 높이지 않았다.

이와 같이 주시경(1910)에서 '끗기의 서분'은 '높음'은 {-ㅂ니다}, '같음'은 {-오}, '낮음'은 {-ø-}로 이루어진 것을 의식한 것으로 아주 탁견이라 할 수 있다.

2.5. 김희상의 『조선어전』(1911)

김희상의 『조선어전』(1911)에서는 우리말 높임법에 관한 설명이 '대명사의 변화, 부사의 변화, 토의 변화' 단원에 나타난다. 이것을 차례대로 살펴보기로 한다.

먼저 김희상(1911 : 60~61)의 '대명사의 변화'에 나타나는 우리말 높임법에 관한 내용을 간추려 보이면 다음과 같다.

(8) 代名詞의 待遇變化~人類代名詞 第二人이 年齒 又는 貴賤으로 因ᄒ
야 上待(ᄒ압시오), 中待 (ᄒ오), 半半待(ᄒ게)
及 下待(ᄒ야라)의 四層으로 變化ᄒ나니라.
ㄱ. 上待—존장
ㄴ. 中待—로형, 당신.

　　ㄷ. 半半待－자네, 소제.
　　ㄹ. 下待－너

(『조선어전』 : 60~61)

　(8)에서는 사람대명사의 높임관계를 나타낸 것으로, '높임'에 맞서는 용어로 '대우(待遇)'라는 용어를 쓰고 있는데, 오늘날 국어문법에서 '대우법'이라는 용어는 여기서 비롯된 것임을 알 수 있다. 그리고 이 사람대명사의 높임의 기준은 나이와 귀천에 있으며, 그 높임의 계층(또는 등분)을 4등분으로 나누고 있다.

　이와 같이 대명사의 높임의 기준을 정하여 설명하고, 그 계층을 4등분한 것은 국어학 연구사에서 처음 있는 일로 높이 평가되어야 할 것이다.

　다음은 김희상(1911 : 68)의 '부사의 변화'에 나타나는 높임법에 관한 내용을 간추려 정리해 보이면 다음과 같다.

　(9) 副詞中 變化ᄒᄂᆞᆫ 者～應對副詞가 上待(ᄒᆞᆸ시오), 中待(ᄒᆞ오), 半待
　　　　　　(반말), 半半待(ᄒᆞ게) 及 下待(ᄒᆞ야라)의 五層
　　　　　　待遇로 變化ᄒᆞ나니라.
　　　ㄱ. 上待－예, 네.
　　　ㄴ. 中待－예, 네.
　　　ㄷ. 半待－응.
　　　ㄹ. 半半待－어.
　　　ㅁ. 下待－왜, 오냐, 오.

(『조선어전』 : 68)

　(9)의 '응대부사'란 '부름이나 물음 또는 요구 등에 응하여 상대하는 부사'를 이름인데, 이 대답하는 말이 대상에 따라 다름을 설명하고, 그 계층은 처음으로 '반말'이라는 계층을 설정하여 5계층으로 나누었다. 이러한 것은 문법적으로 큰 의의가 있는 것은 아니지만 국어학 연구사에서는 처음 있는 일이므로 그 역사적 의의는 크다고 하겠다.

  끝으로 김희상(1911 : 68~76)의 '토의 변화'에서는 '주위토(主位吐)의 변화, 전성토의 변화, 종지토의 변화, 감탄토의 변화'에서 높임관계를 설명하고 있는데, 이것을 간추려 정리해 보이면 다음과 같다.

  (10) 吐의 변화~吐는 待遇를 因ᄒ야 變化ᄒ나니 此에 上待(ᄒ압시오),
              中待(ᄒ오), 半待(반말), 半半待(ᄒ게), 及下待(ᄒ야
              라)의 五層이 有ᄒ지라.
       ㄱ. 주위토(主位吐)의 변화…께압서, 께서(이/가)
       ㄴ. 전성토(轉成吐)의 변화…께(에게)
       ㄷ. 종지토의 변화…압니다, 올시다, 오, 아, ㄹ세, 다.
           ① 명사 하에나 대명사 하에 接ᄒ는 종지토의 변화
           ② 동사 하에 接ᄒ는 종지토의 변화
           ③ 형용사 하에 接ᄒ는 종지토의 변화
       ㄹ. 감탄토의 변화… 그려, 구나
                                                    (『조선어전』 : 68~76)

  (10)의 '토의 변화'에서는 그 높임의 정도에 따라 5계층으로 나누어 각각 표를 만들어 제시하였다. (10)ㄱ은 주격조사 {-이/-가}의 높임에는 {-께압서(>-께옵서), -께서(>께서)}가 있음을 보인 것이고, (10)ㄴ은 장소를 나타내는 부사격조사 {-에게}가 그 사물이 닿는 곳이 사람일 때는 그 사람을 높이기 위하여 {-께(>-께)}가 쓰임을 보인 것이다.

  또 (10)ㄷ에서는 동사나 형용사가 서술어로 쓰일 때 그 어말어미가 들을이 높임을 나타내는 것을 보인 것인데, (10)ㄷ①은 명사나 대명사가 들을이를 높이기 위하여 서술격조사 {-이다}와 어울려 <사람이압니다, 사람이올시다>와 같이 쓰일 때를 보인 것이고, (10)ㄷ②③은 동사나 형용사사의 어말어미가 들을이를 높이기 위하여 그 대상에 따라 5계층으로 나뉘어 쓰임을 보인 것이고, (10)ㄹ은 높임을 나타내는 서술어 뒤에 느낌을 나타내는 감탄조사가 결합되어 <꽂이압니다그려>와 같이 쓰인 것을 감탄조사의 높임계층으로 처리한 것인데, 이것은 감탄조사와는 관계가 없는 것이다.

그러나 (10)의 '토의 변화'에서는 처음으로 주격조사, 부사격조사에 높임을 나타내는 조사의 형태가 따로 있음을 밝힌 것은 국어학 연구사에서 처음 있는 일로 역사적으로 큰 의의를 가진다고 하겠다.

3. 개화기 문법의 높임법 체계

이 3장에서는 앞의 2장에서 살핀 개화기 국어문법 저서에 나타나는 높임법을 토대로 하여 그 높임법의 종류와 계층에 대하여 살피기로 한다.

3.1. 높임법의 종류

국어의 높임법은 높임의 대상이 누구인가에 따라 주체높임, 들을이 높임(상대높임), 객체높임으로 나눌 수 있다. 이것을 차례대로 살피기로 한다.

3.1.1. 주체높임법

주체높임법은 말할이가 그 말 안의 주체(주어로 지시되는 사람 또는 물건)를 높이어 말하는 문법범주로 그 실현방법은 선어말어미 {-으시-}에 의한 것이 일반적이지만 <진지(밥), 병환(병), 주무시다(자다), 잡수시다(먹다), 계시다(있다)> 등과 같이 높임을 나타내는 어휘가 따로 있는 것과, 접미사 {-님}에 의한 방법, 주격조사 {-께서}에 의한 방법 등이 있을 수 있다.

그런데 개화기 국어문법 저서에서 주체높임은 유길준(1904, 1909)과 최광옥(1908)에서 '존경함을 표하는 자'인 <오시오, 불으신다, 나리사>와 주시경(1910)의 '잇기의 서분'에 나타나는 <가시니, 가옵시니>가 선어말어미

{-으시-}에 의한 방법이고, 김희상(1911)의 '주위토의 변화'인 {-쎄압서, -쎄서}가 주격조사에 의해서 주체높임을 나타내었다.

그러므로 개화기 국어문법 저서에서 주체높임은 선어말어미 {-으시-}와 주격조사 {-쎄압서, -쎄서}에 의해서만 실현되었고, 접미사 {-님}에 의한 방법이나, 높임을 나타내는 어휘가 따로 있는 것에 의한 주체높임은 전혀 고려되지 않았다.

3.1.2. 객체높임법

객체높임법은 문장의 객어가 지시하는 대상 곧 목적어나 부사어 등이 지시하는 대상에 대해 말할이가 높임의 의향을 나타내는 문법범주인데, 15세기에는 선어말어미 {-습-}으로 실현되었으나 현대어에서는 일정한 어미로 실현되지 못하고(권재일, 1992 : 120), <춘부장, 아버님(아버지), 모시다(데리다), 뵙다(보다), 여쭈다(묻다), 드리다, 올리다, 바치다(주다)> 등의 몇 어휘와 접미사 {-님}이 붙어 객어로 쓰인 경우, 부사격조사 {-께(에게)}에 의해서 실현될 뿐이다.

이러한 객체 높임법이 개화기 국어문법 저서에는 김희상(1911)의 '전성토의 변화'에서 {-에게}가 {-쎄}로 변화하여 높임을 나타내는 것 외는 설명된 곳이 없다.

3.1.3. 들을이 높임법

들을이 높임법은 말할이가 들을이에 대하여 높임의 의향을 나타내는 문법범주로 주로 어말어미 {-습니다}에 의하여 실현되는 것이 일반적인 방법이고, 그 외 조사 {-요}, {-시여}나 파생접사 {-님}에 의하여 실현되기도 한다.

이러한 들을이 높임법은 개화기의 모든 국어문법 저서에 모두 다 설명되어 있다.

　유길준(1904)과 최광옥(1908)의 '겸공의 뜻을 표시하는 자'인 {-옵니다/ 습니다}, {-이다(>-리다)}와 유길준(1909)의 {-이다, -압나이다, -올시다, -오이다}와 김규식(1909)의 '층사토'에 해당하는 {-옵ᄂ이다/-습나이다, -외 다, -오, -요, -소…}와 주시경(1910)의 '끗기의 서분'에 나타나는 {-ㅂ니 다, -십데다, -오, -다}와 김희상(1911)의 '대명사의 대우'에 나타나는 <존 장, 로형, 당신, 자네, 소네, 너>와 '부사의 변화'에 나타나는 <예, 네, 응, 어> 등의 대답하는 말과, '종지토의 변화'에 나타나는 선어말어미와 어말 어미가 합쳐진 꼴 {-압니다, -올시다, -압니가, -시지요, -압시오…} 등이 모두 들을이 높임법에 해당하는 것이다. 그러므로 개화기 국어문법 저서 에 나타나는 높임법은 주로 들을이 높임법에 관한 설명이다.

3.2. 높임법의 계층

　유길준(1904, 1909)과 최광옥(1908)에서는 높임법의 계층을 구분하지 않 고, 존경의 뜻을 표시하는 자와 겸공의 뜻을 표시하는 자로만 구분하였는 데, 여기서 존경은 높임을, 겸공은 겸손을 나타내었을 뿐 그 계층을 나눈 것이라고 볼 수 없다. 그 외는 부분적으로 높임의 계층을 나눈 흔적을 찾 을 수 있는데, 이것을 살펴보기로 한다.

3.2.1. 주체높임의 계층

　주체높임의 계층을 나눈 문법 저서로는 주시경(1910)의 '잇기의 서분'과 김희상(1911)의 '주위토의 변화'가 있을 뿐이다.

　주시경(1910)에서는 주체높임에 해당하는 '잇기의 서분'을 '높음'(가시니) 과 '같음'(가니)의 두 계층으로 나누었는데, 이것은 오늘날 주체높임의 등 분인 '높임'과 '안높임'에 그대로 계승되어 있다. 이것을 대조시켜 보이면 다음과 같다.

그러므로 주시경(1910)의 이 '잇기의 서분'은 주체높임 등분의 기반이 되었으므로 국어학 연구사에서 큰 의의를 가지는 구분이었다.

그리고 김희상(1911)에서는 '주위토의 변화'를 <상대(上待), 중대(中待), 반대(半待), 반반대(半半待), 하대(下待)>로 5등분하고 있으나 그 <보기말>을 살펴보면 실제로는 2등분에 지나지 않는 것이다. 즉 상대는 {-께압서, -께서}로, 중대, 반대, 반반대, 하대는 모두 {-이, -가}가 쓰인다고 하였으므로 상대는 높임에 나머지는 모두 안높임에 해당하는 것이다.

그러므로 개화기 국어문법에서 주체높임의 계층은 오늘날과 같이 높임과 안높임의 두 계층으로만 구분하였다고 하겠다.

3.2.2. 객체높임의 계층

객체높임의 계층을 구분한 개화기의 문법 저서로는 김희상(1911)의 '전성토의 변화' 뿐이다. 여기서도 앞의 '주위토의 변화'와 마찬가지로 <상대, 중대, 반대, 반반대, 하대>의 5계층으로 구분했으나 <보기말>을 살펴보면, 2계층으로 구분하였음을 알 수 있다. 즉 상대는 {-께}를 쓰고, 나머지 중대, 반대, 반반대, 하대는 모두 {-에게}가 쓰인다고 하였으므로 상대는 높임, 그 나머지는 모두 안높임에 해당하는 것이다.

그러므로 개화기의 문법 저서에서 객체높임에 해당하는 것을 두 계층으로 나눈 것은 국어학 연구사에서 처음 시도된 것이므로 그 역사적 의의가 충분히 있다고 하겠다.

3.2.3. 들을이 높임의 계층

일반적으로 국어문법에서 높임법의 계층을 설명하는 것은 바로 들을이 높임의 등분을 의미하는 것인데, 개화기 국어문법 저서에서 들을이 높임의 계층을 구분한 것으로는 김규식(1909)의 '층사토'와 주시경(1910)의 '끗기의 서분'과 김희상(1911)의 '대명사의 변화'에서 찾을 수 있다.

김규식(1909)에서는 '층사토'를 존대(尊待)에 {-습ㄴ이다, -옵ㄴ이다, -ㄴ이다, -이다, -니다. -외다…}와 평대(平待)에 {-오, -요, -소, -세다}와 차대(差待)에 {ᄒ게데, ᄒ게테, -네, -세, -게, -가}와 하대(下待)에 {-다, -타, -자, -니, -냐, -쟈}의 4계층으로 구분하였는데, 이는 오늘날 들을이 높임을 4계층으로 구분하는 기반이 되었을 뿐만 아니라 거의 완전한 구분이므로 국어학 연구사에서 그 의의가 크다고 하겠다.

주시경(1910)에서는 '끗기의 서분'을 높음 {-ㅂ니다}, 같음 {-오}, 낮음 {-다}의 3계층으로 구분하였는데, 이는 오늘날 아주높임, 예사높임, 아주낮춤에 해당하는 것이다. 이것은 다른 사람들이 4계층 또는 5계층으로 구분하는 것은 실제로 그 경계가 분명하지 않기 때문에 높음, 같음, 낮음의 3계층으로 구분한 것이다. 이는 오늘날 대화체에서 훨씬 더 설득력이 있는 설명으로 보아진다.

김희상(1911)에서 '대명사의 대우변화'에서는 상대 <존장>, 중대 <로형, 당신>, 반반대 <자네, 소제>, 하대 <너>의 4계층으로 나누었으나, '부사의 변화'인 대답하는 말에서는 상대 <예, 네> 중대 <예, 네>, 반대 <응>, 반반대 <어>, 하대 <왜, 오냐, 오>의 5계층으로 나누었으나 상대와 중대는 그 대답하는 말이 같기 때문에 4계층에 지나지 않는다. 그리고 '종지토의 변화'에서는 상대 <ᄒ압시오>, 중대 <ᄒ오>, 반대(반말), 반반대 <ᄒ게>, 하대 <ᄒ야라>의 5계층으로 나누었으나 반대는 그 <보기말>이 분명히 제시되어 있지 않다. 그러나 이 종지토의 5계층의 구분은 최현배의 『우리말본』(1937)에 그대로 계승되어 전하고 있다.

그러므로 김희상(1911)에서 들을이 높임의 계층 구분은 어휘적인 것으

로 높임을 나타내는 것은 4계층으로 구분하고, 어말어미에 의한 높임은 5
계층으로 구분하였음을 알 수 있다.

이제 그 무렵의 들을이 높임의 계층을 서로 견주어 보이면 다음과 같다.

〈들을이 높임의 계층〉

『김규식』 (층사토)	『주시경』 (끗기의 서분)	『김희상』 (대명사의 변화)	『김희상』 (토의 변화) (부사의 변화)	『최현배』 (마침법)
존 대 평 대 - 차 대 하 대	높 음 같 음 - - 낮 음	상 대 중 대 - 반반대 하 대	상 대(ᄒ압시오) 중 대(ᄒ오) 반 대(반말) 반반대(ᄒ게) 하 대(ᄒ아라)	아주높임 예사높임 반말(등외) 예사낮훔 아주낮훔

4. 마무리

지금까지 살핀 개화기의 국어문법 저서에 나타나는 높임법을 간추려 정
리하면 다음과 같다.

1) 유길준(1904, 1909), 최광옥(1908)에서는 높임법에 맞서는 용어로 '체
재(體裁)'를 사용하고(유길준 : 1909는 제외), 그 체재에는 ① 존경을 표하는
자와 ② 겸공을 표하는 자가 있음을 밝혔는데, ①은 주체높임법을 설명한
것이고, ②는 들을이 높임법을 설명한 것이다. 여기서는 객체높임법에 해
당하는 설명과 높임법의 계층은 구분하지 않았다.

2) 김규식은(1909)에서는 '어토의 활용' 가운데 '층사토'가 들을이 높임법
에 관한 설명인데, 들을이의 지위에 따라 〈존대, 평대, 차대, 하대〉의 4계
층으로 나누었다. 그러나 주체높임법과 객체높임법에 관한 설명과 이들의
계층도 구분하지 않았다.

3) 주시경(1910)에서는 높임법에 맞서는 용어로 '서분(序分)'을 사용하고 ① 잇기의 서분과 ② 끗기의 서분으로 나누어 설명하였다. ①은 선어말어미 {-으시-}에 의한 주체높임법으로, 그 계층은 <높음, 같음>의 그 계층이 있음을 밝혔는데, 이는 주체높임의 계층을 구분하는 기반이 되었다. ②는 {-ㅂ니다}에 의한 들을이 높임법을 설명한 것으로, 들을이의 장유존비에 따라 <높음, 같음, 낮음>의 3계층으로 구분하였다. 그러나 객체높임법의 설명이나 계층구분은 나타나 있지 않았다.

4) 김희상(1911)에서는 높임법에 맞서는 용어로 '대우(待遇)'를 사용하고, 높임법에 관한 내용이 ① 대명사의 변화, ② 부사의 변화, ③ 토의 변화 단원에 나타나는데, ③은 다시 ㉠ 주위토의 변화, ㉡ 전성토의 변화, ㉢ 종지토의 변화, ㉣ 감탄토의 변화로 나누어 설명하였다. 여기서 ㉠은 주체높임을 나타내는 조사(쎄압서, 쎄서)에 해당하는 것이고, ㉡은 객체높임법을 나타내는 조사(쎄)의 설명이지만 ㉣은 높임법과는 관계없는 것이다.

그리고 ①, ②, ③㉢은 들을이 높임법을 설명한 것인데, 그 계층은 <상대, 중대, (반대), 반반대, 하대>의 4계층 또는 5계층으로 구분하였다. 이는 오늘날 들을이 높임법 계층 구분의 기반이 되었다. 그러나 선어말 어미 {-으시-}에 의한 주체높임법과 객체 높임법에 대한 구체적인 설명은 나타나 있지 않다.

5) 이와 같이 개화기의 국어문법에서는 높임법에 맞서는 용어로는 '체재, 서분, 대우' 등을 사용하였으며, 높임법 가운데서 들을이 높임법과 그 계층의 구분에 대한 설명은 거의 모든 문법 저서에 다 나타나지만, 선어말어미 {-으시-}에 의하여 주체높임법을 설명한 것은 유길준(1904, 1909), 최광옥(1908), 주시경(1910)이고, 주체높임의 계층을 구분한 것은 주시경(1910)뿐이다. 그 외 객체높임법을 의식한 것은 김희상(1911)의 '전성토의 변화'에서만 의식되었을 뿐이다.

그러므로 개화기 국어문법의 여러 저서에서는 우리말 높임법에 대하여 구체적으로 체계가 서 있지 않았음을 알 수 있다.

참고문헌

Ⅰ. 자료

김규식(1908?), 대한문법(역대 한국 문법 대계 Ⅰ-5, 탑출판사, 1977).

김희상(1911), 조선어전(역대 Ⅰ-7, 1977).

유길준(1904?), 필사 조선 문전(역대 Ⅰ-39, 1986).

유길준(1909), 대한문전(역대 Ⅰ-2, 1979).

주시경(1910), 국어문법, 박문서관.

최광옥(1908), 대한문전(역대 Ⅰ-2, 1979).

Ⅱ. 논문 및 저서

강복수(1975), 국어 문법사 연구, 형설출판사(증보판 1978).

고영근(1983), 국어 문법의 연구, 탑출판사.

권재선(1987), 국어학 발전사(현대 국어학), 한국고시사.

권재일(1992), 한국어 통사론, 민음사.

김민수(1960), 국어 문법론 연구, 통문관.

김석득(1983), 우리말 연구사, 정음문화사.

김형주(1991), 국어학사, 형설출판사.

박지홍(1977), "유길준의 『조선문전』", 『어문교육논집』 2집, 부산대 국어교육과.

최낙복(1989), 주시경 말본의 형태론 연구, 동아대 박사 논문.

최낙복(1991), 주시경 문법의 연구, 문성출판사.

최낙복(1993), "주시경 문법의 높임법 연구", 『국어국문학』 12집, 동아대 국어국문학과.

최낙복(1995), 국어학 사전(공편), 한글학회.

최낙복(1995ㄱ), "유길준 문법의 형태론 연구", 『언어와 언어교육』 10집, 동아대 어학
　　　　연구소.

최낙복(1995ㄴ), "유길준 문법의 조동사 연구", 『국어국문학』 14집, 동아대 국어국문학과.

최현배(1937), 우리말본, 연희전문학교 출판부.

허 웅(1995), 20세기 우리말의 형태론, 샘문화사.

(발표 : 『국어학 연구의 오솔길』, 우전 김형주 선생 회갑기념논총 간행위원회, 1996)

개화기 국어문법의 시제법

1. 머리말

우리 현대사에서 개화기(계몽기, 전환기)는 일반적으로 갑오경장(1894)에서부터 일본에 의하여 강제 점령된 1910년에 이르는 약 20여 년 동안을 이른다. 그러므로 이 시기는 중세 봉건사회에서 근대 시민사회로 전환되어 가는 과도기적인 성격을 띤 시기라 할 수 있다.

우리 국어사나 국어학사에서도 이 시기의 국어를 일반적으로 개화기 국어라 하는데, 이때의 국어도 근대국어에서 현대국어로 넘어가는 과도기적인 성격을 띤 국어라 할 수 있다.[1]

이 무렵에 우리 국어문법 연구의 출발은 비록 외국인 선교사들의 실용적인 필요성에 의하여 이루어지기 시작하였지만, 우리나라 사람들에 의해서도 국어문법 연구가 활발하게 이루어지기 시작하여 그 연구 결과가 여러 저서로 남아 전하고 있다.[2]

---

[1] 최낙복(1996), "개화기 국어문법의 높임법", 『국어학 연구의 오솔길』, 우전 김형주 선생 회갑 기념 논총, 83쪽 참조.

이 글은 우리나라 사람에 의하여 이루어진 개화기 국어문법 저서에서 시간과 관련을 맺는 시제에 대하여 어떻게 의식하고 있는가를 밝혀서 개화기 국어문법을 체계화하는 데 도움을 주고, 나아가 국어문법 연구사의 시제법 체계를 정립하는 데 그 목적이 있다.

2. 개화기 문법의 시제

전통문법에서는 일반적으로 언어내용 전달과정에서 어떤 행위나 사건이나 상태가 일어난 시간적 위치 즉, 발화시에 대한 사건시의 시간적 위치를 나나내는 문법범주를 시제(때매김, tense)이라 한다.

이 시제는 발화시를 기준으로 삼아 시간 내용의 앞뒤를 지시하는 기능을 가지고 있는데, 전통적 방법으로는 '현재, 과거, 미래'의 '삼분법'을 취하고 있다.

현재는 발화시를 기준으로 해서 사건시와 발화시가 일치하는 경우이고, 과거는 사건시가 발화시에 앞서는 경우이고, 미래는 사건시가 발화시에 뒤서는 경우이다. 그러나 이런 구분은 우리말의 시제를 빈틈없이 그 경계를 명확하게 구분짓는다고 할 수 없다. 또 발화시에 대한 사건시의 일어나는 모습인 양상(aspect)과 일의 시간과 관련한 화자의 심리적인 태도를 나타내는 양태(modality)와 한 문장 속에 동시에 나타나기 때문에 그 나타내는 뜻을 파악하기란 쉬운 일이 아니다(권재일, 1992 : 134~138).

---

2) 이 무렵에 우리나라 사람에 의하여 이루어진 국어문법 저서가 현재까지 전하는 것으로는 이봉운의 『국문정리』(1897)를 시작으로 유길준의 필사 『조선문전』류(1897?, 1904?, 1905?), 유인 『조선문전』(1906?), 유인 『대한문전』(1905?), 활판 『대한문전』(1909), 최광옥 『대한문전』(1908), 김규식의 유인 『대한문법』(1908?), 주시경의 필사 『국문문법』(1905?), 『말』(1908?), 필사 『국어문법』(1909?), 활판 『국어문법』(1910), 『조선어문법』(1911, 1913), 김희상의 활판 『조선어전』(1911) 등을 들 수 있다.

그러므로 이 장에서는 개화기 국어문법 저서들 가운데서 필사본을 제외하고, 비교적 정선되고 널리 알려진 유인본 또는 활판본을 중심으로 한 최광옥의 『대한문전』(1908), 유길준의 『대한문전』(1909), 김규식의 『대한문법』(1908?), 주시경의 『국어문법』(1910), 김희상의 『조선어전』(1911)에 나타나는 시제를 살펴 개화기 국어문법의 시제체계를 파악하기로 한다.

먼저 이 5종류의 국어문법 저서에서 시제가 나타나는 품사를 살펴보면 다음과 같다.

최광옥(1908)에서는 시제에 해당하는 용어로 "시기(時期)"와 "기절(期節)"을 사용하고, 시제를 나타내는 품사로는 ① 동사, ② 조동사, ③ 형용사의 3품사가 담당하는 것으로 의식하였지만 동사에서 자세히 다루고 있다.

유길준(1909)에서도 시제에 해당하는 용어를 최광옥에서와 마찬가지로 "시기(時期)"와 "기절(期節)"을 사용하고, 시제를 나타내는 품사도 역시 ① 동사, ② 조동사, ③ 형용사의 3품사가 담당하는 것으로 의식하고 특히 동사에서 자세히 기술하였다.3)

김규식(1908?)에서는 시제에 해당하는 용어로 "시(時)"와 "시기(時期)"를 사용하고, 시제를 나타내는 품사로는 ① 동사, ② 형동사, ③ 부사, ④ 조사의 4품사가 담당하는 것으로 의식하였다. 여기서도 동사에서 자세히 다루고 있는데, 시제를 나타내는 부사가 있는 것으로 의식한 것은 국어문법 연구사에서 처음 있는 일이다. 그러나 형동사를 설정하고, 여기서도 시제를 나타낸다고 의식한 것은 국어문법에 맞지 않는 품사분류 의식이다.

주시경(1910)에서는 시제에 해당하는 용어로 순우리말 용어 "때"를 사용하고, 우리말의 시제를 나타내는 품사로는 조사에 해당하는 ① 끗기, ② 잇기의 2기(>씨, 품사)가 맡고 있는 것으로 의식하였는데, 잇기보다는 끗기에서 더 자세하게 다루고 있는데, 이 글에서는 이 2기를 묶어 조사4)로 다룬다.

---

3) 최광옥의 『대한문전』(1908)과 유길준 문법과의 관계는 김민수(1960), "대한문전고", 『국어문법론연구』, 통문관, 269~333쪽을 참조.
4) 주시경의 『말의소리』(1914), "씨난의 틀" 단원 참조.

김희상(1911)에서는 시제에 대한 구체적인 단원이나 용어는 설정하지 않았지만, ① 부사 ② 조사의 설명 가운데 시제에 대한 일부 설명이 보인다. 그러므로 김희상은 조사의 쓰임과 부사의 쓰임에서 우리말의 시제를 담당하고 있는 것으로 의식하였는데, 조사에서 시제에 관한 설명이 좀더 자세히 나타난다.

이제 개화기 국어문법에서 우리말의 시제 의식이 나타나는 품사를 표로 만들어 보이면 다음과 같다.

씨＼책	최광옥 (1908)	유길준 (1909)	김규식 (1908?)	주시경 (1910)	김희상 (1911)
동 사	○	○	○		
조동사	○	○			
형용사	○	○			
형동사			○		
부 사			○		○
조 사			○	○	○

그러므로 개화기 국어문법 저서에서는 우리말의 시제를 나타내는 품사로는 ① 동사, ② 조동사, ③ 형용사, ④ 형동사, ⑤ 부사, ⑥ 조사의 6품사에 나타나는 것으로 의식하였지만, 대체로 ① 동사, ② 형용사, ③ 조사의 3품사에 의하여 자세하게 기술하고 있다.

이제 이 6품사에 나타나는 우리말의 시제 의식을 차례대로 살펴보기로 한다.

2.1. 동사의 시제

개화기 국어문법 저서에서 동사가 시제를 나타내고 있는 것으로 의식한 것은 최광옥의 『대한문전』(1908), 유길준의 『대한문전』(1909), 김규식의 『대한문법』(1908?)에서이다.

최광옥(1908)에서 시제에 해당하는 용어로 "시기(時期)"를 사용하고, 동사에 의한 시제는 "삼절시기(三節時期)"와 "각절분사(各節分詞)"에 의하여 나타내는 것으로 의식하였다. 그리하여 그는 동사를 그 활동에 따라 "현재, 미래, 과거"의 '삼절시기'로 나눈 후 그 뜻매김을 하고, 원어(原語 : 으뜸말 또는 어간의 뜻) {가}를 취하여 실제로 그 <보기말>을 보였다. 이것을 정리하여 보이면 다음과 같다.

> (1) 動詞는 其 活用을 由ᄒ야 현재, 미래, 과거의 三節時期로 分ᄒ니 其
>   故를 설명ᄒ건ᄃᆞ
>   其曰 現在는 현재작용을 指示홈이오,
>   其曰 未來는 미래작용을 指示홈이오,
>   其曰 過去는 과거작용을 指示홈이라.
>   今에 其原語(가)를 取ᄒ야 其例를 示ᄒ則,
>   ㄱ. 현재 : (가)오. 가령 저이가 가(오)ᄒ면
>   此는 저이의 현재작용을 표현홈이오.
>   ㄴ. 미래 : (가)에 (ㄹ)을 밧치어 曰(갈)
>   가령 져이가 갈(야)ᄒ오 ᄒ면
>   此는 져이의 미래작용을 표현홈이오
>   ㄷ. 과거 : (가)에 (ㅅ)을 밧치어 曰(갓)
>   가령 그이가 갓다ᄒ면
>   此는 그이의 과거작용을 표현홈이오
>   ㄹ. 대과거 : (갓)에 (섯)을 붓치여 曰(갓섯)
>   가령 내가 갓섯다 ᄒ면
>   此는 나의 己往 과거ᄒᆫ 작용을 표현홈이라.
>   (『대한문전』 : 29~30)

(1)에서 동사의 시제를 "현재, 미래, 과거"의 3시기로 나눈다고 하였으나, 그 <보기말>에서는 "현재, 미래, 과거, 대과거"의 4시기로 나누어 보

였다. 이것은 최광옥이 "과거"와 "대과거"를 같은 범주로 의식한 것이다.

(1)ㄱ에서 "가오"는 현재작용을 표현한다고 하였는데, 여기에는 현재를 나타내는 형태소가 없다. 이것은 현재를 나타낼 때에는 으뜸말 {가}와 최광옥 문법에서 조동사로 의식한 {-오} 사이에는 현재를 나타내는 무형의 형태소 {-ø-}가 들어있음을 의식한 것으로 보아야 할 것이다. 그러므로 현재작용을 표현하는 것은 <가+ø+오>로 구성되어 있음을 의식한 것으로 볼 수 있다.

(1)ㄴ에서는 {가}에 {-ㄹ}을 받치어 {갈-}이 미래작용을 표현한다고 하였는데, 여기서 {-ㄹ}은 {-으리}의 줄어진 꼴로 미래작용을 표현하는 것으로 의식한 것은 탁견이나 이것 외에 미래를 나타내는 형태소에는 {-겠-}이 있음을 의식하지 못한 것 같다.

(1)ㄷ에서는 {가}에 {-ㅅ(>ㅆ)}을 붙치어 {갓-(>갔-)}이 과거작용을 표현한 것으로 의식한 것인데, 이것은 {가앗-(>가았)}이 줄어진 꼴이다.

(1)ㄹ에서는 {갓-}에 {-섯-}을 붙치어 {갓섯-}이 이미 지난 과거의 한 작용을 표현한 것으로 의식한 것인데, 이것은 {가+었었-}이 줄어진 꼴로 (1)ㄷ의 {-었-}에 의하여 표현되는 과거상황보다 한발 앞선 때의 상황을 나타내 주는 것으로 의식한 것이다. 이러한 대과거 시제의 특성은 {-었-}의 상황이 표면에 드러나든 안드러나든 그 {-었-}의 상황은 {-었었-}의 상황과 동질적인 상황이여야 한다는 것이 {-었었-}의 쓰임에 부수되는 큰 제약의 하나인 듯하다(이익섭·임홍빈, 1983 : 185~186).

이처럼 (1)에서 의식한 동사의 "삼절시기"에 의한 시제표현은 단순시제를 나타내는 것으로, 이것은 시제 어미에 의해 나타나는 굴곡적 방법을 의식한 것이라 하겠다.

그러나 (1)에서와 같은 시제표현에는 회상을 나타내는 {-더-}가 있음을 의식하지 못한 것은 우리말의 특질을 잘 살피지 않고 다른 나라의 문법에 적용하는 정도의 수준에서 그친 것이라 하겠다.

다음은 "각절분사(各節分詞)"에 의해서 표현된 동사의 시제를 살펴보면,

『대한문전』(1908 : 30)에서 "분사(分詞)"라는 것은 동사로써 형용사의 체(體)를 가지는 것을 이르는 것이라 하였다. 이것은 최광옥 문법에서 동사의 관형사형은 모두 형용사로 처리한 데서 비롯된 것으로 동사 자격법의 관형사형을 의미하는 것이다.

 이제 『대한문전』에 나타나는 동사의 "각절분사"에 의한 시제법을 정리해 보이면 다음과 같다.

 (2) 각절분사(各節分詞)
　　 ㄱ. 현재분사~현재작용을 형용사체로 云홈.
　　　 <보기> (가는) 사름
　　 ㄴ. 미래분사~미래작용을 형용사체로 云홈.
　　　 <보기> (갈) 사름
　　 ㄷ. 과거분사~과거작용을 형용사체로 云홈.
　　　 <보기> (간) 사름
　　 ㄹ. 과거 현재분사~과거작용을 현재작용처럼 云홈.
　　　 <보기> 어제 (가든) 사름
　　 ㅁ. 과거의 미래분사~과거작용을 미래관계 잇듯시 云홈.
　　　 <보기> 그젹게 (갈야든) 사름
　　 ㅂ. 과거의 과거분사~과거의 과거작용을 專示홈.
　　　 <보기> 거번에 (갓든) 사름
　　 ㅅ. 대과거의 현재분사~과거작용을 과거樣으로 云흐되 현재관계롤
　　　　　　　　 포(包)홈.
　　　 <보기> 어제 (갓섯는)데
　　 ㅇ. 대과거의 미래분사~과거작용을 과거樣으로 云흐되 미래관계롤
　　　　　　　　 포(包)홈.
　　　 <보기> 지는 달에 (갓섯실) 거
　　 ㅈ. 대과거의 과거분사~과거의 작용을 專示홈.
　　　 <보기> 전년에 (갓섯든) 집

(『대한문전』 : 30～33)

 "분사"란 본디 영어문법에서 형용사처럼 쓰이는 동사의 활용 형태를 이

르는 것으로 이것은 문장에서 수식어로 쓰이는 것이다. 그러나 국어문법에서는 '분사'라는 용어는 사용하지 않고, 동사나 형용사의 관형사형으로 쓰이는 말이 여기에 해당한다. 그런데 최광옥 문법에서 '분사'란 용어를 사용한 것은 영어문법의 적용에서 비롯된 것으로, 이것은 우리말 품사분류의 잘못에서 비롯된 것이다. 즉 <동사 어간＋{-은/는}> 꼴이 문장에서 다음에 오는 체언을 꾸며주므로 이것을 모두 형용사로 처리한 데서 비롯된 것으로 보인다.

그러므로 (2)의 "각절분사"에 의한 시제표현은 동사의 관형사형 어미에 의한 굴곡적 방법을 의식한 것으로, (2)ㄱ~ㄹ은 모두 단순시제에 해당하는 것이고, (2)ㅁ~ㅈ은 시제의 겹침으로 복합시제에 해당하는 것이다.5)

그런데 (2)에서는 회상을 나타내는 {-더-}가 있음을 의식하였는데 이것은 {-더-}의 꼴에 {-ㄴ}이 첨가된 {-던}꼴만 의식하였으므로 (1)의 "삼절시기"에 의한 시제 표현에서는 덜어내고, (2)의 "각절분사"에 의한 시제표현에서만 의식하였던 것이다.

(2)ㄱ에서 "가는"은 현재작용을 나타내는 형용사꼴로 이것을 현재분사라 하였는데, 이것은 동사의 어간 {가}에 {-는}이 결합된 꼴로 이때 {-는}이 현재작용을 나타내는 것으로 의식한 것이다.

(2)ㄴ에서는 "갈"이 미래작용을 나타내는 형용사꼴로 이것을 미래분사라 하였는데, 이것은 동사의 어간 {가}에 미래를 나타내는 어미 {-ㄹ}이 결합한 꼴로 이때 {-ㄹ}이 미래작용을 나타내는 것으로 의식한 것이고, (2)ㄷ에서는 "간"이 과거작용을 나타내는 형용사꼴을 과거분사라 하였는데, 이것은 동사의 어간 {가}에 과거를 나타내는 어미 {-ㄴ}이 결합한 꼴로 이때 {-ㄴ}을 과거작용을 나타내는 형태소로 의식한 것이다.

그러므로 (2)ㄱ~(2)ㄷ은 관형사형 어미 {-는, -ㄹ, -ㄴ}이 각각 현재, 미래, 과거의 시제를 나타내는 것으로 의식한 것인데, 동사에서 현재시제

---

5) 단순시제와 복합시제에 관해서는 허웅(1987 : 140~158, 164~183) 참조.

의 {-눈}과 과거시제의 {-ㄴ}의 구별은 대단한 탁견이다.

(2)ㄹ은 "가든(>가던)"이 과거작용을 현재에 관계가 있듯이 말하는 것인데, 이것은 동사 어간 {가}에 {-던}이 결합된 것으로 현재시제와 회상시제의 겹침을 이르는 것이다. (2)ㅁ에서는 "갈야든(>갈려던)"이 과거작용을 미래에 관계가 있듯이 말하는 것으로 이것은 동사 어간 {가}에다가 예정을 나타내는 {-ㄹ야}가 결합하고, 여기에 다시 회상시제를 나타내는 {-던}이 겹쳐진 것을 이름이다. (2)ㅂ에서는 "갓든(>갔던)"이 과거작용을 나타내는 것이라 하였는데, 동사 어간 {가}에 과거를 나타내는 형태소 {-ㅅ(>ㅆ)}과 회상을 나타내는 형태소 {-던}이 결합된 것을 이르는 것이다.

그러므로 (2)ㄹ~ㅂ은 {-ø+던, -ㄹ야+던, -ㅅ+던}이 각각 과거의 현재, 미래, 과거시제를 나타내는 것으로 의식한 것인데, 이것은 단순시제에 회상시제를 나타내는 {-던}이 결합된 것을 의미하는 것이다.

(2)ㅅ은 "갓섯눈(>갔었는)"이 과거작용을 과거 모양으로 설명하되 현재의 관계를 포함하는 것이라 하였는데 이것은 동사 어간 {가}에 과거시제를 나타내는 형태소의 겹침인 {-ㅅ섯눈}이 결합된 것을 나타내는 것이고, (2)ㅇ은 "갓섯실(>갔었을)"이 과거작용을 과거 모양으로 설명하되 미래의 관계를 포함하는 것이라 하였으므로 이것도 동사 {가}에 과거를 나타내는 형태소의 겹침인 {-었었-}에 {-을}이 겹쳐 쓰임을 이르는 것이고, (2)ㅈ은 "갓섯든(>갔었던)"이 과거의 과거작용을 나타내 보임을 이르는 것으로 이것도 동사 {가}에 과거를 나타내는 형태소의 겹침인 {-었었-}에 회상시제를 나타내는 {-던}이 겹쳐쓰인 것이다.

그러므로 (2)ㅅ~ㅈ은 과거를 나타내는 형태소의 겹침인 <-었었+눈, -었었+실, -었었+던>의 구조로 된 것을 이름이다.

유길준의 『대한문전』(1909)에서는 동사에 의한 시제표현을 "동사의 시기" 단원(39~42쪽)과 "동사의 변화" 단원(43~47쪽)에 나누어 기술하였다.

이 '동사의 시기'는 최광옥의 『대한문전』에 나타난 "삼절시기"를 계승 발전시킨 것으로 동사가 그 활용으로 인하여 표시하는 시기를 나타내는 말이라고 뜻매김을 하고, 동사의 시기는 <① 현재, ② 미래, ③ 과거, ④ 과거의 현재, ⑤ 과거의 미래, ⑥ 과거의 과거>의 6종류로 나누고, 각각 뜻매김을 한 후 그 <보기말>을 보였다. 이것을 정리해 보이면 다음과 같다.

> (3) 동사의 시기(時期)
>   ㄱ. 현재동사~명사의 현재의 작용 혹 상태롤 발현(發現)홈.
>   <보기> 가오
>   ㄴ. 미래동사~명사의 미래의 작용 혹 상태롤 발현홈
>   <보기> 갈야오
>   ㄷ. 과거동사~명사의 과거작용 혹 상태롤 발현홈.
>   <보기> 갓셧소, 갓소
>   ㄹ. 과거의 현재동사~명사의 과거작용 혹 상태롤 현재 양(樣)으로 발
>   현홈.
>   <보기> 가드니
>   ㅁ. 과거의 미래동사~명사의 과거작용 혹 상태롤 미래 양으로 발현홈.
>   <보기> 갈야드니
>   ㅂ. 과거의 과거동사~명사의 과거의 작용 혹 상태롤 旣已 과거 양으
>   로 발현홈.
>   <보기> 갓셧드니, 갓드니
>
> (『대한문전』 : 39~42)

　(3)ㄱ~ㄴ은 최광옥(1908)의 (1)ㄱ~ㄴ을 그대로 계승한 것이고, (3)ㄷ은 (1)ㄷ~ㄹ을 합하여 계승한 것인데, (3)ㄱ~ㄷ은 (1)ㄱ~ㄹ과는 달리 뜻매김에 현재, 미래, 과거작용 외에 "상태를 나타낸다"는 말이 덧붙어 있는 것을 보면 이것은 단순한 시제 외에 발화시에 대한 사건의 일어나는 모습을 나타내는 상(aspect)의 의식이 나타나 있음을 알 수 있다. 이것은 최광옥 문법의 시제 의식에서 나아간 큰 발전이라 할 수 있다.

　그리고 (3)ㄹ~ㅂ은 과거에 일어난(겪은, 경험한) 일을 회상하여 말할 때에 쓰이는 회상시제를 나타낸 것이다. (3)ㄹ은 그 움직임이 과거에서 현재에 됨을 본 것을 회상하는 것으로, 현재를 나타내는 동사의 어간인 {가}

에 회상을 나타내는 형태소 {-더-}를 더하여 나타낸 것이고, (3)ㅁ은 과거
에 겪어보니 어떤 움직임이 장차 일어날 것이었음을 회상하는 것으로 미
래를 나타내는 동사의 꼴인 {갈야-}에 회상을 나타내는 형태소 {-더-}를
더하여 나타낸 것이고, (3)ㅂ은 과거에 겪어보니 그 움직임이 이미 그 과
거에 되었음을 회상하는 것으로 과거를 나타내는 동사의 꼴인 {갓섯-, 갓-}
에 회상을 나타내는 형태소 {-더-}를 결합하여 나타낸 것이다.

이 회상시제도 최광옥 문법의 시제 의식에서는 없었던 것으로 이는 큰
발전이며, 여기서도 상(aspect) 의식이 나타나 있다. 그리고 이 '동사의 시
기'도 시제 어미에 의하여 시제를 나타내는 방법이다.

또 유길준(1909)에서 "동사 변화"의 단원(43~47)에 나타나는 동사의 시
제법을 살펴보면, 이 '동사 변화'는 최광옥의 『대한문전』에 나타나는 '각절
분사'를 계승 발전시킨 것이다. 먼저 동사의 변화를 두 종류로 나누었는
데, 하나는 명사의 체를 이룸이오, 다른 하나는 형용사의 체를 이룬다고
하고, 동사가 형용사로 변화하는 것을 '분사(分詞)'라 한다고 하였다.

그리고 이 분사의 성립은 동사의 끝에 {-ㄴ} 또는 {-ㄹ}을 받치어 만들
고, 이들은 항상 명사 위에 위치한다고 하였다. 그 분사는 동사의 시기(時
期)를 따라 <① 현재절 분사, ② 미래절 분사, ③ 과거절 분사, ④ 과거의
현재절 분사, ⑤ 과거의 미래절 분사, ⑥ 과거의 과거절 분사>의 6절(節)
로 분류하고 그 <보기말>을 보였다.

이것을 간추려 정리해 보이면 다음과 같다.

(4) 분사(分詞)
　　ㄱ. 현재절 분사~가는←가(동사)＋느(조동사)＋ㄴ
　　　　<보기> 가는 사람, 가는 말
　　ㄴ. 미래절 분사~갈←가(동사)＋ㄹ
　　　　<보기> 갈 사람
　　ㄷ. 과거절 분사~갓는←갓(과거 동사)＋는
　　　　<보기> 갓는 사람　　　　　　(주의) '간, 갓섯는'도 속함

ㄹ. 과거의 현재절 분사~가든←가드(과거의 현재 동사)+ㄴ
    <보기> 가든 사람
ㅁ. 과거의 미래절 분사~갈야든←갈야드(과거의 미래 동사)+ㄴ
    <보기> 갈야든 사람
ㅂ. 과거의 과거절 분사~갓든←갓드(과거의 과거 동사)+ㄴ
    <보기> 갓든 사람

(『대한문전』: 44~46)

(4)ㄱ~ㅂ은 (2)ㄱ~ㅂ을 그대로 계승한 것이다. (2)ㅅ~ㅇ을 (4)에서 그대로 계승하지 않은 것은 최광옥 『대한문전』의 '대과거'는 유길준 『대한문전』에 와서 '과거'에다 포함시켰기 때문이다. 그리고 (4)ㄱ~ㄷ은 단순시제에 해당하는 것이고, (4)ㄹ~ㅂ은 시제법의 겹침에 해당하는 복합시제이다.

그리고 이 동사의 변화는 관형사형 어미에 의하여 시제를 나타내는 방법이다. 동사의 관형사형으로 현재시제를 나타낼 때에는 어미 {-는}이 쓰이고, 과거시제를 나타낼 때에는 어미 {-은/ㄴ}이 쓰이는데, (4)ㄱ은 그대로 적용되어 있으나 (4)ㄷ에서는 동사 {가-}의 과거형을 {갓-}으로 설정하였기 때문에 과거를 나타내는 {-은/ㄴ}이 쓰이지 않고 (4)ㄱ의 현재시제를 나타내는 형태소 {-는}이 쓰이고 있다. 이는 형태소 분석의 잘못에서 비롯된 것이다. 다만 (주의)에서 보인 {간-}은 과거시제에 속하는 것으로 의식하였다.

또 (4)ㄹ~ㅂ에서 회상시제를 나타내는 형태소로 {-든(>던)}이 쓰여져 있는데, 이것을 유길준은 {-더-}+{-ㄴ}으로 의식하였다. 이것은 대단히 깊이 있는 연구가 있었던 것으로 보아진다.

김규식(1908?)에서 동사의 시제는 "동사의 변체식" 단원(54ㄱ)에서 "동사는 조(調)와 법(法)과 시(時)와 인칭(人稱)과 수(數)의 5조로 변체되ᄂ니라" 하고, 그 하나하나에 대하여 상세하게 설명하고 있다. 여기서 "시(時)의 변체" 단원과 "법(法)의 변체" 단원에서 그 하위단위인 "관계분사"가 동사의 시제에 해당하는 것이다.

이제 위의 두 단원에 나타나는 동사의 시제에 대하여 살펴보기로 한다.

김규식은 어떤 동작의 시기를 정하여 나타내는 것의 등급을 나누는 것을 "시의 변체"라 하고, 이것을 먼저 "단순시(單純時)"와 "복잡시(複雜時)"로 나누고, 단순시는 다시 3시기로 하위분류하고, 복잡시는 다시 6시기로 하위분류하여 시제의 체계를 마무리하였다.

단순시는 어떤 행동의 시기만 정하여 나타내고, 동시에 다른 시적(時的) 의사가 없는 것을 이른다고 하였는데, 이것은 시제를 나타내는 형태소가 하나만으로 이루어져 있음을 의식한 것으로, 여기에는 현재, 과거, 미래로 구분하고 그 뜻매김과 <보기말>을 보였다. 이것을 간추려 정리해 보이면 다음과 같다.

> (5) 단순시
>   ㄱ. 현재~지금 행동을 발표ㅎ는 거슬 云홈.
>   <보기> ① 비가 지금 온다.
>   ② 새가 날나 가오.
>   ㄴ. 과거~已往 행동을 발표ㅎ는 거슬 云홈.
>   <보기> ① 어제 비가 왔소.
>   ② 새가 날나 갓소.
>   ㄷ. 미래~장차 행홀 바를 예언ㅎ는 거슬 云홈.
>   <보기> ① 릭일 비가 오겟다.
>   ② 새가 날나 가겟소.
>   (『대한문법』 : 59ㄴ~60ㄱ)

(5)에서 단순시를 '현재, 과거, 미래'의 3분법으로 나누어 기술하고 있는데, 이러한 3분법은 당시 최광옥(1908)과 주시경(1910)에서도 모두 이용하고 있었다. 이것도 영어문법의 영향을 받아 그대로 적용한 것으로 보아진다. 이 무렵 우리나라 서울에서 나온 영어문법 저서로는 이기룡의 『중등영문전』(1911)과 윤치호의 『영어문법첩경』(1911)이 전해오고 있는데, 여

기서도 시제를 모두 3분법으로 기술하고 있는 것으로 보아 쉽게 알 수 있다.[6]

(5)ㄱ~ㄷ에서 현재, 과거, 미래를 나타내는 형태소는 각각 {-ㄴ-, -ø-}, {-ㅅ(앗)}, {-겟-}으로 의식하였는데, 이것은 최광옥(1908)에서 의식한 것과는 미래를 나타내는 형태소에서 약간의 차이가 난다. 이것을 비교해 보면 다음과 같다.

(6)　　최광옥(1908)　　　　　　　　　　　　　　김규식(1908?)

ㄱ. 현재 {-ø-} ─────────────── {-ㄴ-, -ø-}
ㄴ. 과거 {-ㅅ(앗)} ─────────────── {-ㅅ-(앗)}
ㄷ. 미래 {-ㄹ} ─────────────── {-겟-}

(6)ㄷ에서 김규식이 미래를 나타내는 형태소로 {-겟-}을 의식한 것은 뒤에서 설명할 "관계분사"를 나타내는 시제의 형태소와 구별한 것으로 대단히 높이 평가할 만하다.

그리고 복잡시는 어떤 행동의 시제만 확정하여 이를 뿐만 아니라 동시에 다른 시간적인 뜻이 있는 것을 이름이라 뜻매김하고, 이 복잡시는 6가지로 나누어 기술하였다. 여기에는 일의 시간과 관련된 의미를 화자의 심리적인 태도를 나타내는 양태(modality) 의식이 나타나 있음을 알 수 있다. 이제 이것을 간추려 보이면 다음과 같다.

(7) 복잡시

ㄱ. 계속 과거~과거시에 某 행동의 계속됨을 표시훈 거슬 云흠.
　　<보기> ① 어제 닉가 왓더니, 네가 <u>자더라</u>.
　　　　　② 내가 어제 종로로 올쩌에 한 양반이 마차를 타고 <u>갑데다</u>.
ㄴ. 과거의 과거~과거시에 已過훈 행동을 표시훙눈 거슬 云흠.
　　<보기> ① 내가 어제 왓더니 그 사람이 <u>갓더라</u>.

─────────────────

6) 이기룡(1911), 『중등영문전』 72쪽과 윤치호(1911), 『영어문법첩경』 26쪽 참조.

② 우리 갓슬 써 김서방이 밥 다 <u>먹엇더라</u>.
ㄷ. 과거의 완전과거~과거시에 완전히 畢흔 행동의 과거를 표시ᄒᆞᄂᆞᆫ
거슬 云흠.
<보기> ① 작년에 우리가 평양 갓셧슬 써에 그 사람이 <u>왓섯다</u>.
② 老兄이 오신 후에 내가 <u>갓셧소</u>.
ㄹ. 과거의 미래~과거시에 미래에 행동을 표ᄒᆞᄂᆞᆫ 거슬 云흠.
<보기> 어젹게 그 사름이 인천 <u>가랴</u>ᄒᆞ엿소.
ㅁ. 미래의 과거~미래시에 과거행동의 思意를 표ᄒᆞᄂᆞᆫ 거슬 云흠.
<보기> 지금 가면 其人이 <u>왓겟소</u>.
ㅂ. 과거에 미래에 완전과거~과거시에 미래의 와전히 필흔 과거 행
동 思意를 표ᄒᆞᄂᆞᆫ 거슬 云흠.
<보기> 昨日 雨가 아니 왓더면 其人이 <u>갓섯겟쇼</u>.

(『대한문법』: 60ㄱ~61ㄱ)

(7)ㄱ은 과거에 어떤 행동이 계속됨을 나타내는 것이라 뜻매김을 하고 이것을 나타내는 형태소로는 {-더-}, {-데-}가 있음을 의식하였다. 이것은 과거 어느 때에다 기준을 두고, 화자가 그 때에 되어 나가던 일, 또는 그 때에 직접 경험한 일, 즉 현실과는 이미 관련을 끊게 된 일을 기술하는 회상법을 의식한 것이다. 여기서 특히 {-데-}는 화자 자신이 경험한 사실을 회상하여 비로소 일러 줌을 나타내는 것으로, '더라'의 뜻으로 쓰이는 {-데-}를 의식한 것은 국어문법 연구사에서 처음 있는 일로 높이 평가되어야 할 것이다. 그러나 회상을 나타내는 형태소로는 이것 외에 {-디-}가 있음은 의식하지 못한 것 같다. 그리고 (7)ㄱ은 단순시에 해당하는 것이다.

(7)ㄴ은 과거에 이미 지난 행동을 나타내는 것이라 뜻매김을 하고 이것을 나타내는 형태소로는 {-앗더-}, {-엇더-}를 의식하고 있다. 이것은 이미 끝나 이루어진 일을 나타내는 형태소 {-았/었-}과 현실 세계와 단절된 지난 일을 돌이켜 보거나 또는 경험한 일을 나타내는 형태소 {-더-}가 결합된 것으로 시제의 겹침이라 할 수 있다. 이것은 최현배(1937 : 609)에서 지난적에 겪어 보니 그 움직임이 이미 그 지난적(과거)에 되었음을 도로

생각하는 것으로 회상시제의 과거에 해당하는 것이다.

(7)ㄷ은 과거에 완전히 끝마친 행동의 과거를 나타내는 것이라 뜻매김을 하고 이것을 나타내는 형태소로는 {-앗섯-(>았었)}이 있음을 의식한 것이다. 이것은 이미 끝난 일이 오래 전에 이루어졌음을 나타내기 위하여 {-었었-}의 형태가 있음을 의식한 것이라 하겠다. 이는 최현배(1937 : 599)에서 지난적에 움직임이 막 마쳐서, 그 결과가 그 때에 드러나 있었음을 보이는 시제를 나타내는 지난적마침(과거완료)에 해당하는 것이다.

(7)ㄹ은 과거에 미래의 행동을 나타내는 것이라 뜻매김을 하고, 이것을 나타내는 형태소로는 {-랴ᄒ엿-}을 의식하였는데, 이것은 움직임을 하려는 뜻을 나타내는, 즉 의도를 나타내는 동사 이음법의 한 갈래인 {-랴}와 {-ᄒ다}의 과거를 나타내는 {-ᄒ엿-}이 겹쳐진 것을 이르는 것이다.

(7)ㅁ은 미래시에 과거 행동의 뜻을 나타내는 것이라 뜻매김을 하고, 이것을 나타내는 형태소로는 {-앗겟-(>았겠)}이 있음을 의식하고 있다. 이것은 이미 끝나 이루어진 일을 나타내는 {-앗-}과 장차 일어날 일, 아직 결정되지 않은 일, 추측적인 사실이나 의지 등을 나타내는 {-겟-}이 겹쳐진 것이다. 이때 {-겟-}은 단순히 미래 시제만을 나타내는 것이 아니고, 양태의 의미도 포함하고 있는 것이다. 이것을 최현배(1937 : 599)에서는 이 다음 장래에 움직임이 막 마쳐서, 그 결과가 드러나 있겠음을 보이는 시제인 올적마침(미래완료)이라 하였다.

(7)ㅂ은 과거에 미래의 완전히 끝마친 과거 행동의 뜻을 나타내는 것이라 뜻매김을 하고 이것을 나타내는 형태소로는 {-앗섯겟-(>았었겠)}이 있음을 의식하였다. 이것은 이미 끝난 일이 오래 전에 이루어졌음을 나타내는 {-었었-}과 아직 결정되지 않은 일, 또는 추측적인 사실이나 의지를 나타내는 형태소인 {-겠-}이 겹쳐 쓰인 것으로 이는 바로 시제를 나타내는 형태소가 세 개 겹쳐 쓰인 것이라 하겠다.

그러므로 (7)ㄴ, ㄷ, ㅁ, ㅂ은 시제의 겹침을 나타내는 동시에 양태의 뜻을 담고 있는 것이다. 이와 같은 김규식의 동사 시제 의식은 국어문법 연구사에서 시제와 양태의식이 매우 앞선, 그리고 수준 높은 설명이라 할 수 있다.

이제 김규식의 『대한문법』에 나타나는 동사의 시제를 더욱 명확하게 알아내기 위하여 김규식(1908?)과 거의 같은 시기에 나온 유길준의 『대한문전』(1909)에 나타나는 시제를 대조시켜 보기로 한다.

김규식(1908?)의 '동사의 시의 변체'와 유길준(1909)의 '동사의 시기'에 나타나는 시제의 하위분류를 대조해 보이면 다음과 같다.

(8)

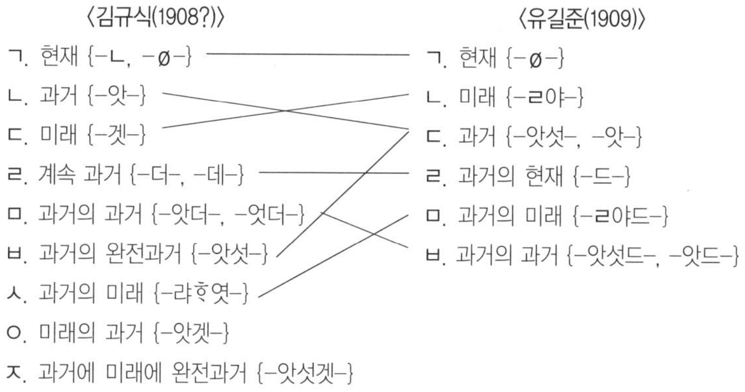

       〈김규식(1908?)〉   〈유길준(1909)〉

ㄱ. 현재 {-ㄴ, -∅-} ─────────── ㄱ. 현재 {-∅-}
ㄴ. 과거 {-앗-} ─────────── ㄴ. 미래 {-ㄹ야-}
ㄷ. 미래 {-겟-} ─────────── ㄷ. 과거 {-앗섯-, -앗-}
ㄹ. 계속 과거 {-더-, -데-} ──── ㄹ. 과거의 현재 {-드-}
ㅁ. 과거의 과거 {-앗더-, -엇더-} ── ㅁ. 과거의 미래 {-ㄹ야드-}
ㅂ. 과거의 완전과거 {-앗섯-} ── ㅂ. 과거의 과거 {-앗섯드-, -앗드-}
ㅅ. 과거의 미래 {-랴ᄒ엿-}
ㅇ. 미래의 과거 {-앗겟-}
ㅈ. 과거에 미래에 완전과거 {-앗섯겟-}

(8)에서, 김규식(1908?)과 유길준(1909) 사이에는 동사의 시제 하위분류 종류와 차례에도 차이가 나지만, 과거와 미래를 나타내는 형태소에도 차이가 있음을 알 수 있다. 또 유길준의 과거에 대한 의식도 김규식에서는 단순과거와 그것이 겹쳐진 것을 복잡시로 구분하여 기술하였다. 그러므로 당시 국어문법의 시제를 나타내는 데 있어서 유길준(1909)에서보다 김규식(1908?)에서 더 자세하게 관찰하여 기술하였음을 알 수 있다. 이러한 차이는 김규식은 영어문법을 공부하여 그것을 우리 문법에 바로 적용한 것이고, 유길준은 영어문법의 영향을 받은 일본문법을 우리 문법에 적용한 데서 나타나는 차이도 한 몫을 차지했다고 할 수 있다.

어떻든 김규식(1908?)에서 동사의 시제를 '단순시'와 '복잡시'로 나누고, '단순시'의 겹침을 '복잡시'로 의식한 것은 대단한 탁견이라 할 수 있다. 그러나 회상을 나타내는 {-더-}를 '복잡시'에 넣어 처리한 것은 이해가 잘 되지 않는다.

또 김규식(1908?)에서 '동사의 변체' 가운데 '관계분사'라는 것을 설정하고, 이 관계분사에 의해서도 우리말의 시제를 나타내는 것으로 의식하였다.

그러므로 김규식 문법에서 '관계분사'를 설정한 것은 영어문법에서 분사의 용법 가운데 분사가 보통의 형용사와 같이 명사 앞에서 그 다음에 오는 명사를 수식하는 형용사의 한 용법(한정적 용법)을 우리말에 적용한 데서 이루어진 것이다.

그런데 김규식(1908? : 58ㄱ)에서 설정한 '관계분사'란 동사가 활용되어 형용사의 자격을 이루고, 그 수식을 받는 명사로 하여금 상하간 서로 연접된 설명에 어떤 관계나 결과를 나타내는 것이라 뜻매김을 하고 있다. 이것은 바로 동사의 관형사형을 모두 형용사로 의식한 데서 비롯된 것으로 이 동사의 관형사형을 '관계분사'라 한 것이다.

그러므로 이 '관계분사'에 의한 시제표현은 동사의 관형사형 어미에 의한 굴곡적 방법을 의식한 것으로, 현대국어에서는 주로 {-은, -는, -을, -던}에 의하여 나타내어진다. 이러한 내용을 구체적으로 설명하기 위하여 김규식(1908? : 58ㄱ~59ㄴ)에서는 "가다"의 관계분사를 9가지 형태로 나누어 설명하였다. 이것을 간추려 보이면 다음과 같다.

  (9) 관계분사
     ㄱ. 현재분사~현재의 작용을 형용사체로 표흠.
      <보기> 지금 <u>가는</u> 사롬
     ㄴ. 과거분사~과거의 작용을 형용사체로 표흠.
      <보기> 임의 <u>간</u> 사롬
     ㄷ. 미래분사~미래의 작용을 형용사체로 표흠.
      <보기> 장추 <u>갈</u> 사롬

ㄹ. 계속 과거분사~과거작용이 其時에 계속 진행됨을 형용사체로 표흠.
    <보기> 어제 우리 올 쩌에 <u>가던</u> 사롬
ㅁ. 과거의 과거분사~과거시에 과거의 동작을 형용사체로 표흠.
    <보기> 어적게 <u>갓던</u> 사롬
ㅂ. 과거의 완전과거분사~과거시에 과거의 완전히 필한 동작을 형용
           사체로 표흠.
    <보기> 작년에 평양 <u>갓섯던</u> 스롬
ㅅ. 과거의 미래분사~과거시에 미래 동작을 형용사체로 표ᄒᆞᄂᆞᆫ 거슬
           云흠.
    <보기> 어적게 <u>가랴던</u> 사롬
ㅇ. 미래의 과거분사~과거시에 미래의 과거동작을 형용사체로 표흠.
    <보기> 어제 <u>갓슬</u> 사롬
ㅈ. 과거에 미래의 완전과거분사~과거시에 미래의 완전히 필ᄒᆞ엿슬
           과거동작을 형용사체로 표흠.
    <보기> 작년에 <u>갓섯슬</u> 사롬

(『대한문법』: 58ㄱ~58ㄴ)

(9)의 '관계분사'에 의한 시제표현은 동사의 관형사형 어미에 의한 굴곡적 방법으로 표현하는 것인데, (9)ㄱ~ㄹ은 (5)에서 설명한 "시(時)의 변체" 단원의 '단순시'에 해당하는 것이고, (9)ㅁ~ㅈ은 '복잡시'에 해당하는 것인데, 이것은 시제의 겹침이라 할 수 있다.

(9)ㄱ~ㄷ은 동사 어간 {가-}에 관형사형 어미인 {-는, -ㄴ, -ㄹ}이 각각 결합한 형을 형용사형으로 의식하여 이것이 각각 현재, 과거, 미래의 시제를 나타내는 것으로 의식한 것이고, (9)ㄹ의 "가던"은 과거 작용이 그 시기에 계속 진행됨을 형용사형으로 나타낸 것이라 하였는데, 이것은 동사 어간인 {가-}에 회상을 나타내는 형태소 {-더-}의 관형사형인 {-던}이 쓰인 것으로 주어가 1인칭일 때도 쓰이는 것이다.

(9)ㅁ의 "갓던"은 과거시에 과거의 동작을 역시 형용사형으로 나타낸 것인데, 이것은 이미 끝나 이루어진 일을 나타내는 형태소 {-앗-}과 경험한 일을 나타내는 형태소 {-던}이 겹쳐진 {-앗던}이 동사 어간인 {가-}에

결합된 형으로 이미 완결된 일을 회상하는 뜻으로 쓰인 것으로 시제의 겹침을 보인 것이고, (9)ㅂ의 "갓섯던"은 과거시에 과거의 완전히 끝마친 동작을 형용사형으로 나타낸 것으로 이미 오래 전에 이루어졌음을 나타내기 위하여 쓰이는 {-앗섯-(>았었)}과 회상을 나타내는 형태소 {-던}이 겹쳐서 쓰인 것으로 이것도 역시 시제의 겹침을 보인 것이다.

(9)ㅅ의 "가랴던"은 과거시에 미래동작을 형용사꼴로 나타낸 것으로, 이것은 어떠한 움직임을 하려는 뜻을 나타내는, 즉 의도를 나타내는 동사 이음법의 한 갈래인 {-랴}에 회상을 나타내는 형태소 {-던}이 겹쳐서 쓰인 것이고, (9)ㅇ의 "갓슬"은 과거시에 미래의 과거 동작을 형용사꼴로 나타낸 것이라 뜻매김하였는데, 이것은 이미 끝나 이루어진 일을 나타내는 시제 형태소 {-앗-}에 방금 또는 장차 일어날 일을 기술하는 미정법을 나타내는 관형사형 어미 {-슬(>을)}이 겹쳐서 쓰임을 보인 것이다. 또 (9)ㅈ의 "갓섯슬"은 과거시에 미래의 완전히 끝마쳤을 과거동작을 형용사꼴로 보인 것이라고 뜻매김하였는데, 이것도 이미 오래 전에 이루어졌음을 나타내는 시제 형태소 {-앗섯-(>았었)}과 아직 완결된 일이 아닌 사실을 기술하는 미정법을 나타내는 관형사형 어미인 {-슬(>을)}이 겹쳐서 쓰임을 보인 것이다.

그러므로 (9)ㄱ~(9)ㅈ에서 보인 관계분사에 의한 시제표현은 동사의 관형사형 어미에 의한 시제표현으로 단순시와 복잡시를 동시에 설명한 것이다. 그러나 그 하위분류에 대해서는 여러 가지 의견이 나올 수 있는 부분이 많이 나타나 있다.

이제 김규식(1908?)의 "관계분사"의 하위분류를 좀 더 명확하게 알기 위하여 최광옥(1908)의 "각절분사"의 하위분류와 유길준(1909)의 "분사"를 차례대로 대조해 보기로 한다.

먼저 김규식(1908?)의 "관계분사"와 최광옥(1908)의 "각절분사"를 대조해 보이면 다음과 같다.

(10)

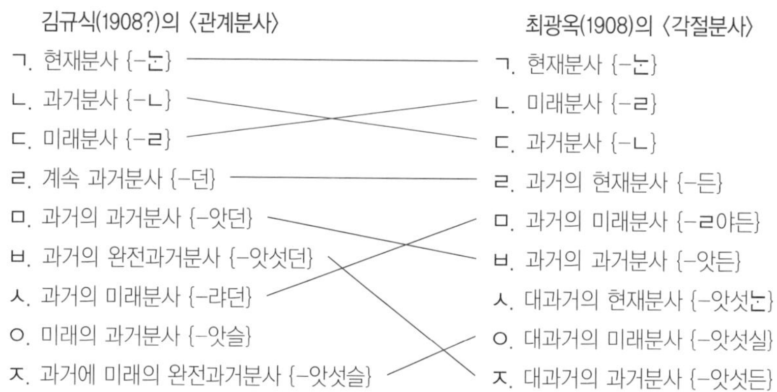

(10)에서 두 사람의 하위분류를 보면, 김규식의 (10)ㅇ 미래의 과거분사 {-앗슬}과 최광옥의 (10)ㅅ 대과거의 현재분사 {-앗섯눈}만 서로 설정하지 않았고, 그 나머지는 벌림의 차례만 약간 차이가 있을 뿐 모두 같음을 알 수 있다. 이것은 두 사람이 다 같이 영어문법의 형용사 범주 영향을 받아 하위분류가 이루어졌음을 쉽게 짐작할 수 있다.

다음은 역시 김규식(1908?)의 "관계분사"와 유길준(1909)의 "분사"를 대조해 보이면 다음과 같다.

(11)

김규식(1908?)의 〈관계분사〉
ㄱ. 현재분사 {-눈}
ㄴ. 과거분사 {-ㄴ}
ㄷ. 미래분사 {-ㄹ}
ㄹ. 계속 과거분사 {-던}
ㅁ. 과거의 과거분사 {-앗던}
ㅂ. 과거의 완전과거분사 {-앗섯던}
ㅅ. 과거의 미래분사 {-랴던}
ㅇ. 미래의 과거분사 {-앗슬}
ㅈ. 과거에 미래의 완전과거분사 {-앗섯슬}

유길준(1909)의 〈분사〉
ㄱ. 현재절 분사{-는}
ㄴ. 미래절 분사{-ㄹ}
ㄷ. 과거절 분사{-ㅅ는}
ㄹ. 과거의 현재절 분사{-든}
ㅁ. 과거의 미래절 분사{-ㄹ아든}
ㅂ. 과거의 과거절 분사{-ㅅ든}

(11)에서 두 사람이 "관계분사" 또는 "분사"의 하위분류 체계를 대조해 보면, 유길준(1909)에서는 관형사형 어미에 의한 우리말의 시제를 더욱 간단하게 체계를 세웠다. 이것은 나름대로 영어문법의 범주에서 벗어나 우리말에 맞도록 고쳐 보려는 시도였으나, 오히려 최광옥의 『대한문전』 체계를 후퇴시킨 것 같다. 그리고 이 체계는 김규식의 『대한문법』의 "관계분사" 체계와도 상당히 차이가 있음을 알 수 있다.

그리고 김규식(1908? : 62ㄴ~70ㄴ)에서 동사의 변체식을 종합적으로 정리하면서 동사를 제1체식 정규동사 "가다", 제2체식 무규동사 "오다", 제3체식 조동사 "보다", 제4체식 으뜸동사·입음동사 "먹다"로 나누고, 이것을 "직설법"과 "관계분사"의 시제에 따라 모두 제시하였다. 이것들 가운데 규칙동사를 이르는 제1체식 정규동사 "가다"로써 정리한 것을 표로 나타내 보이면 다음과 같다.

(12) 정규동사 <가다>의 <직설법>과 <관계분사>

	〈직설법〉	〈관계분사〉
ㄱ. 현재	간다	가는
ㄴ. 과거	갓다	간
ㄷ. 미래	가겟다	갈
ㄹ. 계속 과거식	가더라	가던
ㅁ. 과거의 과거식	갓더라	갓던
ㅂ. 과거의 완전과거식	갓섯다	갓섯던
ㅅ. 과거의 미래식	가랴ᄒ엿다	가려던
ㅇ. 미래의 과거식	갓겟다	갓슬
ㅈ. 과거의 미래의 완전과거식	갓섯겟다	갓서슬

그 외 제2체식, 제3체식, 제4체식도 모두 직설법과 관계분사로 나누고 이들의 시제 하위분류도 모두 9가지로 나누어 보였다. 그러므로 김규식 (1908)에서 동사의 관형사형 어미에 의하여 표현되는 시제나 동사의 시(時)의 변체에 의한 단순시와 복잡시에 의하여 표현되는 시제나 다같이 일관

되게 9갈래로 하위분류하고 있음을 알 수 있다.

특히 단순시와 복잡시의 구분과 동사의 시제 가운데 미래를 나타내는 {-겟-}의 설정 의식은 높이 평가되어야 할 것이다.

이와 같이 개화기 국어문법 저서에 나타난 동사에 의한 시제를 나타내는 방법으로는 굴곡법의 시제 어미에 의한 방법과 굴곡법의 관형사형 어미에 의한 방법이 있음을 의식하였고, 시제를 나타내는 용어로는 '시(時)' 또는 '시기(時期)'를 사용하였다. 그리고 시제를 나타내는 형태소는 다음과 같다.

책 방법	최 광 옥 (1908)	유 길 준 (1909)	김 규 식 (1908?)
시제 어미 [시기]	-∅-, -ㄹ-, -ㅅ-, -ㅅ섯-	-∅-, -ㄹ야, -ㅅ/-ㅅ섯-, -드-, -ㄹ야드-, -ㅅ섯드/-ㅅ드-	-ㄴ-, -∅-, -ㅅ, -겟-, -더-, -데-, -앗더/엇더-, -앗섯-, -랴후엿-, -앗겟-, -앗섯겟-
관형사형 어미 [분사]	-는, -ㄹ, -ㄴ, -든, -ㄹ야든, -ㅅ든, -ㅅ섯는, -ㅅ섯든	-는, -ㄹ, -ㅅ는, -든, -ㄹ야든, -ㅅ든	-는, -ㄴ, -ㄹ, -던, -앗던, -앗섯던, -랴던, -앗슬-, -앗섯슬-

또 동사의 시제 하위분류를 보면, 시제 어미에 의한 분류는 최광옥은 4갈래, 유길준은 6갈래, 김규식은 단순시 3갈래, 복잡시 6갈래 모두 9갈래로 분류하였으며, 관형사형 어미에 의한 하위분류는 최광옥은 9갈래, 유길준은 6갈래, 김규식은 9갈래로 나누어 체계를 세웠으나 관형사형 어미에 의한 하위분류는 영어문법을 적용한 정도에서 그쳤다.

2.2. 조동사의 시제

개화기 국어문법 저서에서 조동사7)로 의식한 동사의 여러 가지 어미가 시제를 나타내는 것으로 의식한 것은 최광옥의 『대한문전』(1908)과 유길준의 『대한문전』(1909)뿐이다.

최광옥(1908 : 36~37)에서 '조동사는 활용하는 변화로 말미암아 기절(期節)을 낳으며, 계단을 이루며, 의사를 나타내며, 체계를 정하나니'라 하였는데, 여기서도 시제에 해당하는 용어는 '기절'을 사용하고, 그 기절은 3가지로 분류하여 기술하였다. 이것을 간추려 보이면 다음과 같다.

> (13) 기절(期節)
>   ㄱ. 오, 어, 옵 等語를 어미에 附ᄒ야 현재작용을 表現홈
>   <보기> 가오, 가어, 가옵
>   ㄴ. 소, 서, 습 등어를 어미에 부ᄒ야 과거작용을 표현홈
>   <보기> 갓소, 갓서, 갓습
>   ㄷ. ᄒ오, ᄒ어, ᄒ옵 등어를 他조동사 어미에 부ᄒ야 미래작용을 표현홈
>   <보기> 갈야ᄒ오, 갈야ᄒ어, 갈야ᄒ옵
>
>   (『대한문전』 : 36~37)

(13)ㄱ에서 {-오, -어, -옵-} 등을 동사의 어미에 붙여서 현재작용을 나타낸다고 하였는데, 여기서 {-오, -어}는 어말어미(종결어미)에 해당하는 것이고, {-옵-}은 객체높임을 나타내는 선어말어미이다. 그런데 이들이 현재시제를 나타내는 것이 아니고, {가ø오, 가ø어, 가ø옵-}와 같이 현재시제를 나타내는 무형의 형태소가 들어 있기 때문에 현재시제를 나타내는 일은 {-ø-}이 담당하고 있는 것이다.

(13)ㄴ에서 {-소, -서, -습-}들을 동사의 어미에 붙여서 과거작용을 나

---

7) 최광옥(1908), 유길준(1909)에서 의식한 '조동사'는 동사의 여러 가지 어미에 해당하는 형태소를 이르는 것이다.

타낸다고 하였는데, {-소, -서}는 역시 어말어미이고, {-습-}은 객체높임
을 나타내는 선어말어미이므로 (13)ㄱ과 (13)ㄴ은 시제의 차이가 나타나
지 않는다. 이것은 최광옥이 과거를 나타내는 형태소를 잘못 의식한 데서
비롯된 것이다. 그러므로 (13)ㄴ은 {가ㅅ(앗)소, 가ㅅ(앗)서, 가ㅅ(앗)습-}
으로 구성되어 있는 것인데, 여기서 과거를 나타내는 형태소는 {ㅅ(앗)>
ㅆ(았)}이라는 것을 의식하지 못한 것 같다.

(13)ㄷ에서도 {ㅎ오, ㅎ어, ㅎ옵-} 등을 다른 동사의 어미에 붙여서 미
래작용을 나타낸다고 하였는데, 이것은 오늘날의 조동사로 쓰이는 {-하
다}에 해당하는 것으로 해석된다. 그러므로 미래작용을 표현하는 것은
{ㅎ오, ㅎ어, ㅎ옵-}이 아니고 <갈야>에서 {-ㄹ야(>ㄹ려)}가 미래시제를
나타내는 형태소인 것이다.

그러므로 최광옥의 『대한문전』에 나타난 '기절(期節)'에서 시제를 나타내
는 형태소로 의식한 {-오, -어, -옵- / -소, -서, -습- / ㅎ오, ㅎ어, ㅎ옵-}
등은 실제로는 현재작용, 과거작용, 미래작용을 나타내는 말과는 관계가
없는 형태소들이다. 이러한 처리는 형태소 분석 의식의 잘못에서 비롯된
것으로 생각된다.

다음은 유길준(1909)에 나타나는 조동사의 시제에 관한 기술을 살펴보
면, 여기서는 "조동사의 期節" 단원(1909 : 47~51)에서 "조동사룰 동사의 어
미에 附ㅎ야 동사의 발현ㅎ는 작용 및 상태상 時期룰 表ㅎ는 者라"고 뜻매
김을 한 뒤 그 조동사를 세기(三期)로 나누고 각 기절에 고유한 자와 통용
하는 자로 나누어 이들을 각각 현재, 미래, 과거로 나누어 기술하였다. 이
것을 간추려 정리해 보이면 다음과 같다.

(14) 조동사의 기절
　　　ㄱ. 각절 고유훈 조동사
　　　　　① 현재에 관훈 자~현재에 관훈 조동사는 {-아, -어, -오}로 成
　　　　　　　　ㅎ나니 즉 원어의 尾에 附에 附用ㅎ니라
　　　　<보기> ㉠ 내가 가아

ⓛ 말이 마시<u>어</u>

ⓒ 닭이 우르<u>오</u>

② 미래에 관훈 자~미래에 관훈 조동사는 {-겟-}으로 成ᄒᆞ대
　　　　　　원어의 下에 附ᄒᆞ고 更又 他조동사를 其
　　　　　　下에 附ᄒᆞ나니라

<보기> ㉠ 내가 가<u>겟</u>소

　　　　ⓛ 쏫이 퓌<u>겟</u>도다

③ 과거에 관훈 자~과거에 관훈 조동사는 {-드-} 又 {-더-}를
　　　　　　用ᄒᆞ나니 원어동사 현재 급 과거의 下에
　　　　　　附ᄒᆞ대 其下에 타 조동사 혹 접속사를 更
　　　　　　附ᄒᆞ미라

<보기> ㉠ 칼올 ᄲᅡ히<u>드</u>라도 놀내지 마어라

　　　　ⓛ 물고기를 기를야고 연못올 파<u>더</u>라

　　　　ⓒ 양만춘온 안시셩올 잘 직히엇<u>더</u>니라

ㄴ. 각절 통용ᄒᆞ는 조동사

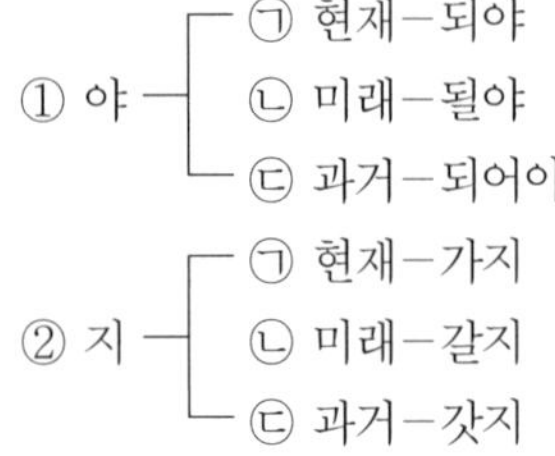

　① 야 ┬ ㉠ 현재-되야
　　　　├ ⓛ 미래-될야
　　　　└ ⓒ 과거-되어야

　② 지 ┬ ㉠ 현재-가지
　　　　├ ⓛ 미래-갈지
　　　　└ ⓒ 과거-갓지

（『대한문전』: 48~51)

　(14)ㄱ은 각절의 고유한 조동사로 의식한 것을 보인 것인데, (14)ㄱ의
①은 현재에 관한 조동사로 {-아, -어, -오}를 의식하여, 이것을 동사 원
어(으뜸말)의 끝에 첨부하여 그 현재작용을 나타낸다고 하였다. 이것은
(13)ㄱ을 그대로 계승한 것인데, 현재작용을 나타낼 때에는 실제로 <가ø
아, 마시ø어, 우르ø오>로 구성된 것으로서 현재시제를 나타내는 무형의
형태소 {-ø-}가 들어 있는 것이다. 유길준은 『대한문전』에서 이것을 의식
하지 못하고 어말어미인 {-아, -어, -오}가 현재시제를 나타내는 것으로

의식하였다.

(14)ㄱ의 ②는 미래에 관한 조동사로 {-겟-(>겠)}을 의식하였는데, 이것을 동사의 원어(으뜸말) 아래에 붙여서 그 미래의 작용을 표시한다. 이것은 제 혼자서는 어의(語意)를 완성하지 못하고 다른 조동사 {-소, -도다}를 얻어야 그 말이 비로소 완전하다고 하였다. 이것은 미래시제를 나타내는 선어말어미{-겟-(>겠)}이 말을 끝맺지 못하므로 어말어미가 필요한 것을 의식한 것으로 이것은 올바른 판단이라 할 수 있다.

(14)ㄱ의 ③은 과거작용을 나타내기 위하여 과거에 관한 조동사로 의식한 {-드-, -더-}를 사용한 것인데 이것은 으뜸동사 현재 및 과거의 아래 붙이고 그 아래에 다른 조동사 또는 접속사(이음씨)를 다시 붙여야 한다고 하였다. 이것도 과거회상을 나타내는 선어말어미 {-더-}가 말을 끝맺지 못한다는 것을 의식한 것이다. 그러나 과거시제를 나타내는 선어말어미에는 {-엇-(>었)}이 있음을 의식하지 못한 것 같다.

그러므로 최광옥의 『대한문전』이나 유길준의 『대한문전』에 의식한 '각 절에 고유한 조동사'란 현재, 미래, 과거작용을 나타내는 것에는 고유한 조동사가 있음을 의식한 것으로 현재작용은 {-아, -어, -오}, 미래작용은 {-겟-}, 과거작용은 {-드-, -더-}가 있음을 의식하였다. 그러나 현재작용을 나타내는 조동사에 {-아, -어, -오}가 있다고 한 것과 과거작용을 나타내는 조동사에 {-엇-}을 의식하지 못한 것은 우리말의 시제를 바르게 살핀 것으로 보기는 어렵다.

(14)ㄴ은 각절에 통용하는 조동사로 의식한 것으로, 이것은 유길준의 『대한문전』에만 나타나는 것이다. (14)ㄴ에서 {-야, -지}를 각절에 통용하는 조동사라 하였는데 이것은 현재, 미래, 과거에 두루 붙는 어말어미를 이르는 것이다. 그러므로 {-야, -지}가 시제를 나타내는 것이 아니고, 시제를 나타내는 형태소는 <되ø야, 되르야, 되(엇)어야>, <가ø지, 가르지, 가ㅅ지>에서 현재시제는 {-ø-}, 미래시제는 {-르}, 과거시제는 {-ㅅ}이 각각 나타내는 것이다. 이러한 것들은 유길준의 형태소 의식이 아직

완전하게 확립되지 않았던 시기에 있었던 것으로 보인다.

이와 같이 최광옥의 『대한문전』이나 유길준의 『대한문전』에 나타나는 '기절'이란 전통문법에서 시제를 이르는 용어이고, 이것을 현재, 미래, 과거의 세기(三期)로 나누었다. 그리고 각절에 고유한 조동사로 현재를 나타내는 것에는 {-아, -어, -오}, 미래를 나타내는 것에는 {-겟-}, 과거를 나타내는 것에는 {-드-, -더-}가 있음을 의식하였고, 각절에 통용하는 조동사에는 {-야, -지}가 있음을 의식하였다. 여기서 의식한 {-아, -어, -오}, {-야, -지}는 시제를 나타내는 조동사가 아니고 말을 끝맺는 어말어미에 해당하는 것으로 당시에 최광옥이나 유길준은 조동사의 시제 기술에서 현재시제를 나타내는 형태소에 무형의 형태소 {-ø-}와 과거시제를 나타내는 형태소에 {-엇-}이 있음을 의식하지 못한 것으로 보인다.

2.3. 형용사의 시제

개화기 국어문법 저서에서 형용사에 의하여 시제를 나타내고 있는 것으로 의식한 것도 역시 최광옥의 『대한문전』(1908)과 유길준의 『대한문전』(1909)뿐이다.

먼저 최광옥의 『대한문전』(1908 : 43~44)에서 형용사는 현연(現然), 장연(將然), 기연(既然)의 세단(三段)이 있다고 하고 그 <보기말>을 보였는데, 이것을 정리해 보이면 다음과 같다.

> (15) 형용사의 三段
> 　　ㄱ. 現然段은 즉 現在 形容이니 풀은(靑)
> 　　ㄴ. 將研段은 즉 未來 形容이니 풀을
> 　　ㄷ. 既然段은 즉 過去 形容이니 풀으든
>
> 　　　　　　　　　　　　　　　　（『대한문전』 : 43~44）

(15)에서 '현연, 장연, 기연'의 세 단은 상(aspect)을 의식한 것인데, (15)ㄱ의 현재를 나타내는 형용사로 의식한 "풀은"은 {푸르+ㄴ}의 구조로 된 것인데, 현재를 나타내는 형태소로 {-ㄴ}을 의식한 것이고, (15)ㄴ의 미래를 나타내는 형용사로 의식한 "풀을"은 {푸르+ㄹ}의 구조로 된 것인데, 미래를 나타내는 형태소로 {-ㄹ}을 의식하였고, (15)ㄷ의 과거를 나타내는 형용사로 의식한 "풀으든"은 {푸르+든(>던)}의 구조로 된 것인데, 과거를 나타내는 형태소로 {-든(>던)}을 의식한 것이다. 여기서 형용사의 현재시제를 나타내는 형태소로 {-ㄴ}을 의식한 것은 탁견이라 할 수 있겠으나 과거를 나타내는 형태소에는 {-던}이외에 {-았-/-었-}이 있음을 의식하지 못한 것은 역시 다른 나라의 문법을 적용한 한계에서 비롯된 것으로 보인다.

유길준(1909 : 74)에서는 형용사의 시제에 대하여 "형용사의 期節이라 ᄒᆞ는 者는 명사의 形狀 或 性質을 형용ᄒᆞ는 時期를 隨ᄒᆞ야 成立ᄒᆞ는 者"라 하고 동사와 같이 6절 시기(時期)가 있다고 하고 그 <보기말>만을 보였는데, 이것을 정리해 보이면 다음과 같다.

(16) 형용사의 기절(期節)
    ㄱ. 현재 <보기> 프른, 프르는
    ㄴ. 미래 <보기> 프를, 프를야는
    ㄷ. 과거 <보기> 프르럿는
    ㄹ. 과거의 현재 <보기> 프르든
    ㅁ. 과거의 미래 <보기> 프를야든
    ㅂ. 과거의 과거 <보기> 프르럿든

(『대한문전』 : 75)

(16)ㄱ~ㅂ은 동사의 시제분류인 (3)ㄱ~ㅂ을 그대로 적용한 것으로 시제 어미에 의하여 시제를 나타내는 방법이다. (16)ㄱ의 현재를 나타내는 형용사로 의식한 "프른, 프르는"은 {프르+ㄴ, 프르+는}의 구조로 된 것

인데, 시제 어미에 의한 현재시제 형태소는 {-ㄴ, -는}이 있음을 의식하였고, (16)ㄴ의 미래를 나타내는 형용사로 의식한 "프를, 프를야는"는 {프르+ㄹ, 프르+ㄹ야는}의 구조로 된 것인데, 시제 어미에 의한 미래시제 형태소는 {-ㄹ, -ㄹ야는(>려는)}이 있음을 의식하였고, (16)ㄷ의 과거를 나타내는 형용사로 의식한 "프르럿는"은 {프르+ㄹ엇는(>럿는)}의 구조로 된 것인데, 이것은 어미바꿈에 의하여 {-엇는}이 {-럿는}으로 바뀐 것을 시제 어미에 의한 과거시제 형태소로 의식한 것인데, (16)ㄱ의{-는}은 형용사에서 현재시제를 나타낼 수 없는 형태소이다.

또 (16)ㄹ~ㅂ은 (3)ㄹ~ㅂ에서 살핀 바와 같이 과거에 일어난(겪은, 경험한) 일을 회상하여 말할 때 쓰이는 회상시제를 나타낸 것이다.

(16)ㄹ의 과거의 현재를 나타내는 형용사로 의식한 "프르든"은 {프르+든(>던)}의 구조로 된 것으로 시제어미에 의한 과거의 현재를 나타내는 시제 형태소로 {-든(>던)}을 의식하였는데, 여기서 {-든}은 과거를 회상하는 형태소 {-든(>던)}과 현재를 나타내는 형태소 {-ø-}이 결합된 것으로 의식한 것이고, (16)ㅁ의 과거의 미래를 나타내는 형용사로 의식한 "프를야든"은 {프르+ㄹ야든}의 구조로 된 것으로 시제 어미에 의한 과거의 미래를 나타내는 시제 형태소 {-ㄹ야든(>-려든)}을 의식한 것인데, 이것은 미래를 나타내는 형태소 {-ㄹ야}와 과거회상을 나타내는 형태소 {-던}이 결합된 것으로 의식한 것이고, (16)ㅂ의 과거의 과거를 나타내는 형용사로 의식한 "프르럿든"은 {프르+ㄹ엇든}의 구조로 된 것으로 시제 어미에 의한 과거의 과거를 나타내는 시제 형태소 {-럿(엇)-}과 과거회상을 나타내는 형태소 {-던}이 결합된 것으로 의식한 것이다.

그러므로 (16)ㄹ~ㅂ의 설정은 회상시제를 의식한 것으로 최광옥의 『대한문전』보다 한걸음 나아간 시제 의식이라 하겠다.

이와 같이 형용사에서 시제를 나타내는 용어로 "기절(期節)"을 사용하고, 시제를 나타내는 형태소는 최광옥은 {-은, -을, -든}, 유길준은 {-ㄴ, -는, -ㄹ, -ㄹ야는, -ㄹ엇는, -든, -ㄹ야든, -ㄹ엇든}이 있음을 의식하였는데,

이것은 굴곡법의 관형사형 어미에 의한 시제 형태소만을 나타낸 것이다.

 그리고 형용사 시제의 하위분류는 최광옥은 3갈래로 나누었으나, 유길준은 6갈래로 나누어 체계를 세웠는데 개화기 국어문법에서 형용사에 의한 시제를 설정한 국어문법 저서는 최광옥과 유길준뿐이다.

2.4. 형동사의 시제

 김규식은 『대한문법』(1908?)에서 우리말 품사분류를 하면서 독특한 품사를 하나 설정하고 있는데, 그것이 바로 '형동사(形動詞)'8)이다. 여기서 그는 형동사란 어떤 주어를 설명할 때에 동격동사로 의식하고 설정한 지정사(잡음씨, 서술격조사) "이다"와 형용사로 설정한 "됴흔"이 합쳐져서 쓰이는 것을 이른다9)고 하고 이 형동사 "됴타"는 형용사 "됴흔"과 지정사 "이다"를 병합한 후 생략하여 이루어진 것이라 하였다. 그리고 개화기 국어문법 저서에서 형동사가 시제를 나타내는 것으로 의식한 것은 김규식(1908?)뿐이다.

 김규식은 이 형동사도 우리말의 시제를 나타낼 수 있는 것으로 의식하고, 『대한문법』(75ㄴ)에서 형동사 변체식은 동사 변체식과 대동소이(大同小異)하고, 다 화음(和音 : 발음-필자 주)에 체재가 있다고 하고, 그 체식(體式)을 예시하였다. 그것을 간추려 정리해 보이면 다음과 같다.

 (17) 원부분(元部分)
　　ㄱ. 원사(原査) : 됴흔이다
　　ㄴ. 현재 : 됴타(매양 「다」로 접미되는 것이 此에는 화음적 변화로
　　　　　「타」가 됨.)
　　ㄷ. 과거 : 됴앗다

---

8) 형동사는 김규식 문법에서만 나오는 품사이다.
9) 최낙복(1996), "김규식 문법의 품사론 연구", 『부산한글』 15집, 한글학회 부산지회, 221~222쪽 참조.

ㄹ. 직접분사 : 됴아
ㅁ. 관계분사의 과거 : 됴튼

(『대한문법』: 75ㄴ)

(17)은 <보기말> "됴흔"과 "이다"가 합해져서 여러 가지 상황에 따라 그 모양이 바뀌는 것을 보인 것이다. 이것을 기반으로 하여 형동사로 의식한 "됴흔이다"를 <보기말>로 하여 직설법과 관계분사의 꼴이 동사와 같이 9 시제가 있음을 의식하여 정리하였다. 이것을 간추려 보이면 다음과 같다.

(18) 형동사의 직설법과 관계분사

		〈직설법〉	〈관계분사〉
ㄱ.	현재	됴타	됴흔
ㄴ.	과거	됴앗다	됴튼
ㄷ.	미래	됴켓다	됴흘
ㄹ.	계속 과거식	됴터라	됴턴(튼)
ㅁ.	과거의 과거식	됴앗더라	됴앗던
ㅂ.	과거의 완전과거식	됴앗섯다	됴앗섯던
ㅅ.	과거의 미래식	됴흐랴ㅎ엿다	됴흐려던
ㅇ.	미래의 과거식	됴앗겟다	됴앗슬
ㅈ.	과거의 미래의 완전과거식	됴앗섯겟다	됴앗섯슬

(『대한문법』: 75ㄴ~76ㄴ)

(18)에서 형동사의 시제 하위분류나 시제를 나타내는 형태소는 동사의 그것과 모두 같다. 다만 관계분사의 <보기말> 가운데 (18)ㄴ의 과거식 <보기말>인 "됴튼"과 (18)ㄹ의 계속과거식 <보기말>인 "됴턴(됴튼)"이 같은 꼴로 된 것에 대한 아무런 설명이 보이지 않는다. 이것은 이미 설명한 동사의 <보기말>로 미루어 보아 (18)ㄴ의 <보기말>은 "됴앗는"이 되어야 할 것이다.

이와 같이 형동사로 의식한 "됴흔이다"의 시제는 동사 시제의 하위분류에 의존하여 분류하였으므로 특기할 만한 것은 없다고 하겠다. 그러므로

품사분류에서 이 형동사(形動詞)의 설정은 잘된 처리라고는 할 수 없는 것
이며, 시제 의식도 별로 의의가 없는 것이다.

2.5. 부사의 시제

　우리말의 시제를 나타내는 방법 가운데서 어떤 특정한 낱말에 시제의
특성이 들어있는 낱말이 있다. 그러한 낱말들이 시제를 나타낼 수가 있는
데 그 가운데 가장 대표적인 것이 시간부사이다.
　개화기 국어문법 저서에서 부사가 시제를 나타낸다는 것을 의식한 최초
의 문법 저서는 김규식의 『대한문법』(1908?)이고, 다음은 김희상의 『조선
어전』(1911)에서이다.
　김규식(1908? : 13ㄴ)에서는 이러한 낱말을 '시기부사(時期副詞)'라 하고,
이 시기부사는 기간의 제한이 있어 일정하게 정하여진 시기나 기한을 보
좌하는 것을 이르는 것이라 뜻매김을 하고, 여기에는 현재, 과거, 미래,
제간(際間)의 네 기(四期)로 하위분류하고 그 <보기말>을 보였다. 이것을
간추려 정리해 보이면 다음과 같다.

　　(19) 시기부사(時期副詞)
　　　　ㄱ. 현재~지금, 오날, 곳, 즉시, 이졔, 아즉
　　　　ㄴ. 과거~어졔, 졉써, 쟉년, 젼에
　　　　ㄷ. 미래~후에, 리일, 모레, 리년
　　　　ㄹ. 제간10)~동안에, 사이에, 항상, 흔히, 드문드문, 영원히, 날마다
　　　　　　　　　　　　　　　　　　　　　　　　(『대한문법』 : 31ㄴ)

　(19)ㄱ~ㄷ은 각각 현재, 과거, 미래를 나타내는 시제 어미와 어울려
쓰임으로써 그 시제의 의미가 분명하게 드러나도록 하는 낱말들이다. 그

---

10) '제간(際間)'은 시간의 길이를 나타내는 것으로 추정된다.

러나 (19)ㄹ은 전통적인 방법으로 시제를 구분하는 삼분법인 현재, 과거, 미래를 구분해 주지는 못하지만 항상 시제와 관련지어 때(시간)의 길이(동안)를 나타내는 데 쓰임을 의식하고 '시기부사'의 범주에 넣었던 것이다. 이것은 뒷날 최현배(1937 : 809)에 그대로 계승되어 오고 있다.

그렇지만 '제간'을 시기부사로 설정한 것은 품사의 범주를 명확하게 설정하지 못한 것이라 하겠다. 그리고 일부 명사에 조사가 결합되어 문장에서 부사어로 쓰는 것(후에, 동안에, 사이에 등)을 시기부사로 처리한 것은 문장성분과 품사를 명확하게 구별하지 못한 데서 비롯된 것이므로 잘된 처리로 보기는 어렵다.

김희상(1911 : 44~46)에서 부사는 그 의의에 의하여 "형용부사, 행동부사, 사실부사, 시간부사, 방향부사, 타소(打消)부사, 응대(應對)부사"의 7종류로 나눈다고 하였다. 이 가운데서 '시간부사'는 "시간을 示ㅎ는 부사"라 뜻매김하고 <보기말>을 보였는데, 이것을 보이면 다음과 같다.

(20) 시간부사(時間副詞)
　　　<보기>11) 잇다가, 즉금, 발서, 장차, 임에, 이제

(『조선어전』 : 45)

(20)에서는 이들 시간부사의 쓰임이나, 갈래 등에 대한 설명은 전혀 없다. 그러나 당시에 시간부사가 시제를 나타낸다는 것을 의식하고 이것을 설정한 후 뜻매김을 하고 <보기말>을 보인 것은 국어학 연구사에서 의의가 있다고 할 수 있다.

이와 같이 이러한 시간부사의 설정은 우리말의 시제를 나타내는 방법 중에서 어휘적 방법에 의하여 실현된 것으로 개화기 국어문법에서 시제를 나타내는 품사로 부사가 쓰이고 있음을 의식한 것은 국어학 연구사에서 높이 평가되어야 할 것이다.

---

11) <보기말>을 현대어로 다시 고쳐쓰면 '이따가, 지금, 벌써, 장차, 이미, 이제'이다.

2.6. 조사의 시제

개화기 국어문법 저서에서 조사에 의하여 시제를 나타내는 것으로 의식한 저서는 김규식의 『대한문법』(1908?), 주시경의 『국어문법』(1910), 김희상의 『조선어전』(1911)이 있다.

이 가운데 주시경(1910)에서는 '끗기(씨)'와 '잇기(씨)'로 나누고 자세하게 기술하고 있다.12)

먼저 김규식(1908?)의 조사에 나타나는 시제 의식을 살피기로 한다.

우리말의 품사분류에서 보면, 혼자서는 독립되어 쓰이지 못하고 주로 체언에 붙어서 그 체언과 더불어 굴곡하면서 뜻을 돕는 품사를 조사(토씨)라 한다. 그런데 김규식(1908 : 34ㄱ)에서는 이 조사에 해당하는 것으로 '후사'를 설정하고 그 뜻매김을 하였다. 즉 후사는 명사나 명사와 같은 말에 붙어서 그 명사로 하여금 부사절13)을 이루는 것을 이른다고 하였다. 김규식 문법에서 설정한 이 후사는 영어문법의 전치사에 대립되는 용어로 의식한 것이다. 그리고 김규식(1908? : 38ㄱ)에서는 조사에 해당하는 이 후사도 시제를 나타내는 것이 있음을 의식하고 이 시제를 나타내는 조사를 '시기후사(時期後詞, 시기조사)'라 하였다. 또 이 시기후사는 기한(期限)을 나타내는 것을 이름이라 뜻매김한 후 후사도 늘 명사나 부사에 연접되어 시기부사의 작용을 이룬다고 하고 여기에는 {-에, -까지, -로, -으로}가 있음을 의식하였다. 이것을 간추려 정리해 보이면 다음과 같다.

> (21) 시기후사(時期後詞)
>   ㄱ. -에   ~동안에, 찌에, 사이에, 금년에

---

12) 주시경의 『말의소리』(1914) 부록에 나타나는 "씨난의 틀"에서 '겻씨, 잇씨, 끗씨'를 묶어서 '조사'라는 상위 단위를 설정하였기 때문에 이 글에서도 독립된 품사로 설정한 '잇씨'와 '끗씨'를 '조사'로 묶어서 기술하기로 한 것이다.

13) 김규식 문법에서 '사절(詞節)'은 오늘날의 '어절'에 해당하는 용어이므로 여기서 '부사절'은 '부사어(어찌말)'에 맞서는 용어로 해석된다.

    ㄴ. -까지　　~지금까지, 언제까지

    ㄷ. -로/-으로~이후로, 안으로

(『대한문법』: 38ㄱ)

   (21)ㄱ의 {-에}는 시간을 나타내는 말에 붙어서 그 시간의 경과나 동안을 나타내는데, 이것은 시간을 나타내는 낱말과 어울려 문장에서 부사어(어찌말)로 쓰이는 것을 의식한 것이고, (21)ㄴ은 보조조사의 하나로 시간으로나 공간으로나 미치는(이르는) 점을 나타내는 조사인데, 역시 시간을 나타내는 낱말과 어울려 시간을 나타내는 문장에서 부사어로 쓰이는 것을 의식한 것이고, (21)ㄷ도 시간을 뜻하는 부사격조사로 역시 시간을 나타내는 말에 붙어서 부사어로 쓰임을 의식한 것이다.

   그런데 주시경(1910)에서 시제는 '끗기'와 '잇기'의 두 '기(>씨)'에서 다루고 있는 것으로 보아 주시경은 시제를 두 기가 다 담당하고 있는 것으로 의식하였던 것이다. 그러나 이 시제에 대한 기술은 '잇기'에서보다는 '끗기'에 더 상세하게 그리고 구체적으로 기술되어 있다.

   이처럼 주시경이 시제를 '끗기'와 '잇기'가 똑같이 맡고 있다고 의식하게 된 것은 시제를 나타내는 형태소를 다른 형태소와 같이 '끗기'나 '잇기'의 한 부분으로 처리하였기 때문이다. 그래서 움직임이나 상태에 관한 사실들이 그것을 나타내는 '움기'나 '엇기'에서는 설명되지 않고, 움직임이나 상태와는 관련이 적은 '끗기'나 '잇기'에서 다루어졌다는 것은 근본적으로 그의 품사분류의 잘못에서 온 것이다(허웅, 1971 : 41). 즉, 낱말을 품사분류할 때 '늣씨'14)를 의식하여 지나친 분석적인 태도를 취한 데서 온 잘못이다. 만약 '끗기'나 '잇기'를 독립된 품사로 설정하지 않고, 용언의 어미에 넣어 처리하였더라면 똑 같은 시제 문제를 반복하여 설명하지 않아도 되었을 것이다.

---

14) 이 '늣씨'는 고름소리 '으'를 '늣씨'로 처리한 것 외는 거의 '형태소'에 접근하는 말이다. 이 '늣씨'에 대한 자세한 설명은 김민수(1971 : 98~121)와 최낙복(1991 : 20)을 참조.

먼저 주시경(1910 : 99~101)에 나타나는 '끗기'의 시제를 보면, 주시경은 "끗기의 때" 단원에서 시제를 '이때, 간때, 올때'의 셋으로 나누어 기술하고 있으나 그 속에는 '간때'의 겹침, '간때'와 '올때'의 겹침도 나타나 있음을 알 수 있다. 이것은 주시경이 '끗기'의 시제를 단순(기본)시제와 복합시제가15) 있음을 의식하고 있었다는 뜻으로 해석할 수 있다. 그리고 '끗기의 때'를 '이때, 간때, 올때'로 세 등분한 것은 영어문법의 영향을 받은 것으로 보아진다.

이제 주시경(1910 : 99~100)의 "끗기의 때" 단원에 나타나는 시제의 뜻과 <보기말>을 간추려 보이면 다음과 같다.

    (22) 끗기의 때
        ㄱ. 이때~그 남이가 이때에 되어가는 것
            <보기> ① 말이 뛰오
               ② 그 말이 검다
               ③ 이것이 먹이다.
        ㄴ. 간때~그 남이가 이때에 나 되어 있는 것과 다 되었다가 없어진 것.
            <보기> ① 그 사람이 가앗다
               ② 그 마당을 씰엇엇다.
        ㄷ. 올 때~그 남이가 이담 때에 될 것
            <보기> 비가 오겟다

                                  (『국어문법』: 99~100)

(22ㄱ)에서 설명한 '이때'란 발화시를 기준으로 해서 사건시와 발화시가 일치하는 경우를 보인 것으로 일반적으로 '현재(present)'에 해당하는 것이다.16) 주시경은 '이때'의 뜻매김을 "그 남이가 이때에 되어가는 것"이라 하고 (알이)에서는 "그 남이의 되고 못됨으로 말하면, 이때라 함은 그 남이가 이

---

15) 단순시제와 복합시제에 대하여는 허웅(1982), "한국말 시제법의 걸어온 발자취",『한글』제178호, 한글학회, 42쪽~46쪽 참조.
16) Jespersen(1924)은 언어에 있어서 시제를 자연 시간의 흐름에 두고, 발화의 시점을 현재라 하여 시간폭이 없는 영(zero)적인 점으로 정의한 바 있다(이환묵 외, 1987 : 347).

때에 되어가는 것이니, 되는 때라 할 것이요"라고 했으므로(주시경, 1910 : 100) '이때'는 곧 '되는때'를 뜻하는 것이다.

이것을 김석득(1979 : 109)에서는 <이때=되는때>이 고, 이 '되는때'는 곧 <이때(현재)+되어가는 것(지속)>의 구조이므로 <되는때=현재지속>으 로 파악하여 '이때'의 내용 속에는 현재라는 '시간(tense)'과 되어가는(지속)이 라는 '상(aspect)'이 이원적으로 들어 있음을 보인 것으로 파악한 바 있다.

그렇다면 그때에 이미 주시경은 우리말의 시제법을 발화시에 대한 사건 의 시간적 위치를 나타내는 시제와 발화시에 대한 사건의 일어나는 모습 을 나타내는 상의 개념을17) 동시에 의식하고 있었으므로 이는 우리 국어 학 연구사에서 대단히 높이 평가 받을 만한 탁견이라 할 수 있다.

(22)ㄱ①에서 " '-오'는 '끗기'니, 그 남이(서술어에 접근되는 말 : 필자) '뛰-' 가 '이때'에 되어가는 것이라" 했으니, 이는 '움기' '뛰-'와 '끗기' '-오'가 결 합되어 현재를 나타낸 꼴을 보인 것이다. 이는 '뛰-'와 '-오' 사이에 현재를 나타내는 무형의 형태소 {-ø-}가 있다는 것을 의식하였던 것이다. 즉 <뛰 +{ø}+오>의 구조로 의식한 것이다. (22)ㄱ②에서도 " '-다'가 '끗기'니, 그 남이 '검-'이 '이때'에 들어나아 가는 것이라" 했으니, 이는 '엇기' '검-'에 '끗기' '-다'가 결합되어 현재를 나타내는 꼴을 보인 것으로, 이것도 <검+ {ø}+다>의 구조를 의식하여 현재를 나타내는 무형의 형태소 {-ø-}가 들 어 있음을 의식한 것이다. (22)ㄱ③에서는 " '-이다'가 '끗기'니, 그 남이 '먹'이 '이때'에 잇어가는 것이라" 했으니, 여기서는 명사인 '먹'에 지정사(잡 음씨, 서술격조사) '-이다'가 결합되어 서술어로 쓰인 것인데, 현재를 나타내 는 무형의 형태소 {-ø-}가 그 사이에 들어 있음을 의식한 것이다. 즉 <먹 +{ø}+이다>의 구조로 되어 있음을 의식하였다.

이처럼 주시경이 '끗기의 때'에서 '이때(현재)'를 나타낼 때에는 무형의

---

17) 박지홍은 '시제'는 눈에 보이지 않은 시간에 금을 매기어, 『현재, 과거, 미래』로 인 위적으로 지어 놓은 제도이요, '시상'은 때의 동작성(움직임의 모습)을 갈래 세워 놓 은 것이다(1986 : 155~156).

형태소를 의식하고 있었다. 그 증거는『국어문법』101쪽의 (잡이)에도 나타나 있는데, 이것을 보이면 다음과 같다.

(22)ㄱ′ 그 사람이 가오.

(22)ㄱ′에서 “ ‘-오’는 ‘이때’를 아우른 ‘끗기’니, 이는 이러하게 풀어 말할 것이요”라 했다. 여기서 ‘-오’는 ‘이때’를 아우른 ‘끗기’라 했으니, ‘-오’는 바로 <{-ø-}＋오>의 구조로 이루어져 있음을 의식하였던 것이다.

이와 같이 주시경이 시제에서 현재를 나타낼 때에는 형태소가 없는 것이 아니라 무형의 형태소가 있다는 것을 의식하여 우리 문법을 기술한 것이다.

(22)ㄴ에서 설명한 ‘간때’란 일반적으로 사건시가 발화시에 앞서는 시간을 나타내는 과거를 뜻하는 말이다. ‘간때’의 뜻매김을 보면 “그 남이가 이때에 다 되어 있는 것”과 “그 남이가 되었다가 없어진 것”의 두 가지로 구성되어 있음을 알 수 있다. 전자를 나타내는 형태소에 {-앗-}이 있고, 후자를 나타내는 형태소에는 {-엇엇-}이 있음을 의식하고 뜻매김한 것이다. 즉 전자는 ‘간때’의 단순시제에 해당하는 것이고, 후자는 복합시제에 해당하는 뜻매김이다.

(22)ㄴ①에서 “ ‘-앗다’가 끗기니 {-앗-}은 ‘간때’의 보임이라” 했는데, 남이 ‘가앗다’는 ‘움기’인 ‘가’에 ‘간때’를 나타내는 형태소 {-앗-}과 ‘끗기’인 ‘-다’가 딸려 있는 것이다. 즉 <가＋{앗}＋다>의 구조로 되어 있는 것이다.

여기서 주시경이 ‘-앗다’를 ‘끗기’로 처리하게 된 것은 ‘움기’와 ‘끗기’의 사이에 끼어드는 형태소 {-앗-}을 앞의 ‘움기’에 소속시키지 않고, ‘끗기’에 소속시킨 것이다. 이것은 {-앗-}이 실질적인 뜻을 나타내는 실질형태소보다 문법적인 뜻을 나타내는 형식형태소에 더 가깝다고 의식하여 ‘끗기’의 파생 접두사로 처리한 것이다(최낙복, 1991 : 235).

또 “끗기의 때” 단원 (알이)에서는 “간때라 함의 ‘가앗다’라 하는 {-앗-}과 같은 것은 그 남이가 다 맞아잇는 것이니, ‘이때맞음’이라 하든지 ‘맞아잇음'이라 할 것이요"(주시경, 1910 : 100)라 했으니, 이는 <간때의 {-앗-} = 이때맞음 또는 맞아잇음>을 뜻하는 것이므로 '간때'와 '이때맞음'과 '맞아잇음'을 나타내는 것은 그 꼴이 똑 같음을 의미하는 것이다. 이것은 최현배(1937 : 598)에 그대로 계승되어 '이제마침(현재완료)'은 그 꼴이 '지난적(과거)' 꼴과 꼭 같음을 보이고 있다. 그리고 김석득은 '이때맞음'은 <이때(현재)+맞음(완료)>을 나타내고, '맞아잇음'은 '완료지속'을 의미한다고 하였다(1979 : 110).

그러므로 주시경은 '끗기의 때'에서 '간때'를 나타내는 형태소에는 {-앗-}이 있고, 이 '간때'는 다시 (알이)에서 '이때맞음'(현재완료) 또는 '맞아잇음'(완료지속)을 나타내는 것이다. 즉, 지나간 시간과 동작이 끝난 완료를 나타낸 것으로 기술하고 있으므로, 이도 역시 때(tense)와 상(aspect)의 개념을 이미 의식하고 설명한 것이다.

(22)ㄴ②에서 " '-엇엇다'가 '끗기'니 {-엇엇-}은 '간때'의 보임이라. 이는 남이 '씰-'이 다 되어 그 '씰-'을 함의 다 됨이 깨끗함으로 잇다가 다시 더럽게 되어 '씰-'을 함의 들어남이 없어진 것이니, 몬저 {-엇-}은 '씰-'이 다 됨을 보임이요, 알에 {-엇-}은 그것이 없어짐을 보이는 것이라" 했다.

여기서 주시경이 '-엇엇다'를 '끗기'라 한 것은 '움기'인 '씰-'과 '끗기'인 '-다' 사이에 끼어들어 지난 때를 나타내는 형태소 {-엇엇-}을 '끗기'인 '-다'와 결합하여 '-엇엇다'를 하나의 씨 '끗기'로 처리한 것이다.

그런데 주시경은 이 {-엇엇-}을 {-엇-}과 {-엇-}이 겹쳐진 구조로 보고 앞의 {-엇-}은 움기 '씰-'의 쓰는 동작, 즉 움직임이 끝남을 나타내 보이는 형태소이고, 뒤의 {-엇-}은 그 씰은 것이 다시 없어진 것을 보이는 것이라 했으니, 이는 곧 그 움직임이 끝난 결과가 다시 없어짐을 보이는 형태소이다. 이것을 허웅(1971 : 41)에서는 '씰엇다'하면, '씰-'은 결과로 깨끗하게 된 것을 말하는 것이고, '씰엇엇다'고 하면, 그 깨끗하게 되었던 것이 다시 무효가 되었다는 것으로 해석하고, 이것은 주시경의 탁견이라고 하였다.

또 주시경은 "끗기의 때" 단원의 (알이)에서 " '씰엇엇다'라 하는 {-엇엇-}

과 같은 것은 그 남이 '씰-'이 다 맞아잇다가 없어진 것이니, '간때맞음'이라 하든지 '맞아지남'이라 할 것이요"라고 하여(주시경, 1910 : 100) 이 {-엇엇-}이 단순하게 지난 때만을 나타내는 시제 형태소가 아님을 시사하였다.

이것을 김석득(1979 : 111)은 '씰엇엇다'에서 {-엇엇-}은 남이인 '씰-'이 다 맞아잇다가 (완료되고 나서) 없어진 것이니, '간때맞음'은 '과거완료', 또는 '맞아지남'은 '완료과거'라 고 하고, {-엇엇-}은 '간때(과거)＋맞은(완료)'이라 하였다. 그러므로 주시경의 {-엇엇-}은 과거를 나타내는 형태소 {-엇-}이 겹쳐진 구조임이 분명하다.

이러한 주시경의 이론은 최현배의 『우리말본』(1937 : 599)에 용언의 서술형(베풂꼴) "바로 때매김(직접시제)"의 '지난적 마침'(과거완료)에 그대로 적용되어 계승되고 있다.

그런데 남기심(1972)은 {-았었-}은 과거완료나 대과거가 아니라 완료된 상태의 단속(斷續)을 보이는 것으로 단속상(斷續相)으로 처리하였고(1972 : 221), 역시 남기심(1978)에서는 {-었-}이 겹쳐서 {-었었-}으로 나타나는 것이라면 당연히 {-겠겠-}, {-더더-} 등이 나타나야 할 것이라고 주장하면서 {-었었-}을 분석하지 않고 단일한 형태소임을 주장하였다(1978 : 106). 그렇게 되면 모든 시제 형태소의 겹침을 하나의 형태소로 처리하여야 할 것이다. 이는 형태소의 정의에도 어긋날 뿐만 아니라 문법을 더욱 복잡하게 처리하는 결과를 가져오게 된다.

어떻든 오늘날까지도 의견이 통일되지 않는 {-엇엇-}을 주시경은 이미 1910년에 {-앗-}과 {-엇엇-}을 구별하였고, 또 {-엇엇-}의 겹침에서 앞의 {-엇-}과 뒤의 {-엇-}을 구별하여 기술한 것은 우리말 시제 연구사에서 획기적인 사실로 평가되어야 하겠다.

(22)ㄷ에서 '올때'란 일반적으로 발화시를 기준으로 해서 사건시가 뒤서는 경우를 나타내는 시제를 뜻하는 것으로 '미래(future)'를 의미하는 것이다. 이 '올때'의 뜻매김을 보면 "그 남이가 이 담때에 될 것이라" 했는데, 여기서 말하는 '이담 때'란 바로 '미래(장래)'를 뜻하는 것으로 그 남이가 장

래에 될 것을 나타내는 것이다. 이 장래를 나타내는 형태소를 {-겟-}이라 하였다.

(22)ㄷ에서 주시경은 " '-겟다'가 '끗기'니, {-겟-}은 '올때'의 보임이라. 이는 그 남이 '오-'가 '이담 때(장래)'에 될 것을 보이는 것이라" 하였다.

여기서 주시경이 '-겟다'를 '끗기'로 처리한 것은 '움기'인 '오-'와 '끗기'인 '-다' 사이에 끼어드는 형태소 {-겟-}을 '끗기'의 접두사로 의식하여 뒤의 '끗기'인 '-다'에 결합하여 하나의 품사로 처리한 것이다. 주시경은 이 {-겟-}도 (22)ㄴ에서 살핀 {-엇-}과 같이 바로 앞의 기에 소속시키지 않고, 뒤의 기에 소속시킨 것은 이것이 실질적인 뜻을 나타내는 형태소보다 문법적인 뜻을 나타내는 형태소에 더 가깝다고 의식하였기 때문이다.

그런데 이 {-겟-}은 미래의 시제만 나타내는 것이 아니고, 다음과 같은 뜻을 나타낼 때도 있다.

(22)ㄷ′ ① 영이가 일등을 하겠다.
　　　　② 제가 그 일을 하겠습니다.

(22)ㄷ′①의 {-겟-}은 '추측'의 뜻을 나타내고, (22)ㄷ′②는 '의도'를 나타 낸 것이다. 주시경은 이러한 뜻을 나타내는 것은 의식하지 못한 것 같다.

그러나 "끗기의 때"의 (알이)를 보면 {-겟-}이 단순히 '올때(미래)'의 때만 나타내는 것이 아니라는 것을 알 수 있다.

"올때라 함의 '오겟다'라 함에 {-겟-} 같은 것은 그 남이 '오-'가 이담 때에 될 것이니, 올때됨이라 할 것이라. 그러하나 이는 '오-'가 되리라고 뜻하는 것이니, 또한 거짓 뜻하는 때라 할 것이라" 하였다(주시경, 1910 : 100).

여기서 말하는 '이담 때'는 '미래시제'을 나타내고, '올때됨'은 '장래에 이루어짐'을 나타내고, '거짓 뜻하는 때'는 '가상시'를 나타내는 것이므로 이 '올때'는 시간과 상의 이원적인 것으로 이해하고 있음을 알 수 있다(김석득, 1979 : 114).

이와 같이 주시경이 '끗기의 때'에 '올때'의 표로 의식한 {-겟-}은 단순하게 미래의 시제만 나타내는 것이 아니라, 미래의 시제는 물론 상(aspect)의 개념까지 의식하고 있었던 것으로 보아 이것도 탁견으로 국어학 연구사에서 높이 평가되어야 하겠다.

또 주시경이 "끗기의 때" 단원 (알이)에서 보인 '간때'와 '올때'의 겹침 <보기말>을 보이면 다음과 같다(주시경, 1910 : 100).

(23) 꽃이 피엇겟다.

(23)에서 "{-엇겟-}은 '간때표' {-엇-}에 '올때표' {-겟-}이 더한 것이니, '피-'가 되엇다고 거짓뜻함이라. 이를 '간올때'라 하든지 '거짓 맞은때'라 할 것이니, 한자로 삭이면 '과거장래(過去將來)'라 하든지 '과거가상시(過去假想時)'라 할 것이라" 하였다(주시경, 1910 : 101).

여기서 주시경이 '-엇겟다'를 '끗기'로 처리한 것은 '움기'인 '피-'와 '끗기'인 '-다' 사이에 '간때'를 나타내는 형태소 {-엇-}과 '올때'를 나타내는 형태소 {-겟-}이 결합되어 {-엇겟-}으로 된 형태소가 '끗기'인 '-다'와 결합된 꼴 '-엇겟다'를 '끗기로 처리한 것인데, 이는 주시경의 품사분류 의식의 잘못에서 비롯된 것이다(최낙복, 1991 : 235). 김석득은 이 {-엇겟-}을 '간때'에 '올때'가 붙은 복합 시·상에 관계되는 배합형이라 하고, 주시경이 그 당시에 이미 시·상의 개념을 가지고 있었다는 것을 거듭 주장하고, 이 {-엇겟-}을 분석하여 <엇겟=엇(간때표)＋겟(올때표)>가 되고, 따라서 {-엇겟-}은 '간올때(과거장래)' 혹은 '거짓 맞은때(과거가상시)'라 한 것은 시·상을 밝혀주는 것인데, 이를 풀면 완료된 (맞은) 과거(때)를 가상(거짓)하는 것이 된다(1979 : 114)고 하여 주시경의 시제 의식을 한층 높이 평가하기도 하였다.

그런데 주시경의 이 '간때'와 '올때'의 겹침인 {-엇겟-}은 뒷날 최현배에 이르러 용언의 서술형(베풂꼴)이 바로때매김(직접시제)의 '올적마침(미래완료)'에 그대로 계승되었으며(최현배, 1937 : 599~600), 허웅(1982 : 46)에 이르러서는 이 {-었겠-}을 이미 끝난 것으로 미루어 보는 시제법으로 이를 복합 시제법의 '완결추정법'으로 정착시켰다.

이와 같이 본래 시제는 사물의 동작이나 상태에 관한 것인데, 주시경은 용언의 굴곡현상을 의식하지 못하고 의미소와 문법소를 각각 독립된 품사로 설정하였기 때문에 시제가 '움기'나 '엇기'에서 설명되지 않고, 동작이나 상태와는 전혀 상관이 없는 '끗기'나 '잇기'에서 설명하게 되었다.

'끗기의 때'에서는 먼저 단순(기본)시제에 해당하는 '이때, 간때, 올때'로 나누어 기술하였다. 이는 영어문법의 영향이다. 또 복합시제에 해당하는 시제의 겹침은 '간때'와 '간때'의 겹침과 '간때'와 '올때'의 겹침이 나타나 있는데, 이는 각각 '간때'와 '올때'의 항목에서 기술하고 있다.

주시경은 '이때(현재)'를 나타내는 형태소에 무형의 형태소 {-ø-}가 있음을 의식하였고, '간때(과거)'를 나타내는 형태소는 {-엇-}과 {-엇엇-}의 구별이 있음을 의식하였다. 또 '올때(미래)'를 나타내는 형태소는 {-겟-}이 있음을 의식하고, '간올때'의 겹침을 나타내는 형태소에 {-엇겟-}이 있음을 밝히고 있다. 특히 {-엇-}과 {-엇엇-}의 구별은 시제 연구사에서 대단한 탁견으로 높이 평가받고 있다. 또 그 당시에 주시경은 이미 우리말의 시제뿐만 아니라 상(aspect)의 개념을 의식하고 있었다는 것도 높이 평가되어야 할 것이다.

다음은 주시경(1910)의 "잇기의 때" 단원에 나타나는 시제의 <보기말>을 간추려 보이면 다음과 같다.

> (24) 잇기의 때
>   ㄱ. 이때~<보기> 가니, 가는데, 먹으니, 먹는데
>   ('-니'와 '-으니'와 '-는데'는 다 이때의 잇기라)
>   ㄴ. 간때~<보기> 가앗으니, 가앗는데, 먹엇으니, 먹엇는데
>   ('-앗으니'와 '-앗는데'와 '-엇으니'와 '-엇는데'는 다 간때의 잇기
>   니 {-앗-}이나 {-엇-}은 다 간때를 보임이라)
>   ㄷ. 올때~<보기> 가겟으니, 가겟는데, 먹겟으니, 먹겟는데

('-겟으니'와 '-겟는데'가 다 올때의 잇기니 {-겟-}은 올때를 보임
이라)
(잡이) '가더니'의 {-더-}는 지난 때에 맞지 안이한 것이니, 지난
　　　때에 되어가는 것이다.

(『국어문법』 : 97)

주시경은 『국어문법』 "잇기의 때" 단원에서도 "끗기의 때"에서와 같이
우리말의 시제를 '이때, 간때, 올때'의 셋으로 나누어 기술하였다. 그러나
(24)와 같이 그 세 때의 뜻매김은 하지 않고 <보기말>만 보였다.

『국어문법』의 97쪽 "잇기의 때" 단원에서 보인 "잇기의 때" 기술과 99쪽
에서 101쪽까지의 "끗기의 때" 기술을 비교해 볼 때 특기할 만한 것은 "잇
기의 때" (잡이)에서 지나간 때의 '회상'을 나타내는 형태소 {-더-}에 대한
설명이 나타난다. 이것은 주시경이 단순(기본) 시제에 '회상시제'을 하나
더 의식하게 되었다는 것을 알 수 있다. 그리고 '잇기의 때'에서는 '끗기의
때'와는 달리 단순시제에 해당되는 것만 나타날 뿐 복합시제에 관계되는
내용은 나타나 있지 않다.

(24)ㄱ에서 {-니}와 {-으니}와 {-는데}는 다 '이때(현재)'의 '잇기'라 했으
니, '이때'를 나타내는 '잇기'에서도 무형의 형태소 {-ø-}가 있음을 의식했
다는 것을 알 수 있다. 즉, '가니, 가는데, 먹으니, 먹는데'가 '이때'를 나타
내기 위해서 각각 <가+{ø}+니, 가+{ø}+는데, 먹+{ø}+으니, 먹+{ø}
+는데>의 구조로 되어 있다고 의식하였던 것이다. 그 증거는 다음 장에
서 설명할 '간때'나 '올때'를 보면 확실히 알 수 있다. 곧 '간때'와 '올때'는
각각 그것을 나타내 주는 표(형태소)가 있음을 밝히고 있다.

(24ㄴ)에서 '간때'를 나타내는 형태소에는 {-앗-}과 {-엇-}이 있음을 분
명히 밝히고 있다. 그리고 그 <보기말>들의 짜임을 보면, <가+{앗}+으
니, 가+{앗}+는데, 먹+{엇}+으니, 먹+{엇}+는데>와 같이 짜여 있음
을 알 수 있다.

이는 움기인 '가, 먹-'에 '간때'를 나타내는 형태소 {-앗/엇-}과 '잇기'인

{-으니, -는데}가 결합된 것인데, 주시경은 이 {-앗/엇-}을 '잇기'에 붙는 파생의 접두사로 의식하여 '-앗으니, -엇는데'를 독립된 품사 '잇기'로 처리한 것이다.

그런데 이 {-앗/엇-}이 '잇기'와 결합하면, '잇기'가 되고, '끗기'와 결합하면, '끗기'가 되는 모순을 안고 있다. 이는 주시경의 품사분류 의식의 잘못에서 비롯된 것이지만 그의 체계 안에서 보면 무리없는 처리로 보아야 할 것이다. 그것은 이미 "끗기의 때"에서 밝힌 바와 같이 '간때'를 나타내는 형태소 {-앗/엇-}을 '움기'에 붙는 파생의 접미사로 보고 '가앗-, 먹엇-'을 '움기'로 처리하지 않은 것은 이 {-앗/엇-}이 실질 형태소보다 문법적인 형식 형태소에 가깝다는 것을 의식했기 때문이다. 이러한 문제는 자연히 다음 시대에 가서 다듬어지게 되었다.

그리고 주시경은 '간때'를 나타내는 형태소가 앞 '움기'가 양성음절이냐 음성음절이냐에 따라 각각 {-앗-}과 {-엇-}을 구별하여 결합시킨 것은 이미 변이형태(allomorph) 의식을 가지고 있었다는 것을 알 수 있다. 김민수(1977)는 이러한 변이형태의 발견·기술은 분명히 나이다(E. A. Nida, 1949)에 앞선 것이며, 역사적으로도 평가되어야 한다고 밝힌 바 있다.18)

그리고 (잡이)에서 말한 '다 되어 잇는 것'이란 움직임이 이제 막 마쳤어 그 결과가 방금 들어나 있음을 보이는 시제(현재완료)를 의미하는 것으로 보아진다.

(24)ㄷ의 <보기말>에서 보인 말들의 짜임을 보면, '움기'인 '가-, 먹-'에 '올때'를 나타내는 표 {-겟-}과 '잇기'인 '-으니, -는데'가 결합되어 각각 <가+{겟}+으니, 가+{겟}+는데, 먹+{겟}+으니, 먹+{겟}+는데>로 짜여져 있다. 이것은 <{-겟}+잇기=올때의 잇기>이 다.

그러므로 '올때'를 표시하는 형태소 {-겟-}도 '움기'와 '잇기' 사이에 끼어드는 형태소인데, 주시경은 이것을 '잇기'의 파생의 접두사로 의식하여

---

18) 김민수(1977), 주시경 연구, 탑출판사, 134쪽 참조.

'-겟으니, -겟는데'를 '올때의 잇기'로 처리한 것이다. 이것도 비록 주시경의 품사분류 의식의 잘못에서 비롯된 것이지만 용언의 굴곡현상을 의식하지 못하고 '끗기'나 '잇기'를 각각 독립된 품사로 처리한 그의 품사분류 체계에서는 당연한 처리법이다. 그러나 이러한 것은 뒷날 용언의 굴곡현상의 발견으로 인하여 자연히 수정되게 되었다.

그리고 "끗기의 때"에서도 이미 밝힌 바와 같이 (잡이)에서 '이담 때에 될 것'은 '장래'(미래)를 의미하는 것이고, '되리라고 거짓 뜻하는 것'은 '장래 가상시'를 의미하는 것이므로 여기서도 시제와 상 의식이 나타나 있음을 알 수 있다.

(24)의 (잡이)에서 보인 '가더니'의 짜임을 보면 '움기'인 '가-'에 회상을 나타내는 형태소인 {-더-}와 '잇기'인 '-니'가 결합되어 <가+{더}+니>로 짜여진 것인데, 이 '-더니'를 '잇기'로 처리한 것이다.

이 {-더-}는 지난 때에 겪은(있던) 일을 회상하면서 서술하는 시제를 나타내는 표지인데, 지난 때에 끝나버린 것이 아니라 그때에 되어가고 있는 일을 말하는 것이란 뜻으로 쓰인 것인데, 이것은 탁견이라 할 만하다. 그런데 "잇기의 때"에서는 {-더-}에 대한 설명이 나타나는데, '끗기'에서는 이에 대한 설명이 보이지 않는다. 즉, '가더라, 갔더라, 가겟더라' 따위의 어형에 대한 설명은 되어있지 않다고 하였다(허웅, 1971 : 41). 또 김석득(1979 : 114~115)에서는 주시경이 설명한 {-더-}를 지난때에 되어가는 것(지속)으로 보았다고 전제하고, 이 {-더-}는 '간때'를 나타내고, '되어가는 것'은 '과거지속'을 나타내는 것으로 보았다.

그렇다면 회상을 나타내는 형태소 {-더-}는 단순시제만을 나타내는 형태소가 아니고, 이미 상(aspect)의 개념도 나타내는 형태소라는 것을 주시경은 의식하고 있었다는 해석이 가능하다.

개화기 문법의 하나인 김규식(1908?)에서는 이 {-더-}를 '단순시'가 아닌 '복합시'로 처리하고, 현재와 결합된 '자더라'와 같은 것은 과거시에 어떤 행동의 계속됨을 표시하는 '계속과거'라 하였다.[19) 이것도 단순한 시제가 아닌 상의 개념을 가진 풀이이다.

그 후 이 {-더-}는 최현배(1937 : 606~608)에 이르러 지난적에 일어난 일을 도로 생각할 적에 나타내는 도로생각 때도움줄기(회상시제 보조어간)로 계승되어 발전하게 되었는데, 이 회상시제도 12가지로 구분하여 체계를 세웠다.

이와 같이 주시경은 우리말에서 때를 나타내는 품사는 '끗기' 외에 '잇기'가 있다는 것을 의식하고, '끗기'와 '잇기'가 똑같이 담당하고 있는 것으로 의식하였는데, 이것은 시제 어미에 의한 굴곡적 방법을 의식한 것이다.

그는 '잇기의 때'에서 '끗기의 때'에서와 마찬가지로 우리말의 때를, 현재를 뜻하는 '이때', 과거를 뜻하는 '간때', 미래를 뜻하는 '올때'로 구분하였는데, '끗기의 때'에서 처럼 각각 뜻매김하지 않고 <보기말>만 보였다. 이는 아마 '끗기의 때'와의 중복을 피하기 위함이었을 것이다. 그리고 단순시제에 해당하는 '이때, 간때, 올때'와 지난 때에 마치지 아니한 때를 나타내는 회상시제에 대하여 (잡이)에서 설명하고 있는데, 이는 탁견으로 평가받고 있다. 그러나 '잇기의 때'에서는 복합시제에 대한 설명이 전혀 없다는 것은 아쉬움으로 남는다.

그는 또 때를 나타내는 표(형태소)도 '끗기의 때'에서와 같이 '이때'를 나타내는 형태소에 무형의 형태소 {-ø-}가 있음을 의식하였고, '간때'를 나타내는 형태소에는 {-앗-}과 {-엇-}의 변이형태가 있음을 의식하였으며, '올때'를 나타내는 형태소는 {-겟-}이 있고, 회상시제를 나타내는 형태소에는 {-더-}가 있음을 밝혔다.

다음은 김희상의 『조선어전』(1911)에 나타나는 조사의 시제를 살펴보면, 이미 앞에서 언급한 바와 같이 시제에 대한 구체적인 단원이 설정되어 있는 것이 아니다. 다만 조사의 쓰임에서 설명하고 있다.

김희상(1911 : 48~56)의 "토의 종류" 단원에서, 도움토〔助吐〕의 하위단위인

---

19) 김규식(1908?), 유인『대한문법』, 60~62쪽(역대 한국문법 대계 제I부 5책, 1977, 탑출판사).

'전성토'로 의식한 {-는, -ㄴ, -ㄹ}과 '의사토'로 의식한 {-갯-, -엇-, -드-, -ㅅ}이 시제를 나타내는 것으로 의식하였다.

먼저 "전성토의 연접법" 단원(79~81)에서는 현재, 과거 미래를 나타내는 토로 각각 {-는, -ㄴ, -ㄹ}이 있음을 의식하고 그 쓰임과 <보기말>을 보이고 있는데, 이것을 간추려 보이면 다음과 같다.

> (25) 전성토의 연접법
>   ㄱ. {-는}~현재의 義이니 동사나 형용사의 原列下에 접ᄒ나니라
>   <보기> 보는, 붉는
>   ㄴ. {-ㄴ}~과거의 義이니 명사나 대명사의 下에와 동사나 형용사의
>   原列下에 접ᄒ되…
>   <보기> 사람인, 그이인, 읽은, 본, 붉은, 신
>   ㄷ. {-ㄹ}~미래의 義이니, 연접법은 {-ㄴ}과 同ᄒ니라
>   <보기> 사슴일, 그것일, 읽을, 볼, 붉을, 실
>
>   (『조선어전』: 79~81)

(25)는 동사나 형용사의 관형사형 어미인 {-는, -ㄴ, -ㄹ}이 각각 현재, 과거, 미래의 시제를 나타내는 토로 의식한 것 외는 별로 특기할 만한 것은 없다.

다만 이것들을 최광옥, 유길준, 김규식 등에서는 '분사'로 처리한 것을 '토'로 처리한 것이다.

다음은 김희상(1911)의 "의사토의 연접법" 단원(81~88)에서는 과거와 미래를 나타내는 토로 각각 {-ㅅ, -드-, -갯-, -엇-}이 있음을 의식하고 그 쓰임과 <보기말>을 보였는데, 이것을 간추려 보이면 다음과 같다.

> (26) 의사토의 연접법
>   ㄱ. {-ㅅ}~과거의 義이니, 동사나 형용사의 變列下에 접ᄒ나니라
>   <보기> 보앗오, 붉엇오
>   ㄴ. {-드-}~과거의 義이니, 명사나 대명사 下에와 동사나 형용사의
>   原列下에 접ᄒ되, 단 명사나 대명사 하에는 {-이}롤 격

> 호야 접호나니라
>
> <보기> 붓이드니, 그것이드니, 읽드니, 길드니
>
> ㄷ. {-엇-}~과거의 義이니 명사나 대명사 下에 {-이}를 격호야 접
> 　　호나니라
>
> <보기> 사람이엇오, 그것이엇오
>
> ㄹ. {-갯-}~미래의 義이니 연접법은 {-드-}와 同호니라
>
> <보기> 꼿이갯오, 이것이갯오, 쓰갯오, 넓갯오
>
> 　　　　　　　　　　　　　　　　　　　(『조선어전』: 81~88)

(26)ㄱ~ㄷ에서 과거를 나타내는 형태소로 {-ㅅ, -드-, -엇-}과 (26)ㄹ 에서 미래를 나타내는 형태소로 {-갯-(>겠)}을 의식한 것외는 역시 시제에 대한 특별한 것은 없다.

그리고 (26)ㄱ에서 과거를 나타내는 형태소가 {-앗-/-엇-}이 아니고 {-ㅅ}으로 의식한 것은 형태소 분석을 {보+아+ㅅ}과 {붉+어+ㅅ}으로 의식한 것이다. 그러나 (26)에 나타나는 시제 의식은 시제 어미에 의한 시제를 나타낸 것이라 평가할 만하다.

이처럼 김희상(1911)에서 의식한 시제는 구체적인 단원 설정도 없고, 체계적인 설명도 없기 때문에 아직 시제 의식이 정립되지 않았다고 할 수 있다.

이와 같이 개화기 국어문법 저서에서 조사에 의하여 나타낸 시제법의 방법으로는 주시경은 굴곡법의 시제 어미에 의한 방법으로만 의식하였으나, 김희상에서는 시제 어미와 굴곡법의 관형사형 어미에 의한 방법도 있음을 의식하였다. 이것을 표로 묶어 보이면 다음과 같다.

방법 ＼ 책	주시경(1910)	김희상(1911)
시제 어미	-ø-, -앗-/-엇, -엇엇-, -겟-, -엇겟-, -더-	-ㅅ, -엇-, -드-, -갯-
관형사형 어미		-는, -ㄴ, -ㄹ

3. 마무리

지금까지 개화기 국어문법 저서에 나타나는 시제에 대하여 살핀 내용을 간추려 보면 다음과 같다.

1) 개화기 국어문법 저서에서 시제를 나타내는 용어로는 '시(時), 시기(時期), 때, 기절(期節)' 등을 사용하고 있는데, '시, 시기, 때'는 굴곡법의 시제 어미에 의하여 시제를 나타내는 용어이고, '기절'은 굴곡법의 관형사형 어미에 의하여 시제를 나타내는 용어이다.

2) 시제가 나타나는 품사로는 ① 동사 ② 조동사 ③ 형용사 ④ 형동사 ⑤ 부사 ⑥ 조사(잇기, 끗기) 등 크게는 6품사, 작게는 7품사가 있는데 이 가운데서 특히 ① 동사(최광옥, 유길준, 김규식)와 ② 조사(잇기, 끗기 : 주시경)에서 자세하게 기술하고 있다.

3) 우리말의 시제를 나타내는 방법으로는 ① 굴곡법의 시제 어미에 의한 방법, ② 굴곡법의 관형사형 어미에 의한 방법, ③ 어휘적인 방법이 있는데, 개화기 국어문법에서 시제를 나타내는 형태소와 낱말을 표로 만들어 보이면 다음과 같다.

방 법	시제 형태소 및 낱말
시제 어미 (시기)	−∅−, −ㅅ/앗/엇−, −ㄹ−, −겟/갯−, −드/더/데−, −ㅅ섯/엇엇/앗섯−, −ㄹ야, −ㄹ야드−, −앗더/엇더/ㅅ드/ㅅ섯드−, −앗겟/엇겟−, −앗섯겟−, 라하엿−
관형사형 어미 (분사)	−눈/는, −ㄴ, −ㄹ, −든/던, −ㄹ야든/−랴던, −ㅅ든/−앗던, −ㅅ섯눈, −ㅅ섯든/−앗섯던, −앗슬, −엇엇슬
어휘적 방법	지금, 오날, 곳, 즉시, 이제, 즉금, 어제, 졉, 쟉년, 전에, 발서, 임에(이미), 후에, **뤼**일, 모레, **뤼**년, 장차, 잇다가, 아즉

위의 표에 의하면 현재를 나타내는 형태소를 의식한 것과 어휘적 방법에 의하여 때를 나타내는 것을 의식한 것은 대단한 탁견이나, 시제의 겹

침을 나타내는 방법 중 {-겟더-}가 있음을 의식하지 못한 것 같다.

　4) 동사, 조사(잇기, 끗기), 부사에 나타나는 시제 하위분류를 표로 만들어 보이면 다음과 같다.

책 방법	최광옥	유길준	김규식	주시경
시제 어미	4	6	3+6	4+2
관형사형 어미	9	6	9	
어휘적 방법			4	

　위의 표에 위하면 김규식(1908?)과 주시경(1910)에서는 단순시제와 복합시제를 의식하였는데 이것은 대단한 탁견이다. 그리고 단순시제를 김규식은 3갈래, 주시경은 4갈래 분류하였고, 복합시제를 김규식은 6갈래, 주시경은 2갈래를 의식하였는데, 이 복합시제는 시제의 겹침에 해당하는 것이다.

　그 외 형용사의 하위분류는 최광옥은 3갈래, 유길준은 6갈래로 분류하였으며, 조동사와 형동사의 시제는 별 의의가 없는 것들이다.

　5) 주시경의 끗기의 때와 유길준의 동사의 시제에서는 발화시에 사건의 모습을 나타내는 상(aspect) 개념이 나타나 있는데, 이것은 탁견으로 대단히 의의가 있는 것이다.

　이와 같은 개화기 국어문법의 시제 의식은 그 뒤 여러 문법 저서에 계승되고 있으며, 현대 국어문법의 시제체계를 세우는데 기반이 되었으므로 그 연구사적 의의는 큰 것이다.

참고문헌

고영근(1986), "국어의 시제와 동작상", 『국어생활』 6호, 국어연구소.

권재선(1987), 국어학 발전사(현대국어학), 한국고시사.

권재일(1992), 한국어 통사론, 민음사.

김규식(1908?), 유인 『대한문법』, (역대 한국문법대계 Ⅰ-5, 탑출판사, 1997).

김규식(1912), 유인 『조선문법』, (역대 Ⅰ-5, 1997).

김민수(1960), 국어문법론 연구, 통문관.

김민수(1977), 주시경 연구, 탑출판사.

김석득(1979), 주시경 문법론, 형설출판사.

김석득(1983), 우리말 연구사, 정음문화사.

김차균(1990), 우리말 시제와 상의 연구, 태학사.

김희상(1911), 조선어전, 보급서관(역대 Ⅰ-7, 1977).

남기심(1972), "현대국어 시제에 관한 연구", 『국어국문학』 제55호~제57호 합병호, 국어국문학회.

남기심(1978), 국어문법의 시제 문제에 관한 연구, 탑출판사.

남기심·고영근(1993), 표준국어문법론(개정판), 탑출판사.

박지홍(1977), "유길준의 『조선문전』", 『어문교육논집』 2집, 부산사대 국어교육과.

박지홍(1986), 우리 현대말본, 과학사.

유길준(1909), 대한문전, 동문관, (역대 Ⅰ-2, 1979).

윤치호(1911), 영어문법첩경, (역대Ⅱ-29, 1983).

이기룡(1911), 중등영문전, (역대Ⅱ-29, 1983).

이익섭·임홍빈(1983), 국어문법론, 학연사.

이환묵·이석무 역(1987), 문법철학, 한신문화사.

주시경(1910), 국어문법, 박문서관.

최광옥(1908), 대한문전, 면학회, (역대 Ⅰ-2, 1979).

최낙복(1991), 주시경 문법의 연구, 문성출판사.

최낙복(1994), "주시경 문법의 시제법", 『한글』 225호, 한글학회.

최낙복 (1995), "유길준 문법의 형태론 연구", 『언어와 언어교육』 10집, 동아대 어학연구소.
최낙복(1996ㄱ), "개화기 국어문법의 높임법", 『국어학 연구의 오솔길』, 우전 김형주
　　　　선생회갑 기념 논총 간행 위원회.
최낙복(1996ㄴ), "김규식 문법의 품사론 연구", 『부산한글』 15집, 한글학회 부산지회
최낙복 (1997), "김희상 문법의 품사론 연구", 『언어와 언어교육』 12집, 동아대 어학연
　　　　구소.
최낙복(1998), "유길준 문법에 나타난 시제 연구", 『국어국문학』 17집, 동아대 국어국
　　　　문학과.
최낙복(1999), "김규식 문법의 시제 연구", 『국어학의 본질』 1집, 국어학 연구학회.
최현배(1937), 우리말본, 연희전문학교 출판부.
하치근(1999), 우리말본의 이해, 한국문화사.
허　웅(1971), "주시경 선생의 학문", 『동방학지』 12집, 연세대 동방학연구소.
허　웅(1987), 국어 시제법의 변천사, 샘문화사.
허　웅(1995), 20세기 우리말의 형태론, 샘문화사.

(발표 : 『한힌샘 주시경 연구』 12호, 한글학회, 1999)

개화기 국어문법의 조어법

1. 머리말

현대 한국어에 나타나는 낱말들의 짜임을 보면,

(1) ㄱ. 덧버선, 숫총각, 웃어른, 핫바지, 헛고생, 홀어미 / 덧나다, 시뻘
　　　 겋다, 짓누르다, 헛되다
　　 ㄴ. 끝장, 덮개, 웃음, 일꾼, 잎사귀 / 높다랗다, 꽃답다, 사랑스럽다
(2) ㄱ. 국그릇, 길짐승, 첫아들 / 값싸다, 늘어놓다, 돌아가다, 욕먹다
　　 ㄴ. 늦가을, 올벼 / 굶주리다, 낮보다, 높푸르다, 얕보다, 오르내리다
(3) 눈, 손, 돌, 흙, 봄, 가을, 하늘, 머리, 미나리 / 가다, 놀다, 웃다, 울
　　 다, 크다, 높다, 맑다, 착하다, 흔하다

(1)과 같이 하나의 자립형태소에 파생의 접사가 결합하여 새로운 낱말을
만드는 방법인 파생법(derivation)에 의하여 만들어진 파생어(derived word)
가 있는데, (1)ㄱ은 자립형태소에 접두사(prefix)가 결합되어 만들어진 접
두파생어이고, (1)ㄴ은 자립형태소에 접미사(suffix)가 결합되어 만들어진

접미파생어이다. 또, (2)와 같이 둘 이상의 자립형태소가 결합하여 새로운 낱말을 만드는 방법인 합성법(compounding)에 의하여 만들어진 합성어(compound word)도 있다. (2)ㄱ은 자립할 수 있는 낱말들끼리 결합되어 만들어진 통어적 합성어(syntatic compound word)이고, (2)ㄴ은 합성어를 이루는 구성성분이 일반적인 국어 배열법을 지니지 않은 낱말인 비통어적 합성어(asyntactic compound word)이다. 그리고 (3)과 같이 하나의 자립형태소로 이루어진 단순어(simple word)도 있지만, 이것은 조어법(word-formation) 연구의 대상이 될 수 없는 것이다.

　이와 같이 우리말에는 낱말이 만들어지는 방법이 여러 가지가 있을 수 있는데, 이러한 방법들 가운데서 개화기 국어문법에서는 어떠한 방법들이 적용되어 낱말들이 만들어졌는가를 살펴보기로 한다. 국어문법 연구사에서 조어법 연구를 살펴보면, 처음 주시경의 『말』(1908?)에서 시도되어 『국어문법』(1910)에 이르러 그 성립을 보게 된다. 지금까지 주시경 문법의 조어법 분야를 대상으로 하여 독립된 논문을 발표한 이는 김계곤(1988)과 최낙복(1998ㄱ, ㄴ)뿐이고 나머지는 모두 각자의 저서나 논문 속에 조금씩 인용하거나 언급하였을 뿐이다.

　이 글은 주시경의 문법 저서에 나타나는 조어법 이론을 통하여 조어법의 형성과정을 알아내기 위하여 『말』과 『국어문법』에 나타나는 조어법 분야를 대상으로 하여 그의 조어법 이론을 발전적으로 살피게 되는데, 그 결과가 주시경 문법의 형태론 분야를 체계화하고 나아가 개화기 국어문법의 연구에 도움을 주고자 하는 데 그 목적이 있다.

　그러므로 이 연구는 국어문법 연구사적인 관점에서 내적 발전과정을 발전적으로 살피는 것이므로 좁게는 국어문법 연구사의 한 부분이고, 넓게는 국어학 연구사의 한 부분이 될 것이다.

2. 주시경 문법의 조어법

개화기의 여러 문법 저서들 가운데서 조어법에 대하여 기술한 문법 저서는 주시경의 문법 저서들뿐이다. 주시경의 여러 문법 저서에서 조어법 이론은 처음 『말』(1908?)에서 의식되어 『국어문법』(1910)과 『조선어문법』(1911) 및 재판 『조선어문법』(1913)[1]에서 그 성립을 보게 되었다고 하겠다. 먼저 『말』에 나타나는 조어법 의식은 "언체의 변법" 단원(29ㄴ~31ㄴ)과 "특별변법" 단원(31ㄴ~79ㄴ)에 나타난다. 그런데 "언체의 변법" 단원에서는 주로 낱말이 만들어지는 방법에 대하여 설명하고 있는데, 여기서는 조어법을 크게 <① 명호되게 ㅎ는 것, ② 형용되게 ㅎ는 것, ③ 동작되게 ㅎ는 것>의 3가지로 나누어 설명하였고, "특별변법" 단원에서는 주로 만들어진 낱말의 구실을 중심으로 설명하고 있는데, 여기서는 조어법을 <① 형용되게 ㅎ는 것, ② 동작되게 ㅎ는 것, ③ 명호되게 ㅎ는 것, ④ 형명되게 ㅎ는 것, ⑤ 형성되게 ㅎ는 것>의 5가지로 나누어 설명하였다.

그러므로 『말』에 나타나는 조어법은 <① 명호(>명사), ② 형용(>형용사), ③ 동작(>동사), ④ 형명(<관형사), ⑤ 형성(>부사)>의 5품사가 만들어지는 방법을 설명한 것이라 할 수 있다.

다음으로 『국어문법』에 나타나는 조어법 분야에 해당되는 것은 "기 몸박굼"과 "기 몸헴"과 "기 뜻박굼"인데, 이들의 <보기말>을 통하여 보면 약간의 예외가 있기는 하지만 "기 몸박굼"과 "기 뜻박굼"은 대체로 파생법에 해당하고, "기 몸헴"은 합성법에 해당된다(김석득, 1979 : 32). 그런데 이 『국어문법』의 "기 몸박굼" 단원(101~115)에서는 조어법을 크게 <① 임몸되게 하는 것, ② 엇몸되게 하는 것, ③ 움몸되게 하는 것, ④ 기 몸박굼에 특

---

1) 주시경의 원고본 『국어문법』(1909?), 『국어문법』(1910), 『조선어문법』(1911), 재판 『조선어문법』(1913)은 거의 같은 내용이므로 이 글에서는 『국어문법』(1910)만을 대상으로 하여 조어법 이론을 살핀다.

별함, ⑤ 언몸되게 하는 것, ⑥ 억몸되게 하는 것, ⑦ 제움이 남움되게 하는 것, ⑧ 남움이 제움되게 하는 것>의 8가지로 나누어 설명하였고, "기 몸햄" 단원(115~116)에서는 조어법을 <① 임기의 몸, ② 엇기의 몸, ③ 겻기의 몸>의 3가지로 나누어 설명하였다. 그리고 "기 뜻박굼" 단원(116)에서는 <돌질>이라는 <보기말> 하나만을 들어 설명하였는데, 이는 이미 "기 몸박굼"에서 한번 설명한 내용을 다시 되풀이하여 설명한 부분이다.

여기서는 『말』에서 설명한 5품사 외에 겻기(>조사) 하나가 추가되어 설명한 셈이고, 그 방법면에서는 『말』에서는 파생법에 의한 낱말 만드는 방법만을 의식하였으나, 『국어문법』에서는 파생법은 물론, 합성법에 의하여 낱말 만드는 방법을 의식한 셈이다. 그리고 『국어문법』에서 말하는 "기 몸박굼"은 뿌리의 자격변동법을 가리키는 것으로 품사 전성과 임시적 기능 변화인 자격변동법을 포괄하는 개념이며, "기 몸햄"은 낱말의 됨됨이를 분석한 부분이고, "기 뜻박굼"은 '기(>씨)'는 그대로 두고 '뜻'만 바꾸는 접사에 의한 씨 전의를 말한다. 그리고, 사동(하임)·피동(입음)접미사에 의한 타동사의 형성을 품사가 바뀌지 않았는데, 기 몸박굼으로 처리하고 있음은 통사적 파생법을 인정한 처리이다(하치근, 1993 : 14).

이제 『말』의 "언체의 변법"과 "특별변법" 단원과 『국어문법』의 "기 몸박굼"과 "기 몸햄"과 "기 뜻박굼" 단원에 나타나는 조어법에 대하여 차례로 살펴보기로 한다.

2.1. 파생법

『말』에서는 파생법에 해당하는 "언체의 변법"과 "특별변법"에 대한 뜻매김은 하지 않았으나, 『국어문법』에서는 파생법에 해당하는 "기 몸박굼"에 대한 뜻매김을 다음과 같이 하고 있는데, 이는 큰 발전이라 하겠다.

(4) 어느 기든지 새로 박구어 쓰지 못하면 말(다)을 꿈일 수가 없으므로
각 기의 결에를 서로 박구어 씀이 잇으니, 이를 '기 몸박굼'이라 이름
이라.

(『국어문법』: 101)

(4)의 뜻매김으로 보아 "기 몸박굼"은 통사론적 절실한 요구에서 오는
형태론적 구조변형이라 할 수 있다(김석득, 1979 : 75)고 하였는데, 여기서는
오늘날의 파생법과 품사 전성을 함께 설명한 곳이 되겠다. 이제 파생법에
의하여 명사, 형용사, 동사, 관형사, 부사가 각각 만들어지는 방법을 살피
기로 한다.

2.1.1. 명사 파생법

명사(<명호) 파생법에 대해서는 『말』에서 "언체의 변법" 단원(29ㄴ~30ㄴ)
에 처음 나타나는데, 여기서 명사 파생법을 <명호되게 ㅎ는 것>이라 뜻
매김 하고, <① 형본명호, ② 명형본명호, ③ 동본명호, ④ 명동본명호,
⑤ 명본명호>의 5가지로 나누어 설명하였고, 또 "특별변법" 단원(31ㄴ)에
서는 <형명본명호>하나가 있음을 보이고 있다.
이 6가지 방법을 간추려 정리해 보이면 다음과 같다.

(5) 명호되게 ㅎ는 것
ㄱ. 형본명호~형용을 명호되게 ㅎ는 것
<보기> ① 흼, 검음, 깊 / ② 희지, 검지 / ③ 희기, 검기
ㄴ. 명형본명호~명호가 형본되어 다시 명호로 변ㅎ는 것
<보기> 정흠
ㄷ. 동본명호~동작을 명호되게 ㅎ는 것
<보기> ① 감, 먹음 / ② 가지, 먹지 / ③ 가기, 먹기 / ④ 살임
/ ⑤ (두루)막이
ㄹ. 명동본명호~명호가 동본되어 다시 명호된 것
<보기> 일흠

　　　ㅁ. 명본명호~명호를 명호되게 ᄒᆞ는 것(필자 보충)
　　　　<보기> 바느질
　　　ㅂ. 형명본명호~형명이 명호되는 것
　　　　<보기> ① 큰것, 적은것, 흰것, 검은것, 깃분것, 착ᄒᆞᆫ것, 배혼것,
　　　　　　　　배호는것, 배홀것, 말ᄒᆞ는것, 쯧ᄒᆞ는것
　　　　　　　② 이것, 그것, 저것

(『말』:29ㄴ~30ㄴ, 31ㄴ)

　(5)ㄱ은 형용사가 명사됨을 보인 것으로 이는 형용사에 파생접미사가 결합하여 명사가 파생되는 것을 의식한 것이다. 그 <보기말>을 살펴보면, 형용사(또는 형용사 어간)로 의식한 <희, 검, 길>에 명사 파생접미사로 의식한 {-ㅁ/음, -지, -기}가 각각 결합하여 <① 힘, 검음, 깊/ ② 희지, 검지/ ③ 희기, 검기>와 같은 명사가 파생된 것으로 의식한 것이다. 여기서 ①, ③은 오늘날의 형용사의 명사형에 해당하는 것이고, ②는 형용사 어간에 부정의 부사형 어미인 {-지}가 결합한 꼴을 파생명사로 의식한 것이다.

　(5)ㄴ은 명사가 형용사로 되었다가 다시 명사로 파생되는 것으로 의식한 것인데, 이는 파생법의 겹침이라 할 수 있겠다. 그 <보기말>을 보면, 명사로 의식한 한자말 <정(精)>에 {-ᄒᆞ}가 결합되어 형용사 <정ᄒᆞ>가 파생되었고, 여기에 다시 명사 파생접미사로 의식한 {-ㅁ}가 결합되어 <정홈>이라는 명사가 파생된 것으로 의식한 것이다.

　그런데 <정+ᄒᆞ>가 파생어인지, 또는 합성어가 되는지는 두 가지로 생각해 볼 수 있다. 이 문제에 대해서 허웅(1975 : 86)에서는 15세기 국어를 서술함에 {-하다}형에 속하는 용언은 모두 파생어로 다루었는데, 다만 명사나 부사에 {-ᄒᆞ다}가 붙은 말은 모두 합성어에 가깝다고 하였다. 그 이유는 <노릇ᄒᆞ다, 지조ᄒᆞ다, 말ᄒᆞ다/ 이러ᄒᆞ다, 잘ᄒᆞ다> 따위에서 {-ᄒᆞ-}의 동작성이 매우 강하게 느껴지기 때문에 합성어로 보는 것이 나을 것도 같지만 이러한 방법을 취하지 않는 것은 역시 다른 분명한 파생어 <ᄀᆞ득ᄒᆞ다, 당당ᄒᆞ다, 거머ᄒᆞ다, 누러ᄒᆞ다> 따위들과의 동형성을 고려했기 때문이라 하였다. 그러므로 주시경이 {-ㅎ}가 결합한 꼴을 파생어로 처리한 것은 대단히 수준 높은 처리라 하겠다.

　(5)ㄷ은 동사가 명사로 파생됨을 의식한 것으로, 이는 동사(또는 동사 어간)인 <가, 먹, 살, 막>에 역시 명사 파생접미사로 의식한 {-ㅁ/음, -지, -기, -임, -이}가 각각 결합하여 <① 감, 먹음/ ② 가지, 먹지/ ③ 가기, 먹기/ ④ 살임/ ⑤ (두루)막이>와 같은 명사가 파생된 것으로 의식한 것이다. (5)ㄷ의 ①, ②, ③은 (5)ㄱ의 ①, ②, ③과 같은 처리 방법이다. 그러나 (5)ㄷ의 ④, ⑤는 명사를 만들어 주는 특별식이라 하였는데, ④는 {-임}을 명사 파생접미사로, ⑤는 {-이}를 명사 파생접미사로 각각 의식한 것인데, 이는 대단한 탁견이라 할 만하다.

　(5)ㄹ은 명사가 동사로 되었다가 다시 명사로 파생되는 것으로 의식한 것인데, 이는 (5)ㄴ과 같은 처리방법으로 파생법의 겹침이라 하겠다. 즉 명사 <일>에 {-ㅎ}가 결합되어 동사인 <일ㅎ>가 파생되었다가 다시 명사 파생접미사 {-ㅁ}가 결합되어 <일홈>이라는 명사가 파생되었음을 의식한 것이다.

　(5)ㅁ은 명사에서 명사가 파생됨을 의식한 것인데, 이는 명사인 <바늘>에 동작성을 부여하는 접미사 {-질}이 결합되어 씨는 바뀌지 않고 실체성 뿌리를 동작화시키는 명사인 <바ᄂ질>이 파생되었음을 보인 것으로 이것도 국어문법 연구사에서 처음 의식한 일로 대단한 탁견이라 하겠다.

　(5)ㅂ은 형명(>관형사)이 명호(>명사)로 파생된 것으로 의식한 것이다. 그러나 그 <보기말>의 구조를 보면 모두 '형명＋것(대표 명호)'으로 짜여져 있는데, 이것은 형명과 명호로 각각 나누는 것이 원칙이지만 주시경(1908 : 32.ㄱ)에서 "'것'은 某事를 대표하여 그 말이 명호되게만 ㅎ는 表ㄴ 故로 형명과 합ㅎ어 한 名號字로만 認用홈도 可ㅎ다."라고 하였으므로, 이는 ① 관형사로 의식한 용언의 관형사형과 ② 관형사인 <이, 그, 저>에 '것'이 결합하여 명사가 파생된 것으로 의식한 것이다. 그러나 여기서 ①, ②를 한 낱말로 의식한 것은 조어법의 하나인 합성법을 의식한 것이기는 하지만

<보기말> 가운데서 <이것, 그것, 저것>을 제외하고는 한 낱말로 처리하기는 곤란한 것이다. 그러므로 (5)ㅂ은 명사 파생법에서 덜어내어야 하는 것이다.

이와 같이 『말』에서 의식한 명사 파생법은 (5)ㄱ~(5)ㄹ은 동사나 형용사(어간)에 파생접미사로 의식한 {-ㅁ/음, -지, -기, -임, -이}가 결합하면 명사가 파생되는 것으로 의식한 것인데, 이는 파생접미사와 굴곡접미사를 구분하지 않고 모두 파생접미사로 의식한 데서 비롯된 것이고, (5)ㅁ은 명사에서도 명사가 파생됨을 의식한 것으로 대단한 탁견이라 할 수 있고, (5)ㅂ은 <이것, 그것, 저것>을 제외하고는 이은말을 한 낱말로 의식한 것이므로 명사 파생법에서 덜어내어야 하는 것들이다.

그 후 『국어문법』에서도 명사(<임기) 파생법은 용어만 바꾸고 『말』에서 의식한 내용을 거의 그대로 계승하고 있다.

『국어문법』의 "기 몸박굼" 단원(101~103)에서는 명사 파생법에 <① 억본임, ② 임엇본임, ③ 움본임, ④ 임움본임>의 4가지를 설명하고, (알이)에서 <임본임>에 해당하는 <보기말>을 들어 풀이한 후 이것들을 <임몸되게 하는 것>이라 뜻매김 하였는데, 이는 "기 뜻박굼" 단원(116)에서 다시 <보기말> <돌질>을 들어 설명하고 있다. 또 "기 몸박굼에 특별함"2) (105)에서는 언기(>관형사)와 임기(>명사 또는 임자씨)가 어울려서 한 임기로 쓰이는 <보기말>을 들어 설명하고 있다. 이제 『국어문법』에 나타나는 명사 파생법에 관한 내용만을 간추려 정리해 보이면 다음과 같다.

(6) 임몸되게 하는 것
　　ㄱ. 엇본임~엇몸을 임몸되게 하는 것
　　　　<보기> ①힘, 검음, 깊, ②히지, 검지, ③히기, 검기
　　ㄴ. 임엇본임~임몸이 엇몸되고, 다시 임몸되게 하는 것.
　　　　<보기> 정함

---

2) 고영근·이현희(1986 : 105)에서 "기 몸박굼에 특별함"이란 '특별변법소(特別變法素) 정도의 뜻'이라 풀이하고 있다.

ㄷ. 움본임~움몸을 임몸되게 하는 것
    <보기> ① 감, 먹음, 갊, ② 가지, 먹지, ③ 가기, 먹기,
        ④ 먹이, ⑤ 썰에, ⑥ 묻엄, ⑦ 막애, ⑧ 남아, 남아지
ㄹ. 임움본임~임몸이 움몸되고, 다시 임몸되게 하는 것.
    <보기> 일함
ㅁ. 임본임~임몸을 임몸되게 하는 것(필자 보충)[3]
    <보기> 돌질
ㅂ. 언본임~앞의 언몸과 뒤의 임몸을 아울러 임몸되게 하는 것(필자
    보충).
    <보기> 이것, 힌것, 검은것, 배호는것, 배홀것, 정한것, 동하는것
    / 말하는바/ 말하는

(『국어문법』: 101~103, 105)

(6)의 명사 파생법을 보면, 『국어문법』에서의 명사 파생법은 대체로 『말』에서의 명사 파생법을 그대로 계승하고 있음을 할 수 있다.

이것을 구체적으로 살펴보면, (6)ㄱ, ㄴ, ㄹ은 (5)ㄱ, ㄴ를 그대로 계승하였고, (6)ㄷ은 (5)ㄷ을 더욱 계승·발전시킨 것인데, (6)ㄷ에서는 (5)ㄷ에서 명사 파생접미사로 의식한 {-임}을 덜어내고, 명사 파생접미사로 {-에, -엄, -애, -아/-아지}를 추가하였는데, 이 {-에, -엄, -애}를 추가한 것은 대단한 발전으로 보아지나 {-아/-아지}를 명사 파생접미사로 처리한 것은 파생접미사와 굴곡접미사를 구분하지 않고 모두 파생접미사로 처리한 데서 비롯된 것으로 석연치 않은 처리라 할 수 있다. 또 (6)ㅁ은 (5)ㅁ을 계승하면서 <보기말>만 <바ㄴ질>을 <돌질>로 바꾸었다. 그러나 (6)ㅁ은 "기 뜻박굼" 단원에서 다시 <보기말>을 보이고, "<돌>은 임인데 {-질}을 더하여도 임이라, 그러하나 <돌>과 <돌질>은 그 뜻이 한가지가 안이니, 이 {-질}은 그 뜻을 박구랴고 더한 것이라."(주시경, 1910 : 116) 하

---

3) (6)ㅁ은 (알이)의 <보기말>인 <돌질>을 보고 필자가 보충해 넣은 것이고, (6)ㅂ은 "기 몸박굼에 특별함"에 나타나는 <보기말>과 풀이를 간추려 필자가 보충해 넣은 것이다.

였다. 그러므로 {-질}은 기(>씨)의 몸을 바꾸는 것이 아니라, 기의 뜻만 바꾸는 것이므로 "기 몸박굼"과는 다르다는 것을 의식하고 따로 단원을 설정했으나 이에 대한 설명은 <보기말> 하나를 설명하는 데 그치고 말았다.

(6)ㅂ도 (5)ㅂ을 계승하면서 <보기말>만을 추가하는 데서 그치고 있다. 즉 (5)ㅂ에서는 '형명＋것'의 구조만 보였으나 (6)ㅂ에서는 이것들 외에 '형명＋바, 형명＋줄'을 추가하였다. 이것은 명사 <바, 줄>이 <것>과 같은 성질의 명사라는 것을 의식한 것은 대단한 발전이라 하겠으나, (6)ㅂ도 (5)ㅂ과 마찬가지로 명사 파생법에서 덜어내어야 하는 것이다.

이와 같이 주시경의 『말』과 『국어문법』에 나타나는 명사 파생법을 보면, 『말』에서 의식하여 『국어문법』에 그대로 계승·발전시켰는데, (5)ㄱ～(5)ㄹ과 (6)ㄱ～(6)ㄹ은 모두 동사나 형용사(어간)에 파생접미사로 의식한 {-ㅁ/-음, -지, -기, -이, -에, -엄, -애, -아/-아지}가 결합되면 명사가 파생되는 것으로 의식한 것인데, 이는 파생접미사와 굴곡접미사를 구분하지 않고 모두 파생접미사로 의식한 데서 비롯된 것이고, (5)ㅁ과 (6)ㅁ과 같은 것을 파생명사를 의식한 것은 대단한 탁견이다. 그러나 (5)ㅂ, (6)ㅂ과 같은 파생명사의 의식은 이은말을 한 낱말로 의식한 것으로 <이것, 그것, 저것>을 제외하고는 명사 파생법의 범주에서 덜어내어야 하는 것이다. 그렇지만 (5)ㅂ과 (6)ㅂ에서는 처음으로 조어법의 하나인 합성법 의식이 나타나게 되었다는 것을 짐작할 수 있다.

2.1.2. 형용사 파생법

『말』에 나타나는 형용사(<형용) 파생법에 대해서는 먼저 "언체의 변법" 단원(30ㄴ)에서 형용사 파생법을 <형용되게 ᄒ는 것>이라 뜻매김 하고, 여기에는 <명본형용> 하나가 있음을 보였고, 또 "특별변법" 단원(31ㄴ)에서는 형용사 파생법에 <형본명본반격4)형용>을 설명하고, 설명은 없지만

---

4) 反格이란 것은 한 長語의 主者가 他主者보다 특별ᄒ 成格(行動이나 事情)을 가진 것이

추가로 <형본명본동의[5] 형용, 형본명본독의[6] 형용>이 있음을 보이고 있다.

이제 『말』에 나타나는 형용사 파생법에 대한 내용을 간추려 보이면 다음과 같다.

> (7) 형용되게 ᄒ는 것
> ㄱ. 명본형용~명호를 형본되게 ᄒ는 것
> <보기> ① 정ᄒ / ② 해롭, 고롭 / ③ 사람스럽 / ④ 사람답
> ㄴ. 형본명본반격형용
> <보기> 크기는ᄒ, 검기는ᄒ, 정ᄒ기는ᄒ
> ㄷ. 형본명본동의형용
> <보기> 크기도ᄒ, 검기도ᄒ, 정ᄒ기도ᄒ
> ㄹ. 형본명본독의형용
> <보기> 크기만ᄒ, 검기만ᄒ, 정ᄒ기만ᄒ
>
> (『말』: 30ㄴ, 31ㄴ)

(7)ㄱ은 명사를 형용사 되게 하는 것이므로 이는 명사 또는 명사로 의식한 한자음에 형용사 파생접미사로 의식한 {-ᄒ, -롭, -스럽, -답}이 결합하여 형용사가 파생된 것을 의식한 것이다. 이때 명사를 형용사로 만들어 주는 파생접미사 {-ᄒ, -롭, -스럽, -답}의 설정은 대단한 탁견이라 할 수 있다. (7)ㄴ은 형용사로 의식한 <크, 검, 정ᄒ>에 명사 파생접미사 {-기}가 결합하여 파생된 명사인 <크기, 검기, 정ᄒ기>에다가 어떤 것이

나 한 長語의 物者가 특별ᄒ 행동을 받는 것이니라.
<보기> 는, 은-나는 간다. 말은 달린다(주시경, 1908 : 83ㄱ)
이것은 『우리말본』에서 어떤 것이 다른 것하고 서로 다름을 보이는 다른 도움토(相異補助詞)에 해당하는 것이다.

5) 同格이란 한 長語의 主者가 他主者와 相同ᄒ 成格(行動과 事情)을 가진 것이나 한 長語의 物者가 他主者의 相同ᄒ 成格(행동이나 사정)을 받는 것이니라.
<보기> 도-나도 간다. 그 사람도 간다. 떡도 먹겠다(주시경, 1908 : 83ㄴ)
이것은 『우리말본』에서 이것이 저것과 한가지임을 보이는 도움토(한가지 도움토, 同一補助詞)에 해당하는 것이다.

6) 주시경(1908)에서는 설명이 없지만 『우리말본』에서 다른 것은 그러하지 아니한데, 이것만 이 홀로 그러함을 보이는 도움토인 홀로도움토(單獨補助詞)에 해당하는 것이다.

다른 것하고 서로 다름을 보이는 다른도움토(相異補助詞)인 {-는}이 결합하고 여기에 다시 파생접미사로 의식한 {-ㅎ}가 결합되어 파생된 <크기는ㅎ, 검기는ㅎ, 정ㅎ기는ㅎ> 등을 형용사(<형본)로 처리한 것이고, (7)ㄷ도 {-기}가 결합하여 파생된 명사에 이것이 저것과 한가지임을 보이는 한가지도움토(同一補助詞)인 {-도}가 결합한 것에 다시 {-ㅎ}가 결합되어 파생된 <크기도ㅎ, 검기도ㅎ, 정ㅎ기도ㅎ> 등을 형용사로 처리한 것이고, (7)ㄹ도 역시 형용사에서 파생된 명사에다 다른 것은 그러하지 아니한데, 이것만이 홀로 그러함을 보이는 홀로도움토(單獨補助詞)인 {-만}이 결합한 것에 다시 {-ㅎ}가 결합되어 파생된 <크기만ㅎ, 검기만ㅎ, 정ㅎ기만ㅎ> 등을 형용사로 처리한 것이다.

그러나 (7)ㄴ, ㄷ, ㄹ은 모두 형용사에다 파생접미사와 파생접미사 사이에 조사인 {-는, -도, -만}이 들어간 형태인 {-기는ㅎ, -기도ㅎ, -기만ㅎ}를 파생접미사의 겹침으로 의식하여 이들이 결합하여 파생된<크기는ㅎ, 검기는ㅎ, 정ㅎ기는ㅎ / 크기도ㅎ, 검기도ㅎ, 정ㅎ기도ㅎ / 크기만ㅎ, 검기만ㅎ, 정ㅎ기만ㅎ> 등을 모두 파생형용사로 처리한 것이다. 이것은 형태소 분석의 잘못에서 비롯된 것으로 한 낱말로 처리될 수 없는 것들이다. 그리고 이때 {-ㅎ}는 파생접미사가 아니고, 보조형용사로 처리하는 것이 옳다고 하겠다.

그러므로『말』에 나타나는 형용사 파생법은 (7)ㄱ과 같이 명사 또는 명사로 의식한 한자음에 파생접미사로 의식한 {-ㅎ, -롭, -스럽, -답}이 결합되어 형용사로 파생된 것만이 해당된다고 하겠다.

다음은『국어문법』에 나타나는 형용사 파생법을 살펴보면, "기 몸박굼" 단원(103)에서 형용사 파생법을 <엇몸이 되게 하는 것>이라 뜻매김을 하고, 여기에는 <① 임본엇> 하나가 있음을 보였고, "기 몸박굼에 특별함"(105)에서는 몇 개의 <보기말>을 보이고 형용사 파생법을 설명하였는데, 이것을 정리해 보면, <① 엇임(겻)본엇, ② 엇억(겻)본엇>의 2가지가 있음을 알 수 있다.

이제『국어문법』의 "기 몸박굼" 단원과 "기 몸박굼에 특별함"에 나타나는 형용사 파생법 3가지를 간추려 보이면 다음과 같다.

(8) 엇몸되게 하는 것.
　　ㄱ. 임본엇~임몸을 엇몸되게 하는 것(필자보충).
　　　　<보기> ① 정(精)하/ (알이) ② 해롭, ③ 사람스럽, ④ 사람답,
　　　　　　⑤ 먹음직하, 쓸만하
　　ㄴ. 엇임(겻)본엇
　　　　<보기> 크기는하, 크기도하, 크기야하, 크기만하, 정하기는하
　　ㄷ. 엇억(겻)본엇
　　　　<보기> 크게는하, 크게도하, 크게야하, 크게를하, 크게만하, 정하
　　　　　　게만하

(『국어문법』: 103, 105)

(8)의 형용사 파생법을 살펴보면, (8)ㄱ은 (7)ㄱ을 그대로 계승한 것인데, 다만 (알이)의 <⑤ 먹음직하, 쓸만하>가 첨가되어 있을 뿐이다. 주시경은 (8)ㄱ의 ⑤에 대해서는 길어서 설명하지는 않지만 둘 다 엇몸(>형용사)으로 쓰이는 것이라 하였다. 이 ⑤의 <보기말>을 살펴보면, 먼저 "먹음직하"는 자음으로 끝나는 동사의 어간인 {먹-}에 {-음직하}라는 접미사가 결합되어 <그럴만한 특이성이 꽤 있음을 나타내는 말>로 이것을 형용사로 처리한 것이고, 또 "쓸만하"는 동사의 관형사형 {쓸-}에 의존명사인 <만>과 접미사 {-하}가 함께 쓰이어 <그렇게 할 값어치가 있음을 나타내는 말>로 이것도 형용사로 처리한 것인데, 이 둘을 명사에서 파생된 형용사로 처리한 것은 파생법의 겹침을 의식한 것이다. 그 외 (8)ㄴ, ㄷ도 (7)ㄴ, ㄷ, ㄹ을 계승한 것이다. 다만 (8)ㄴ은 엇몸(>형용사) <크>에 명사 파생접미사인 {-기}를 더하여 임몸(>명사)인 <크기>를 만들고, 다시 겻기(>조사)인 {-는}을 더하여 한 임이듬(>명사마디 또는 임자마디)인 <크기는>을 이루어 여기에 다시 {-하}를 더하여 엇몸(>형용사) <크기는하>가 되게 한 것이고, (8)ㄷ은 역시 엇몸 <크>에 부사 파생접미사로 의식한 {-게}를 더

하여 억몸(>부사)인 <크게>를 만들고, 다시 겻기인 {-는}을 더하여 억몸
인 <크게는>을 이루어 여기에 다시 {-하}를 더하여 한 엇몸인 <크게는
하>가 되게 한 것이다. (8)ㄴ, ㄷ에서도 (7)ㄴ, ㄷ, ㄹ에서와 마찬가지로 형
용사에 파생접미사와 파생접미사 사이에 조사인 {-는, -도, -야, -만, -를}이
들어간 형태인 {-기는하, -기도하, -기야하, -기만하/ -게는하, -게도하,
-게야하, -게를하, -게만하}를 파생접미사의 겹침으로 의식하여 이들이
형용사 어간에 결합한 것을 모두 파생형용사로 처리한 것인데, 이것도 형
태소 분석의 잘못에서 비롯된 것으로 끝에 결합된 {-하}는 파생접미사가
아니고, 역시 도움형용사로 처리하는 것이 옳다고 하겠다.

그러므로 『국어문법』에 나타나는 형용사 파생법도 (7)ㄱ을 그대로 계
승한 (8)ㄱ만이 형용사 파생법에 해당되고, 나머지는 모두 형용사 파생법
에서 덜어내어야 할 것들이다.

2.1.3. 동사 파생법

주시경의 『말』에 나타나는 동사(<동작) 파생법에 대해서는 "언체의 변
법" 단원(30ㄴ~31ㄴ)에서 동사 파생법을 <동작되게 흐는 것>이라 뜻매김
하고, 여기에는 <① 명본동작, ② 원형성본동작, ③ 동본형성본동작, ④
형본형성본동작, ⑤ 명본동본형성본동작, ⑥ 명본형본형성본동작>의 6가
지 방법이 있음을 보였고, 또 "특별변법"의 단원(32ㄱ)에서도 동사 파생 방
법에 대한 설명도 없이 <동본명본반격동작>이 있음을 보였는데, 다시 본
문에 추가하는 항목에서 <동본명본동의동작>이 하나 더 있음을 보이고
있다.

이제 『말』에 나타나는 동사 파생법에 대한 내용을 간추려 정리해 보이
면 다음과 같다.

(9) 동작되게 ᄒ는 것
  ㄱ. 명본동작~명호를 동작되게 ᄒ는 것
    <보기> 일ᄒ, 말ᄒ, 나무ᄒ, 힝(行)ᄒ
  ㄴ. 원형성7)본동작~원형성을 동작되게 ᄒ는 것
    <보기> 더ᄒ, 다ᄒ, 잘ᄒ, 못ᄒ
  ㄷ. 동본형성본동작~동본이 형성된 것을 다시 동작되게 ᄒ는 것
    <보기> 자게ᄒ
  ㄹ. 형본형성본동작~형본이 형성체 된 것을 다시 동작되게 ᄒ는 것
    <보기> 희게ᄒ
  ㅁ. 명본동본형성본동작~명호가 동작된 것을 다시 형성되게 ᄒ고 이
                것을 ᄯ다시 동작되게 ᄒ는 것
    <보기> 일ᄒ게ᄒ, 홍ᄒ게ᄒ
  ㅂ. 명본형본형성본동작~명호가 형용된 것을 다시 형성되게 ᄒ고 이
                것을 ᄯ다시 동작되게 ᄒ는 것
    <보기> 정(精)ᄒ게ᄒ
  ㅅ. 동본명본반격동작
    <보기> 보기는ᄒ, 먹기는ᄒ
  ㅇ. 동본명본동의동작
    <보기> 보기도ᄒ, 먹기도ᄒ

                        (『말』 : 30ㄴ~31ㄴ, 32ㄱ)

(9)의 동사 파생법을 살펴보면, (9)ㄱ은 명사를 동사 되게 하는 것이라 하였는데, 이것은 명사 또는 명사로 의식한 한자말 <일, 말, 나무, 힝(行)> 등에다 파생접미사로 의식한 {-ᄒ}가 결합되어 동사 <일ᄒ, 말ᄒ, 나무ᄒ, 힝ᄒ> 등이 파생되었음을 보인 것이고, (9)ㄴ은 본디부사를 동사 되게 하는 것이라 하였으므로 이는 본디부사로 의식한 <더, 다, 잘, 못> 에다 역시 파생접미사로 의식한 {-ᄒ}가 결합되어 동사 <더ᄒ, 다ᄒ, 잘ᄒ, 못ᄒ>가 파생되었음을 보인 것이다. (9)ㄷ, ㄹ은 동사 또는 형용사가

---

7) 形成은 즉 形動이오, 原字의 뜻은 그 本体가 원래 形成字요, 他体字가 변ᄒ어 形成体字가 된 것이 안이라 홈이라(주시경, 1908 : 30ㄴ)하였으므로 이는 "본디부사"를 가리키는 말이다.

각각 부사로 파생되었다가 다시 동사로 파생되는 과정을 보인 것이다. 즉 동사 <자> 또는 형용사 <희>에 각각 부사를 만들어 주는 파생접미사로 의식한 {-게}가 결합되어 부사로 의식한 <자게, 희게>가 파생되고 여기에 다시 파생접미사로 의식한 {-ㅎ}가 결합되어 동사 <자게ㅎ, 희게ㅎ>가 파생되었음을 보인 것으로 이는 동사 파생법에서 파생접미사 두 개가 겹침을 의식한 것이다. 또 (9)ㅁ, ㅂ은 명사에서 동사 또는 형용사로 파생되었다가 다시 부사로 파생되고, 이것이 또다시 동사로 파생되는 과정을 보인 것이다. 즉 명사 <일, 홍, 정>에다 파생접미사로 의식한 {-ㅎ}가 결합되어 동사·형용사인 <일ㅎ, 홍ㅎ / 정ㅎ>가 파생되고, 여기에 다시 부사 파생접미사로 의식한 {-게}가 결합되어 <일ㅎ게, 홍ㅎ게, 정ㅎ게>와 같은 부사가 파생된 것에 또다시 파생접미사 {-ㅎ}가 결합되어 동사 <일ㅎ게ㅎ, 홍ㅎ게ㅎ, 정ㅎ게ㅎ>가 각각 파생된 것으로 의식한 것이다. 이것은 주시경의 이론대로라면 파생접미사 세 개가 겹쳐진 {-ㅎ게ㅎ}가 결합되어 파생된 낱말이지만 이것을 한 낱말로 처리하기는 어렵다고 하겠다. 오늘날은 이것을 <일ㅎ게 ㅎ, 홍ㅎ게 ㅎ, 정ㅎ게 ㅎ>와 같이 처리하여 뒤에 오는 {ㅎ}는 보조동사로 처리하는 것이 일반적이다. 그리고 (9)ㅅ, ㅇ은 뜻매김은 하지 않았지만 그 <보기말>을 보면, 동사가 명사로 파생된 것에 조사 {-는} 또는 {-도}가 각각 결합된 것에 다시 파생접미사 {-ㅎ}가 결합되어 동사가 파생되었음을 보인 것이다. 즉 동사 <보, 먹>에 명사 파생접미사 {-기}가 결합되어 명사 <보기, 먹기>가 파생된 것에 다시 어떤 것이 다른 것하고 서로 다름을 보이는 조사인 {-는}이나, 이것이 저것과 한가지임을 보이는 조사 {-도}가 결합한 것에 또다시 파생접미사 {-ㅎ}가 결합되어 <보기는ㅎ, 먹기는ㅎ / 보기도ㅎ, 먹기도ㅎ>와 같은 동사가 파생되었음을 의식한 것이다. 그러나 이것도 (9)ㅁ, ㅂ과 마찬가지로 한 낱말로 처리될 수 없는 것들이다.

　그러므로 주시경의 『말』에서 의식한 동사 파생법은, (9)ㄱ, ㄴ은 명사 또는 부사에 파생접미사로 의식한 {-ㅎ}가 결합되어 동사를 파생시킨 것이고 (9)ㄷ, ㄹ은 동사 또는 형용사에 파생접미사로 의식한 접미사가 두 개 겹쳐진 {-게ᄒ}가 결합되어 동사를 파생시킨 것이고, (9)ㅁ, ㅂ은 명사에 파생접미사로 의식한 접미사가 세 개 겹쳐진 {-ᄒ게ᄒ}가 결합되어 동사를 파생시킨 것이고, (9)ㅅ, ㅇ은 파생접미사 {-기}와 {-ᄒ} 사이에 조사 {-는, -도}가 들어간 {-기는ᄒ / -기도ᄒ}를 파생접미사의 겹침으로 의식하여 이들의 형태를 명사, 부사, 동사, 형용사 등에 결합시키면 동사가 파생되는 것으로 의식한 것이다.

이와 같이 주시경이『말』에서 {-ᄒ}를 파생접미사로 의식한 것은 탁견이라 하겠으나 {-게ᄒ, -ᄒ게ᄒ, -기는ᄒ, -기도ᄒ}와 같은 형태를 파생접미사로 의식한 것은 석연치 않는 처리이다. 여기서도 {-ᄒ}는 파생접미사가 아니고 보조동사 {ᄒ}로 처리하는 것이 옳다고 하겠다. 그러므로『말』에서 의식한 동사 파생방법 6가지 가운데서 (9)ㄱ과 (9)ㄴ을 제외하고는 동사 파생법으로 처리하기는 어렵다고 하겠다.

다음은『국어문법』에서 동사(<움기) 파생법에 대하여 의식한 것을 살펴보면, 세 군데에 나타난다.

먼저 "기 몸박굼" 단원(103~104)에서는 동사 파생법을 <움몸이 되게 하는 것>이라 뜻매김 하고, 여기에는 <① 임본움, ② 억본움, ③ 움억본움, ④ 엇억본움, ⑤ 임움억본움, ⑥ 임엇억본움>의 6가지 방법이 있음을 보였고, 또 "기 몸박굼에 특별함"(105)의 설명 가운데서 동사 파생법에 해당하는 <보기말>을 정리해 보면, <① 움임(겻)본움, ② 움억(겻)본움>의 2가지 방법이 있고, 그 외 ① "제움이 남움되게 하는 것"과 ② "남움이 제움되게 하는 것"(112~115) 등 동사 파생법은 모두 10가지가 나타나 있다. 이제 이것들을 간추려 보이면 다음과 같다.

    (10) 움몸되게 하는 것.
        ㄱ. 임본움~임몸을 움몸되게 하는 것.
            <보기> 일하, 말하, 나무하, 동(動)하

ㄴ. 억본움~억몸이 움몸되게 하는 것.
　　<보기> 더하, 다하, 잘하, 못하
ㄷ. 움억본움~움몸이 억몸되고, 다시 움몸되게 하는 것.
　　<보기> 자게하, 먹게하
ㄹ. 엇억본움~엇몸이 억몸되고, 다시 움몸되게 하는 것.
　　<보기> 히게하, 검게하
ㅁ. 임움억본움~임몸이 움몸되고, 다시 억몸되고, 다시 움몸되는 것.
　　<보기> 일하게하, 동(動)하게하
ㅂ. 임엇억본움~임몸이 엇몸되고, 다시 억몸되고, 다시 움몸되는
　　　　　　것.(뜻매김은 필자가 보충한 것임)
　　<보기> 정(精)하게하
ㅅ. 움임(겻)본움8)
　　<보기> 보기는하, 보기도하, 보기야하, 보기만하/ 동하기는하
ㅇ. 움억(겻)본움
　　<보기> 가게는하, 가게도하, 가게야하, 가게만하, 가게를하/ 동
　　　　　하게를하
ㅈ. 제움이 남움되게 하는 것.
　　<보기> 줄이(줄어지), 돌이, 돋우(돋아지), 없어지, 없이하, 일
　　　　　우(일어나), 걷우(걷어지), 묵히
ㅊ. 남움이 제움되게 하는 것.
　　<보기> 쓰이, 걸이(걺이, 걸리, 걸니, 걸이어지), 옆이, 접히(접
　　　　　히어지), 잡히, 막히, 감기(감기어지), 넘기, 먹히
　　　　　　　　　　　(『국어문법』: 103~104, 105, 112~115)

　　(10)의 동사 파생법을 살펴보면, (10)ㄱ~(10)ㅅ에서 보인 동사 파생
법은 (9)ㄱ~(9)ㅇ을 그대로 계승한 것이다. 다만 (10)ㅅ, ㅇ은 "기 몸박
굼 특별함"에 나타나는 것으로 그 뜻매김은 하지 않고 <보기말>만 보이고
풀이하였다. 이들을 살펴보면, (10)ㅅ은 동사가 명사로 파생된 것에 조사
가 결합되고 다시 동사가 파생되었음을 보인 것이다. 즉 동사 <보, 동하>

---

8) (10)ㅅ, ㅇ은 <보기말>만 나타나 있는 것을 필자가 보충한 것이다.

에 명사 파생접미사 {-기}가 결합되어 명사인 <보기, 동하기>가 파생된 것에 다시 조사가 결합되어 임이듬(명사구)인 <보기는, 보기도, 보기야, 보기만/ 동하기는>으로 되었다가 여기에 다시 동사 파생접미사 {-하}가 결합되어 <보기는하, 보기도하, 보기야하, 보기만하 / 동하기는하>와 같은 동사가 파생된 것으로 의식한 것이고, (10)ㅇ은 동사가 부사로 파생된 것에 조사가 결합되고 다시 동사가 파생되었음을 보인 것이다. 즉 동사 <가, 동하>에 부사 파생접미사로 의식한 {-게}가 결합되어 부사 <가게, 동하게>가 파생된 것에 조사가 결합된 부사인 <가게는, 가게도, 가게야, 가게만, 가게를 / 동하게를>으로 되었다가 여기에 다시 동사 파생접미사 {-하}가 결합되어 <가게는하, 가게도하, 가게야하, 가게만하, 가게를하 / 동하게를하>와 같은 동사가 파생되었음을 보인 것이다. 이 (10)ㅅ, ㅇ도 형태론에서는 한 낱말로 처리될 수 없는 것들이다.

(10)ㅈ, ㅊ은 자동사가 타동사로 또는 타동사가 자동사로 바뀌어 쓰이는 경우 이들을 모두 파생어로 처리한 것으로 이는 국어문법 연구사에서 처음으로 의식된 것이다.

(10)ㅈ은 자동사의 어간 {줄-, 돌-, 돈-, 일-, 걷-, 묵-}에 사동(하임)의 접미사 {-이, -우, -히}가 연결되어 타동사 <줄이, 돌이, 돈우, 일우, 걷우, 묵히>가 파생되었음을 보인 것이고, (10)ㅊ은 타동사의 어간 {쓰-, 걸-, 엎-, 접-, 잡-, 막-, 감-, 넘-, 먹-}에 피동(입음)의 접미사 {-이, -히, -기}가 연결되어 자동사 <쓰이, 걸이, 엎이, 접히, 잡히, 막히, 감기, 넘기, 먹히>가 파생되었음을 보인 것이다. 여기서 주시경은 사동과 피동의 접미사를 굴곡접미사로 다루지 않고, 파생접미사로 의식한 것인데, 이는 대단한 탁견으로 국어문법 연구사에서 처음 있는 일이다. 이로 인하여 최현배(1937 : 535~573)와 허웅(1983 : 138~141)에서 이들을 모두 파생접미사로 처리하게 된 것이다.

그리고 자동사(제움직씨)에 피동보조동사(입음도움움직씨) <지다>가 연결된 <줄어지, 돈아지, 없어지> 따위 <보기말>을 보이고, <줄, 돈, 없>과 한가지로 쓰임이라고 한 것은 여전히 자동사로 쓰인 것으로 풀이되며, 자동사에 끝남보조동사 <나다>가 연결된 <일어나> 따위의 <보기말>들을 보이고 <일>과 한가지로 쓰임이라고 풀이한 것은 여전히 자동사로 쓰인 것으로 풀이된다(김계곤, 1988 : 65)고 하여 주시경은 자동사와 타동사의 쓰임에 대하여 분명하게 풀이하고 있음을 알 수 있다.

그러므로『국어문법』에서도 동사 파생법은『말』에서와 같이 (10)ㄱ, ㄴ은 명사 또는 부사에 동사 파생접미사로 의식한 {-하}가 결합되어 동사를 파생시킨 것이고, (10)ㄷ, ㄹ은 동사 또는 형용사에 파생접미사로 의식한 접미사 두 개 겹쳐진 {-게하}가 결합되어 동사를 파생시킨 것이고, (10)ㅁ,ㅂ은 명사에 파생접미사로 의식한 접미사 세 개가 겹쳐진 {-하게하}가 결합되어 역시 동사를 파생시킨 것으로 의식하였고, (10)ㅅ, ㅇ은 파생접미사로 의식한 {-기} 또는 {-게}와 {-하} 사이에 조사 {-는, -도, -야, -만, -를}이 들어간 형태인 {-기는하, -기도하, -기야하, -기만하/ -게는하, -게도하, -게야하, -게만하, -게를하}를 모두 파생접미사의 겹침으로 의식하여 이들이 동사에 결합하면 새로운 동사가 파생되는 것으로 의식한 것이다. 그리고 (10)ㅈ, ㅊ은 자동사가 타동사로, 타동사가 자동사로 되는 것을 동사 파생법으로 처리한 것인데 이는 대단한 탁견이라 하겠다.

결국『국어문법』에서의 동사 파생법은 (10)ㄱ, ㄴ, ㅈ, ㅊ만이 해당된다고 하겠는데, (10)ㄱ, ㄴ은 이미『말』에서 의식한 동사 파생법 (9)ㄱ, ㄴ을 그대로 계승한 것이지만, (10)ㅈ, ㅊ을 동사 파생법으로 처리한 것은 국어문법 연구사에서 처음 있는 일로 높이 평가되어야 할 대목이다.

2.1.4. 관형사 파생법

『말』에서의 관형사(<형명) 파생법에 대해서는 "특별변법" 단원(33ㄱ~58ㄴ)에서만 나타나는데, 여기서는 관형사를 만드는 원칙을 "국어에 엇던 형명이던지 아래 명호와 연발치 안코 다 쩨어ㄴ니라"고 하였다. 이 말은 관

형사는 다음에 오는 명사와 구별하여 발음한다는 뜻이 되겠다. 이 원칙에 따라 관형사 파생법은 <형명되게 ᄒ는 것>이라 뜻매김 하고 크게 <① 명본형명, ② 형본형명, ③ 동본형명>의 3가지가 있음을 의식하고 많은 <보기말>을 보인 후 그 <보기말> 하나하나에 대하여 설명을 덧붙였다.

　이제『말』에 나타나는 관형사 파생법에 해당하는 내용을 간추려 정리해 보이면 다음과 같다.

　　(11) 형명되게 ᄒ는 것
　　　ㄱ. 명본형명~명호를 형명되게 ᄒ는 것
　　　　<보기> ① 면쥬옷, 모시옷, 면쥬이불, 베이불, 부모옷, ᄋ히옷, 오리알, 비단옷, 물오리, 솜옷,겹옷, 셔양목옷, 강오리, 대간, 배나무, 가루되, 새무리
　　　　　　　② 고깃국, 어젯날, 벼룻돌, 경줓리씨, 벼룻물, 햇빛, 벼룻상, 벼룻집 / 산ㅅ골, 연ㅅ달, 촌ㅅ닭, 산ㅅ봉우리, 보션ㅅ솜, 밀ㅅ가루, 이불ㅅ보
　　　　　　　③ 나의붓, 학싱의책 / 광에쥐, 눈에약
　　　　　　　④ 암ㅎ개, 수ㅎ개, 암ㅎ닭, 수ㅎ닭
　　　　　　　⑤ 물ㄹ양푼, 돌ㄹ역ㅅ, 털ㄹ요, 박달ㄹ윷, 가을ㄹ일…… / 부억ㄴ일, 비단ㄴ이불, 솜ㄴ이불, 겹ㄴ이불, 갓ㄴ일, 방ㄴ일, 눈ㄴ약, 쩍ㄴ양푼, 담ㄴ약, 밥ㄴ양푼, 젓ㄴ약, 쟝ㄴ양품
　　　　　　　⑥ 범굍은쟝ㅅ
　　　ㄴ. 형본형명~형본을 형명되게 ᄒ는 것
　　　　<보기> ① 흰옷, 검은옷
　　　　　　　② 기ㄴ대
　　　　　　　③ 가벼은옷, 더은물
　　　　　　　④ 흰엿(흰녓), 검은엿(검은녓), 큰양푼(큰냥푼), 넓은요(넓은뇨), 적은윳(적은늇), 큰이불(큰니불)
　　　　　　　⑤ 찰때, 맑을때, 길때, 츱을때
　　　　　　　⑥ 찰한, 검을현, 달감, 멀원
　　　　　　　⑦ 깃부던마음, 깃부엇을마음

        ⑧ 길이
    ㄷ. 동본형명~동본을 형명되게 ᄒᆞ는 것
        <보기> ① 간사람, 사는사람, 갈사람, 먹은사람, 먹는사람, 파
            ㄴ물건, 파는물건, 팔물건, 들은말
           ② 갈째, 먹을째, 갈째9) / 누은ᄋᆞ히, 누을ᄋᆞ히(예외 : 접
            은조희, 눕은ᄋᆞ히)
           ③ 깨어진양푼, 닦은양푼
           ④ 가던사람, 먹던사람, 갈앗던칼
           ⑤ 열쇠, 막말
           ⑥ 갈거, 먹을식, 팔믹, 열기

                        (『말』 : 33ㄱ~58ㄴ)

(11)ㄱ은 명사를 관형사 되게 하는 것인데, 이것은 명사(<명호) 두 개가 연이어 놓이면 앞에 놓인 명사는 뒤에 놓인 명사를 꾸며주는 관형사(관형어)가 된다고 의식한 것인데, 그 <보기말>을 필자가 6가지로 분류하여 간추려 보인 것이다.

(11)ㄱ의 ①은 '명사1＋{ø}＋명사2'의 구조로 된 낱말인데, 이때 앞에 놓인 '명사1'은 변체되는 표 없이 뒤에 놓인 '명사2'의 관형어 노릇한다는 것이다. 이는 앞에 놓인 '명사1＋{ø}'가 매김말이 되어 뒤에 놓인 '명사2'를 꾸며주는 구실을 하기 때문에 '명사1'를 관형사(<형명)로 처리한 것인데, 이것은 '명사1＋명사2'의 구조로 이루어진 합성어를 주시경은 의식하지 못하고 앞의 '명사1'을 관형사로 처리한 것이다. ②는 '명사1＋{ㅅ}＋명사2' 구조의 합성어와 '명사1＋〔ㅅ〕＋명사2' 구조의 합성어를 발음할 때 '명사2'의 첫소리가 된소리가 남을 의식하여 {ㅅ}이 첨가되는 구조로 의식하여 '명사1＋{ㅅ}'과 '명사1'이 각각 관형사가 된 것으로 의식한 것인데, ②에서도 합성어를 의식하지 못하고 '명사1'과 '명사2'를 분리한다는 원칙을 적용한 것으로 잘된 처리로 보기는 어렵다고 하겠다. 또 ③은 '명사1＋{의/

---

9) ②의 <보기말>에서 앞의 "갈째"는 기본형이 '가다'이고, 뒤의 "갈째"는 기본형이 '갈다'이다.

에}＋명사2'의 구조에서 앞의 '명사1＋{의/에}'를 한 낱말로 처리하여 관형사(＜형명)가 된 것으로 의식한 것인데, 이것은 문장에서 관형어(매김말)로 쓰이는 '명사＋조사(의)'의 구조로 된 어절과 문장에서 부사어(어찌말)로 쓰이는 '명사＋조사(에)'의 구조로 된 어절을 한 낱말로 처리한 것으로 이것은 품사분류(씨가름)의 잘못에서 비롯된 것이다. ④는 '명사1＋{ㅎ}＋명사2' 구조로 된 합성어에서 앞의 '명사1＋{ㅎ}'은 옛말에서 체언(임자씨) 아래에 나타나는 "ㅎ"을 앞의 체언과 묶어서 관형사로 처리한 것이고, ⑤는 '명사1＋명사2' 구조로 된 합성어인데, 이것들을 발음할 때에는 '명사1＋〔ㄹ/ㄴ〕＋명사2'의 구조가 되어 〔ㄹ〕 또는 〔ㄴ〕 소리가 덧나는 것으로, 이때 '명사1'을 관형사로 처리한 것이다. ⑥은 '명사＋{긑은}＋명사2'의 구조에서 앞의 '명사1＋{긑은}'의 구조가 관형어가 되어 뒤에 오는 '명사2'를 꾸며주는 관형사가 된다고 의식한 것인데, 여기서 '명사1＋{긑은}'은 한 낱말이 될 수 없는 것이다.

　이처럼 (11)ㄱ의 ＜보기말＞로 보인 것 중에서 ①, ②, ④, ⑤는 모두 '명사1＋명사2'의 구조로 된 합성어이고, ③, ⑥은 '명사1＋조사＋명사2'의 구조로 된 말이므로 '명사1＋조사'의 구조는 한 낱말로 처리하기 곤란한 것들이다. 그리고 주시경은 여기서 합성어를 합성어로 처리하지 않고 두 명사를 분리하여 앞의 명사를 모두 관형사(＜형명)로 처리한 것인데, 이것은 품사와 월성분을 혼돈한 데서 비롯된 것이라 하겠다.

　(11)ㄴ은 형용사가 관형사(＜형명)로 파생됨을 이르는 것이다. ①, ②, ③, ④, ⑧은 모두 '형용사＋{ø, -ㄴ/은}＋명사(또는 대명사)'의 구조로 되어 있는 말인데, 이때 {ø, -ㄴ/은}을 파생접미사로 의식하여 '형용사＋{ø, -ㄴ/은}'이 관형사(＜형명)로 파생됨을 보인 것이다. 즉 ①은 형용사의 어간(＜형본)인 ＜희, 검＞에 파생관형사를 만들어 주는 표로 의식한 {-ㄴ/은}이 결합한 꼴 ＜흰, 검은＞이 되어 뒤에 오는 명사인＜옷＞을 꾸며주는 관형사가 파생되는 것으로 의식한 것이고, ②는 형용사인 ＜길＞이 'ㄹ'로 끝났기 때문에 파생관형사를 만들어 주는 표 {-ㄴ}이 결합하면 그 'ㄹ'이 탈락한

꼴인 <긴>이 되어 뒤에 오는 명사 <대>를 꾸며주는 관형사가 파생되는 것으로 의식한 것이고, ③은 'ㅂ'으로 끝난 형용사 <가볍, 덥>이 형용사를 관형사로 만들어 주는 파생접미사로 의식한 {-은}이 결합되면 그 'ㅂ'은 발음되지 않고 <가벼은, 더은>이 되어 뒤에 오는 명사 <옷, 물>을 꾸며 주는 관형사가 파생된다는 것이고, ④는 형용사인 <희, 검, 크, 넓, 적, 크>에 역시 형용사를 파생관형사로 되게 하는 파생접미사로 의식한 {-ㄴ/ 은}이 결합되면 <흰, 검은, 큰, 넓은, 적은, 큰>이라는 관형사가 파생되어 뒤에 오는 명사인 <엿, 양푼, 요, 윷, 이불>을 꾸며주는 관형사가 되는데, 이때 파생관형사와 명사 사이에는 〔ㄴ〕 소리가 덧나서 〔흰녓, 검은녓, 큰 냥푼, 넓은뇨, 적은늇, 큰니불〕과 같이 소리가 남을 보인 것이다. ⑧은 'ㄹ' 로 끝난 형용사 <길>에 파생관형사로 만들어 주는 표 없이 그대로 관형 사가 되어 대명사로 의식한 <이>를 꾸며 준다는 것이다. 그러나 이것은 뒤에 오는 {-이}를 파생접미사로 처리하여 파생명사인 <길이>로 처리하 는 것이 옳다고 하겠다. 또 ⑤는 '형용사+{ø, -을}+명사'의 구조로 되어 있 는 낱말들인데, 이때 {ø, -을}을 파생접미사로 의식하여 '형용사+{ø, -을}' 이 관형사가 됨을 보인 것으로, 형용사인 <찰, 맑, 길, 춥>에 {ø, -을}이 결합되어 파생관형사인 <찰ø, 맑을, 길ø, 춥을>이 되어 뒤에 오는 시간을 나타내는 명사인 <때>를 꾸며주는 관형사가 된다는 것이다. ⑥은 '형용사 +{ø, -ㄹ/을}+명사'의 구조로 된 말인데, 한자를 읽을 때 그 '훈'에 해당 하는 것을 형용사로 의식하여 <차, 검, 달, 멀>에 파생접미사로 의식한 {ø, -ㄹ/을}이 결합되어 관형사인 <찰, 검을, 달ø, 멀ø>이 파생되어 뒤에 오는 명사로 의식한 한자음 <한, 현, 감, 원>을 꾸며주는 것을 보인 것이 고, ⑦은 '형용사+{-던, -엇을}+명사'의 구조로 된 말인데, 이 {-던, -엇 을}을 형용사가 과거, 현재시간 또는 가상의 파생관형사로 되게 하는 파 생접미사로 의식하여 '형용사+{-던, -엇을}'이 파생관형사가 됨을 보인 것으로, 형용사 <깃부>에 {-던, -엇을}이 결합한 꼴 <깃부던, 깃부엇을> 이 관형사가 되어 뒤에 오는 명사인 <마음>을 꾸며주는 것으로 의식한 것이다.

　이와 같이 (11)ㄴ의 <보기말>구조는 '형용사＋{ø, -ㄴ/은, -을, -던, -엇을}＋명사'로 되어 있는데, 이때 '형용사＋{ø, -ㄴ/은, -을, -던, -엇을}'의 꼴이 파생관형사가 되어 뒤에 오는 명사를 꾸며준다고 의식한 것이다. 여기서 주시경은 {ø, -ㄴ/은, -을, -던, -엇을}을 형용사를 관형사로 만들어주는 파생접미사로 의식한 것은 굴곡접미사와 파생접미사를 구분하지 않고 모두 파생접미사로 의식한 데서 비롯된 것인데, 이것은 그의 문법체계 안에서는 탁견이라 할 수 있으며, 또 이들이 결합한 꼴을 관형사로 의식한 것은 품사분류(씨가름)의 기반을 구실에 두었기 때문이다. 그리고 이런 말들을 관형사로 의식하여 우리말에 '관형사(<형명)'을 독립된 품사로 설정한 것은 우리말의 특질을 잘 살핀 것으로 국어문법 연구사에서 처음 있는 일이었다.

　(11)ㄷ은 동사가 관형사(<형명)로 파생되는 것을 보인 것인데, <보기말>의 ①, ②, ③, ⑥은 모두 '동사＋{ø, -ㄴ/은/는, -ㄹ/을}＋명사'의 구조로 되어 있는 말이다. 주시경은 동사에 파생접미사로 의식한 {ø, -ㄴ/은/는, -ㄹ/을}이 결합되어 모두 관형사가 파생됨을 보인 것이다. 즉, ①은 동사인 <가, 먹, 팔, 들(들)>에 시간을 겸하여 설명하여 파생관형사 되게 하는 표인 {-ㄴ/은/는, -ㄹ}이 결합되어 파생관형사인 <간, 갈, 가는 / 먹은, 먹는 / 판, 파는, 팔 / 들은>이 파생되어 뒤에 오는 명사인 <사람, 물건, 말>을 꾸며주는 관형사가 된 것이고, ②는 동사 <가, 먹, 갈, 눕(누)>에 역시 파생접미사로 의식한 {ø, -은, -ㄹ/을}이 결합되어 파생관형사인 <갈, 먹을, 갈>이 파생되어 뒤에 오는 시간명사인 <째>와 명사인 <으희>를 꾸며주는 관형사가 됨을 보인 것이고, ③은 동사 <깨어지, 닦>에 과거 파생관형사가 되게 하는 표 {-ㄴ/은}이 결합되어 파생관형사인 <깨어진, 닦은>이 되어 뒤에 오는 명사인 <양푼>을 꾸며주는 관형사로 의식한 것이다. 또 ⑥은 한자를 읽을 때 그 '훈'에 해당하는 것을 동사로 의식하여 <가, 먹, 팔, 열>에 파생접미사로 의식한 {ø, -ㄹ/을}이 결합된 꼴인

<갈, 먹을, 팔, 열>을 파생관형사로 의식하여 뒤에 오는 명사로 의식한 한자음 <거, 식, 미, 기>를 꾸며주는 관형사가 됨을 보인 것이다. 그리고 ④는 '동사＋{-던, -앗을}＋명사'의 구조로 된 말인데, 동사 <가, 먹, 갈>에 과거 또는 가상의 파생관형사를 되게 하는 접미사인 {-던, -앗을}이 결합하여 파생관형사 <가던, 먹던, 갈앗던>이 되어 뒤에 오는 명사인 <사람, 칼>을 꾸며주는 관형사가 됨을 보인 것이고, ⑤는 '동사＋{ø}＋명사'의 구조로 된 말인데, 동사 <열, 막>이 파생관형사 되게 하는 표 없이 파생관형사인 <열ø, 막ø>이 되어 뒤에 오는 명사인 <쇠, 말>을 꾸며주는 관형사로 되는 것을 의식한 것이다.

이와 같이 (11)ㄷ에서 보인 <보기말>의 구조는 (11)ㄴ과 같은 구조인데 다만 '형본(>형용사)' 대신 '동본(>동사)'이 들어갔을 뿐이다.

여기서도 주시경은 파생접미사와 굴곡접미사를 구분하지 않고 모두 파생접미사로 의식하였다. 이와 같은 처리는 품사분류의 기반을 구실에 두고, 품사와 문장성분을 혼돈한 데서 비롯된 것이라 하겠다.

그 후 이 관형사(<언기) 파생법은 『국어문법』에 이르러서는 "기 몸박굼" 단원(106~110)에 나타나는데, 여기서도 관형사 파생법에는 <① 엇본언, ② 움본언, ③ 임본언>의 3가지 방법이 있음을 의식하고, 많은 <보기말>을 보인 후 그것을 하나하나 설명하였다. 이것을 간추려 보이면 다음과 같다.

(12) 언몸이 되게 하는 것.
    ㄱ. 엇본언~엇몸을 언몸되게 하는 것.
        <보기> ① 힌, 검은
             ② 깊대
             ③ 가볍은옷, 좁은길
             ④ 힌엿, 검은엿, 큰요, 넓은요, 큰이불, 큰양푼, 적은웃
             ⑤ 찰때, 맑을때, 깊때, 춥을때, 좁을때
             ⑥ 찰한(寒), 검을현(玄), 달감(甘), 멀원(遠), …… 가

                  볍을경(輕), 덥을열(熱)
        ⑦ 깃부던밤, 깃부엇을맘
ㄴ. 움본언~움몸을 언몸되게 하는 것.
    <보기> ① 가는, 간, 갈 / 먹는, 먹은, 먹을
        ② 갈때, 먹을때, 칼, 갈는소, 팔쌀 / 들온말, 눕은아기,
           눕을아기, 누은아기, …… 눈아기, 눌아기, 졉은조
           히, 짓은집, 지은집, …… 지을집, 질집
        ③ 솜둔요, 솜둔이불, 닦은양푼, 솜둘요, 솜둘이불
        ④ 가던사람, 가앗던, 갈앗던칼, 왓던사람, 왓엇던사람,
           가겟던(가랴는)
        ⑤ 열쇠
        ⑥ 갈경(耕), 갈거(去), 먹을식(食), 갈마(摩) ……
        ⑦ 가앗는, 씰엇엇는, 가겟는
ㄷ. 임본언~임몸이 언몸되게 하는 것.
    <보기> ① 모시옷, 면쥬옷, 면쥬이불, 베이불, 아기옷, 오리
           알,…… 강물, 콩밥, 콩쟝
        ② 고깃국, 벼룻돌, 벼룻상/ 산골, 연달, 산봉올이, 보
           션솜, 우산자루 …… 콩국, 쟝독, 총소리, 콩자루
        ③ 나의붓, 내붓/ 광에쥐
        ④ 암개, 암닭, 수개, 수닭
        ⑤ 흙일, 은일, 큰일, 비단이불, 솜이불, 겹이불, ……
           쟝작웃, 안셩유긔 / 물양푼, 돌역스, 털요, 박달웃,
           가을일
        ⑥ 범같은쟝수
        ⑦ 나아(我), 가막이오(鳥), 소우(牛), 귀이(耳), 풀무
           야(冶), …… 골현(縣), 범호(虎), 꽃화(花), 구멍혈
           (穴)

                                    (『국어문법』: 106~110)

 (12)에서 보인 <보기말>을 살펴보면, 『국어문법』에 나타나는 관형사
(<언기) 파생법인 (12)도 『말』에서 의식한 관형사(<형명) 파생법인 (11)을
설명하는 순서만 바꾸고 그대로 계승한 것임을 알 수 있다.

(12)ㄱ의 형용사를 관형사 되게 하는 것은 (11)ㄴ을 그대로 계승한 것인데, 다만 (11)ㄴ의 ⑧은 (12)ㄱ에서는 덜어 내었음을 알 수 있다. 이것은 (11)ㄴ에서 이미 밝힌 바와 같이 (11)ㄴ의 ⑧에서는 'ㄹ'로 끝난 형용사 <길>에 파생관형사로 만들어 주는 표 없이 그대로 관형사가 되어 뒤에 오는 대명사로 의식한 <이>를 꾸며준다고 하였는데, 이때 <이>를 대명사로 의식한 것에 수정을 가져온 것으로 보인다.

(12)ㄴ의 동사를 관형사 되게 하는 것은 (11)ㄷ을 그대로 계승하고, (12)ㄴ에서는 ⑦을 추가하였음을 알 수 있다. (12)ㄴ의 ⑦은 '동사+{-앗는, -엇엇는, -겟는}'의 구조로 된 말인데, 동사 <가, 씰>에 과거 또는 완료, 미래의 관형사형을 나타내주는 {-앗는, -엇엇는, -겟는}을 파생접미사로 의식하여 이들이 결합된 파생관형사 <가앗는, 씰엇엇는, 가겟는>이 되어 뒤에 오는 명사를 꾸며주는 관형사가 됨을 보인 것이다. 그러나 이것들을 파생관형사로 처리하기는 어려운 것이다.

(12)ㄷ의 명사가 관형사 되는 것은 (11)ㄱ을 계승한 것인데, 다만 (12)ㄷ에서는 ⑦의 <보기말>이 추가되었음을 알 수 있다. (12)ㄷ의 ⑦은 '명사1+{ø}+명사2'의 구조로 된 한자의 훈과 음을 나타낸 것인데, 앞의 한자 훈을 나타내는 '명사1+{ø}'을 관형사로 의식한 것이다. 즉 '명사1'로 의식한 한자 훈 <나, 가막이, 소, 귀, 풀무…… 골, 범, 꽃, 구멍>에 무형의 파생접미사(ø)가 결합되어 관형사 <나ø, 가막이ø, 소ø, 귀ø……꽃ø, 구멍ø>이 파생되어 뒤에 오는 "명사2'로 의식한 한자음 <아, 오, 우, 이, 야……현, 호, 화, 혈> 등을 꾸며주는 관형사가 된다는 것이다.

이와 같이 『국어문법』에서의 관형사 파생법의 <보기말>인 (12)ㄱ, ㄴ은 형용사와 동사의 굴곡현상을 인정하지 않았기 때문에 파생접미사와 굴곡접미사를 구분하지 않고 모두 파생접미사로 처리하였으며, 또한 품사와 문장성분을 혼돈한 데서 비롯된 것이고, (12)ㄷ은 '명사1'과 '명사2'의 결합을 합성법에 의한 합성어로 의식하지 않고, '명사1'에 무형의 접미사(ø)가 결합한 파생어로 의식한 것이다. 그러므로 주시경 문법에서 관형사 파생법은 오늘날의 형용사나 동사의 관형사형과 두 명사가 결합되어 합성어를 이룰 때 앞의 명사를 모두 관형사로 처리하는 데서 이루어진 것이다. 그러나 국어문법의 관형사 설정은 국어문법 연구사에서 높이 평가되고 있다.

2.1.5. 부사 파생법

『말』에서의 부사(<형성) 파생법도 관형사 파생법과 같이 "특별변법" 단원(59ㄱ~79ㄴ)에서만 나타나는데, 여기서 부사 파생법은 <형성되게 ᄒ는 것>이라 뜻매김 하고, 크게 <① 형본형성, ② 동본형성>의 2가지가 있음을 의식하고 많은 <보기말>을 보였는데, 이것을 간추려 정리해 보이면 다음과 같다.

> (13) 형성10)되게 ᄒ는 것
> ㄱ. 형본형성~형본이 형성체로 변ᄒ게 ᄒ는 것
>   <보기> ① 희게빨다. 검게칠ᄒ다, 흔ᄒ게쓰다, 빠르게가다, 달ᄒ게만들다, 이르게오다
>   ② 잘아못쓰겟다, 빠르어못짜르겟다, 이르어덜밝다, 달ᄒ어못쓰겟다, 곱ᄒ어못견듸겟다, 곱아사랑ᄒ다 / 비어가볍다, 낫아더빗사다, 옅어건느기쉽다, 낮아갑갑ᄒ다, 정ᄒ어좋다, 맑아좋다, 젊어힘세다
> ㄴ. 동본형성~동본이 형성체로 변ᄒ게 ᄒ는 것
>   <보기> ① 먹게만들다, 가게만들다, 오르게만들어라, 뚤ᄒ게갈아라, 구르게만들다, 좇게가르친다, 덮게만들어라, 쌓게지어라, 짞게갈아라, 읽에가만두어라, 밟게싸놓아라, 삶게넣어라
>   ② 돌아가다. 적어두겟다 가르어먹겟다, 두르어던져라, 짜르아간다, 이르어싸홧다, 뚤ᄒ어들어오게ᄒ여라,

---

10) 형성은 형동이니 장어식에 성자되는 형용과 동작을 형용ᄒ는 것이란 말이니라(말, 1908 : 59ㄱ) 하였으므로 이는 『우리말본』의 어찌씨(또는 어찌꼴)에 맞서는 말이라 하겠다.

> 돕아말혼다, 눕어잔다, 기어다닌다. 가아자겟다, 찾
> 아간다, 그리어붙엿다, 짓어팔겟다. 걸어온다, 서어
> 잇다, 얻어왓다, 좇아간다, 긁어왓다
>
> (『말』 : 59ㄱ~79ㄴ)

(13)ㄱ은 형용사에서 부사로 파생되는 것을 이르는 것으로 '형용사＋
{-게, -아/어}＋성자부(동작부, 형용부)'의 구조로 되어 있는 말인데, (13)ㄱ
의 ①은 간접(>씨끝)인 {-게}가 파생부사(<형성체) 되게 하는 표이므로, 형
용사(<형본)에 {-게}가 결합된 구조인 '형용사＋{-게}'가 부사로 된다는 것
이다. 즉 형용사인<희, 검, 흔흐, 빠르, 달흐, 이르>에 부사를 만들어 주
는 파생접미사로 의식한 {-게}가 결합되어 <희게, 검게, 흔흐게, 빠르게,
달흐게, 이르게>라는 파생부사가 되어 뒤에 오는 성자부(>서술어)인 <빨
다, 칠흐다, 쓰다, 가다, 만들다, 오다>를 꾸며주는 것으로 의식한 것인
데, 이것은 오늘날 형용사의 부사형으로 계승되었다. ②는 간접(>씨끝)인
{-아/어}가 파생부사(<형성체) 되게 하는 표이므로 형용사에 {-아/어}가
결합된 구조인 '형용사＋{-아/어}'가 역시 파생부사가 됨을 보인 것이다.
즉 형용사인 <잘, 빠르, 이르 …… 비, 낫, 옅…> 등에 부사를 만들어 주
는 파생접미사로 의식한 {-아/어}가 결합하여 <잘아, 빠르어, 이르어……
비어, 낫아, 옅어… > 등의 파생부사가 되어 뒤에 오는 서술어인 <못쓰겟
다, 못빠르겟다, 덜밝다… 가볍다, 더빗사다, 건느기쉽다 …> 등을 꾸며
주는 파생부사로 의식한 것이다.

(13)ㄴ은 동사에서 부사로 파생되는 것을 이르는 것으로 '동사＋{-게,
-아/어}＋성자부(동작부)'의 구조로 된 말인데, 간접(>씨끝)인 {-게, -아/어}
를 동사가 파생부사로 되게 하는 파생접미사로 의식한 것이다. (13)ㄴ의
①은 '동사＋{-게}'를 파생부사로 의식한 것인데, 동사인 <먹, 가, 오르,
뚫흐…> 등에 부사 파생접미사로 의식한 {-게}가 결합되어 <먹게, 가게,
오르게, 뚫흐게…> 등과 같은 부사가 파생되어 뒤에 오는 동사로 된 서술
어인 <만들다, 만들어라, 갈아라…> 등을 꾸며주는 부사가 된다는 것을

보인 것이다. 또 ②는 역시 동사에 부사 파생접미사로 의식한 {-아/어}가 결합된 '동사+{-아/어}'를 파생부사로 의식한 것인데, 동사인 <돌, 적, 가르, 두르, 따르…> 등에 부사 파생접미사로 의식한 {-아/어}가 결합된 <돌아, 적어, 가르어, 두르어, 따르어…> 등의 파생부사가 되어 뒤에 오는 동사 서술어 <가다, 두겟다. 먹겟다, 던져라, 간다…> 등을 꾸며주는 파생부사가 된다는 것을 보인 것이다.

그러므로 『말』에 나타나는 부사 파생법의 <보기말>인 (13)ㄱ, ㄴ은 용언의 어간에 파생접미사로 의식한 {-게, -아/어}가 결합되어 부사를 파생시킨 것으로 의식한 것이다. 이러한 것은 주시경이 용언의 활용(씨끝바꿈)을 의식하지 못하고 {-게, -아/어}를 파생접미사로 의식한 데서 비롯된 것이다. 이것은 오늘날 용언의 부사형으로 다듬어지게 되었다.

그 후 『국어문법』에 이르러서 부사(<억기) 파생법은 "기 몸박굼" 단원 (110~112)에 나타나는데, 여기서도 부사 파생법은 <① 엇본억, ② 움본억>의 2가지가 있음을 보이고 많은 <보기말>을 보였는데, 이것을 간추려 보이면 다음과 같다.

(14) 억몸되게 하는 것11)
　　ㄱ. 엇본억~엇몸이 억몸되게 하는 것.
　　　　<보기> ① 히게, 검게, 흔하게(흔케, 흔히, 흔이), 이르게, 게르
　　　　　　　　게(겔이, 겔리, 겔니), 일게, 누르게(누를어)
　　　　　　　② 잘아, 약아, 좁아, 검어, 히어(히여), 게르어, 빠르
　　　　　　　　어, 곱흐어(곱하), 곱(麗)아(고아, 고와), 쉽어(쉬
　　　　　　　　어, 쉬워), 덥어, …… 맑아(말가), 넓어, 옳아, 크어
　　　　　　　　(커), 깃브어(깃버)
　　ㄴ. 움본억~움몸이 억몸되게 하는 것.
　　　　<보기> ① 가게, 먹게, 일하게, 동하게(동케), 오르게, 좇게(좃
　　　　　　　　게, 좃케), 덮게(덥게, 덥케), …… *붉게(블께), *밝

> 게(밝쎄), *12)없게(업게), …… 맑게(맑게, 맛게),
> 찢게(찢게), 앉게(안게, 안쎄)
>
> ② 돌아, 적어(저거), 가르어, 갈르어(갈아, 갈라, 갈
> 나), 두르어, 둘르어(둘어, 둘러, 둘너), 따르어(딸
> 아, 딸라), 이르어(이르어), 돕아(도아, 돕아), 눕어
> (누어, 누워), …… 잃어(일허, 일어, 이러), *없어
> (업서, 업셔, 업써), 읊어(읊허, 을퍼, 읇어), 핥아
> (할타)
>
> (『국어문법』: 110~112)

『국어문법』에 나타나는 부사 파생법의 <보기말> (14)를 살펴보면, 이것은 『말』의 <보기말> (13)을 그대로 계승한 것임을 알 수 있다. 다만 (14)에서는 (13)에 비해 파생부사가 된 변이형태들을 좀 더 제시하였을 뿐 별로 달라진 것이 없다고 하겠다.

그러므로 주시경의 『말』에서 의식되어 『국어문법』에 계승된 부사 파생법은 오늘날의 형용사나 동사의 어간에 굴곡접미사 {-게, -아/어}가 결합한 형용사나 동사의 부사형(어찌꼴)을 모두 파생부사로 의식한 것이다. 이것은 주시경이 굴곡접미사와 파생접미사를 구분하지 않고 모두 파생접미사로 의식한 데서 비롯된 것인데, 이것도 또한 품사분류의 기반을 구실에 두고 의식한 것으로, 품사와 문장성분을 혼돈한 데서 비롯된 것이라 하겠다. 이러한 것들은 뒷날 부사로 처리되지 못하고 형용사나 동사의 활용형인 부사형으로 처리되게 되었다.

2.2. 합성법

합성법에 의한 합성어 만들기는 주시경의 『국어문법』에 처음 나타난다.

---

12) *는 움몸이 아니고 엇몸에 해당하는 낱말이다.

이 『국어문법』의 "기 몸헴" 단원(115~116)에 나타나는 합성법은 조어법 상 단순어와 합성어의 구별에 해당되는 것이다.

여기서 "기 몸헴"의 풀이는 앞에서 풀이한 "기 몸박굼"의 풀이에 비하면 아주 간단하게 다루고 있는데, 그것은 <① 임기의 몸, ② 엇기의 몸, ③ 겻기의 몸> 3가지로 나누고, 다시 이것들을 각각 "낫몸"과 "모힌몸"으로 나누었다. 그리고 낫몸(>단순어)과 모힌몸(>합성어)의 <보기말>만 들어 그 대강의 윤곽만 알 수 있게 풀이해 놓았다(김계곤, 1988 : 65). 이는 비록 아주 간단하기는 하지만, 합성법에 의하여 합성어 만들기는 국어문법 연구사에서 처음 나타나는 이론으로 대단히 의의가 크다고 하겠다.

이제 합성법에 의한 합성어 만들기에 해당하는 3가지를 차례대로 살펴보기로 한다.

2.2.1. 명사 합성법

주시경 문법에서 합성법에 의한 명사 만들기는 『국어문법』의 "기 몸헴" 단원(115~116) 가운데 "임기의 몸"에서 임기(>명사)를 "낫몸"과 "모힌몸"으로 나누고 그 <보기말>을 보였는데, 이것을 간추려 정리해 보이면 다음과 같다.

> (15) 임기의 몸
>   ㄱ. 낫몸~한 낫의 기로 된 것.
>   <보기> 사람, 새, 고기, 돌, 흙, 불, 물
>   ㄴ. 모힌몸~둘로붙어 둘 더 되는 기가 모히어 한 기의 몸으로 쓰이는 것.
>   <보기> 물불
>   (잡이) 모시옷 : '모시'와 '옷'을 합하여 한 몸으로 씀이 안이요,
>   '모시'는 그 '옷'이 무엇으로 만들엇다고 가르치어 언몸
>   노릇하는 임이라.
>
>   (『국어문법』 : 115~116)

(15)ㄱ은 하나의 낱말로 된 기(>씨, 품사)로 이루어진 것으로 이는 단순어에 해당하므로 낱말 만들기의 대상이 될 수 없는 것이고, (15)ㄴ은 둘 이상의 낱말이 모이어 된 씨로 이루어진 것으로 이는 합성어에 해당하므로 낱말 만들기의 대상이다.

그런데 <보기말>로 보인 <물불>은 합성어 가운데 앞뒤 낱말이 어울려 아주 다른 뜻으로 쓰이는 융합합성어인가, 아니면 앞뒤 낱말이 대등하게 결합된 병렬합성어인가 하는 문제가 따르게 된다. 이 문제에 대해서 김계곤(1988 : 66)에서는 이 <물불>은 최현배의 『우리말본』의 녹은겹씨(융합복사)에 해당된다고 하여 융합합성어로 처리하였고, 김석득(1979 : 78)에서는 <물불>을 오늘의 구조의식으로 보면, 그 총합체와 구성 개체와의 관계에서 동심적 구조(同心的 構造, endocentric construction)에 의한 합성어라 할 수 있다. 그리고 만일 이를 구성요소 상호간의 관계로 보면, 대등적 구조(co-coridinate construction)라 할 수 있다고 하면서 (잡이)에서 보인 <모시옷>은 합성어가 아니고 오늘날의 개념으로 보면 이은말에 해당된다고 하여 주시경의 "모힌몸"이란 합성어 중, 동심적 구조가 됨은 물론이겠지만, 그 구성요소가 상호 등위적 구조관계가 되는 것에 한한 것임을 알 수 있다고 하여 이는 병렬합성어임을 시사하고 있다.

이 문제는 "임기의 몸"에서 보인 <물불>과 "엇기의 몸"에서 보인 <검붉>과 "겻기의 몸"에서 보인 <에는>을 볼 때 주시경의 "모힌몸"은 오히려 병렬합성어에 더 가깝다고 볼 수 있다. 이를 뒷받침하는 것은 주시경(1910 : 115)에서 "모힌몸"의 설명 끝에 붙인 (잡이)에서 "물불이라 함이 곳(곧) 물과 불이라 함과 한가지니라" 한 것을 보면 쉽게 알 수 있다.

또 (15)ㄴ의 (잡이)에서 <모시옷>의 <보기말>을 들어 <물불>과의 차이점을 밝히고 있는데, 이는 앞뒤 낱말이 수식관계에 의해 결합된 유속합성어임을 나타내는 것이다.

그러므로 (15)ㄴ의 임기의 모힌몸은 합성어 가운데 앞뒤 낱말이 대등하게 결합된 병렬합성어를 이루는 것이라 하겠다.

2.2.2. 형용사 합성법

합성법에 의한 형용사 만들기는 『국어문법』의 "기 몸헴" 단원(116)의 "엇기의 몸"에 나타나는데 여기서도 주시경은 "낫몸"과 "모힌몸"으로 나누고 설명 없이 <보기말>만 보였는데 이것을 보이면 다음과 같다.

> (16) 엇기의 몸
> ㄱ. 낫몸~<보기> 크, 검, 차, 착하, 흔하
> ㄴ. 모힌몸~<보기> 검붉

(『국어문법』: 116)

(16)ㄱ은 역시 단순어이므로 낱말 만들기의 대상이 될 수 없고, (16)ㄴ은 둘 이상의 낱말이 모이어 한 낱말로 된 합성어 가운데 병렬합성어에 해당하는 것이다. 이 앞에 설명한 "임기의 몸"에서 이미 밝힌 바 있다.

2.2.3. 조사 합성법

조사 만들기에 대해서는 『말』이나 『국어문법』을 통하여 처음 나타나는 것인데, 파생법에 의한 조사 만들기는 없고, 합성법에 의한 조사 만들기는 『국어문법』의 "기 몸헴" 단원(116)에 "겻기의 몸"으로 나타난다. 여기서 겻기도 역시 "낫몸"과 "모힌몸"으로 나누고, 설명 없이 <보기말>만을 보여 명사의 합성법에서 유추하게 했다. 이것을 보이면 다음과 같다(국어문법 : 116).

> (17) 겻기의 몸
> ㄱ. 낫몸~<보기> 에
> ㄴ. 모힌몸~<보기> 에는

(『국어문법』: 116)

(17)ㄱ도 (15), (16)ㄱ과 마찬가지로 단순어이므로 낱말 만들기의 대상이 아니고, (17)ㄴ도 (15), (16)ㄴ과 같이 둘 이상의 낱말이 모이어 한 낱말이 된 합성어 가운데 병렬합성어에 해당하는 것이다. 그러나 이것은 조사의 겹침이라 할 수 있겠다.

그러므로 주시경의 『국어문법』에 나타나는 "기 몸헴" 단원에 나타나는 "임기의 몸, 엇기의 몸, 겻기의 몸"은 단순어와 합성어를 보인 것인데, 합성어에 해당하는 "모힌몸"은 대체로 병렬합성어에 해당하는 것이다. 이는 비록 간단하기는 하지만 국어문법 연구사에서 처음으로 나타나는 이론으로 대단히 의의가 크다고 하겠다.

3. 마무리

개화기에 저술된 국어문법 저서들 가운데서 조어법 이론의 의식이 나타난 최초의 문법 저서는 주시경이 지은 『말』(1908?)이다.

먼저 『말』의 "언체의 변법" 단원과 "특별변법" 단원에서 파생법에 의한 접미파생어 형성과정을 기술하였다. 그 후 『국어문법』(1910)에 이르러서는 "기 몸박굼, 기 몸헴, 기 뜻박굼" 단원에서 조어법 이론이 좀더 구체화되어 나타난다. 여기에 나타나는 "기 몸박굼"과 "기 뜻박굼"은 파생법에 의한 파생어 형성과정을 기술한 것으로 『말』에서 의식한 조어법 이론을 그대로 계승한 것이고, "기 몸헴"은 합성법에 의하여 합성어 형성과정을 기술한 것인데, 이것은 국어문법 연구사에서 주시경의 『국어문법』에서 처음으로 의식된 것으로 높이 평가되어야 할 부분이다.

3.1. 파생법에 의한 파생어 형성

주시경의 『말』과 『국어문법』에서 파생법에 의하여 형성된 파생어는 ①
명사(←명호>임), ② 형용사(←형용>엇), ③ 동사(←동작>움), ④ 관형사(←
형명>언), ⑤ 부사(←형성>억)의 5품사가 나타나 있다.

1) 명사 파생법은,

> ① 용언(어간)+{-ㅁ/음, -기, -지, -임, -이>13)-ㅁ/음, -지, -기, -이, -에,
>   -엄, -애, -아/아지} → 명사
> ② 명사인 <바늘, 돌>+{-질} → 명사인 <바느질, 돌질>
> ③ 용언의 관형사형+<것, 바, 줄> → 명사

과 같이 3가지로 요약되는데, ①은 파생접미사와 굴곡접미사를 구분하지
않고 모두 파생접미사로 의식한 것이고, ②는 명사인 <바늘, 돌>에 동작
성을 부여하는 접미사인 {-질}이 결합하여 품사는 바뀌지 않고, 실체성
뿌리를 동작화시키는 명사인 <바느질, 돌질>을 파생시킨 것으로 이는 대
단한 탁견이며, ③은 명사 마디를 명사로 처리한 것이므로 한 낱말이 될
수 없다.

2) 형용사 파생법은,

> ① 명사+{-흐, -롭, -답, -스럽>-하, -롭, -스럽, -답, -직하, -만하} →
>   형용사
> ② 형용사(어간)+{-기는흐(하), -기도흐(하), -기만흐(하), -흐기만흐, -흐
>   기도흐>-기야하, -하기는하, -게는하, -게도하, -게야하, -게를하, -게
>   만하, -하게만하} → 형용사

---

13) > 기호 앞은 『말』에서 의식한 것이고, > 기호 뒤는 『국어문법』에서 의식한 것이다.

과 같이 2가지로 요약되는데, ①과 같은 형용사 파생접미사 설정 의식은
대단한 탁견이지만 ②와 같은 것은 이은말이므로 한 낱말로 처리될 수 없
는 것이다.

  3) 동사 파생법은,

   ① 명사 또는 부사+{-ᄒ(하)} →동사
   ② 용언(어간)+{-게ᄒ(하)} →동사
   ③ 명사+{-ᄒ게ᄒ〉하게하} →동사
   ④ 용언(어간)+{-기는ᄒ(하), -기도ᄒ(하)>-기야하, -기만하, -하기는하
     / -게는하, -게도하, -게야하, -게만하, -게를하, -하게를하} →동사
   ⑤ 자동사+{-이, -우, -히, -어지, -이하} →타동사
   ⑥ 타동사+{-이, -히, -기} →자동사

과 같이 6가지로 요약되는데, ①, ②, ⑤, ⑥을 제외하고는 동사 파생법으
로 처리하기가 곤란한 것들인데, 특히 ⑤, ⑥을 동사 파생법으로 의식한
것은 대단한 탁견이라 하겠다.

  4) 관형사 파생법은

   ① 용언(어간)+{ø, -ㄴ/은, -ㄹ/을, -던, -엇을>-ø, -ㄴ/은, -ㄹ/을, -던,
     -엇을, -앗던, -앗엇던, -겟던, -앗는, -엇엇는, -겟는} →관형사
   ② 명사+{-ø, -ㅅ, -의, -에, 같은} →관형사

과 같이 2가지로 요약되는데, ①은 파생접미사와 굴곡접미사를 구분하지
않고 모두 파생접미사로 의식한 것이며, 또 품사와 월성분을 혼돈한 데서
비롯된 것이고, ②는 명사 두 개가 나란히 결합되어 한 낱말을 만들 때,
앞에 놓인 명사는 관형사가 되어 뒤에 오는 명사를 꾸며주는 것으로 의식
한 것인데, {-의, -에, 같은} 등이 결합된 것을 제외하고는 대부분 합성어

에 해당하는 것들이다. 그러나 주시경은 합성어로 처리하지 않았다. 그러므로 관형사는 문장에서 관형어로 쓰이는 용언의 관형사형과 두 명사가 결합되어 합성어를 이룰 때 앞의 명사를 관형사로 처리하였다. 그러나 '명사+{-의, -에, 같은}'의 구조는 한 낱말로 처리될 수 없는 것들이다.

5) 부사 파생법은,

① 용언(어간)+{-게, -아/어} →부사

과 같이 한 가지로 요약되는데, 이것은 오늘날 용언의 부사형을 파생부사로 의식한 것이다. 이것도 역시 굴곡접미사와 파생접미사를 구분하지 않고 모두 파생접미사로 의식한 데서 비롯된 것이고, 또 품사와 문장성분을 혼돈한 것이라 하겠다.

이와 같이 주시경 문법에서 파생법에 의한 파생어는 접두파생법에 의한 파생어는 의식하지 못하고, 접미파생법에 의하여 파생된 파생어만을 의식하였다는 아쉬움이 남는다.

3.2. 합성법에 의한 합성어 형성

주시경 문법에서 합성법에 의하여 형성된 합성어는 『국어문법』의 "기몸헴" 단원에 처음으로 나타나는데, 이 합성법에 의해 형성된 합성어에는 ① 명사(<임), ② 형용사(<엇), ③ 조사(<겻)의 3품사가 있음을 의식하였다.

1) 명사 : 명사 합성법은 명사와 명사가 결합되어 한 명사를 형성할 때 <물불>과 같이 앞뒤 명사가 대등하게 결합된 병렬합성어(벌린겹씨)

만을 이르는 것이다.

2) 형용사 : 형용사 합성법도 형용사와 형용사가 결합되어 한 형용사를 형성할 때 <검붉>과 같이 앞뒤 형용사가 대등하게 결합된 병렬합성어만을 이르는 것이다.

3) 조사 : 조사 합성법에는 {-에는}과 같이 조사가 두 개 겹쳐 쓰이는 조사 겹침을 합성법에 의한 합성어로 의식한 것이다.

이와 같이 『국어문법』의 "기몸헴" 단원에 나타나는 "임기의 몸, 엇기의 몸, 겻기의 몸"에서 "모힌몸"은 대체로 합성어의 하나인 병렬합성법만을 의식한 것으로, 이것은 합성어 형성방법의 일부이기는 하지만 국어문법 연구사에서 처음으로 의식한 조어법의 한 분야이므로 그 이론의 의식은 높이 평가되어야 할 것이다.

참고문헌

고영근 · 이현희(1986)(교주), 『주시경, 국어문법』, 탑출판사.
김계곤(1988), "한힌샘 주시경에 대한 연구 -조어법-", 『한힌샘 연구』 1집, 한글학회.
김계곤(1996), 현대 국어 조어법 연구, 도서출판 박이정.
김석득(1979), 주시경 문법론, 형설출판사.
김석득(1983), 우리말 연구사, 정음문화사.
김승곤(1996), 현대 나라 말본, 도서출판 박이정.
김정은(1995), 국어 단어형성법 연구, 도서출판 박이정.
김창섭(1994), "국어 단어형성과 단어구조", 서울대학교 박사학위 논문.
김철남(1997), 우리말 어휘소 되기, 한국문화사.
남기심 · 고영근(1993), (개정판) 표준 국어문법론, 탑출판사.
송철의(1992), 국어의 파생어형성 연구, 태학사.
정원수(1992), 국어의 단어형성론, 한신문화사.
조일규(1997), 파생법의 변천(Ⅰ), 도서출판 박이정.
주시경(1908), 말(역대 Ⅰ-3, 탑출판사, 1985).
주시경(1910), 국어문법, 박문서관.
최낙복(1988), "주시경 말본의 형태론 연구", 동아대학교 박사학위 논문.
최낙복(1991), 주시경 문법의 연구, 문성출판사.
최낙복(1998ㄱ), "주시경 문법의 『말』에 나타난 낱말 만들기", 『방언학과 국어학』, 청
              암 김영태 박사 회갑기념논문집 간행위원회(태학사).
최낙복(1998ㄴ), "주시경의 『국어문법』에 나타난 조어법", 『부산한글』 17집, 한글학회
              부산지회.
최현배(1937), 우리말본, 연희전문학교 출판부.
하치근(1993), (증보판) 국어 파생형태론, 남명문화사.
하치근(1995), "국어 조어론 연구의 어제와 오늘", 『한힌샘 주시경 연구』 7 · 8집, 한글학회.
허 웅(1971), "주시경 선생의 학문", 『동방학지』 12집, 연세대학교 동방학연구소.
허 웅(1975), 우리 옛말본, 샘문화사.
허웅 · 박지홍(1980), 주시경 선생의 생애와 학문, 과학사.

(발표 : 『한글』 242호, 한글학회, 1998)

찾아보기

ㄱ …………

가량 83
가르침 73, 145
가정적 접속사 373, 375
각절분사(各節分詞) 517, 519
간때 549
간접 36
갈 170
감동사 247
감동사의 분류 248
감동사의 성립 247
감말 101
감탄구어 478
감탄사 247, 311, 376
감탄사의 성립 376
감탄토 450
객부 270, 321, 471
객부구 321
객어 264, 319
객체높임법 506
객체높임의 계층 508
거짓 128
격위토 450
격치후사 369, 370
격표 106
격표인접 108, 109
견줌 88, 145, 157
결미호응 331
겹문장 183
겻 106

겻기의 몸 601
겻기의 분류 108
겻기의 성립 100
겻의 갈래 111
경각 36
계고후사 369, 370
계단 230
공동구어 478
관계관형절 185
관계대명사 219, 298
관계대명사적 형용사 361
관계부 43, 46
관계분사 530
관계적 351
관계적대명사 351, 352
관형사 파생법 586
구(句, 이은말) 276
9기 46, 53
구법(句法) 332
구별후사 369, 371
구비성분 173, 179
구어(句語) 387, 389, 462
구어의 부분 391, 470
句語의 分析 398
句語의 범위 389
句語의 種類 390
句語ㄴ 463
9품사 342
그럼 157

그침 127
금이나 자리 113
금이드 186
급량부사 365, 366
긔슈 83
기 46, 171
기난갈 46
기몸박굼 64
기절(期節) 230, 536
까닭 127
까닭금 114
끗 50, 130
끗기의 序分 500
끗기의 갈래 134
끗기의 때 549
끗기의 분류 133
끗기의 성립 129

ㄴ ············

남움 95
남이 33, 174
남이금 177
남이듬 33, 174
남이붙이 179
남이빗 174
남이의 직권표 176
낫됨만 112
낫몸 599
낫한금 114
낫한만 113
논리상 객어 264
논리상 설명어 262
논리상 주어 260
놀 50, 99
놀기의 분류 100
놀기의 성립 98

늣씨 32

ㄷ ············

다 171
다된 다 181
다름만 111
다름한금 114
다름한만 112
단객어 264
단구어 480
단독성 101
단문(單文, 홑문장) 281, 324
단문(홑문장)·복문(겹문장) 324
단부분 472
단설명어 262
단수식 473
단순부사 365, 366
單純說明語 393
단순시 525
單純題目語 393
단순한 문장[單純句語] 398
단순한 월 181
단순후사 369, 370
단인증어 484
단주어 260
단취명사 347
대명사 296, 349
대명사의 분류 216, 298, 351
대명사의 성립 296, 349
대명사적 형용사 361
대명형용사 440
대목 173
대우(待遇) 503
대임 73
대표후사 369, 371
덩이 127

덩이임만 111
도치구(倒置句) 328
도치문 273
독립구 481
독립성분 173
독립절 279
동격 108, 109
동격동사 355, 356
동격차 109
동등접속사 373, 374
동본명본동의동작 581
동본명본반격동작 581
동본명호 571
동본형명 588
동본형성 595
동본형성본동작 581
동사 222, 299, 353
동사 파생법 580
동사의 분류 224, 300, 354
동사의 성립 222, 299, 353
동사의 시기(時期) 522
동사의 시제 516
동작 36, 83
동차격 108
동체 240, 307
동체호응 330
뒤집힘 127
드 171
들을이 높임법 506
들을이 높임의 계층 509
듬 170
때 87, 145, 156
때금 113
뜻밖 128

□ ···········

막이 157
만이 111
말 171
맺 101
명동본명호 571
명령구어(命令句語) 390, 478
명본동본형성본동작 581
명본동작 581
명본명호 572
명본형명 587
명본형본형성본동작 581
명본형용 577
명사 294, 346
명사 파생법 571
명사 합성법 599
명사구 277, 332, 333, 403, 404
명사의 분류 213, 295, 347
명사의 성립 211, 294, 346
명사절 279
명형본명호 571
명호 36
모 171
모름 73, 145, 157
모양 82, 83
모힌몸 599
목적어(객어, 부림말) 264
목적후사 369, 370
몬 157
몬금 113
몸씨 54
무규동사 355
무질 70
무형명사 214, 295, 347, 425, 426
問句語 390
문대명사 219, 298

문대명사적 형용사 361
문법상 객어 264
문법상 설명어 262
문법상 주어 260
문법소 41
문장 성립의 차례[句語 成立의 次序] 408
문장성분 173, 258
문장성분의 결합 270
문장성분의 배열 272
문장성분의 생략 274
문장의 꾸밈[句語의 修飾] 392
문장의 범위 388
문장의 부분 276
문장의 분석 398
문장의 성분 391
문장의 종류 281, 323, 390
문적 351
문적대명사 351, 352
문전 208
물건 70
물모 82, 87, 145
물음 134
물자 175
물질명사 347
물질후사 369, 371
물품 82, 87, 145
뭇금이임 186
뭇남이금 183
뭇남이드 191, 196
미 171
미정대명사 430
미정형용사 440

ㅂ ···········

바로움 95
반격 108, 109

반대적 접속사 373, 374
반대후사 369, 371
반체접속사 241, 309, 310
방향부사 444
벌임이은겹문장 188, 189
변격동사 224, 300
변격부사 245, 305
변격첨부사 246
변동토 450
변체명사 214, 295
변화명사 215
보결사 395
보족부 270
보족어(부사어＋보어) 266
보통 70
보통대명사 219, 298
보통명사 214, 295, 347
보통형용사 439
복객어 264
복구어 480
복문①(複文, 겹문장) 283, 324
복부분 473
복설명어 262
복수식 474
복인증어 484
복잡구어(複雜句語) 401, 102
복잡시 526
복잡한 문장[複雜句語] 401
복잡후사 369, 370
복주어 260
본원의 부분 270
본원의 생략 274
부름만 113
부림금 114
부사 243, 304, 363
부사 파생법 595

부사구　335, 403, 404
부사의 분류　305
부사의 성립　303, 363
부사의 시제　545
부사절　474
부성분　467
부속구　481
부속성분　173, 177
부지　82
부체부사　365, 366
분사(分詞)　523
불관격　108, 109
불변　70
불변화명사　215
빈격　240, 307
빠져나간 매김마디　184

ㅅ · · · · · · · · · · ·

사(詞)　420
사구(詞句)　386
사실부사　444
사자(詞字)　342, 384, 385
사절(詞節)　385
삼절시기(三節時期)　517
상속접속사　373, 375
서술어(설명어, 풀이말)　262
설명부　270, 321, 471
설명부구　321
설명어　262, 392
설자　175
셜비　83
소유대명사적 형용사　361
소유후사　369, 371
속뜻　182
속부(屬部)　399
수량　83

수량적 형용사　361
수량형용사　440
수식 객어　264
수식 설명어　262
수식 주어　260
수식어(꾸밈말)　267, 320
순체접속사　241, 309, 310
숨은 뜻　182
시간　83
시간부사(時間副詞)　444, 546
시기(時期)　517
시기부사(時期副詞)　365, 366, 545
시기적 접속사　373, 375
시기후사(時期後詞)　369, 370, 547
시김　134
씀이　34, 174
씀이금　177
씀이듬　34, 174
씀이붙이　179
씀이빗　174
씀이의 직권표　175
씀홋만　119
씀홋만　111
씨　57

ㅇ · · · · · · · · · · ·

아마　157
안가림만　112
안고 이은겹문장　195
안은겹문장　183
어종(語種)　418
억　50, 151
억기의 성립　148
억본움　584
억의 갈래　156
언　50, 139

언기의 분류 142
언기의 성립 136
언드 186
언본임 575
언분(言分) 35
언어 207
언어자 43
언의 갈래 145
언잇 73
언체의 변법 42, 120
엇 49, 81
엇기의 몸 601
엇기의 성립 77
엇덤 156
엇본억 597
엇본언 592
엇본임 574
엇억 579
엇억본움 584
엇의 갈래 87
엇임 579
연결구어 405
연구문(聯搆文) 326
연유부사 365, 366
연유적 접속사 373, 375
연유후사 369, 370
연체접속사 241, 309
올 때 549
움 49, 92, 146
움기의 분류 92
움기의 성립 90
움뜻 94
움몯금 114
움본억 597
움본언 593
움본임 575

움억(겻)본움 584
움의 갈래 94
움임(겻)본움 584
움힘 94
원단순설명어 393
원단순제목어 393
원동사 356
원명 70
원부(元部) 399
원부분(元部分) 543
원성부사 444
원존형용사 236
원체부 43
원형성 581
유형명사 425, 426
6씨 53
6체 42
응대부사 444
응종후사 369, 371
의문구어 477
의미소 41
의사 230
의사토 450
의사토의 연접법 561
이때 549
이름 134
이어진 문장[連結句語] 405
이은겹문장 188
이체호응 331
익음소리 97
인대명사 219, 298
인류대명사 430
인민 70
인졉(引接) 36, 104
인졉의 분별 109
인증어 483

인칭 351
인칭대명사 351, 352
일 157
일금 114
임 49, 63, 146
임기의 몸 599
임기의 분류 67
임기의 성립 60
임본언 593
임본엇 579
임본움 583
임본임 575
임엇본임 574
임엇억본움 584
임움본임 575
임움억본움 584
임이 34, 174
임이금 34, 177
임이듬 34, 174
임이붙이 179
임이빗 174
임이의 직권표 175
임홋만 119
임홋만 111
입음움 95
잇 49, 123
잇기의 序分 499
잇기의 때 556
잇기의 분류 126
잇기의 성립 120
잇어함 127
잇의 갈래 127

ㅈ ············

자격변동법 295
자동사 224, 300, 355

자리 156
자리금 113
자술어 483
장어식 106
赤身句語 393
전성토 450
전성토의 연접법 561
전성형용사 236
전수격 108, 109
전제격 108, 109
전치형용사 236
절(節, 마디) 279
접속사 237, 308, 372
접속사의 분류 239, 309, 373
접속사의 성립 237, 308, 372
접속사의 종류 240
정격동사 224, 300
정격부사 245, 305
정격첨부사 246
정규동사 355
정체접속사 242
題目語 392
제움 95
제임 72
提意句語 390
젓 49
조동사 210, 227, 355
조동사의 기절 537
조동사의 분류 229
조동사의 성립 226
조동사의 시제 536
조사 합성법 601
조사의 시제 547
조토(助吐) 450
종속이은겹문장(종속관계) 188, 193
종지토 450

죠셩   36
죠셩의 갈래   133
주격   240, 307
주동사   224, 300
주부   270, 321, 471
주부구   321
주성분(으뜸성분, 元部分)   173, 392
주어(임자말)   259, 260
주어·설명어(서술어)   318
주위토   504
주자   174
주체높임법   505
주체높임의 계층   507
중문(重文, 복문②, 겹문장)   284
즉지   83
증가적 접속사   373, 374
지목   83
지시대명사   219, 298, 351
지시대명사적 형용사   361
지시적   351
지시적대명사   352
지체   240, 307
직동   93
짬   170
짬듬갈   170

ㅊ ··············

참고문헌   166, 201, 254, 288, 314, 338,
   381, 414, 459, 487, 512, 565, 607
처소부사   365, 366
처소후사   369, 370
첨부사   210, 244
첨부사구   277
첨부사의 분류   245
첨부사의 성립   243
첨부사절   279

첨성부사   444
체(體)   58
체재   230, 493
총주어   260
層詞吐   498
7언분   35
7품사   419

ㅌ ··············

타동   93
타동사   224, 300, 355
타소부사   444
토(吐)   420, 448
吐의 변화   504
토(吐)의 분류   449
토씨   54
토의 성립   448
통어론   170
특립명사   215
특별명사   214, 295
특별함만   112
특수명사   347

ㅍ ··············

파생법   570
8품사   207
평술구어   477
布告句語   390
표준객어   320
풀이   127
품사분류   32
품질   82
품질적 형용사   361
품행부사   365, 366
피동   93
피동사   224, 300

ㅎ ‥‥‥‥‥

하랴함　128
한가지만　111
함게　127
함게금　114
합성법　598
행동명사　425, 426
행동부사　444
행동형용사　440
행모　87, 145
행품　87, 145
헴　73, 87, 145
헴금　113
헴이나 길　156
형동　36, 150
형동사　357
형동사의 분류　358
형동사의 성립　357
형동사의 시제　543
형명　36, 137
형명본명호　572
형본명본독의형용　577
형본명본동의형용　577
형본명본반격형용　577
형본명호　571
형본형명　587
형본형성　595
형본형성본동작　581
형성인접　108, 109
형용　36
형용명사　425, 426
형용본체　81
형용부사　444
형용사　233, 302, 359
형용사 합성법　601

형용사구　277, 333, 334, 403, 404
형용사의 기절(期節)　541
형용사의 분류　235, 303, 361
형용사의 성립　233, 301, 359
형용사의 시제　540
형용사절　279
형용의 분별　82
형용절　474
형태소　32
형형　36
호응(呼應)　329
홀로　128, 134
홀로만　112
홋만　65
홑문장　181
확실 급 의아부사　365, 366
후사　238, 306, 367
후사의 분류　239, 307, 368
후사의 성립　306, 367
후치형용사　236

ㄷ ‥‥‥‥‥

디명　70

ㅈ ‥‥‥‥‥

ㅈ동　93

ㅎ ‥‥‥‥‥

힝모　83
힝품　82